# 本朝高僧伝総索引

納冨常天 編

法藏館

はしがき

　この総索引は、明治45年（1912）から大正11年（1922）にかけて発行された、仏書刊行会編纂『大日本仏教全書』の第102・103巻所収『本朝高僧伝』（大正2年〈1913〉9月25日発行）の人名索引（第一部〈出家者・神仙部〉、第二部〈在家者〉）、寺社名索引、件名索引の3部門からなる。
　『本朝高僧伝』の著者卍元師蛮（1626～1710）は相模出身で、延宝6年（1678）、禅僧1,023人の伝記を記し、禅宗史研究の上で貴重な『延宝伝灯録』41巻を著している。『本朝高僧伝』はその24年後の元禄15年（1702）、門下の象先師点・俊明師川の助力を得て、禅録教策・王庫公府の史集、釈書、神書から雑記卑説に至るまで収集し、中国撰述42点、本朝撰述556点を援用して、中国梁・唐・宋の三高僧伝を模し、10科に分類したものである。また援引書目中に『日本高僧伝』『元亨釈書』『三国仏法縁起』を掲げているから、東大寺宗性（1202～1278）の『日本高僧伝要文抄』（3巻、42人の伝記）、済北庵虎関師錬（1278～1346）の『元亨釈書』（30巻、正伝416人、付見26人の伝記、資治表、志）、東大寺戒壇院凝然（1240～1321）の『三国仏法伝通縁起』（3巻、天竺〈インド〉、震旦〈中国〉、日本における諸宗の伝播の実情を概説したもの）を参照していることは確かである。
　このような『本朝高僧伝』は75巻からなり、その序にもあるように、本伝1,662人、付伝206人の伝記を収録しているが、伝記中に記されている人名は3,750人以上にのぼっており、本朝僧伝の白眉であり、基本的文献であることは間違いない。
　しかし著者の卍元師蛮はまったく触れていないが、肉食妻帯、造悪無礙、悪人正機など衝撃的な教義を主張し、非僧非俗の特殊な宗義にたつ浄土真宗や、五字題目の専唱や、是一非他の法華至上主義に立ち、不受不施の問題や、寛文9年（1669）、自讃毀他制止の禁令まで発せられ、キリシタンとともに邪宗門とされた日蓮宗が除外されたのは甚だ残念であるが、当時の状況から止むを得なかったと思われる。

また、仏書刊行会編纂『大日本仏教全書』を底本として、昭和7年（1932）に有精堂、平成19年（2007）に大法輪閣（オンデマンド）から出版されているが、これらは本『総索引』を直接使用できる。しかし財団法人鈴木学術財団のもの（昭和45年～昭和48年刊）は、全巻にわたり編成替えが行われ、調巻が異なるので直接使用できないことを付記しておきたい。

　つぎに作成の経緯について概説すると、昭和30年1月、神奈川県立金沢文庫に奉職して以来、14,000冊余にのぼる典籍資料（平成10年重要文化財指定）の解明・整理と、それを中心とした日本仏教史の研究を推進するため、恣意的に1,662名を立伝し、本朝僧伝の基本的文献とされる『本朝高僧伝』の索引を作成しはじめた。

　それは今から57年前の昭和33年春であった。その後一時期、駒沢大学大学院生中尾良信君（現在花園大学教授）と読み合わせなどして、随時補訂を行い、その充実に努めていた。ある日、恩師水野弘元先生のご自宅を訪問した時、たまたま『本朝高僧伝』が話題にのぼり、索引の話をしたら、是非とも活字化して研究者に提供するよう強く慫慂助言された。それは他でもなく『南伝大蔵経総索引』を編纂されたご経験からであったことは間違いない。

　それから30年以上経過した平成元年、鶴見大学に奉職したが、その間、昭和57年に『金沢文庫資料の研究』を法藏館から出版するとともに、東大寺凝然や久米多寺禅爾の弟子で、華厳・戒律の学匠である湛叡の関係資料――『華厳演義鈔纂釈』（未刊分）、『四分律行事鈔見聞集』、さらには『注法界観釈文集』『華厳経旨帰見聞集』『心要纂釈』（いずれも平成7年、法藏館から出版した拙著『金沢文庫資料の研究　稀覯資料篇』所収）など主要資料――の活字化に専念したため、索引は放置した状況だった。しかし活字化が一応完了（『戒疏見聞集』『業疏疎決』などを除く）し、平成9年4月古稀を迎えたので、これを契機に気持ちを新たにして再び索引に取り組むことにした。ところが思いもかけず副学長を命ぜられ、索引の作成はまたしても遅々として進まなかったが、平成12年末、漸く激務から解放されたので、平成13年4月『鶴見大学仏教文化研究所紀要』第6号で人名索

引(紙幅の関係で「さ」行まで)、同14年4月同紀要第7号で同じく人名索引(「た」行からと在家者)、同15年4月同紀要第8号で寺社名索引を活字化することができた。

　しかし件名索引は、どのような形にするかなどの問題もあり、延び延びになっていたが、仏教関係(教義)は勿論のこと、歴史・文学・絵画・彫刻・工芸・建築・地名、さらには地震・蝕・旱魃などの自然現象についても、広汎に記録していることなどを考えると、学際的研究に資するためには、件名索引こそが必須であり、緊急であることを痛感し、寺社名索引完成後、平成15年4月から本格的に取り組んだ。またその間に人名・寺社名索引の補訂も行ったが、とりわけ禅宗寺院の塔頭における塔名を新たに取り入れるなど、充実をはかった。

　ただ索引の作成に取り掛かってから長年月にわたったことや、できるだけ便利なものにしたかったことから、その作成方法などに紆余曲折があり、あるいは随所に不統一の部分や欠落があるかもしれない。是非ともご指摘・ご教示頂ければ幸甚である。またこの索引が聊かでも研究者のお役に立てば、一応の目的は達したものと思う。

　最後に万事を抛擲し出版を決断された西村明高社長や、難渋な内容を整理克服し、編集に取り組んで頂いた田中夕子氏をはじめとする皆様のご苦労がなければ、到底日の目を見なかったと思う。心から御礼を申し上げたい。なお常日頃から身勝手な私を支え、また校正にも協力してくれた妻啓子にも感謝したい。

本朝高僧伝総索引　目次

はしがき ……………………………………………… i

人名索引 ……………………………………………… 1
人名索引（出家者・神仙部・在家者）凡例 ……………… 3
人名第一部（出家者・神仙部）検字索引 ………………… 6
人名第一部（出家者・神仙部）索引 ……………………… 17
人名第二部（在家者）検字索引 …………………………… 103
人名第二部（在家者）索引 ………………………………… 109

寺社名索引 …………………………………………… 135
寺社名索引 凡例 …………………………………………… 137
寺社名検字索引 ……………………………………………… 139
寺社名索引 …………………………………………………… 149

件名索引 ……………………………………………… 209
件名索引 凡例 ……………………………………………… 211
件名検字索引 ……………………………………………… 213
件名索引 …………………………………………………… 241

あとがき ……………………………………………… 549

人名索引

人名索引（出家者・神仙部・在家者）　凡例

1　便宜上第一部（出家者・神仙部）、第二部（在家者）に分けた。ただし寂昭（円通大師）のように、大江定基の俗名を掲げている場合は、第一部・第二部ともに掲出し、第一部には寂昭（円通大師）の項目で掲げ、第二部には定基（大江）→寂昭（第一部）のように、見よ項目として掲げた。

2　漢字は字体を統一するため、主として三省堂『常用漢字辞典』『新明解国語辞典』『新明解現代漢和辞典』および大修館『漢語林』によった。

3　配列は第一部・第二部とも50音順に配列して、清音・濁音・半濁音の順序に、同一の漢字および同音の漢字は1ヵ所にまとめ、字画数順にした。また第1字目が同字の場合は第2字目の音および画数によって順序を定め、以下、これにならった。ただし出家者の場合は、聖、宗などのように、「せい」「しょう」、「しゅ」「しゅう」「そう」などと呼称されているので、検字索引を参照されたい。また「畠」など国字の場合は訓読み「はたけ」のところに項目立てした。

4　人名の表記には出家者の場合、法名以外に号・字・房名・別称・俗称・諡号などがあるので、法名の後に括弧してこれを示すとともに、号〜諡号もそれぞれの所に見よ項目で掲げた。例えば法然房源空（小矢児，円光大師）の場合、源空（法然，小矢児，円光大師）と項目立てし、あわせて法然→源空、小矢児→源空、円光大師→源空のように見よ項目としても掲げた。

　　また蘭渓道隆（大覚禅師）の場合、道隆（蘭渓，大覚禅師）と項目立てし、あわせて蘭渓→道隆、大覚禅師→道隆のように見よ項目としても掲げた。

　　なお禅僧の場合、原則として蘭渓道隆のように4字連称であるが、しばしば一庵□如、定山□一のように3字目を省略して表記している。しかし他の資料で判明した場合は、〔　〕を付し補訂した。例えば一

庵□如の3字目の□は一と判明したので、一に〔 〕を付して補訂し、〔一〕如（一庵）と一の項に項目立てし、あわせて一庵如→〔一〕如のように見よ項目としても掲げた。

　また定山□一の場合、3字目の□が判明しない場合は、一（定山）と定山一の二つをそれぞれ項目立てした。

　なお環渓惟一の場合、3字目を省略すると同時に、4字目を頭にして一環渓と表記する場合があるので、一環渓→〔惟〕一として、一の項目に項目立てし、また〔惟〕一（環渓）として、惟の項に項目立てした。

5　南化玄興の玄興を宗興と誤記しているので、宗を玄に訂正し〔 〕を付して宗〔玄〕興（南化）として玄の項に項目立てするとともに、南化→宗〔玄〕興の見よ項目も掲げた。また竺雲正曇の場合、仁雲□曇と誤記しているので、〔正〕曇（仁〔竺〕雲）と項目立てし、あわせて仁〔竺〕雲曇→〔正〕曇も竺の項に見よ項目で掲げた。

6　中国僧で夾山（かっさん）、虚谷（ひよく）など特殊な読みをするものについては、それぞれ「きょう」「かっ」、「きょ」「ひ」の両方に項目立てした。

7　錦織僧正、狛僧正などのように、「にしきおりそうじょう」、「こまそうじょう」と通称されているものについては、「きんしょく」と「にしきおり」、「こま」と「はく」の両方に項目立てした。

8　神仙部の熱田明神（あつたみょうじん）、大巳貴尊（おおあなむちのみこと）など定着している読みや、特殊な読みをするものについてはそれぞれ「あつ」「ねつ」、「おお」「だい」の両方に項目立てした。

9　同名異人の場合、判明したものは、便宜的に括弧で寺名、師匠名などを付し弁別に努めた。

10　第二部（在家者）の項目立ては、姓ではなく名の音読みにする。例えば藤原道長は道長（藤原）とし「どう」に、源頼朝は頼朝（源）とし「らい」に配列し、あわせて、藤原氏は「とう」に、源氏は「げん」に一括して項目立てした。

11 『本朝高僧伝』は二段組のため、上段はa、下段はbで表記するとともに、伝記が記載されている頁はゴシックにした。
12 便宜的にインド・中国・韓国などの外国人には、人名の前に★印を、来朝者には☆印を付した。ただ達磨・善無畏も来朝したことになっているが、ここでは★にとどめた。なお、渡海したものには人名の前に●印を、曇恵のように渡海後来朝したものには●☆印、来朝後渡海した智雄のようなものには☆●印を付した。また『本朝高僧伝』には渡海の記録はないが、他の資料で渡海が明らかなものには、人名の前に〇印を付し、典拠も掲げた。

人名第一部（出家者・神仙部）検字索引

	—あ—			しっ	47	雨	う	19	益	えき	22
阿	あ	17		せき	62		あま	17		やく	95
熱	あつ	17	一	いち	18	泥	う	19	越	えつ	22
	ねつ	83		いつ	18		でい	76	円	えん	22
天	あま	17		ひと	84	優	う	19	延	えん	24
	てん	76	市	いち	18	浦	うら	19	宴	えん	24
雨	あま	17		し	45		ほ	88	偃	えん	24
	う	19	壱	いち	18	吽	うん	19	淵	えん	24
安	あん	17	一	いっ	18	運	うん	19	焔	えん	25
晏	あん	17		いち	18	雲	うん	19	塩	えん	25
				ひと	84				遠	えん	25
	—い—		逸	いつ	18		—え—				
以	い	17	厳	いつく	18	会	え	19		—お—	
伊	い	17		げん	39		かい	26	小	お	25
医	い	17		ごん	43	依	え	19		こ	39
為	い	17	稲	いな	19	恵	え	19		しょう	51
倚	い	17		とう	78		けい	34	王	おう	25
惟	い	17	印	いん	19	懐	え	21	応	おう	25
偉	い	18	因	いん	19		かい	26	翁	おう	25
意	い	18	院	いん	19	永	えい	21	黄	おう	25
葦	い	18	飲	いん	19		よう	96		こう	42
維	い	18		おん	25	泳	えい	21	奥	おう	25
	ゆい	95	隠	いん	19	英	えい	22	横	おう	25
漓	い	18				栄	えい	22		わん	101
楠	いく	18		—う—		瑩	けい	35	大	おお	25
生	いく	18	宇	う	19	叡	えい	22		たい	69
	しょう	52	有	う	19	役	えん	22		だい	70
石	いし	18		ゆう	95	奕	えき	22	岡	おか	25

面	おも	25	会	かい	26		きょう	31		—き—	
音	おん	25		え	19	喝	かつ	28	凡	き	29
恩	おん	25	快	かい	26	瞎	かつ	28	圻	き	29
飲	おん	25	戒	かい	26	竈	かまど	28	希	き	29
	いん	19	廻	かい	26		そう	68	奇	き	30
温	おん	25	海	かい	26	革	かわ	28	季	き	30
			界	かい	26		かく	26	祈	き	30
	—か—		契	かい	26	咸	かん	28	帰	き	30
化	け	34		きっ	31	桓	かん	28	記	き	30
可	か	25		けい	34	寒	かん	28	起	き	30
果	か	25	晦	かい	26	閑	かん	28	基	き	30
河	か	25	開	かい	26	勧	かん	28	規	き	30
珂	か	25	解	げ	34	寛	かん	28	亀	き	30
迦	か	25	懐	かい	26	関	かん	29	虚	き	30
華	か	25		え	21	寰	かん	29		きょ	31
	け	34	角	かく	26	環	かん	29		こ	40
鹿	か	25	革	かく	26	簡	かん	29		ひ	84
訶	か	25		かわ	28	観	かん	29	喜	き	30
過	か	25	格	かく	26	灌	かん	29	棋	き	30
賀	か	25	覚	かく	26	鑑	かん	29	器	き	30
	が	26	廓	かく	28		がん	29	機	き	30
嘉	か	25	学	がく	28	元	がん	29	窺	き	30
瓦	が	25	岳	がく	28		げん	37	岐	ぎ	30
我	が	25	鄂	がく	28	岸	がん	29	宜	ぎ	30
臥	が	26	噩	がく	28	雁	がん	29	義	ぎ	30
峨	が	26	鶚	がく	28	頑	がん	29	菊	きく	31
賀	が	26	惶	かしこ	28	願	がん	29	毱	きく	31
	か	25		こう	42	巌	がん	29	北	きた	31
雅	が	26	春	かす	28	鑑	がん	29		ほく	90
鵞	が	26		しゅん	51		かん	29	吉	きち	31
介	かい	26	夾	かつ	28				契	きっ	31

	かい	26		こう	42		こ	40	桂	けい	34
	けい	34	恭	きょう	32	倶	く	33	荊	けい	35
橘	きつ	31	教	きょう	32	鼓	く	33	啓	けい	35
噱	きゃく	31	竟	きょう	32		こ	40	経	きょう	32
逆	ぎゃく	31	経	きょう	32	駒	く	33	敬	けい	35
九	きゅう	31	境	きょう	32		こま	43	景	けい	35
久	く	33	憍	きょう	32	瞿	く	33	継	けい	35
丘	きゅう	31	警	きょう	32	弘	ぐ	33	瑩	けい	35
求	ぐ	33		けい	35		こう	41	慶	けい	35
急	きゅう	31	鏡	きょう	32	求	ぐ	33	警	けい	35
宮	きゅう	31	行	ぎょう	32	愚	ぐ	33		きょう	32
救	きゅう	31	業	ごう	43	虞	ぐ	34	瓊	けい	35
窮	きゅう	31	尭	ぎょう	33	空	くう	34	迎	ごう	43
牛	ぎゅう	31	凝	ぎょう	33	遇	ぐう	34	傑	けつ	35
	ご	40	旭	きょく	33	国	くに	34	月	げつ	35
居	きょ	31	玉	ぎょく	33		こく	43	見	けん	36
挙	きょ	31	近	きん	33	熊	くま	34	建	けん	36
虚	きょ	31	欣	ごん	43		ゆう	96	兼	けん	36
	き	30	金	きん	33	訓	くん	34	乾	けん	36
	こ	40		こん	43				健	けん	36
	ひ	84	勤	ごん	43		—け—		剣	けん	36
清	きよ	31	琴	きん	33	化	け	34	嶮	けん	36
	しょう	53	釣	きん	33	華	け	34	堅	けん	36
	せい	61	錦	きん	33		か	25	憲	けん	36
匡	きょう	31		にしき	82	解	げ	34	賢	けん	36
仰	きょう	31				圭	けい	34	謙	けん	37
亨	きょう	31		—く—		契	けい	34	鏨	けん	37
夾	きょう	31	久	く	33		かい	26	顕	けん	37
	かつ	28	古	く	33		きっ	31	元	げん	37
狂	きょう	31		こ	39	恵	けい	34		がん	29
香	きょう	32	虎	く	33		え	19	幻	げん	38

人名第一部（出家者・神仙部）検字索引

玄	げん	38		く	33	高	こう	42	厳	ごん	43
言	げん	39	五	ご	40	康	こう	42		いつく	18
	ごん	43	牛	ご	40	黄	こう	42		げん	39
彦	げん	39		ぎゅう	31		おう	25			
	ひこ	84	吾	ご	40	惶	こう	42	—さ—		
原	げん	39	後	ご	40		かしこ	28	沙	さ	43
源	げん	39		のち	83	衡	こう	42		しゃ	47
厳	げん	39	悟	ご	40	興	こう	42	嵯	さ	43
	いつく	18	晤	ご	40	講	こう	43	蔵	ざ	43
	ごん	43	護	ご	40	顕	こう	43		ぞう	69
			口	こう	40	迎	ごう	43	才	さい	43
—こ—			公	こう	40	呆	ごう	43	西	さい	43
小	こ	39	巧	こう	40	剛	ごう	43		せい	61
	お	25	広	こう	40	業	ごう	43		にし	82
	しょう	51	弘	こう	41	豪	ごう	43	斉	さい	43
子	こ	39		ぐ	33	谷	こく	43	済	さい	43
	し	44	光	こう	41	克	こく	43	最	さい	44
古	こ	39	向	こう	41	国	こく	43	歳	さい	44
	く	33	好	こう	41		くに	34	載	さい	44
固	こ	40	江	こう	41	黒	こく	43	在	ざい	44
虎	こ	40	宏	こう	41	兀	ごつ	43	作	さく	44
	く	33		わん	101	狛	こま	43	鯖	さば	44
孤	こ	40	孝	こう	42		はく	84		せい	62
枯	こ	40	岡	おか	25	駒	こま	43	沢	さわ	44
虚	こ	40	幸	こう	42		く	33		たく	72
	き	30	肯	こう	42	金	こん	43	三	さん	44
	きょ	31	恒	こう	42		きん	33		み	91
	ひ	84	皇	こう	42	言	ごん	43	山	さん	44
壺	こ	40	香	こう	42		げん	39	杉	さん	44
瑚	こ	40		きょう	32	欣	ごん	43		すぎ	61
鼓	こ	40	耕	こう	42	勤	ごん	43	算	さん	44

賛	さん	44	爾	に	82	寿	じゅ	49	舜	しゅん	51
璨	さん	44	色	しき	46	受	じゅ	49	洵	じゅん	51
残	ざん	44	識	しき	46	授	じゅ	49	淳	じゅん	51
			直	じき	46	需	じゅ	49	順	じゅん	51
	—し—		竺	じく	47	樹	じゅ	49	処	しょ	51
之	し	44	石	しっ	47	秀	しゅう	49	諸	しょ	51
士	し	44		いし	18	周	しゅう	49	如	じょ	51
子	し	44		せき	62		す	60		にょ	82
	こ	39	即	しっ	47	宗	しゅう	50	汝	じょ	51
支	し	45		そく	69		しゅ	49	助	じょ	51
止	し	45	実	じつ	47		そう	66	徐	じょ	51
司	し	45	拾	じっ	47	岫	しゅう	50	恕	じょ	51
市	し	45	沙	しゃ	47	秋	しゅう	50	小	しょう	51
	いち	18		さ	43	酋	しゅう	50		お	25
旨	し	45	舎	しゃ	47	修	しゅう	50		こ	39
此	し	45	娑	しゃ	47	鷲	しゅう	50	少	しょう	51
至	し	45	謝	しゃ	47	十	じゅう	50	正	しょう	51
芝	し	45	釈	しゃく	47	住	じゅう	50		せい	61
志	し	45	若	じゃく	48	重	じゅう	50	生	しょう	52
思	し	45	寂	じゃく	48		ちょう	75		いこ	18
指	し	45	鵲	じゃく	48	従	じゅう	50	尚	しょう	52
師	し	45	主	しゅ	48	縦	じゅう	50	性	しょう	52
梓	し	46	守	しゅ	48		しょう	55	承	しょう	53
紫	し	46	宗	しゅ	49	叔	しゅく	50	昌	しょう	53
訾	し	46		しゅう	50	粛	しゅく	50	松	しょう	53
誌	し	46		そう	66	脩	しゅく	50	邵	しょう	53
示	じ	46	首	しゅ	49	俊	しゅん	50	青	しょう	53
字	じ	46	衆	しゅ	49	春	しゅん	51		せい	61
自	じ	46	須	しゅ	49		かす	28	昭	しょう	53
持	じ	46	諏	しゅ	49	峻	しゅん	51	省	しょう	53
慈	じ	46		す	60	舜	しゅん	51	荘	しょう	53

人名第一部（出家者・神仙部）検字索引

祥	しょう	53	乗	じょう	56	—す—			青	せい	61
笑	しょう	53	浄	じょう	56	周	す	60		しょう	53
清	しょう	53	貞	じょう	57		しゅう	49	政	せい	61
	きよ	31	常	じょう	57	須	しゅ	49	星	せい	61
	せい	61	盛	じょう	57	諏	す	60	清	せい	61
章	しょう	53		せい	62		しゅ	49		きよ	31
紹	しょう	53	紹	じょう	57	水	すい	60		しょう	53
	じょう	57		しょう	53	翠	すい	60	盛	せい	62
春	しょう	54	静	じょう	57	随	ずい	60		じょう	57
勝	しょう	54	趙	じょう	58	瑞	ずい	60	勢	せい	62
証	しょう	54	心	しん	58	枢	すう	61	聖	せい	62
照	しょう	54	岑	しん	58	崇	すう	61		しょう	55
脩	しゅく	50	信	しん	58	嵩	すう	61	誠	せい	62
聖	しょう	55	神	しん	59	杉	すぎ	61	静	じょう	57
	せい	62		じん	60		さん	44	鯖	せい	62
詳	しょう	55	振	しん	59					さば	44
摂	しょう	55	晋	しん	59	—せ—			石	せき	62
韶	しょう	55	真	しん	59	世	せ	61		いし	18
璋	しょう	55	琛	しん	60		せい	61		しっ	47
蕉	しょう	55	新	しん	60	施	せ	61	赤	せき	62
樵	しょう	55	審	しん	60	是	ぜ	61	碩	せき	62
縦	しょう	55	篠	しん	60	世	せい	61	拙	せつ	62
	じゅう	50	親	しん	60		せ	61	浙	せつ	62
聳	しょう	55	讖	しん	60	正	せい	61	雪	せつ	62
蕭	しょう	55	仁	じん	60		しょう	51	摂	しょう	55
鐘	しょう	55		にん	83	成	せい	61	説	せつ	63
上	じょう	55	神	じん	60		じょう	55	絶	ぜつ	63
成	じょう	55		しん	59	西	せい	61	千	せん	63
	せい	61	陳	じん	60		さい	43	川	せん	63
状	じょう	55	深	じん	60		にし	82	仙	せん	63
定	じょう	55	尋	じん	60	性	しょう	52	仟	せん	63

11

先	せん	63	草	そう	68	胎	たい	70	―ち―		
宣	せん	63	叟	そう	68	退	たい	70	知	ち	72
専	せん	63	桑	そう	68	泰	たい	70	智	ち	72
泉	せん	63	曹	そう	68	諦	たい	70	痴	ち	74
洗	せん	63	曽	そう	68	大	だい	70	竹	ちく	74
詮	せん	63	僧	そう	68		おお	25	筑	ちく	74
潜	せん	63	総	そう	68		たい	69	中	ちゅう	74
暹	せん	63	聡	そう	68	第	だい	72	仲	ちゅう	74
薦	せん	63	竈	そう	68	提	だい	72	宙	ちゅう	74
瞻	せん	63		かまど	28		てい	76	忠	ちゅう	74
闡	せん	63	造	ぞう	68	沢	たく	72	柱	ちゅう	74
全	ぜん	63	象	ぞう	68		さわ	44	長	ちょう	74
善	ぜん	63	増	ぞう	68	卓	たく	72		は	83
然	ぜん	64	蔵	ぞう	69	琢	たく	72	重	ちょう	75
	ねん	83		ざ	43	諾	だく	72		じゅう	50
禅	ぜん	64	即	そく	69	武	たけ	72	肅	ちょう	75
漸	ぜん	65		しっ	47		ぶ	85	張	ちょう	75
蟬	ぜん	65	息	そく	69	健	たけ	72	鳥	ちょう	75
			速	そく	69	達	たつ	72		と	77
―そ―			尊	そん	69		だる	72	朝	ちょう	75
祖	そ	65	存	ぞん	69	丹	たん	72	澄	ちょう	75
袓	そ	65				単	たん	72	調	ちょう	75
素	そ	65	―た―			耑	たん	72	潮	ちょう	75
疎	そ	65	他	た	69	堪	たん	72	寵	ちょう	75
楚	そ	66	多	た	69	湛	たん	72	珍	ちん	75
双	そう	66	大	たい	69	団	だん	72	陳	ちん	76
宋	そう	66		おお	25	断	だん	72	琛	しん	60
宗	そう	66		だい	70	談	だん	72	椿	ちん	76
	しゅ	49	太	たい	69	檀	だん	72	鎮	ちん	76
	しゅう	50	台	たい	69						
相	そう	68	体	たい	69						

	—つ—		洞	とう	77		さい	43	破	ほ	83
通	つう	76	唐	とう	77		せい	61	馬	ば	83
			桃	とう	77	錦	にしき	82		め	94
	—て—		等	とう	77		きん	33	婆	ば	83
廷	てい	76	董	とう	78	日	にち	82	裴	はい	84
貞	じょう	57	稲	とう	78		ひ	84	梅	ばい	84
提	てい	76		いな	19	入	にゅう	82	白	はく	84
	だい	72	鄧	とう	78	如	にょ	82		びゃく	84
棣	てい	76	藤	とう	78		じょ	51	伯	はく	84
禎	てい	76	騰	とう	78	仁	にん	83	狛	はく	84
泥	でい	76	同	どう	78		じん	60		こま	43
	う	19	堂	どう	78	任	にん	83	柏	はく	84
適	てき	76	童	どう	78	忍	にん	83	璞	はく	84
哲	てつ	76	道	どう	78				檗	はく	84
鉄	てつ	76	特	とく	80		—ね—		八	はち	84
徹	てつ	76	得	とく	80	熱	ねつ	83	法	はっ	84
天	てん	76	徳	とく	80		あつ	17		ほう	88
	あま	17	独	どく	81	念	ねん	83		ほっ	90
転	てん	77	鈍	どん	81	拈	ねん	83	抜	ばつ	84
伝	でん	77	嫩	どん	81	然	ねん	83	跋	ばつ	84
			曇	どん	81		ぜん	64	播	はり	84
	—と—								半	はん	84
図	と	77		—な—			—の—		般	はん	84
兜	と	77	南	なん	81	能	のう	83	槃	はん	84
都	と	77		みなみ	91	後	のち	83	範	はん	84
鳥	と	77	難	なん	82		ご	40	盤	ばん	84
	ちょう	75							鎫	ばん	84
渡	と	77		—に—			—は—				
灯	とう	77	二	に	82	巴	は	83		—ひ—	
投	とう	77	爾	に	82	長	は	83	比	ひ	84
東	とう	77	西	にし	82		ちょう	74	日	ひ	84

	にち	82	傅	ふ	85	—ほ—			法	ほっ	90
虚	ひ	84	富	ふ	85	布	ほ	88		はっ	84
	き	30	普	ふ	85	保	ほ	88		ほう	88
	きょ	31	武	ぶ	85	破	ほ	88	本	ほん	90
	こ	40		たけ	72	浦	ほ	88	品	ほん	90
悲	ひ	84	無	ぶ	85		うら	19	梵	ぼん	90
費	ひ	84		む	93	輔	ほ	88			
美	み	91	豊	ぶ	85	菩	ぽ	88	—ま—		
毘	び	84		ほう	90	慕	ぽ	88	麻	ま	90
彦	ひこ	84	風	ふう	85	方	ほう	88	摩	ま	90
	げん	39	伏	ふく	85	芳	ほう	88	末	まつ	91
一	ひと	84		ふし	85	邦	ほう	88	万	まん	91
	いち	18	復	ふく	85	奉	ほう	88	卍	まん	91
	いつ	18	福	ふく	85	宝	ほう	88	満	まん	91
百	ひゃく	84	伏	ふし	85	放	ほう	88			
白	びゃく	84		ふく	85	法	ほう	88	—み—		
	はく	84	仏	ぶつ	85		はっ	84	三	み	91
標	ひょう	84	物	もつ	94		ほっ	90		さん	44
平	びょう	84	汾	ふん	86	峰	ほう	89	弥	み	91
	へい	87	文	ぶん	86	報	ほう	90	美	み	91
品	ほん	90		もん	95	豊	ほう	90	密	みつ	91
豼	ひん	84					ぶ	85	南	みなみ	91
敏	びん	84	—へ—			龐	ほう	90		なん	81
賓	びん	84	平	へい	87	房	ぼう	90	妙	みょう	91
				びょう	84	北	ほく	90	命	みょう	92
—ふ—			碧	へき	87		きた	31	明	みょう	92
不	ふ	85	壁	へき	87	卜	ぼく	90		みん	93
布	ほ	88	別	べつ	87	朴	ぼく	90		めい	94
扶	ふ	85	遍	へん	87	牧	ぼく	90			
芙	ふ	85	弁	べん	87	睦	ぼく	90	—む—		
浮	ふ	85				穆	ぼく	90	牟	む	93

無	む	93	益	やく	95	楊	よう	96	了	りょう	98
	ぶ	85		えき	22	養	よう	96	良	りょう	98
夢	む	94	薬	やく	95	曜	よう	96		ろう	101
									亮	りょう	100
	—め—			—ゆ—			—ら—		椋	りょう	100
馬	め	94	由	ゆ	95	羅	ら	96	寥	りょう	100
	ば	83	踰	ゆ	95	礼	らい	96	林	りん	100
命	みょう	92	唯	ゆい	95		れい	100	倫	りん	100
明	めい	94	維	ゆい	95	来	らい	96	琳	りん	100
	みょう	92		い	18	雷	らい	96	霊	りん	100
	みん	93	友	ゆう	95	頼	らい	96		れい	100
盲	めくら	94	有	ゆう	95	懶	らい	96	臨	りん	100
滅	めつ	94		う	19	洛	らく	97			
面	おも	94	勇	ゆう	95	楽	らく	97		—れ—	
			宥	ゆう	95	藍	らん	97	令	れい	100
	—も—		祐	ゆう	95	蘭	らん	97	礼	れい	100
茂	も	94	遊	ゆう	96	鸞	らん	97		らい	96
模	も	94	猷	ゆう	96				霊	れい	100
盲	めくら	94	融	ゆう	96		—り—			りん	100
罔	もう	94	熊	ゆう	96	利	り	97	嶺	れい	100
蒙	もう	94		くま	34	理	り	97	練	れん	100
木	もく	94				履	り	97	蓮	れん	100
目	もく	94		—よ—		離	り	97			
黙	もく	94	余	よ	96	力	りき	97		—ろ—	
物	もつ	94	幼	よう	96	律	りつ	97	魯	ろ	101
文	もん	95	用	よう	96	立	りゅう	97	盧	ろ	101
	ぶん	86	永	よう	96	柳	りゅう	97	露	ろ	101
聞	もん	95		えい	21	流	る	97	鷺	ろ	101
			要	よう	96	留	りゅう	96	良	ろう	101
	—や—		庸	よう	96	竜	りゅう	97		りょう	98
約	やく	95	陽	よう	96	隆	りゅう	97	朗	ろう	101

琅	ろう	101
六	ろく	101
禄	ろく	101

―わ―

和	わ	101
淮	わい	101
宏	わん	101
	こう	41
横	わん	101
	おう	25

人名第一部（出家者・神仙部）索引

―あ―

阿（真空）　809b,810b

阿一（如縁）　793b

★阿逸多　626a

〔阿〕菊（古芳）　577a

阿実　→上俊

阿性　781a

阿清　920b

★阿難（慶喜）　62b,530a,623a,712a,812b

阿耨達池竜王　336a

熱田明神（あつたみょうじん）　325b,908b

天照皇太神（天照太神）　902a,903a,b,906b,908b

天津児屋根尊（あまつこやねのみこと）　905a

天津彦彦火瓊瓊杵尊（あまつひこひこほににぎのみこと）　903a

天忍穂耳尊（あまのおしほみのみこと）　903a

雨僧正　→仁海

安恵　118a,122a,135a,143b,164b

安遠　144a

安海（叡山）　166b,167a,170b,269b

安海（大安寺）　900a

●安覚　→良祐

安願　642a

安慶　682a

★安公　→安世高

安秀（興福寺）　150b,160a

●安秀（俊芿〔弟〕子）　763a

安修　873b

安春　899a

安潤　156a

安助　881a,b

★安世高（世高・安公）　69b,514b

安叟楞　→〔宗〕楞

安尊（安尊如来）　873a

安澄　91a,100b,101b,103b,108b,109a,112b,269b

安曇仙（あずみせん）　913b,914a

安然（五大院先徳）　135a,140a,b,269b

安養尼　674a,b

★晏嬰　83b

―い―

以円　870b

〔以〕成（九峰）　609a

〔以心〕　→崇伝

●〔以〕仲〔中〕　407b

以天　→宗清

以篤（信中）　569a,b

以倫（無等）　526a

伊奘諾尊（いざなぎのみこと）　902a,903a,b

伊奘冊尊（いざなみのみこと）　902a,903a,906a

伊勢上人　→頼西

伊勢神　781a

医王如来　→忍性

為全　→真乗

為璠（器之，天遊）　584b,585a,599b,601a

★〔倚〕遇（法昌）　437b

★〔惟〕一（環渓）　283b,301b,314b,322a,330a

★〔惟〕一（了堂）　385b,503a,505a,510a,515b

★〔惟〕衍（石帆）　301a,316a,322a,b,335a

●惟堯　117a
★〔惟儼〕（薬山）　422a,531a
★惟謹（浄影寺）　117b
　惟首（法興，虚空蔵座主）　140b
●惟正　116b,117a
　惟肖　→得巌
★〔惟〕照（闓提）　430a
●惟偲（樵谷）　296b,333b,363b,632a
　惟逞（静明四神足）　231a
　惟宗　→徳輔
　惟忠　→通恕
　偉仙　→方裔
　意翁　→円浄
　意教　→頼賢
　葦航　→道然
★維蠲　132a,b
　維照　876a
　維範　875a,876a,b
★潙山　→〔霊〕祐
★栭堂〔益か〕　428a
　生馬仙（いこません）　915a
　石山大僧都　→元杲
★一（定山）　381a
　一阿〔阿〕　236a,b,905b
　一庵　→一麟
☆一庵如　→〔一〕如
　一以（大道）　369a,437a,b,499b,
　　500a,534b,569a,622a
　一円（無住，道暁）　325b,326a,782a,
　　908b
●一翁　→院豪
　一雅（大全）　499b,500a,b
　〔一〕鶚（中立）　518b
★一環渓　→〔惟〕一
★一行　68a,261a,289b,745b,750a
　一順　447a
☆〔一〕如（一庵）　551a,580a
☆一寧（一山，国師，妙慈弘済禅師）
　　281a,317b,322b,330a,b,331a,b,

　　332a,b,333a,336a,348b,349a,350a,
　　351a,363b,369a,374a,376b,377b,
　　378a,b,380a,381a,387b,398b,401a,
　　403b,412b,418b,425b,426a,437b,
　　439b,440a,468a,472a,631b
　一麟（天祥，一庵，難得子）　518b,
　　519a,b,559b,568b,575a,576a
　市杵島姫命（いちきしまひめのみこと）
　　908b
　市聖　→光勝
　壱叡　857b
　壱演（慈済，大中臣正棟）　663a,
　　818b,819a,b（第二部）
　壱定　149b,150a,161b,669b
　壱和　156b,157a,905a
　一海　742a,775a
　一関夫　→〔妙〕夫
　一休　→宗純
　一菫（固山，無中）　369a,403b,413a,
　　505b
　一慶（雲章，弘宗禅師）　580a,b,581a
●〔一〕光（日巌）　447b,448b
☆一山　→一寧
★一山万　→〔了〕万
　一糸　→文守
　一州　→正伊
　一宿上人　→行空
●一心　→自敬
　〔一心〕性　583a
●一清（無夢）　341a,428b,429b
　一宙　→〔東〕黙
　一灯　91a
　一東（日庵）　611b
　一凍　→〔紹〕滴
　一遍　→智真
●一峰　→通玄
　一峰一　→〔明〕一
　逸然　630b
　厳島明神　908b

稲荷明神　907a
●印元〔古先，正宗宏智禅師〕　416b,
　442a,b,443a,b,488a,489a,493a,
　512a,610a,632a
印俊　249a
印性　719a,731a
〔印叟〕→救海
印融　267b,269b
因（侍者）　297b
院〔雲〕居　→希曇
●院豪〔一翁，円明仏演禅師，長楽和尚〕
　304a,b,305a,323b,324a,327a,345b
院源（延暦寺）　174b,675a,683b
院尊　682b
★飲光（おんこう）　→摩訶迦葉
★隠〔瑞雲〕　383b
☆隠元　→隆琦

―う―

宇佐八幡大神　904a
宇治僧正　→覚円
宇治法印　→永実
●有厳〔長忍，慈禅〕　769a,772a,774a,
　774b,775b,777b,813b
雨僧正　→仁海
泥火瓊尊（うひちにのみこと）　903a
★優婆毱多　441b,658a
★優婆離　105a,813a
浦島子（うらしまし）　913a,b
吽戒　803b
運覚　704b
運奇（絶巌）　476b
運昭　673b
運敏　269a
運良（恭翁，仏恵禅師，仏林恵日禅師）
　366a,b,367a,420a,b,423a,b,476b
雲（閑谷）　412b
★雲（張平）　272a
雲屋　→恵輪

★雲屋〔洵〕　383a
★雲外岫　→〔雲〕岫
雲岳孫　→〔竜〕孫
雲渓　→支山
雲居　→希曇
雲谷　→玄祥
雲山　→智越
雲山峨　→〔宗〕峨
●雲樹和尚　→覚明
★〔雲〕岫（雲外）　365b,381a,383b,
　406b,415b,416a,421a,428a,472b
雲岫竜　→〔宗〕竜
★雲叙　271a
雲章　→一慶
☆雲静（超功寺）　756b
★雲静（熊野山）　858a
雲晴　158b
☆雲聡　842b
★雲峰　→〔妙高〕
★雲門　→文偃

―え―

会慶（覚顕）　235a
会霊　632a
依納　→顕恵
●恵（復庵宗己侍者）　396b,397a
恵（慈雲）　595b
恵安（東巌，宏覚禅師）　294b,295a,
　297a,b,298a
★恵因　154b
●恵運　112a,126b,127b,255a,260b
☆恵雲（鑑真の弟子）　74b
恵雲（金沢寺）　426a
●恵雲（元興寺）　893a,894a
●恵雲（山叟，仏智禅師）　311b,312a,
　b,313b,382b,383a
〔恵〕雲（寒潭）　461a,471a
☆恵雲（空鉢）　758b,759a
恵雲　→蓼海

★恵応　121a
　恵応（曇英）　565b,589b,**600b**,601a,b
★恵遠（廬山）　78b,91b,891b
★恵遠（中天竺）　850a
★〔恵〕遠（〔睦堂〕仏海禅師）　272b,
　　273a,631b
　恵穏　633b
★恵可（二祖，神光，司空山，一個）
　　62b,65b,95b,284b,295a,322b,327a,
　　338b,346b,385b,401b,412b,441b,
　　485a,623b,841a
　恵海（直明）　793b
　恵海（律師）　762a
★恵開（無門，仏眼禅師）　287a,b,
　　289a,406b
★〔恵〕覚（琅琊〔広照禅師〕）　231a,
　　352b,500b
●恵夢　270b,271a,b,415b,**845b**,846a
●恵巌（鄂隠，仏恵正続国師）　525a,
　553a,b
●☆恵灌（観）　64a,b,65a,66b,87b
☆恵喜　74b,**758b**,759a
　恵義　633a
　恵珙（元璞）　560b,561a
　恵暁（喜多院）　195a
●恵暁（白雲，仏照禅師）　286a,**310b**,
　　311a,368b,381a,b,382b,466b
　恵剣（霊鋒）　382b,383a,512b
★恵賢（宣秘大師）　849b
　恵玄（関山，本有円成仏心覚照国師，妙
　　心寺開山）　404a,b,405a,b,406a,
　　449b,528b,577b,578a,b,588b,595a,
　　598b,621a,626a,632a
●恵広（天岸，仏乗禅師）　357a,b,
　　386a,436b
★恵光（光統律師）　63a,755a
　恵光大円禅師　→得勝
　恵光房　→永弁
　恵光房　→澄豪

★〔恵〕洪（覚範）　377a,453a,481a
★恵皎　107b,377a
●恵済（元興寺）　842b,843a
　恵済（川僧，法覚仏恵禅師）　**585a**,b
☆恵山　755b
★恵思（南岳，衡山）　63b,72b,107a,b,
　　117b,132a,163b,187b,311b,388b,
　　428a,647a,862a,864b,872b
　恵師　894a
☆恵慈　842b,863a,b,864a
　恵竺　497a
★恵寂　850a
★〔恵〕寂（仰山）　312a,319b,474a,
　　554a,622b
　恵秀　265b
　恵宿　148b,149a,654a
★恵詢（梵才大師）　849b
★〔恵〕性（無明）　279b,631b
　恵勝（大安寺）　638b
　恵勝（延興寺）　919b,920a
☆恵常　74b,758b,759a
　恵心（恵心院僧都）　→源信
　恵信　192b,193a,221a,707b
　恵新　759b
　恵深（盲検校）　233a,235b,245a
　恵崇（白雲，仏頂禅師）　380a
●恵先　842b,843a
　〔恵〕泉（石窓）　551a
　恵善　842a
　恵操　775a
☆恵聡　842a,b,863a
　恵増　853b,854a
☆恵達　74b,758b,759a
　恵達（薬師寺）　124b,646a
　恵堪（大用，霊光禅師）　380a
　恵談　789b
　恵智　715b,716a
★〔恵〕忠（南陽国師）　347b,351a,
　　517b,753b

恵忠（大安寺，智者）　895b
★恵超　410b,843b
　恵珍（大安寺）　194a,200b,201a
◉恵珣（玉渓）　341a,b,428b
　恵徹（無極）　564b,565a,b
★〔恵〕南（黄竜）　84b,219b,594b
　〔恵〕日（東山）　283b
☆恵日（東明）　364a,b,365a,b,371a,
　　415b,416a,426a,430a,b,438a,439b,
　　452a,b,455a,472b,632a
　恵忍　812b
★恵然（三聖）　433a,573a,606b
★〔恵能〕（大鑑，六祖，曹渓，盧老，盧
　　行者，南能，盧能）　84b,117b,
　　138a,312a,360b,362b,455b,520b,
　　596a,625b,631a
☆恵便　842a,b
★恵満（隆化寺）　65b,369b
　恵満（道登父）　893a
☆恵弥　842b
◉恵妙　893b
　恵明（了庵）　529a,b,530a,558a,
　　564b,565a,632a
　恵猛（慈忍）　810a,811a,b
★〔恵〕融（無等）　330a
☆恵良　74b,758b,759a
　恵亮（叡山）　108a,118a,119a,b,
　　121a,141b,656b
　恵輪（雲屋，仏地禅師）　337b,452a
◉恵隣　894a
　〔懐〕渭（竹庵）　511b
★〔懐海〕（百丈，大智禅師）　310b,
　　327a,350a,354a,b,358a,360a,362a,
　　368b,375b,491a,596b,630a
★懐感　211a
　懐鑑（波著寺）　306b
★〔懐〕敞（虚庵）　84b,85a,86b,631b
　懐奘（孤雲）　273b,276a,291b,292a,
　　306b,307a,b,342a,b

★〔懐譲〕（南岳）　283b,605b,631a
★〔懐坦〕（竺西）　399a
★〔懐徳〕（沖〔仲〕虚〔挙〕）　301a
　永意　698b
　永円　675b,676a
　永緑　182b,188b,189a,191b
★永嘉　→〔玄覚〕
　永観　189a,190a,250a,787a
☆永鋠　352b
　永瑾（雪嶺，識廬）　609a,614b,615a,
　　b,834a
　永厳（慈訓弟子）　94b,98a,103b
　永厳（仁和寺）　696b
　永興（南菩薩）　919b
★永興禄　→〔神〕禄
　永実（宇治法印）　194a,b
　永釈（弥天，見性悟心禅師）　427a,
　　514b,515a
　〔永〕秀（宝〔実〕山）　558b
　永助　839a,b
　永昭　676a
　永証　717b
　永尋　883a
　永暹　877a,b
★〔永〕中（絶際）　452b
　永忠　77b
◉永忠（梵釈寺）　80a,112b,845a,b
　永超　184b
　永範（三井寺）　183b
◉永平　→道元
　永弁（恵光房）　188b,204a,209a
　〔永〕本（覚隠）　576b
★永明寿　→〔延〕寿
☆永璵（東陵，妙応光国恵海慈済禅師）
　　303b,345a,354b,356a,390b,391a,
　　415b,421b,422a,434a,438a,502a,
　　512b,516a,539b,631b,632a
　永林　565b
★〔泳〕（雁山）　417a

〔英音〕(希声)　607b
英憲(密乗)　238b
英訓　238b
英弘　227b
〔英〕種(玉岫)　599b
★英宗　768b
英心(如空)　796b
英叟　590a
英仲　→法俊
英朝(東陽,才東陽,大道真源禅師)
　450a,588a,589a,599b,600a,b,608a,
　610a,619b,621b
英文(景南)　569b,570a
●栄叡　71b,72b,92a,b,757b,758a,b
栄穏　144a
栄海　254a,257a
栄好　102a,b
栄常　918a,b
栄信　785a
栄真(円真)　793a
●栄西(明庵,千光禅師・国師)　83b,
　84a,b,85a,b,86a,b,87a,b,210a,
　217b,225a,274a,b,276a,b,277a,
　279a,280a,281b,285a,295b,414a,
　416a,419b,461a,631b,764a,765a,b,
　829b
栄済　537b
●栄尊(神子)　283b,295a,b,296a,316b
栄湛　866b
栄朝(釈円)　239b,277a,279a,283a,
　284a,287a,295a,308b,752a
栄仁　900b
叡桓　856a
叡空　207a,214b
叡空(円道)　761b,762a
叡賢　775a
叡好　662b
叡効　839b
●叡山和尚　→最澄

叡算　876b
叡実　661b,662a
★叡宗　67b
叡尊(思円,興正菩薩)　245a,251a,
　309a,310a,366b,367b,742a,767b,
　769a,772a,b,774a,774b,775a,b,
　776a,b,777a,b,778a,b,779b,780b,
　781a,b,786a,787b,788a,790a,b,
　791b,792b,793a,b,794a,801b,803b,
　811a,813b,907b
役(えん)小角　99a,143a,636b,839b,
　865b,866a,b,907b
奕(大湖)　499b
★〔益か〕栭堂　428a
益芝〔之〕謙　→〔正〕謙
越渓　→秀格
越大徳　→泰澄
越中法印　→良遍
円(寛通)　452a
円伊(仲方)　521b,530b,535b,536a,
　b,555b,802b
円一　799b
円有(在庵)　396a
●円恵(可庵,円光禅師)　367b,368a,b
円恵(法親王)　713a
円縁(興福寺)　171b,185a,251b,870b
円縁(円照門人)　799b
●円応禅師　→元光
円応大機禅師　→常訴
円賀　666b,667a
円戒　→禅爾
●円海(無象静照同船帰国)　305b
円海(道本)　251a,251b
円覚上人　→修広
円観(鳥樟上人)　837a,839a
円鑑(薩州広済寺)　539b
●円鑑禅師　→順空
円龕　→昭覚
円喜(浄慶)　800a

円久　852b
★円鏡（青竜寺）　114b
●円行（霊巌寺）　114a,b,115a,b
　円行　661a
　円瞿（竺堂）　457b,524b
　円空（栄西の弟子）　217b
　円空（円忍の弟子）　812b
　円空　→隆〔立〕信
　円経　227b
　円慶（大雲寺）　694b
　円慶（多武峰）　874b
　円芸　155a
●円月（中巌，仏種恵済禅師）　416a,
　427a,438b,446a,450b,452a,b,453a,
　454a,b,465b,489b,516a,539b,541b,
　632a
　円見（月篷）　438a,b
　円憲　228a,284a,800b
　円玄　209a,227b
　円源　→宣基
★円悟　→克勤
　円悟　→浄因
★〔円悟〕（密雲）　629b,630b
●円光禅師　→円恵
　円光大師　→源空
　円光大照禅師　→宗興
　円光房　→経円
●円載　132a,b,133a,137a,138b,139b,
　846b
●円旨（別源，縦性）　365b,415a,b,
　416a,417a,438a,b,468b,510a,541b
　円実　228a,230a,787a
　円実房　→義勢
　円守　222a
　円珠　238a,248a,251a,b,789a,796a,
　800a,b
●円修　112b,124a
　円俊　124b
　〔円〕性（法位）　396a

円松　→覚英
円証　69a,95a
円証（了寂）　797a
★円照（径山）　429b
円照（実相，金光）　229b,230b,231b,
　236a,237a,b,238a,239a,242b,243a,
　246a,b,247a,248a,251a,b,252b,
　284b,739a,b,769b,770b,773a,781b,
　785a,785b,786a,b,787a,b,788a,b,
　789a,795a,b,797a,b,798b,799a,b,
　800a,b
円照（源顕基）　176b（第二部）
〔円〕照（無外）　477a,b,542b
〔円〕照（了〔良〕堂）　503a
円照仏恵禅師　→秀格
円成　→正為
円成国師　→恵玄
円定　→真源
円浄　→正為
円浄（意翁，仏通禅師）　346a
円城王子　→真寂
円心（月堂）　531a,b,532a,538b,
　558b,559a
円心（鉄牛）　351b
円信　239b
円真　→栄真
☆円勢　917a
円晴（尊性，照真）　769a,772a,774a,
　b,775b,777b,779a,813b
円晴（道円）　800b
円善　857a,b
円宗　142b,898a,b
円智悟空禅師　→禅英
★円忠　146a
円長　886b
円超　144a,b
円澄（法鏡行者）　77a,b,78b,81a,
　107b,108a,b,119a,143b,759b,900b
●円珍（智証大師）　129a,131a,132b,

135a,**135b**,136a,b,137a,b,138a,b,
　　139a,b,140b,141a,b,146a,b,167a,
　　170a,b,176b,178a,197a,269b,650b,
　　651a,b,652a,668b,673a,680a,682a,
　　688b,693a,868a,b,906a,910b
●円通大応国師　→紹明
●円通大師　→寂昭
●円通大師　→徳済
　　円道　→叡空
　　円徳　136a
　　円頓　→尊海
　　円耳　209b
●円爾　→弁円
●円仁（慈覚大師，〔首〕楞厳院禅師）
　　78b,108b,**115b**,116a,b,117a,b,118a,
　　b,119a,122a,132b,135a,136b,140a,
　　141b,143b,144a,167a,170a,176b,
　　178a,197a,208a,248b,267a,269b,
　　631b,646b,647a,b,650b,658b,668b,
　　673a,681b,682a,b,693a,909b,910b
　　円忍（真政）　808a,**812a**,b
　　円然（奇山）　333a,345a,580a,b
　　円能（横川）　291b
　　円能（和州）　921a
　　円範（三井寺）　185b
●円範（無隠，覚雄禅師）　315a,b,
　　374a,387b,392b,400b
　　〔円〕方（無外）　459b
☆円満常照国師　→祖元
　　円満本光国師　→宗休
　　円明（醍醐寺）　775a
　　円明（東大寺）　896b,897a
　　円明証知禅師　→道秀
★円明禅師　500b
●円明仏演禅師　→院豪
　　円融　→良真
　　円律　→証玄
　　延惟　145b
　　延殷　176a,b,681b

延叡　871b
延鑑　152a
延義　151a,b,655a
延教　717a
延救　837a,b
延空　157a
延慶（叡山）　879b
延慶（大安寺）　896a
延源　671b
延幸　177a
延杲（六条僧正）　716b,717a,730b
延済　914b
延最　650a,**900a**,b
延実　875a
★〔延〕寿（永明）　383a,538a
延秀　77a
延性　148b
延昌（慈念）　656a,b,657a,663a,
　　666b,669b,822b,855b,901a
★〔延沼〕（風穴和尚，保寿）　345b,
　　353b,355b
延祥　112a,156b,157a
延敏　148a,b,153b,155b,649b
延尋（東寺）　175a
延尋（華蔵院）　676a,688a
延禅　687b
延鎮　643a,b
延庭　817b,818a
延賓　110b,111a,150a
延命（堂原寺）　914a
延命（寛空門弟）　162a
延用　→宗器
延容　871b
延朗（源義実）　717a,b,718a,b,719a,
　　905b（第二部）
宴信　697b
★偃渓聞　→〔広〕聞
淵月　767a
淵月　→道誉

☆焔恵禅師　→楚俊
★塩官　→斉安
●遠渓　→祖雄
　遠州横路沙門　→〔西蓮〕
　遠照（唯一）　　799b

　　　　　—お—
　小河上綱　739b
　小角（役）　99a,143a,636b,839b,
　　865b,866a,b,907b
　小野僧都　→成尊
　王法師　→玄詔
★応庵　→〔曇華〕
　応供応済国師　→顕日
　応衡　475b
　応準　→行然
　応照　838a
☆〔応〕宣（竜江）　279b,328b
●応通禅師　→爾然
　翁（春林）　459b
★黄梅　→弘忍
★黄檗　→〔希運〕
★黄面　→釈迦
★黄竜　→恵南
　〔奥〕志（不昧）　533b
　横川　→景三
★横川（わんせん）珙　→〔如〕珙
　大巳貴尊（おおあなむちのみこと）
　　903b,907b,909a
　大戸之道尊（おおとのちのみこと）
　　903a
　大苫辺尊（おおとまべのみこと）　903a
　大伴仙（おおとものせん）　913b,914a
　岡之法橋　→景雅
　面垂尊（おもたるのみこと）　903a
　音誉　→聖観
　恩覚（法明）　211b
　恩融　858a,b
★飲光（おんこう）　→摩訶迦葉

●温中　→宗純
　温蓮　871a

　　　　　—か—
●可庵　→円恵
●可翁　→宗然
　可翁　→妙悦
●可什（物外,真照大定禅師）　356b,
　　357a,b,386a,b,474b,515b
★〔可〕湘（絶岸）　283b
　〔可〕禅（柏巌）　454b
★果（空林）　429a
●河辺菩薩　→行善
★〔珂〕月（玉庭）　396b
★迦葉　→摩訶迦葉
★迦葉摩騰（摂摩騰）　61a,87a,b,94a,
　　697a,848a
★迦旃子　191b
★〔迦那〕提婆　→聖提婆
★迦文　→釈迦
★迦羅　813a
　華峰一　→〔僧〕一
　華屋　611b
　華山僧正　→遍昭
　華歯　690b
　華寿　265b
　華叟　→宗曇
　華叟夢　→〔正〕夢
　華林　→宗橘
　鹿島明神　780b
★〔訶梨〕跋摩　61a
☆〔過海大師〕　→鑑真
　賀茂明神（勝岳）　412a,905a,b
★嘉祥大師　→吉蔵
●瓦屋　→能光
　悟〔我〕庵　→本無
　我円　→思允
　我静　→思淳
●我禅　→俊芿

臥雲山人　→周鳳
臥竜和尚　615a
峨山　→紹〔韶〕碩
賀秀　160a
賀静　679b
雅縁　729b
雅慶　168b,169a,675b
雅真　677b
雅宝　726b
★鵝湖　→〔大義〕
★介石朋　→〔智〕朋
★会函　686a
　快庵　→明慶
　快庵　→妙慶
　快円（東大寺）　237a
　快円　812b
　快喜　237b,238a
　快賢　885b
　快玄（伏見院）　812a
　快川　→紹喜
　快暹　875a
　快全　264a
　快尊　265a,b
　戒印　→源秀
　戒恵　→厳真
　戒円　243b
　戒学　→慶運
★戒賢　183a,369b
　戒光大徳　→浄業
　戒算　682b
★戒珠　891a
　戒信　358a
　戒深　679a,b
　戒撰　141b,142a
　戒如（知足）　769a,b,771b,774a,b
●戒明（大安寺）　99b
　戒明（薬師寺）　818b
　廻心　→真空
　海印（徳禅寺）　555b

★海印（黙容）　891a
　海雲　→〔禅恵〕
　海翁頬　→〔師〕頬
　海岸　→了義
★海岸（雲花寺）　114b
●海寿（椿庭，木杯道人）　340b,502b,
　　503a,b,521b,561a
　海蔵　→師錬
　海日　231b
　海蓮　853a,854a
　界尊　260a
　〔契音〕（琴台〔室〕）　607b
　契嶷（克補）　607b
　〔契〕愚（柳渓）　429b
★契元（蘇州開元寺主）　271b,846a
●〔契〕充（太虚）　401b,512a
★〔契〕崇（明教）　374a,784a
●契聞（不聞，万休叟）　430a,b,431a,
　　465b,478b
★晦巌照　→〔法〕照
★晦機熙　→〔元〕熙
★晦堂　→〔祖心〕
　開成（勝尾寺）　867a,b,904a
★〔懐〕渭（清遠）　510a
☆懐謙　74b
★懐素　73b
★懐道　73b
　角隠　624a
　角虎道人　→竜崇
　革上人　→行円
　格道越　→〔祖〕越
　覚（闍梨）　158b
●覚阿（叡山）　272a,b,273a,631b
　覚阿（覚一）　795a,796a,b
★覚庵真　→〔夢〕真
　覚晏　273b,291b,306b
　覚意　193a,693b,696a,700b,704b
　覚一　→覚阿
　覚一　→至一

26

覚隠本　→〔永〕本
覚運（檀那）　164b,166b,167a,**168a**,
　b,172b,174a,179a,209a,b,269b,
　670b,676a,682a,824b
覚恵（元慶寺）　158b
覚恵（華山）　870b
覚恵（招提寺）　803a
覚英（円松）　**198a**,b
覚円（宇治僧正）　**184a**,b,185b,187b,
　194a,b,695a,699b
☆覚円（鏡堂，大円禅師）　313b,**314a**,
　315a,341b,351a,381a,428a,431b,
　559a,632a
★〔覚〕恩（断江）　322b,352a,430b,
　442b
覚快　**712b**,729a
覚海（南証）　212a,226b
覚基　722a
覚義　198a
覚教　719a,**731a**,734a
覚行（仁和寺）　**692b**
覚行（竹林寺）　797a
覚行　→照玄
覚慶（東陽房）　153b,159a,**167a**,b,
　174b,181b
覚慶（宝幢院）　683b
覚賢（孤峰覚明門人）　407b
覚憲　204a,**206a**,b,208b,212b
覚顕　→会慶
覚源（東大寺）　**686a**,691b
覚源禅師　→処斉
覚済　742b
覚樹　194a,195a,199a,b,200b,201a
覚俊　187b,190b,**191a**
覚助　685a
覚性（仁和寺）　198b,205b,709b,710a
覚証　775b
覚証　→性海
覚勝　884b,885a

覚照　872a
●覚照禅師　→徳瓊
覚成　205b,**716a**,719b
覚浄　230b
覚盛（学律，窮情，大悲菩薩）　769a,
　771b,772a,b,773a,b,774a,b,775b,
　777a,b,778b,781b,782b,784b,785a,
　786a,787b,788a,b,789a,790a,798b,
　803b,813b,839b
覚静　→適然
覚心（長西の弟子）　220b,238b,796a
●覚心（心地，無本，法灯円明国師）
　236a,252b,277b,**286b**,287a,b,288a,
　b,289a,328b,329b,356a,b,366a,b,
　368b,369a,370a,b,381a,400b,406b,
　407a,b,425b,451a,504a,518b,598a,
　631b,747b,749b,750a,777a,902b
覚心（慈心）　769b
覚心（西大寺）　801b
覚信　182b,**188a**,192b,193a,198a
覚尋　176b,192a
覚晴（修学）　192b,193a,203b
覚善　201b,**203a**
覚尊　826b,827a
覚〔願〕知　→義景（安達）（第二部）
覚智禅師　460b,466a
覚忠　719b
覚超（都〔兜〕率）　140b,**173a**,b,
　174a,181b
覚澄（性舜）　229b,245b,246a,769b
覚道　254b
覚如（玉泉寺）　649a
●覚如（成願）　774b,**794a**
覚入（証入の弟子）　237a,b
覚入（清原正国）　874a（第二部）
覚任　704b
覚念　872a,b
覚然　779a
覚然　→深有

覚範　481a
★覚範洪→〔徳〕洪・〔恵〕洪
　覚鑁（正覚，密厳，興教大師）　187a，
　　b，**194b**，195a，b，196a，b，197a，199b，
　　200a，202a，696b，701a，b，706a，b，
　　710a，b，725b，905a
　覚仏　287a
　覚遍　209a，782b
　覚弁　**203b**
　覚法親王（白河天皇第四皇子）　226b，
　　233a，696b，701a，b，702a，704a，707a，
　　709a，b，710a，716a，731a，754a
　覚卍（字堂）　**561a**，b
●覚明（孤峰，雲樹和尚，三光国済国師）
　　406a，b，407a，b，451a，465a，475b，
　　477b，488a，492b，495b，498a，504a，
　　527b，575b，577a，832a
　覚明　→長西
　覚也　803a
　覚雄（親玄の弟子）　248a
　覚雄（東大寺）　221a，269b
●覚雄禅師　→円範
　覚猷（鳥羽僧正）　194a，b，195b
　覚和（高野八傑）　235b
　廓（天初）　394b
　学律　→覚盛
★岳（谷源）　352a
　岳雲登　→〔周〕登
　岳翁　→長甫
　岳林　590b
●鄂隠　→恵奯
　𤭖叟俊　→〔宗〕俊
　鶸中立　→〔一〕鶸
　惶根尊（かしこねのみこと）　903a
　春日明神（かすがみょうじん）　904b
★夾山（かっさん）　→〔善会〕
　喝岩聡　→聡〔一〕
★〔瞎堂〕　→〔恵〕遠
　竈門山明神（かまどさんみょうじん）

907a
　革上人　→行円
★咸傑（密庵）　283b，333a，355b，486b
　桓舜（月蔵）　684b，685a，906a
●寒巌　→義尹
★寒山　316a，374b，453b，504b，508a，516b
　寒潭雲　→〔恵〕雲
★閑〔間〕（大悲）　95b
　閑観　241b
　閑谷寺　412b
　勧修（智静，長谷大僧正）　668b，
　　672b，673a，b，676b，679b，680a，688b，
　　754b
　勧聖　→唯心
　寛伊　744a
　寛意　692b
　寛印　161a，171a，**172b**，173a
　寛雅　207a
　寛海（空蔵）　**237b**
　寛監　160a
　寛救　153b
　寛暁　701a，**707a**，879a，b
　寛空（蓮台僧正）　156b，161b，162a，
　　661a，b，662b，664a，669a，679a
　寛幸　201b
　寛修　660a
　寛舜　886b
　寛順　→泉奘
　寛助　193a，195a，197a，**696a**，b，697a，
　　701a，b，704a，b，708b，827a
　寛性　255b，748b
●寛昌（浄雲）　224b，225a
　寛静　156b
　寛信　194a，195b，**199a**，b，200b，201a，
　　696b，707a，b
　寛智　739b
　寛忠　662a，b，676b
　寛朝　156b，159a，168b，169a，668b，
　　669a，b，675b，676b，677b

寛通円　452a
寛典　738a
寛範　235b
寛遍　696b, 708b, 709a, 715a
寛蓮　708b
関山　→恵玄
●寰中　→元志
★環渓一　→〔惟〕一
★簡翁敬　→〔居〕敬
　観（闍梨）　368b
　観恵　702a, 704a
　観叡　214b, 215a
　観円（三井）　185b, 186a, b
　観円（尊勝院）　175a
　観海（性海寺）　243a
　観海（大光明寺）　237b
　観覚（多聞）　222b, 223a
　観覚（法然の叔父）　206b, 207a
　観喜　816b
　観鏡　→証入
　観賢　146b, 147a, 148b, 149b, 151a, 661a
　観厳　190a, b, 717b
　観算　147b
　観宿　649b, 760b
　観勝　462b
　〔観〕信　199b（真言宗勧修寺流祖）
　観聖　230b
　観照（忠尋の弟子）　192b
　観照　→行祐
　観心（華遊院）　235a
　観心（禅海）　792b
　観真　156b, 175a
●観智　895a
　観智国師　624b
●観中　→中諦
　観堂光　538a
　観日　237a
　観仏　→心性
　観明　237a

観門恵雲　→寥海
観理　155b, 157b, 171b, 847b
観蓮　237b, 238a
☆観勒　61a, b, 62a, 87b
観誉　→祐崇
★〔灌頂〕→章安
鑑翁（春屋妙葩門人）　523a
鑑翁　→士昭
★鑑源寿　→〔興〕寿
★元照（華林寺）　121a, 122a
★元照（霊芝，大智律師）　220b, 764b,
　770a, b, 795a, 802a
岸高　830b
★雁山泳　417a
★頑極弥　→〔行〕弥
頑石　→曇生
願安（願安菩薩）　100a, 150b, 641b,
　642a, 851b
★原〔願〕〔庵〕　→宗体
願覚　917a, b
願行　→憲静
願暁　109b, 133a, 142b, 253b
願西　886b
願性（葛山景倫）　287b（第二部）
願定　851b
願蓮　223a
（厳）蔵　→蓮待
厳玲（竹春）　833b
☆鑑真（〔過海大師〕）　72a, b, 73a, b,
　74a, b, 75a, b, 76a, 87b, 92b, 104a, b,
　107b, 755a, b, 756a, b, 757a, b, 758a,
　759a, b, 761a, 772b, 773a, 778a, 787b,
　813a, 835b, 836a, 896a

——き——

几山　→浮玉
★圻（方庵）　312a
希庵　→玄密
★〔希運〕（黄檗）　320b, 350a, 466b,

573b
　希譲（在先）　**507b**,803a
　希声　→〔英音〕
　希先　→〔秀先〕
★〔希遷〕（石頭）　631a
★希叟曇　→〔紹〕曇
　希明良　→〔清〕良
　希文綸　→〔正〕綸
　希膺（雲居、慈光不昧禅師）　621b,
　　624b,625a,626a,b,629a,632a
★〔希〕陵（虚谷）　352a,b,377b,381a,
　　395b,442b
　奇山　→円然
★季潭泐　→〔宗〕泐
　季東溟　→〔宗〕溟
　祈親　821a,822a
　帰宗　→〔智常〕
　帰整（大綱）　394b,**506b**,507a,546b
　記主上人　→良忠
　起山　→師振
　基海　114a
　基継　141b,150a,156a,649b,**901a**
　基好　83b
　基秀　899b
　基舜（大智房）　197b,198a
　基石　124b
　基灯　855a
　基遍　114a
　規庵　→祖円
　亀年　→禅愉
★虚堂愚　→〔智〕愚
★喜（竹窓）　361b
　喜因　847b
　喜海　219b,**221b**
　喜慶　158b,**657b**,675a
　嘉〔喜〕泉　→〔周〕慶
　喜撰（窺仙）　914b,915a
　喜足嚊　612a
　棋山　→賢仙

　器之　→為璠
　機雪　→宗清
　機堂応　→〔長〕応
★窺基（慈恩大師、大乗基）　65b,89a,
　　91b,97b,102b,123a,136b,160b,165b,
　　198a,b,369b,536a,580a,583a,724a,
　　788b,801b,802a,844a,879b,899a
　窺仙　→喜撰
　岐陽　→方秀
　宜竹　→周麟
★義威　72b
●義尹（寒巌）　276a,**292a**,b,293a,472a
　義雲　347b,452a
　義叡（杜多行者）　923b,924a,b
　義叡（薬師寺）　899b,900a
　義延　107a
★〔義〕遠（無外）　276a,292b,293a
　義演　131a
　義渕　88b,89a,91a,92a,b,93b,815a,
　　843b,844a
☆義翁　→紹仁
●義介（徹通）　292a,293a,**306b**,307a,
　　b,342a,b
　義海（東南院）　245b,246a
　義海（延暦寺）　655b,656a
☆義覚　633a,753b
　義亨（徹翁、大祖正眼禅師、天応大現国
　　師）　360a,**431a**,b,432a,b,433a,
　　444b,462a,466b,470a,491b,492a,
　　496a,531a,554b,586a,622a,632a
☆義空　270b,271a,b,273b,415a,631b,
　　845b
　義空（求法）　649a,**830a**,b,831a
★〔義玄〕（臨済、済北）　84b,278b,
　　284b,290b,305a,331b,341a,353b,
　　355b,359b,397a,406a,411b,431b,
　　433a,442a,459a,461b,466b,478b,
　　500a,505a,516b,517b,521a,538a,
　　541a,544a,547b,553a,578a,596a,b,

人名第一部（出家者・神仙部）索引

　　600a,606b,613a,618b,630b,783b
　義光　156a,172a
　義済　612a
　義山恩　→〔明〕恩
　義昭　152a,b,158b,159b,269b
　義聖　101a
★義浄　846b,866a
☆義静　74b,756b
●義真（延暦寺）　78b,104a,b,106b,
　　108b,116a,119a,131a,134a,136a,
　　269b
★義真（長安青竜寺）　114a,b,115a,
　　117a,126b
★〔義〕青（投子,青華厳）　365b,598a
　義勢（円実房）　837a
★義宣　230a
★義銛（朴翁,無懐）　764b
★義楚　847b
★義操　114b,115a
　義蔵　920b
　義尊　713b
★〔義存〕（雪峰,真覚大師）　322a,
　　339a,382a,406a,408a,466b,528b,
　　596b,612a,630b
　義冲（大陽）　393b,394a
●義天（無雲）　428a,531b
　義天　→玄詔
　義堂　→周信
●義南（菩薩）　444a,b,490b,503b,504a
　義範　689b,690a,694b,697b,703b,754b
　義〔祖〕稜（伯師）　558b,559a
★義林　76b,136b
　菊夜叉　→宗舜
　毬多　→優婆毬多
　北筑紫　→信明
　北野天神（天満大自在天神）　910b
　吉祥院僧都　→湛昭
★吉蔵（嘉祥大師）　64a,65a,136b,
　　892b,893b,894a

　吉水　→慈源
★契了（きつりょう,即休〈しっきゅう〉）
　　354b,501a,523b,524a,526a,534b,
　　632a
★〔橘洲〕　→〔宝〕曇
　噱（喜足）　612a
●逆流　→建順
○九渕賝　→〔竜〕賝（入明は『五山禅僧
　　伝記集成』による）
　九峰　→韶奏
　九峰　→信虔
　九峰成→〔以〕成
　丘（東山）　478b
　急性菩薩　→宗深
　宮清（石清水）　786b,787a
　救海（〔印叟〕）　414a
　窮情　→覚盛
　牛耕和尚　→周宗
★〔居〕簡（敬叟,北磵）　225b,277b,
　　278a,279b,301a,323a,453a
★〔居〕敬（簡翁）　283b,296b,330a,
　　334a,335a
●居中（嵩山,大本禅師）　369a,381a,
　　b,382a,431a,460a,b,508a
★〔居〕遁（竜牙）　305a
　挙（直庵）　356b
★虚庵敞　→〔懐〕敞
★虚谷（ひよく）陵　→〔希〕陵（きり
　　ん）
　虚白信　→〔全〕信
　清水寺上綱　→清範
　清滝神　781b
★匡道大師　337a
★匡仁（疎山）　284b
★仰山（きょうざん）　→〔恵寂〕
　亨（首座）　→義亨
　亨庵（聖翁）　463a
★夾山（かっさん）　→〔善会〕
　狂雲子　→宗純

31

★香厳（きょうげん）　→〔智閑〕
恭翁　→運良
教尹　　227b,228a
教円（延暦寺）　176a,905a
教円（招提寺）　772b,773b,774a
教懐　172a,874b,875a,876a,b
教外　→得蔵
教覚（正智院）　187a,b,202b
教寛　205a
教杲　741b
教厳　103a
教舜　232a
教信（弥陀丸）　642b,643a
教真　877a
教尋　701a,b
教待　137b,868a,b
教忍仙人　186b
教弁（如蓮）　831b
竟空　125b
経円（円光房）　185a,b
経円（東北院）　228a
経海（本朝僧侶四天王）　222b,231a,
　799a
経救　172a,176b,184b
経源　878a
経舜（正顕）　800b
経助（香聖）　878a,b
経照（菩提山）　231b
経照　→唯空
経暹（多武峰）　874a,b
経暹（興福寺）　878a
経暹（小田原寺）　879a
経得（小房聖）　879a,b
経範　687b,691a,692a,696b
境妙　882a
★憍梵鉢提　487b,854a
★〔警玄〕（大陽）　598a
　鏡恵（随覚）　777b,793b
　鏡円（通翁，浄光，普照大光国師）

　　338a,b,339a,b,460a,564a
　鏡智法明禅師　→周勝
☆鏡堂　→覚円
　鏡忍　69a,94b,95a,269b
　行意（大夫律師，沢律師）　701b,885a
　行恵　197b,827b
　行叡　643a,b,868b
　行円（三井寺，源国輔）　241b,680a,
　　b,685a,754a,906a（第二部）
　行円（革上人）　825b,826a
●行賀　94b,98a,b
　行観（三井寺）　185a
　行観（錦織僧正）　692a,b,695a
　行基　70a,88b,91b,101a,117b,128b,
　　165a,188a,241b,389a,537b,635b,
　　636a,638a,786b,814a,815a,b,816a,
　　834b,861a,866b,902a,b
★行居　795a
　行教　142a,641a,b,904b
★行筆（石林）　301a,317a
　行空（一宿上人）　859a,b
　行玄　705b,706a,712b
　行厳　784b
★〔行思〕（青原）　543b,631a
　行心　→頼豪
　行巡　644a,b
　行昭　742b,743a
　行勝　733a,b
　行信（法隆寺）　91b
　行信（神宮寺）　645b,816a
　行真（藤原顕長）　176b,177a（第二
　　部）
　行清　789b
　行仙　739a
　行泉（叡山）　310b
　行潜　74a,813a
　行暹（竜象）　193a,b
●行善（河辺菩薩）　844a
☆行禅　793b

行叟泰　→〔心〕泰
行尊　696a,699a,b,700a,b,701a,754a
行達　88b
★〔行〕端（元叟）　377a,b,381b,383b,
　426b
★行中仁　→〔至〕仁
行忍　74a,813a
行然（応準）　778b,779a
行範（叡山）　838a
行表　75b,95a,b,631b
行遍　221a,734a,b,740b,743a
★行満（禅林寺）　76b
行満（東尾寺）　907a
★〔行〕弥（頑極）（育王山住持）　313a,
　330a
行明　827b
行勇（退耕）　276b,277a,279a,283a,
　287a,b
行祐（観照）　799a
行誉　667b
尭運　→玄誉
尭円　809a
尭戒　→定泉
尭信　725a
尭仁　725a
尭諶　204a
尭弁（久野〔能〕山）　282b
凝然（示観）　69b,232b,242b,246b,
　247a,252a,b,254a,255b,264b,
　269b,366a,b,367b,368b,387a,740b,
　770b,777b,785b,787b,800b,898b,
　899a
☆旭　→澄円
玉英　→照珍
玉英問　→〔宗〕問
玉畹　→梵芳
玉翁（団誉）　833b,834a,b
★玉崖振　322a
●玉渓　→恵琿

〔玉渓〕　→仲頊
玉岡珍　→〔蔵〕珍
玉山　→徳璇
●玉山提　→〔玄〕提
玉室珀　→〔宗〕珀
玉岫種　→〔英〕種
★玉泉皓　→〔承〕皓
★玉庭月　→〔珂〕月
玉峰（璨）　354a
玉峰圭　→〔妙〕圭
玉林璨　→〔宗〕璨
近保　900a
★金華　→俱胝
★金牛（鎮州）　630b
●金慶　272b
●金山　→明昶
金善　771b
★金粟如来→維摩
●金峰　→明昶
金峰山比丘　120b
☆金竜　484a
琴台〔室〕　→〔契音〕
釣叟江　→〔玄〕江
釣分渭　→〔清〕渭
錦織僧正　→行観

　　　　一く一
久米仙　913b,914a
★古林（くりん）茂　→〔清〕茂（せいむ）
★虎丘（くきゅう）　→〔紹隆〕
★俱胝（金華）　227b,506a,512b,591a
鼓山（くざん）　→大随
駒僧正　→道智
★瞿曇（くどん）　→釈迦
弘誓院　→正覚（尼）
★求那〔跋〕摩　128b,547b
求法　→義空
愚（直庵）　408a

★〔愚〕（如庵）　383a
★愚庵　→〔智〕及
◉愚庵　→周及
　愚渓　→智〔知〕至
★愚極　→〔智〕恵
　愚極才　→〔礼〕才
◉愚中　→周及
◉愚直　→師侃
　愚堂　→東寔
〔虞〕（古田）　354a
　空阿　387a
　空因　808b
◉空海（如空，弘法大師，大師，第三地菩薩）　68b, 79b, 80a, b, 81a, b, 82a, b, 83a, 87b, 96a, 104a, b, 107a, b, 108b, 110b, 111a, b, 112a, 113b, 114a, 120a, b, 121b, 122b, 123a, b, 128a, 129a, b, 136a, 145a, 147a, 187a, 193b, 194b, 195a, 196a, 212a, 222b, 226b, 235b, 245a, 257a, 260b, 270b, 427b, 452a, 462b, 463a, 552b, 637a, 640b, 641a, 644b, 678a, b, 680a, 681b, 687a, 688a, 689b, 692a, 693a, 694a, 697a, 704a, 721a, 725b, 729a, 755b, 757a, 759a, 806a, 811a, 817a, 818a, 820a, 828b, 846b, 864b, 876a, 877a, 885a, 888b, 896b, 897a, 904b, 906b, 907a, 908b, 913b
★空海念　→〔良〕念
　空願　251b
　空鏡　268b
　空極　546a
　空華道人　→周信
　空慶　809a
　空月　→心海
◉空月（禅性）　247b
　空谷　→明応
☆空室　→〔妙〕空
　空日　914a

　空寂　220a, b
　空性（痴鈍）　313b, 314a, 387b
　空照　812b
　空深　→玄性
　空晴　150a, b, 154b, 157a, 160b
　空叟体　→〔思〕体
　空操　147b, 897a
　空蔵　→寛海
　空智　→忍空
　空如　799a
☆空鉢　→恵雲
　空鉢上人　→慈信
☆空鉢仙　→法道仙
　空也　→光勝
　空理（宇多法皇）　150b, 151a（第二部）
★空林果　429a
　遇縁　619a
　国狭槌尊（くにさづちのみこと）　903a
　国常立尊（くにとこたちのみこと）　903a
　熊野山権現（くまのさんごんげん）　906a
★訓忍　94a

—け—

　化化禅　→正猷
★華厳尊者　→普寂
　華厳老僧　→道玄
　解脱　→貞慶
★圭峰　→宗密
　〔契音〕（琴台〔室〕）　607b
★恵果和尚　80a, b, 82a, 114a, b, 115a, 196a, 637a, 697a, 820a, 913b
　桂萼（少林）　460a, b, 513a
◉桂悟（了庵，仏日禅師）　372a, 602b, 603a, b
★桂光大士　→徳瓊
◉桂堂　→瓊林

桂林　→徳昌
★荊渓　→湛然
★荊叟　→〔如〕珏
◉啓原（大初）　515b
　啓瑞〔端〕（〔直庵〕）　474b
　敬翁　→祖欽
★敬叟　→〔居〕簡
　敬日　214a
◉敬念（悟空）　294b,295a,297a,b,298a
　敬芳欽　→〔宝〕欽
◉景印（鉄牛）　393b
　景雲　176b,681b
　景雅（岡之法橋）　200b,207a,217b
　景戒　125b,126a,917a
★景元〔元叟〕端　→〔行〕端
　景三（横川，万年）　590a,b,591a,611b
　景茝（蘭坡，仏恵円応禅師）　606b,607a
　景徐　→周麟
★景岑（長沙）　299a
　景深　78a,107a
　景川　→宗隆
★景通（大神仏）　312a
　景堂　→玄訥
　景南　→英文
　〔景〕庸（庸山）　619b
　継尊　769b
　瑩山　→紹瑾
　慶意　179b
　慶運（戒学）　788b
　慶雲　773a
　慶円（延暦寺）　173a,179b,675a,b,684b,685b
　慶円（竜門寺）　725a,b,726a,904b
◉慶円（月心，大乗菩薩）　385b,426b,507b,520b
　慶円（寂禅）　798b
　慶雅　200b

★慶喜　→阿難
　慶俊（愛宕山）　99a,b
　慶俊（大法房五師）　202b,204b
　慶俊（高野山）　828a
　慶浚（明叔）　613b,615b
　慶舜　→双円
　〔慶〕順（天巽）　558b
★〔慶諸〕（石霜）　448a
　慶照　195a
　慶信　181b,194a,826a,b
◉〔慶政〕（勝月）　219a,221b
　慶逞　181a
　慶祚　163a,170b,171a,178a,181a,668b,685b,689a,694b,874a
　慶宗　200b
　慶朝　186a,693a
★慶哲（古智）　415b,429a
　慶日　690b
　慶念　876a
　慶芳（少室）　460b
　慶命（叡山）　676a,b,691a
　慶命（大乗院）　906a
　慶友尊者（難提蜜多羅）　764b
　慶祐　170a
　慶耀（三井）　910b
★〔警玄〕（大陽）　598a
　瓊侍者　→〔得〕瓊
◉瓊林（桂堂）323a,381a
　傑翁　→是英
◉〔傑翁〕　→〔宗〕恵〔英〕
　傑堂　→能勝
★傑峰英　→〔世〕英〔愚〕
　月庵　→紹清
　月庵　→宗光
　月庵　261b
◉月翁　→智鏡
　月翁規　→〔元〕規
　月海静　805a
★月谿円　→〔紹〕円

★月江 →〔正〕印
月江 →正文
月航 →玄津
月谷岫　615a,b
〔月察〕 →天明〔命〕
月舟 →寿桂
●月心 →慶円
月泉印 →〔良〕印
月船 →琛海
★月宗主（景福律寺）　283a
月叟沢〔潭〕 →〔明〕沢〔潭〕
月蔵 →桓舜
★月潭円 →〔智〕円
月庭 →周朗
★月庭 →〔正〕忠
月堂 →円心
月堂 →宗規
月峰 →了然
月篷 →円見
★月林 →〔師観〕
●月林 →道皎
月輪　830a
見外方　590a
見空（慈寂）　779b
●見山 →崇喜
見性　237b
見性悟心禅師 →永釈
★見心 →〔来〕復
見智　767a
見塔　230b,238a
見仏　859b,860a
見蓮 →如導
建〔健〕（侍者） →勇健（大歇）
★建（白蓮寺長老）　768a
●建順（逆流）　832a,b,833a
兼意（高野山）　202a
兼意　697b
兼海　195b,196a,198a
兼海（浄法）　706a,b

兼賢　197b,198a,201b,202b
兼算（梵釈寺）　870b,871a
兼承　238b
兼澄　206a,226b
乾坤長　531b
乾心禅師　591b
乾峰 →士曇
〔乾〕有（象先）　356b
健易（東漸，竜石子〔丸〕）　368b,
　435b,446b,548a,b,549a
剣関提　521b
嶮崖 →巧安
●堅恵　122b
憲円（美濃僧都）　227b
憲式　268b
憲淳　745a,794b,795a
憲静（願行，宗灯律師）　254b,794b,
　795a,796a,b
憲深　221b,232a,233a,b,244a,738a,
　789a,797b
賢一　652a
賢永　817b,818a
賢応　124b,125a,b,134b
賢戒　74a
賢海　732b
賢覚（真言宗理性院の祖）　195a,202a,
　698b,703b
賢救　879b,880a
賢憬〔環〕（室生山）　74a,106a,110b,
　758b,813a,835b
賢源　184b
賢護　825a
賢弘　809a
賢国〔谷〕良 →〔宗〕良
賢室起〔超〕 →〔自〕起〔超〕
★賢首 →法蔵
賢俊（槙尾山）　628b
賢俊 →良永
賢聖房 →禅誉

賢定　229b
賢信　653b
●賢真　851b
賢尋　676a
賢仙（棋山，照覚普済禅師）　392b,
　393a,526b
賢長　728b
★賢天　834b
元〔賢〕宝　257b,269b
賢明　→慈済
賢雄　245a
賢和　897b
謙（上人）　490a
謙翁為　→〔宗〕為
謙巌　→原冲
謙宗（南英）　573a,b,574a,582a
鑒通（光影）　809b,810a
顕意（叡山）　83b
顕意（道教）　243a
顕恵（東大寺）　200b,201a,726b
顕恵（依納）　918b
顕寛　727b
顕空　243b
顕厳（随心院）　226a,728a,730a
顕性　237b
顕昌　→〔師蛮（卍元）〕
顕信　675b
顕真（東大寺）　181a,b,189a
顕真（延暦寺）　204a,b,207b,222a
顕総　→〔慈光〕
顕尊　252b,788b
顕珍　775b
顕日　→道憲
顕日（高峰，仏国応供広済国師）
　313b,323b,326a,b,327a,b,328a,b,
　329b,338a,346b,355a,357a,b,358a,
　369a,372b,381a,382a,387b,388a,b,
　389b,391b,394b,403a,406b,410b,
　411a,412b,419b,431b,434b,435a,

　436b,437a,439b,448a,457a,460b,
　483b
顕範　221a,269b
顕誉　746b
顕律　→源俊
★〔元安〕（洛浦）　541a
元翁　→本元
★元翁信　406b
元恢（大方）　431a,461b
元海　706b,707a
●元晦（無隠，法雲普済禅師）　354b,
　396a,416b,419a,b,442b,490b,581b,
　632a
★〔元〕愷（東叟）（育王山住持）　330a
〔元〕規（月翁，大乗菩薩）　520b
★〔元〕熙（晦機）　335a,352b,377b,
　383b
〔元〕空（断岸）　323b
〔元〕薫（南山）　567a
元圭（方涯）　456b,459a,b
●元光（寂室，円応禅師，弘法大師の後
　身）　377b,405a,426a,b,427a,b,
　428a,435a,454b,463a,476a,514b,
　515a,530a,533b,537a,538b,539b,
　541b,545b,546a,b,608b,678b
元杲（石山大僧都）　161a,b,162a,b,
　168b,169a,677b,847a
●元旨　459b
●元志（寰中）　461b
元寿　268b
●元寿（太虚）　459b,460a
元順　803b
★元璋　137a,138b
★〔元〕粋（古雲）　765b,768a,b,769a
★元政　117a
元清　803b
元晴（随道）　800a
●元選（無文）　444b,490a,b,491a,b,
　566b,632a

★元叟端 →〔行〕端
★〔元〕聡（蒙庵）　763b
　〔元〕中（秀山）　431a
　〔元〕忠（無功）　514b
★〔元〕長（千巌）　417b,455b,456a,b,
　　490b,538b,632a
　〔元〕長（天長）　619b
★〔元〕肇（淮海〈わいかい〉）　317a
　元方　161b,162a
　元璞　→恵珙
　元礼（履中）　533a
　幻雲　→寿桂
　幻翁寿　→〔碩〕寿
◉幻空　→友梅
★幻住老人　→〔明〕本
　玄一　447b
　玄雲　249a
　玄恵（洗心子）　338b,358b,450a
　玄恵　748a
　玄栄　142b,897b,898b
　玄叡　108b,109a,112b,269b
　玄翁　→玄妙
　玄音　→道瑜
　玄雅　787a
　玄海（寛性の弟子）　255b
　玄海（小松寺）　855b
　玄（元）開（真人）　75a
　玄覚（三論学匠）　91a
　玄覚（興福寺）　192b,193a,703a,707b
★〔玄覚〕（永嘉，真覚大師）　397b,
　　479b,538a,565b
　〔玄〕侃（直山，臨済宗聖一派竜吟門
　　派）　394a
　玄鑑　651a,b
　玄基（興道）　792b
　玄基（山階寺）　896a,b
　玄球（天琢）　456b,457a
　玄空　799b
　〔玄〕珪（不琢）　585b

　玄啓　583a
★玄慶　131a
　玄虎（大空，仏性通活禅師）　604a
　〔玄〕江（釣叟，臨済宗聖一派竜吟門
　　派）　383a,456b,457a
　宗〔玄〕興（南化，定恵円明国師）
　　618b,619a,b
　玄朔（桃隠，禅源大沢禅師）　570b,
　　571a,b,577b,587b,588b,593b,594a,
　　596a,597a,598b,
★玄沙　→〔師備〕
　玄柔（剛中）　477a,487a,b
　玄俊（三宝院）　432a
　玄正　→聖瑜
　玄性（空深）　259b
　玄昌　624a
　玄昭（叡山）　144b,145a,269b,648a,
　　651a,652a,655a,656a,b,658a,660a,
　　681b
　玄祥（雲谷，仏智広照禅師）　571b,
　　572a,587b,593b,596a,597a,598a
　玄紹　→玄詔
　玄詔（義天，王法師）　577a,b,578a,
　　b,587b,588b,593b,595b,598b
　玄照　→玄昭
★玄奘　65a,b,66b,67a,73b,75a,124a,
　　183a,214a,369b,631b,846b
　玄常　839a
　玄心（頼瑜の師）　243b
　玄心（証賢の弟子）　253a
　玄津（月航，普済英宗禅師）　618a,b
　玄津（東大寺）　900a
　玄瑞　567a
　〔玄〕晟（道山）　417a
◉玄素（大朴，真覚広恵大師）　383a,b
　〔玄〕祚（智門）　626b
◉〔玄〕提（玉山，臨済宗聖一派竜吟門
　　派）　487a,b
　玄訥（景堂）　611a,613b

玄日　144a
玄忍（証覚）　778b,786a
玄賓（長訓の師）　112a
玄賓（湯川寺）　638b,639a,907b
〔玄彭〕（大〔天〕庵）　565b
●玄昉　88b,94b,96b,844a,b,845a
玄密（希庵）　615a,b,617b
玄妙（玄翁）　507a,b
玄誉（尭運）　259b
玄耀　129a
玄憐　112a
言外　→宗忠
彦火火出見尊（ひこほほでみのみこと）
　　903a
彦証　→清算
彦洞（明叟）　549b
彦波瀲武鸕鷀草葺不合尊（ひこなぎさだ
　けうがやふきあはせずのみこと）
　　903a,907a
★原〔退〕耕　→〔徳〕寧
原冲（謙厳）　547b
★源（別流）　383b
源意（蓮性）　799a
源延（浄蓮）　212b,720a
源空（法然、小矢児、円光大師）
　　204a,206b,207a,b,208a,209b,211a,
　　212b,213b,214a,b,215a,b,216a,
　　219b,220a,222a,223a,230a,b,236b,
　　239b,253a,266a,269b,829b,840a,
　　889b,890a,b,891a,b
源光　207a
源算　827a,b
源秀（戒印）　780b
源重　748b,749a
源俊（顕律）　767b,779a
〔源照〕（珍山）　342b
●源心　287a
源心（延暦寺）　683b,684a
源信（恵心）　159b,164b,166b,167a,

168a,b,169a,b,170a,b,171a,172b,
173a,175b,182a,192a,207a,209a,
248a,260a,266a,267a,269b,670b,
672a,674a,b,824b,825a,848b,849a,
873b,908a
★源清　167a
源泉　684a,b
源尊　855b,856a
源太主　915b
源湛　824b
源智（勢観）　889b
源智（大灯）　801a
源仁（法相）　81a
源仁（東寺）　112a,133b,134a,142a,
　b,900a
★源（別流）　383b
〔源〕用（大方）　569b
厳意　198b
厳家　245a
厳海　728b
厳覚　199a,693b,694a,696a,761a
厳寛　789a
厳久　824b
厳実　888b
厳俊　769b
厳舜　742a
厳勝　186a,b
厳真（戒恵）　778a,b
厳智　69a,93b,94a,269b
厳中　→周圍
厳貞　778a
厳島明神　908b
厳範　174a

—こ—

小池法印　→頼誉
子島先徳　→真興
古（真厳）　531b
古雲粋　→〔元〕粋

古岳　→宗旦
古岳　→宗直
古巌　→宗輔
●古鏡　→明千
　古剣　→智訥
●古剣　→妙快
●古源　→邵元
　古心誠　→〔世〕誠
●古先　→印元
★古智　→慶哲
★古鼎銘　→〔祖〕銘
　古天誓　→〔周〕誓
　古篆印　→〔周〕印
　古田〔虞〕　354a
　古幢　→周勝
★古梅友　→〔正〕友
　古芳菊　→〔阿〕菊
★古林茂（くりんむ）　→〔清〕茂（せいむ）
　固山　→一鞏
　虎関　→師錬
★虎巌伏　→〔浄〕伏
★虎丘　→〔紹隆〕
●虎渓　→道壬
　虎聖　338b, 339a
　虎森　539b
　孤雲　→懐奘
　孤山　→至遠
●孤峰　→覚明
　孤峰遠〔明〕　→覚明
○枯木　→紹栄（入元は『日華文化交流史』による）
★虚庵敞　→懐敞
　虚空蔵座主　→惟首
★虚谷陵　→〔希〕陵
★虚舟度　→〔普〕度
　壺庵　→至簡
●瑚海　→中珊
　鼓山　→大随

★五祖　→〔法演〕
　五大院先徳　→安然
★五台和尚　117a
　五智　→融源
★五峰（西堂）　630a
　牛頭天神　912b
★牛頭融　→〔法〕融
　吾宝璨　→〔宗〕璨
　後僧正　→真然
　後般若房　→相俊
　悟〔我〕庵　→本無
★〔悟〕逸（樵隠）　345a, 408a, 417b, 428b, 429a
　悟覚（敦忠親王）　688b（第二部）
●悟空　→敬念
　悟渓　→宗頓
★悟心（竺田）　337a, 352a, 415b, 452b, 459b
★悟本大師　→〔良〕价
　晤恩　773b
　護念　→慈応
★護法　101b, 102a, 191b, 198a
　護命　78a, 101a, **104b**, 105b, 106a, 107a, 109a, 110a, 112a, 133b, 269b
　口光　→栄尊
　公伊　187b, 188a, 190a
　公惟　738a
　公胤　207b, **210b**, 211a, 274a, 729b
　公円　223a, 274a
　公縁　227b
　公賢　728a
　公紹　745a
　公聖　737b
　公聖（浄印、中納言阿闍梨）　239a
　公範　183b, 184a
　巧安（嶮崖、仏智円応禅師）　343b, 344a, 452a, 455a
★巧庵祥　330a
　〔広〕雲（竜谷）　513b

40

★広恵大師　383b
広円　77a
広円明鑑禅師　→祖能
広恩　722b,723a
広海　231b
広観　249a
広済国師　→顕日
広済禅師　→慈照
広受　800b
★広脩　132a,b
広勝　788a
★〔広照禅師〕　→〔恵〕覚
広照禅師　→至遠
広清　852b
広達　919a
広智（大慈寺）　115b
広智（小野寺）　122a
★広智　→尚賢
広智国師　→士雲
★広智三蔵　196b
広智禅師　→宗卓
広道　871b
★広徳　765a
★広梵大師　→天吉祥
★〔広〕聞（偃渓）　290a,296b,301a,
　317a,333b
☆弘会（東里）　333a,426a,632a
弘延　165a
★弘景　803b,813a
弘寛　746a
弘願　248a
弘宗慈済禅師　→智雄
弘宗定智禅師　→良芳
弘宗禅師　→一慶
弘宗普門禅師　→宗心
弘舜　746a
弘真　747a
★弘忍（黄梅）　95b,284b,360b,455b,
　520b,580a

★弘弁（章教寺）　114b
●弘法大師　→空海
弘曜　895b
光（観堂）　538a
光意　102b,261a
光影　→鑒通
光円　→道種
光暁　232b
光空（金勝寺）　649b,650a
★光顕（興唐寺）　114b
光国　→〔舜玉〕
光厳（律師）　728b
〔光〕厳（大智侍者）　473a
光勝（空也、市聖、弥陀聖）　158a,
　659b,668a,822a,b,823a,b,891b,905b
光勝（元興寺）　663b
光定　77b,78b,106b,107a,b,141a
光信　816a
光禅　681a
〔光〕琮（明徹）　486a
光智　156a,b,175a,198b
★光統律師　→恵光
光遍　243a
★光弁　114a
光宝　225b,226a,728b
光明幢　→至遠
光宥　809b
光猷　803b
光誉　255a
光林（放牛）　440b,460a,509b,510a,
　512a,516a
向阿　→証賢
向岳和尚　→得勝
●好仁　132b
江西　→竜派
江西〔西江〕　→〔宗〕湛
●宏海（南州〔洲〕,真応禅師）　317b,
　402a
●宏覚禅師　→徳悟（桃渓）

宏覚禅師　→恵安（東巌）
●宏光禅師　→上昭
　宏弁　→若訥
　孝忠　899b
　幸円（無住一円の師）　325b
　幸円（幸尊の弟子）　780b,781a
　幸西（成覚，浄土宗一念義祖）　216a
　幸尊（長禅）　780b
　幸範　231b
　肯庵　→全了
　肯山　→聞悟
　恒久　694b
★恒景　72a
　恒寂（貞恒皇子，亭子親王）　820a,b
　　（第二部）
　恒昭　653a
　皇円（功徳院）　207a
　皇円（叡山）　840a,b
　皇覚　192a,b,840a
　皇慶　168b,172b,176b,177b,179a,
　　211a,671a,681a,b,682a,b,684a,708a
　皇舜　751b
　香衣上人　→祐崇
　香厳（きょうげん）　→〔智閑〕
　香山　→仁与
★香象　→法蔵
　香聖　→経助
　香蒙　702b
　香林　→宗蘭
　香林　→識桂
★香林　→〔澄〕遠
　香林　→〔普桂〕
　耕叟　→仙原
　高〔亮〕　→〔大〕亮
　高〔律師〕　73a
★〔高〕（平山）　399a
●高（沙弥）　→周及
　高庵丘　→〔芝〕丘
　高海　802a

　高丸　643b
　高喜観　→〔明〕観
　高山　→慈照
　高山　→通妙
　高山寺　617b
　高順　228b
　高照正灯国師　→妙超
　高信　219b
☆高泉（〔性澂〕檗山之徒）　91a,94b,
　　107b,438b,564b
★高〔祖（漢）〕　166a
　高湛（明印）　535b,801b,802a,b
　高珍　806b
　高範　805a
　高弁（明恵）　200b,217a,b,218a,b,
　　219a,b,221b,269b,732b,771b,890a,
　　905b
　高峰　→顕日
　高明　873b,874a
　高隣　123a
　康済　141a,655b
★康蔵　→法蔵
★黄面　→釈迦
　惶根尊（かしこねのみこと）　903a
★衡山　→恵思
　興円　434b
★興化　→〔存奨〕
　興雅　260b
　興教大師　→覚鑁
　〔興〕志（不昧）　533b
　興実　→良範（了円）
★〔興〕寿（鑑源）　629b
　興宗　→宗松
　興宗明教禅師　→周鳳
　興正（菩薩）　→叡尊
　興昭　106b,897b
　興禅大灯国師　→妙超
　興智　113b,897b,898b,899b
　興道　→玄基

興然　217b
興良　166b
講仙　922b, 923a
★〔顕鑑〕(巴陵)　386b
　迎西(西楽房)　885a
　呆宝　244b, 254a, 257a, b, 269b
　呆隣　114a, 122b, 123a
　剛中　→玄柔
●業海　→本浄
　豪盛　752a
　豪尊　260a
　谷翁　→道空
★谷源岳　352a
★克勤(円悟, 仏果)　313a, 338b, 384a
☆〔克〕勤(無逸)　484a
★〔克〕新(中銘)　409b, 463b, 553a
　克補　→契嵩
　国一禅師　→世源
★国一大師　→法欽
　国狭槌尊(くにさづちのみこと)　903a
　国済国師　→覚明
　国常立尊(くにとこたちのみこと)
　　903a
　国老　626a
　黒歯　690b
　兀庵　→普寧
　兀兀　→知元
　狛(駒)僧正　→道智
　金光　→円照
★金剛智(金剛三蔵)　115a, 121b, 137b,
　　196b, 866a
　金胎　→実杲
　金地禅師〔以心崇伝〕　298a
　言外　→宗忠
　欣西　761b
　勤慶　→貞弘
　勤性　→尋算
　勤信　216a
　勤操　76a, 77a, 79b, 80a, 91a, 99a, 100b,

101b, 102a, b, 106b, 109b, 269b, 640b
厳侍者　→〔光厳〕
厳琳　295b

—さ—

沙土瓊尊(さひちにのみこと)　903a
嵯峨僧都　→仁敷
蔵王権現(ざおうごんげん)　907b
才東陽　→英朝
西因　881b, 882a
西胤　→俊承
西学　238b
西京座主　→良真
西行　198b, 860a
西光　713a
西迎　786a, 789b
西査　→浄因
★西天二十八祖　→達磨
西念　888a
西法　882a
西楽房　→迎西
〔西蓮〕(遠州横路沙門)　890a
★斉安(塩官, 塩官県海昌院)　270b,
　271b, 631b, 845b
斉遠　722a, b, 723a
斉覚　185b
★斉高(招福寺)　114b
斉世　→真寂
斉尊　185b, 191a
●斉哲(明叟)　416b, 632a
〔斉〕忍(和甫)　608b
済延　686a, b
済慶　175b, 181a
済源　655a, b
済高　148b, 149a, 175a
済俊　711a
済信　169a, 675b, 676a, 687a
★済川楫　→〔若〕楫
●済詮　139a

済暹　186b,187a
★済大川　→普済
　済棟（唐禅院僧都）　141b
●済宝　831b
★済北→義玄
　済北　→師錬
　済命　874b
　最雲（法親王）　707b,708a,712b
　最教　760a,b
　最仙（悲増大士）　816b
●最澄（伝教大師、山家大師、叡山和尚、
　　叡山禅師）　75b,76a,b,77a,b,78a,
　　b,79a,84a,85a,87b,95b,96b,104a,b,
　　106b,107a,b,108a,b,109b,115b,
　　116a,117b,121b,122a,129a,132a,
　　136b,138a,b,139a,140a,159b,169b,
　　181b,249a,266a,269b,631b,647b,
　　657b,752b,753a,825b,864b,900b,
　　904b,909a,b
　最珍　912a
　歳実　105b
　載栄　104a,108b,114a
　載之興　→〔徳〕興
　載鎮　131a
　載宝　114a
　載豊　147b
　在庵　→円有
　在庵　→普在
　在山璿　→〔曇〕璿
　在先　→希譲
　在中　→中淹
　在中宥　→〔宗〕宥
　作阿　215a
　鯖翁　869b
　沢律師　→行意
★三角　→〔法遇〕
●三光国済国師　→覚明
　三修　125a,b,134a,b,135a
★三聖　→恵然

　三智　239a
　三澄　817b,818a
　三昧（叡山）　662b,924a
　三昧一　872b
　三輪明神（みわみょうじん）　907b
　山隠　632a
●山家大師　→最澄
　山叟　→恵雲
　杉室山童　916a
　算了　788a
★賛寧　87a,230a
　〔璨〕（玉峰）　354a
●璨（碧巌）　490b
　残夢（宝山）　617a,753a

　　　　　　　―し―
　之庵貫　→〔道〕貫
　之武（石梁）　356a
　〔士〕印（単伝）　622a
　士雲（南山）　351a,403a,b,410b,
　　411b,413a,417b,429a,433b,437b,
　　444b
　士顔（卍庵）　401a
　〔士〕圭（竹庵）　415b
　士啓（東伝）　404a,444b,445a
●〔士〕顕（正堂）　429a
●士偃（友山）　429a,b
●士思（友雲）　→士偃
　〔士〕敦（朴庵）　465a,b
　士昭（鑑翁）　403a
　〔士〕東（日峰）　500a
　士曇（乾峰、少雲、広智国師）　345a,
　　410b,411a,412a,b,413a,b,512a,
　　801a,b,905b
　〔子〕越（南嶺）　533a,535b
☆子元　→祖元
★〔子〕淳（丹霞）　365b
★〔子〕璿（長水）　219b,231a
　子島先徳→真興

☆子曇（西礀，大通禅師）　319b,321a,
　322a,b,350a,351a,369a,370b,371a,
　381a,b,403b,425b,433b,513a,529b,
　631b
★子有有　490b
　子竜雲　→〔聖〕雲
　支山（雲渓）　494a,b
★支婁迦懺（支懺）　69b
★止泓鑑　→〔道〕鑑
★止巌成　→〔普〕成
★司空山→恵可
　市杵島姫命（いちきしまひめのみこと）
　908b
　旨明（石庵）　380a,b
◉此山　→妙在
　至一（覚一）　538b,749b,750a
　至遠（孤山，光明幢，広照禅師）
　289a,425b
　至簡（壺庵）　342b
　〔至〕源（竺山）　460a
　至孝（無徳）　414a,b,415a,487a,512a
★〔至〕仁（行中）　436b,490a,553a
　〔至〕道（星山）　499b
　〔芝〕丘（高庵）　545b,833a
　〔芝〕繁（茂林）　585b
　志一　749b,750a
★志隠　765a
★志円　271b
★志遠　117a,146a
◉志玉（総円，渡西，談宗，普一国師）
　264a,b,270a,905a
　志玄（無極，仏慈禅師，先師）　389b,
　402a,403a,421a,440b,483b,502a,
　516a,b,517b,518a
★〔志〕勤（霊雲）　551b
　志心誠　391b
　志忠　74a,758b,813a
★志通　839b
　志徹　516a

★志磐　121b,170a,175b,891a
　思允（我円）　767b,770a,795a
　思円　→叡尊
　思敬　766a,767a,b
　思賢（無住）　400b
　思順（勝鬘院）　238a,789b,796a,800b
◉思順（天祐）　225b,277a,b,278a,
　287a,323a
　思淳（朴艾，我静）　801a,b
　思真　766a,767a,b
　思宣　766a,767a
　〔思〕体（空叟）　529b
☆思託　72b,73a,74b,106a,756b,757a,
　758b,759a,b,835b
　思蓮　773a
★指曼　792b
　〔師〕頴（海翁）　447b
◉師侃（愚直）　380b,473b
★〔師観〕（月林）　287b
★〔師彦〕（瑞巌）　516b
　師振（起山）　473b,474a
　〔師〕仁（清叟）　586a
★〔師〕説（南楚）　415b,429a,b.
★〔師〕範（無準，仏鑑禅師）　278a,b,
　279b,283a,b,284a,285a,286a,287a,
　289b,294b,295b,296a,297b,301a,b,
　304a,b,305a,323b,341a,403b,486b,
　631b,831a,b,912a
　〔師蛮（卍元）〕（顕昌，余）　129a,328a
★〔師備〕（玄沙）　314b,630b
　師錬（虎関，海蔵，済北，文殊童子）
　63b,64a,91a,97b,98a,120b,154b,
　183b,213a,257b,271b,274a,281a,b,
　286a,304a,313b,315a,337b,369a,
　373b,374a,b,376a,b,377a,394a,
　395a,414a,424b,425a,430a,437b,
　447b,452b,480b,487a,501a,b,512a,
　518b,552b,611b,637a,724a,748a,
　841b,849a,901b,902b,917a,922b

梓（大梁，宝幢寺）　264b
梓山（律師）　452a
紫金台御室　→覚性
〔貲〕寿〔畤〕（天錫）　509b
★誌公　99b
示観　→凝然
字岡　→〔祖文〕
字堂　→覚卍
〔自〕起〔超〕（賢室）　589b
●自敬（信中，一心）　385b,386a
自性（天真）　543a,b,544b,545a
●自性　→道玄
自得　895a
持金　723b
持法　723a,b
慈雲（普光寺）　100b
慈雲　809b
慈雲　→明雲
慈雲恵　595b
慈薀　77a
慈恵大師　→良源
慈永（青山，仏観禅師）　433b,434a,
　b,510a,555a
慈叡　118a
慈円（慈鎮）　209b,213b,223a,b,
　224a,729a,b,730a,735b,765b,889b
慈応（護念）　716b
慈応（元興寺）　918a
慈恩　536a,b
★慈恩大師　→窺基
★〔慈〕覚（即庵）　283b
●慈覚大師　→円仁
慈寛　77a
●慈均（平田，臨済宗聖一派竜吟門派）
　417a,487a
慈訓　69a,94b,95a,100a,103a,269b
慈源（延暦寺座主，吉水）　284b,735b
慈源（尼）　426b
慈眼大師　→天海

〔慈光〕（顕総）　565a
慈光不昧禅師　→希膺
慈恒　896b
慈済（賢明，多聞童子）　773a,781b,
　782a
慈済　→壱演
慈寂　→見空
慈勝　113b
慈照（高山，心鏡，広済禅師）　368b,
　369a,b,370a,448b,450a,b,451a,
　472a,516a
☆慈照恵灯禅師　→仁恭
慈心（尊恵）　861a
慈心　→覚心
慈信（興福寺）　228a,b
慈信（空鉢上人、山崎寺）　821b,822a
慈真（招提寺）　246b,247a
慈真和尚　→信空
慈善（興福寺）　188b
慈善（尼）　775b
●慈禅　→有厳
★慈尊　→釈迦・弥勒
慈鎮　→慈円
慈鉄　536a,b
慈道　→信空
慈仁　176b
慈忍　→恵猛
慈忍　→尋禅
慈忍　→慈猛
慈念　→延昌
慈遍　256b,257b
慈宝　98a,101a
慈妙　256a,b
★慈明禅師　→〔楚円〕
慈猛（慈忍）　810a,811a,b
慈門光　→〔信〕光
●色定　→良祐
識廬　→永瑾
直庵愚　408a

〔直庵〕 →啓瑞〔端〕
直庵挙 356b
●直翁 →智侃
　直翁 →良忠
★直翁挙 →〔徳〕挙
　直山侃 →〔玄〕侃
　直明 →恵海
★仁〔竺〕雲曇 →〔正〕曇
　竺英（尼）　592a
★竺元 →〔妙〕道
　竺源（東海，法光安威禅師）　369a,
　　370b,446b,447a,450b,518b
★竺源〔遠〕遠〔源〕 →〔正源（竺遠）〕
　竺山源 →〔至〕源
　竺山 →得仙
★竺西 →〔懐坦〕
☆竺仙 →梵僊
★竺田 →悟心
　竺堂 →円瞿
○竺芳 →祖裔（入元は『日本仏教人名辞
　　典』による）
★竺法蘭　61a,87a,b,94a,848a
　〔竺文〕 →普籍
★石渓（しっけい）　→心月
★即休（しっきゅう）了　→〔契〕了
　　（きりょう）
　実因　165a,176b,673a,b
　実運　202a,707a,b
　実恵　82a,111a,b,126b,131a,133a,
　　818a
●実翁 →聡秀
　実海（喜多院）　249a,267b,268a
　実海（東寺）　239a,743a,744b
　実懐　787a
　実覚　886b
　実教　230b
　実賢　226b,241b,732b,733a
　実玄　209a
　実弘（定月）　226a

　実弘（東寺）　745b
　実杲（金胎）　255a,b
　宝〔実〕山秀 →〔永〕秀
　実算（良算の弟子）　228a,799b
　実算（宝積院）　249a
　実俊（弥勒院）　258b
　実舜（唯道）　779b
　実性　164a
　実勝　243a,244a,b,246a
　実成　213b
●実乗 →真照
　実浄 →蓮浄
　実信（一乗院）　787a
　実信 →蓮生
　実深（五条若宮別当）　241b
　実深（醍醐寺）　244a,738a
　実誓　174b,175a,b,176a
　実全（天台座主）　230a
　実全（叡山）　751b
　実相 →円照
　実尊　217b,220b,221a,249a
　実忠　93b,639b,640a,753b
　実伝 →宗真
　実道　325b
　実範（本願）　207a,761a,b,813b
　実敏　108b,112b,113a,124a,851b
　実宝　741b
　実峰 →良秀
　実瑜　736a
　実融（証道，真言宗意教流証道方祖）
　　250b,251a
　拾得　504b
　沙土瓊尊（さひちにのみこと）　903a
★舎利弗（鷺子）　94a,124b,217b,283a,
　　353a
★娑竭竜女　75a
★謝安　642a
★釈迦（釈尊，釈子，慈尊，世尊，如来,
　　霊山，黄面，仏陀，仏浮図，浮屠，盤

太子，牟尼，婆伽梵，大聖，釈迦老子，
大覚世尊，象王，瞿曇，釈迦文，迦文，
能仁，忍辱太子） 62a,63b,64a,
67b,69b,75a,b,78a,81a,84b,85a,
87a,90b,94a,98b,99b,106a,115a,
119b,121b,124a,b,130b,134a,138a,
139a,144a,160a,163b,165b,171a,
189b,192a,194b,202b,203b,209b,
215b,217b,218a,223b,253a,264b,
269a,284b,285b,290a,295a,296a,
297b,301b,302a,b,304b,310a,316a,
317a,319b,320a,326b,337a,342a,b,
344b,353a,354b,359a,360b,362b,
364b,365a,367b,369a,370a,375a,
380a,385b,388b,392a,395b,408a,
411b,412a,433a,440b,446a,448a,
451a,457b,459a,b,461b,464a,b,
466a,470b,471a,473a,474a,476b,
485a,487b,493b,498a,499a,502a,
507a,508a,525a,b,530b,534a,536a,
539a,547a,548a,551b,554b,559a,b,
560a,b,564a,568a,572b,574b,576b,
579a,581a,588a,590b,592b,594b,
596b,600a,602a,612a,614a,b,618a,
623a,b,624b,625b,626a,627a,631a,
640b,645a,665a,b,693a,716a,718b,
720a,722b,725b,727a,744a,753b,
758b,759b,767a,768b,769a,773a,
774a,777a,795b,796b,801a,812b,
819b,824b,825a,834b,837a,840a,b,
846a,847a,b,852a,856b,860a,861a,
869a,883a,889a,900b,902a,906a,
907b,909b,913a,925a
　釈円　→栄朝
★釈迦文　→釈迦
★釈迦老子　→釈迦
★釈尊　→釈迦
　若虚　→明応
★〔若〕樗（済川）　　399a,452b

若訥（宏弁）　　311b,380a
寂（本空）　　465a
●寂庵　→上昭
★寂庵相　　335a
寂因　　856a
寂恵　→良暁
寂円（元慶寺）　　146a,b
寂円（正円寺）　　308b
☆寂円（薦福山〔宝慶寺〕越前）　347b,
　348a
寂源（源時信）　　174b,684a（第二部）
〔寂〕弘（大海）　　563b
●寂室　→元光
　寂室　→了光
〔寂〕性（明道）　　785a
●寂昭（円通大師，大江定基）　　176b,
　316b,681b,848a,b,849a
寂証　　788a
寂心（賀茂〔慶滋〕保胤）　　164b,
　165a,671a,b,672a,694b,754b,848a,
　891b（第二部）
寂心（増福寺）　　798b
★寂窓照　→〔有〕照
寂禅（石塔寺）　　685b,686a
寂禅　→慶円
〔寂〕大（千巌）　　581a
寂入　　798b
寂忍　→良敏
寂霊（通幻）　　497b,498a,b,507a,
　527b,529b,530a,532a,539a,540a,b,
　541a,b,542a,543a,544a,b,552b,
　553a,b,557b,558a,632a
★鵲巣　→〔道〕林
主恩　　161a,184b
★〔守〕一（鉄翁）　　766b,767a,813b
守印　　101a,110b
守海　　226a
守覚（覚法親王）　　205b,206a,226b,
　233a,719b,724b,727b,733a

★〔守〕貴（無用）　455b
　〔守〕愚（大拙）　450b
　守慶　834a
　守厳　281a
　守遵　77a
　★〔守〕初（洞山）　392a,459a,487b,
　　586a
　守助　740b
　守真　284a
　★〔守〕端（白雲）　289b,479b
　★〔守〕忠（曇芳）　381a
　守朝　150b,157a,168a
　守寵　109a,b
　守敏　82a,640b,641a
　守瑜　742a
●宗叡　112a,131a,b,132a,133b,906a
　★首山　→〔省〕念
　〔首〕楞厳院禅師→円仁
　衆乗（南都沙門）　377b
　須益（大庵）　585a,599a,b,602b
　★須菩提　525a,723b
　諏訪明神（すわみょうじん）　909a
　寿（高山）　617b
　★〔寿永〕（東洲）　399a
　寿遠　108b,109a
　寿桂（月舟, 幻雲）　610a,b,614b
　寿広　106b,110a,897b
○〔寿〕厳（粛元）　616a（入明は『五山
　　禅僧伝記集成』による）
　〔寿〕星（南極）　558b
　寿長　145a,b
　寿肇　155a,160b,269b
　寿蓮　664b
　★受雷庵　→〔正〕受
　授翁　→宗弼
　需（侍者）　500b
　樹慶　230b,233b,237a,734b,789a
　樹朗　199b,200a
　秀（庵主）　476a

　秀安　269b
　秀〔州〕庵彭　→〔宗〕彭
　秀恵　221a,269b
○秀崖胤　→〔宗〕胤（入宋は『日華文化
　　交流史』による）
　秀格（越渓, 円照仏恵禅師）　536b,
　　537a,546b
　★秀才（張拙）　299a
　秀山中　→〔元〕中
　〔秀先〕（希先）　621b
　★周（律師）　813a
　〔周〕安（雪心）　595a
　★周印　768a
　〔周〕印（古篆）　274a
　周応（曇芳）　502b
　周噩（厳中, 智海大珠禅師）　555b,
　　556a,583a
●周及（愚中, 愚庵, 高沙弥, 仏徳大通禅
　　師）522b,523a,524a,b,525a,b,
　　526a,530b,531b,534b,551a,632a
　〔周〕慶（嘉〔喜〕泉）　555a
　〔周〕芸（遊叟）　555a,579a
　周巌（東沼, 留月道人）　578b,579a
　周皎（碧潭, 宗鏡禅師）　441a,b,
　　442a,516a
　周佐（徳叟, 宗猷悟達禅師）　496a
　周佐（汝霖）　→良佐
　〔周〕師（友山）　555a
　周勝（古幢, 離幻道人, 鏡智法明禅師）
　　556a,b,557a
　周伸（無求）　534a,b,583a
　周信（義堂, 空華道人）　293a,401b,
　　460a,470b,478a,b,479a,b,480a,b,
　　490a,497a,509b,510a,519b,521b,
　　556a,632a,801b
　周崇（大岳, 全愚道人）　446b,552a,
　　b,555b,573a
　〔周〕誓（古天）　562a
　周宗（南英, 懶雲, 牛耕和尚）　561b,

49

562a,b,563a
周沢（竜湫）　486a,b,487a,510b,
　519b,523a,557a
〔周〕登（岳雲）　566b
〔周〕奝（大周）　521b,572b,583a
●周徹（霊光）　512b
周鳳（瑞渓、臥雲山人、興宗明教禅師）
　264b,576a,578a,b,582b,583a,b,584a
周防僧都　246a
周諭（黙庵、黙庵諸老）　440b,441a,
　497b,516a,519b,523a
★〔周〕有（子有）　490b
周麟（景徐、宜竹）　606a
周朗（月庭）　508a,b
★宗（別源）　442b
★〔宗〕印（北峰）　763b,764a,765a,b,
　766a,768a
宗恵（真言宗安祥寺流祖）　696a
★宗叙　116a
●宗叙（円覚寺）　112a,131a,b,132a
宗叙（三論学匠）　846b
宗慶　810a
宗賢　→成真
宗峰　→妙超
★宗密（圭峰）　219b
岫（月谷）　615a,b
秋磵　→道泉
酋誉　→聖聡
修栄　70b,94a
修円　77a,106a,b,109b,110a,269b,
　846b,897a,b
修覚　923a,b
修学　→覚晴
修広（道御、十万上人、円覚上人）
　788a,792a,b
修入　657b,658a
修蓮　→貞允
★鷲子　→舎利弗
十義房　→浄心

十乗　235b,236a,786a
十達　→俊才
十地　220b
十地　→湛照
十万上人　→修広
住心　220a
★〔重〕顕（雪竇）　304a,338b,600a
★〔従〕悦（兜率）　399a,521a,b,
★〔従〕展（保福）　593b
★〔従諗〕（趙州）　290a,296a,305a,
　306a,317b,318a,331b,341b,342a,
　366a,367b,392a,396b,397a,405a,
　419b,421b,434b,446a,455a,459a,
　475b,486b,488b,506a,511a,519a,b,
　524b,530a,539b,548b,560a,565a,
　566b,594a,b,616a,629a,630b
●縦性　→円旨
叔英　→宗播
★叔平隆　377b,378a
○粛元厳　→〔寿〕厳（入明は『五山禅僧
　伝記集成』による）
★脩然　76b,631b
●俊（鈍翁〔庵〕）　377a,426b
俊円　860a
俊音　→頼瑜
俊覚　211a
俊厳　728b,733b
俊豪　878b
俊才（十達）　255b,256a,b,258a
俊正　→明忍
俊承（叡山）　222a,b,231a
俊承（西胤）　553b
●俊乗　→重源
●俊芿（我禅、不可棄、大興正法国師）
　211b,220a,239b,762b,763a,b,764a,
　b,765a,b,766a,b,767a,b,768a,770a,
　813b
俊晴（新義真言宗蓮華院流祖）　235a
俊範（興福寺）　183b,184a

俊範（叡山）　222a,231a,730a
俊有　804a
俊誉（無量寿院）　234a
俊誉（長覚の師）　261a
俊誉（公紹の師）　745a
俊耀　737a
春屋　→妙葩
春岳喜　→〔令〕喜
春輝　→〔紹杲〕
春耕（心田）　→清播
春興　899a
春豪　752a
春作興　→〔禅〕興
春日明神（かすがみょうじん）　904b
春秀　164a
春素　870b
春朝（那智山）　838a,b,839a
春徳　106b,897a,b
春福　94a
春浦　→宗熙
春命　854a,b
春林翁　459b
峻翁　→令山
〔舜玉〕（光国）　607b
舜甫　→明韶
蕣庵　→徳昌
★〔洵〕（雲屋）　383a
★〔淳〕朋（独孤）　381b,393b
　淳祐　147a,151a,161b,162a,662b,
　　871a,
　順円　803b
　順海　828a
★順暁　76b,104b,136b
　順渓助　→〔等〕助
　順継（勝円）　249b,258b
●順空（蔵山,円鑑禅師）　316b,317a,
　　403b,404a,437a,905a,b
　順性　788a
　〔順〕忍（善願）　782a

順耀（義虎）　192a,b
★処謙（普光寺）　330a
　処謙（潜渓,普円国師）　342b,343a,
　　b,429a,445b
　処斉（平心,覚源禅師,定光古仏）
　　434b,435a,b,459a,b,533b
　諸相非相禅師　→宗築
　如仲（じょちゅう）　→〔天閣〕
●汝霖　→良佐
　助縁　885b
　助慶　873b,874a
★徐陵（智威）　869a
★恕中愠　→〔無〕愠
　小河上綱　739b
　小角（役）　99a,143a,636b,839b,
　　865b,866a,b,907b
　小矢児　→源空
　小聖　→琳賢
　小池法印　→頼誉
　小野僧都　→成尊
　小房聖　→経得
　少雲　→士曇
★〔少雲〕　→〔宝〕曇
　少室　→慶芳
★少室　→達磨
　少室量　→〔通〕量
　少納言已講　→定算
　少林　→桂尊
★少林　→達磨
○少林春　→〔如〕春（入元は『延宝伝灯
　　録』27による）
★正（開化寺）　764b
　正伊（一州）　565b,589a,b,599b,601b
　正為（円成〈浄〉）　256b
　正因（明巌,大達禅師）　433b
★〔正〕印（月江）　281a,322b,337a,
　　345a,383a,393b,401a,417a,429a,b,
　　430b,442b,455b,459b,463b,466a,b,
　　501a,503a,523a,524a

正恵（信戒）　799a
正栄（嫩桂，大医禅師）　356a,b,
　385b,386a
正翁　→清権
★〔正〕覚（宏智）　365b,632a
正覚（播磨道邃）　225a
正覚（尼，弘誓院）　275a
正覚　→覚鑁
正覚国師　→疎石
正覚普通国師　→宗奝
〔正〕萼（華叟）　589b,605a
正義　100a,101a,112b,124a
〔正〕玖（書記）　555a
正具（闕堤）　413b,414a,429a,440b,
　452a
〔正〕謙（益芝〔之〕）　589b
正顕　→経舜
正眼智鑑禅師　→勇健
★〔正源〕（竺源〔遠〕）　501a
〔正厳〕（密山）　565b
★〔正〕受（雷庵）　273a
正寿　544a
正宗　→竜統
●正宗広智禅師　→印元
　正宗大暁禅師　→祖一
　正宗大隆禅師　→宗清
正定　216a
正乗　237a
正信　→湛空
正進　113b,640b,897b,898a
正専　→如周
●〔正〕祖（東伝）　415a
　正続大祖禅師　→宗光
　正続大宗禅師　→宗煕
　正智（信州大山寺）　909a
　正智　→教覚
　正中首座　610a
　正仲　→良伊
★〔正忠〕（月庭）　352a

☆正澄（清拙，大鑑禅師）　289a,328a,
　351b,352a,b,353a,b,354a,b,357b,
　360b,364a,378b,380b,381a,408a,
　412b,416a,b,417a,419a,b,422a,
　425b,426b,428a,430b,434b,442b,
　446b,457b,468a,483a,492a,b,501a,
　631b,750a
〔正通〕（大林）　565b
〔正〕楞〔挺〕（天倫）　589b
●正堂顕　→〔士〕顕
○〔正〕訥（大弁）　533b（入元は『中
　巌和尚自暦譜』による）
★〔正〕曇（仁〔竺〕雲）　417a
☆正念（大休，仏源禅師，臨済宗仏源派
　祖）　297b,299a,300a,b,305a,334a,
　335b,343b,344b,350a,351a,363b,
　364a,367b,371b,587b,631b,
正能　77a
正文（月江）　565a,565b,589a,b,601b
正法大聖国師　→宗亘
★〔正〕友（古梅）　490b,632a
　正猷（竹居，化化禅）　540b,541a,
　576a,b,577a,584b,601a,602b
〔正〕綸（希文）　559a
生観　230b
生馬仙（いこません）　915a
生仏　239b
★尚賢（広智）　175b
尚祚（高野八傑）　222b,223a,229b
性〔一心〕　583a
性快　812b
性海（覚証）　793a
●性海　→霊見
　性欽（牧翁）　570a,b,589a
　性空（姫路山＝書写山）　164b,225a,
　670b,671a,b,672a,b,681a,682a,b,
　683b,754a,857a,873b
★性空普　819b
●性憲（本実）　247b,248a

◉性才 →法心
性舜 →覚澄
〔性〕濬〔浚〕（霊源） 551a,b
〔性承〕法親王（仁和寺） 269a
性心 240b
性信（師明，長和親王，弘法大師の後身） 186b,676b,678a,b,686b,687a,b,688a,689a,b,691b,692b,693b,696b,697b,885a（第二部）
◉性真円智禅師 →中諦
性禅 787a
〔性〕岱（崇芝） 604a
性泰 94a
性達 236a
〔性〕致（心境） 557a
性智（大愚） 339b,446b,563b,564a,b
性珍（蔵海） 474b,475a,562a
性通 →霊波
☆〔性〕激（檗山の徒） →高泉
性瑜（本照） 781a
性融（真戒） 799b
性蓮 721a,908b
承雲 118a
承憲（通観） 800b
★〔承〕古（薦福，古塔主） 580a,590b,598a
〔承〕皓（玉泉） 320a
承俊（済高の師） 148b
承俊（延命院） 654b
承俊（東大寺） 896b
承性 221b
承信 245b,246a
承仙 766a,767a,b
★〔承〕宣（無言） 417a,442b,455b
承任 689b
承瑜 222b,231a,b
昌海 141b,901a
松橋 156b,177a
★松源 →〔崇〕岳

松朝 694a
松尾明神（まつおみょうじん） 647a,653b,905b
松嶺 →智義
松嶺 →道秀
◉邵元（古源，如如道人，物外子） 417b,418a,b,429b
青蓮僧正 567b
昭覚（円鼇） 832a,b,833a
昭元（無為，大智海禅師） 318a,b,381a,393b,394a,402a,403b,414a,b,426a,438a
〔昭端〕 →祖舜
◉省吾（無我） 409b,448b,463a,b,464a,b,465a
省卓 832b,833a
★〔省念〕（首山） 331b,574a,599a,604b
荘厳房 762b
★祥（巧庵） 330a
★祥彦 72b
祥山禎 →〔仁〕禎
祥勢 900a
◉祥登（大年） 505a,511b,512a,562a
祥麟岸 →〔普〕岸
笑庵 612a
★笑隠 →大訢
★笑翁堪 →〔妙〕堪
笑堂 →常訢
★清弁（論師） 101b,840b
★章安〔灌頂〕 187b
★〔章〕珍（南洲） 322b
◉紹（侍者，処謙の弟子） 343b
○紹栄（古木） 504b（入元は『日華文化交流史』による）
★〔紹〕円（月谿） 352a
紹喜（快川，大通智勝国師） 617b,618a,b
〔紹果〕（春輝） 611b

☆紹仁（義翁，普覚禅師）　279b,**307b**,
　400a
　紹清（月庵）　392b,**445a**,b
　〔紹滴〕（一凍）　621b
★〔紹〕曇（希叟）　283b,310b,316a,
　466b
　〔紹〕播（物外）　617a,619b
◉紹良　175b
　春屋能　→〔宗〕能
　春夫　→宗宿
　勝恵　743a
　勝円（法勝寺）　732b,744b
　勝円　→順継
　勝雲　653b
　勝快　198b
　勝覚　195a,197b,**697b**,698a,b,703a,
　707a,754a
　勝岳（賀茂明神）　905b
　勝鑑　642b
　勝行　662b
　勝虞　77b,**101a**,104b,105a,106a,110b,
　269b
◉勝月　→〔慶政〕
　勝賢　201b,212b,241b,710a,727b,732b
　勝憲　212a
　勝算（智観）　668b,**673b**,674a,b,
　676b,688b,754a
　勝順　→真性
　勝心　731b
　勝信　740a,744b
　勝渥　198b
　勝尊　742b
　勝長　640b
　勝超　188b,189a,190b,203b
　勝道（補陀落山神宮寺）　816a,817a
　勝如　743a
　勝範　178a,**181b**
　勝遍　728a
◉勝弁　273a

　勝宝房　→聖誉
　勝命　837b
　証印（大乗）　**889a**,b
　証恵（道観，浄土宗西山流嵯峨派祖）
　　224b,**238a**
　証円（浄達）　242b,243a
　証覚　→玄忍
　証観　187b,**190b**,191a
　証空（善恵，浄土宗西山流祖）　190a,
　　214a,215b,**223a**,b,224a,b,234a,
　　236a,b,238a,770a,891a
　証空（三井）　685b,**836a**,b,837a
　証賢（向阿）　253a
　証玄（円律）　229b,246a,b,773a,
　　787b,**788a**,792a,795b,797a,b,798b
　証真（宝地房）　207b,**209a**,b,215a
　証禅　230b
★証智　94a
　証道　→実融
　証道（弥勒寺）　642b
　証入（観鏡，浄土宗西山流東山派祖）
　　224b,**236b**,237a,238a
　証如　642a,b,643a
　証忍　220b
　証夫祢　→〔徳〕祢
　証仏　237a
　照（律師）　408b
★照〔晦巌〕　768a
　照〔一〕（了堂）　→〔惟〕一
◉照阿（禅一）　799b
◉照恵（浄心）　258a
　照遠　803a,b
★照覚　583b
　照覚普済禅師　→賢仙
　照玄（覚行）　256a,b,258a
　照源（道明）　238a
　照源（明導）　249b
　照寂（海竜王寺）　230b
　照寂（濃州）　242b

54

照真　→円晴
照珍（宝囲，玉英）　805b,809a
照天祖鑑国師　→禅愉
照瑜（寿徳院）　805b
聖意　696b
☆聖一（仏国寺二世）　755b
◉聖一国師　→弁円
　聖雲（醍醐寺）　246a
　〔聖〕雲（子竜）　519b
　聖恵（華蔵院）　196a
　聖恵（法親王）　701a,707a,733a
　聖翁　→亨庵
　聖戒　236b
　聖観（音誉）　751b
　聖基　740a
　聖久　852b
　聖救　155a,160b,162a,164a
　聖慶　200b,201a,b
　聖冏（了誉）　261b,262a,263a,270a
◉聖兼　241a,253b
　聖賢（醍醐寺）　202a,698b,704b
　聖憲（定林）　258b,259a
　聖眼（沙弥）　435a
　聖光→弁長
　聖皐（竹巌）　804b
　聖済　254a
◉聖実　241a
　聖守（中道）　230b,232a,246a,b,
　　251b,252b,769b,773a,785b,789a,b,
　　797b,831b
　聖仁　197b
　聖尋　253b,737b,750a
　聖詮　200b,217b
　聖禅　221a,b,232a,269b,787b
　聖聡（酉誉）　262a,263a,270a
　聖増　730a
　聖尊法親王　737b
★〔聖〕提婆（迦那提婆）　61a,102a,
　　191b,641a

聖達　236a,b,243a
聖忠　241a,253b
聖珍（無品親王）　750a（第二部）
聖徒　→明麟
聖然（道明）　230b,246a,255b,789b
聖宝（醍醐寺）　109b,133b,134a,
　142b,143a,b,144b,145b,146b,147a,
　148a,b,149a,b,253b,649b,654a,822a
聖瑜（玄正）　259b
聖誉（勝宝房）　887b
詳延　156b
★摂摩騰　→迦葉摩騰
★韶国師　→天台〔徳〕韶
韶石　519a
韶奏（九峰）　512b,513a,572b
★韶陽　→文偃
璋円　209a
◉蕉堅道人　→中津
★樵隠　→悟逸
◉樵谷　→惟僊
縦叟　571a
★聳（平楚）　352a
蕭庵　→竜統
★蕭慶中　117a,631b,910a
鐘谷　→利聞
上衍　220b
上覚　217a,b
上俊（阿実）　799a
◉上昭（寂庵，宏光禅師）　333b,334a,
　350a,369a,398b,399a,832a
成意　646a,b
成恵　255a,744a
成覚　→幸西
◉成願　→覚如
成実　199a,b
成真（宗賢）　793b
◉成尋（善恵大師）　849a,b,850a,b
状元　626b
◉定恵（多武峰）　65a,164a,633b,634a,

b,753b

定恵（鎌倉）　261b

定恵円明国師　→宗〔玄〕興

定恵明光仏頂国師　→文守

定演　234a

定海　192b,195b,212a,234a,698b,
　　703a,b,706b,827b

定観　149a

定基（三井）　171a,692a

定月　→実弘

定兼（高野山）　202b,206a,214a

定兼（叡山）　884a

定賢（東寺）　145b

定賢（醍醐寺）　691b,692a,697b

定賢（律師）　342a

定憲（光宝の弟子）　226a

定憲（東寺）　750b

定光古仏　→処斉

定好　182a

定豪　730b,734b

定厳（調御）　886a

定厳　→頼誉

定済　233a,233b,234a

定算（少納言已講）　228a

定山　→祖禅

★定山一　381a

定山恵　→〔祖〕恵

定州陶　→〔宗〕陶

定秀　883a,b

定宗　735a

定春　237a

定舜（来縁，泉涌寺）　766a,767b,
　　770a,779a,782b,796a

定舜（東南院）　784b

●定舜〔隆信〕　794a

定助　153b

定昭　150a,159a,664a,b,665a

定勝　234a,743b

定照　182a,199a

定親　233b,734b

定仁　888a

定盛（総願）　780a,803b

定泉（堯戒）　780a,796b,797a

定尊（仁和寺）　195a

定尊（善光寺）　860a,b

定任　743b,744a

定然（葉室，藤原定嗣）　775b（第二
　　部）

定範（関東）　190a,b

定範（成賢の弟子）　728a

定範（高野山）　747a

定範（東南院）　784b

★定賓　68b,71b,73b,757b,758a

定遍　715a,b

定祐　243a

定林　→聖憲

乗心（禅忍，阿門大乗心，大乗心，三輪
　　上人）　773a,786a,788b

乗範　227b,228a

浄阿　747b,748a,825a

浄意（尼）　240a

浄印　→公聖

●浄印翊聖国師　→中津

●浄因（円悟，西杳）　246b,251a,766b,
　　767b,770b,786a,795a,796a,797a,
　　799a,800b

浄雲　→寛昌

★浄懐　764b

浄音〔法興〕（浄土宗西山流西谷派祖）
　　800a

★浄覚　168b

浄覚（園城寺）　190b

浄覚　→宣瑜

浄義　478a

浄金　830b

浄慶　→円喜

浄賢　→隆賢

浄光　→鏡円（通翁）

56

●浄業（法忍，忍律法師，曇照，戒光大
　徳）　761b,766b,767a,770b,813b
　浄心（戒壇院）　→照恵
　浄心（良敏の師）　242b
　浄心（十義房）　887b
　浄真（成賢の弟子）　728a
　浄禅（海竜王寺）　230b
　浄蔵（叡山）　637a,658a,b,659a,b,
　　660a,b,915b
　浄尊（醍醐寺）　233a
　浄尊（筑前）　887a
●浄達　843b,844a
　浄達　→証円
　浄土寺座主　→明救
★〔浄〕日（東巌）　352a,381a,399a
★〔浄〕伏（虎巌）　352a,361a,383b
　浄遍　→静遍
　浄弁　318b
　浄法（四恩院）　786a
　浄法　→兼海
　浄蓮　→源延
　貞允（修蓮）　778b
　貞円（貞慶の兄弟）　209a
　貞円（叡山）　684b
　貞雅　209a
　貞覚（叡山）　209a
　貞覚（貞覚大亨）　→道玄
　貞観　149a
　貞喜　714b
　貞慶（解脱）　208a,b,209a,219a,
　　227b,269b,726a,761b,765b,769a,b,
　　771b,905a,906a
　貞慶（東寺）　654b
　貞弘（勤慶）　228a,b,799b
　貞済　260a
　貞寿　148b
　貞舜　260a
　貞崇（醍醐寺）　149b,654b
　貞崇　897a,907b

　貞禅　245b,246a,784b
　貞敏　245b
★常（雪寶）　417a
●常安　894a
　常庵　→竜崇
　常観（三輪）　720b,721a,908a
☆常輝　894b
　常魏　757a,759b
●常暁　121a,b,655a,899a,b
　常訴（笑堂，円応大機禅師）　530b,
　　531a,573b
　常光国師　→明応
　常済（円仁の弟子）　118b,141b
　常寂（成尊の弟子）　180b,181a
　常寂（明星寺）　214b
　常照（三井）　917a,917b
　常謄　94b,103a,269b,851b
★常弁（保寿寺）　114b
　常楼　102b,103a,269b
　盛誉（明智）　255b,256a,258a
　紹瑾（瑩山，仏慈禅師）　307b,341b,
　　342a,b,366a,b,406a,b,420a,b,423a,b,
　　472a,b,632a
　紹〔韶〕碩（峨山）　342b,423a,b,
　　424a,439a,476a,488b,497b,498a,
　　506a,507a,508b,529b,533b,565a,
　　632a
●紹明（南浦，円通大応国師）　296b,
　　313b,318b,319a,b,320a,b,321a,
　　328a,333b,338a,b,348b,349a,355a,
　　358a,b,360b,361a,366a,368b,369a,
　　377a,381a,382b,386a,400a,406b,
　　408b,409a,b,462a,b,464b,472a,631b
　紹隆（景川）　→宗隆
★〔紹隆〕（虎丘）　550a
　静（月海）　805a
　静安　825a,851b
　静運（静明四神足）　231a
　静覚　→浄覚

静観　→増命
静賢　212b
静厳（叡山）　207b,729b
静厳（随心院）　245a,741b,742a
静照（叡山）　176b
●静照（無象，法界禅師）　296b,303b,305a,b,306a,314a,333b,381a,473a
静照（一乗院）　824b
静心　83b
静真（平灯の弟子）　660b
静真（東塔院）　681b,682a
静真（明請の弟子）　871a
静成　297b
静仲（東塔）　824b,825a
静道　739a
静範　734a,751a
静遍　212a,b,226b
静明（行泉房流祖）　222b,230b,231a,284a
静祐　672b
★趙州　→〔従諗〕
心（待者）　297b
★心（清虚）　312a
心恵　→智海
心円　260a
心王　474a,b
心賀（静明四神足）　231a,248a,260a
心海（空月）　766a,767b
心覚　202a,733a
心境致　→〔性〕致
心鏡　→慈照
心空上人　572b
★〔心〕月（石渓）　299a,300b,301a,305a,b,306a,349a
心源　260a
心宗普済国師　→疎石
心性（観仏）　800a
心聡　260a

心尊　231b
〔心〕泰（行叟）　455b
●心地　→覚心
心田（春耕）　→清播
心誉　679b,680a,685a,693a
心涼（檀渓）　447b
心蓮（理覚）　211a,711a,888a
心蓮（竃門山）　907a
岑守　77a
信（元翁）　406b
信一　234b
信恵（曜真，鬼四郎）　200a
信恵（西大寺）　245a
信恵（醍醐寺）　775a,778a
信円（興福寺）　220b,221a
信円（俊芿の弟子）　766a
信戒　→正恵
信海　121b
信覚（福岡僧正）　688a,b,696a
信覚　→琳海
信願　→良遍
信教　237b
信行　109a,b,269b
信楽（しんぎょう）　237b
信空（法蓮）　214b
信空（慈道，慈真和尚）　777b,779b,780a,781a,787b,794a,796b
信空阿　809b,810a
信敬　837b
信慶　192b,193a
信慶（九峰）　470a,486a,497a
信堅（高野八傑）　245a,b
信憲　227b
信弘　260b
〔信〕光（慈門）　811b
信寂　890b
信証　696b,701b,702a,712a,884a
信照　801b
信乗（律受）　797a

信浄（南筑紫）　883a
信誓（房州沙門）　859a
信暹　239a,b
信禅　699b
信尊　231b,248a,b,249a
信中　→以篤
●信中　→自敬
信忠　744b
信日（高野八傑）　222b,244b,245a,254b
信如（尼）　772b
信忍（知生）　797b
信明（北筑紫）　876a,883a
信命　883a
信霊　101b
神恵　825b
☆神叡　91a,101a,269b
神光寂照禅師　→宗弼
●神子　→栄尊
★神倉　72b
★神泰（長安、恵日寺）　634a
神泰（元興寺）　66b
神日　661a
神融禅師　→泰澄
★〔神〕禄（永興）　617b
★振（玉崖）　322a
晋海　806a
晋挙才　→〔宗〕才
★真（大歇）　352a
真阿（誓願寺、真阿弥陀仏）　265a
真阿弥陀仏　→真阿
真恵（薬師寺）　110b
真恵（東寺）　725a,730b,731a,741b
真恵（総寂）　799a
真璟　756a
真円　108b
真円（尊道）　780b
真遠　857b,858a
●真応禅師　→宏海

真雅　82a,129b,130a,b,133b,142b,649b,820a
真戒　→性融
真海　260a,b
真覚（叡山）　870a
真覚（了堂）　439b,549a,574a,b
●真覚広恵大師　→玄素
真覚禅師　→祖輝
★真覚大師　→〔玄覚〕
★真覚大師　→〔義存〕
真巌空　→〔道〕空
真巌古　531b
真喜　150b,160b,161a,171b,172a,269b
真義（興福寺）　160b
真義（元興寺）　895a
真教（陀〔他〕阿）　748a,860b
真境　123a,b
真暁　82a
真空（廻心、中観、藤原定兼）　244a,284a,772a,773a,784b,785a,b,786a（第二部）
真空（如蘭）　234a,b
真空　→妙応
真空阿　809b,810b
★真歇　→清了
真玄（太白）　521b,582a,b
真源（聖冏の師）　261b
真源（円定）　793b
●真源大照禅師　→徳見
真興（子島先徳）　165b,168a,269b
真興　824b
●真済　119b,120a,b,121a
真際　123a,b
真寂（斉世、宇多帝子、円城王子、真如再身）　150b,151a（第二部）
真珠　871b
真俊（般若房）　211a,b,762b
真性（叡山）　729b
真性（勝順）　795b

真紹　112a,124b,131a,190a,818a,b
●真照（実乗）　770b,787b,795a,b
●真照大定禅師　→可什
真乗（為全）　800b
真譲　812b
真政　→円忍
真盛　265b,266a,b,267a
真然（中院僧正，後僧正）　82a,120a,142b,145a,147b,820a,821a,822a,900a
真体　123a,b
真禎　715a
真統　689a,b
真如（尼，平政子）　276b（第二部）
●真如親王（高岳親王）　131a,133a,151a,389a,818b,820b,846a,b（第二部）
真仁　→明達
真範　181a,182a,b
真弁（高野八傑）　232a
真法　759b
真誉　196b,197a,704a,827b
真頼　871a,b
真梁（石屋）　539b,540a,b,541a,573b,576a,b,577a,632a
琛海（月船，法照禅師）　323b,324a,b,325a,326a,395a,403b,465b
★新仲銘　409b
新羅山王　137b
新羅明神　137b,910a,b
☆●審祥　69a,b,87b,93a,94a,b,95a,219b
審乗　247a
箴海　129a
親恵　248a
親縁　787a
親快　233a,b,243a,248a,781b
親覚　205b,719b,720a
親玄　248a

親厳　728a,b,729a,733b
親昊　728b
親性　229b
親盛　215a
親宝　727a
親宥　900b
識桂（香林，等慈禅師）　469b,470a,497a
★仁雲曇　→竺雲曇
仁恵菩薩　→良範
★〔神会〕（じんね，荷沢，南陽）　441b
★神光　→恵可
★神秀（北秀）　95b,362b
★陳那（じんな）　183a
深有（覚然）　748a,b
深覚　189a,676b,677a,681a,686a,688b,703b,704a,754a
深寛　740b
深観（華山上皇の皇子）　189a,680b
深賢　221b,233a
尋叡　179a
尋算（勤性）　788a,792b,795b
尋静　870b
尋仙　653b
尋禅（慈忍）　667a,b,676b,690a
尋禅（高野山）　889a
尋範　192b,193a
尋祐　878a

—す—

周防僧都　246a
諏訪明神（すわみょうじん）　909a
水月老人　→宗規
★翠微　→〔無学〕
随覚　→鏡恵
●随乗　→湛恵
随道　→元晴
随力（侍者）　733b
★瑞雲隠　383b

瑞雲嘉　→〔中〕嘉
瑞雲禅師　619b
〔瑞〕淵（黙宗）　615a
★瑞巌　→〔師彦〕
　瑞巌　→曇現
　瑞巌　→竜惺
　瑞巌禅師　598a
　瑞渓　→周鳳
　枢翁　→妙環
　崇（素）瑛（藍田）　584b
★〔崇岳〕（松源）　281b,322b,323a,
　　344a,363b,530a,568a,571b,572a,
　　606b,615a
●崇喜（見山，仏宗禅師）　337b,338a
　崇芝岱　→〔性〕岱
　崇寿　160a
　〔崇伝〕（金地禅師）　298a
☆崇道　73b
　崇孚（太原，宝珠護国禅師，雪斎）
　　614a,b
★崇梵大師　194a
★崇祐（〔約之〕）　621b
　崇六（嶺南，大天法鑑禅師）　624a,b
●嵩山　→居中
★嵩山　→普寂
　杉室山童　916a

―せ―

★〔世〕英〔愚〕（傑峰）　515b
★世親（天親）　90b,191b,258b
★世尊　→釈迦
　施暁　96a
　施厳　123b
　施平　103b,104a,269b
　是英（傑翁，仏恵禅師）　458b,459a
　是心　253a
　世源（太古，国一禅師）　290a,329b,
　　330a
★世高　→安世高

　世豪（範覚）　704a,b,714b
★〔世〕誠（古心）　442b
★〔世〕誠（絶学）　377a,426b
★〔世〕誠（般若）　415b
　〔世雄〕（大震）　400b
★正大師　764b
　成賢　219b,220a,221b,225b,232a,
　　727b,728a,738a
　成尊（小野僧都）　177b,180b,181a,
　　678a,689b,694a,826a
　成典（弘法大師の後身，薩埵之眷属）
　　678a,b,754a
　成宝　201a,225b,726b,727a,732b,738a
　成雄　261a,263b
　西胤　→俊承
★西河　→〔善昭〕
　西関文　604b
☆西礀　→子曇
★西巌恵　→〔了〕恵
　〔西江〕→〔宗〕湛
　西査　→浄因
　西肇（諾庵）　559b
　西白金　→〔力〕金
　青（藍田）　617b
★青丘　→太賢
●青丘遺老　→徳俊
★青華厳　→〔義〕青
★青原　→〔行思〕
　青山　→慈永
　青蓮（半権現）　187a
　政海（静明四神足）　230b,231a
　政賢英　811b
　政春　223a
　星山道　→〔至〕道
　〔清〕渭（釣文）　555a
　〔清〕円（宝林〔輪〕）　489a
★清遠渭　→〔懐〕渭
　清海　824b
★清観　137a,138b

清観　→増命
★〔清珙〕（石屋）　428a
★清渓沅　→〔了〕沅
★清虚心　312a
　清閣（中山）　360b, 468b
●清渓　→通徹
　清権（正翁）　360b
　清算（彦証）　803b, 804a
　清寿　668b, 669b
　清心　228b
　清水寺上綱→清範
☆清拙　→正澄
　清祖（柏庭, 仏運禅師）　555a, 559b
　清叟仁　→〔師〕仁
　清朝　188b
●清曇（独芳, 曇菩薩）　492a, b
　清仁　872b
　清範（清水寺上綱）　168a, 182a, 824b
　清播（心田, 春耕）　555a, 559b, 560a
★〔清〕茂（古林茂）　328a, 332b, 352a,
　　357a, 377a, 380b, 381a, 383a, 384a,
　　391a, 392a, b, 393a, 399a, 406b, 415b,
　　417a, 426b, 430b, 442b, 452b, 463b,
　　472b, 489a, 513a, 632a
★〔清〕欲（了庵, 南堂）　385a, 429a,
　　442b, 448b, 455b, 463b, 464b, 465a,
　　484a, 490b, 503a
　清滝神　781b
★清了（真歇）　342a, 365b
　〔清〕良（希明）　543b, 585a, 589a
★清涼　→〔澄〕観
★清涼大法眼禅師　→〔文益〕
　盛覚　258a
　盛教　734a
　盛源　265b
　勢運　834a
　勢観　→源智
　勢春　653b
　勢範　144b

勢祐　672b
〔聖〕雲（子竜）　519b
聖覚　215a, 240a, 730a
誠（志心）　391b
誠蓮（藤原俊経）　733b, 804a（第二
　　部）
鯖翁　869a
石庵　→旨明
石屋　→真梁
★石屋　→清珙
★石渓（しっけい）　→心月
●石室　→善玖
★石霜　→〔慶諸〕
★〔石霜〕　→〔楚円〕
　石窓泉　→〔恵〕泉
★石田　→〔法〕薫
★石頭　→〔希遷〕
★石帆　→〔惟〕衍
　石梁　→之武
☆石梁　→仁恭
★石林　→行鞏
★石楼明　322a
　赤山明神（せきざんみょうじん）
　　909b, 910a
　〔碩〕寿（幻翁）　439b
★拙庵光　→〔徳〕光
　拙叟珍　804b
　拙堂（妙心寺住持）　567b
★浙翁琰　→〔如〕琰
　雪翁盛　→〔保〕盛
　雪潤存　512b
★雪巌　→〔祖〕欽
　雪江　→宗深
　雪斎　→崇孚
　雪心　→総融
　雪心安　→〔周〕安
　雪岑崟　→〔梵〕崟
　雪窓崔　→〔宗〕崔
●雪村　→友梅

62

★雪寶　→智鑑
★雪寶顕　→〔重〕顕
★雪寶常　417a
★雪寶暹　474b
★雪峰　→〔義存〕
　雪峰存（宝泉寺）　617b
　雪〔雷〕峰霖　→妙霖
★雪嶺　→永瑾
　説心宣　→〔宗〕宣
●絶海　→中津
　絶崖　→宗卓
★絶学誠　→〔世〕誠
　絶岸湘　→〔可〕湘
　絶巌　→運奇
★絶際中　→〔永〕中
　千観　157b,158a,166b
　千巌大　→〔寂〕大
★千巌長　→〔元〕長
●千光禅師（国師）　→栄西
　千到　157a,269b
●千峰　→本立
　千満　163a
　千命　83b
　川僧　→恵済
　仙阿　236b
　仙雲　222a
　仙暁（叡山，東塔）　250b
　仙原（耕叟）　333b
　仟遍　267a
★〔先〕睹（無見）　377a,406b,415b,
　　417b,426b,429b,430a,442a,472b
★〔宣〕鑑（徳山）　284b,366b,411b,
　　442a,459a,463a,490b,500a,b,505a,
　　538b,562a,567a,596a,600a,606a,
　　612a,618b,629a,630b
　宣基（円源）　793a
　宣教　88b,639a,835b
　宣厳　728b
★宣秘大師　→恵賢

★宣梵大師　→日称
　宣瑜（浄覚）　793a
　宣融　66b
　宣陽　→利慶
　専英　228a,799b
　泉獎（象耳，寛順）　805a,b
　洗心子　→玄恵
　詮（大義）　489a,490a
　詮恵　293a
　潜渓　→処謙
　潜子　481a
★暹（雪寶）
　暹賀　162a,164a,167b,266a,875b,
　暹覚　883b
　暹敦　182b,183a
　暹俊　708a,b
　暹命　726a,b,906b
　暹与　887b
★薦福古　→〔承〕古
　瞻西　191b,702a,b
　闡提　→正具
★闡提照　→〔惟〕照
★全雅　116a,b
●全快（鈍夫）　466a,b
　全厳　→東純
　全牛潙　→〔徳〕潙
　全愚道人　→周崇
　全公〔玄〕　729a
　〔全〕功（無繢）　552b
●全珠（雪寶山侍者）　452b
　〔全〕岑（大虫，大証禅師）　450b,
　　451a,474a,b,488b
　〔全〕信（虚白）　768b
　全用（大用）　513a
　全理灯　809b,810a
　全了（肯庵）　833b
★善（福昌）　437b
★善（法雲）　616a
　善意　882b,883a

善育（大林，僧海禅師）　473a,b,509b
★〔善会〕（夾山）　471b,541a
　善恵　→証空
★善恵大士　→傅大士
●善恵大師　→成尋
★〔善〕栄　396b,397a
　善益（大中）　473a,b,559b
　善往　895a
　善願忍　→〔順〕忍
●善議　76a,91a,100b,101b,269b
●善玖（石室）　429b,489a,b,490a,
　　510a,512a,524a,632a
　善救（普済）　541b,542a
　善均（平山）　505b
★〔善〕月（柏庭）　283a
★善財　563b
　善算　866b,867a
　善謝（梵福山）　99a
　善謝　74a,813a
　善守　105b
　善珠　96b,97a,b,102a,103a,141b,
　　164a,269b,639a
　善俊　759b
　善性　216a
★〔善昭〕（汾陽，西河）　302b,413b
　善信　842a
　善仲　866b,867a
　善忠（叡山）　77b
　〔善〕忠（丹岳）　809a
　善頂　74a,813a
★〔善〕珍（蔵叟）　330a,334a,335a
　善導　204a,207a,b,211a,214a,215b,
　　220b,223a,b,224a,238a,239b,243b,
　　891b,892a
　善恕　752a
★善明　764a
★善無畏　67a,b,68a,b,76b,80a,87b,
　　89a,128b,131a,136b,137b,260b,
　　637a,754a,866a

然純　812b
禅意　690a
●禅一　→照阿
禅雲　640b
〔禅恵〕（海雲）　451a
禅恵　→密厳
禅恵（本性）　767b,769b,773a,786a,
　　788b,799a
禅英（霊仲，円智悟空禅師）　427a,
　　515a,530a,b
禅海（無涯，法源禅師）　393b
禅海　→観心
禅漢　192a
禅観（長聖）　769b,770a
禅鑑（象外，妙覚禅師）　394b,395a,
　　585b
禅喜　151b,152a
禅空　→如性
禅傑（特芳，大寂常照禅師）　589a,
　　598b,599a,606b,607a,613a,614b
★禅月　764b
禅源大済禅師　→宗舜
禅源大沢禅師　→玄朔
〔禅〕興（春作）　555b,558b
禅守　747b
禅助　255b,441a,746a,b,747a,748b
●禅性　→空月
禅勝　890a,b
禅静　871b
禅心　243a,785a
禅蔵　842a
禅智　→蓮眼
禅徴　171b
禅爾（円戒）　247a,252a,b,254a,
　　255b,770b
禅如　→湛照
禅仁（園城寺）　187b,189a,191a,b
禅忍（大智院）　773a
禅忍　→乗仁

禅愉　157a, 166b, 708a
禅愉（亀年，照天祖鑑国師）　614b,
　615a, 621b
禅誉（賢聖房）　697b
禅林　→尊空
漸安　91a
蟬庵　→竜惺

　　　　―そ―
祖一（峰翁，正宗大暁禅師）　355a, b,
　356a, 450b, 474a, b, 488a
〔祖寅〕（天叟）　601a
〔祖〕雲（大閑）　349b
〔祖〕恵（定山）　624a
○祖裔（竺芳）　349b, 356a（入元は『日
　本仏教人名辞典』による）
　〔祖〕越（格堂）　555b
　祖円（規庵，南院国師）　328a, b,
　329a, b, 370b, 374a, 418b, 419a, 428a,
　437b
　祖応（夢巌，大智円応禅師）　445b,
　446a, b, 462b, 499b
　〔祖〕恩（彭〔芳〕沢）　624a
　祖輝（独照，真覚禅師）　400a, b, 409a
　〔祖〕欽（敬翁）　381a
★〔祖〕欽（雪巌）　283b, 340b, 341a,
　403a, 452b
●祖継　→大智
　祖訣　832b, 833a
☆祖元（無学，子元，仏光禅師，円満常照
　国師）　281a, 300b, 301a, b, 302b,
　303a, b, 304b, 305a, b, 306a, 310b,
　312b, 313a, 314a, b, 316b, 318a, 327a,
　b, 328a, b, 329b, 333b, 335b, 337b,
　338a, 342b, 345b, 350a, 351a, 357a, b,
　377b, 378a, 379b, 380a, 388a, 457a,
　483b, 631b, 904b
　祖厳（芳庵）　552b
　祖舜〔昭端〕　533b

祖濬（晢巌）　513a, b
★〔祖心〕（晦堂）　577b
　祖心（尼）　627b
　〔祖〕先（天関）　541a
★〔祖先〕（破庵）　530a
☆〔祖〕闇（仲猷）　484a
　祖禅（定山，普応円融禅師）　445a,
　462b
★〔祖〕智（別山）　283b, 296b
●祖能（大拙，広円明鑑禅師）　455a, b,
　456a, b, 527b, 532a, 533b, 538b, 539a,
　540a, 632a
　〔祖文〕（字岡）　607b
★〔祖〕銘（古鼎）　341a
　祖黙（存耕，存耕）　581b
　祖祐（天鷹）　544a, b
●祖雄（遠渓）　371b, 372a, 632a
　祖稜　558b
　祚乾　847b
　祚蓮　633b, 634b, 753b
　素安（了堂，本覚禅師）　371a, 505a,
　511b
　素（崇）瑛（藍田）　584b
　素哲（明峰）　342b, 420a, b, 424a,
　472b, 533b
　素満（梅坡道人）　374a
★疎山　→匡仁
　疎石（夢窓，智曜，正覚国師，心宗普済
　国師，大円国師，天竜国師）　340b,
　346b, 369a, 387a, b, 388a, b, 389a, b,
　390a, b, 391a, 402a, b, 403a, 405b,
　412a, 415a, 418a, 421a, b, 433b, 434a,
　435a, 437a, 438b, 440b, 441a, b, 442b,
　455a, 460b, 465a, 466b, 467a, 468a,
　471a, 474b, 478a, 480b, 483a, b, 484b,
　485a, 486a, b, 488a, 493b, 494a, 495a,
　496a, 499a, 502a, b, 504b, 505a, b,
　508b, 509b, 510b, 512b, 513b, 514a,
　516a, 520a, 522b, 523a, 524a, 526b,

534a,545a,555a,566b,570a,583b,
584b,595a,606b,627b,632a,803a
★〔楚円〕（〔石霜〕，慈明禅師）　330b,
331b,344b,448a
☆楚俊（明極，仏日焔恵禅師）　289a,
321a,361b,362a,b,363b,384a,386a,
393b,411a,412b,418b,420a,421a,
425b,446b,452b,457b,524b,583a,
631b,750a
★楚石　→〔梵〕琦
双円（慶俊）　798b
双桂和尚　577a
双峰　→宗源
★宋満　858b
〔宗〕為（謙翁）　586a
○〔宗〕意（柏庵）　462a,b,（入元は
『妙興開山円光大照禅師行状』による）
宗渭（太清）　493a,b,494a,b,519b,
521b,556a,564b,582a
宗頤（養叟，宗恵大照禅師）　554b,
567b,572b,573b,591b,602a
宗因（無因）　449b,528b,529a,567a,
b,572a,586a
宗印（実相院）　250a
宗印禅者　358b,359a
○〔宗〕胤（秀崖）　386a（入宋は『日華
文化交流史』による）
〔宗〕寅（東源）　622a
宗雲（白翁）　466b,491b,533b
宗恵大照禅師　→宗頤
●〔宗〕恵〔英〕（〔傑〕翁）　301b
〔宗〕英（拈笑）　558b
★宗叡（長安上都）　116a
★宗頴（醴泉寺）　117b
宗円　150a
〔宗〕淵（黙翁）　545a,b
○宗応（〔無方〕）　409b（入元は『五山
禅僧伝記集成』による）
〔宗〕越（象外）　463a

〔宗〕越（天巖）　573a
●宗可（中庭）　420b,421b,541b
●宗嘉〔駕〕（大象）　496a,b
〔宗〕峨（雲山）　405b
〔宗〕覚（即庵）　558b
☆宗覚禅師　→普寧
〔宗〕岳（南景）　619b
宗亘（古岳，仏心正統禅師，正法大聖国
師）　612b,613a,616a,b
宗蘭（香林）　529a,569b,611b
宗鑑（明窓，明覚禅師）　326a,490b
●宗己（復庵，大光禅師）　396a,b,
397a,b,398a,416b,465b,475b,488a,
512a,537a,b,545b,632a
宗規（月堂，水月老人）　400a,408b,
409a,b,463a,b,464b,832b
宗器（延用，徳元普照禅師）　550a,b,
567b
宗熙（春浦，正統大宗禅師）　579a,
591b,592a,601b,602a,604b,612a
宗橘（華林）　586a
宗休（大休，円満本光国師）　606b,
613a,b,614a,b,615a,618b
宗鏡禅師　→周皎
〔宗〕問（玉英）　616a
宗賢　202a,b
宗源（叡山）　222a
宗源（双峰）　350a,b,417b,418a,
430a,437b,445a,455a
〔宗厳〕（華屋）　611b
宗吾　→省吾（無我）
宗光（月庵，正統大祖禅師）　450b,
487b,488a,b,489a,528b,529a,531a,
539a
〔宗〕光（日照）　567b
●宗昊（天柱）　345a,480b
★〔宗〕杲（大恵，妙喜）　277b,367b,
384a,454a,b,461b,523b,547a,588b,
632a

宗香（梅屋）　611a,b
宗興（滅宗，円光大照禅師，弘法大師の
　後身）　462a,b,463a,678b
宗興　→〔玄〕興
宗佐　→頼申
〔宗〕才（晋挙）　601b
〔宗〕崔（雪窓）　629a
〔宗〕璨（玉林）　488a
〔宗〕璨（吾宝）　558b
〔宗〕衆（宝洲）　597b
宗受（天縦）　606a,b
〔宗〕寿（仁岫）　617b
宗宿（春夫，不昧子）　572a,577b,
　592b
〔宗〕俊（噩叟）　558b
宗舜（日峰，菊夜叉，禅源大済禅師）
　566b,567a,b,568a,b,571a,b,577b,
　587b,588b,589a,595b,596a
宗純（一休，狂雲子）　518a,585b,
　586a,b,587a,632a
●宗純（温中）　592b
宗性（本朝僧侶四天王）　106a,221b,
　232b,246b,251a,269b,787b
宗松（興宗，大猷慈済禅師）　609a
宗松（柏庭）　609b
〔宗松〕（大蔭）　611b
宗心（即庵，弘宗普門禅師）　400a
宗岑（大虫）　→〔全〕岑（大虫）
宗真（大〔太〕源）　439a,507a,527a,
　543b,574a
宗真（実伝，仏宗大弘禅師）　601a,
　602a,604b,612a,b
宗深（雪江，急性菩薩，仏日真照禅師）
　450a,578b,587a,588a,b,589a,594a,
　596a,597a,598b,599a,b
宗清（以天，機雪，正宗大隆禅師）
　610b
宗碩（徳翁）　531a
〔宗〕宣（説心）　619b,624a

宗禅　226a
★宗体（源〔願〕〔庵〕）　487a
宗卓（絶崖，広智禅師）　348b,349a,
　452a
〔宗〕湛（西江）　474b
宗築（大愚，諸相非相禅師）　621b,
　626b,627a,b,628a,632a,753a
宗忠（言外，密伝正印禅師）　432b,
　491b,492a,554b,555a
〔宗〕朝（東海）　610b
宗直（古岳）　612a
宗珍　249b,250a
〔宗〕槙（邦叔）　618b
宗灯律師　→憲静
宗套（大林，仏印円証禅師，正覚普通国
　師）　616a,b
〔宗〕陶（定州）　624b
宗棟（鄧林）　607a,609a
宗頓（悟渓，大興心宗禅師）　589a,
　595b,596a,b,597a,606b,609a
〔宗〕鈍（鉄山）　619b
宗曇（華叟，大機弘宗禅師）　492a,
　554b,555a,572a,586a,587a
〔宗〕任（大用）　377a
●宗然（可翁，普済大聖禅師）　369b,
　377a,b,426b,490b,528b
〔宗〕能（春屋）　558b
〔宗〕珀（玉室）　622a
宗範（三井寺）　183b
宗範（大模）　555a,b
〔宗〕範（模庵）　558b
宗播（叔英）　564b
宗弼（授翁，神光寂照禅師，亜相藤原藤
　房）　404b,405b,406a,449a,b,450a,
　528b（第二部）
宗輔（古巌，斉藤利永）571b,596a（第
　二部）
〔宗〕彭（秀〔州〕庵）　558b
宗彭（沢庵）　433a,621b,622a,b,

623a,b,628b,632a
宗牧（東渓，仏恵大円禅師）　604a,b,
　605a,616a
〔宗〕溟（季東）　567b
宗愈（泰叟）　579a,b
〔宗〕宥（在中）　558b
◉宗猷　515b
　宗猷悟達禅師　→周佐
　宗立（卓然）　432b,470a
〔宗〕竜（雲岫）　558b
宗隆（景川，本如実性禅師）　571b,
　589a,593b,594a,b,595a,609b,611a,b
〔宗〕良（賢国〔谷〕）　625a
〔宗〕楞（安叟）　558b
宗令（大徹）　259a,508b,509a,527b,
　533b,534a
★〔宗〕泐（季潭）　321a,385b,463b,
　492b,510a,515b
★相（寂庵）　335a
　相応　158b,646b,647a,b,648a,b,650b,
　657b,753b
　相山　→良永
　相実　204a
　相俊（後般若房）　211a,b,762b
　相真　708a,b
　相頼（松尾神主）　717b
　草堂　→林芳
★叟（蘭閑）　86b
　桑田　→道海
★曹渓　→〔恵〕能
★曹山　→〔本〕寂
〔曽〕顕（道庵）　546b
〔僧〕一（華峰）　548a
　僧賀　→増賀
　僧海　293a,b
　僧海禅師　→善育
★僧済　91a
★僧璨　95b
　僧俊　730a

★僧照　107a
★僧遷　61b
★〔僧〕肇　304a
★僧那　65b
◉僧旻　843a,b,893b
★僧誓　61b
☆僧隆　842b
◉総円　→志玉
◉総覚（幼齢）　367b
　総願　→定盛
★総持（尼）　62b
　総持（日浄，多羅尼童子）　781a,
　793b,794a
　総持　→隆運
　総寂　→真恵
　総融（通識，雪心）　258b,264a
　聡〔一〕（喝岩）　369a
　聡杲　→宗昊
◉〔聡〕秀（実翁）　439b,545b,546a
　竈門山明神（かまどさんみょうじん）
　907a
★造玄　131a
★象王　→釈迦
　象外　→宗越
　象外　→禅鑑
　象耳　→泉奘
　象先　→文岑
　象先有　→〔乾〕有
　増延　859b
　増賀　162b,163a,b,164a,b,170b,171a,
　177a,671a
　増喜　258b
　増俊（真言宗随心院流祖）　226a,696a,
　730a
　増全　652a
　増智　719b
　増命（静観）　646b,650a,b,651a,659b
　増祐（薬師寺）　157a
　増祐（如意寺）　872a

増誉　695a,b,696a,699b,719b,754a
増利　147a,b,148a,156b
蔵縁　638a,b
蔵王権現（ざおうごんげん）　907b
蔵海　→性珍
蔵海　→無尽
●蔵山　→順空
蔵俊　203b,204a,206a,207a
★蔵叟　→〔善〕珍
蔵叟　→朗誉
〔蔵〕珍（玉岡）　396a
蔵満　920b,921a
★即庵　→〔慈〕覚
即庵　→宗心
即庵覚　→〔宗〕覚
★即休（しっきゅう）了　→〔契〕了（きっりょう）
★息耕老子　→智愚
息真（練行者）　914b
速玉事解之命（はやたまことさかのみこと）　906a
尊意　151b,158b,652a,b,653a,b,655b,657b,660b,753b
尊印　217b
尊恵　→慈心
尊円（延暦寺）　751a
尊円（維範の師）　876a
尊応　101a
尊海（円頓）　231b,248a,b,249a
尊観　240b
尊教　733b
尊空（禅林）　800a
尊玄　205a,221a,269b
尊厳　545a
尊実（三井寺）　751b
尊性　→円晴
尊性法親王　799a
尊信　228a
尊珍　188b

尊道　750b,751a
尊道　→真円
尊念　728a
尊弁　256a
尊隆　766a
存（雪潤）　512a
存（雪峰）　617b
存円（天鑑、仏果禅師）　507a
存海　249a,259a
存耕　→祖黙
★存式　136b
★〔存奨〕（興化）　573a,606b

—た—
陀〔他〕阿　→真教
☆多常　633a
多聞　→観覚
多聞童子　→慈済
多羅尼童子　→総持
大綱　→帰整
大興心宗禅師　→宗頓
●大初　→啓原
★大聖　→釈迦
大方　→元恢
●大本禅師　→居中
大陽　→義冲
★大陽　→警玄
★太賢（青丘）　251b,770a,796b
太原　→崇孚
大〔太〕源　→宗真
太古　→世源
●太虚（たいこ）　→元寿
●太虚充　→〔契〕充
太清　→宗渭
太白　→真玄
太平　→妙準
太容　→梵清
★台州　→浮江
体日　231b

胎蓮　740a
退耕　→行勇
★退耕寧　→〔徳〕寧
泰演　101a,b,**103a**,b,108b,269b
泰基　111a,126b
泰舜　150a,**655a**
泰証　→泰澄
☆泰信　105a,108a
泰善　**662b**,663a
泰叟　→宗愈
泰叟康　→〔妙〕康
泰澄（神融禅師，越大徳，泰証）　99a,
　634b,635a,b,636a,b,637a,638a,
　733b,753b,839b,903a,b
泰範　107b
諦鏡　918b
大庵　→須益
大医禅師　→正栄（嫩桂）
大蔭　→宗松
大蔭樹　→〔明〕樹
大恵　658b
大恵（痴兀，平等，仏通禅師）　313b,
　325a,326a
★大恵杲　→〔宗〕杲
大恵禅師　760b
大円（国師）　→疎石
大円　→智碩
大円　→良胤
☆大円禅師　→覚円（鏡堂）
大円宝鑑国師　→東寔
●大応国師　→紹明（南浦）
★大迦葉　→摩訶迦葉
大雅　→崙匡
大海弘　→〔寂〕弘
★大覚世尊　→釈迦
☆大覚禅師　→道隆
大岳　→周崇
●大岳　→妙積
大閑雲　→〔祖〕雲

★〔大〕観（物初）　277b,296b,301b
大観禅師　→理有
★大鑑　→〔恵〕能
☆大鑑禅師　→正澄
大喜　→法忻
大機弘宗禅師　→宗曇
大義書記　413a
★〔大義〕（鵝湖）　441b
大義詮　489a,490a
大疑信　→〔宝〕信
☆大休　→正念
大休　→宗休
★大暁　451a,b
大業基　→〔徳〕基
★〔大〕訢（笑隠）　399a,408a,442b,
　490b
大愚　→性智
大愚　→宗築
大空　→玄虎
大歇（だいけつ）　→勇健
●大歇　→了心
★大歇真　352a
★大現国師　433a
大戸之道命（おおとのちのみこと）
　903a
大湖奕　499b
★大広智三蔵　→不空
大江　→霊妙
大光国師（仏灯）　→徳倹
●大光禅師　→宗己
☆大光普照国師　→隆琦
★〔大〕高　→〔大〕亮
大綱　→明宗
●大興正法国師　→俊芿
大興心宗禅師　→宗頓
大興禅師　→道然
大慈雲匡真国師　→妙超
★大寂禅師　→〔道一〕（馬祖）
大寂常照禅師　→禅傑

70

大殊（別峰，大珠円光国師）　289a,
　　444b,503b,504a,b,902b
　大珠円光国師　→大殊
　大周　→周霬
★〔大〕証（無印）　455b
　大証禅師　→〔全〕岑
★大聖　→釈迦
　大聖　689b
　大乗　→証印
★大乗基　→窺基
　大乗心　→乗心
　大乗菩薩　→慶円（月心）
　大震　→〔世雄〕
　大随（皷山）　504a,523b
●大拙　→祖能
　大拙愚　→〔守〕愚
　大拙巧　→〔文〕巧
★大川　→〔普〕済
　大川　→道通
　大苫辺尊（おおとまべのみこと）　903a
　大闡（大法，仏範宗通禅師）　508a
　大全　→一雅
★大禅仏　→景通
　大祖正眼禅師　→義亨
●大象　→宗嘉〔駕〕
　大達禅師　→正因
●大智（祖継）　472a,b,473a
★大智禅師　→懐海
★大智律師　→元照
　大智円応禅師　→祖応
　大智海禅師　→昭元
　大智房　→基舜
　大中　→善益
　大虫　→〔全〕岑
　大通　→〔令為〕
☆大通禅師　→子曇
　大通智勝国師　→紹喜
　大徹　→宗令
　大天法鑑禅師　→崇六

★大顚（〔潮州〕）　577b
　大灯　→源智
　大灯国師　→妙超
　大幢国師　→道晈
　大同　→妙喆（哲）
　大道　→一以
　大道真源禅師　→英朝
　大日　→能忍
　大寧　752a
●大年　→祥登
　大年　→法延
★〔大梅〕　→法常
　大伴仙（おおとものせん）　913b,914a
★大悲閑〔間〕　95b
　大悲菩薩　→覚盛
　大夫律師　→行意
○大弁訥　→〔正〕訥（入元は『中巌和尚
　　自暦譜』による）
★大方逯　→〔道〕逯
　大方用　→〔源〕用
　大法　→大闡
　大法源禅師　→道泉
　大法房五師　→慶俊
●大朴　→玄素
●大本禅師　→居中（嵩山）
　大巳貴尊（おおあなむちのみこと）
　　907b,909a
　大夢　291b
●大明国師　→普門
　大模　→宗範
　大模軏　→〔梵〕軏
　大用（だいゆう）　→恵堪
　大用　→全用
　大用任　→〔宗〕任
　大有　→理有
　大有観〔歓〕　→〔徳〕観〔歓〕
　大猷慈済禅師　→宗松
★〔大〕亮　73b
　大梁梓　→梓（大梁）

大林（文珪の師）　833b
大林　→〔正通〕
大林　→善育
大林　→宗套
第三地菩薩　→空海
提婆　→〔聖〕提婆，（〔迦那〕提婆）
沢庵　→宗彭
卓然　→宗立
〔琢〕（璞翁）　354a
諾庵　→西肇
武雷命（たけいかずちのみこと）
　64b，904b
健御名方命（たけみなかたのみこと）
　909a
達（西堂）　539a
達哉珍　806a
★達磨（初祖，祖師，菩提多羅，壁観婆羅
　門，少林，少室，西天二十八祖，碧眼
　胡）　62a,b,63a,b,64a,65b,76b,
　84b,85a,87b,95b,117b,218a,270b,
　273a,284b,285b,291b,295a,299a,b,
　300b,302a,310b,311b,312a,319b,
　320a,322b,327a,338a,362b,385a,
　387b,388b,391a,395b,401a,b,409a,
　412a,420a,440a,445b,449a,455b,
　458b,464a,b,469a,472a,478b,485a,
　486b,489b,512a,515a,526b,530a,
　533a,548b,549b,559a,571a,578a,
　585b,600a,615a,619a,b,620a,623b,
　863b
★達磨掬多　67a,b
★丹霞　→〔子〕淳
丹岳忠　→〔善〕忠
丹生津姫（にふつひめ）　260b,906b
丹生明神（にゆうみょうじん）　223a，
　262b,733b,775b,906b
単況（無比）　480b,481a,518b
単伝印　→〔士〕印
峏﨑（大雅）　608a

堪久　95b，96a
●湛恵（随乗）　283b,284a,831a,b
湛叡（本如）　254a,258a,801b
●湛海（聞陽）　768a,b,769a
湛空（正信，無著菩薩権化，浄土宗嵯峨
　門徒祖）　230a,b
湛秀　184b,192b
湛昭（吉祥院僧都）　160a,269b
湛照（東山，十地，宝覚禅師，臨済宗聖
　一派三聖門派祖）　298a,b,299a,
　309a,341b,373b,374a,b,380b
湛照（禅如）　799b
★湛然（妙楽，荊渓）　76a,b,167a,b,
　187b,190b,209b
湛誉　651a
団誉　→玉翁
★断崖義　→〔了〕義
断岸空　→〔元〕空
★断橋倫　→〔妙〕倫
★断渓用　317a
★断江恩　→〔覚〕恩
●談宗　→志玉
檀渓　→心凉
檀那　→覚運

―ち―

知鏡　251a
知元（兀兀）　802b
知生　→信忍
知足　→戒如
★智〔知〕礼（四明，法智）　167a,
　168b,169b,170a,175b,763b,848b,
　849a
★智（法師）　179a
☆智威（鑑真の弟子）　74b
★智威（徐陵）　869a
★〔智〕恵（愚極）　352a,b,408a
★智恵輪　131a,137a
●智円　894a

★〔智〕円（〔月〕潭）　333a
　智淵　660b,681b
　智演　257b
　智越（雲山）　400a,b
　智翁（無才）　341b
　智海（叡山）　188b,222a
　智海（心恵，道照）　795a,796a
　智海禅師　→昭元
　智海大珠禅師　→周璽
　智愷　114a,649b
　智鎧　145b
　智覚禅師　→道海
　智覚禅師　→〔明〕本
　智覚普明国師　→妙葩
　智曜　→疎石
●智侃（直翁，仏印禅師）　339b,340a,b,403b,503b
★〔智〕閑（香厳）　301a,329b,424a,531a,532a
　智観　→勝算
★智鑑（雪竇）　342a
　智義（松嶺）　341b,403b
★智顗（智者大師，天台）　76a,b,77a,100a,107a,b,117a,137a,138b,159b,163b,167b,187b,209b,222a,223b,224a,239b,311b,392b,647b,763b,778a,839b,872b
★〔智〕及（愚庵）（径山）　321a
●智鏡（月翁，明観，泉涌寺）　224a,251a,279b,310b,767b,770a,b,779a,789a,794b,796a,799a
★〔智〕愚（虚堂，息耕老子）　276a,281a,287b,292b,293a,296b,301a,b,305b,318b,319a,b,321a,333b,361a,409b,463b,568a,587b,612b,620a,848a
　智憬　94a
★〔智〕賢（北禅）　560a
　智光　66b,90a,b,91a,200a,787b,815b,816a
〔智〕洪（無涯）　342b,420b
　智興（園城寺）　160b,836a,b
〔智〕厳（竹窓）　561a,574a,b
　智（知）至（愚渓）　520a
★智者大師　→智顗
★智首（律師）　73b,755a
★智周　843b,844b
　智舜　230b,231b,237a,238a,246a,269b,770b,781b,786a,787b,797b,799a
●智証大師　→円珍
〔智〕常（帰宗）　622b
　智静　→勧修
　智心　236a
　智真（一遍，時宗開祖）　236a,b,748a,860b,905b
★智瑞　764b
　智碩（大円）　526b,527a
　智泉　644b,806a
　智泉（尼）　540b
★智全　72b
★〔智〕善（法雲）　616a
●智聰　138b
☆●智蔵　66b,87b,89a,90a,91a
●智達　67a
●智通　67a,87b
　智度〔慶〕　214a
　智訥（古剣，仏心恵灯国師）　407b,492b,493a,527b,540b,553b
★智仁　813a
　智忍（了願）　793a
★智普（文恵大師）　850a
　智弁　→余慶
★〔智〕朋（介石）　296b,333b
☆●智鳳　87b,88b,91b,200a,228b,419b,578b,772b,843b,844b
　智本（尼）　552b
★智満　72a

智明（蒙山） 418b,419a,428a,512a,516a,539b,541a
智明 →頼西
智門祚 →〔玄〕祚
☆●智雄 843b
智雄（弘宗慈済禅師） 463a
☆●智鷟 200a,419b,578b,772a,843b
痴兀 →大恵
★痴絶冲 →〔道〕冲
★痴禅 464a
痴鈍 →空性
竹（侍者） 546b
竹庵渭 →〔懐〕渭
竹庵圭 →〔士〕圭
竹翁 435a
竹巌 →聖皐
竹居 →正猷
竹春 →巌玲
★竹窓喜（霊巌寺） 361b
竹窓厳 →〔智〕厳
筑紫聖 874a
中安 112b
中院僧正 →真然
中淹（在中） 557a,b
〔中〕嘉（瑞雲） 555a
中岳本 →〔通〕本
●中瓘（留学沙門） 846b
中観 →真空
中観 →澄禅
●中巌 →円月
中〔仲〕継 108b,123b,126b,133a,269b
〔中〕材（用堂） 606a
●中珊（瑚海） 582a
中山 →清閣
●中山 →法頴
中信 822a,823a,b
●中津（絶海,蕉堅道人,仏智広照国師,浄印翊聖国師） 490a,496b,509b,

510a,b,511a,b,512a,517a,519b,520b,521a,b,553a,556a,560b,562a,632a,833a
●中諦（観中,性真円智禅師） 513b,514a,b
●中庭 →宗可
中道 →聖守
中納言阿闍梨 →公聖
★中峰 →〔明〕本
中立 269b
中立鶚 →〔一〕鶚
●仲（蔵主） →〔以〕仲（中）
★〔仲〕穎（東叟） 335a
★冲〔仲〕虚〔挙〕 →〔懐〕徳
仲頊（〔玉渓〕） 487a
仲継 110a,b,646a
仲建 →竜惺
仲算（興福寺） 150b,154b,155a,b,160b,161a,164b,165b,172a,269b
仲算（杉〔松〕室） 916a
仲方 →円伊
★仲銘新 →〔克〕新
☆仲猷闡 →〔祖〕闡
仲和 →良睦
宙知客 570b
忠恵（良弁の弟子） 93b
忠恵（道璿の弟子） 759b
忠延 897a
忠覚 286b
忠俊（道悟） 235a,b
忠昭 872b
忠尋 192a,211a
柱（大清宗渭の侍者） 564b
長（乾坤） 531b
長意（露地和尚） 143b,144b,656b,657b,681b
長恵 173b,174a
長円 851b,852b
長宴 682b

〔長〕応（機堂）　543b
★長翁　→如浄
●長賀（俊芿〔弟〕子）　763a
　長覚（高野山寿門学派祖）　261a, b
　長義　919a
　長教　871a
　長訓　112a
　長慶　749a
　長賢　897b
　長源　898b
　長豪　192a
　長谷大僧正　→勧修
　長西（覚明, 浄土宗諸行本願義祖）
　　220a, 238b
　長歳　113b, 183a
　長算　172a, b
★長沙　→〔景岑〕
　長守　185b
〔長〕樹（東木）　604a
☆長秀　659a
★長水　→〔子〕璿
　長青（宝光院）　812a
　長聖　→禅観
　長信　688a, 693b
　長禅　→幸尊
●長忍　→有厳
　長甫（岳翁）　413b
　長保　156a, 172a, 184a
　長明（戸隠山）　836a
　長朗（薬師寺）　101a, 898a
　長誉　262b
　長耀　188b
　重怡　858b, 859a
　重喜　245b
●重源（俊乗, 紀重定）　84a, 807b,
　　829b, 830a（第二部）
　重禅　230b
　重如（日蓮）　740a, b
　重然　803b

　重誉　194a, 199b, 200a, 787b
　兪助　731a, 741a
●兪然（法済大師）　769a, 846b, 847a, b,
　　848a, 850a
★張拙　→秀才
★張平雲　272a
　鳥樟上人　→円観
●朝元　896a
　朝源　239b
　朝算　265b
　朝晴　171b
　澄　→仏図澄
　澄恵　710b
　澄叡　94a, 896b
☆澄円（旭, 白蓮和尚, 澄円菩薩）
　　257b, 258a
★〔澄〕遠（香林）　420a
　澄海（本心）　251a
　澄海（加賀大乗寺）　307a
★〔澄観〕（清涼）　219b
　澄空　220b
　澄憲　209b, 212b, 720a, 830b
　澄賢　886a
　澄玄　804a
　澄豪（恵光房）　181b, 188b, 676b
　澄心　171b, 175b, 181a
　澄禅（中観）　781a, b
　澄弁　235b
〔澄〕密侍者　354a
　調御　→定厳
★調達（調婆達多）　547a, 641a
★調達善星　861b
★〔潮州〕（大顛）　577b
　寵寿　899a, b
　珍〔拙叟〕　804b
★珍賀　80b
　珍海　194a, 199b, 200a, 202a
　珍暁　762b
　珍西　883b

珍山　→〔源照〕
珍蓮　857a
★陳那（じんな）　183a
◉椿庭　→海寿
鎮操　646b,657b

　　　　—つ—

通翁　→鏡円
通海　234a,743b
通観　→承憲
通幻　→寂霊
通玄（幻）　558a
◉通玄（一峰）　429b,452b,**480b**
通言　580a
通識　→総融
通川（東峰）　364a,458b
◉通徹（清渓，天遊）　471a,b,516a
通恕（惟忠）　565a
〔通〕本（中岳）　581b
通妙（高山）　460b,461a
〔通容〕（費隠）　630a
〔通〕量（少室）　581b
〔通〕麟（天祐）　581b

　　　　—て—

★廷俊（用章）　321a,407b,409b,463b
廷用　→宗器
◉廷用　→文珪
提（剣関）　521b
棣上座　545b
禎喜　714b,715a,717a
禎範　191a
泥火瓊尊（うひちにのみこと）　903a
適然（覚静）　799a
☆哲（明関）　627a
哲厳　→祖済
鉄（壁山）　293a
鉄庵　→道生
★鉄翁一　→〔守〕一

鉄牛　→円心
◉鉄牛　→景印
鉄山鈍　→〔宗〕鈍
◉鉄舟　→徳済
徹翁　→義亨
徹宗　→道英
徹叟　→道映
◉徹通　→義介
大〔天〕庵　→〔玄〕彭
天隠　→竜沢
天蔭　→徳樹
天応大現国師　→義亨
天鷹　→祖祐
天海（慈眼大師）　617a,627b,**751b**,
　752a,b,753a,b
天関先　→〔祖〕先
天鑑　→存円
◉天岸　→恵広
天巌越　→〔宗〕越
★天吉祥（広梵大師）　849b
天境　→霊致
〔天誾〕（如仲）　585b
天児屋根命（あまつこやねのみこと）
　905a
天錫寿　→〔賫〕寿〔疇〕
天初廓（妙環枢翁四神足）　394b
天祥　→一麟
天照皇太神（天照太神）　902a,903a,
　b,906b
天縦　→宗受
天津彦彦火瓊瓊杵命（あまつひこひこほ
　にに ぎのみこと）　903a
天真　→自性
★天親（世親）　90b,191b,258b,620a
天叟　→〔祖寅〕
天巽順　→〔慶〕順
★天台　→智頭
★天台韶国師　→〔徳〕韶
天琢　→玄球

◉天柱　→宗昊
　天柱　→〔竜〕済
　天長長　→〔元〕長
★天童　→如浄
★天童　→無著
　天徳　→曇貞
　天忍穂耳命（あまのおしほみのみこと）
　　903a
　天満大自在天神　→北野天神
　天明〔命〕（〔月察〕）　261b
　天明　564b
◉天祐　→思順
　天祐　→梵暇
　天祐麟　→〔通〕麟
　天遊　→為瑤
◉天遊　→通徹
　天竜国師　→疎石
☆天倫彝　→〔道〕彝
　天倫楞〔挺〕　→〔正〕楞〔挺〕
　転乗　853a, 854a
◉伝教大師　→最澄

—と—

★図澄　→仏図澄
★兜率悦　→〔従〕悦
　都〔兜〕率　→覚超
　都藍（尼）　907b
　都良香（みやこのよしか）　915a
　鳥羽僧正　→覚猷
　鳥羽僧正　→範俊
◉渡西　→志玉
　灯（全理）　809b, 810a
　灯阿　860a
★投子青　→〔義〕青
　東海　→竺源（原）
　東海朝　→〔宗〕朝
　東巌　→恵安
★東巌日　→〔浄〕日
　東渓　→宗牧

　東源寅　→〔宗〕寅
★東谷　→〔妙〕光
　東山　→湛照
　東山　→〔法〕演
　東山丘　478b
　東山日　→〔恵〕日
★東寺会　→〔如〕会
★東洲　→〔寿永〕
　東純（全巌）　602b
★東嶼海　→〔徳〕海
　東沼　→周巖
　東寔（愚堂，大円宝鑑国師）　619b,
　　620a, b, 621a, 628a, 629a, 632a
　東漸　→健易
★東叟穎　→〔仲〕穎
★東叟愷　→〔元〕愷
　東伝　→士啓
◉東伝　→〔正〕祖
★東土六祖　→恵能
◉東福法兄　→弁円
　東峰　→通川
　東木樹　→〔長〕樹
☆東明　→恵日
　〔東黙〕（一宙）　625a, 626b
　東陽　→英朝
★東陽輝　→〔徳〕輝（てひ）
☆東里　→弘会
☆東里　→徳恵
☆東陵　→永璵
◉東林　→友丘
　洞翁　531b
★洞山价　→〔良〕价
★洞山初　→〔守〕初
　〔洞〕仁（文西）　621b
　唐禅院僧都　→済棟
　桃隠　→玄朔
◉桃渓　→徳悟
　桃源勤　→〔了〕勤
　等益（友峰）　512a

77

等慈禅師 →識桂
〔等〕助（順渓）　553b,556b,557a
等定　113b,640a,b
★董賢　606b
　稲荷明神（いなりみょうじん）　907a
　鄧林　→宗棟
　藤太主　915b
★騰　→迦葉摩騰
　同原　→道本
　堂安　→梅林
　童児　916a
　道律師　438a
　〔道〕愛（道叟）　424b
★道安（弥天）　91b,107b,223b,448b,
　　514b
　道庵顕　→〔曽〕顕
　道意（東寺）　747b
　道意（園城寺）　750b
☆〔道〕彝（天倫）　551a,580a
★道育　62b
★〔道一〕（馬祖，大寂禅師，馬大師）
　　327b,422a,427a,441b,491a,590b,
　　596b,630a,631a
☆道隠（霊山，仏恵禅師）　281a,340b,
　　341a,428a,452a
　道恵　452a
　道英（徹宗）　296a
　道映（徹叟）　296a
☆道栄　842b
　道円（叡山）　478a
　道円　→円晴
★道衍大師　511b
　道縁　74a,813a
★道温　819b
★〔道〕週（大方）　504b
　道海（桑田，智覚禅師）　316a,b,393a
★〔道〕楷（美容）　365b
　道覚法親王　730a
　〔道〕貫（之庵）　458b

★〔道閑〕（羅山）　399b
　道観　→証恵
★〔道〕鑑（止泓）　361b
★道岸　72a,803b,813a
★〔道顔〕（卍庵）　384a
　道喜　803b
　道義　114a,143b,144a,649b,900b
★道教　225a
　道教（長西の弟子）　220b
　道教（遍知院）　221b,233a
　道教　→顕意
　道鏡　639a
　道暁　→一円
☆道欣　842b
　道空（谷翁）　382b
　〔道〕空（真巌）　585a
　道空　→隆寛
　道慶　201a,b
　道賢　→日蔵
　道賢（中原信房）　765b
　道賢　911a,b
　道憲（顕日）　800a
☆道顕　894a,b
●道元（永平）　211a,220a,239b,251b,
　　273b,274a,b,275a,b,276a,b,287a,
　　291b,292a,b,293a,b,306b,307a,b,
　　342b,365b,421a,424a,498a,582a,
　　631b
●道玄（自性）　767b,770a,789a
　道玄（貞覚，華厳老僧，貞覚大亨）
　　252a
★道原　611b
★道源　765a
　道悟　779a
　道悟　→忠俊
　道御　→修広
　道公　856b
●道光　813a
●道光（了恵，広済）　238b,239a,240b,

250a （渡海したとするも誤り）
★道興　72b
　道興　104b
◉道皎（月林，仏恵知鑑大師，普光大幢国師）　377a,**391a**,b,392a,b,445a,b,489b,632a
◉道厳　65a,633b
　道山晟　→〔玄〕晟
◉道慈　66b,88b,**89a**,b,90a,91a,b,99a,100b,269b,901a
★道綽　204a
　道寂（元興寺）　828a,b
　道寂（叡山）　875a,b
　道種（光円）　803b
　道秀（松嶺，円明証知禅師）　530a,**545a**,b,546a,b,547a,b
　道俊　736b
　道淳　747a
　道順　745a
　道助　724b,**731b**,732a,b,736a,737a,738b,739b
★〔道〕生　203b
　道生（鉄庵，本源禅師）　344a,b,345a,351a,401b
　道性（弁暁の弟子）　204b
　道性（信日の弟子）　254b
　道昌　81a,**127b**,128a,b,851b
◉道昭　65a,b,66a,b,87b,183a,271b,369b,370a,631b,633b,634b,815a,893a,b
　道昭（園城寺）　742b,743a
　道昭（霊厳）　393a,466a,b
　道証　77a
　道証（観世音寺）　103b
　道証（寂室元光の弟子）　427b
　道証（勝宝院）　787a
　道勝　736b,737a,743a
　道照（慶運の弟子）　788b
　道照（入円）　787b,**797b**

　道照　→智海
　〔道〕聖（無已〔己〕）　521b
★道成　813a
　道乗　737b
★道常　765a,b
　道静　760a
★道信　66b,95b
　道信（蝦夷人）　895a
◉道壬（虎渓）　462a
☆道深（百済）　61a,851a
　道深（親王）　234b,235a,**732a**,b,734b
★道邃　76a,132a,225a
　道泉（秋磵，大法源禅師）　363b,446b
★道宣（南山）　73b,75a,154b,230a,724b,759b,764b,768b,769a,770b,773a,799a,802a,803b,805a,806b,813a
　道詮（法隆寺）　128b,129a,b,269b
　道詮（布貴寺）　846b,897b
☆道璿　69b,**71b**,72a,73b,87b,94a,95b,271b,631b,757b,758a,759a,b,813a
　道全　476a
　道禅（良賢）　792b
　道叟愛　→〔道〕愛
☆道蔵　64b,65a
　道尊　727a,b
　道智（狛〈駒〉僧正）　225b,310a
★〔道〕冲（痴絶）　279b,283a,287a,289b,480a
　道忠　107b,108a,**759b**
　道朝　234a
　道澄　219b
◉道登　892b,893a,b,894a
　道通（大川）　371b,455a,458b
☆道寧　894b
　道然（葦航，大興禅師，大覚派四傑）　312b,313a,335b,387b,439b
　道範（高野八傑）　206a,212a,214a,222b,223a,226a,**226b**,227a,229b,

237a,269b,287a
★道副　62b
　道芳（曇仲）　521b,590a,b,591a
　道法親王　724b,732a,733a,734a,736a
　道宝　738a,740a,744b
☆道昉　270b
　道本（同原）　315b,371a
　道本　→円海
　道明　230b
★〔道明〕（睦州，古徳）　331b,519a
　道明　→聖然
　道明　→照源
　道命　852a,b
　道瑜（玄音）　259b
　道瑜　750b
●道祐（妙見堂）　278b,294b,297b
　道雄　81a,108b,113b,143b,145b,232b
　道融　93a
　道融（仁和寺）　739b
　道誉（園城寺）　225b
　道誉（淵月）　251a
　道耀　737a,743b,744b
　道隆（東大寺）　232b
☆道隆（蘭渓，大覚禅師，臨済宗大覚派祖）　279b,c,280b,281a,b,290b,298b,299a,307b,311b,312b,313a,b,314a,315a,b,316a,b,317a,b,318a,b,319a,322a,326a,335a,b,337b,339b,349b,404b,435a,456b,459a,631b,770a,860b,904b,909b
★〔道林〕（鵲巣和尚）　302a,b
★道聯　511b
　特芳　→禅傑
●特峰　→妙奇
　特峰禅師　599a
　得一　109b
　得巌（惟肖）　446b,521b,541a,563a,b,576b,584b
　〔得〕瓊　475b,476a

　得勝（抜隊，恵光大円禅師，向岳和尚）　475a,b,476a,b,531b,532a,b,539a
　得仙（竺山）　508b,533a,b,534a
　得善　733b
　得蔵（教外）　420b,524b
　徳一（溢）　106b,109b,110a,129a,269b,897b
★徳雲　402b
☆徳恵（東里）　333a
　徳門　140b,141a
　徳翁　→宗碩
●徳蘊（〔不退〕）　281a
★〔徳〕海（東嶼）　352a,377b,381b,383b,430a,442b
　〔徳〕観〔歓〕（大有）　581b
　〔徳〕基（大業）　584b
★〔徳〕輝（てひ）（東陽）　408a,428b,452b,453a,455b
　〔徳〕㵎（全牛）　581b
●徳久（約庵）　370a,448b,449a
★〔徳〕挙（直翁）　364a,b,365b
★徳嶠　596b
●徳瓊（林叟，覚照禅師，桂光大士）　315b,434b,435a,459b
　〔徳〕見（竜山，真源大照禅師）　281a,398b,399a,b,400a,448b,450b,452b,468b,470b,478a,509b,512b,518b,519b,524a,526a
●徳倹（約翁，仏灯大光国師，大覚派四傑）　281b,296b,313a,333b,335a,b,336a,b,337a,351a,370b,374a,394b,425b,426a,427b,431b,437b,452a,459a,b,460a,564b
　〔徳〕元（慕林）　581b
●徳悟（桃渓，宏覚禅師，大覚派四傑）　312b,313a,b,356b,374a,387b,394b,442a
★〔徳〕光（拙庵，仏照禅師）　273a,b,274a,306b,631b

徳光（行基の師）　815a
徳光普照禅師　→宗器
★〔徳〕洪（覚範）　→〔恵〕洪
◉徳済（鉄舟，円通大師）　502a,b
★徳山　→〔宜鑑〕
　徳樹（天蔭）　610a
◉徳俊（伯英，青丘遺老）　281a,480a,
　505a,b,511b,562a
　徳昌（桂林，蕣庵）　608b
　徳紹（無弦）　317b
★〔徳〕韶（天台）　540a,b,544b
★〔徳〕真（竜巖）　393b,415b,428b,
　452b
☆徳積　61b,62a
★〔徳〕宣（浮山）　377a
◉徳詮（無及，大覚派四傑）　301b,
　312b,313b,314a,357a,387b
　徳璇（玉山，仏覚禅師）　349b,350a,
　351a,452a
　徳叟　→周佐
　徳道　814b
★〔徳〕寧（退耕）　276a,283a,292b,
　301b,317a,336b,377a
　〔徳〕衲（証夫）　581b
　徳輔（惟宗）　581a,b
　徳満　919a,b
　〔徳〕興（載之）　581b
★独孤朋　→〔淳〕朋
　独照　→祖輝
◉独芳　→清曇
　鈍翁　→了愚
◉鈍翁〔庵〕俊　377a,426b
　鈍夫　→全快
　嫩桂　→正栄
◉☆曇恵　61a,851a
　曇英　→恵応
★〔曇〕噩（夢堂，文懿大師）　363a,
　377a,429a,524a
★〔曇華〕（応庵）　453b

　曇溪芳　531a,b
　曇現（瑞巖）　382b,383a
★曇秀　765a
　曇生（頑石）　454b,507a
◉曇照　→浄業
◉曇韶　459b
☆曇静　74b
　〔曇〕璿（在山）　584b
◉曇聡　431a
　曇仲　→道芳
☆曇徹　842b
　曇貞（天徳）　557b,558a
◉曇菩薩　→清曇
　曇芳　→周応
★曇芳忠　→〔守〕忠
★曇摩迦羅　813a
★曇鸞　90b,200a

——な——

　南院国師　→祖円
　南英　→謙宗
　南英　→周宗
◉南海　→宝洲
★南岳　→恵思
★南岳　→〔懐譲〕
　南極星　→〔寿〕星
　南化　→宗〔玄〕興
　南景岳　→〔宗〕岳
　南山薫　→〔元〕薫
　南山　→士雲
★南山　→道宣
◉南州　→宏海
★南洲珍　→〔章〕珍
　南証　→覚海
★南泉　→〔普願〕
★南楚説　→〔師〕説
　南都律師某　326b
★南堂　→〔清〕欲
★南能　→恵能

◉南浦　→紹明
　南菩薩　→永興
★南陽　→〔恵〕忠
★南陽　→〔神会〕（荷沢）
　南嶺　→〔子〕越
★難陀　114b
　難得子　→一麟

　　　　—に—

★二祖　→恵可
　爾性　286a
◉爾然（無外，応通禅師）　318a,368a
　西谷勝宝房　→聖誉
　錦織僧正　→行観
　日阿　799b,800b
　日庵　→一東
　日胤　250a
◉日円　850b
◉日延　874a
　日観　172a
◉日巌光　→〔一〕光
　日吉山王（ひえさんのう）　906a
★日休　133a
　日助　684b
　日浄　→総持
　日蔵（道賢）　665a,b,666a,905b,907b
　日田渉　→〔利〕渉
　日誉　268b
☆日羅　865a
　日蓮　747b,791a,806b,834a
　日蓮　→重如
　日勘　808b
　日観　156a,172a
★日称（宣梵大師）　849b
　日照光　→〔宗〕光
★日照三蔵　850a
　日総房　→頼算
★日東巌　381a
　日峰　→宗舜

　日峰東　→〔士〕東
　入円　230b
　入円（東塔南谷）　873a
　入円　→道照
　入覚（花山帝）　161a,176a（第二部）
　入真　216a
★如庵〔愚〕　383a
★如庵　→了宏
★〔如〕会（東寺）　568b,569a
★〔如〕琰（浙翁）　274b
　如縁　→阿一
★如海　758b
★〔如〕玨（荊叟）　287a,309a,317a
　如覚　163b
　如空　→英心
　如空　→空海
　如空　→理然
　如幻　200a
★〔如〕珙（横川〈わんせん〉）　301a,305a,330a,361b,619b
★〔如〕芝（霊石）　281a,303b,328a,332b,337a,343b,381b,383a,393b,415b,417a,426b,430b,442b,452b,459b
★〔如〕砥（平石）　429a
　如寂　203a,875a,891b
　如周（正専）　809a,b,810b
◯〔如〕春（少林）　401b（入元は『延宝伝灯録』27による）
　如性（禅空）　231b
★如浄（長翁，天童）　274b,275a,b,292b,293b,365b,421a,552b,582b,631b
　如導（見蓮，無人）　802b,803a
◉如如道人　→邵元
★〔如敏〕（霊樹）　868b
☆如宝　74b,755b,756a,b,760a
　如無　149b,150a
★如来　→釈迦

如蘭　→真空
如林　456a
如蓮　→教弁
仁恵　731b,733a
仁賀　155a,162b,164a
仁海（雨僧正）　121b,176b,180b,
　　181a,677a,b,678a,b,680b,686a,
　　689b,754a,848b
仁敩（嵯峨僧都）　150a,152b,664a
仁観　656b
☆仁韓　74b,756a
☆仁恭（石梁，慈照恵灯禅師）　349a,b,
　　356a,379b,428a,440a
仁教　737b
仁鏡　721a,b
仁慶　882b
仁元　922a
仁弘　826a
◉仁浩（無涯）　401b,420b,429b,489a,
　　507b,565a
仁康　767a,824b,825a
仁豪　708a
仁実　708a
仁秀　100a,641b
仁岫寿　→〔宗〕寿
仁証　710a,720a
仁静　694a
仁盛　180b
仁然　229b
〔仁〕禎（祥山）　554b
仁璿　659b
仁徳　136a
仁和寺僧正　288b
仁和寺法親王　→〔性承〕法親王
★〔仁〕勇（保寧）　304a
仁与（香山）　520a,b
仁耀　836a
仁隆　212b,731b
任覚　710a,712a,719a

任尊（高野山）　827b
任遍　715a
☆忍基　74a,b,757a,759a,813a
忍空（空智）　770b,787b,796a,797a
忍性（良観，医王如来）　747b,777b,
　　780b,787b,790a,b,791a,b,793a,
　　794a,796a,813b
★忍辱太子　→釈迦
◉忍律法師　→浄業

—ね—

熱田明神（あつたみょうじん）　325b,
　　908b
念縁　676a
拈笑英　→〔宗〕英
然阿　→良忠

—の—

能円　873b
能願　888b
◉能光（瓦屋）　272a,515b
能勝（傑堂）　553b,554a,573b
能信　231b
★能仁　→釈迦
能仁　885b
能忍（大日）　85a,215a,273a,b,274a,
　　291b,631b
後僧正　→真然
後般若房　→相俊

—は—

★巴陵　→〔顕鑑〕
長谷大僧正　→勧修
★破庵（ほあん）　→〔祖先〕
★馬祖　→〔道一〕
★馬大師　→〔道一〕
★婆伽梵　→釈迦
☆婆羅門仙那　→菩提仙那
☆婆羅門僧正　→菩提仙那

★裴休（裴相）　496a
　梅屋　→宗香
　梅渓　455b
　梅山　→聞本
　梅坡道人（素満）　374a
　梅本　792a
　梅林（堂安）　833b
★白庵金　→〔万〕金
★白雲　→〔守〕端
◉白雲　→恵暁
　白雲　→恵崇
　白翁　→宗雲
　白崖　→宝生
　白山明神　902b,903a,b
★伯英　→徳俊
　伯師　→義〔祖〕稜
　狛（駒）僧正　→道智
○柏庵意　→〔宗〕意（入元は『妙興開山
　　円光大照禅師行状』による）
　柏巌禅　→〔可〕禅
★柏埜　452b
　柏庭　→清祖
　柏庭　→宗松
★柏庭月　→〔善〕月
★柏堂　464a
　璞翁〔琢〕　354a
☆檗山徒　→〔性激〕（高泉）
　八幡神　781b
☆法進（はっしん）　72b,73a,74b,105a,
　　755a,b,756b,757a
★法全（はっせん）　117b,131a,132b,
　　137a,846b
　抜隊　→得勝
★跋摩　→〔訶梨〕跋摩
　播磨道遼　→正覚
　半権現　→青蓮
★般刺密帝　100a
★般若三蔵　80b
　般若誠　→〔世〕誠

★般若仙　74b
★般若多羅　62a
★般若怛羅　136b
　般若房　→真俊
★槃特拘羅　861b
　範円　729b
　範覚　→世豪
　範久　873a,b
　範憲　228b
　範源　213b,222a,231a
　範俊（鳥羽僧正）　688b,689b,690a,
　　694a,b,696a,697b,754a
★盤太子　→釈迦
　鑁海　805a

—ひ—

　比吉明神（ひきみょうじん）　910a
　比良山明神（ひらさんみょうじん）
　　909a
　日吉山王（ひえさんのう）　906a
★虚谷（ひよく）　→希陵（きりん）
　悲増大士　→最仙
　費隠　→〔通容〕
★毘婆尸仏　312a
★毘耶城居士　→維摩居士
　彦火火出見尊（ひこほほでみのみこと）
　　903a
　彦波瀲武鸕鷀草葺不合尊（ひこなぎさだ
　　けうがやふきあわせずのみこと）
　　903a,907a
　一言主神（ひとことぬしのかみ）　866a
★百丈　→〔懐海〕
☆白蓮和尚　→澄円
　標瓊　94a
　平等　→大恵
　平等（多武峰）　725b
　猻庵　→竜派
　敏覚　200b,201a,212b
★賓頭盧尊者　336a

84

― ふ ―
- ●不可棄　→俊芿
- 不軽子（ふぎょうし）　→妙葩
- ★不空（大広智三蔵）　80a,b,115a, 121a,b,754a,763b
- 不見　→明見
- ●不還子　→霊見
- 不遷　→法序
- ●〔不退〕　→徳蘊
- 不琢　→〔玄珪〕
- 不二　449a
- 不二道人　→方秀
- 不昧子　→宗宿
- 不昧志　→〔奥（興）〕志
- ●不聞　→契聞
- 扶公　171b
- ★芙容楷　→〔道〕楷
- 浮玉（宝山，几山）　460a,b
- ★浮江（台州）　596b
- ★浮山　→徳宣
- ★浮図　→釈迦
- ★浮屠　→釈迦
- ★傅大士（善恵大士）　99b,514a,559a
- ★富楼那（満慈）　159a,353a
- ★普（性空）　819b
- ★普（無方）　352a
- 普一　583a
- ●普一国師　→志玉
- 普円国師　→処謙
- 普応円融禅師　→祖禅
- ★普応国師　→〔明〕本
- 普開　264b
- 普覚円光禅師　→宝生
- ☆普覚禅師　→紹仁
- 〔普岸〕（祥麟）　447b
- ★〔普願〕（南泉）　302b,327b,375b, 421b,516b,543a,600a,611a,616a, 622b
- ★普化　331b,347b,470a,512b

- 〔普桂〕（香林）　400b
- ●普光大幢国師　→道皎
- ★〔普〕済（大川）　273a
- 普済　→善救
- 普済英宗禅師　→玄津
- ●普済大聖禅師　→宗然
- 普在（在庵，仏恵広慈禅師）　446b, 447a,b
- ★普寂（嵩山，華厳尊者）　71b,95b, 428a,631b
- ●普照　71b,72b,92a,b,757b,758a,b
- 普照大光国師　→鏡円
- ★〔普〕成（止厳）　383b
- 普籍（〔竺文〕）　447b
- ★〔普〕度（虚舟）　305a,323a,b,335a
- ☆〔普〕寧（兀庵，宗覚禅師）　285a, 289b,290a,b,291a,b,294b,297a,b, 298a,304a,b,305a,317a,326b,329b, 367b,631b
- 普明国師　→妙葩
- ●普門（無関，大明国師，仏心禅師） 225b,286a,308b,309a,b,310a,328b, 345b,370b,466b,632b
- 武雷命（たけいかずちのみこと） 64b,904b
- ★無準（ぶじゅん）範　→〔師〕範
- 豊安（ぶあん）　104a,108b,121a,760a
- ★風穴　→延沼
- ☆伏見翁（ふしみおう）　866b
- 復〔浦庵〕　511b
- ●復庵　→宗己
- 福岡僧正　→信覚
- 福寿　816a
- 福州禄　595a
- ★福昌善　437b
- ☆●福亮　65a,66b,87b,228b,269b,893a
- 仏印円証禅師　→宗㮈
- ★仏印元　→〔了〕元
- ●仏印禅師　→智侃

仏運禅師　→清祖
仏恵禅師　→運良
仏恵禅師　→是英
☆仏恵禅師　→道隠
　仏恵円応禅師　→景茝
　仏恵広慈禅師　→普在
●仏恵正続国師　→恵薿
　仏恵大円禅師　→宗牧
●仏恵知鑑大師　→道皎
　仏応禅師　→妙準
★仏果〔禅師〕　→克勤
　仏果禅師　→存円
★仏海禅師　→〔恵〕遠
　仏海慈済禅師　→良聡
　仏覚禅師　→徳璇
　仏観禅師　→慈永
★仏鑑禅師　→師範
★仏眼禅師　→恵開
☆仏源禅師　→正念
　仏源大済禅師　→宗俊
☆仏光禅師　→祖元
★仏光照　→〔法〕照
　仏国応供広済国師　→顕日
　仏慈禅師　→志玄
　仏慈禅師　→紹瑾
★仏慈円照広恵禅師　→〔明〕本
★仏手王　67a
●仏種恵済禅師　→円月
●〔仏樹房〕　→明全
●仏宗禅師　→崇喜
　仏宗大弘禅師　→宗真
　仏性通活禅師　→玄虎
●仏照禅師　→恵暁
★仏照（性）禅師　→徳光
　仏照慈明禅師　→法序
●仏乗禅師　→恵広
　仏心　→宗曇（華叟）
●仏心禅師　→普門
　仏心恵灯国師　→智訥

　仏心覚照国師　→恵玄
　仏心正統禅師　→宗亘
●仏真禅師　→妙謙
★仏陀　→釈迦
★仏陀和尚　337a
　仏地禅師　→恵輪
●仏智禅師　→恵雲
　仏智円応禅師　→巧安
●仏智広照国師　→中津
　仏智広照禅師　→玄祥
　仏頂禅師　→恵崇
　仏頂房　→頼舜
　仏通禅師　→円浄
　仏通禅師　→大恵
★仏図澄（澄）　91b,94a,547b,660b
●仏灯大光国師　→徳倹
☆仏哲（徹）　69b,75a,b
　仏徳禅師　→本元
●仏徳大通禅師　→周及
☆仏日焰恵禅師　→楚俊
●仏日禅師　→桂悟
　仏日常光国師　→明応
　仏日真照禅師　→宗深
★仏日〔普照〕禅師　→〔梵〕琦（楚石）
　仏範宗通禅師　→大闡
　仏満禅師　→法忻
　仏林恵日禅師　→運良
　仏蓮　690b
★汾陽　→〔善昭〕
　文（西関）　604a
★文懿大師　→〔曇〕噩
★文恵大師　→智普
　文瑛璵　→〔法〕璵
★文偃（雲門，韶陽）　299b,329b,330b,
　358a,375b,376a,401b,402a,404a,
　420a,466b,473a,474a,476b,478b,
　484a,500a,519b,525b,548b,590b,
　591b,596a,b,598a,b,616b,630b,868b
　文簋（尼）　775b

文慶　688b,689a,694b,849b
〔文〕巧（大拙）　426b
〔文〕康（穆庵）　499a
★文綱　768b
文豪　837a
★文璨　121a
文守（一糸，定慧明光仏頂国師）
　　621b,628a,b,629a,b,632a
文性　→亮典
文岑（象先）　356b
文西仁　→〔洞〕仁
★〔文〕宝（方山）　352a
★文瑤　121a

　　　　　—ヘ—

平懐　813a
平恩　898a
平願　857a
平源　150b,160a
★平山〔高〕　399a
平山　→善均
平州　155a,160b
平心　→処斉
平仁　→平忍（叡山）
平仁（東大寺）　142b,143a,900b
平崇　811b
★平石砥　→〔如〕砥
平仙　163b
平祚　144a
★平楚聳　352a
平塞　660a
平智　898a,899b
平珍　871b
●平田　→慈均
平伝　157a
平灯　660b,661a
平徳　→74a
平如　922a,b
平忍（東大寺）　150b

平忍（叡山）　653a,b
平備　98a,109a,b,269b
平明　880a
★碧眼胡　→達磨
●碧巌璨　490b
碧潭　→周皎
★壁観婆羅門　→達磨
壁山鉄　293a
●別源　→円旨
★別源宗　442b
別山　450a
★別山　→〔祖〕智
☆別伝　→妙胤
★別峰　402b
別峰　→大殊
★別流源　383b
★遍覚　123a
遍敷　663a
遍救　174a,676a,684b
遍昭（華山僧正，良峰宗貞）　135a,
　　140a,b,145a,146a,149b（第二部）
遍昭　651b
★遍明　129a
★弁（黙堂）　503a
弁阿　→弁長
弁恵　747b
弁永　708b
●弁円（円爾，聖一国師）　231a,251b,
　　277a,282b,283a,b,284a,b,285a,b,
　　286a,b,287b,290b,291a,294b,295b,
　　296a,298a,b,305a,308b,309a,310b,
　　311b,312a,316b,317a,318a,322a,
　　323b,324b,325a,b,326a,b,333b,
　　339b,341a,b,342b,343b,345a,350a,
　　351a,b,368a,465b,581b,631b,779a,
　　783a,b,784a,785a,786a,831a,b,
　　904b,912a
弁覚　188b,712b
弁暁　204b

弁慶　763a
◉弁正　895b,896a
　弁静　751a
　弁宗　920a
　弁長（聖光，弁阿，浄土宗鎮西流祖）
　　214a,214b,215a,b,224b,238b,239a,
　　b,240b,273b
　弁日　656b
　弁誉　751b

　　　　　　—ほ—

★布袋　869a
★保寿　→〔延沼〕
　〔保〕盛（雪翁）　554b
★保寧　→〔仁〕勇
★保福　→〔従展〕
★破庵（ほあん）　→〔祖先〕
　浦庵復　511b
　浦島子（うらしまし）　913a,b
★〔輔〕良（用貞）　409b,463b,510a
☆菩提仙那（婆羅門仙那，婆羅門僧正）
　　69b,70a,b,71b,73b,75a,b,87b,94a,
　　866b
★菩提多羅　→達磨
★菩提達磨　→達磨
★〔菩提〕流支（流支三蔵）　63a
　慕哲樊　→〔竜〕樊
　慕林元　→〔徳〕元
　方（見外）　590a
★方庵圻　312a
★〔方会〕（楊岐）　330b,331b,343b,
　　344b,345b,446a,461b,568a,615a
　方裔（偉仙）　537a,b,538a
　方涯　→元圭
★方山宝　→〔文〕宝
　方秀（岐陽，不二道人）　125a,154b,
　　343b,446b,521b,551a,b,552b,580a,
　　642a,802a
　芳（曇渓）　531a,b

芳庵　→祖厳
彭〔芳〕沢恩　→〔祖〕恩
芳庭　→法菊
邦叔楨→〔宗〕楨
奉基　900a
奉実　104a
宝覚禅師→湛照
宝覚律師　446b
◉宝覚真空禅師　→友梅
　宝鑑円明禅師　→霊致（天境）
　〔宝〕欽（敬芳）　557a
★宝月三蔵　68a,117b
　宝山　→残夢
　宝山　→浮玉
　宝〔実〕山秀　→〔永〕秀
★宝誌　117b
　宝珠護国禅師　→崇乎
◉宝洲（南海，月船琛海の再来）　465b,
　　499b
　宝洲衆　→〔宗〕衆
　宝生（白崖，普覚円光禅師）
　　538a,b,539a,b,562a
　〔宝〕信（大疑）　602b
　宝地房　→証真
　〔宝徹〕（麻谷）　622b
★〔宝〕曇（〔橘洲，少雲〕）　377a
　宝囿　→照珍
　宝林〔輪〕　→〔清円〕
　放牛　→光林
☆放済　917b,918a,
　法位性　→〔円〕性
　法員　895a
★法雲善　→〔智〕善
◉法雲普済禅師　→元晦
　法恵　234b
　法栄　896a
★法穎（中山，中山伯子）　470a,486a,
　　497a,b
　法延（大年）　416b

★〔法演〕（東山五祖）　279b,289b,
　359b,446a,571b,583b,593b,605b,
　606a
　法縁　157b
☆法顆　74b,756a
　法海　637b,638a
●法海禅師　→静照
　法覚仏恵禅師　→恵済
　法菊（芳庭）　438b,439a,497b
　法鏡行者　→円澄
　法忻（大喜，仏満禅師）　436b,478b,
　　510a,537a
★法欽（国一大師）　284a
　法空　915b
★〔法遇〕（三角）　500b
★〔法〕董（石田）　283a
☆法玄　107b
★法眼　→恵超
★法眼　→〔文益〈もんえき〉〕
　法源禅師　→禅海
　法厳　723a,b
　法公　732a
　法光安威禅師　→竺源
　法光円融禅師　→令山
　法興　→惟首
　〔法興〕　→浄音
●法済大師　→奝然
☆法載　74b,756a
　法寿　875b
　法秀　760b
★法秀禅師　278b
　法俊（英仲）　543b,544b,545a,570b
　法助（仁和寺）　234b,235a
　　741a,b,743a,b,746a
　法序（不遷，仏照慈明禅師）　495a,
　　556a
★法昌遇　→〔倚〕遇
★〔法〕照　239b
★〔法〕照（仏光）　281a

★〔法〕照（晦巌）　768a
　法照（直殿行者）　384b
　法照禅師　→琛海
☆法成　74b,759a
★法常（〔大梅〕）　427a,428a
●法心（性才，真壁平四郎）　278a,b
　（第二部）
　法身　325b
☆法進（はっしん）　72b,73a,74b,105a,
　　755a,b,756b,757a
　法勢　134a,140b,909b
★法全（はっせん）　117b,131a,132b,
　　137a,846b
★法蔵（賢首，香象，康蔵）　69a,b,
　　94a,b,95a,123a,219b,252a,580a,
　　583a,801b,802a,897b
　法蔵（東大寺）　151a,153b,154a,b,
　　155a,159a,b,160b,167a,269b
★法智　→知礼
●法灯円明国師　→覚心
☆法道仙（空鉢仙）　912b,913a
●法忍　→浄業
　法然　→源空
　法穆（霊岳）　412b,413a,b,504a
★法味　846b
☆〔法〕明（了然）　366a,406b
　法明　→恩覚
★〔法〕融（牛頭）　411a,543b,631b
〔法〕瑛（文瑛）　587b
★法蘭　→竺法蘭
★法礪（励）　72b,73b,74b,755a,757a,
　　758b,759a,b
　法蓮（興福寺）　663a,b,664a
　法蓮　→信空
★法朗（梁）　64b
　峰延　648b
　峰翁　→祖一
　峰宿　149a
　峰禅　147a,822a

報恩　637a,b,643a
豊安（ぶあん）　104a,108b,121a,760a
豊栄　898b
豊芸　897b
☆豊国　892b,894a
豊城入彦（とよきいるひこ）　115b
豊斟渟尊（とよくみにのみこと）　903a
豊然　821b
★龐行婆　619a
房円　731a,733b,734a,741a
房玄　248a
房光　201b,203a
房忠　900a
★北磵　→〔居〕簡
★北秀　→神秀
★北禅　→〔智〕賢
北筑紫　→信明
★北峰印　→〔宗〕印
北野天神（天満大自在天神）　910b
★卜翁　→義銛
朴庵敦　→〔士〕敦
朴艾　→思淳
牧庵忠　→〔妙〕忠
牧翁　→性欽
牧翁　→〔了〕一
★〔睦州〕（古徳）　→〔道明〕
穆庵康　→〔文〕康
穆算　668b,674b,679b
法性（高野八傑）　212a,214a,222b,226a
●法灯円明国師　→覚心
★本（末宗）　335a
本覚禅師　→素安
本覚大師　→益信
本願　→実範
本空寂　465a
本元（元翁，仏徳禅師）　346b,347a,b,388a,483a
本源禅師　→道生

本光　801b
●本実　→性憲
★〔本寂〕（曹山）　296b,615b,630b
〔本珠〕（竜淵）　590a
本性　→禅恵
本証　742a
本照　→性瑜
●本浄（業海）　444a,632a
本心　→澄海
本智法師　309a
本如　→湛叡
本如実性禅師　→宗隆
★〔本無〕（悟〔我〕庵）　459b
本無（了心）　256a,796b,797a
本有円成国師　→恵玄
●本立（千峰）　357a
品恵　91a,103b
梵嘏（天祐）　595a,b
〔梵〕軌（大模）　606b
★〔梵〕琦（楚石，仏日普照恵弁禅師）　370a,385b,401a,409b,431a,448b,461a,b,462a,463b,480a,484a,490b,499a,503a,524a
〔梵〕崟（雪岑）　628b
★梵才大師　→恵詢
梵清（太容）　549a,b
☆梵仙〔僊〕（竺仙，来々禅子）　378b,383a,384a,b,385a,b,386a,414b,416a,b,419a,446b,452b,465b,483a,488a,489b,503a,520a,545a,631b
梵芳（玉畹）　426b,527a,b

—ま—

麻谷　→〔宝徹〕
★摩訶迦葉（大迦葉，飲光，迦葉）　62a,67b,84b,284b,302a,331b,342a,b,353a,354b,360a,385b,390a,411b,441b,448b,464b,470b,472a,474a,485a,487b,530a,560a,568a,579a,

596a,604b,622b,623a,b,631a,658a,
712a,840b
★摩騰　→迦葉摩騰
★末宗本　335a
●万休叟　→契聞
★〔万〕金（白庵）　503a
　万代法師　545a
　万灯　878a
　万年　→景三
　万侶　893a,b
★卍庵　→〔道顔〕
　卍庵　→士顔
　卍元　→師蛮
　満翁道　→〔明〕道
　満願　238b
　満慶　→満米
　満慶　→満仲（源）（第二部）
★満慈　→富楼那
　満米（満慶）　645a,b
　満預　638b
　満耀　104b

—み—

　三輪上人　→乗心
　三輪明神（みわみょうじん）　907a
★弥伽釈迦　100a
　弥陀聖　→光勝
　弥陀丸　→教信
★弥天　→道安
　弥天　→永釈
★弥勒（慈尊）　183a,284b,359a,369a,
　498a,581a,840a,b,907a,910a
　美濃僧都　→憲円
　密（侍者）　→〔澄〕密
　密（禅人）　523b
★密庵　→咸傑
★密雲　→〔円悟〕
　密厳（薬師寺）　761b
　密厳（禅恵，高野山）　889a

　密厳　→覚鑁
　密山　→〔正厳〕
　密乗　→英憲
　密蔵　239b
　密伝正印禅師　→宗忠
　密蓮　797b
　南菩薩　→永興
☆妙胤（別伝）　395b,396a,450b,632a
　妙悦（可翁）　419b,448a
　妙円　713b
　妙応（真空）　372b
☆妙応光国恵海慈済禅師　→永璵
★妙音　764b
　妙音　702b,906a
●妙快（古剣・剣）　440b,498b,499a,b,
　562a
　妙誠（黙翁）　483a,495a,b,552a
　妙覚禅師　→禅鑑
　妙環（枢翁）　394a,461a,506b
　妙観（性理居士夫人）　393a
●妙奇（特峰）　457a,531b,532a,539a
★妙喜　→宗杲（大恵）
☆〔妙〕空（空室）　460b
　〔妙〕圭（玉峰）　419b
　妙慶　→明慶
●妙謙（無礙，仏真禅師）　436b,437a,
　507a
★〔妙〕光（東谷）　299a
　妙光（明窓）　542b
★〔妙高〕（雲峰）　322a
　〔妙〕康（泰叟）　565b
●妙在（此山）　429b,447b,448a,512a,
　516a,539b
☆妙慈弘済禅師　→一寧
　妙準（太平，仏応禅師）　394b,412b,
　436b,438b,439a,497a
　妙祥　254b,255a
●妙積（大岳）（妙環枢翁四神足）
　394b,461a

妙尊　　857b, 858a
妙達　855a
★〔妙〕堪（笑翁）　283a
〔妙〕忠（牧庵）　552b
妙超（宗峰，大灯国師，興禅大灯国師，大慈雲匡真国師，高照正灯国師，竜峰）　338b, 355a, **358a**, b, 359b, 360a, b, 391b, 392a, 404a, b, 405a, b, 431b, 432a, 433a, 444b, 449a, b, 462a, 463a, 466b, 467a, 470a, 496b, 596b, 607a, 612b, 615b, 616b, 632a
妙喆（哲）（大同）　**382a**
★〔妙〕道（竺元）　381b, 430b
★妙徳鴦子　→舎利弗
妙葩（春屋，普明国師，不軽子，智覚普明国師）　391a, 427a, 457a, 473b, **483a**, b, 484a, b, 485a, b, 487a, 514a, 516a, b, 521a, b, 523a, 527a, 555b, 562a, 621b, 632a
〔妙〕夫（一関）　426b
妙法　214b
妙融（無著）　477a, b, 478a, 539a, 574b
★妙楽　→湛然
★〔妙〕倫（断橋）　283b, 309a, 311b, 312a, 466b
妙霖（雪〔雷〕峰，妙環枢翁四神足）　394b
★妙蓮　795a
妙蓮　→明湦
命禅　679a, 709a
命藤（小栗栖）　655a
★明（石楼）　322a
◉明庵　→栄西
明一（東大寺）　97b, 98a, b
〔明〕一（一峰）　435a
明印　→高湛
明雲（慈雲）　84a, 204a, **712a**, 713a, b, 729a
明恵　→高弁

明応（空谷，若虚，仏日常光国師，仏慈禅師）　515b, 516a, b, 517a, b, 518a, 519b, 521b, 556a
〔明〕恩（義山）　577a
明戒　234b
明快（延暦寺）　176b, **179a**, b, 691a, 872a, 873a, 879b
明海　212b
明懐（快）（興福寺）　172a, 177b
明覚禅師　→宗鑑
☆明関哲　627a
明観（醍醐寺）　686a
◉明観　→智鏡
〔明〕観（高喜）　811a
明観滅　786b
明厳　→正因
明救（浄土寺座主）　669b
明教崇　→〔契〕崇
☆明極（みんき）　→楚俊
明空　→了性
明慶（快庵）　605a
明見（不見）　527b, 528a
明賢（高野山北室院）　722a
明賢（横川）　761a
明憲　172a
明玄　802b
明豪（横川）　179a, 824b
明実　874b
明寂　195a, 879a
〔明〕樹（大蔵）　569a
明叔　→慶浚
明韶（舜甫）　805b
明請（叡山）　871a
明照　604b
明静　681b
明心　→良照
明信（高野山）　203a
○明信　216a（入宋は『般舟讃』刊記による）

●明千（古鏡）　408a,b,429b
明仙　667b
明詮　110b,112b,123b,124a,b,125a,134b,136b,142a,149b
明遥（妙蓮）　888a
●明全（〔仏樹房〕）　274b,276a
明善　201b,203a
明禅　214b,222a,230a
明宗（大綱）　558a,b,565b
明叟　→彦洞
●明叟　→斉哲
明窓　→宗鑑
明窓　→妙光
●明聡　895a
明尊　178a,b,181a,184a,693a,699b,857a,910b
明達　915a
明達（真仁）　653b
〔明〕沢〔潭〕（月叟）　558b
明智　→盛誉
●明昶（金山）（金峰）　534b
明肇　181a
明澄　127b
明珍　161b
明哲　897a
明徹琮　→〔光〕琮
〔明〕道（満翁）　483a
明道性　→〔寂〕性
明導（廬山寺）　533a
明導　→照源
明任　214a,222b,226a,b
明忍（俊正）　806a,b,807b
明範（正智院）　226a
明範（鑁阿寺）　537a
明普　159b
明福　104a,108b,110b,111a,269b
明遍　207b,212b,213a
★〔明〕本（中峰，幻住老人，仏慈円照広恵禅師，智覚禅師，普応国師）

332b,357a,b,371b,372a,377a,381b,383a,b,396b,397a,b,406b,415b,416b,417a,418a,419a,b,426b,427b,428a,436b,440a,442a,b,443b,444a,b,455b,456b,472b,610a,632a
明祐　760b
明了　739a,b
明麟（聖徒）　495b,559b
明蓮　854b
☆明極（みんき）　→楚俊

—む—

★牟尼　→釈迦
★無畏　→善無畏
無為　→昭元
☆無逸勤　→〔克〕勤
無因　→宗因
★無印証　→〔大〕証
●無隠　→円範
●無隠　→元晦
●無雲　→義天
★無懐　→義銛
★〔無〕慍（恕中）　463b,484a,499a
●無我　→省吾
無我　→隆寛
●無外　→爾然
★無外遠　→〔義〕遠
無外照　→〔円〕照
無外方　→〔円〕方
無涯　→禅海
●無涯　→仁浩
無涯洪　→〔智〕洪
★〔無学〕（翠微）　305a
☆無学　→祖元
●無関　→普門
●無及　→徳詮
無極　→恵徹
無極　→志玄
無求　→周伸

無空　145a,b,822a
◉無礙　→妙謙
★無見睹　→〔先〕睹
　無弦　→徳紹
　無已〔己〕聖　→〔道〕聖
　無功忠　→〔元〕忠
★無言宣　→〔承〕宣
　無才　→智翁
★無際派　→〔了〕派
★無著（世親の兄）　102a,191b,230a,620a
★無著禅師（李唐）　701b
★無著（天童）　385b,515b
　無著　→妙融
◉無著　→良縁
★無準（ぶじゅん）範　→〔師〕範
　無住　→一円
　無住　→思賢
★無性　100b
　無人　→如導
　無尽（蔵海）　476b,477a
　無續功　→〔全〕功
　無相　→良真
★無想　391b
◉無象　→静照
　無中　→一犖
　無底　→良韶
　無伝　286a
　無等　→以倫
　無等融　→〔恵〕融
　無徳　→至孝
　無比　→単況
○〔無方〕　→宗応（入元は『五山禅僧伝記集成』による）
★無方普　352a
◉〔無本〕　→覚心
★無明　→〔恵性〕
★無無（清涼山）　271b
◉無夢　→一清

◉無文　→元選
★無門　→恵開
★無用　→〔守〕貴
　夢巖　→祖応
★〔夢〕真（覚庵）　335a
　夢嵩　→良真
　夢窓国師　→疎石
　夢堂　611b
★夢堂噩　→〔曇〕噩

—め—

★馬鳴　169b,362b,412b,413b,441b
　明算　826b,827b
　明峰　→素哲
　盲検校　→恵深
　滅（明観）　786b
　滅宗　→宗興
　面垂尊（おもたるのみこと）　903a

—も—

　茂林繁　→〔芝〕繁
　模庵範　→〔宗〕範
　岡明菩薩　310a
★蒙庵聡　→〔元〕聡
　蒙山　→智明
★蒙皮　133a
　木上座　551b,564a
◉木杯道人　→海寿
★目蓮　217b,792b,847b
　黙庵　→周諭
　黙翁　→妙誡
　黙翁淵　→〔宗〕淵
　黙宗淵　→〔瑞〕淵
★黙堂弁　503a
★黙容　→海印
★物外（国清寺）　137a
◉物外　→可什
◉物外子　→邵元
　物外播　→〔紹〕播

★物初観　→〔大〕観
★〔文益〕（法眼，清涼大法眼禅師）
　　410b,415a,536b
　文覚　217b,828b,829a
●文珪（延用）　833a,b
★文殊（室利，天士，童子）　288b,
　　310a,373b,470b,502a,504a,509b,
　　513b,514a,525a,537b,889a　件名も
　　見よ
★文殊豆盧　78a
　聞渓　→良聡
　聞悟（肯山）　369a,470a,475b
　聞本（梅山）　439b,543b,544a,554a,
　　573b,585b
●聞陽　→湛海

　　　　　—や—

●約庵　→徳久
●約翁　→徳倹
★約之　→崇祐
　益守　747a,b
　益信（本覚大師）　133b,134a,142a,b,
　　151a,641a,746b
　薬円　133a
★薬山　→〔惟儼〕
　薬智　177b,178a
　薬澄　75b
　薬仁　898b,899a
　薬宝　91a,109b
　薬蓮　870a

　　　　　—ゆ—

　由性　144b,145a
　踰伽　192b
　唯一　→遠照
　唯覚　237a
　唯鏡　237a
　唯空（経照）　251a
　唯乗　885a

唯心（白巌寺）　214b
唯心（禅林寺）　230b
唯心（八幡）　736b,786a
唯心（勧聖）　799b
唯道　→実舜
★維摩居士（金粟如来，維摩詰，毘耶城居
　　士）　163b,580b,615a,623a
●友雲　→士思
●友丘（東林）　401a
●友山　→士偒
　友山師　→〔周〕師
　友尊　806a
●友梅（雪村，幻空，宝覚真空禅師）
　　349b,377b,378a,b,379a,b,383a,
　　436b,440b,448b,450b,468a,b,478b,
　　490b,493a,494a
　友峰　→等益
★有（子有）　490b
　有以　812a
　有慶　181a,b,189a,826a
　有助　746a
★〔有〕照（寂窓）（育王山住持）　330a,
　　335a
　有信　738a
　有弁　83b
　勇健（大歇，正眼智鑑禅師，建〔健〕侍
　　者）　450a,b,451a,b,488a
　宥快（宝性院，高野山宝門学派祖，唐一
　　行禅師再来）　257a,260b,261a,b,
　　262b,263b,264a,265a,269a,906b
　宥海　248a,b
　宥厳　268b
　宥源　255a
　宥信　264a
　宥尊　221a
　宥範（真言宗安祥寺流宥範方祖）
　　254a,b,255a
　宥雄　268b
　祐元　557b

祐信　235b
祐崇（観誉，香衣上人）　267a
祐宗　800a
祐尊　719b,720a
祐存　261b
祐遍　232a
遊叟芸　→〔周〕芸
猷憲　141a
融源（五智）　196b,710a,b
融源（基舜の弟子）　198a
★融済　72b,813a
融存　264a
融鑁　268b
熊野山権現（くまのさんごんげん）
　906a

—よ—

余→〔師蛮（卍元）〕
余慶（智弁）　155b,170b,178a,667b,
　668a,b,672b,674a,684b,688b,754a
●幼齢　→総覚
★用（断渓）　317a
★用章　→廷俊
★用貞良　→〔輔〕良
　用堂材　→〔中〕材
★永嘉　→〔玄覚〕
★永明　→〔延〕寿
　要阿　215a,240b
　庸山庸　→〔景〕庸
　陽厳　83b
　陽生　666b,667a
　陽勝　914a,b
★楊岐　→〔方会〕
　養全　717b
　養叟　→宗頤
　曜覚　→信念

—ら—

★羅山　→〔道閑〕

★羅什　61a,65a,91b,94a,98a,133b
　礼光　66b,90a,b,91a,200a
　来縁　→定舜
★〔来〕復（見心）　438b,463b
☆来々禅子　→梵偲
★雷庵受　→〔正〕受
★雷峰　765a
　雪〔雷〕峰　→妙霖
　頼円　227a,b
　頼音　268b
　頼賢（意教）　219b,220a,251a,794b
　頼憲　283a
　頼玄（蓮順）　779b
　頼厳　184b,193a
　頼康（松尾神主子）　718a
　頼豪（行心）　249b,258b
　頼豪（三井）　187b,686b,691a,693a,
　　699b,910a
　頼算（尊勝）　156b
　頼算（日総房）　837a,b
　頼舜（仏頂房）　703b,704a
　頼助　741b
　頼申（宗佐）　249b,250a
　頼信　182b,183a,b,188a,b
　頼真　853b,854a
　頼審　747a
　頼尋　689a
　頼西（智明,伊勢上人）　709a,b
　頼増　183a,b
　頼尊（一乗院）　182b
　頼尊（鶏足寺）　254b
　頼尊（俊芿の弟子）　766a,767a,b
　頼宝　257a,b,269b
　頼瑜（俊音）　232a,235b,243b,244a,
　　b,246a,249a,b,253b,257a,269b,785a
　頼誉（定厳，小池法印，新義真言宗常住
　　方）　259b
　頼誉（東寺）　741a,b
★懶安　392a

懶雲　→周宗
★懶瓚　428a, 710b
★洛浦　→〔元安〕
　楽西　711b, 712a
　楽善　806a
　藍田　→素瑛, 崇瑛
　藍田青　617b
★蘭　→竺法蘭
★蘭閑叟　86b
☆蘭渓　→道隆
　蘭州　→良芳
　蘭坡　→景茞
☆●鸞鳳　→智鸞・智鳳

—り—

　利慶（宣陽）　875b
　〔利〕渉（日田）　547b
　利脱　628a
　利聞（鐘谷）　505b
　理円（空寂の弟子）　220b
　理円　284a
　理覚（泉福寺）　→静弁
　理覚（高野山）　→心蓮
　理教　99a
●理鏡　69b
　理賢　715b, 716a
　理光　873b
　理真　200a
　理仙　158b
　理然（如空）　251b
　理保　657b
　理有（大有, 大観禅師）　489a, 528a, 531a
★理猶　819b
　履中　→元礼
　離幻道人　→周勝
　〔力〕金（西白）　484a
　力能　884a
　律受　→信乗

　立信　234a
　柳渓愚　→〔契〕愚
★流支（るし）三蔵　→菩提流支
　留月道人　→周嚴
　竜淵　→〔本珠〕
★竜巌　→〔德〕真
　竜牙　→〔居遁〕
　竜玄　196a
☆竜江宣　→〔応〕宣
　竜谷雲　→〔広〕雲
　〔竜済〕（天柱）　597b, 598a
●竜山　→徳見
★竜樹（竜猛）　80b, 102a, 115a, 133b, 169b, 191b, 200a, 260b, 297a, 362b, 412b, 413b, 441b, 547b, 721b, 866a, 911b
　竜湫　→周沢
○〔竜〕䗳（九淵）　519b, 576a（入明は『五山禅僧伝記集成』による）
　竜崇（常庵, 角虎道人）　605b, 606a
　竜惺（瑞巌, 仲建, 蟬庵）　519b, 574b, 575a, 576a, 578a, b, 592b
　竜石子〔丸〕　→健易
　竜泉　→令淬
　竜象　→行暹
　〔竜〕孫（雲岳）　519b
　竜沢（天隠）　440a, 597a, b, 598a
　竜智　115a, 691a
　竜統（正宗, 蕭庵）　592b, 605b
　竜派（江西, 狢庵）　519b, 568b, 569a, 576a, 592b
　〔竜〕攀（慕哲）　586a, 592b
　竜宝　→妙超
　竜猛　→竜樹
★隆（叔平）　377b, 378a
　隆恵　209a
　隆応　91a
　隆雅　260b
　隆海　109b, 133a, b

隆覚　197b,211b
隆寛（道空，無我，浄土宗多念義派祖）
　　213b,214a,237b,890a,b
隆寛　697b
☆隆琦（隠元，大光普照国師）　629b,
　　630a,b,631a,632a,812b
隆尭　263b
隆賢（浄賢）　792b
隆光　110b,125a,b,899b
隆汝　899a
隆助（尊勝院）　202b
隆助（仁和寺）　738b,740b
隆（立）信（円空，浄土宗西山流深草派祖）　224b,234a,b,243a
◉〔隆信〕定舜　794a
隆詮　219b
隆渥（総持）　878b,879a
隆禅　185a,197b
隆尊　88b,92a,b
隆澄　732b,734b
隆範　188b,676b
隆命　693a
隆明　679b,693a,b,699b
了庵　→恵明
◉了庵　→桂悟
★了庵欲　→〔清〕欲
〔了〕一（牧翁）　324b
了運　788b
★〔了〕恵（西巌）　283b,317a
◉了恵　→道光（渡海したとするも誤り）
了円　→良範
了観　237a
了願　→智忍
了機道人　531b
了義（海岸）　466b,467a
★〔了〕義（断崖）　377a,406b,417b,426b
了愚（鈍翁）　395c
★〔了〕元（仏印）　523b,553b

★〔了〕沅（清渓）　330a
了光（寂室）　420b
★了宏（如庵）　763b,767a,795a,813b
〔了〕勤（桃源）　465b
了実　261b,262a
了寂　→円証
○了儒　324a（入元は『日華文化交流史』による）
了性　787a
了性（明空）　808a,b,812b
◉了心（大歇）　277a,279a,b,283a
了心　→本無
了堂　→真覚
了堂　→素安
★了堂一　→〔惟〕一
★了〔良〕堂照　→〔円〕照
★了然　764b
了然（月峰）　316a
☆了然明　→〔法〕明
★〔了〕派（無際）　274b
了敏　220b
了遍　743a,b
了弁　219b
★〔了〕万（一山）　322b,335a,380b
了誉　→聖冏
〔良伊〕（正仲）　472a
良意　185a,692a,b
〔良〕一（牧翁）　324b
良印（良祐の師）　210a
良印（興福寺）　228b
良印（玉翁の弟子）　834a
〔良〕印（月泉）　424b
良胤（大円）　241b,242a,b
良恵（東大寺）　93b,96a
良恵（仁和寺）　736a,737b
良永（相山）　472a,507b
良永（賢俊）　807b,808a,b,809a,b,812b
良円（叡山）　179b

良円（釈迦院） 243b
良円（東寺） 743a
●良縁（無著） 380b,381a,472a
良雅 703a
良賀 698b
★〔良〕价（洞山,悟本大師） 272a,
　274b,276a,296b,305a,319b,327b,
　354b,392a,498a,b,533b,544b,548b,
　586a,616a
良快 735b
良覚（尊勝院） 198b,200b
良覚（高野山） 229b
★良侃（大安国寺） 117b
良観 →忍性
良暁（寂恵,浄土宗鎮西流白旗派祖）
　240b,250b
良空 240b
良継 228b
良慶 742b,750b
良兼 227a
良賢 915b
良賢 →道禅
良顕 274a
良源（慈恵,慈恵僧正） 152a,b,
　153b,155a,158b,159a,b,160b,162a,
　b,163a,164a,167a,168a,169b,172a,
　173a,174a,260a,266a,269b,667a,
　669a,670b,691a,824b,852a
良幸 859b,886a
良興 93b
良豪 730b
●良佐（汝霖） 510a,c,520b,521a,b
良算（新院） 209a,228a
良算（薜岳沙門） 721b,722a
良種（比良神官） 912a
良秀（実峰） 506a,b,542a
〔良〕周（魯山） 550a
良緒 144a,156a
★良諝 137a,138b,139b

良照（明心） 800b
良韶（無底） 424a
良真（円融,西京座主） 691a,b
良真（夢嵩,霊巌） 345a,b
良真（無相） 363b,364a,468a
良盛 787a
良禅 187b,197a,b,198a,827b,828a,
　879a
良聰（聞渓,仏海慈済禅師） 439b,
　440a,468b,531b,597b
良尊 742b
良智（法光明院） 802b
良忠（東大寺） 221b,232b,785b
良忠（直翁） 346a
良忠（然阿,記主上人） 239a,b,
　240a,b,241a,250a,b,253a,270a,860b
良澄 462a
良禎 232b
良殿 249a
良任 232a
良忍 698b,699a,702b
★〔良〕念（空海） 501a,503a
良範 406a,408b
良範（仁恕菩薩） 873a,b
良範（了円,興実） 243a,246a
良敏（興福寺） 88b,92a,94b
良敏（寂忍） 242b,243a,246a
良遍（越中法印・東寺） 728a
良遍（信願） 284a,761b,767b,772a,
　773b,782b,784a,b,785a,786a,787b,
　788b,799b
良芳（蘭洲,弘宗定智禅師）
　468a,b,469b,549b
良睦（仲和） 401a,b
良瑜 750b
良勇 651b
良祐（叡山） 192a,705b
●良祐（安覚,色定） 210a,b,765b
良祐（摂州中山寺） 874b

良雄　265a,267a
良隣　665a
★亮　→〔大〕亮
　亮典（文性）　268a,b,269a,270a
◉楞厳院禅師　→円仁
　寥海（恵雲，観門恵雲）　806a,806b,
　　807b,808b
　林（蔵主）　539a
　林翁春　459b
　林懐　155a,172a,176b,177b,875a
◉林叟　→徳瓊
　林芳（草堂）　470a,b,563a
　倫海　787b
　琳海（信覚）　252b,797a,b
　琳賢（小聖）　711a,827b,828a,886a
☆霊山（りんざん）　→道隠
★霊石（りんし）芝　→〔如〕芝
★臨済　→〔義玄〕

— れ —

〔令為〕（大通）　589b,590a
　令晨　162a
〔令〕喜（春岳）　589b,590a
　令淬（竜泉，臨済宗聖一派三聖門派海蔵
　　派）　376b,424b,425a,501a,507b,
　　518b,520a
　令山（峻翁，法光円融禅師）　531b,
　　532a,b,533a
　礼阿　240b,253a
　礼光　66b,90a,b,91a,200a
〔礼〕才（愚極）　572a
　霊叡　91a
◉霊雲　843a,893b
★霊雲勤　→〔志〕勤
　霊岳→法穆
　霊巌（浄妙寺）　→道昭
　霊巌（霊鷲寺）　→良真
　霊龕　428a
　霊見（性海，不還子）　457a,460b,

　　501a,b,505b,510a,518a,520a,521a
　霊源湑〔浚〕　→〔性〕湑〔浚〕
　霊光　→恵堪
◉霊光　→周徹
★霊山　→釈迦
　霊山　114b
☆霊山（りんざん）　→道隠
★霊芝（れいし）　→元照（大智）
★霊樹　→〔如敏〕
★霊石（りんしい）芝　→〔如〕芝（じょし）
◉霊仙　114b
　霊叟　492a
◉霊昌　492b
　霊致（天境，宝鑑円明禅師）　457b,
　　458a,b,468b,480a
　霊仲　→禅英
　霊波（性通）　258a,b,270a
　霊福　74a,758b,813a
　霊鋒　→恵剣
　霊妙（大江）　508b
　霊祐　74a
★〔霊祐〕（潙山）　319b,375b,392a,
　　508a
☆霊曜　74b
　嶺南　→崇六
◉練中　273a
　蓮意　884a,b
　蓮眼（禅智）　739a
　蓮迎　763b
　蓮舟　149a,152a,655a
　蓮宿　237a
　蓮順　→頼玄
　蓮生（実信，藤原・宇都宮頼綱）
　　890b,891a（第二部）
　蓮性　→源意
　蓮勝　261b
　蓮照　837b,838a
　蓮浄（実浄）　800a

人名第一部（出家者・神仙部）索引

蓮蔵（大安寺）　723a
蓮蔵（高野山）　885b,886a
蓮尊　854a
蓮待（岩蔵）　876b,877a
蓮台僧正　→寛空
蓮長　859a,b
蓮道　287a
蓮入　823b
蓮忍　803a
蓮坊　855b

―ろ―
魯山周　→〔良〕周
★盧行者　→恵能
★盧能　→恵能
★盧老　→恵能
露地和尚　→長意
鸕鷀艸尊（うがやのみこと）（神武天皇の父）　903b
鸕鷀艸葺不合尊（うがやふきあわせずのみこと）　→彦波瀲武鸕鷀艸葺不合尊
良弁（東大寺）　69a,88b,92b,93a,b,94b,95a,528a,639b,756b,909a
良弁（筥崎）　85a
朗善　657b,825b
朗日　231b
朗誉（蔵叟）　277a,279a,285a,287a,309a,325b,333b,334a
★琅琊覚　→〔恵〕覚
六条僧正　→延杲
★六祖　→恵能
★禄（福州）　595a

―わ―
和清　904b
和甫忍　→〔斉〕忍
★淮海（わいかい）肇　→〔元〕肇
★宏智（わんし）覚　→〔正〕覚
★横川（わんせん）珙　→〔如〕珙

101

人名第二部（在家者）検字索引

	—あ—		優	う	110	加	か	110	顔	がん	111
亜	あ	109		ゆう	133	花	か	110	願	がん	111
阿	あ	109	運	うん	110	河	か	111			
安	あん	109	雲	うん	110	家	か	111		—き—	
鞍	あん	109				鹿	か	111	危	き	111
				—え—			ろく	134	希	き	112
	—い—		恵	え	110	賈	か	111	奇	き	112
以	い	109	永	えい	110	嘉	か	111	季	き	112
伊	い	109	栄	えい	110	榎	か	111	紀	き	112
	だ	125	叡	えい	110	賀	が	111	鬼	き	112
威	い	109	衛	えい	110	雅	が	111	基	き	112
為	い	109	益	えき	110	介	かい	111	亀	き	112
苡	い	109	越	えつ	110	会	かい	111	幾	き	112
韋	い	109	円	えん	110	海	かい	111	棄	き	112
惟	い	109	役	えん	110	懐	かい	111	熙	き	112
葦	い	109	延	えん	110	郭	かく	111	槻	き	112
維	い	109	遠	えん	110	覚	かく	111	徽	き	112
懿	い	109				額	がく	111	耆	ぎ	112
郁	いく	109		—お—		葛	かつ	111	義	ぎ	112
一	いち	109	王	おう	110	甘	かん	111	吉	きち	113
壱	いち	109	応	おう	110	桓	かん	111	橘	きつ	113
逸	いつ	109	押	おう	110	貫	かん	111	九	きゅう	113
尹	いん	109	欧	おう	110	菅	かん	111	久	きゅう	113
因	いん	109	桜	おう	110	管	かん	111	弓	きゅう	113
			奥	おう	110	寛	かん	111	仇	きゅう	113
	—う—		乙	おと	110	関	かん	111	宮	きゅう	113
宇	う	110				韓	かん	111	牛	ぎゅう	113
羽	う	110		—か—		丸	がん	111	巨	きょ	113
禹	う	110	下	か	110	岸	がん	111	許	きょ	113

103

魚	ぎょ	113	掲	けい	114	行	こう	117	済	さい	118
共	きょう	113	景	けい	114	江	こう	117	細	さい	118
匡	きょう	113	穴	けつ	114	劫	こう	117	斎	さい	118
邛	きょう	113	結	けつ	114	孝	こう	117	蔡	さい	118
教	きょう	113	妍	けん	114	岡	こう	117	三	さん	118
憍	きょう	113	建	けん	114	恒	こう	117	山	さん	118
鞏	きょう	113	兼	けん	114	皇	こう	117	参	さん	118
龔	きょう	113	娟	けん	114	荒	こう	117			
堯	ぎょう	113	堅	けん	114	香	こう	117		—し—	
業	ぎょう	113	憲	けん	114	高	こう	117	子	し	118
玉	ぎょく	113	賢	けん	114	康	こう	118	支	し	118
	たま	125	顕	けん	114	黄	こう	118	氏	し	119
近	きん	113	元	げん	115	溝	こう	118	史	し	119
金	きん	113	玄	げん	115	綱	こう	118	司	し	119
	こん	118	彦	げん	115	篁	こう	118	四	し	119
欽	きん	113	源	げん	115	興	こう	118	私	し	119
錦	きん	113				卬	ごう	118	始	し	119
覲	きん	113		—こ—		谷	こく	118	師	し	119
			古	こ	115	国	こく	118	茨	し	119
	—く—		孤	こ	115	忽	こつ	118	媞	し	119
弘	ぐ	113	胡	こ	115	今	こん	118	資	し	119
	こう	116	賈	こ	115	金	こん	118	誌	し	119
具	ぐ	113	後	ご	115		きん	113	贄	し	119
虞	ぐ	114	御	ご	116				持	じ	119
空	くう	114	公	こう	116		—さ—		時	じ	119
堀	くつ	114	勾	こう	116	左	さ	118	滋	じ	120
			孔	こう	116	佐	さ	118	慈	じ	120
	—け—		広	こう	116	姿	さ	118	実	じつ	120
恵	けい	114	弘	こう	116	嵯	さ	118	舎	しゃ	120
桂	けい	114		ぐ	113	斉	さい	118	謝	しゃ	120
経	けい	114	光	こう	117	宰	さい	118	若	じゃく	120

守	しゅ	120	章	しょう	121	親	しん	123	先	せん	124
朱	しゅ	120	勝	しょう	121	人	じん	123	宣	せん	124
種	しゅ	120	聖	しょう	122	仁	じん	123	染	せん	124
秀	しゅう	120		せい	124	壬	じん	123	泉	せん	124
周	しゅう	120	彰	しょう	122				浅	せん	124
宗	しゅう	120	璋	しょう	122		—す—		船	せん	124
	そう	124	蒋	しょう	122	須	す	123	詮	せん	124
秋	しゅう	120	暲	しょう	122	推	すい	123	詹	せん	124
醜	しゅう	120	蕭	しょう	122	枢	すう	123	銭	せん	124
重	じゅう	120	鐘	しょう	122	崇	すう	123	冉	ぜん	124
宿	しゅく	121	上	じょう	122				全	ぜん	124
淑	しゅく	121	丞	じょう	122		—せ—		善	ぜん	124
粛	しゅく	121	定	じょう	122	是	ぜ	123	膳	ぜん	124
俊	しゅん	121		てい	127	世	せい	123			
春	しゅん	121	乗	じょう	122	正	せい	123		—そ—	
舜	しゅん	121	浄	じょう	122	成	せい	123	蘇	そ	124
純	じゅん	121	常	じょう	122	西	せい	123	早	そう	124
淳	じゅん	121	織	しょく	122	征	せい	123	宋	そう	124
順	じゅん	121	心	しん	122	性	せい	123	宗	そう	124
緒	しょ	121	申	しん	122	政	せい	123		しゅう	120
諸	しょ	121	岑	しん	122	清	せい	123	相	そう	124
女	じょ	121	身	しん	122	盛	せい	124	草	そう	124
	にょ	130	辛	しん	122	晴	せい	124	倉	そう	124
助	じょ	121	信	しん	122	聖	せい	124	曽	そう	124
徐	じょ	121	津	しん	122		しょう	122	総	そう	124
小	しょう	121	神	しん	122	石	せき	124	造	ぞう	124
召	しょう	121	真	しん	122	赤	せき	124	足	そく	125
昌	しょう	121	秦	しん	122	雪	せつ	124	則	そく	125
松	しょう	121	晨	しん	122	千	せん	124	粟	ぞく	125
将	しょう	121	深	しん	122	川	せん	124	村	そん	125
称	しょう	121	新	しん	122	仙	せん	124	孫	そん	125

存	そん	125	中	ちゅう	126	—と—			—ね—		
尊	そん	125	仲	ちゅう	126	杜	と	128	寧	ねい	130
			忠	ちゅう	126	都	と	128	年	ねん	130
	—た—		猪	ちょ	126	登	と	128			
多	た	125	長	ちょう	126	土	ど	128	—の—		
伊	だ	125	張	ちょう	126	冬	とう	128	能	のう	130
	い	109	鳥	ちょう	126	当	とう	128	農	のう	130
太	たい	125	朝	ちょう	127	東	とう	128	濃	のう	130
対	たい	125	趙	ちょう	127	唐	とう	128			
帝	たい	125	調	ちょう	127	統	とう	128	—は—		
待	たい	125	直	ちょく	127	稲	とう	128	巴	は	130
泰	たい	125	沈	ちん	127	藤	とう	128	坡	は	130
大	だい	125	陳	ちん	127	騰	とう	129	波	は	130
代	だい	125				道	どう	129	馬	ば	130
醍	だい	125		—つ—		得	とく	129	婆	ば	130
宅	たく	125	通	つう	127	徳	とく	129	裴	はい	130
玉	たま	125				敦	とん	129	梅	ばい	130
	ぎょく	113		—て—					白	はく	130
丹	たん	125	丁	てい	127		—な—		伯	はく	130
淡	たん	125	定	てい	127	那	な	130	博	はく	130
湛	たん	125		じょう	122	奈	な	130	莫	ばく	130
談	だん	125	亭	てい	127	内	ない	130	貉	ばく	130
檀	だん	125	帝	てい	127	南	なん	130	畠	はたけ	130
			貞	てい	127				八	はち	130
	—ち—		程	てい	128		—に—		坂	はん	130
池	ち	126	禎	てい	128	二	に	130	板	はん	130
治	ち	126	鄭	てい	128	日	にち	130	范	はん	130
知	ち	126	的	てき	128	女	にょ	130	斑	はん	130
致	ち	126	迪	てき	128		じょ	121	潘	はん	130
智	ち	126	天	てん	128	如	にょ	130	範	はん	130
筑	ちく	126	田	でん	128	入	にゅう	130	伴	ばん	130

播	ばん	130	壁	へき	131	孟	もう	132	頼	らい	133
			扁	へん	131	蒙	もう	132			
—ひ—						木	もく	132	—り—		
肥	ひ	131	—ほ—						利	り	133
斐	ひ	131	保	ほ	132	—や—			李	り	133
美	び	131	輔	ほ	132	野	や	132	理	り	134
毘	び	131	奉	ほう	132				陸	りく	134
梶	び	131	豊	ほう	132	—ゆ—			隆	りゅう	134
微	び	131	龐	ほう	132	唯	ゆい	132	劉	りゅう	134
百	ひゃく	131	房	ぼう	132	維	ゆい	132	了	りょう	134
萍	ひょう	131	北	ほく	132	有	ゆう	132	良	りょう	134
憑	ひょう	131	木	ぼく	132	祐	ゆう	133	梁	りょう	134
猫	びょう	131	本	ほん	132	雄	ゆう	133	廖	りょう	134
浜	ひん	131	凡	ぼん	132	熊	ゆう	133	林	りん	134
頻	ひん	131				融	ゆう	133	藺	りん	134
敏	びん	131	—ま—			優	ゆう	133			
閩	びん	131	妹	まい	132		う	110	—れ—		
			万	まん	132				礼	れい	134
—ふ—			満	まん	132	—よ—			冷	れい	134
不	ふ	131				予	よ	133	霊	れい	134
扶	ふ	131	—み—			誉	よ	133	麗	れい	134
富	ふ	131	妙	みょう	132	用	よう	133	櫟	れき	134
武	ぶ	131				姚	よう	133	連	れん	134
伏	ふく	131	—む—			庸	よう	133	蓮	れん	134
副	ふく	131	無	む	132	揚	よう	133	鎌	れん	134
仏	ぶつ	131				葉	よう	133			
物	ぶつ	131	—め—			陽	よう	133	—ろ—		
文	ぶん	131	明	めい	132	楊	よう	133	老	ろう	134
									琅	ろう	134
—へ—			—も—			—ら—			楼	ろう	134
平	へい	131	茂	も	132	羅	ら	133	六	ろく	134

鹿	ろく	134
	か	111
禄	ろく	134

—わ—

和	わ	134
窪	わ	134

人名第二部（在家者）索引

—あ—

亜相（源）　179a
★阿闍世王　623a
★阿育王　73b,336a,685b,686a
☆阿佐（百済王子）　863a
　阿州太守　627b
　阿多氏　539b
　阿刀氏　79b,96b,844a
　阿野氏　634b
　安治（脇坂）　619a
　安宿王　73b
　安岑（桑原〔内〕）　650a
　安成（大江）　879a
　安世（良峰）　135a
　安仲（濃州太守）　585a
　安澄（三神）　634b
　安徳帝　205b
　安部氏　836b
　安方（三神）　634b
　安房守（州守〔葦名盛信〕）　573b
　鞍智氏　574b

—い—

　以言（大江）　870b
　以康（平）　184a
　以仁親王　727a
　伊家（蔵人弁）　688b
　伊公〔公師〕（上野刺史）　817a
　伊綱（牧藤）　687b
　伊周（藤原）　677b
　伊豆氏　666b
　伊勢人（藤原）　648b
　伊勢兵部　624a
★伊川　→程〔頤〕
　伊藤氏　619b
　伊房（藤原）　187b

　伊予親王　646a
　威子（中宮）　174b
　為義（源）　716b
　為康（三善）　867a,891b
　為長（菅原）　225a,285a,b
　為通（九条，藤原）　291b
　為房（藤原）　199a
　為頼（神）　378b
　為隆（藤原）　690a
　茨〔苡〕子（藤原）　695b
★韋公（刺史）　136b
★韋提（夫人）　220b,223b
　惟高親王　119b
　惟宗氏　509b
　惟仁親王　→清和帝
★〔惟政〕　→政黄牛
　惟方（藤原）　726b
　葦屋氏　919b
　維茂（平）　718b
★懿宗　131a,846b
　郁芳門院　→媞子（藤原）
　一宮氏　552a
　一条帝（永延帝，帝）　160b,168b,
　　668b,669b,673b,674a,b,675a,847b,
　　848b
　一鉄（稲葉）　618b
　一品大禅尼（無相禅尼〔日野宣子〕）
　　478b,479a
　一柳氏　618b
　一了居士（金刺〔満貞〕）　378b
　壱州檀越　419b
●逸勢（橘）　646a
　尹文（藤原）　675a
　尹豊（藤原）　613a
　因州檀越　474b

109

　　　　　―う―
　宇佐氏　655b
　宇多帝（寛平上皇，帝，金剛覚，空理）
　　141a,142a,b,143a,144a,148a,150b,
　　151a,156a,169a,387a,647b,650b,
　　658b,660a,661a,662a,b,668b,669a,
　　824b
　宇遅王　918b
　宇都宮氏　533b
　羽島（吉備）　865a
★禹　830a
★優塡　834b,847b
　運勝居士　524b
　雲州大守　292a

　　　　　―え―
　恵満（山尻〔背〕）　893a
　永延帝　→一条帝
　永井氏（高槻城主）　809a
　永相（藤原）　188b
　永範（菅原）　706b
　栄家（橘，和州高市郡主，越智氏）
　　594a
★叡宗　67b
★衛氏　71b
　益之（東，野州太守）　592b
★越王　847a
　越後檀信　605a
　越州檀越　371a
　越前刺史　→〔義清（藤原）〕
　越前檀主　367b
　越前法橋　→海縄（仏工）
　越智氏　236a,491b
　円心居士（赤松〔則村〕）　378b,379a,
　　383a
　円融帝（帝，上皇，覚如）　159a,b,
　　662a,668b,669a,671b
　役公氏　865b
　延俊（源）　730b

　遠山氏　614b
　遠方（力士）　695b

　　　　　―お―
★王義之（王右軍）　73b,299a
★王喬　756b
★王珪　768b
★王古　891a
★王氏　755a,756b
★王孫賈　837a
★王都中　337a
★王本斎　352b
★王右車〔軍〕　→王義之
★王陽明　603a
★王良　606a
★応景陽　383b
　応神帝（誉田天皇）　75b,127b,652a,
　　904a,907a
　押勝（紀）　865a
★欧陽氏　383b
★欧陽〔修〕　481a,864b
　桜井王　123b
　奥州大守　400a,625a
　奥州檀越　312a,349b
　奥州檀信　424b
　乙丸　708a
　乙若　671a,b
　乙麻呂（寺史）　815b

　　　　　―か―
　下毛野氏　919a
　加藤氏　625b
　加茂氏　164b,428a,826a
　花園帝（上皇）　338b,359b,360a,
　　389b,391b,392a,404b,405a,550b,
　　607a,746b
　〔花園帝〕皇后　744b
　花（華）山帝（入覚）　161b,176a（第
　　一部）

河越檀氏　324a
★河上公漢　644b
◉河清（藤原）　73a
　河内氏　102b
　家経（藤原）　245a,309b
　家光（源〔徳川〕大樹源君）　620b,
　　622a,625a,627b,752b,753a
　〔家康（徳川）〕（東照公君,東照神君）
　　263b,752a,b,805b
　家綱（源〔徳川〕大樹）　630b,753a
　家時（足利,源）　357b
　家時（坂）　147a
　家実（藤原）　241a,734a
　家尚（藤原）　307b
　家信（三品）　740b
　家忠（花山院右丞相）　400b
　家能（藤原）　704b
　家方（藤原）　342a
　家隆（藤原）　801b
　家連（平）　765b
　鹿島明神　780b
★賈秋壑　301b
　〔嘉智子〕（橘,嵯峨天皇后,檀林皇后,
　　橘皇太后）　108a,270b,271b,415a,
　　845b
　嘉陽門院　→礼子
　榎氏　790a
　賀能（藤原〔葛野麿〕）　76b,80a
　賀陽氏　83b
　雅俊（藤原）　706b
　雅親（源）　675b,684a
　雅忠（〔丹波〕大医博士）　687a
　雅房（源）　749a
　介子都督親王（〔世良親王〕）　388b
　会津太守　618a
　海縄（仏工,越前法橋）　720b
　海部氏　466b
　懐信（源）　866b
　〔懐良親王〕　→征西親王（南朝皇子）

★郭象　595b
　覚円居士　366b
　覚哿（博士）　862b
　覚海夫人　388a
　覚知〔覚智〕　→義景（安達）
　覚如　→円融帝
　額田氏　89a,657b
　〔葛野麿〕（藤原）　→賀能（藤原）
　甘露寺氏　338b
★甘露飯王　67a
★桓至貞　138b
　桓武帝　76a,96a,b,97a,98a,99a,101a,
　　103a,105a,398b,452a,637b,639a,
　　640b,752b,756a,817a,834b,835b,
　　845a,867a,914b
　桓武帝后妃　756a
　桓武帝太子　756a
　貫之（紀）　265b,914b
　菅原氏（菅氏）　160a,220a,323b,
　　368b,431a
　菅丞相　107a
　菅野氏　685b
　管領（源）　502b
　寛平上皇（法王）　→宇多上皇（法皇）
　関雄（藤原）　818b
◉韓衡　653b
　韓氏　177b
★韓文公　396a
★韓〔愈〕〔韓退之〕　577b,864b
　丸子氏　122a
　丸部連氏　104a
　岸高　830b
★顔回（淵）　123b,124b
★顔〔之推〕　918b
★顔萱　133a
　〔願智〕　→義景（安達）

—き—

★危素　385a

希世（平）　652b, 911b
奇栖居士　529b
季厚（藤原）　671a
季高（藤原, 信濃守）　478a
季重（紀）　829b
季成（賀州太守）　700b
紀氏　120a, 141a, 142a, 143b, 172b,
　265b, 358a, 425b, 433b, 513a, 641a,
　672b, 869a, 876a, 877b, 886a, 914a
鬼四郎　→信恵（第一部）
基具（堀河, 源）　285a
基経（藤原）　646a
基光（園）　199b
基行（源）　191a
基国（畠山, 鎌倉管領）　502b
基之（藤原）　741b
基氏（源〔足利〕玉巌道昕）　427a,
　456a, 470b, 478b, 490a, 497a, 510a
基氏（今川）　436b
基実（藤原）　704a
基信（藤原）　707b
基忠（藤原）　253b, 737b
基平（源）　693b, 696a, 699b
基平（平）　174b
基輔（藤原）　732b
基房（藤原, 松殿）　201a, 221a, 274a
亀山皇后　734b, 743b
亀山帝（帝, 上皇）　225b, 233a, 234a,
　242b, 243b, 245a, b, 246a, 285b, 288a,
　b, 292b, 309a, b, 310a, 312a, 323b,
　328b, 329a, 337b, 370b, 738b, 743b,
　776a, 777a, b
幾子（多賀）　647a
★〔棄〕（周の始祖, 后稷）　149b
〔熙時〕（平元帥）　332a
熙成王　→後亀山院
槻本氏　112a, 656b
★徽宗　769a
★耆婆（名医）　306a

義家（源）　692b, 717a, 904b
義基（佐竹）　569b
義教（源〔足利〕善山居士）　265a,
　556b, 559a, b, 570a, 583a, b, 586a
義教（源〔足利〕太夫人　556b
義経（源）　718b
義景（安達, 覚知〔願智〕）　218b,
　219a（第一部）
義元（今川）　613b, 614a
義光（佐竹）　261b
義弘（大内）　567b
義持（源〔足利〕顕山, 丞相, 相国）
　511b, 512a, 517b, 519a, 521b, 524b,
　525a, 526a, 527a, 528b, 530b, 533a,
　539b, 546b, 547a, b, 548b, 549a, 551b,
　555a, b, 556b, 559b, 560b, 563a, 564b,
　581a, 802a
義持（源）太夫人　556b
義実（源）　→延朗（第一部）
義就（畠山）　266b
義重（波多野）　275a
義尚（源〔足利〕丞相）　589b
義植（源〔足利〕丞相）　612a
義信（源）　717a
義政（源〔足利〕丞相, 大将軍）
　266a, 544a, 560b, 575a, 583a, 590b, 591a
義政（源〔足利〕）夫人, （藤原）　583a
義政（小山）　537b
〔義清（藤原）〕（越前刺史）　498a
義詮（源〔足利〕副帥, 丞相, 連帥）
　385a, 412a, 415a, 416a, 419a, 426b,
　431a, 432b, 434a, 438a, 441a, 442b,
　443a, 447a, 468b, 473a, 501a, 555a,
　831a
〔義詮〕夫人（源）　→枢府夫人
義則（赤松, 性松居士）　510a, 521a,
　534a
義仲（源）　713a, 718b
義朝（源）　717b

112

義範（高階）　651b
義弼（佐々木）　617b
義満（源〔足利〕，相国，元帥，大将軍，相府，丞相，源公）　456a,457a,460b,461a,468b,471a,473b,478b,479a,b,484b,485a,492b,493b,494a,495a,497a,500a,b,501b,503b,508a,b,510b,511a,514a,b,516b,517a,b,518a,521a,b,527a,533b,534a,544a,545a,550a,b,552a,b,556a,558a,563b,567b,572b,802a,833a
義明（三浦）　621b
義竜（藤原）　617b
義量（源〔足利〕長徳院殿䈎山大居士）　555b,556a
吉英（小出）　622a
吉子（藤原）　646a
吉津居士（平氏，備後）　426b
橘工部　641b,904b
橘皇后　270b,271b
橘皇太后　108a
橘氏　109a,123b,157b,176a,194b,369b,468a,b,501b,530b,538a,557b,871b,902b
九条氏　518b
久我（相公）　392b
久任（薩州刺史）　183b
久豊（島津）　561b
弓削氏　123b,639b
★仇士良　117a,219b
宮家氏　396a
宮田麻呂（文室）　646a
宮道氏　677b
〔牛養〕　→岡田
巨勢氏　173a
巨川居士（源〔山名時熙〕）　489a
★許伯済　300b
★魚恒志　219b
〔魚〕弼（紀）　641a

魚名（藤原）　904a
共方（藤原）　874b
匡衡（大江）　164b,824b
匡房（大江）　637a,694a,867a,891b
☆卭〔邛〕満王　127b
教行（藤原）　875a
教弘（大内）　576b,577a
教実（藤原）　228a,742b
教盛（平）　225a
教通（藤原）　165b,687a
教友（少弐）　676a
〔経通〕（一条，藤丞相）　437b
★憍支迦　154a
䈎山大居士　→義量（源〔足利〕）
★龔氏　629b
★堯帝　479a,517b,819a
業遠（東宮亮）　673a,b
〔業子（日野）〕→定心院殿尼
業貞（武州刺史）　879b
玉庵居士（藤原〔大友〕）　492a,b
玉依姫（たまよりひめ）　907a
玉淵夫人　556b
玉巌道昕〔居士〕　→基氏（足利）
玉山居士　→親平（大友）
★玉堂仙（三韓王子）　553b
近衛皇后　702a
近衛丞相　570a
近衛帝　706a,707a
金剛覚　→宇多帝
金輪陛下　→清和帝
欽明帝　64b,144b,813a,840a,851a,904a
★欽良暉　136b
錦氏　112a
〔覲子〕→宣陽門

—く—

弘誓院（ぐぜいいん）　→正覚尼
具堯（源）　628b

具実(源)　234b
具平親王　671b,672a,b
具房(久我,源)　391a
★虞舜(ぐしゅん)　83b
★虞唐帝　427a
★虞伯生(儒官)　524a
空理　→宇多帝
堀河氏(源経具)　285a
堀河帝(帝)　206b,691a,692b,695b,696b,707a,b,840a
堀田信濃守　627a

—け—

恵賀氏　100b
恵満(山尻〔背〕)　893a
桂巌(大友,豊州太守)　833a
桂巌居士　→頼之(細川)
桂山居士　→憲顕(上杉)
経基(源)　785a
経教(九条,藤原)　555b
経顕(勧修寺,藤原)　374b
経広(藤原)　809b
経国(丹波刺史)　676b
経嗣(藤原)　580a
経時(平〔北条〕)　240a,741a
経宗(藤原)　207b
経信(源)　691b
経長(藤原)　685a
〔経通〕(一条,藤丞相)　418a,437b
経任(藤原)　743b
経輔(藤原)　695a
★揭傒斯　303b,357b
景行天皇　906a
★景金　138a
〔景信〕(長尾左金吾,俊叟居士)　565b,589b
景親(源)　793b
景清〔梶原〕　273a,b
景前(藤原)　613b,615b

565b,589b
景貞(藤原,備前太守)　546a,b
景倫(葛山)　→願性(第一部)
穴穂王子　892b
穴穂部皇子　862b
結城氏　396b
妍子(皇后)　174b
建礼門院　→徳子(平)
兼家(藤原)　667b
兼雅(藤原)　207b
兼季(藤原)　742b
兼基(藤原)　750b
兼経(藤原,丞相)　284a,285a,286a
兼顕(卜部)　257a
兼顕(広橋,藤原)　588b
兼元(平)　194b
兼好(卜部)　257a
兼実(藤原)　85a,207a,b,218b,223a,736a
兼道(藤原)　663a
兼弼(紀)　→〔魚〕弼
兼房(藤原)　730a
兼明(中書王)　165a
兼良(藤原)　588b
娟子(源,後朱雀帝女)　674a
堅部氏　844a
憲顕(藤氏,上杉,桂山居士,吏部侍郎)　437a,506b
憲実(上杉,長棟)　576b,577a,583a
〔憲定〕(上杉,大全居士)　537b,546b
〔憲方〕(上杉,天樹居士)　546a,b
憲房(上杉)　532b
賢子(中宮)　695a
★賢天　834b
顕基(源)　→円照(延殷の弟子)(第一部)
顕国(源,恵珍の父)　200b
顕国(源,実深の父)　738a
顕山　→義持(源〔足利〕)

114

顕時（藤原）　　214b
顕実（藤原）　　761a
顕成（藤原）　　728a
顕長（藤原）　→行真（第一部）
顕通（源）　　712b
顕定（藤原）　　715a
顕徳帝　→順徳帝
顕能（藤原）　　204a
顕房（源）　　194a,197b,703a
顕隆（藤原）　　698a,700a
元久（島津）　　540a
元帥（源，関東）　　562b
元正帝（太上皇，先帝）　　64b,68b,
　69a,88b,89a,b,91a,635b,636a,815b,
　816a
元正帝（上皇）皇后　69a,816a
★元帝〔文宗〕　379b
　元方（藤原）　　652a
　元方（史部尚書）　　679b
　元明帝　66a
★玄宗　67b,757a,844b,895b
　玄昌居士（北原，周防守）　　542b
　彦人皇子　123b
　源亜相　179a
　源公　407b
　源氏　243b,253a,257a,b,261b,293a,
　　308b,316b,367b,368b,373b,377b,
　　379a,381a,b,387a,403b,404a,407b,
　　415a,417b,423a,424b,431b,436b,
　　437b,444b,446b,462a,465b,466b,
　　473b,478b,483a,490a,495a,496a,
　　507a,508a,527b,537b,539b,548a,
　　551a,566b,570a,574b,587b,589b,
　　591b,614b,624b,670b,719b,747b,
　　775a,785b,860b
　源将軍　325b
　源僕射　647a

—こ—

古佐美（紀）　　835b
古巌　→利永（斉藤，宗輔）
★孤山処士〔林逋，和靖〕）　　413b
★胡氏　330a
●胡万〔古麻呂〕（大伴）　73a,758b
★賈秋壑　301b
後一条帝（帝）　173b,174b,673b,
　675a,677a,679b
後一条帝后　173b
後宇多法皇（院，帝，上皇，建治上皇）
　235b,247a,288a,322b,332a,b,335b,
　336a,b,337a,348b,350b,740a,743a,
　746b,747b,776b,780a,792a,795a
後円融帝（帝，上皇）　260b,264a,
　456a,484a,498a,511b,802a,804b
後花園帝（上皇）　553b,555a,573a,
　586a,b,596a
後亀山院（法皇，熙成王）　504a,532b
後堀河帝（帝）　219a,226a,727b,730b
後光厳帝（帝，天皇，延文天子，文和上
　皇）　346a,367a,392b,397a,412a,
　415a,419a,481a,483b,529b,804b,
　833b,507a
〔後光厳帝〕皇后　408a
〔後光明〕上皇（太上法皇）　630b,
　631a
後高倉帝（上皇）　732a,765b
後嵯峨帝（帝，上皇，寛元帝）　222a,
　224a,231a,b,232b,233b,237a,238a,
　240a,275b,280b,284a,285a,b,326a,
　328a,777a,b,786b,787a
後西院帝（帝）　620b,626a
後三条帝（院，皇太子，帝）　178a,
　180b,183a,678b,687b,688a,701b
後朱雀帝（東宮，帝）　674a,677a,
　684b
後朱雀帝皇后　687a
後小松帝（帝）　367a,511b,517a,

115

518a,580b,585b,586a,766a,804b
後深草帝（上皇，帝）　234a,240a,
　341a,741a,776a
後深草帝后（〔藤原公子〕東二条院）
　234b,734a,737b
後水尾上皇后（皇太后）　620b
後水尾帝（皇帝，上皇，法皇，太上皇，
　太上天皇）　433a,620a,b,622a,b,
　625a,628b,629a,631a,752b,808b,
　809a,b
後村上帝（帝）　376a,407a,b,425a,
　493a,750b
後村上帝后　407b
後村上帝太子　407b
後醍醐帝（天子，帝，元応帝，先皇，南
　帝，建武帝）　249b,255b,257a,b,
　265a,289a,337a,338a,b,339a,342b,
　343a,b,346b,347a,353b,359b,361a,
　362a,365a,374b,381b,382a,388a,b,
　389a,b,390a,b,404b,407a,421b,
　424b,425a,441a,449a,454b,467a,
　490a,747a,b,773a,780a,791b
〔後醍醐帝〕后　389a
後鳥羽帝（上皇，帝）　204a,206a,b,
　208b,218b,221a,715b,722b,729b,
　732a,764a,765b,828a,829b
後土御門帝（帝）　266b,568a,583b,
　584a,588b,592a,596a,607a
後奈良帝　613a,b,615a,616b,805a
後二条帝（帝，上皇）　320b,321a,
　744a,745a,795a
後白河帝（帝，上皇，法皇，保元上皇）
　204b,205b,207b,708a,710b,713a,b,
　714b,724b,828b,829a
後柏原帝（帝）　406a,585b,603b,
　605a,607b,609b,610b,612b,834b
後伏見帝（帝，上皇）　374a,748a,
　751a,777b,778a
後陽成上皇后（皇太后）　752b

後陽成帝（上皇）　619a,622a,627b,
　752b,b
後冷泉帝（帝）　178b,181a,687a
御園（紀）　120a
御船氏　140b
〔公永〕（西園寺殿下）　479b
公季（藤原）　688b
公経（藤原）　86a,234b,235a,243a,
　731a,739b
公継（藤原）　766a
公光（宇佐）　447a
公光（藤原）　612b
公行（佐，播州刺史）　674b
公孝（徳大寺，藤原）　787b
公綱（藤原）　223b
〔公子（藤原）〕→後深草帝后
〔公師〕（伊公，上野刺史）　817a
公資（大江）　188b
公成（藤原）　826a
公相（西園寺，藤原）　787b
公泰（藤原）　239a,744b
公仲（藤原）　736a
公忠（藤原）　660a
★勾令玄居士　272a
★孔子（仲尼，孔聖，魯）　64a,75b,
　120b,124b,197a,246b,273b,285b,
　370a,411b,600b,640a,716a,753b,
　779b,801a,841a,873a,925a
広貴（画工，釆女正）　671b
広義門院　→寧子（藤原）
〔広景〕（朝倉金吾）　415b
広元（大鳥）　792b
広嗣（少弐，藤原）　844b
広宗（中原）　226a,730a
●広成（丹治比，丹墀）　69b,757b,844b
広相（橘）　681a
☆広足（韓国連）　866a
★広平皇帝　99b
弘世（和気）　76a,77a,b,78a

弘世（大内）　393a,484a
弘誓院　→正覚尼
弘忠（大内）　576b
光（源,源公）　650b,651a
光雅（藤原）　225b
光基（藤原）　371b
光空（画工）　136a
光厳上皇后（皇太后）　389b
光厳帝（上皇）　303b,370b,376a,
　384b,389a,b,390b,414b,434a,471b,
　483b,495b
光広（藤原）　628b,808b
光孝帝　669b,691a,901a
光孝帝后（皇太后）　144b
光国〔圀〕（水戸,中納言,源）　397b
光氏（園田）　537b
光尚（細川）　622b
光仁帝　99a,103a,867a,868a
光通（源）　628a
〔光明〕皇后（太皇后）　92a,640a,
　813a,816a
光明帝（上皇,太上皇）　370b,374b,
　389b,390b,402a,426b,427a,434a,
　499a
光隆（猫間中納言）　830b
光禄太夫大賢居士（紀州太守）　496a
行季（秦）　883b
行宗（藤原）　712a
行成（藤原）　671b
行通（藤原）　214b
行範（備州刺史）　284a
洹〔江〕御氏　656b
劫山居士（三州牧）　585a
★孝献帝（東〈後〉漢）　75b
孝謙帝（帝,天皇）　74a,92a,93a,
　637b,755a,758a,896a,904a
孝元帝　641a
★孝宗　83b,272b
★孝荘帝　63a

孝忠（藤原）　176a
孝徳帝　633b,646b,843a,b,893a,b,
　894a,913a
★孝明皇帝（東〈後〉漢）　144a
★孝明帝（魏）　62b
孝霊天皇　236a
岡屋氏　896b
岡田〔牛養〕　79b
田〔岡〕部氏　542b
岡連氏　88b,89a
恒貞皇子　→恒寂（第一部）
恒平（橘）　162b
〔恒明親王〕　→李部親王
皇后（後一条帝）　173b
皇后（後醍醐帝）　389a
皇子　838b
皇太后（光厳上皇后）　389b
荒田氏　104a,835b
荒尾氏　528b
★香至王　62a
高階氏　859a
高岳皇子　→真如（第一部）
高丸　643b
高橋氏　103a,162a
高景（安達,藤原別駕）　384a
高氏　762a
高氏（佐々木,道誉）　439a
高志氏　815a
高時（平〔北条〕）　340b,352b,357b,
　362a,384a,388a,b,631b
★高昌王子　430b
★高宗　65a,634a,
★〔高宗〕　→高麗国王
★〔高祖〕（漢高）　166a
高倉帝（上皇,帝）　204a,205b,207a,
　209b,212b,273a,713a,715a
☆高表仁（唐使）　843a,893b
高房（藤原）　74a
高雄（但馬刺史）　177a

高梨氏　404a,405a
★高力士　68a,b
★高麗王　893a,894b
★高麗国王〔高宗〕　286a
　康俊（源）　718a
　康尚（仏師）　767a,824b
　康成（良工）　174b
　康雄（中原）　806a
　康頼（平）　295a
★黄山谷　496a
★黄氏　322a,361b
　溝口氏（出雲刺史）　620b
　綱吉（源〔徳川〕）　208a
　綱典（秋庭,能登刺史）　621b
　篁（小野）　124a,178a,645a,820b
　興禅院殿寿岳保公　548a
★卬満王　127b
　谷氏（内蔵助）　620b
　国挙（源）　680a
　国経（源）　189a
　国光（藤原）　663a
　国清（平）　201a
　国清（畠山,源）　371a
　国道（大伴）　78b
　国輔（源）　→行円（三井寺）〔第一部〕
★〔忽必烈〕　→昌泰帝
　今川氏　436b,805a
　金剛覚　→宇多帝

―さ―

★左丘　233a
　左氏　674b
　佐々木氏　574b,612a
　佐竹氏　396b,496a
　佐藤氏　826b
　佐道（藤原）　644a
　佐伯氏　79b,111a,113b,129b,136a,513b,551b,820a
　佐野氏　305b

　佐理（藤原,真覚）　688b,824b,849a
★娑竭竜女　75a
　嵯峨帝（帝,上皇,天皇,先帝）　80b,81a,82a,102a,b,104b,105a,b,107a,109a,111b,120a,129b,142b,156b,271a,273b,462a,463a,639b,658b,756a,818b,820b,828b,846a
　嵯峨帝后　129b
　斉光（大江）　848a
　斉信（藤原）　159b
　斉世（宇多帝子,真寂）　150b〔第一部〕
　斉長（藤原）　185b
　斉明帝　228b,269b
　宰官居士　584b
　済時（藤原）　686b
　細川氏　524b,607a
　斎宮公主　650b
★蔡邕（張衡の後身）　869a
　三条帝（帝）　669b,679b,686b,688b,692a
☆三津首（登万王）　75b
　三神氏　634b,636a
　三善氏　569a,654a
　三浦氏　471a,751b
　三峰氏　883b
　三郎（上田）　918b
　山蔭（藤原）　149b
　山口修理　807b
　山田氏　238b
　山内氏　435a
　山背大兄王　865b
　山名氏　465b,557b,621b
　参州檀越　609b

―し―

★子興　→孟子
★子路　383b
★支〔謙〕　78b

118

氏康（大友，史部）　354a,384b
氏綱（北条）　610b
氏国（宗像）　210a
氏時（大友，藤刑部）　456a
氏春（細川，源，淡州太守）　437b,
　499b,500a
氏親（今川）　614a
氏泰（大友，吏部侍郎）　384b
氏満（足利，源，璧山居士）　456a,
　474b,484b
氏頼（佐々木，雪江崇永，江州刺史）
　426b
★史献　67b
★史丞相（史〔弥遠〕）　764b
　史盛（中書舎人）　602b
★史〔弥遠〕→史丞相
　司濃（源）　599b,600b
★司馬公　626b
★司馬氏　757b
★司馬遷　273b,481a,801a
☆司馬達等　842a
　四条帝　226a,730b,731b,772a
　四条帝后　772a
　私赤　910a
★始皇帝　127b
　師尹（藤原）　664a
　師季（平，野州刺史）　700a
　師亨居士（勢州檀越）　374a
　師教（九条，藤原）　324b
　師経（藤原）　713a
　師景（藤原）　546a
　師継（藤原）　288a
　師元（中野）　170b
　師行（藤原）　201a
　師高（藤原）　713a
　師氏（東）　568b
　師資（源）　696b
　〔師時〕（平〔北条〕平帥）　254b
　師実（藤原）　188a,192b,194b,705b,

　　719b
　師成（藤原）　687b
　師盛（平）　889b
　師忠（藤原）　687b
　師忠（源）　708b
　師直（高）　389a
　師通（藤原）　198a
　師平（鷹司）　394a
　師輔（藤原，藤丞相）　152b,158b,
　　159b,667a,676b,912a
　師明親王（長和親王）→性信（第一
　　部）
　茨子（藤原，堀河帝后）　695b
　茨田（まんだ）　896b
　媞子（藤原，郁芳門院）　691a,693a,
　　b,699b
　資綱（中納言）　191a
　資長（平）　718b
　資能（藤原）　230b
　資隆（藤原）　213b
★誌公　99b
　贄（にえ）氏　106b
　贄川氏　573a
　持遠（遠藤）　828b
　持之（細川，源京兆，春巒居士，常喜）
　　567b,577b
　持氏（源〔足利〕）　583a
　持勝（一色）　611b
　持是院→利藤（斉藤，妙椿）
　持朝（菊池）　461b
　持統帝（太皇后，〔太上〕天皇）　64b,
　　633a,b
　持豊（源金吾）　588a
　〔時熙（山名）〕→巨川居士
　時継（平）　800b
　時綱（武田）　253a
　時国（漆間）　206a
　時氏（山名，源，左金吾）　465b
　時宗（平〔北条〕平帥）　280b,281a,

119

291a,299a,301b,302a,b,303a,b,
314b,323b,328b,790b,791a,794b,
795a
時俊（平）　776a
時信（源）　→寂源（第一部）
時範（参議）　693b
時平（藤原）　648a,658b
時頼（平〔北条〕平元帥，道崇居士）
240a,275b,279b,284b,285b,290b,
291b,317a,776a,790b
滋野氏　673b
慈恩寺殿海宝居士　521a
実基（徳大寺，藤原）　787b
実経（藤原）　228b,284b,285b,309a,
742a
実兼（藤原）　309b,747b
実光（藤原）　260b
実衡（西園寺，藤原）　345b
実斎居士（中原）　562b
実氏（西園寺，藤原）　737a,740b,
743a,787b
実時（平〔北条〕）　775b
実親（平）　202a
実世（藤原）　745a
実仲（藤原）　184b
実朝（源）　86b,276b,287b
〔実澄〕（小倉，松斎居士）　590b
実藤（藤原）　746a
実能（藤原）　230a,b
実博（藤原）　260b
実房（藤原）　731a
実明（藤原）　227b
実有（藤原）　743a
舎人親王　92a
☆謝国明　283b,286b
　若丸　671a
　若田氏　816b
　守永氏　624a
　守屋（物部）　863b,892b

守俊（平清盛家臣）　711b
守信（画工）　753a
★朱〔熹〕　581a,864b
朱雀帝（帝，上皇）　654b,655b,656b,
660a
☆朱仁聡　172b
　種継（藤原）　96b
　秀吉（豊臣）　619a
　秀衡（藤原）　830a
　秀忠（源〔徳川〕）　752a
　秀房（藤原）　745a
　秀頼（豊臣）　622a
★周氏　764a
★〔周公〕旦　819a
☆周丹（宋工）　767b
★周伯琦　370a,385a
★周冕銭　765a
　宗印（谷）　622b
　宗基（国司）　699b
　宗矩（柳生）　622b
　宗岡氏　900b
　宗氏　408b,807b
　宗尊親王　285a
　宗泰（大中臣）　524b,530a
　宗忠（左僕射）　192b
　宗貞（良峰）　→遍昭（第一部）
　宗伯（秦）　810a
　宗輔（古巌）　→利永（斉藤）
　宗頼（尚書左丞）　85a
　秋篠氏　845a
　醜経（草壁連）　843a,893a
　重胤（千葉）　434b
　重雅（大医）　673a
　重義（長部，奥州檀信）　424a
　重兼（藤原）　840a
　重衡（平）　715a
　重国（平）　217a
　重成（大高，伊予刺史）　416b
　重盛（平，左大臣）　413a,889b

120

重長（小山）　605a
　重通（波多野）　528b
●重定（紀）　→重源（第一部）
　重扶（藤原）　171b
　重輔（藤原）　679b
　重房（肥後守）　697b
　〔宿弥〕（武内大臣）　142a
　淑子（藤原）　142a
★粛宗　347b,517a,710b
　俊家（藤原）　179a,184a,872a
　俊業（藤原）　254a
　俊経（藤原）　→誠蓮（第一部）
　俊経（宰相）　733b
　俊顕　285b
　俊孝（橘）　184b
　俊綱（伏見修理大夫）　885a
　俊子（公主）　699b
　俊宗（藤原）　179a
　俊生（藤原）　63b
　俊叟居士　→〔景仲〕長尾左金吾
　俊房（源，僕射）　190b,674a,697b,
　　698a,707a
　春興（山田）　650a
　春時（小野）　679a
　春平（小早川，平）　524a
　春巒常喜居士　→持之（細川）
★舜（虞帝）　83b,479a,517b,819a,821a
　純友（藤原）　654a
　淳（源，肥後刺史）　156a
★淳于髠　72a
　淳氏（藤原，羽州太守）　574a
　〔淳仁〕帝　896a
　淳茂（菅原，右中弁）　151a
　淳和太后（妃）　118a,b,820b,913b
　淳和帝（太上皇，先朝）　82b,102a,
　　103b,105b,111a,b,118b,124a,128a,
　　b,820a,b,828b
　順慶（筒井）　805a
★順宗　444b,502b

　順徳帝（帝，上皇）　86b,226a,292b,
　　293a,402a,726b,727a,730b,765b
　順徳帝后（藤皇后）　726b
　緒嗣（山本）　765b
　諸魚（大中臣）　818b
　諸兄（橘）　468a,670b
　諸純（源）　837a
　女院　701a,b,702a,707a,748a
　助雄（文室）　122a
★徐応（徐景陽）　383b
★徐公直　271b
★徐公祐　271b
★徐孝克　778a
★徐氏　383b
★徐福　510a,521b
★徐陵　869a
　小一条帝〔院〕　→敦明親王
　小串　378b
　小黒麻呂（藤原）　835b
　小足氏　461b
　小野宮右府　677b
　小野氏　649a,679b
★〔召公〕奭　819a
★昌泰帝〔世祖,忽必烈〕　911b
　松斎居士　→〔実澄〕（小倉）
　松殿　→基房（藤原）
　松平氏（大和太守）　620b
　将軍（源）　325b
　将門（平）　194b,649b,653a,b,654a,
　　655b,659a,669b
　称光帝（上皇）　264b,580b,586b
　称徳帝（帝）　94b,636b,639b,757b
★章氏　764a
　章任（丹波刺史）　681b
　章輔（藤原）　179b
　章頼（平）　239a
　勝海（〔中臣〕）　892b
　勝元（細川，源，右京兆）　573a,
　　577b,578a,b,587b,588a,b,607a,609b

勝頼（源〔武田〕）　617b
聖徳太子（豊聡耳斑鳩太子，厩戸，上宮，
　八耳）　61b,63a,b,64a,72b,91b,
　107a,b,117b,132a,165a,459b,559a,
　570b,685b,792a,811b,821b,842b,
　862a,b,863a,b,864a,b,865a,b,877b,
　892b
聖武帝（帝，上皇）　69a,70a,73b,
　74a,88b,89a,b,91b,92a,b,95a,99a,
　636b,708b,755a,756a,b,814b,815b,
　816a,b,834b,835b,844b,869a,895b,
　896a,901a,902a,b,904a
聖武帝后　92a
彰子（藤原，皇太后，上東門院）
　174b,178b,179b,198b,671b,672a,
　674b,676b,687b,688b
璋子（藤原，待賢門院）　698b,700b,
　703a,704a,709b
★蔣公　90a
暲子（八条院）　729a
★蕭氏（広州刺史）　62a
★鍾万戸　523a
上宮太子　→聖徳太子
上西門院〔統子〕　207b
上杉氏　478b,833b
上田氏　266b
上東門院　→彰子（藤原）
上毛氏　98a
上野太守　445a
丞相（藤原）　668a
定朝（仏師）　242a,694b
乗台（画工）　207b
浄久（伊香賀，対州刺史）　584b
浄成（味酒）　79b
浄定（神部，船師）　635a,b,637a
常昕（渋川）　573b
常行（藤原）　646a
常康親王　822a
●常嗣（藤原）　116a,b

常州太守　305b
常澄氏　286b
織田大隠居士　562b
心伝顕居士（上杉）　466a
★申包胥　715a
岑守（小野）　77a
身人氏　101b
★辛文昱　117b
信玄（武田，源）　→晴信（武田，源）
信実（藤原）　234b
信州太守　354a
信尋（藤原）　628b
信成（武田，源，太守刑部）　476a,
　532b
信盛（佐藤）　728b
信長（平〔織田〕）　617b,618a,805b
信直（滋野）　342a
信房（中原，道賢）　765b
信頼（藤原）　717b
津守氏　110b,470a
津田氏　805b
神功皇后　894b,904a,907a
★神宗（宋帝）　849b,850a,b
★神宗后（宋帝）　850a
神武天皇　903b,906b
真覚　→佐理（藤原）
真綱（和気）　76a,78b,82a,106b
★真宗（趙宋皇帝）　170a,768b,848b,
　849a
真祖（筑前太守）　573b
真如（平氏尼〔政子〕）　→如実尼
●真備（吉備）　72a,73b,636b,844b
秦氏　96a,101b,102b,104b,127b,146b,
　152a,206b,558b,561b,646a,763a,
　781a,895b
晨省（藤原）　161b
深草聖皇　134b
新田氏　589b,753a
★新羅王　895b

親英（松平）　620b,621a
親季（源）　223a
親光（中原）　728a
親秀（藤原）　389a
親平（大友，藤原，玉山）　339b,340a
★人詹　138a
仁山居士　→尊氏（源〔足利〕）
★仁宗（元）　377b,768b,849a
仁親親王　737b
仁尊（藤原）　221a
仁明帝（上皇，先帝，承和聖主，帝）
　　115a,121b,122a,124a,126b,129a,
　　132b,135a,136a,818a,b,820b,851b
壬生氏　107b,115b

―す―

★須達長者　326b,834b
須田氏　377b
推古帝（帝，天皇）　61b,63a,64a,b,
　　863a,b,864a
枢府〔源義詮〕夫人　434b
崇永（雪江）　→氏頼（佐々木）
崇演　→貞時（平〔北条〕）
崇光帝（天皇，帝，上皇，太上法皇）
　　390b,394a,434a,489b,516a,b
崇神帝　115b,903b,906a
崇道天皇　→早良太子
崇徳帝（帝）　188a,192a,692a,703b,
　　704a
崇徳帝后　698a,702a,703a

―せ―

是英居士（奥山〔朝藤〕）　491a
★〔世祖〕（昌泰帝〔忽必烈〕）　911b
★世宗（元）　330b,377a
〔世良親王〕　→介子都督親王
正覚尼（弘誓院）　275a
正儀（橘，楠）　468b
正公居士（予州，大野）　465a

正国（清原）　→覚入（第一部）
正〔政〕宗（伊達，奥州太守）　625a
正親（卜部）　169a
正親町帝（上皇）　616b,617b,752b,
　　805a
正成（楠）　553b
正善（源）　527b
正棟（大中臣）　→壱演（第一部）
★成王（周）　843a
成経（后宮大夫）　734a
★成宗（元帝）　330b,333b
成範（藤原）　727b
成頼（藤原）　222a
成頼（源）　596a
西阿（森〔毛利〕）　213b
西園寺殿下　→〔公永〕
西光（藤原）　713a
征西親王（南朝皇子〔懐良親王〕）
　　431a
性松居士　→義則（赤松）
性理居士（肥州刺史）　393a
政兼（藤原）　185a
政元（細川，源）　594b,599a,834a
政光（結城）　537a
★政黄牛（惟政）　90a
〔政子〕（平氏尼）　→真如，如実尼
政豊（山名）　611b
●河清〔清河〕（藤原）　73a
清海氏　133a
清貫（戸部侍郎）　85a
清貫（藤原）　652b,911b
清卿（三善）　134b
清原氏　181b,874a
●清公（菅原）　76a
清行（三善）　658b,665b
清氏　169a
清氏（源，細川）　468b
清盛（平，相国）　201a,204a,325a,
　　711b,713a,715a,717b,829b

清泰（佐伯）　551a
清麻呂（大中臣，〔和気〕）　818b
清和帝（天皇，惟仁親王，東宮，金輪陛下，貞観帝，帝）　118a,119b,120a,122a,128a,129a,b,130a,b,131a,b,138a,139b,141a,192a,404a,527b,639b,644a,b,646a,647a,651b,818b,819a,820b,901a,904b
盛遠（遠藤）　828b
盛景（衛兵曹）　241b
盛興（葦名）　752a
盛之（帥，備中守）　889b
〔盛信（葦名）〕（州守）　573b
盛政（陶，越州刺史）　584b
晴信（武田，源，信玄）　615b,617b,752a
晴明（安倍，阿部）　252b,673a,836b
聖全（北条，常州刺史）　585a
石寸氏　836a
石本（大原）　123b
赤松氏　378b,383a,457a
赤田氏　574a
雪江崇永　→氏頼（佐々木）
千葉氏　315b,434b,748a
川勝（秦）　810a
川瀬氏　881a
仙院后宮　238a
★先皇（新羅）　895a
宣孝（藤原）　177b
〔宣子（日野）〕（無相禅尼，一品大禅尼）　478b,479a
宣秀（藤原）　231a
★宣宗（唐帝）　117b,132b,136b,146a,b,383a
宣房（藤原）　449a,b
宣陽門院〔覲子〕　724b
染殿　→明子（藤原）
泉州太守　377b
浅部氏　92b

船氏　94b
船連氏　65a
詮子（藤原，皇后）　163a,699b
★詹景金〔全〕　138a
★銭王（呉越）　765b
★銭相公〔象祖〕（朱子学者，史丞相）　764b
★冉氏　279a
★全岳柱　357b
善（諫議）　659a
善綱（春澄）　820b
善根（橘）　670b
善山居士　→義教（源〔足利〕）
善男（伴）　118a
善忠（土岐）　256a
善雄（力士）　119b,120a
膳妃　863a,b,864a

—そ—

蘇氏　276a
★蘇大年　503a
★蘇耽　913b
★蘇長六　765a
★蘇東坡（坡翁）　496a,583b
早良太子（崇道天皇）　96b,97a,646a
★宋雲（魏使）　63a
★宋景濂（宋文憲）　391a,443b,466b,520b,521a,833b
★宋后　850a
★宋氏　521a
宗氏　408b
相公　547a
★相如（〔藺〕相如）　757a
草壁皇子　894a
倉垣内氏　268a
倉内（阿倍）　913b
★曽子　72a,152a,383b,565a
総州太守　787a
★造父　606a

足利氏　258a,354a
〔則村〕（赤松）　→円心居士
★則天武后　72a
　則平（平）　524b
　則祐（赤松，播州大守）　468b
　粟田氏（録事）　922a,b
　村上帝（帝）　63b,155a,b,159a,223a,
　　274a,391a,656b,657b
★孫氏　352a
　存孝居士（伯州太守）　→頼貞（土岐,
　　源）
　尊氏（源〔足利〕源丞相,長寿寺殿,鎌
　　倉源元帥,仁山妙義居士）　251a,
　　376a,379a,381b,384a,b,385a,386a,
　　389a,b,393a,395b,396a,397a,399a,
　　400b,403a,407a,408a,412a,415a,
　　416b,419a,456a,460a,483b,544b,
　　587b
　〔尊氏（足利）夫人〕（二品夫人）　419a

　　　　　　―た―
　多賀幾子（藤原）　647a
　伊達　→正〔政〕宗
　伊達氏（奥州檀越）　312a
　太后　74a,132a
　太皇后　126b,174b
　太皇后天皇　633a
★太子　843b
　太子　74a,756a,813a
★太宗　264a,320a,b,768b,847a,b
　太上皇　732a,816a
★太祖（宋）　768b
★太祖（明）　464a,b,465a,503a,510a,
　　521a,b,621b
　対州刺史　807b
★帝釈　834b
　待賢門院　→璋子（藤原）
　泰綱（宇都宮）　891a
★泰山府君　909b

秦氏　96a
泰氏（足利,源）　339b
泰時（平〔北条〕平元帥）　213b,
　218b,219a,277a,765b
泰盛（平）　297b
泰明（源）　292b
大椅（上毛野）　918b
大宮女院　→通子（源）
大兄王（山背〔尻〕）　865b
大賢居士（紀州太守,光禄太夫）　496a
大原氏　103b,123b
大江氏（駿州大守）　254a,456a,488a,
　539a,562b
大樹（源）　→家光（源〔徳川〕）
大樹（源）　→家綱（源〔徳川〕）
大全居士　→〔憲定〕（上杉）
大足（阿刀）　79b
大田氏　529b,654b
大道居士（島津）　540a
大伴氏　73a
大友氏　137b,419b,526b,527a,868a
★代宗　284a,768b,845a
醍醐公主（皇女）　659b
醍醐帝（禅定皇帝,帝）　143b,144a,
　b,146b,147a,b,149a,652b,653a,
　654a,659a,660a,822a,907b
〔醍醐帝〕皇后　652a,b
宅成（和気）　136a
玉依姫（たまよりひめ）　907a
丹治氏　311b
丹生氏　652a
淡海　→不比等（藤原）
湛（源）　824b
談天門院　→忠子（藤原）
檀越居士　602b
檀氏　324a
檀林皇后　415a

―ち―

池上氏　131a
池辺（貊）　122a
治知〔智治〕麻呂（大中臣）　818b
知章（予州太守）　660b,661a,681b
致遠（源）　684b
致房（藤原）　866b
★智威　869a
☆智洗爾（新羅大使）　843a
筑前刺史　622a
中宮　701a,705b,728b,731a,733b,736b,737b,747b
中原氏　875b
中条氏（武庫郎威公）　394a
中平氏　649b
中務某　250b
仲哀帝　904a
仲資（〔高階〕）　85a
仲資（主当令）　85a
★仲尼　→孔子
仲平（藤原）　174a
仲麻呂（藤原）　73b
仲麻呂（恵美）　109b
忠家（藤原）　744b
忠雅（藤原）　716a
忠季（源）　192a
忠義（藤原〔山内〕土佐太守）　619a
忠久（島津）　539b
忠教（九条、藤原、大丞相）　310b,312a,b,340a
忠弘（源）　627b
忠行（賀茂）　164b
忠綱（石川）　620b
忠興（細川）　622a
忠国（島津）　561b
忠子（藤原、談天門院）　780a
忠実（藤原）　700a,702b,703b,705b,877b,906a,b
忠宗（伊達）　625a

忠親（藤原）　719b
忠仁（藤原）　118b,130a
忠清（有馬、泉州太守）　584b
忠長（中原）　749a
忠通（藤原）　196a,221a,707b,719b,729a
忠平（藤原）　155b
忠明（藤原）　830a
猪俣（古典厩）　532b
長屋王　72b,89b
長慶（三好）　616b
長谷氏　812a
長谷雄（紀）　829b,868b
長子（藤原）　787b
長氏（吉良）夫人　368a
長氏（伊集院）　576a
長時（平〔北条〕）　790b
長寿寺殿　→尊氏（源〔足利〕）
長信（藤原）　734b
長丹（小山）　65a
◉長丹（吉士）　633b
長棟　→憲実（上杉）
長統氏　148a
長徳院殿鞏山大居士　→義量（源〔足利〕）
長尾氏　100b
長輔（藤原）　719a
長房（藤原）　219a
長明（源）　206b
長明（賀茂）　708b
★張栄（仏工）　847b
☆張詠　116b,117b
★張衡（蔡邕の前身）　869a
★張支元　126b
★張大保　850a
★張無尽　320a,521b
鳥羽上皇第三皇子　700b
鳥羽帝（帝、上皇）　191a,b,192a,194a,195a,b,196a,197a,201a,202b,

126

692b,695b,700a,b,701a,702a,703a,b,705b,706b,709b,712b,827b,860a
朝慶（秦）　896a
●朝元（秦）　896a
●朝善（菅原）　121a
朝倉氏　415b,571a
〔朝藤〕（奥山）　→是英居士
朝範（藤原）　172b
朝房（藤原〔上杉〕）　573b
★趙王　296a
☆趙秋可　484a
★趙雍　337a
調子麻呂　864a
直庵居士　→貞宗（大友，藤原）
直義（源，〔足利〕親衛，左武衛将軍，左大将軍）　354a,369a,376a,381b,384a,b,388b,389b,399a,407a,419a,421b,442b
直之（瓚）　625a
〔直実〕（熊谷）　→蓮生（第一部）
直正（尾州太守）　544b
直方（平）　178a
★沈権　138b
★沈氏　364a
★沈存中　272a
★陳氏　300b,503a
★陳勝　273b
★陳宣　778a

—つ—

通憲（藤原，給事）　206a,212b,213a
通広（河野）　236a
通子（源，大宮女院）　738b,787b
通親（源）　223a
通親（藤原）　734b
通成（藤原）　232a
通成（源）　746a
通村（中院，源）　620a
通忠（藤原）　248a

通忠〔親〕（久我，源）　274a
通冬（中院，源）　381b,382a
通能（源）　730b
通輔（源）　691a

—て—

★丁謂（丁晋公）　848b,849a
定家（藤原）　219a
定基（大江）　→寂昭（第一部）
定兼（藤原）　→真空（第一部）
定之（保科）　620b
定子（藤原）　168a
定嗣（葉室，藤原）　→定然（第一部）
定心院殿尼（〔日野業子〕）　468b
定親（藤原）　784b
定朝（仏師）　242a,694b
定通（久我，源）　233b
定能（衣笠，藤原）　784b
定頼（中納言）　879b
亭子親王（貞恒皇子）　→恒寂（第一部）
帝　173b,338a,794b,818b
貞胤（千葉）　262a,263a
貞雅（藤原）　168a
貞観帝　→清和帝
貞景（朝倉）　266b
貞憲（藤原）　208a
貞行（伴）　790a
貞恒皇子（亭子親王）　→恒寂（第一部）
貞時（平〔北条〕崇演，平元帥，副元帥）　303a,305b,312a,320b,322b,331a,332a,333a,336a,351a,364b,365a,370b,381a,393a,794b,796a
貞主（滋野）　124a
貞宗（小笠原，源，信州太守）　353b,354a
貞宗（大友，藤原，直庵居士，江州太守）　384a,b,414a,419b,452b,454a

貞政（賀陽）　83b
貞盛（平）　669a
貞則（出雲）　158b
貞通（波多野，藤原）　348a
貞通（稲葉）　619a
貞藤（二階堂，藤原，道蘊居士）
　388b
貞任（安倍）　904b
貞明親王（太子）　→陽成天皇
★程〔頤〕（程正叔，伊川）　581a,642a,
　864b
★程〔顥〕（程伯淳，明道）　581a,864b
禎子（皇后，陽明門院）　678b
☆鄭仁徳（商人）　847b
　的氏　157b
★迪丞相　501b
　天覚居士（藤原，武州）　430b
　天樹居士　→〔憲方〕（上杉）
　天叟居士（肥州太守）　584b
　天智帝　88b,640a,703a,815a
　天武帝（帝）　633b,894a,b,907a
　天武帝皇后　633b
　田原氏　477b
　田公（佐伯）　79b
　田氏　83b
　田島氏（日州郡主）　413b
　田村麻呂（坂上）　643a,b

—と—

★杜環　438b
　都督親王　347b,389a
　都理（秦）　905b
★登万王　75b
　土屋氏　452a
　土岐氏　356b,372b,516a,599b,617b
　土御門帝（帝）　86a,221a,729b
　土師氏　110b,653b
　冬嗣（藤原）　78b,804a
　当麻氏　176b

東照源（神）君　→〔家康（徳川）〕
東二条院　→後深草帝后
東福門院（〔徳川和子〕）　809b
★唐帝　653b
〔統子〕　→上西門院
稲垣氏　809b
稲葉氏　619b
藤亜相　404b,449a,677b
藤亜相（甘露寺）　338b
藤原氏　63b,73a,b,74b,76b,78b,80a,
　85a,86a,91b,96b,116a,b,118b,128a,
　129b,130a,137b,138b,150a,151b,
　152b,153b,155a,b,158a,b,159b,
　160b,161b,162a,163a,164b,165b,
　168a,170b,171a,b,172b,173b,174a,
　b,175b,176b,177a,b,178a,b,179a,b,
　181a,182b,184a,b,185a,b,188a,b,
　192b,193a,194b,196a,198a,b,201a,
　204a,205b,207a,b,208a,214a,217a,
　218b,219a,221a,222a,223a,b,224a,
　225b,227a,b,228a,b,230a,b,231a,
　232a,234b,235a,239a,241a,b,243a,
　248a,251a,253b,254a,260b,271a,
　272a,276b,284a,b,285a,b,286a,
　287b,288a,291b,292a,295a,306b,
　307b,309a,316b,324a,326a,333b,
　335b,340a,341b,345b,348a,350b,
　351a,360a,367b,370b,371b,373b,
　374b,378b,380b,381a,382a,384a,b,
　386a,388b,391a,392b,393b,394a,
　400b,412b,414a,416b,418a,419b,
　424a,426a,429a,430b,437a,b,438a,
　442a,b,446b,449a,b,450a,452b,
　454a,455a,456a,460a,472a,473b,
　475a,477b,478a,483b,492a,b,493b,
　503b,509b,518b,520b,522b,529a,
　534b,537a,539b,541b,543a,544a,
　545a,546a,b,548a,554b,555b,556a,
　561a,566b,570a,572b,573a,b,574a,

128

580a,583a,584b,585b,588b,589a,
600b,604b,612b,613b,615a,616a,
617b,619a,628b,634a,642a,646a,b,
647a,b,648a,652a,b,654a,655a,
660a,663a,664a,666b,667a,668a,b,
671a,b,672a,673a,b,674a,675a,b,
676b,677a,b,679b,680a,b,683b,
684b,685a,686b,687a,b,688a,b,
689b,692a,b,693a,695a,698a,b,
699b,700a,b,702b,703a,704a,b,
705b,706a,b,707b,709b,713a,715a,
716a,b,719a,b,726b,727b,728a,
729a,731a,732b,734a,b,735b,736b,
737a,b,738a,b,739b,740a,b,741b,
742a,b,743a,b,744a,b,745a,746a,b,
747a,b,748a,750b,751a,761a,762b,
766a,775a,b,780a,784b,785b,786b,
787a,b,800b,801b,802b,804a,b,
808b,809b,819a,824b,826a,830a,
831a,b,833a,b,835b,840a,843b,
844a,b,847a,849a,852a,866b,870a,
871a,b,875a,b,877a,878a,890b
藤公（博陸）　394a
藤皇后　120b,687a,691a,693a,b,726b,
753b
藤丞相　159b,178b,298b,310b,325a,
345a,350b,374b,376a,412a,413a,
437b,512b,513b,569a
藤井（船師）　912b,913a
藤井氏　99a
藤相国　129b,138b,325b,732a
藤太皇后　96b,207b
藤長（甘露寺、藤原）　747a
藤典厩　354a
藤夫人（〔日野富子〕）　583a
藤房（藤原、亜相）　→宗弼（授翁）
（第一部）
★藤〔騰〕邁　132a,b
　道蘊（二階堂、藤原〔貞藤〕）　388b

道円親王　739b
道家（藤原）　224a,225b,234b,235a,
241b,284a,666b,735b,738a,740a,
742b,766a,831a,b
道雅（藤原）　685a
道甘居士（肥塚氏）　456a
道灌（大田）　268a,751b
道経（藤原）　222a
道兼（藤原）　840a,890b
道賢（中原）　→信房（中原）
道広（長井）　532b
〔道康親王〕　→文徳帝
道綱（藤原）　852a
道春（林）　752b
道真（菅原、丞相）　107a,138b,151a,
368b,652b,658b,910b,911a,915a
道真（太田）　589b
道崇居士　→時頼（平〔北条〕）
道長（藤原、相国、唯心）　164b,
165b,168a,170b,171a,174b,177a,
239a,673a,b,674a,675a,b,676b,
677b,680a,683b,687b,688a
道風（小野）　178a
道誉　→高氏（佐々木）
道隆（藤原）　160b,693a
得子（藤原、皇后、美福門院）　705b,
706a,b
徳子（平、建礼門院）　218b
★徳宗　76a,80a
徳川氏　753a
徳本（源）　580b
敦固親王　662a
敦実親王　168b,169a,668b
敦忠（藤原）　158a,870a
敦忠親王　→悟覚（第一部）
敦文親王　686b
敦明親王（小一条院）　692a,699b

ーなー

　那都羅（力士）　119b
　奈良麻呂（橘）　914b
　内経（一条，藤原，丞相）　333b,350b
　南院皇子　659b
★南氏　640a
　南樵（源，因州刺史）　574b
　南朝帝　407b,467a,495b

　　　　ーにー

　二階堂氏　314a,396b,495a,552b
　二条大相国　296a
　二条帝　716a
　二品夫人　→尊氏（源〔足利〕）夫人
　二品本覚禅尼　785a
★日休　133a
　日奉氏　513b,539a
　日本武尊　908b
〔日野氏〕　468b,478b,479a,583a
〔日野業子〕　→定心院禅尼
〔日野宣子〕　→一品大禅尼
〔日野富子〕　→藤夫人
　女院　701a,b,702a,707a,748a
　如実尼（〔平政子〕）　276b,765b
　入鹿（和気）　76a
　入鹿（蘇我）　577a,865b

　　　　ーねー

★寧王　67b,68a
〔寧子〕（藤原，広義門院，皇太后）
　　483b,744a,b,746b,748a,804a
★寧宗　274b,763a,765a,766b
　年足（石川）　904a

　　　　ーのー

　能久（大祝）　218b
　能忠（藤原）　716b
　農省（藤原）　161b
　濃州郡主　355a

　　　　ーはー

★巴思八　464a,753b
★坡翁　→蘇東坡
★波斯〔匿王〕　834b
　波多野氏　748a
　馬子（蘇我）　842a,b,892b
★婆羅遅　69b
☆裴清（隋使）　863b
　梅坡道人　374a
　白河帝（帝，上皇）　182b,185a,191b,
　　192a,686b,687b,689b,691b,692b,
　　693a,b,694a,695b,696a,697a,b,
　　698a,700a,701a,702a,850a,910a
　白河皇后　884a
★白居易（楽天，白侍郎）　302a,b,496a
★白玉蟾（詩僊）　314a,315a
★白圭　830a
　白沢永幸居士　542a
　白箸翁　868b
　伯州刺史　802b
　博陸　→師平（鷹司）
★博陵王　411a
　莫礼　268a
　貉氏　122a
　畠山氏　524b
　八耳　→聖徳太子
　八条院　→暲子
　八幡神　781b
　坂氏　147a
　坂上氏　827b
　板倉氏（京兆尹）　809a
★范叔　606b
　斑鳩太子　→聖徳太子
☆潘〔陽〕少卿　569a
　範秀（小串，藤原）　378b,380b
　伴氏　147a,239a,357a,582b,809a
　播州太守　→赤松氏
　播州檀越　457a

130

—ひ—
肥州太守　661b,662a
肥塚氏（道甘居士）　456a
☆斐清（隋使）　863b
美福門院　→得子（藤原）
★毘耶城居士（維摩居士）　163b
　梶原氏　325b
★微生高　920a
★百済王子　→阿佐
★百済国王　87b,865a
　百済氏　92b,103b
　百枝（三津首）　75b
★萍沙〔頻婆娑羅王〕　834b
　憑（源）　762b
　猫間中納言　→光隆
　浜氏　810a
★〔頻婆娑羅王〕　→萍沙
　敏達帝（先皇）　165a,865a,892b
　敏貞（橘，相州刺史）　157b,165a
★閔王　399b,617b

—ふ—
　不破氏　99a
　不比等（藤原，淡海）　91b,228b,
　　634a,843b,844a
　扶長（藤原）　878a
　扶茂（源）　175a
　〔富子（日野）〕藤夫人　583a
　武光（菊池，太守）　431a
　武国（秦）　810a
　武州太守　324a
★武宗（唐帝）　117b,119a,126b
★武帝（梁王）　62a,b,63a,322b,385a
★武帝（宋）　819b
★武帝（晋，南梁帝）　843a,b
　武田氏　476a,486a
　武藤氏　626b
　武内大臣　106b,142a
★伏羲（庖犠）　375a

伏見帝（太上皇，帝）　255a,298a,b,
　311a,320a,b,321a,479b,741b,746b,
　748b,750a,777a,b
副元帥（平）　393a,749b
★仏手王　67a
物部氏　100a,112b,158b,206b
文屋氏　156b
文綱（〔源〕）　186b
文子（婢）　911b,912a
文時（菅原）　164b
文室氏　661a
★文宗（唐帝）　114a,b,116a,121a
★文宗（元帝）　378a,379b,391a,430b
文信（菅野，筑後刺史）　685b
★文帝　644b
文徳帝（太子，道康親王，先帝）
　112b,118a,119b,120b,124a,136b,
　646a,818b
★文伯（峨眉山）　225a
文範（藤原）　155a,668a
文武帝　88b,635a
文和上皇　→後光厳帝

—へ—
平居士　426b
平氏　155b,156a,160b,219a,225a,
　243a,273a,276b,282b,305a,311b,
　324a,b,398b,406a,415a,424b,430a,
　437a,438a,441a,452a,460a,478a,
　483a,495a,516a,528b,533b,545a,
　568b,582a,592b,593b,617b,618a,
　701a,710a,717a,718b,828a,839a
平四郎（真壁）　→法心（第一部）
平城太上皇　82a
平城帝（上皇，皇子）　78a,82a,97a,
　107a,639a,760a,846a
壁山居士　→氏満（足利）
★扁鵲（名医）　306a

—ほ—

　保胤（賀茂，慶滋）　→寂心（第一部）
　保家（藤原）　185b
　保俊（皇覚の父）　192b
　輔親（源）　181a
　輔仁親王　701b
　奉時（小野）　178a
　豊城入彦　115b
　豊聡　→聖徳太子
★龐居士　501b
　龐雪居士　628a
　房冬（藤原）　612b
　房名（四条，藤原）　787b
　房融（清河）　100a
　北原玄昌居士（周防守）　→玄昌居士
　北条氏　441a
　木居士　560a
　本覚禅尼　→二品本覚禅尼
　本成〔城〕大師〔姉〕（吉良長氏夫人）
　　368a
　凡直氏　99b,101a

　　　　—ま—

●妹子（小野）　863a,b
☆万戸（将軍）　418b
　満慶　→満仲（源）
　満元（源）　577a
　満氏（総州太守，吉良，源）　285b,
　　318a,368a
　満春（源）　500a,b
　満浚（源）　500b
　満詮（源）　592a
　満仲（源，満慶）　174b,689a
〔満貞〕　→一了居士（金刺）

　　　　—み—

　妙観（性理居士夫人）　393a
　妙純　→利国（斉藤，濃之郡主）
　妙椿　→利藤（斉藤，持是院，濃之郡主）

　　　　—む—

　無相禅尼（一品大禅尼〔日野宣子〕）
　　478b,479a
　無品親王　→聖珍（第一部）

　　　　—め—

　明子（藤原，染殿，皇后）　647b,648a
　明正帝（上皇）　629a,809b
★明帝　602b
★明帝〔武宗〕　603a
★明帝〔太祖〕　833b
★明帝（後漢）　848a

　　　　—も—

　茂範（高階）　→義範（高階）
★孟子（子輿，孟軻）　97b,152b,213a,
　　469b,597b,722a,777b
★孟子母　189a
★蒙皮　133a
　木津氏　158b

　　　　—や—

　野間氏　587b
　野州太守　478a
　野中氏　627b
　野田氏　512a

　　　　—ゆ—

　唯心　→道長（藤原）
　維摩居士　→第一部
　有家（藤原）　686b
　有国（藤原）　175b,181a,668b
　有信（藤原）　193a
　有忠（源）　336b
　有武（県）　173a
　有房（六条，源）　201b,249b,329a,
　　332b,336b

有房（藤原）　→良房（藤原）
有明親王　669b
祐慶（伊藤）　624a
雄略帝　913a
熊凝氏　65a
融（源）　767a, 824b, 825a
☆融通王（弓月君）　127b
★優塡（王）　834b, 847b

—よ—

予州太守　173a, b
誉田（ほむた）天皇　→応神帝
用明帝　862b, 864a, 892b
用明帝后　862b
★姚興　61b
☆庸朱本　484a
★揚敬之　117b
★揚子雲　753b
★揚忠信（鋳工）　80b
★揚文公　848b
葉室（相公）　392b
陽成帝（太子，貞明親王，上皇）　131b, 135b, 138a, 143a, 144b, 901b
陽明門院　→禎子
★楊三綱（商人）　85a
★楊中良（楼参政）　764b

—ら—

★羅季荘　301b
★羅大経　210b
頼遠（弾正少弼，土岐，源）　354a
頼家（源）　86a
頼義（源）　904b
頼経（藤原）　182b
〔頼経〕（源将軍）　325b
頼康（刑部侍郎，土岐，源）　354a
頼綱（宇都宮，藤原）　→蓮生（第一部）
頼之（細川，源，武州刺史，桂巌居士）

441b, 447a, 457a, 483b, 484a, 498a, 510b, 514b, 553b, 556a, b
頼資（藤原）　227a, 741b
頼秀（源，房州太守）　447a
頼春（細川，源）　389a
頼尚（大友，藤原）　360a, 386a
頼政（源）　241b
頼清（土岐，源）　494a
頼盛（平）　84a, 212a
頼長（藤原）　702b
頼朝（源）　206b, 276b, 715b, 716b, 729b, 794b, 829a, b, 904b
頼通（藤原，藤関白）　178a, b, 184a, 674a, 677a, 679b, 684b, 685a, 875b
頼貞（土岐，源，存孝居士）　354a
頼平（源）　183a

—り—

利永（斉藤，古巌宗輔，濃州郡主，越前刺史）　571b, 596a（第一部）
利国（斉藤，妙純，濃之郡主）　609a
利仁（藤原）　179a, 306b
利藤（斉藤，妙椿，持是院，濃之郡主，越前刺史）　596a
★李延孝（商人）　131b, 132b, 133a, 137b, 138b
★李訓　219b
★李元佐　117b
★李現欽　68b
★李参政　547a
★李氏　126b, 361b
★李真（画工）　80b
★李全（画工）　121a
★李端　132b
★李肇　137a
★李徳裕　116b
李部親王（〔恒明親王〕）　350b
★李龍眠　553b
★李陵元　532a

★李璘　271a,b
★理宗　283a,766b,795a
　理善（平）　167a
★陸亀　133a
★陸師寿　891a
★陸〔淳〕（陸公，陸君）　76a,132a
　隆家（藤原）　679b,693a
　隆光（藤原）　150a
　隆衡（藤原）　738b
　隆国（源）　194a,691b
　隆俊（中納言）　191a
　隆親（芸州刺史）　731b
　隆親（四条，藤原）　786b
　隆範　295b
★劉寛　66b
★劉向　902a
★劉氏　75b,351b,918a
★劉隣元　758a
　了巌（賀州太守）　585a
　了本（藤原季高夫人）　478a
　良淵氏　149a
　良基（二条，関白）　473b
　良基（藤原）　750b
　良教（藤原）　335b
　良経（藤原）　185a,692b
　良実（藤原）　831a
　良相（藤原，藤公）　137b,138b,646b,
　647a
　良輔（藤原）　738a
　良房（藤原）　128a,129b,137b,663a,
　819a
★梁主（武帝）　322b
★廖公著　271b
★林氏　629b
　林氏　601b
★林師準　136b
★〔林逋和靖〕→孤山処士
★〔藺〕相如　757a

―れ―
　礼子（皇女，嘉陽門院）　732a
　冷泉帝（上皇，帝）　163a,667a,b
★霊公　71b
　麗景殿妃　699b
　櫟井氏　646b
★連広足　866a
　蓮生（熊谷〔直実〕）　890b
　蓮池氏　808b
　鎌倉（関東）管領　502b
　鎌倉源元帥　461a
　鎌足（藤原，大織冠）　65a,228b,
　633b,634a,752b,843b

―ろ―
★老子（老冊）　197a,246b,597b,640a,
　841a
★琅邪王　99b
★楼鑰（楊芳，朱子学者，参政）　764b
　六条帝　200b
☆鹿深（百済使）　842a
　鹿島氏　256a
★禄慶展（永泰軍節度使）　272a

―わ―
　和気氏　99a,123a,136a
　和仁氏　97b
　和泉式部　672a
　窪田氏　812a

134

寺社名索引

寺社名索引　凡例

1 漢字の字体と配列は人名索引に準じた。また、永、西、霊などのように、「えい」「よう」、「さい」「せい」「にし」、「りょう」「れい」「りん」などと呼称されているから、検字索引を参照されたい。また読みが不明なものは、便宜的に重複して掲げたものもある。

2 寺院に別称・俗称・山号・所在地などがあるものは、これを表記する場合、寺院名の後に括弧してこれを示し、別称・俗称・山号は別に見よ項目で掲げた。例えば霊岳山円通寺は新別所とも称しているが、この場合、円通寺（霊岳山，新別所）と項目立てし、あわせて霊岳山→円通寺、新別所→円通寺のように見よ項目としても掲げた。また所在地は原則として『本朝高僧伝』の表記にしたがった。なお山号・所在地などが明らかでない場合は寺院名のみを掲げた。

3 同一寺院名が複数ある場合、外国、日本の順に掲げた。また山号・所在地などが明らかな場合は、それにより区別して掲げた。例えば円教寺の場合、山号・所在地が不明なときは、単に円教寺と項目立てし、「書写山」「播州」と山号および所在地が明記されている場合は、別に円教寺（書写山，播州）と項目立てし、あわせて書写山→円教寺と見よ項目としても掲げた。なお所在地が明記されていない寺院については、他の資料により努めて補足した。

4 東大寺、延暦寺、南禅寺などの大寺院には、数多くの子院・坊・塔頭・塔名などがあるが、これらはそれぞれの寺院の項目中に、1字下げで子院・坊・塔頭別に項目立てした。なお塔頭の塔名は塔頭名より1字下げで項目立てした。またあわせて子院・坊・塔頭・塔名もそれぞれ項目を立て掲げた。例えば東大寺の項目中に1字下げにして戒壇院〜維摩堂まで子院別に項目立てすると同時に、戒壇院（東大寺）〜維摩堂（東大寺）と別に項目立てして掲げた。また南禅寺の項目中に1字下げにして雲興庵〜竜興庵までの塔頭、および竜珠峰（山門）と廊廡を項目立てすると同時に、雲興庵（南禅寺）〜廊廡（南禅寺）と

別に項目立てし、さらに正眼院（南禅寺塔頭）の項目中、1字下げにして塔名の「最勝輪塔」を掲げた。また禅宗寺院の場合、塔頭名が庵か院か、あるいは塔頭名か塔名か明記していないものは、『扶桑五山記』などを参考にした。なお延暦寺の場合は便宜的に東塔・西塔・横川に大別し、それぞれの子院を1字下げで掲げたが、項目立ては東大寺と同様にした。また、東塔・西塔・横川のいずれか不明な場合は、「叡山」と項目立てし、関係する人名などが明らかな場合は括弧で示した。

5　寺社名、所在地など誤記している場合は、当該部分に〔　〕を付し訂正した。また『本朝高僧伝』には所在地が記していないが、他の資料で判明したものも〔　〕を付し示した。

6　中国の径山は双山とも別称されているが、『本朝高僧伝』では双山の表記はなく、双径と表記してあるところが3ヵ所（287a・341a・471a）ある。誤記かも知れないが、あるいはそのような呼称があったかもわからないので、ここでは径山（双径）と項目立てし、あわせて双径→径山と見よ項目にして掲げた。

7　便宜的に外国の寺院には、寺院名の前に★印を付した。

8　『本朝高僧伝』は二段組であるから、上段はa、下段はbで表記した。

寺社名検字索引

	—あ—		伊	い	150	引	いん	151	こ	163
安	あ	149	衣	ころも	168				しょう	172
	あん	149	医	い	150		—う—		御	お	155
吾	あ	149	威	い	150	宇	う	151		ご	164
	ご	164	猪	い	150	烏	う	151		み	202
阿	あ	149	飯	いい	150	鵜	う	151	越	お	155
飛	あ	149	家	いえ	150	内	うち	151	応	おう	155
愛	あ	149	班	いか	150	梅	うめ	151	往	おう	155
	あい	149	育	いく	150	瓜	うり	151	桜	おう	155
青	あお	149	池	いけ	150	雲	うん	151	黄	おう	155
	しょう	174		ち	186				奥	おく	155
	せい	179	生	い	150		—え—		横	よ	204
赤	あか	149	石	いし	150	恵	え	151		よこ	204
	せき	180		いわ	150	永	えい	151	鷹	おう	155
秋	あき	149		せき	180		よう	204	大	おお	155
	しゅう	172	出	いず	150	影	えい	152		だい	183
浅	あさ	149	一	いち	150	叡	えい	152	岡	おか	155
	せん	180		いつ	150	越	お	155	奥	おく	155
朝	あさ	149	厳	いつく	150	円	えん	152	屋	や	204
足	あし	149	因	いな	150	延	えん	153	乙	おと	155
蘆	あし	149	稲	いな	150	淵	えん	155	男	おとこ	155
熱	あつ	149	犬	いぬ	150	焔	えん	155	音	おん	155
天	あま	149	今	いま	150	園	おん	155	恩	おん	155
	てん	187		こん	168	塩	しお	171	温	おん	155
安	あん	149	石	いわ	150	遠	えん	155	園	おん	155
	あ	149		いし	150	閻	えん	155			
				せき	180					—か—	
	—い—		巌	いわ	150		—お—		下	げ	161
井	い	150		がん	158	小	お	155		しも	171

可	か	156	春	かす	157	願	がん	158		よし	205
花	か	156	月	がち	157	巌	がん	158	橘	たちばな
	はな	196	勝	かつ	157		いわ	150			186
何	か	156		しょう	174				休	きゅう	159
香	か	156	葛	かつら	157		―き―		吸	きゅう	159
	こう	165	金	かな	157	木	き	158	救	きゅう	159
迦	か	156		きん	159		こ	163	牛	ぎゅう	159
家	いえ	150		こん	168	気	け	160		ご	164
華	か	156	樺	かば	157	吉	き	158	巨	こ	163
	け	160	鎌	かま	157		きち	159	虚	こ	163
鹿	か	156	竈	かま	157		きっ	159	清	きよ	159
	しか	171	上	かみ	157		よし	205		しょう	174
	ろく	207		こう	164	杵	き	158		せい	179
賀	か	156		じょう	175	帰	き	158	仰	きょう	159
嘉	か	156	蒲	がも	157	姫	ひめ	197	狭	きょう	159
鍋	か	156	川	かわ	157	亀	き	158	教	きょう	159
瓦	が	156		せん	180	喜	き	158	境	きょう	159
臥	が	156	革	かわ	157	宜	ぎ	159	行	ぎょう	159
駕	が	156	甘	かん	157	祇	ぎ	159	尭	ぎょう	159
峨	が	156	閑	かん	157	耆	ぎ	159	旭	きょく	159
会	かい	156	勧	かん	157	磯	し	171	曲	きょく	159
回	かい	156	寛	かん	157	菊	きく	159	極	ごく	168
戒	かい	156	歓	かん	157	北	きた	159	玉	ぎょく	159
海	かい	156	感	かん	157		ほく	201	近	きん	159
開	かい	157	環	かん	157	吉	きち	159	金	きん	159
角	かく	157	観	かん	157		き	158		かな	157
覚	かく	157	灌	かん	158		きっ	159		こん	168
鶴	かく	157	元	がん	158		よし	205	径	きん	160
額	がく	157		げん	163	吉	きっ	159	錦	きん	160
鰐	がく	157	眼	がん	158		き	158			
笠	かさ	157	雁	がん	158		きち	159			

140

寺社名検字索引

	ーくー			啓	けい	161	木	こ	163	交	こう	164
九	く	160	渓	けい	161		き	158	光	こう	164
久	く	160	敬	けい	161	古	こ	163	向	こう	165
孔	く	160	景	けい	161	巨	こ	163	江	こう	165
功	く	160	慶	けい	161	虎	こ	163	孝	こう	165
虎	く	160	鶏	けい	161		く	160	幸	こう	165
	こ	163	迎	げい	161	粉	こ	163	肯	こう	165
鼓	く	160	月	がち	157	壺	つぼ	187	皇	こう	165
弘	ぐ	160	犬	いぬ	150	鼓	く	160	荒	こう	165
	こう	164	見	けん	161	虚	こ	163	香	こう	165
愚	ぐ	160	建	けん	161	五	ご	163		か	156
空	くう	160	乾	けん	163	牛	ご	164	耕	こう	165
百	くだ	160	遣	けん	163		ぎゅう	159	高	こう	165
	ひゃく	197	剣	けん	163	呉	ご	164		たか	185
国	くに	160	堅	けん	163	吾	ご	164	興	こう	166
	こく	168	賢	けん	163		あ	149	衡	こう	167
熊	くま	160	羂	けん	163	悟	ご	164	講	こう	168
	ゆう	204	顕	けん	163	御	ご	164	鴻	こう	168
鞍	くら	160	元	げん	163		お	155	谷	こく	168
黒	くろ	160		がん	158		み	202	国	こく	168
			幻	げん	163	語	ご	164		くに	160
	ーけー		玄	げん	163	護	ご	164	黒	くろ	160
毛	け	160	彦	ひこ	197	孔	く	160	極	ごく	168
	もう	204	源	げん	163	功	く	160	衣	ころも	168
気	け	160				上	こう	164	今	こん	168
華	け	160		ーこー			かみ	157		いま	150
	か	156	小	こ	163		じょう	175	艮	こん	168
下	げ	161		お	155	広	こう	164	金	こん	168
	しも	171		しょう	172		ひろ	197		かな	157
径	きん	160	子	こ	163	弘	こう	164		きん	159
桂	けい	161	戸	と	189		ぐ	160	根	こん	168

141

				ね	195		ち	186	遮	しゃ	172		こ	163
						信	し	170	釈	しゃく	172	少	しょう	172
	―さ―						しん	177		しゃ	171	正	しょう	173
佐	さ	168	師	し	171	寂	じゃく	172	性	しょう	173
嵯	さ	168	視	し	171	首	しゅ	172	招	しょう	173
槎	さ	168	紫	し	171	修	しゅ	172	承	じょう	175
蔵	ざ	169	獅	し	171	衆	しゅ	172	松	しょう	173
	ぞう	182	資	し	171	種	しゅ	172		まつ	201
西	さい	169	磯	し	171	寿	じゅ	172	青	しょう	174
	せい	179	示	じ	171	聚	じゅ	172		あお	149
	にし	194	地	じ	171	鷲	じゅ	172		せい	179
斉	さい	169	寺	じ	171		わし	207	昭	しょう	174
栽	さい	169	持	じ	171	宗	そう	181	相	しょう	174
済	さい	169	慈	じ	171	秋	しゅう	172		そう	182
斎	さい	169	椎	しい	171		あき	149	荘	しょう	174
最	さい	169	塩	しお	171	終	しゅう	172	祥	しょう	174
歳	さい	170	鹿	しか	171	習	しゅう	172	称	しょう	174
雑	ざつ	170		か	156	集	しゅう	172	清	しょう	174
三	さん	170		ろく	207	酬	しゅう	172		きよ	159
	み	202	識	しき	171	十	じゅう	172		せい	179
山	さん	170	食	じき	171	宿	しゅく	172	章	しょう	174
	やま	204	七	しち	171	粥	しゅく	172	勝	しょう	174
			室	むろ	204	〔出〕	幽			かつ	157
	―し―		悉	しつ	171		しゅつ	172	聖	しょう	174
尸	し	170	実	じつ	171	淳	じゅん	172		せい	180
止	し	170	下	しも	171	書	しょ	172	蒋	しょう	175
四	し	170		げ	161	諸	しょ	172	嘯	しょう	175
芝	し	170	舎	しゃ	171	鋤	じょ	172	鐘	しょう	175
肉	し	170	娑	しゃ	171		すき	179	上	じょう	175
志	し	170	釈	しゃ	171	小	しょう	172		かみ	157
知	し	170		しゃく	172		お	155		こう	164

142

丈	じょう	175		―す―		栖	せい	179		―そ―	
成	じょう	175	須	す	178	清	せい	179	祖	そ	181
	せい	179	諏	す	178		きよ	159	疎	そ	181
杖	じょう	175	水	すい	178		しょう	174	双	そう	181
定	じょう	175		みな	202	盛	せい	180	早	そう	181
承	じょう	175	翠	すい	178	棲	せい	180	走	そう	181
城	じょう	175	随	ずい	178	勢	せい	180	宗	そう	181
浄	じょう	175	瑞	ずい	178	聖	せい	180	相	そう	182
	じん	178	崇	すう	178		しょう	174		しょう	174
貞	じょう	176		そう	182	誓	せい	180	曹	そう	182
常	じょう	176	嵩	すう	179	石	せき	180	崇	そう	182
静	じょう	176	菅	すが	179		いし	150		すう	178
白	しら	176	鋤	すき	179		いわ	150	僧	そう	182
	はく	196		じょ	172	赤	せき	180	総	そう	182
	びゃく	197	杉	すぎ	179		あか	149	象	ぞう	182
心	しん	176	住	すみ	179	積	せき	180	増	ぞう	182
信	しん	177				接	せつ	180	蔵	ぞう	182
	し	170		―せ―		雪	せつ	180		ざ	169
神	しん	177	世	せ	179	千	せん	180	即	そく	182
	じん	177	施	せ	179	川	せん	180	足	あし	149
宸	しん	177	背	せ	179		かわ	157	速	そく	182
真	しん	177	井	い	150	仙	せん	180	続	ぞく	182
秦	しん	177	成	せい	179	泉	せん	180	尊	そん	182
新	しん	177		じょう	175	浅	せん	180			
震	しん	177	西	せい	179		あさ	149		―た―	
甚	じん	177		さい	169	薦	せん	180	太	た	182
神	じん	177		にし	194	全	ぜん	180		だ	182
	しん	177	青	せい	179	前	ぜん	180		たい	182
浄	じん	178		あお	149	善	ぜん	181		だい	185
	じょう	175		しょう	174		よし	205	多	た	182
深	ふか	198	星	ほし	201	禅	ぜん	181		と	189

陀	た	182	湛	たん	186	通	つう	187	東	とう	189
太	だ	182	誕	たん	186	筑	つく	187		ひがし	197
	た	182	談	たん	186		ちく	186	洞	とう	192
	たい	182	男	おとこ	155	筒	つつ	187	唐	とう	192
	だい	185	檀	だん	186	壺	つぼ	187	桐	とう	192
台	たい	183				鶴	つる	187	湯	ゆ	204
当	たい	183		―ち―					等	とう	192
退	たい	183	池	ち	186		―て―		稲	いな	150
堆	たい	183		いけ	150	胝	てい	187	塔	とう	192
大	だい	183	治	ち	186	亭	てい	187	韜	とう	192
	おお	155	知	ち	186	貞	じょう	176	同	どう	192
太	だい	185		し	170	鉄	てつ	187	堂	どう	193
	た	182	智	ち	186	天	てん	187	道	どう	193
	だ	182	竹	ちく	186		あま	149	栂	とが	193
	たい	182	筑	ちく	186	転	てん	189	得	とく	193
醍	だい	185		つく	187	槙	まき	201	徳	とく	193
高	たか	185	中	ちゅう	186	伝	でん	189	呑	どん	193
	こう	165		なか	193				曇	どん	193
宝	たから	186	厨	ちゅう	186		―と―				
	ほう	199	長	ちょう	186	戸	と	189		―な―	
滝	たき	186		なが	193	兎	と	189	那	な	193
	りゅう	206		は	196	杜	と	189	波	な	193
択	たく	186	朝	あさ	149	度	と	189	内	うち	151
武	たけ	186	超	ちょう	187	兜	と	189	中	なか	193
	む	203	澄	ちょう	187	鳥	と	189		ちゅう	186
橘	たちばな		潮	ちょう	187	睹	と	189	長	なが	193
		186	椿	ちん	187	多	と	189		ちょう	186
立	たて	186	鎮	ちん	187		た	182		は	196
	りつ	205				当	たい	183	難	なに	193
丹	たん	186		―つ―		灯	とう	189	鳴	なる	193
胆	たん	186	椎	しい	171	投	とう	189	南	なん	193

144

	みなみ	202		—は—		毘	び	197		ふく	198
			長	は	196	微	み	202	仏	ぶつ	198
	—に—			ちょう	186	東	ひがし	197	物	もつ	204
二	に	194		なが	193		とう	189	汾	ふん	198
尼	に	194	背	せ	179	彦	ひこ	197	芬	ふん	198
肉	し	170	白	はく	196	姫	ひめ	197	粉	こ	163
西	にし	194		しら	176	百	ひゃく	197	文	もん	204
	さい	169		びゃく	197		くだ	160	聞	もん	204
	せい	179	泊	はく	196	白	びゃく	197			
日	にち	194	箱	はこ	196		しら	176		—へ—	
	にっ	194	八	はち	196		はく	196	平	へい	198
	ひ	196		や	204	平	びょう	197		びょう	197
乳	にゅう	195	法	はっ	196		へい	198	米	べい	198
如	にょ	195		ほう	200	広	ひろ	197	碧	へき	198
仁	にん	195		ほっ	201		こう	164	別	べつ	198
忍	にん	195	発	ほっ	201				徧	へん	198
			花	はな	196		—ふ—		遍	へん	198
	—ね—			か	156	不	ふ	197			
根	ね	195	帆	はん	196	布	ふ	197		—ほ—	
	こん	168	般	はん	196	富	ふ	197	保	ほ	199
熱	あつ	149	万	ばん	196	普	ふ	197	補	ほ	199
念	ねん	196		まん	201	補	ふ	197		ふ	197
拈	ねん	196					ほ	199	菩	ぽ	199
				—ひ—		武	む	203	方	ほう	199
	—の—		比	ひ	196		たけ	186	芳	ほう	199
野	の	196	日	ひ	196	深	ふか	198	奉	ほう	199
	や	204		にち	194	伏	ふく	198	宝	ほう	199
能	のう	196		にっ	194		ふし	198		たから	186
濃	のう	196	肥	ひ	196	副	ふく	198	放	ほう	200
			秘	ひ	196	福	ふく	198	法	ほう	200
			悲	ひ	196	伏	ふし	198		はっ	196

		ほっ	201	眉	み	202	萌	もう	204		―よ―
峰	みね	202	御	み	202	蒙	もう	204	横	よ	204
報	ほう	200		お	155	物	もつ	204		よこ	204
豊	ほう	201		ご	164	文	もん	204	永	よう	204
鳳	ほう	201	微	み	202	聞	もん	204		えい	151
蓬	ほう	201	箕	み	202				洋	よう	204
北	ほく	201	密	みつ	202		―や―		陽	よう	204
	きた	159	水	みな	202				養	よう	204
牧	ぼく	201		すい	178	八	や	204	瑤	よう	204
星	ほし	201	南	みなみ	202		はち	196	横	よこ	204
法	ほっ	201		なん	193	矢	や	204		よ	204
	はっ	196	峰	みね	202	弥	や	204	吉	よし	205
	ほう	200	名	みょう	202		み	202		き	158
発	ほっ	201	妙	みょう	202	屋	や	204		きち	159
本	ほん	201	明	みょう	203	野	や	204		きっ	159
梵	ぼん	201					の	196	良	よし	205
				―む―		薬	やく	204	善	よし	205
	―ま―		牟	む	203	柳	やなぎ	204		ぜん	181
槙	まき	201	武	む	203	山	やま	204			
松	まつ	201		たけ	186		さん	170		―ら―	
	しょう	173	無	む	203				羅	ら	205
万	まん	201	夢	ゆめ	204		―ゆ―		来	らい	205
	ばん	196	室	むろ	204	由	ゆ	204	洛	らく	205
曼	まん	202				油	ゆ	204			
満	まん	202		―め―		湯	ゆ	204		―り―	
			名	みょう	202	維	ゆい	204	利	り	205
	―み―		明	みょう	203	友	ゆう	204	理	り	205
三	み	202				幽〔出〕	ゆう		立	りつ	205
	さん	170		―も―				204		たて	186
弥	み	202	毛	もう	204	熊	ゆう	204	栗	りつ	205
	や	204		け	160		くま	160	竜	りゅう	205
						夢	ゆめ	204			

	りょう	206	蘆	あし	149
隆	りゅう	206	廊	ろう	207
滝	りゅう	206	六	ろく	207
	たき	186	鹿	ろく	207
了	りょう	206		か	156
両	りょう	206		しか	171
良	よし	205	緑	ろく	207
竜	りょう	206			
	りゅう	205		―わ―	
楞	りょう	206	鷲	わし	207
霊	りょう	206		じゅ	172
	りん	206			
	れい	207			
林	りん	206			
隣	りん	206			
臨	りん	206			
霊	りん	206			
	りょう	206			
	れい	207			

―れ―

冷	れい	207
鈴	れい	207
霊	れい	207
	りょう	206
	りん	206
醴	れい	207
蓮	れん	207

―ろ―

| 蘆 | ろ | 207 |

寺社名索引

— あ —

安居院（あぐい）　209b
吾平山　762b
阿威山（摂州）　634a
★阿育〔王〕山　84a　育王山も見よ
★阿素洛宮　840b
阿倍山（和州）　905a
阿弥陀院（東山）　884a
阿弥陀院（越州）　884b
阿弥陀山（常州）　794b
阿弥陀寺（旭蓮社，泉州）　257b
阿弥陀寺（相州）　264b
阿弥陀寺（伯州）　639a
阿弥陀堂（平等院）　684b
阿弥陀嶺　878b
飛鳥寺　886b
愛宕山（愛太子，洛西）　99a,381b,
　468a,661b,721a,b,792d,852b
　菩提道場　99a
　普光殿　99a
愛宕山　→月輪寺
愛染堂（洛東清水坂）　246a
青木寺　874a
　六角堂　874a
赤城山　324a,531b
赤那妓山　753a
秋篠寺（和州）　96b,102b,639a
浅香寺（勢州）　604a
朝熊山（伊勢）　589b
朝日寺（筑後）　296a,912a
朝日山（安国寺〔大光寺〕，肥前）
　344a
朝日山（播州）　890a
朝日山　→荘厳院
足利学校　751b
蘆屋寺（筑前）　311b

熱田神祠（明神，神宮，大宮）　156b,
　242b,325b,462b,721a,908b
天草島　541a
天照皇太神　→伊勢神宮
天野　733b
〔天野神祠〕若宮　733b
天野宮　265b
安穏寺（結城）　507b
安居寺（日向）　542b
安国寺（檀林皇后，京洛）　415a
安国寺〔〔大光寺〕，朝日山，肥前）
　344a
安国寺　349b
安国寺（神賛寺，勢州）　374b
安国寺（北禅寺，京兆城北）　382a,
　415a,428a,429b,494a,504b,505b,
　548b,551b,560a,569a,585b,590a
　宝〔法〕幢院〔庵〕　415a
安国寺（防州）　393a
安国寺（壱州）　419b
安国寺〔〔福厳寺〕，淡州）　437b,
　499b,500a,534b
安国寺（丹後）　460a,b
安国寺〔〔円通寺〕，雲州）　480b
安国寺（予州）　485a
安国寺〔〔崇聖寺〕，賀州）　499b
安国寺（伯州）　559a,608b
安祥寺（江州）　126b,255a,260b,
　690b,696a,738a,744a
安心庵（幻住庵，豊前）　832a,b
安禅寺（京洛）　411b
安養院（高野山）　251a
安養院（祇園山）　794b
〔安養院〕（京兆深草）　220a
安養寺（備州）　83b
安養寺（越前）　266b

安養寺（長松山，勢州）　325a,563b,
　581a,603a
　宝篋庵（院）　325a
安養寺（信州）　450a,451a
安養寺（若州）　557a
安養寺（筑後）　802b
安養寺（南京，律寺）　806b
安養房（多武峰）　874b
安楽光院（京兆）　804a
安楽寺（信州）　296b
安楽寺（越州）　309a
安楽寺（関西）　802b
安楽寺（筑前）　873b

—い—

井上寺（河内志紀郡）　64a
伊勢神宮（皇太神宮，天照皇太神，天照
　大神宮，勢州神祠）　234a,256a,
　288b,504a,738b,741a,776a,793a,
　849b,902a,908a
伊深山（正眼寺前身，妙法山，濃州）
　404b
伊吹山　134a,b,748a
医王寺（肥前）　477b
医王寺〔参州〕　607a
威徳院（城州）　704a
猪熊亭　249b
飯田山（肥後）　211a,762b
飯高山　405a
飯室（叡山，横川）　667b,735b
飯山（相州）　213b,770b
家原寺（泉州）　772b,775b,778b,
　786b,788a
斑鳩寺　→法隆寺
★育王山　273a,287a,289b,296b,301a,
　305a,313a,330a,335a,345a,352a,
　401a,463b,466b,487a,603a,612b,
　621b,764b　阿育〔王〕山も見よ
池上（京洛）　168b,172b,179a

池上（仁和寺）　662b
池上（武蔵）　791a
池上宝塔院（仁和寺）　697a
池辺寺（肥後）　762b
生馬（山）　772a,782b,800a,815a,
　816a
石川寺（和州）　842a
石山寺（江州）　146b,151a,161a,b,
　162b,263b,662b,677b,731b,740a,
　847a,857b,858a,871a
　観音堂　834a
　巌窟　242b
　普賢院　151a
石淵寺（和州）　79b,101b,102a
出雲寺　137b
出雲大社　407a
一雲斉（遠州）　585a,b,
一華庵（建仁寺）　610b
一乗院（興福寺）　150a,182a,b,188a,
　b,192b,221a,664b,703a,707b,787a,
　824b
一乗寺（洛北）　695b
一切経蔵（叡山，東塔）　138a
一山寺（丹州）　371b
厳島明神　733b,908b
因幡堂　173b
稲村山（相州）　790b
稲荷山　→浄明寺
稲荷山（城州）　658b
稲荷神祠（伏見）　854b
稲荷堂（会津）　752a
稲荷明神（城州）　907a
犬山法窟　→瑞泉寺（尾州）
今出川柳御所　260a
石清水新宮　904b
石清水八幡（八幡神祠）　242b,297a,
　725b,776b,786b,787a,789b,830b
巌倉（城北）　449a
巌倉　→〔大慈庵〕

巌瀬神（常州） 261b
巌間山（城州） 839b
巌間寺 612a
引接〔摂〕院（高野山） 203a,232a,747a
引接寺（越前） 266a

―う―
宇佐八幡宮（宇佐神祠，八幡神祠）
　77b,295b,296a,641a,904a,b
宇治山（城州） 914b
宇治精舎 184b
宇治蘭若 194b
宇都宮 540a
★烏莵国 67b
鵜河寺（賀州） 713a
内山寺（筑前） 873a
梅津教寺（洛西） 392a
瓜生別墅（城州） 877a
雲外庵（建長寺） 394b
★雲巌寺 399a,452b,492b
雲巌寺（東山，那須山，野州） 323b,
　326a,b,327a,b,328a,338a,355a,
　357a,372b,382a,394b,406b,434b,
　439b,457a
雲巌寺（遠州） 585a,b
雲居庵（塔）（天竜寺） 389b,402a,
　510a,517b
雲岩〔居〕院（三河設楽） 435a
★雲花寺 114b
雲居寺（東山） 191a,637a,659b,702a
雲居寺（京洛） 358b,431b
雲居塔（臨川寺三会院） 390b,517b
雲光庵（円覚寺） 401a
雲興庵（南禅寺） 417b
雲興庵（大竜山，尾州） 544b
雲樹寺（天長雲樹興聖禅寺，雲州）
　406a,407a,b,475b,504a,527b,532b,
　832a

雲松軒（〔西山〕） 553b
雲沢庵（建長寺） 362b,363a,508a
雲頂庵（相国寺） 494b
雲頂山 →大明寺（但馬）
雲堂（長楽寺） 304b
雲堂（南禅寺） 329a
雲富山 →慈恩寺（下州）
雲門庵（丹後） 484a
雲門庵（南禅寺） 493b,494a
雲門庵（塔）（大徳寺） 573a,591b,
　616b
雲門寺（予州） 492a
雲門寺（播州） 524b
　景徳庵 524b
雲竜庵（建仁寺） 438b
　無相塔 438b
雲竜院（京兆） 804b,809a,810b
雲林院（洛北） 145a,230a,712b,
　774a,779a,822b

―え―
恵心院（叡山，横川） 159a,169b,
　179a,874a,908a
恵日山 →東福寺
★恵日寺 634a
恵日寺（会津） 109b
恵日寺（丹州） 457a,532a,627a
恵林院（相国寺） 552b
恵林院（甲州） 388b,417b,434a,
　442b,483a,486a,510b,512b,613b,
　615b,617b,618b
永安寺（江州） 514b,515a,
　竜井庵 515a
　実相塔 515a
永園寺（京兆） 802b,803a
永観堂 →禅林寺（京兆）
永源庵（建仁寺） 402a
　宝明塔 402a
永源寺（瑞石山，江州） 405a,426a,

b,427b,454b,476a,608b
石頭庵　608b
大寂塔　427b
永興庵（京兆）　293a,b
永谷山　→円通寺（丹州）
永照寺（豊後）　478a
永勝寺（筑後）　295b
永徳寺（備後）　426b
永徳寺（肥後）　456a
★永福寺　381a,452b
永平寺（吉峰古精舎,吉祥山,越前）
　211a,239b,251b,273b,274a,275a,b,
　276a,b,291b,292a,b,293a,306b,
　307a,342a,347b,348a,420b,452a,
　585b
　吉峰古精舎　306b
永保寺（虎〈古〉溪山,濃州）　346b,
　347b,388b,483a
永明庵（塔）（東福寺）　437b,606b,
　613a
影堂（仁和寺）　732a
影堂（招提寺）　761a
叡山,叡岳,叡峰　→延暦寺
叡福寺（河州）　808a
円応寺（播州）　383a,417a,457a,534b
円覚寺（城州）　131a,b
円覚寺（筑前）　279b,431a
円覚寺（瑞鹿山,円覚興聖禅寺,相州）
　281a,289a,299a,300b,302b,305b,
　306a,310b,312b,313a,b,314b,315a,
　316b,318a,320b,322b,328b,331b,
　335b,337b,342b,351a,353a,357a,
　364a,365a,369a,370b,371a,b,374a,
　380a,381a,b,387b,388b,394a,396a,
　398b,400b,401a,b,402a,411b,413a,
　414b,415b,418b,419b,422a,429a,b,
　430a,b,431a,433b,435a,436b,437a,
　438b,439b,442a,443a,444b,448a,
　452a,455a,456a,b,458b,459a,460a,

b,461a,465b,466a,469b,470a,472b,
478b,483a,490a,495b,499a,500b,
502b,503b,505a,506b,507a,508a,
510a,512a,527b,529a,b,537a,538b,
601a,631b,801b,904b
雲光庵　401a
臥竜庵　371b
観音閣　281a
帰源庵　459a
慶雲庵　470a
正源〔眼〕庵　461a
正伝庵　433b
定正庵　448b
瑞雲庵　381b,382a
　円照塔　382a
瑞林庵　502b
青松庵　456b
崇福寺〔庵〕　456b
蔵六庵　300b,455a,
続灯庵（万富山）　436b
大仙〔僊〕庵　313a
長寿院〔庵〕　337b
伝宗庵　351a
等慈庵　431b
同契庵　395a
如意庵　437a
白雲庵　365a,430b
　大明塔　365b
利済庵　364a
竜興庵　470b
竜門庵　461b
円覚寺（琉球）　626a
円教寺　175a,205b
円教寺（書写山,播州）　164b,224b,
　225a,297a,323b,358a,572b,669b,
　670b,671b,678b,681b,682b,683b,
　693b,696b,709b,714b,857a,873b
円鏡寺（淡州）　500a,b
心香塔　501b

円鏡小院（江州）　627a
円宗院（仁和寺）　715b
円宗寺（京洛）　182b,183a,205b,
　688a,692b,696b,710a
円照塔（円覚寺瑞雲庵）　382a
円照塔（建仁寺広灯庵）　382a
円勝寺　710a
円成寺（発心貴山，但州）　68b
円成寺（忍辱山，和州）　679a,708b,
　709a,720a,761a
円城寺（京兆）　142a,150b,151a,714b
★円通寺（秀州蘆阜）　278b,322a,337a,
　448b
円通寺（肥前）　311b
　伝心塔　311b
円通寺（京兆）　298b,341b,380b,
　425a,473b
円通寺（豊前）　296a,447a
〔円通寺〕（安国寺，雲州）　480b
円通寺（但州）　488b,489a,528b,611b
円通寺（永谷山，丹州）　544b,545a,
　570b,589a
円通寺（総州）　747b
円通寺（霊岳山，新別所）　807b,
　808a,809b,812a
円通塔（三聖寺）　298b
円堂院（仁和寺）　661a,678a
円福寺（瑞巌寺，松島寺，奥州）
　278a,b,387b,400b,624b,625a,626a,
　859b
円福寺（豊後）　349a
円福寺（武州）　539a,b,562a
　法雨庵　539b
円福寺（京兆）　567a
円満院（園城寺）　178a,194b
円明寺（根来寺）　196a,706b
円明寺（勢州）　593b
円融寺（京兆）　205b,669a
円融房（叡山，東塔）　204b

★延慶寺　175b,330a
延興寺（和州）　919b,920a
延寿堂（東福寺）　279a
延命院（濃州）　654b
延命院（醍醐寺）　161b
延福寺（山城）　369a
延暦寺（叡山，叡峰，叡岳，台山，台嶺，
　山門，北嶺，艮岳）　75b,76a,77a,
　78a,b,79a,83b,85a,87b,104a,b,
　106b,107a,b,108a,115b,116a,118a,
　119a,122a,129a,131a,b,132a,134a,
　135a,136a,138a,b,139a,140a,b,
　141a,b,143b,144b,145a,146a,151b,
　152a,b,153a,155a,b,157a,158a,
　159a,160a,161a,162a,b,164a,b,
　165a,166b,167a,b,168a,169a,b,
　170b,171a,172a,b,173a,174a,b,
　175b,176a,b,177a,b,178a,179a,b,
　181a,182a,b,186a,188b,192a,194a,
　b,203b,204a,b,207a,b,209a,b,211a,
　213b,215a,b,216a,222a,b,225a,
　230a,b,231a,b,235b,238a,239b,
　248a,249b,251a,256a,b,257a,259a,
　260a,263b,265b,272a,273a,274a,
　284a,292b,310b,325a,338b,346b,
　368a,373b,392b,406a,420a,423a,
　430a,434b,437a,455a,478a,484a,
　497b,501a,513b,516a,523a,531b,
　537a,545a,557a,b,611b,646a,b,
　648a,650a,b,651a,b,652a,b,653a,b,
　655b,656a,b,657b,658a,b,660b,
　661b,662b,663a,666b,667a,b,668a,
　b,669a,b,670b,671a,672b,675a,b,
　676a,681a,682a,b,683b,684a,b,
　685b,686b,690a,b,691a,b,693a,695a,
　b,698b,699b,702a,b,705b,706a,
　707b,708a,712b,713a,720a,726a,
　729b,730a,735b,739a,749a,750b,
　751a,b,752a,b,799a,822b,824b,

830b,834b,837b,838a,839a,840a,
847a,848a,850b,851b,852a,b,853b,
854a,855b,856a,857a,b,858b,859a,
861a,870a,b,871a,872a,873a,b,
874a,875a,b,877a,878b,879b,
881b,882a,b,883a,b,884a,885a,b,
889b,900a,905a,b,906a,b,909a,b,
910a,911b,914a,b,916a,924a
叡山
 持念堂（献憲） 141a
 清涼院（清涼房，玄昭） 145a,
 651b,655b
 僧舎 209b
 灯明院（承瑜） 231b
 毘舎門護世堂 138a
東塔 250b,824b,872a,873a
 一切経蔵 138a
 円融房 204b
 戒壇院 104b,107a,136a,178b,881b
 行光房 259a
 玉泉房 878b
 功徳院 207a,840a
 華王院 209a,533a
 五大院 140a
 根本中堂 96b,104b,116a,138a,
  151b,159a,163a,209b,213a,667b,
  669a,705b,708a,853b,874b
 三昧院 179b
 山王院 137b,717b,909b,910b
 山王神祠 666b
 止観院 108a,119a,138a
 四王院 107a
 慈叡房 118b
 修禅院 104b
 習禅房 653a
 正覚院 809a
 定心院 646a,870b,900b
 静慮院 174a,676a
 神蔵寺 259a

前唐院 668b,691a,695b
総持院 118a,650b
檀那院 168a,172b
中道院 78b
東塔院 682a,857b,900b
南光房 752a
西谷行光房 259a
宝地房 209b
法興院 681b
法華三昧堂 77b,158b,653b,657b
無動寺 231a,260a,646b,647a,650b,
 676a,726a,729a,730a,873a,875b,
 883b
松林房 231a
西塔 265b,882b,900b
黒谷 166b,207a,882b
黒谷青竜寺 265b
西塔院 108a,119a,141b,144b,164a,
 650b,852b,854a,856a,875b,900b
 法華堂 854b
西方院 174b,265b,683b
釈迦堂 650b,855b
寂光院 108a,b
千光院 646b,650b,914b
千手院 852b
東陽房 167b
菩提房 885b
宝園院 260a
宝幢院 119b,683b
本覚院 162a
横川 164b,166b,169b,171a,231a,
 291b,293a,468a,657b,658b,662b,
 674a,702b,713b,761a,824b,877b,
 882a
飯室 667b,735b
恵心院 159a,169b,179a,874b,908a
華林房 222b
首楞厳院（楞厳院） 108b,116a,
 159a,173b,176b,659a,837b,852b,

870b,873b,875b,877a,916a
兜率院　173a,174a,181b
如法堂　116a,658b
妙観院　231b
淵黙塔（大梅山）　629b
焔王宮　921a,b
遠山　→大円寺（濃州）
閻王堂（北山）　574b

　　　　—お—
小栗栖　899a
小田原寺（城州）　875a,878a,879b
小野寺（下野）　122a
御室　→仁和寺
越智山（越前）　634b,636b
応海山　382b
★応真寺　330a
応頂山　→勝尾寺
応夢山　→定光寺（尾州）
往生院（賀州）　203b
往生院（肥後）　215b
往生院（江州）　426b
往生院（三鈷寺、城州西山、良〈善〉
　峰）　190a,223a,b,224b,234b,236b,
　713b,770a,826a,827b,877b,890b,
　891a
往生院（河州）　881a,b
往生寺（下野）　261b
桜池院（高野山）　233a,235b,245a
黄金閣（浄智寺正源庵）　439a
黄台山　→金光寺
★黄檗山（檗山）〔万福寺〕　496a,600a,
　629b,630a
黄檗山　→万福寺（宇治）
黄檗山　→松隠堂
鷹打寺（駿州）　476a
大谷寺（京兆）　206b,207b,208a,220a
大谷寺（丹州）　241b
大野尼寺（賀州）　367a

大原（大原野、大原山、城州）　176b,
　204b,249b,698b,699a,702b,808b
境智房　204b
性智房　204b
来迎院　249b,698b
大御輪寺　777a,779b
大峰　695a,696a,699b,852a,866b,
　915a,923b
大山寺（播州）　115b
大山寺（相州）　795a
大山寺（信州）　909a
〔岡寺〕　→竜蓋寺
岡本山　→法起寺（和州）
岡基宮（和州）　863a
奥島神（江州野洲郡奥島）　898a
奥院（高野山）　704a,743a,775a,888b
乙輪山　643a
男山八幡宮（城州）　776b
音石山　124b
恩光寺　490a
温泉寺（有馬）　861a
温泉神祠（豆州）　684b
園城寺（三井寺、寺門）　135b,138a,
　141a,157a,158a,160b,170b,171a,
　178a,b,179b,181a,183a,184a,185a,
　b,187b,189a,190a,b,191a,b,192a,
　194a,195b,202a,207b,209a,210b,
　211a,222a,225b,241b,253a,274a,
　283a,325a,338b,650b,668a,672b,
　673b,674b,675b,676b,679b,680a,
　684b,685a,686b,688b,689a,691a,
　692a,b,693a,b,694a,b,695a,696a,
　699a,b,700a,b,701a,717b,719b,
　739b,742b,743a,750b,751b,766b,
　834b,836a,839b,857a,868a,874b,
　875b,906a,910a,b,917a,b
円満院　178a,194b
戒壇　178b,686b
金堂　191a

常喜院　225b
　常住院　750b,836b
　青竜院　185a,190a
　千光院　673b,695a,719b
　唐院　693a
　唐房　692b
　平等院　699b
　法輪院　684b
　竜雲房　171a
　竜華院　185b
　蓮華坊　694b

　　　　　―か―
　可休亭（善応寺）　415b,438a
　花渓寺（濃州）　618b
　花林院　189a
★何山　417a
　香椎宮　86a,210a
　香取宮　905a
★迦毘羅国　67b
　華山寺　→元慶寺
　華頂山（洛東）　363b
★華頂峰（天台山）　430a,442a,
　華報寺（越州）　309a
★華林寺　121a
　華林房（叡山，横川）　222b
　鹿島宮　904b
　賀武社　678a
　賀茂　889b
　賀茂河原屋　207a
　賀茂神祠（中祠，中宮，上宮）　236b,
　　296a,467a,825a,826a,905a,b
　嘉隠庵（洛東）　555a
　嘉元寺（京兆）　320b
★嘉祥寺　64a,892b,894a
　鍋沢山（豆州）　476a
★瓦官寺　484a
★臥雲庵（廬山）　320b
　臥竜庵（円覚寺）　371b

　臥竜庵（青竜山）　596a
　駕竜寺（和州）　101b
★峨眉〔嵋〕山　225a,721b
★会稽〔山〕　309b,764b,765a
　回輝庵（東福寺）　549a
　回春庵（建長寺）　349b
　回陽塔（建長寺天源庵）　386b
　戒光寺（京兆）　766b,767a,770b,
　　786a,795a,796a,797a,799b,813b
　戒蔵寺（南京，律寺）　806b
　戒壇（園城寺）　178b,686b
　戒壇院（戒壇，北戒壇，叡山，東塔）
　　104b,107a,136a,178b,881b
　戒壇院（東大寺，南都）　70b,73b,
　　74a,75a,80b,87b,107a,112a,b,127a,
　　189a,195a,198a,217b,230b,231b,
　　232b,234b,237a,238a,239a,242b,
　　243b,246b,247a,b,251a,b,253b,
　　254a,255b,256a,b,258a,b,264a,
　　283b,284b,357a,366a,b,367b,368b,
　　387a,425b,448b,687a,707b,709a,b,
　　739a,755a,b,756b,760a,b,761a,
　　769b,770b,773a,777a,b,781b,784b,
　　785b,786a,b,787a,788a,789a,
　　795b,797a,798b,799a,b,800a,
　　802a,831b,897a
　海印寺（山城乙訓郡）　113b,114a,
　　144a,232b
　海雲庵（建仁寺）　356a
　海住山寺（和州）　208b,209a,769b
　　五大院　769b
　海性塔（建仁寺瑞応庵，鉄庵道生）
　　345a
★海昌院（杭州塩官県）　270a
　海清寺（摂州）　529a,567a,588a,598b
　海蔵院（東福寺）　369a,376a,b,425a,
　　447b,451a,508a,
　海峰寺（吉野山，和州）　722b
　海竜王寺（〔隅寺，脇寺〕，和州）

230b,251b,767b,775b,778a,b,779a,
　b,780b,781a,b,786a,788b,797b,799a
★開化寺　764b
★開元寺　116a,b,136b,137a,138b,271b,
　352a,757b,759a,765a,846a,
★開先寺（廬山）　491b
　開善寺（信州伊賀良県）　353b
　開善寺（信州）　408a
　開田〔院〕（城州乙訓）　235a,255b
★開宝寺　850a
　角院（興福寺）　209a
　覚園寺（鷲峰山，相州）　796a,801a
　覚皇宝殿普明閣（京洛万寿寺）　502a
　覚照塔（南禅寺大定庵）　447a
　覚場塔（願成寺）　368b
　覚洞院（醍醐寺）　243a,244a,246a,
　781b
　覚雄山　→宝幢寺（城西）
　覚雄宝殿（相国寺）　517a
★鶴林　427b
　額安寺（和州）　790a,791b
　鰐淵寺〔山〕（雲州）　239a,b,877a,b
　笠置寺（笠置山，笠置窟，城州）
　208a,b,765a,769a,771b,905a,906a,
　920b
　春日山　808b
　春日寺（和州）　112a
　春日神祠（社，明神）　92b,155a,b,
　157a,160a,171a,176a,182a,195a,
　198a,b,208a,209a,211b,218b,264b,
　580a,761a,786a,792a,809b,904b,
　906b
　　般若台　209a
　月輪寺（愛宕山）　689a
　勝尾山（摂州）　625a,626b,812a,
　866b,867a,890b
　勝尾山（応頂山，摂州）　207a,642a,
　644a,797a,904a　弥勒寺も見よ
　勝部寺　823a

葛城寺（葛木山，嶺）　695a,852a,
　864b,865b,866a,b
金沢寺　→〔称名寺，武州金沢〕
樺崎（野州）　537b
鎌倉　240a,256b,261b,275b,276b,
　280b,290b,305a,b,325b,333b,335a,
　378b,384b,387b,410b,426a,427a,
　430a,435a,439b,441a,443a,445a,
　452a,459b,475b,520b,529b,538b,
　　住吉谷　240a
鎌倉八幡宮　→鶴岡八幡宮
竈門山明神（筑前）　907a
★上天竺　86b,281a,337a,459b,768a
蒲生山（江州）　875b
川原寺（和州）　831b,832a
革堂　→行願寺
甘泉寺　515a
甘露王院　729a
閑院　730b
勧修寺（城州）　148b,149b,168b,
　169a,195b,199a,201b,225b,239a,
　654b,675b,678a,696a,707a,738a,
　740a,744b,896b
〔寛永寺〕〔東叡山，武州〕　617a,751b,
　752b,753a,b
歓喜院　710a
歓喜光院　374a
歓喜寺（城州白川）　224a
歓喜寺（武州）　456a
歓喜寺（京洛北山）　519a
感応寺　819a
環中庵（三会院下院，洛中今出川）
　534b
★観音院（天台山）　86b
観音院（東寺）　169a
観音院（東大寺）　238b
観音院（木幡〈幡〉寺）　244a,785a,
　798b,799a
観音院（仁和寺）　235a,676a,687a,

692b,724b,732b,737a
　灌頂堂　676a
　観音閣（円覚寺）　281a
★観音寺　73b
　観音寺（和州）　67a
　観音寺（筑前）　251a,403b,408b,873b
　観音寺（河州）　567a,588a
　観音寺（北野）　803a
　観音寺（上林苑）　803a
　観音堂（石山寺，江州）　834a
　観音霊場（彦根山，江州）　919b
　観勝寺（京兆）　241b,242b
　観心寺（河内）　111b,818a,
　観世音寺（観音寺，筑紫太宰府）　74a,
　　103b,251a,403b,408b,762b,813a,
　　831a,b,844b,873b
　観智院（東寺）　257a
　観念三昧院（城州）　891a
　観念寺（予州）　393b
　観法寺（加州）　541b
　灌頂院（尊勝寺）　692b
　灌頂院（東寺）　82a,111b,693b,717a,
　　719a,736a,737a
　灌頂壇（仁和寺）　669a
　灌頂堂（仁和寺観音院）　676a
　元慶寺（華山寺，山城）　135a,b,
　　140b,146a,158b,176a,621a,651b,
　　824b
　　本瑞塔　621a
　元興寺（和州）　61b,64a,65a,66a,b,
　　69a,88b,90a,b,91a,92a,93b,94a,
　　98a,101a,103b,104a,b,105b,109a,b,
　　110a,b,114a,121a,123b,124a,b,
　　125a,127b,128a,133a,b,134b,142a,
　　b,149b,152a,156b,181b,182a,199a,
　　663b,726b,786a,787a,799b,815b,
　　825a,828a,b,842b,843a,b,851b,
　　854a,864b,892b,893b,894a,895a,
　　897a,898a,b,899a,900a,918a

　玉華院　124a
　小塔院　105b
　禅院　66a
　別院　92a
　眼目山　→立川寺（越中）
★雁蕩山　330a
　願勝寺（丹州）　443a
　願成寺（京兆）　402a
　願成寺（三州）　367b,368a,b
　　覚場塔　368b
　願成寺（備中）　413a
　願成寺（宝土山，越前）　542a,552b,
　　553a
　願成寺（和州）　793b
　巌窟（石山寺，江州）　242b
　巌松院　811a,b
　巌峰寺（播州）　776a

　　　　―き―

　木津河　780b
　吉備津宮（備前）　382b
　杵築神祠　407a
　帰雲庵（南禅寺）　329a
　帰休庵（山城巌倉）　491a
　帰源庵（円覚寺）　459a
　亀谷山　→寿福寺
　亀谷之塔（寿福寺）　300b
　亀山庵　316b
　亀山院　746b
　亀山寺（河内）　369a,370a
　　霊洞庵　370a
　亀山廟塔（南禅寺）　332a,b
　　法雨塔　332b
　亀瀬山　640b
　亀頂塔（天竜寺）　441a
★喜見城　153b,394a
　〔喜光寺〕（菅原寺，和州）　792a,793a,
　　815a,b,816a,866b
　　東南院　816a

158

寺社名索引

喜多院（興福寺）　150a,b,155a,160b,
　172a,195a,710a,809a,875a
喜多院（星野山，武州仙波）　267b,
　268a,752a,b
喜多院（仁和寺）　675b
宜竹軒（相国寺）　606a
★祇洹　834b
　祇園山　→安養院
　祇園寺　858a,882a
★祇園精舎　90a,99b
　祇陀寺（賀州）　472a,473a
　祇陀林寺（金蓮寺，錦綾山，京兆）
　　178a,747b,748a,767a,824b,825a
★耆闍窟　→霊鷲山
　菊光塔（妙心寺養源院）　568a
　北院（西寺）　102a
　北院（仁和寺）　716a,725a,732b
　北院（高野山）　722a
　北野天神（廟，神社）　151a,412a,
　　461b,802b,830b,910b
　北室〔院〕（高野山）　187b,197a,
　　198a,201b,202b,203a,827b
　北山巌窟　218a
　吉源観音堂（筑前）　210a
　吉祥庵（建長寺）　475a
　吉祥院（東大寺）　160a
　吉祥山（播州）　396a
　吉祥山　→永平寺
　吉祥寺（豆州）　371a
　吉祥寺（越州）　415b
　吉祥寺（上州）　452a,b,456a,533b,
　　538b
　　如意庵　456a
　吉祥塔処（吉祥院，嵯峨）　471b
　吉水房（京洛）　223a
　吉峰古精舎（永平寺）　306b
　休耕庵（報国寺，相州）　357b
　吸江庵（五台山，土佐）　388a,553a,
　　572b

　救鹿山（肥州）　413a
　牛耕寺（越州）　562a
　清滝宮（神祠，社）　233a,234a,733a,
　　775a,791a
　清滝峰　77a
　清水（勢州）　504a
　清水観音殿　840a
　清水坂　246a
　清水寺（京洛）　168a,182a,241b,
　　490a,497b,643a,b,824b,872b
★仰山　340b,352a,490b,515b
　狭屋寺（紀州）　918b
　教王院（根来寺）　249a
　教興寺（河州）　793b
　境智房（大原山）　204b
　行願寺（革堂，京兆）　825b,826a
　行光房（叡山，東塔）　259a
　行道山〔野州〕　537b,538a
　尭恩坊（興福寺）　227b
　旭蓮社（阿弥陀寺，泉州）　257b
　曲肱亭　553b
　玉雲庵（建長寺）　378b
　玉華院（元興寺）　124a
★玉華宮（洛陽）　67a
★玉几峰　361b
★玉泉寺　418a
　玉泉寺（羽州）　366a,574a,589b,601b
　玉泉寺（丹州）　649a
　玉泉房（叡山，東塔）　878b
　玉田寺（豊後）　474a
★玉堂寺　80b
　玉竜庵（相国寺）　494b
　玉竜山　→福昌寺（薩州）
　玉林寺（肥前）　478b
★近光寺　73a
　金華山　→法雲寺（摂州）
　金華之寺　→宝林寺（播州）
　金光寺（黄台山，京兆）　860b
★金山（江蘇省）　523b,524a,526a

金山（丹州）　530a
金住寺　872b
金勝寺（江州）　150b,642a,649b,853b
金台寺（洛北）　802b
金湯山　→早雲寺（相州）
金峰山　→椿山寺
金峰山〔寺〕（和州）　93a,142b,143a,
　　221a,228b,231b,256a,532a,648a,
　　654a,665a,b,666a,693b,707b,721b,
　　732a,828b,850b,852a,853a,854b,
　　859b,866a,876b,907b,908a,911a,
　　914a,b,919a,922a,923b,924a
金峰八幡　911b
金峰明神　256a
金宝山　→瑞竜寺・宸奎寺（濃州）
金峰〔宝〕山　→浄智寺
金竜庵（建長寺）　490a
金竜寺（摂州）　157b,158a,166b
★金陵　62b,401a
金蓮寺→祇陀林寺
★径山（双径）　274b,276a,278a,b,
　　281a,283a,284a,286a,287a,289b,
　　290a,294b,295b,297b,301a,304b,
　　305a,307a,317a,319a,b,321a,322a,
　　323a,335a,341a,342a,352b,357b,
　　361b,384a,395b,419b,429b,463b,
　　471a,501a,510a,515b,763b,783b,
　　831b,912a
　　正続庵　501a
　　正続塔　357b
錦屏山　→瑞泉寺（相州）
錦綾山　→金蓮寺・祇陀林寺

—く—

九世度（丹州）　539b
九品寺（京兆）　220a
久野〔能〕山（駿州）　282b,752b
久米寺（和州）　80a,914a
久米道場　68b,80a,87b

久米多寺（泉州）　252b,255b,258a
久留山　268b
孔大寺（筑前）　210a
功徳院（叡山，東塔）　207a,840a
功徳院（百万遍知恩寺）　889b
虎丘〔庵〕（東山薪）　587a
　　慈楊塔　587a
★鼓山（福州）　352a,455b
弘誓寺（丹州）　456b
弘法寺（江州東坂本）　159b
愚渓庵（濃州）　577b
愚渓寺（濃州）　593b,613b,615b
★愚痴斎　354b
★空閑寺　107a
★百済　61a,b,64b
百済寺（難波）　633a
百済寺（江州）　748b,749a
　　金蓮〔竜〕院　749a
百済寺（和州）　893b,894a
国上山寺（越後）　636a,690b
熊野　660a,712a,730b,856b,859b
熊野三山　521a
熊野山　155a,191a,b,236a,695b,696a,
　　852b,854b,858b,914b,919b,923b
熊野山権現　906a
熊野神祠（神社，古祠）　161a,187a,
　　236a,263b,504a,510a,521b,695a,
　　748b,857b
鞍馬寺（城州）　648b,751b,858b,919b
黒谷（叡山，西塔）　166b,207a,882b
黒谷青竜寺（叡山，西塔）　265b

—け—

毛野寺（和州）　918b
気比〔神宮〕　733b
華王院（叡山，東塔）　209a,533a
華王院（高野山）　212a,226b,229b
華光庵（建長寺）　466a
　　瑞応塔　466b

寺社名索引

★華厳寺　117a
　華厳寺（野州都賀郡）　817a
★華厳禅苑　95b
　華山寺（元慶寺，山城）　135a,b,
　　140b,146a,158b,176a,621a,651b,
　　824b
　　本瑞塔　621a
　華蔵院（仁和寺）　195b,676a,701a,
　　707a,719b,720a,733a,879a
　華蔵院（嵯峨）　495b
　華蔵山　805a
　華蔵寺（雲州）　382b,383a,512b
　華蔵寺（結城）　396b
　華蔵寺（備中）　495b
　華蔵寺（遠州）　548a
　華蔵寺（参州）　585a
　華台塔（三鈷寺）　224b
　華遊院（高野山）　235a
　下生院（南禅寺）　495a
　桂宮院（京兆太秦）　233a,781a,b,
　　811b
　桂光庵（寿福寺）　315b,435a
　桂谷山寺（豆州）　82b
　桂昌庵（東福寺）　350b
　桂井寺（法輪寺，京兆）　127b,128a,
　　b,566b,812a,852a,b
　桂林新寺（阿州）　556b
　桂林精藍（下野）　533b,534a
★啓聖禅寺　768b
　渓雲庵（誓度寺）　750a
　敬田院（四天王寺）　777a,791a
　景愛寺（後に真如寺に改名，京洛）
　　389a
　景徳庵（雲門寺，播州）　524b
　景徳寺（城州）　485a,556b,583a
★景福寺（院）　283a,763b,765a,b
　景福寺　→景徳寺
　慶雲庵（円覚寺）　470a
　慶光庵（建仁寺）　495b

　慶徳寺（会津）　507b
★鶏足山　67b,352b,390a,840b
★鶏足寺　328a
　鶏足寺（下野）　254b
　迎接院（高野山）　249b
　迎摂院（勢州）　803a
　見山庵（洛東勝林寺）　323a
　建国寺（勢州）　268b
　建長寺（巨福山，福山，巨福山建長興国
　　禅寺）　279a,b,280a,b,281a,b,
　　285,289a,b,290b,291b,297a,299a,
　　300a,301a,302a,304a,307a,b,311b,
　　312b,313a,b,314a,b,315a,316b,
　　317b,318b,319a,320b,321a,322a,b,
　　326b,327a,b,328a,b,329b,331a,b,
　　332a,333a,335a,b,339b,340b,343a,
　　b,344a,349b,350a,351a,352b,353b,
　　354b,357a,358a,362a,b,364a,365a,
　　366b,367b,369a,370b,371a,b,376a,
　　b,377b,378b,380a,381a,b,382a,
　　384a,385a,386a,387b,391a,393a,
　　394a,b,395a,400a,b,401a,b,404a,
　　406b,411a,b,412a,413a,415b,416b,
　　418b,419b,422a,425b,426a,428a,
　　430a,b,431a,433b,434a,436b,437b,
　　438a,439b,440a,b,442a,b,443a,
　　444b,446b,447a,452a,b,453a,455a,
　　456b,457b,459a,460b,462a,466a,
　　470a,471a,472a,474a,484b,485b,
　　488a,489a,490a,492a,497a,498b,
　　499a,501a,502b,505a,506b,507a,
　　510a,511b,512a,515b,520b,529a,b,
　　538a,540a,545a,546a,548a,562a,b,
　　631b,860b,904b,909a
　雲外庵　394b
　雲沢庵　362b,363a,508a
　回春庵　349b
　吉祥庵　475a
　玉雲庵　378b

161

金竜庵　490a
華光庵　466a
　瑞応塔　466b
広厳庵　404a,445a
広徳庵　443a
向上庵　329b
正印庵　382a
正済庵　507a
正受庵　340b
正宗庵　312b
正統庵　328a,448a
祥光庵　486a
瑞光庵　315a
西来庵　281a,316b,404a,456b,459a
禅居庵　353b,354b
大智庵　439b
大徹堂　492b
大統庵　434a,b
大雄庵　520b
長生庵　497a
天源庵　321a,386b,462a
　回陽塔　386b
伝灯庵　322b
　定明塔　322b
睹史庵　380a
布金館　385a
宝珠庵　371a
　如意塔　371a
竜淵庵　471a
竜興庵　485b
竜峰庵　335b,336a,b,337a
　仏灯国師無相之塔　337a
建徳山　→汾陽寺（濃州）
建仁寺（東山）　83b,86a,87b,210a,
274b,275a,276a,b,277a,279a,280a,
281b,285a,291b,307a,314a,b,
315a,b,320b,326a,327b,328a,335a,
b,341a,b,343a,344a,b,349a,b,353b,
354b,356a,b,363a,368b,369a,370a,

b,377a,b,379a,381b,387b,393a,
395b,396a,399a,400b,401b,409a,
412b,415a,416a,b,419a,b,420a,
425b,426a,428a,b,431b,434a,b,
438a,b,439b,440a,b,446a,447a,b,
448a,b,450b,453a,454a,b,455a,
457b,460a,461b,468a,b,472a,473a,
b,474b,478a,b,486b,490b,493a,
495b,496b,499a,501a,507b,508a,
509b,510a,511b,516a,518b,519a,b,
520a,b,523a,526a,b,528b,531a,b,
535b,536a,539b,541b,549b,550a,
555a,558b,559a,b,560a,b,563b,
565a,568b,569a,575a,b,578a,580b,
582a,586a,587b,591b,592b,597a,b,
598a,601b,605b,606a,b,608b,609a,
610a,b,612a,614a,b,615a,b,764a,
765a,b,767b,834a
一華庵　610b
雲竜庵　438b
　無相塔　438b
永源庵　402a
　宝明塔　402a
海雲庵　356a
慶光庵　495b
五葉庵　587b
護国院（塔）　440b,519b,575a,576a
広灯庵　381b,382a
　円照塔　382a
光沢庵　428b,559a
興雲庵　349b,b
止観院　86a
正伝庵　307b
祥雲庵　472a
定恵院　455a
真言院　86a
瑞応庵　344b
　海性塔　345a
瑞光庵　215b,558b,559a

西来院　580b
清住院　469b
　〔真昭〕塔　469b
禅居庵　353b,354b
祖師堂　395b
続翠軒　569a
大昌院　440a,598a
　普明塔　440a
大中庵　370b,518b
　寂光塔　370b
大統院（庵）　434b,560b
大竜庵　468b
知足院　399b,519a
　霊潤塔　399b
長慶院　536b
天潤庵　377b,528b,601b
　知客寮　601b
　毘盧塔　377b
伝芳庵　315b
洞春庵　416a,541b
　定光塔　416a
普光庵　321a,326a
妙喜世界　454a
霊源庵　575b,592b
霊光庵　315a
霊泉院　520a,592b
霊洞庵　370a,448b,472a
建穂寺（駿州）　318b
乾徳庵（相国寺）　514b
乾徳山　→汾陽寺（美濃）
乾徳寺（濃州）　626b
乾明山　→万寿寺（相州）
遣迎院（法性寺）　224a
遣迎院〔光明寺〕,洛南）　234b
剣尾山（摂州）　865a
堅忠寺（薩州）　576b
賢林寺（尾州）　679a
羂索院（東大寺）　92b,639b
顕孝寺（筑前）　413b,414a,419b,
　431a,452b,456a
顕性寺（摂州）　468a
顕聖寺（越後）　605a
元応寺（洛東）　266a
元慶寺（華山寺,宇治）　621a,651b
　本瑞塔　621a
元妙精舎（備中）　413a
★幻住庵　357b,396b,398a
幻住庵（南禅寺）　581b
幻住庵（安心庵,豊前）　832a,b
★玄法寺　117b
玄豊寺（薩州）　561a
源生寺（江州坂本）　266a

—こ—

小島房（東坂本）　730a
小松寺　165a
小松寺（奥州）　855b
小松山（肥前）　295b
子（小）島寺（和州）　165b,168a,
　637a,b
木幡　244a,284a,772a,773a,779a,785a
　南院　244a
木旛（幡）寺→観音院
古〔虎〕渓山（濃州）　→永保寺
巨福山　→建長寺
虎穴塔（南禅寺東海庵）　597a
粉河寺（紀州）　288b,690a,749b,750a
　誓度院も見よ
虚空蔵巌（和州）　888b
五条若宮（京兆）　241b
五大院（叡山,東塔）　140a
五大院（海住山寺）　769b
五大堂（法性寺）　286b
五大輪寺（和州三輪）　679a
★五台山（山西省）　74b,117a,118a,
　131b,146a,270a,288b,418a,463b,
　464b,478a,634b,721a,845b,846a,
　847a,b,849b

金剛窟　463b
五台山（土州）　388a
　吸江庵　388a,553a,572a
五智院（仁和寺）　740b,744b
五智院（和州三輪）　265b,773a,788b
五峰山　→理智光寺（鎌倉）
五葉庵（建仁寺）　587b
★牛頭山　76b,463a,b,464a,b
牛頭山（備後）　573b,574a
　種月庵　573b
★呉門寺　848a,b
吾平山（肥後）　762b
悟真寺（鎌倉）　240a,250a
悟真寺（京兆）　250a
悟本庵（寿福寺）　344a
御願真言院（神岑寺,忍頂寺,摂州）
　817b
語心院（南禅寺）　503b
護国院（建仁寺）　440b,519b,575a,
　576a
護国院（和州）　781a
護国山→長慶寺
★護国寺（抗州）　287a,406b
護国寺（江州）　134b,135a
護国寺（摂州）　259a,509a,533a,b,
　534a
護国寺（京師）　896b
★護国〔仁王寺〕　287a
護聖寺（播州）　494a
★〔護聖万寿禅寺〕（道場山）　337a
護法山　→示現寺
護摩堂（善通寺）　255a
上野山院（上野）　411a
★広恵寺　84a
広園寺（武州）　532b
広覚寺（山城）　535b
広極院（信州）　78a
★広化寺　68b,137b
広厳庵（建長寺）　404a,445a

広厳寺（摂州）　362a,457b,526a,548a
広済院（信州）　78a
広済寺（江州）　516a
広済寺（薩州）　539b
広台（泰）寺（勢〈武〉州）　604a
広沢寺（参州）　491a
広田寺（武州）　254b
★広度寺（紫籌山,台州仙居郡）　322a
広灯庵（建仁寺）　381b,382a
広徳庵（建長寺）　443a
広徳寺（筑州）　400a
広徳寺（摂州）　492a
★広福寺　795a
広瀚院（四条）　825b
広隆寺（城西）　128a,201b,695a,
　696b,697b,702a,709a,714b,732b,
　736a,753a
弘祥寺（越州）　415b,416a,610a
弘誓寺（丹州）　456b
弘川寺（河州）　102b
★弘福寺　65a,b
弘文院（和州）　921a
交野　902b
光雲寺（摂州）　309a
光孝寺（報恩寺,伯州）　465b
光厳寺（武州）　532b
光讃寺（勢州）　566b
光勝院（阿波）　483b
光泉寺（鎌倉）　790b
光禅寺（越中）　420b
光台院（高野山）　739b
光台寺（和州）　797b
光沢庵（建仁寺）　428b,559a
光通寺（河州）　503b,504a
光福寺（下総）　329b
光明院（備中）　437a
光明山（和〔山城〕州）　189b,199b,
　200a,202a,212b,230b,238b,761b,
　799b

光明寺（相州）　239a,240a,b,241a,
　250a,b,267a
光明寺（勢州）　265b
光明寺（尾州）　462a
光明蔵（東福寺）　340b
光明福寺（摂州）　236a
光明峰（京洛）　284a
光隆寺（宇佐）　447a
向岳寺（甲州）　475a,476b,532b
向上庵（建長寺）　329b
向上庵（仏通寺，芸州）　524b
★江心寺（温州）　291b,455b
江文山　855b
江文寺（えぶみでら）　729a,883b,
　885b
孝徳院　787a
幸泉寺（丹州）　460a,b
肯心庵（仏通寺）　524b
皇太神宮　→伊勢神宮
皇徳寺（日向）　477b,542b,574b
荒知山（越前）　656b
香山寺（豆州）　357b
香山寺（泉州）　369a
香積寺（武州）　532b
香積寺（江州）　561b,562b
香正寺（筑前）　210a
　高天陵　210b
香隆寺（京兆）　661a,746a
耕雲寺（越後）　553b,554a,573b,
　574a,582a
高安山（河州高安county）　915a
高官寺　815a
高宮寺（和州）　917a
高源院（塩津）　554b
高源寺（瑞岩山，丹州）　371b,372a
　霊光殿　372a
高山寺（栂尾，度賀尾山）　217a,b,
　218b,221b,264b,652b,771b,806a,b,
　810a,905a

石水院　218a
禅堂院　219a
羅漢堂　732b
高山寺（防州）　392b,393a,526b
高成寺（若州）　416b
高城寺（肥前）　317a,403b
高森寺（甲州）　476a
高井寺（濃州）　621a
高石寺　527b
高天陵（香正寺）　210b
高徳室（高野山）　710b
高野山（南山，南岳，金剛峰寺）
　79b,81a,b,82b,83a,87b,101b,111b,
　123a,145a,b,147a,148b,149a,156b,
　187a,194b,195a,196a,b,197a,b,
　198a,201b,202a,b,203a,212a,b,
　214a,220a,222b,226a,b,227a,229b,
　230a,231b,232a,233a,235a,b,237a,
　239b,242b,243b,244a,b,245a,247b,
　249a,b,250a,251a,254b,257a,260b,
　261a,262b,263b,264b,265a,267a,b,
　268a,276b,287a,b,427b,527b,538a,
　654a,661a,664b,677b,680a,687b,
　693a,701a,704a,706a,709a,b,710a,
　b,711a,715b,721a,722a,725a,729a,
　730a,731b,732a,733a,b,739a,745b,
　747a,757a,775a,785a,795a,797b,
　807b,809b,812a,820a,821a,822a,
　826b,827a,828a,859b,868b,874a,b,
　875a,876a,b,879a,b,883a,884a,
　885a,b,886a,b,887b,888a,b,889a,
　906b,908b
安養院　251a
引接〔摂〕院　203a,232a,747a
桜池院　233a,235b,245a
奥院　704a,743a,775a,888b
北院　722a
北室〔院〕　187b,197b,198a,201b,
　202b,203a,827b

華王院　212a,226b,229b
華遊院　235a
迎接院　249b
光台院　739b
高徳室　710b
金剛三昧院　250b,251a,276b,287a,
　b,750b,785a,786a,799a
金堂　887b
最善院　195a
三間堂　202b
三昧堂　149a
山王院　262b
四面堂　884b
持明院　197a,879a
慈氏堂　827b
悉地院　226a,255b
釈迦文院　264a
寂静院　733a
正智院　187b,202b,206a,214a,222b,
　226a,b,237a,287a
丈六堂　244a,701a
成就院　235b
浄喜院　733a
浄菩提院　229b
常喜院　202a
心南院　222b,229b
真言堂　827b
新別所　830a
善集院　261a
総持院　197a
多宝塔　827b
多聞院　223a
大塔　709a
大楽院　198a,244b,245a
中院　203a,722a,826b
中性院　235b,244b,785a,807b
胝母院　747a
伝法院　194b,195b,196a,199b,200a,
　202a,222b,226b,235a,243b,244a,
　b,249a,b,253b,287a,694a,701a,b,
　706b,730b,737b,746b,889b,897b
東塔　795b
東南院　202a
南院　876a
東別所　235a
遍明院　197b,223a,235b
宝亀院　747a
宝光院　206a,226b,227b,235b,812a
宝生院　701a
宝性院　222b,260b,263b,264a,265a,
　267a,b,906b
密厳院　195b,196a,197b,244b,889b
無量光院　267b
無量寿院　261a,b,262b
蓮華院　235b,244b,249a,b
蓮華三昧院　809b
蓮上院　722b
高陽殿　732b
高良山（筑後）　215a
★高麗　61b,64a
高麗寺（城州）　539a,918a
興雲庵（建仁寺）　349a
★興雲寺　756b
興雲寺（和州）　594a
興源寺（太守源頼秀）　447a
興源寺（阿州）　627b
★興皇寺　64b
興国寺（鷲峰山，西方寺，由良）
　236a,252b,286b,287b,288a,328b,
　356b,366a,368b,369a,370a,b,386a,
　400b,406b,407a,425b,446b,447a,
　451a,465a,477a,902b
普済庵　400b
霊洞庵　370a
興勝寺（丹後）　501a
★興聖〔寺〕　620b
興聖寺　209b
興聖寺（因州）　346a

興聖寺（洛〔遠州〕）　381a
興聖寺（日州）　413b
興聖寺（越中）　460a
興聖寺（霊山〔城州〕）　477a
興聖寺（和州）　504a
興聖〔宝林〕寺（〔仏徳山〕，宇治）
　275a,276a,292a,b,293b,306b,492b
★興善寺　131a
興禅寺（常州）　305b
興禅寺（信州）　338a
興禅寺（宝光山）　366b
興禅寺　369a
興禅寺（神護山，野州）　372b
興禅寺（予州）　465a
興禅寺（江州）　467a
興禅寺（〔越前〕）　528a
興禅寺（鎌倉）　539a
興禅寺（宇都宮）　617a,619b
興禅寺（和州）　798b
★興唐寺　114b
興徳寺（筑州）　319a
興徳寺（紀州）　496a
興徳寺（陸奥）　314b,618a
★興寧寺　230a
興福寺　68b,78a,92a,94b,95a,b,96b,
　98a,100a,103b,104b,106a,107a,
　109b,110b,111a,112a,b,113b,128a,
　129a,131a,138a,141b,142b,143a,
　145b,146b,147a,b,150a,b,152a,
　154b,155b,156a,b,157a,158b,159a,
　160a,b,161a,164a,168a,171b,172a,
　176b,177a,180b,182a,b,183a,b,
　184a,b,185a,188a,b,189a,190b,
　191b,192b,193a,197b,198a,200b,
　202a,203a,204a,207a,208b,211b,
　220b,221a,227a,b,228a,b,231b,
　243b,251a,b,260a,369b,639a,641b,
　663a,664a,b,694a,696b,703a,
　707b,715a,719a,729a,744b,757b,

758a,759b,761a,b,769b,771b,782b,
793a,800b,802a,809a,821a,833a,
835a,844a,b,870b,878a,879b,886b,
896b,897a,b,898b,899b,900a,b,
901a,905a,919b
　一乗院　150a,182a,b,188a,b,192b,
　　221a,664a,703a,707b,787a,824b
　角院　209a
　喜多院　150a,b,155a,160b,172a,
　　195a,710a,809a,875a
　尭恩坊　227b
　三蔵院　228b,235b
　勝願院　763a,782b
　常喜院　769b,771b,778b,788a,b
　新院　150b,156a,160a,172a,184a,
　　209a,228a
　大乗院　185a,197b,221a,228a,729b,
　　730a,787a,792b,906a
　知足院〔坊〕　227b
　伝法院　106a,110a,156a,172a
　東院　157a,176b
　東光院　227a
　東北院　157a,209a,227b,228a
　唐院　844b
　南円堂　161b,171b,181a,185a,193a,
　　804a
　南大門　211b
　西院　156a
　西唐院　148a
　菩提院　204a
　宝塔　171b
　北倉院　95b
　松院　772a,784b
　松室〔院〕　150b,155a,165b,172a
　明光院　209a
　維摩堂　835b
興福寺（肥前）　630b
興隆寺（城州）　817b
★衡山（湖南省衡州）　61b

★衡山寺（般若台）　863a
　衡梅院（妙心寺）　588b,597a
　講堂（東寺）　271b
★鴻福寺（台州）　330a
　谷汲寺（濃州）　821b
　国源寺（和州）　662b
　国済寺（常興山，武州）　531b,532b,
　　533a
　国成寺（山崎）　189a
★国清寺（浙江省天台山）　104a,b,
　　108a,b,137a,138b,363a,508a,568a,
　　850a,b
　　止観院　138b
　　大殿　138b
　国清寺（豆州）　436b,437a,506b,
　　507a,537b,546b
　　如意庵　437a
　国分寺（六十余州）　780a
　国分寺（丹後）　793a
　国分寺（伯州）　817b
　国分寺（尾州）　822a
　国分寺（上総）　880a
　極楽院（和州）　803b
　極楽寺（相州）　256a,b,264b,747b,
　　773a,777b,781b,782a,790a,b,791b,
　　793a,801b,802a
　極楽寺（和州）　808a,b,809a,812b,
　　871b
　極楽寺（筑前）　873b
　極楽寺竹林院　151b
　極楽房（和州）　90b
　衣寺（下野）　254b
　今来寺（石光寺，和州）　823b
　艮岳　→延暦寺
　金光明寺（和州）　104b
　金剛院（京兆）　249b
　金剛院（天竜寺）　485b
　金剛王院（和州）　226b,732b,740a,
　　742b,775a

★金剛窟（五台山）　463b
　金剛三昧院（高野山）　250b,251a,
　　276b,287a,b,750b,785a,786a,799a
　金剛山　→崇寿寺（相州）
　金剛寺（江州）　440b,441a
　金剛寺（播州）　468b
　金剛寺（山城）　600b
　金剛寺（相州）　801a
　金剛寺（河内）　805b
　金剛定寺（土佐）　876b
　金剛山寺（矢田寺，和州）　246b,645a
　金剛〔法〕幢院　725a,731a
　金剛峰寺　→高野山
　金勝寺（和州）　150b,221b
　金鐘寺（江州甲賀郡）　93a
　金鐘寺（薩州）　574a
　金鐘寺　→東大寺
　金鐘道場　→東大寺
　金山院（鷲嶺，鷲尾山）　236a,238a,
　　243a,247a,251a,b,252b,407a,739a,
　　786b,787a,789a,797b,799a,b,800a,b
　金地院（南禅寺）　584b
　金堂（園城寺）　191a
　金堂（高野山）　887b
　金蓮〔竜〕院（百済寺）　749a
　金蓮寺（祇陀林寺，錦綾山，京兆）
　　178a,747b,748a,767a,824b,825a
　根本寺（常州）　64a,420a
　根本中堂（叡山，東塔）　96b,104b,
　　116a,138a,151b,159a,163a,209b,
　　213b,667b,669b,705b,708a,853b,
　　874b
　根嶺　→根来寺

　　　　　　ーさー

　佐介谷（鎌倉）　240a
　佐保山陵（和州）　896a
　嵯峨某院（城州）　774b
　槎留軒（長州）　577a

168

蔵王観現（和州）　907b
蔵王山（和州）　852a
蔵王堂（和州）　143a
西院（東寺）　270b,714b,715a,727b,
　728b,739b,747b
西院　234a
西雲庵（南禅寺）　539b
西霞寺（嵯峨）　847b
西鶴軒（肥後）　461b
西教寺（江州）　265b,266a,b,267a
西源院（天竜寺）　599a
西光寺（越前）　266b
西光寺（紀州）　504a
西光寺　→六波羅密〔蜜〕寺（京兆）
西金寺　586a
西寺（京兆　102a,143a,640b,669a
西寺〔院〕（仁和寺）　156b
西寺北院　102a
西禅寺（京洛）　378b,380a,b,381a,b,
　440a,460a,472a,493a
西大寺（和州）　101b,103a,b,108b,
　109a,112b,245a,309a,535b,742a,
　761b,762a,769a,771a,772a,774b,
　775b,776a,777b,778b,779b,780a,b,
　781b,787b,790b,793a,794a,b,796b,
　801b,802a,804a,806a,b,811a,832a,
　898a,907b
　四王院　794a
　別院　101b
　別房　109a
　宝生護国院　776b
★西天　63a,169b,295a,380a,401b,411b,
　412b,413b,414b,426a,429b,441b
西洞院（京三条）　275b,705b
西唐院（大安寺）　71b,148a,177b
西塔（叡山）　265b,882b,900b
西塔院（叡山，西塔）　108a,119a,
　141b,144b,164a,650a,852b,854b,
　856a,875b,900b

法華堂　854b
西方院（叡山，西塔）　174b,265b,
　683b
西方院（仁和寺）　720a
西方院（和州）　769a,774b
西方教寺（京兆）　389a
西方寺（野州）　532b
西方寺（京洛）　823a,891b
西方寺　→興国寺（由良）
西芳寺（京兆）　389a,390a,421a,441a,
　509a
★西明寺　67b,68b,80a,89b,90a,132b,
　768b,845a
西明寺（神賛寺〈安国寺〉の前身，勢
　州）　374b
西明寺（相州）　720a
西来院（建仁寺）　580b
西来寺（勢州）　266a
西来寺（薩州）　541a
西来寺（作州）　573b
西林寺（丹州）　460b
西林〔淋〕寺（河州）　640a,775b,
　793b
西林寺（太宰府）　767a
西蓮寺（賀州）　266b
西蓮寺（常州）　816b
斉恩寺（和州）　184b
栽松軒（泉南）　616b
済度寺（常州）　791a
済北庵（南禅寺）　257b,374a,424b,
　452b
斎堂（東大寺）　256a
最勝院　→最勝光院
最勝光院〔京兆〕　205b,724b
最勝寺（京兆）　189a,697a,705b,
　706a,724b
最勝寺（比良山）　851b
最勝塔（浄智寺楞伽院）　385a
最勝輪塔（南禅寺正眼院）　339a

最乗寺（相州）　529a,b,530a,543b,
　558a,564b,565a,b,589b,604a
最善院（高野山）　195a
最福寺（城州松尾）　717a,718a,905b
歳寒塔（妙光寺，洛北）　288a
雑華院（妙心寺）　626b
三会院（臨川寺）　390a,b,534b
　雲居塔　390b,517b
三会院下院　→環中庵
三会寺（武州）　267b
三会寺（常州）　338a
三玄寺（参州）　609b
三間堂（高野山）　202a
三鈷寺（往生院，城州西山，良〔善〕
　峰）　190a,223a,b,224b,234b,236b,
　713b,770a,826a,827b,877b,890b,
　891a　良〔善〕峰山も見よ
　華台塔　224b
三鈷寺（石井）　589b
三聚坊（和州）　772b
三秀院（西山嵯峨）　495a,556b
三聖寺（京兆）　298a,b,318a,341b,
　373b,374b,380b,403b,473b,474a,
　501b,507b
　円通塔　298b
三蔵院（興福寺）　228b,235b
三福院（京城）　237a
三宝院（摂津）　215a
三宝院（醍醐寺）　221b,233a,234a,
　241a,248a,254b,432a,452a,697b,
　703a,706b,731b,737b,743b,745a
三宝寺（摂津）　273a
★三峰寺　515b
三昧院（叡山，東塔）　179b
三昧院〔京兆〕　729a
三昧堂（高野山）　149a
三門（南禅寺）　329a
三友寺（播州）　619b
山上寺（上野）　739a

山王院（叡山，東塔）　137b,717b,
　909b,910b
山王院（高野山）　262b
山王円頓霊神　256b
山王神祠（叡山，東塔）　666b
山王明神　131b,136b,138b,162a,906b,
　910b
山門　→延暦寺

—し—

尸陀（京洛）　586a
★止観院（国清寺）　138b
止観院（建仁寺）　86a
止観院（叡山，東塔）　108a,119a,138a
四恩院（和州）　786a
四天王寺（天王寺，敬田院，摂州）
　116a,138a,224a,b,285a,653b,682a,
　684b,695a,700a,710a,713a,724b,
　726a,729b,730a,735b,775b,776a,
　777a,789a,791a,827a,830b,838a,
　852b,856b,863b,864b,866b,877b,
　881a,883a
　敬田院　777a,791a
　聖霊院　224a,b
　悲田院　791a
四王院（叡山，東塔）　107a
四王院（西大寺）　794a
★四明　209b,330a,345a,398b,763b,
　765a,829b
★四明律寺　765a
　四面堂（高野山）　884b
★芝岩寺　764b
肉背山（しのせやま）（紀州）　857b
志賀（江州）　859b
志賀寺（崇福寺，江州）　103a,178b,
　179a
志賀島（筑州）　540a
知客寮（建仁寺天潤庵）　601a
信貴山（和州）　195b,706b,726a,

790a,921a
　師子窟寺（河州）　809b,810a
　視雲亭（竜文寺，防州）　585a
★紫巌寺（台州）　322a
　紫金山　→天寧寺（丹州）
　紫金台寺（洛北）　206a,710a
　紫宸殿　101b,108a
★紫籌山→広度寺
　獅子庵（立川寺）　509a
★獅子巌　630a
　資寿塔〔院〕（相国寺）　534b
★資聖寺　117a
★資福寺（湖州呉興）　383b
　資福寺（羽州）　344a,b,459a
　磯長（〔河州〕）　235b,236a,786a
　示現寺（護法山，慈眼寺，会津）
　　507b
　地蔵院（醍醐寺）　233a,248a
　地蔵院（嵯峨）　441a,b,792b
　地蔵寺（尾張一宮）　462b
　寺門　→園城寺
　持地院（西山）　556a
　持念堂（叡山）　141a
　持明院（高野山）　197a,879a
　慈雲寺（信州）　349a,378b
　〔慈雲寺〕（北山巌蔵）　583b
　慈雲寺（濃州）　606b
　慈叡房（叡山，東塔）　118a
　慈恩山寺　155a
★慈恩寺　131a
　慈恩寺（播州）　457a,597b
　慈恩寺（摂州）　470a
　慈恩寺（鎌倉）　569a
　慈恩寺（雲富山，下州）　793b
　慈眼寺（会津）　507b
　慈眼寺（普門山，越州）　543a,b,
　　544b,545a,570b,589a,601a
★慈光寺　773b
　慈光寺（武州）　248a,759b,837a

　慈光寺（備中）　545b
　慈光寺（丹後）　557a
　慈光寺（越州）　582a
　慈済庵（泉州）　586a
　慈済院（嵯峨）　402b,518a
　慈氏院（南禅寺）　479b
　慈氏堂（高野山）　827b
　慈寿寺（信州）　349a,356a
　慈聖院（南禅寺）　487a
　慈尊院（京兆）　186b
　慈尊院（醍醐寺）　254a
　慈徳寺　346a
　慈念堂（叡山）　141a
　慈明庵（讃州）　571a,593b
　慈楊塔（大徳寺虎丘庵）　587a
　椎尾山　790b
　塩田寺（野州）　261b
　鹿寺（城州）　815b
　識廬寺（近江）　590b
　食堂（東寺）　143a
　食堂（東大寺）　200b
　七寺門　157b
　七大寺　76a,102a,129a,151b,185a,
　　188b,230b,256b,834b,895b,897a
　悉地院（高野山）　226a,255b
　実弘祠（淡州）　226a
★実際寺　72b
　実相院（濃州）　249b,250a
　実相寺（参州）　285b,318a,368a,
　　394a,435a
　　宝珠庵　368a
　実相寺（会津）　396b
　実相塔（永安寺龍井庵，江州）　515a
　実明塔（建仁寺永源庵）　402a
★下天竺　764b,768a
　舎那宝殿　→大仏殿（東大寺）
　娑婆山　→瑞巌寺（丹州）
　釈迦院（京兆）　243a,837a
　釈迦堂（叡山，西塔）　650b,855b

釈迦堂（嵯峨）　727b, 834a
釈迦文院（高野山）　264a
遮那大殿　→大仏殿（東大寺）
釈王寺（京兆）　689a
寂光院（叡山, 西塔）　108a, b
寂光塔（建仁寺大中庵）　370b
寂静院（高野山）　733a
首羅山（筑前）　294a, 295a
首楞厳院（楞厳院, 叡山, 横川）
　　108b, 116a, 159a, 173b, 176b, 659a,
　　837b, 852b, 870b, 873b, 875b, 877a,
　　916a
修学院（根来寺）　249a
修学院（京兆）　673b, 674a, b
修学寺（京洛）　123a
修行院（和州）　228a, b
修禅院（叡山, 東塔）　104b
修禅寺（豆州）　122b, 123a, 331a,
　　839a, b
修法院持念堂　131b
衆林精舎　381b
種月庵（牛頭山, 備後）　573b
種月寺（備後）　573a, b, 574a, 582a
寿光庵（西山）　499b
寿勝寺（肥前〔後〕）　415b, 438a
寿聖寺（南禅寺）　337a
寿星院（相国寺）　583a
寿徳院（相国寺）　583a, b
寿徳院（山城）　805b
寿寧院（西山）　487a
寿福寺（亀谷山, 亀峰, 金剛寿福寺）
　　86b, 276b, 277a, 279a, b, 280b, 283a,
　　285a, 287a, 297a, 299a, 300a, 307a,
　　309a, 315b, 333b, 334a, 335b, 344a,
　　349a, b, 351a, 356b, 363b, 364a, 365a,
　　366b, 369a, 371a, b, 380a, 381a, 382b,
　　385a, 398b, 401a, 402a, 434b, 435a,
　　437a, 446a, 447b, 452a, 461a, 470b,
　　471a, 497a, 528a, 541b, 551a, 576b,

　　631b, 832a
亀谷之塔　300b
桂光庵　315b, 435a
悟本庵　344a
正隆庵　380a
松鵠庵　334a
大沢庵　357a
聚松〔祥〕院（南禅寺）　513a
鷲峰〔尾〕山　→金山院（京兆）
★鷲峰庵（虚堂智愚）　301a
鷲峰山　→興国寺
鷲峰山　→覚園寺
鷲峰寺（讃州）　780a
鷲霊　→金山院（京兆）
★鷲嶺　→霊鷲山
秋月寺（丹州）　460a
★終南山　219b
習禅房（叡山, 東塔）　653a
集雲峰（播州）　381b
酬恩庵（摂州）　586a
十禅師社（京洛）　192a
十禅師彼岸所　730a
十如是院（京兆）　448b
十念寺（京兆三条）　240a, 265a
十楽院〔京兆〕　751a
十輪院（根来寺）　232a, 259b
宿蘆（双林寺, 上野）　601b
粥見寺（勢州）　477b
幽〔出〕谷山　→〔大禅寺〕
淳和院東亭　820b
書写山　→円教寺（播州）
諸岳山　→総持寺（能州）
鋤田寺（河内）　815b
小塔院（元興寺）　105b
小補（相国寺）　590b, 591a
小味寺（肥前）　315b
少室山　→少林寺
少林院（庵）（南禅寺）　363a, 524b
★少林寺（嵩山）　62b, 71b, 95b, 322b,

172

327a,345b,418a,619a,b
二祖（恵可）庵　418a
少林寺（少室山，伯州）　465b
少林寺（濃州）　599b,600a,b,608a
正印庵（建長寺〔浄智寺〕）　382a
正因庵（南禅寺）　496a,607a
正円寺（越後）　308b,309a
正覚庵（東福寺）　403b
　正光塔　404a
正覚院（叡山，東塔）　809a
正観寺（鎌倉）　300b,320b,322b
正観寺（肥後）　431a,461b
正源〔眼〕庵（円覚寺）　461a
正眼庵（洛西）　338b
正眼院（南禅寺）　338b,339a,b,564b
正眼寺（尾州）　544a,b
正源庵（浄智寺）　394b,439a
　黄金閣　439a
正光塔（東福寺正覚庵）　404a
正興寺（勢州）　559b
正済庵（建長寺）　507a
正受庵（建長寺）　340b
正宗庵（建長寺）　312b
正宗庵（南禅寺）　473a
正宗塔（万寿寺，洛）　400a
正紹庵（浄智寺）　338a
★正続庵（径山）　501a
　正続寺（山城）　429b
★正続塔（径山）　357b
　正智院（高野山）　187b,202b,206a,
214a,222b,226a,b,237a,287a
正的庵（南禅寺）　347b
正伝庵（建仁寺）　307b
正伝庵（円覚寺）　433b
正伝寺（洛北今出河）　297a,b,396a
正伝寺（濃州）　619b
正伝精舎（筑州）　539a
正灯寺（武陽）　620b
正統庵（東福寺）　324b

正統庵（高峰顕日，浄智寺）　328a（後に建長寺へ移建）
正統庵（建長寺）　328a,448a
正法庵（大明寺）　489a
正法山　→妙心寺（京洛）
正法山　→大聖寺（京洛）
正法寺（霊薬山，濃州）　356a,b,
385b,386a
正法寺（甲州）　417a,444a
正法寺（拈華山，奥州）　424a,b
正法寺（武州）　443a
正法寺（勢州）　447b
正法寺（防州）　526b
正法寺（肥後）　763a
正法寺（城州）　839b
正本庵　419b
正隆庵（寿福寺）　380a
〔正暦寺〕（菩提山寺，和州）　221a,
228a,231b,251a,b,798b
性海寺（播州）　200b
性海寺（尾州）　242b,243b,246a
性相寺（相州）　438a
性智院（天竜寺）　552b
性智房（大原山）　204b
招提寺（唐寺，和州）　74a,75a,87b,
206a,246b,247a,742a,755a,b,756a,
b,759a,b,760a,761a,769a,771b,
772a,773a,774b,777a,781b,787b,
788a,792a,b,795b,797a,b,798b,
799a,803a,b,805a,b,813a,b,835b
　影堂　761a
★招福寺　114b
松隠堂（黄檗山万福寺）　631a
松関塔（大徳寺大仙庵）　613a
松源院（大徳寺）　592a
★松江寺　429a
松鵠庵（寿福寺）　334a
松山寺（濃州）　250a
松山寺（葛野）　570b

松棲庵（摂州）　586a
松仙寺（薩州）　576b
松泉庵〔備中〕　530a
松林院　787a
松林房（叡山，東塔，無動寺）　231a
青竜院（園城寺）　185a, 190b
★青竜寺　80a, 82a, 114a, b, 117a, 118a,
　126b, 131a, 137a, b, 196a, 697a, 846b,
　847a
青竜寺（叡山，黒谷）　265b
青竜寺（江州）　530a
青蓮院（京洛）　184a, 235b, 550a,
　567b, 706a, 712b, 729a, 735b, 751a
青蓮寺（江州）　341b, 382b, 528a
昭陽宮（舎）　703b, 705b
相国寺（万年山，相国承天禅寺）
　264b, 483a, 485a, b, 494a, b, 496b,
　509b, 511a, 513b, 514a, 516b, 517a,
　521b, 534b, 548a, 552a, b, 553b, 555a,
　b, 556b, 557a, 560b, 563a, 564b, 573a,
　578b, 579a, 582b, 583a, 584a, 590b,
　598b, 601a, 606a, 611b, 628b, 751a,
　833a
　雲頂庵　494a
　恵林院　552b
　覚雄宝殿　517a
　宜竹軒　606a
　玉竜庵　494b
　乾徳庵　514b
　資寿院　534b（後に崇寿院に改称）
　寿星院　583a
　寿徳院　583a, b
　小補　590b, 591a
　常徳院（寿塔）　517a
　瑞芝庵　556b
　崇寿院　583b（資寿院から改称）
　大智院　485b
　長徳院　553b
　北禅庵　583a

鹿苑院　511a, 516b, 517a, b, 552b,
　556b, 563b, 578a, 583a
　択木寮　583a
荘厳院（朝日山）　803a
荘厳蔵（荘厳庵，東福寺）　285a,
　351b, 401a
祥雲庵（竜翔寺，洛西）　321a
　普光塔　321a
祥雲庵（建仁寺）　472a
祥雲山下庵（濃州）　605a
祥雲寺（京洛）　619a
祥雲寺（泉州）　622b
祥厳寺（奥州）　626a
祥光庵（建長寺）　486a
祥瑞寺（近江）　554b
称名寺（金沢寺，武州）254a, 255b,
　258a, 264b, 426a, 801b
称名寺（総州）　250b
清浄覚地塔（東福寺退耕庵）　501a
★章教寺　114b
勝因寺（鎌倉亀谷）　447a, 749b
勝栄寺（鎌倉）　388a
勝応院（勝応弥陀院，洛東）　702a
勝願院（興福寺）　763a, 782b
勝光明院（京兆鳥羽）　192a
勝宝院（仁和寺）　703b, 737a, 743a,
　744b, 747b, 787a
勝満寺（奥州）　312a
勝鬘院（摂州）　251a, 767b, 789a,
　796a, 800b
勝林院（城州大原）　174a, b, 204a, b,
　684a
　丈六堂　204a
勝林寺（洛東草河）　277a, b, 287a,
　288a, 323a
　見山庵　323a
聖海寺（福光山，相州）　297b, 298a
聖護院　695a, 696a, 719b
聖興寺（賀州）　541b, 542a

聖寿（東福寺栗棘庵）　311a
聖寿寺（城北）　580a
★聖善寺　67a,131a
★聖禅院　847b
　聖沢院（妙心寺）　610a,619b
　聖福寺（筑前）　86b,290b,292b,294b,
　　305b,313a,344a,349a,b,370b,400b,
　　408b,409a,419a,b,421a,438a,490b,
　　519a,535b,575a,581b,832b
　　　知足〔庵〕　409b
　聖霊院（四天王寺）　224a
　聖霊院（信州）　224b
★蔣山　→鐘山
　蔣山　→万寿寺（豊後）
　嘯虎亭　534a
★鐘山（江蘇省江寧府）　289b,352a,
　　364b,381a,430b,520b
　上宮王（皇）院（法隆寺）　786b,
　　808b,812a
　上乗院（仁和寺）　212b,736a
　上乗院（南禅寺）　419a
　上林苑　→観音寺
　丈室（東福寺）　309b
　丈六堂（勝林院）　204a
　丈六堂（高野山）　244a,701a
　成願寺（勢州小田荘）　266b
　成就院（仁和寺）　193a,696b,701a,
　　702a,704b,747b
　成就院（高野山）　235b
　成就寺（江州）　686a
　成勝寺　710a
　成身院（和州中川）　761a
　成道寺（備州）　413a
　成道寺（肥後）　461b
　成道寺（丹州）　913a
　成善提院（江州柏原）　260a
　成善提院　746a
　杖林山（上州）　533b
　定恵院（建仁寺）　455a

　定恵寺（濃州）　599b
　定光院（大乗寺）　307b
　定光院（南禅寺）　512b
　定光寺（応夢山,尾州）　434b,435b,
　　459a,b
　定光寺（仏隴）　457a
　定光寺（能州）　542b
　定光寺（下野）　752a
　定光塔（建仁寺洞春庵）　416a
　定正庵（円覚寺）　448a
　定心院（京兆）　122a
　定心院（叡山,東塔）　646a,870b,
　　900b
★定水寺　455b
　定明塔（建長寺伝灯庵）　322b
★定林寺　63a
　定林寺（備州）　504a
　定林寺（濃州）　520b
★定，林（双林，竜，峰，四利　363b
★承天寺　322a,364b,409b,429b,463b,
　　520b,553a
　承天寺（筑前）　283b,284a,286a,
　　294b,312a,317a,318a,333b,339b,
　　343a,351a,b,394a,401a,410b,425b,
　　445a,463b,499b,520a,912a
　城西離空　→竜翔寺
　城福寺（摂州）　592a
　浄因寺（野州）　537a,b
　　等慈塔　538a
　浄華院（京兆）　253a
　浄喜院（高野山）　733a
　浄橋寺（摂州）　224a
　浄眼寺（勢州）　604a
　浄居寺（甲州）　387b,429b,468b,471a
　浄光寺（甲州）　514b
　浄光寺（常州）　791a
　浄国寺（武州）　240a
　浄金剛院（京兆）　238a
　浄厳院（江州）　263b,264a

浄住寺（賀州）　342a,b,541b
　伝灯院　342b
浄住寺（洛西）　775b
浄智寺（金峰山，相州）　299a,305a,
　b,314b,316a,b,317b,328a,332a,
　338a,341a,348b,352b,357b,384b,
　385a,387b,388b,393b,394b,395b,
　410b,412b,430b,434a,436b,439a,b,
　442a,452b,459a,b,460b,473a,474b,
　483b,493a,503a,b,507a,508a,512a,
　545b
　正印庵　382a
　正源庵　394b,439a
　　黄金閣　439a
　正紹庵　338a
　正統庵（後に建長寺に移建）　328a
　蔵雲庵　317b
　　両曜塔　317b
　大円庵　395b
　楞伽院　384b,385a
　　最勝塔　385a
浄土院（法華寺）　105b
浄土寺　368b
浄土寺（肥前）　401b,457b
浄土寺（山城）　669b
浄福寺（越前）　367b
浄菩提院（高野山）　229b
浄法寺（勢州）　343a
★浄梵寺　764b
浄妙寺（稲荷山，相州）　276b,277a,
　316a,328a,b,335b,356b,357a,b,
　382a,384a,393a,400b,416b,438b,
　439a,452a,461a,486a,589b
　瑞竜庵　393b
　禅昌庵　400b
浄妙寺（〔木幡〕）　673b
★浄影寺　117b
　貞永寺（遠州）　419b
　貞観寺（京洛）　128a,129b,130a,

149a,152a,654a,b,871b
貞徳寺（備前）　546a
常喜庵（東福寺）　513b
常喜院（高野山）　202a
常喜院（園城寺）　225b
常喜院（興福寺）　769b,771b,778b,
　788a,b
常興山　→国済寺（武州）
常興寺（紀州）　356b
常興寺（備前）　447a
常在光寺〔院〕（伏見〔東山〕）　501b,
　548b,560b,563b,570a
常寂庵（伝灯寺，賀州）　367a
　大光塔　367a
常寂塔（東福寺栗棘庵）　311a
常寂塔（野中寺）　812a
常寿寺〔京兆〕　729a
常住院（園城寺）　750b,836b
常住寺（洛陽）　77a,817b,847a
常住寺（賀州）　420b
常照寺（丹州）　471b
常照寺（備中）　573b
常施院（和州）　790a
常徳院（寿塔，相国寺）　517a
常念観音院　639b
常福院（讃州）　254b
常福寺（常陸）　261b,262a,263a
常楽庵（万寿寺，豊後）　340b
常楽庵（東福寺）　285b,286a,324b,
　487b
常楽寺（京洛）　221b
常楽寺（相州）　279b,280a
静慮院（叡山，東塔）　174a,676a
白峰山〔上峰〕（紀州）　217b
白河宮　706b
白河〔房〕　214b
白河離宮　195b
心印塔（長寿寺曇芳庵）　443a
心経寺（甲州）　459a

★心華堂（塔）　464a,b
心源庵（東福寺）　474a
心香塔（円鏡寺，淡州）　501a
心南院（高野山）　222b,229b
心王院　→平等心王院（洛西槙尾）
心蓮院　268b
信蔵寺（備中）　413a
信福寺（和州）　534b
神願寺（神護国祚真言寺，神護寺の前身）　82a,828b,910a
神宮院（法華院）　77b
神宮寺（紀州）　195a,244b,286b
神宮寺（予州）　645b
神宮寺（和州）　777a
神宮寺（補陀落山，下野）　816b,817a
神宮寺（越前）　881b
神宮寺（江州）　898a
神護山　→興禅寺（野州）
神賛寺（安国寺，勢州）　374b
神岑寺（忍頂寺，御願真言院，摂州）　817b
神泉苑（京洛）　82a,121b,122a,131b,146b,161b,180b,234a,552b,646a,649b,656a,661b,676b,677b,681a,688a,689b,690a,695a,696a,697a,698a,712a,714b,715a,716a,717a,719a,720a,726b,727a,b,728a,b,731a,b,732b,733a,b,734a,735a,738b,741a,754a,833b
神蔵寺（叡山，東塔東谷）　259a
神奈苑　105b
神鳳寺（泉州）　812a,b
神門山（予州）　645b
宸奎寺　→瑞竜寺（金宝山）
真源院〔賀州能美郡〕　439a
真光寺（熊野）　236a
真光寺（賀州）　366b
真言院（曼荼羅道場，宮中）　82a
真言院（建仁寺）　86a

真言院（東大寺）　199a,238a,244a,246a,252b,255b,773a,789a
真言院〔京兆〕　675b
真言寺（水上山，肥前）　295b
真言堂（高野山）　827b
真際精舎（鎌倉）　305b
真宗院（城州）　234a,b
　般舟堂　234b
〔真照〕塔（建仁寺清住院）　469b
真乗院（南禅寺）　529a
真乗院（仁和寺）　719a,731a,b,734a,741a,746b
真乗寺　611b
真常院（勢州）　268a,b
★真浄寺（松江）　352b,429a,442b
真島山（作州）　850b
★真如寺（台州）　301b
真如寺（景愛寺を改名，京洛）　303b,382a,385a,389a,408a,416a,b,442b,460b,473b,503b,512a,518b,533b,563b,581b,597b,602b,605b,621b
真如堂（鈴声山，京兆）　253a,267a,682b,834a
真福寺（上州）　456a
真福寺（河内）　775b,793b
真林寺　611b
秦鑽〔庵〕　561a
新院（興福寺）　150b,156a,160a,184a,209a,228a
新善光寺（讃州）　254b
新禅院（東大寺）　246a,255b,789a
新別所　→円通寺（霊岳山）
新別所（高野山）　830a
新薬師寺（和州）　105b
新羅山王　137b
新羅神祠　186a
★震旦（丹）　67b,84a
甚目寺（尾州）　367b
神宮寺（紀州根来）　244b

神宮寺（信州）　286b
神宮寺（和州）　907b
神護国祚真言寺　82a　神護寺も見よ
神護山　→興禅寺（野州）
神護寺（神願寺，高雄山寺，高尾寺）
　76a,81a,107a,111a,120a,123a,b,
　128a,169a,254a,644b,717a,725a,
　731b,746b,806a,807a,828a,829a,
　897a,904b,910a
　高尾山（城州）　107a,217a
　高尾山蔵堂　169a
　高雄道場（清滝峰）　77a
神賛寺（安国寺，前身は西明寺，勢州）
　374b
神奈苑（和州）　105b
神応寺（勢州）　550a
★浄慈寺　283a,301a,303b,305b,309a,
　318b,322a,335a,337a,352a,361b,
　407b,408a,409b,430b,452b,463b,
　503a,511b

—す—

須萱山（相州）　532a
諏訪神　450a,b,909a
諏方南宮　867b
★水精寺　460b
★翠巌寺　764b
★翠微寺（道場）　378a,380a
随心院（曼荼羅寺，城州）　180b,
　226a,245a,254a,677b,694a,696a,
　728a,b,730a,b,741b,742a
瑞雲庵（崇福寺，筑前）　321a
瑞雲庵（円覚寺，相州）　381b,382a
瑞雲庵（南禅寺）　557a
瑞雲山　→大福寺（勢州）
瑞応庵（建仁寺）　344b
瑞応山　→伝灯寺（賀州）
瑞応寺（武州）　430b,431a
瑞応塔（建長寺華光庵）　466b

★瑞巌寺　276a,310b,361b
瑞巌寺（円福寺，松島寺，奥州）
　278a,b,387b,400b,624b,625a,626a,
　859b
瑞巌寺（濃州）　473b
瑞巌寺（武州）　532b
瑞巌寺（竜門山，土州）　577b
瑞巌寺（婆婆山，丹州）　589b,590a
鶏足〔庵〕　590a
瑞光庵（建長寺）　315a
瑞光庵（建仁寺）　558b,559a
瑞光寺（播州）　434a,512b,513a
瑞光寺（備中）　548a
瑞芝庵（相国寺）　556b
瑞松院　425a
瑞石山　→永源寺
瑞川寺（加賀）　561a
瑞泉寺（錦屏山，相州）　344a,388b,
　456a
徧界一覧亭　344a,395a
瑞泉寺（犬山法窟，尾州）　567a,b,
　571a,b,577b,587b,588a,593b,594b,
　595b,596a,597a,599a,b,606b,607a,
　608a,609a,b,610a,611a,613a,614a
竜済庵　572a
瑞田寺　490a
瑞芳庵（妙興寺，尾州）　463a
瑞竜庵（浄妙寺，相州）　393b
瑞竜山　→南禅寺
瑞竜寺（金宝山，宸奎寺，濃州）
　596a,597a,606b,627b
瑞林庵（円覚寺）　502b
瑞鹿山　→円覚寺
崇敬寺（和州）　883a,b
崇寿院（相国寺）　583b
崇寿寺（金剛山，相州）　351a,401a,
　411b,444b,583b
崇祥寺（豊後）　383a,457a
崇仁坊（城州）　891a

〔崇聖寺〕（安国寺，賀州）　499b
崇禅寺（豊後）　417a
崇禅寺（相州）　445a
崇禅寺〔崇福寺〕（筑前）　463a
崇禅寺（羽州）　485a
崇徳寺（城州）　148a
★崇福寺（揚州）　72b,73a,283b,765a
崇福寺（志賀寺，江州）　103a,178b,
　179a,695b,911b
崇福寺（濃州）　617b,618b
崇福寺（城州稲荷県）　765b
崇福寺（肥前）　630b
崇福寺〔庵〕（円覚寺）　456b
★崇報寺　436b,490a,553a
★嵩山　→少林寺
菅原寺〔喜光寺〕，和州）　792a,793a,
　815a,b,816a,866b
　東南院　816a
鋤田寺（河内）　815b
杉室（和州）　916a
住吉明神（神宮，祠）　173a,541a,
　577a,654a,781a,809b,852a,854b

—せ—

世尊寺（相模）　344a
施無畏寺（洛北）　749a
施薬院（摂州）　418b
背振山　681b,682a
成恩寺（城南山崎）　333b,580a
成木庵（武州）　532b
成木山（武州）　532a
西雲庵（南禅寺）　422a,539b
西〔棲〕霞寺（嵯峨）　847b
西山　→雲居庵（天竜寺）
西山　→良〔善〕峰寺（洛西）
西来庵（建長寺）　316b,404a,456b,
　459a
西来院（建仁寺）　580b
青原〔山〕　→永沢（ようたく）寺

青松庵（円覚寺）　456b
青竜院（園城寺）　185a,190b
青竜山　→臥竜庵
★青竜寺　80a,82a,114a,b,117a,118a,
　126b,131a,137a,b,196a,697a,846b,
　847a
青竜寺（叡山，西塔黒谷）　265b
青竜寺（江州）　530a
栖原寺　653b
栖水教寺（城州）　558b
清隠寺（相州）　538b
清音寺（太古山，常州）　396a,b
清見寺（駿州）　430b,459a,534b,
　563b,575a,618a,619b,624a
清住院（清水）　379a
清住院（建仁寺）　469b
〔真照〕塔　469b
清水山（武州）　562a
清泉寺（精舎）（伏見）　592a,602b
清泰院（南禅寺）　533a
清澄寺（摂州）　861a
清竜寺（西山）　751a
清涼庵（長福寺）　392b
清涼院（清涼房，叡山）　145a,651b,
　655b
清涼院（長福寺）　392b
清涼院（三村寺，常州）　779b,790b,
　791b
清涼院（京兆嵯峨）　847b,848a　清涼
　寺（京兆嵯峨）も見よ
★清涼山　271b,384a,634a,850b
　宝池院塔　634a
★清涼寺　132b,384a
清涼寺（京兆嵯峨）　253a,557a,769a,
　792a,b　清涼院（京兆嵯峨）も見よ
清涼寺（江州）　394a
清涼台（大内）　848a
清涼殿（内裏）　124a,155a,b,159a,
　338b,343b,359b,652b,752b,851b

179

★清涼塔（大梅山）　489b
　清和院（城州）　131b
　盛興寺（信州）　443a
　棲雲寺（天目山，甲州）　426b,444a
　棲賢寺（摂州）　420a,457b,500b,
　　524b,563a
　棲賢寺（淡州）　569a
　棲真寺（但州）　611b
★棲霊寺　121a
　勢州神祠　→伊勢神宮
　聖海寺（福光山，鎌倉）　297b,298a
　聖寿　→東福寺栗棘庵
　誓願寺（京兆）　265a,266a,921b
　誓度寺〔院〕（紀州）　370b,749b,750a
　　粉河寺も見よ
　　溪雲庵　750a
　　禅院　749b
　石雲寺（遠州）　604a
　石光寺（今来寺，和州）　823b
　石城庵（山）（妙楽寺，筑前）　296a,
　　409a,b,463b,521a,604b　呑碧楼も見
　　よ
　　知足塔　409b
　石水院（高山寺，城州）　218a
★石霜〔山〕　490b
★石霜寺　448a
　石塔寺（江州）　685b,686a
　石頭庵（永源寺，江州山上）　608b
★石頭山　387b
★赤山神祠　116b
　　赤山禅利（叡山）　119a
★赤山法華院　116b
　　赤山明神（禅院神祠，叡山西麓）
　　118b,119a,909b,910a
★赤城寺（天台山）　763b
　積翠寺（江州）　466b,491b,533b
　積善寺　160b
　接待庵（江・尾・駿三州）　462b
　雪産山（播州）　839a

★雪山　67b
★雪竇山（乳竇）　316a,349a,452b,
　　479a,763b
★雪峰寺　289b,345b,408a,417b,428a
　千光院（叡山，西塔）　646b,650b,
　　914b
　千光院（園城寺）　673b,695a,719b
　千光院（鎌倉）　750a
　千光寺（豊後）　474a
　千手院（叡山，西塔）　852b
★千聖寺　63a
★千仏閣（天童山）　86b
　川原寺（和州）　831b,832a
　仙宮　802a
　〔仙〕波山（武州）　248a,b,249a　泉
　　福寺も見よ
　仙遊寺　→泉涌寺
　泉渓禅院（野州）　507a
　泉涌寺（仙遊寺，東山）　211b,220a,
　　224a,239b,251a,254b,279b,310b,
　　762b,765b,766b,767a,768a,b,
　　770a,789a,794b,795a,796a,b,799a,
　　b,801a,802a,804a,805a,b,809a,b,
　　813b
　　長国院　809a
　　来迎院　279b,770a,805b
　泉福寺（東叡山，武州河田谷）　231b,
　　248a,249a　〔仙〕波山も見よ
　泉福寺（豊後）　477a,b,478a
　　普門庵　478a
　泉福寺（河内）　775b,780b
　泉竜院（参州）　607b
　泉竜寺（上州）　538a,539a,562a,b
　　法雨塔　539b
　浅香寺（勢州）　604a
　薦福山　→宝慶寺
　薦福寺（筑前）　296a
　全久院〔参州〕　607b
　前唐院（叡山，東塔）　668b,691a,

180

695b
善光寺（信州）　224b,240a,266a,
　720a,b,802b,860a
善集院（高野山）　261a
善住庵（南禅寺）　458a
善住寺（摂州）　505b
善昌寺（備前）　447a
善昌寺（甲州）　752a
善通寺（讃州）　226b,254a,255a
　護摩堂　255a
　誕生院　226b,255a
　東北院　255a
善導寺（筑後）　214b,215a
善導寺（下野）　240a
善徳寺（駿州）　614a
善応寺（勢州）　388b
善応寺（越州）　415b,438a,b,610a
　可休亭　415b,438a
善応寺（予州）　465a
善応寺（信州）　466a
善能寺（京兆）　805a
善福寺（相州）　455a,478b
善法寺（摂州）　468a
善法寺（善法院，洛，八幡）　242b,
　251b,258a,779a,786b,797a,799a,b,
　800a,b,805b
禅院（元興寺）　66a
禅院（平城右京）　66a
禅院（誓度寺）　749b
禅永寺（伯州）　460b
禅源寺（常州筑波山）　396b,618a
禅居庵（建長寺）　353b,354b
禅居庵（建仁寺）　353b,354b
禅居寺（丹後）　501a
禅興庵（江州）　554b,572b
禅興寺（福源山，相州）　280b,299a,
　300a,313b,314a,b,315b,316b,333a,
　335b,363b,364b,426b,434b,447a,
　546a

伝宗塔（庵）　333a
禅昌庵（浄妙寺）　400b
禅昌寺（摂州）　488b
禅定院（善提山，和州）　221a
禅定古寺（河州）　811b
禅棲〔栖〕院（南禅寺）　495b
禅通寺（長松山，泉州）　377a
禅頭庵（竜門庵，紀州）　524b,525a
禅堂院（高山寺）　219a
禅那院（和州）　199b
禅福寺（奥州）　314a
★禅林寺　76b
禅林寺（和州）　64a,224b
禅林寺（永観堂，京兆）　131a,132a,
　189a,b,190a,211a,212a,b,225b,
　226b,230b,288a,676b,787a,906a
　薬王院　189b
禅林寺（越前）　542a

—そ—

★祖印寺（四明）　330a
　祖師堂（建仁寺）　395b
　祖塔（東福寺本成寺）　513b
★疎山寺　387a
★双径　→径山
　双桂院（南禅寺）　563b,584b
　双妙寺　808b
★双林寺（婺州）　291a,361b,363b,
　421a,455b
　双林寺（上州）　565b,589a,b,599b,
　601b
　　宿蘆　601b
　双輪庵（東福寺）　317a
　早雲寺（金湯山，相州）　610b
　走湯山（豆州）　254b,545a
　宗鏡庵（東福寺）　569a
　宗鏡寺（但州）　534b,621b,622a
　宗源寺（但州）　611b
　宗生寺（越州）　558a

宗昌寺（予州）　474b,488b
相応寺（河州）　818b,819a
★相国寺　768b
★曹渓　442b
　曹渓塔（東禅寺，武州）　624b
★曹源寺　523a
　曹源寺（江州）　530a,b
　崇禅寺（豊後）　417a
　崇福寺（江州）　103a
　崇福寺〔庵〕（円覚寺）　456b
　崇福寺（横岳山，筑前）　283b,284a,
　　312a,319b,321a,328a,338a,348b,
　　350a,355a,360a,377a,382b,386a,
　　400a,406b,408a,409a,462b,463a,
　　572a,622a,831a
　　瑞雲庵　321a
　　大明庵　349a
　僧舎（叡山）　209b
　総持院（叡山，東塔）　118a,650b
　総持院（高野山）　197b
　総持寺（諸岳山，能州）　341b,342a,
　　b,420b,423a,424a,439a,b,476a,
　　477a,b,497a,498a,506a,507a,508a,
　　527b,528a,529a,533a,540a,b,541b,
　　542b,544a,549a,552a,565a,b,574a,
　　576b,585a,589b,599b,632a
　　伝灯院　342b
　　如意庵　527b
　総持寺（遠州）　557a
　総持寺（和州，信貴山下）　726a
　総寧寺（江州）　529b
　総寧寺（上州）　558a
★象山〔寺〕　290a
　増位寺　225a
　増輝塔（理済寺，作州）　466a（『五山
　　禅僧伝記集成』によると、南海宝州は
　　東福寺正統庵に塔したとある）
　増上寺（武州）　262a,263a,b,624a,
　　751b

増福寺（北京）　795a,b,798b
蔵雲庵（浄智寺）　317b
蔵光庵（伏見）　525a
蔵竜庵（長福寺，京兆）　445b
蔵六庵（円覚寺）　300b,455a
即宗庵（東福寺）　487b
速成就院（京兆）　801b
続翠軒（建仁寺）　569a
続灯庵（円覚寺）　436b
尊師堂（醍醐寺）　733a
尊寿院（東寺）　709a
尊勝院（東大寺）　156b,175a,177a,
　185a,198b,202b,204b,217b,218b,
　221a,b,232b,251a
尊勝院（木幡）　240a
尊勝寺（城州）　285a,692b,695b,710a
灌頂院　692b

—た—

太古山　→清音寺
多田院（摂州）　791a,796b
多陀寺（石州）　239b
多福庵（大光寺）　413b
多福〔宝〕院（天竜寺）　434a
多宝院（天竜寺）　390a,434a
多宝寺（相州）　791a
多宝塔（高野山）　827b
多聞院（高野山）　223a
陀我神祠（江州）　638b
太宰府（筑前）　70a,73a,118a,176b,
　225a,236a,270b,275a,279b,283b,
　287b,297a,302a,311b,319b,331a,
　357a,384a,386a,403b,408b,452a,
　764b,766b,831b,842b,847b
太子堂（法隆寺）　129a
★太白山（太白峰）　274b,275a,296b,
　302a,314b,317a,381a,421a
★太平興国寺　847a
★太平興国伝法院　849b

太平山〔寺〕（日州）　477b
太平寺（江州伊吹山）　134b
台山　→延暦寺
台嶺　→延暦寺
当麻山　→無量〔光〕寺
退休寺（伯州）　507a
退耕庵（総州）　388a
退耕庵（東福寺）　501b
　清浄覚地塔　501b
退蔵庵〔尾州〕　435b
退蔵院（妙心寺）　528b,529a,615a
退蔵寺（江州）　536b,537a
堆雲庵（東福寺）　564a
★大安国寺　117b
大安寺（和州）　66b,69a,70a,71b,
　75b,77b,89a,90a,91b,92a,94b,95a,
　b,99a,b,100b,101b,102a,103a,104a,
　106b,108b,111a,142a,147b,162a,b,
　182b,185a,200b,201a,232b,638b,
　641a,662b,679a,723a,727a,738b,
　756b,757a,758a,759b,773a,788b,
　792b,815b,822b,863b,894a,b,895b,
　896a,b,899a,900a,904b,920a
　東坊　70a
　唐院　757a
　塔院　759b
　塔中院　77b
　南唐院　99b
　西唐院　71b,148a,177b
大安寺（相州）　93a
大安寺（濃州）　530b,531a
大安寺（泉州）　621b
大安寺（越前）　626b,628a
大蔭庵（洛東）　591b,601b
大雲庵（南禅寺）　384a,468a
太雲山　→竜安寺（京洛）
★大雲寺　72a,757a
大雲寺（洛北巖蔵）　170b,668b,688b,
　694b,849b,850a,b

大円庵（浄智寺）　395b
大円庵（明覚山，濃州遠山）　355a,
　450b,474a,488a,489a,529a,601b,
　614a,615b,616a
★大覚寺（福州）　490b
大覚寺（城州）　148a,804b,820a,b
大覚寺（摂州）　797b
大官寺（大安寺前身，和州）　89a,b
大願寺（薩州）　519a,605b
大亀塔（妙心寺竜泉庵）　595a
大義山　→理済寺（作州）
大義寺（播州北山）　468b
大休　460b
大教院（仁和寺）　193a,693b,694a,
　704b,738b,740b
★大華厳寺（天台山）　131a
大華厳寺（賀州）　264b
大慶寺（相州）　305a,455a,458b,459a
大慶精舎（筑前太宰府）　384a
大悟庵（河内）　567a
大光寺（日州）　413b
　多福庵　413b
大光寺（仏日山，江州）　557b,558a
〔大光寺〕（安国寺，朝日山，肥前）
　344a
大光塔（伝灯寺常寂庵）　367a
大光明寺（京兆）　237b,434a,483b,
　499a,516b
★大興寺　117a,137a
大興寺（因州）　474a,b
大興寺（濃州）　486a
★大興寺翻経院　117a
★大仰山　391b,442b
大極殿　89b,101b,105a,112a,b,125b,
　128a,129a,133a,134a,136b,140b,
　141a,143b
大慈寺〔院〕（東福寺）　325a,534b,
　603b
〔大慈庵〕（北山巖蔵）　583b

★大慈寺　279b,301b,763b
　大慈寺（下野）　78a,115b
　大慈寺（相州）　276b,791a,792b
　大慈寺（肥後）　292a,b,472a
　　霊根塔　292b
　大慈寺（紀州）　369a,370a,448b,
　　450a,451a
　　霊洞庵　370a
　大慈寺（日州）　477a,487a
　大慈塔（如来寺,肥後）　292b
　大寂塔（永源寺,江州）　427b
　大樹寺（勢州）　570b,571a,b,593b,
　　594b,596a,598b
　大周軒（南禅寺）　582b
　大昌院（建仁寺）　440a,598a
★大荘厳寺　154b
　大聖院　732a
　大聖寺（正法山,京洛）　350b,418a,
　　445a
　大聖寺（筑州）　478a
　大定庵（南禅寺）　447a
　大定塔（東福寺菩提院）　412b
　大乗院（興福寺）　185a,197b,221a,
　　228a,729b,730a,787a,792b,906a
　大乗院（石清水八幡宮）　252b,786b,
　　797b
　大乗寺（賀州）　306b,307a,342a,b,
　　366b,420a,b,423a,424a,472a,554a
　　定光院　307b
　　伝灯院　342b
　大乗寺（日州）　413a
　大心院（洛城中）　594b,611a,b,614a,
　　615b,624a
　大川寺（小山田）　589a
　大山寺（伯州）　823b,854a
　　大山神　854b
　大仙庵（妙心寺）　608a
　大仙庵（大徳寺）　612b
　大仙〔僊〕庵（円覚寺）　313a
　大仙寺（濃州）　599b,619b
　大仙寺（京兆）　621b
　〔大禅寺〕幽〔出〕国山,奥州）　349b
　大桑寺（濃州）　356b
　大沢庵（寿福寺）　357a
　大智庵（建長寺）　439b
　大智院（相国寺）　485b
　大智院　773a
　大智寺（豊後）　492b
　大智寺（百丈山,城州）　528a
　大智寺（濃州）　615a
　大中庵（建仁寺）　370b,518b
　大中寺（野州）　605a
　大通院（妙心寺）　619a
　大通寺（万祥山,京兆）　255b,256a,
　　784b,785a
　大徹堂（建長寺）　492b
★大殿（国清寺）　138b
　大殿（南禅寺）　329a
　大塔（高野山）　709a
　大統庵（建長寺）　434a,b
　大統院（庵）（建仁寺）　434b,560b
★大同寺　364a
　大同寺（〔但州〕）　488b
　大徳寺（竜宝〈峰〉山,宝山）　348b,
　　358a,b,359b,360a,b,404a,405b,
　　406a,407a,431a,b,432a,b,444b,
　　462a,463a,466b,467a,470a,491b,
　　492a,b,496a,b,529a,531a,554b,
　　555a,b,567a,568a,569b,572b,573a,
　　578b,579a,585b,587a,588a,591b,
　　592a,594a,b,596a,b,597a,598b,
　　599a,b,601b,602a,604a,b,606b,
　　607a,609a,610b,612a,b,616a,621b,
　　622a,624b
　　雲門庵（塔）　573a,616b
　　虎丘庵　587a
　　　慈楊塔　587a
　　松源院　592a

丈室　360a,b
　霊光（額）　360b
大仙庵　612b
　松関塔　613a
大用庵　572b
如意庵　492a,612a
養徳院　602a
竜源院　605a
大日寺（城州）　871b
大寧院（南禅寺）　505b
大寧寺（長州）　576b,584b,585a,
　599a,b,601a,602b
★大梅山　287a,489b
　清涼塔　489b
大梅山（丹波）　629a,b
　淵黙塔　629b
大梅山　→長福寺（京兆）
大福寺（瑞雲山,勢州）　325a
大仏殿（毘盧遮那殿,東大寺）　73b,
　87b,206a,221a,246b,264b,640a,
　669a,703a,724b,774a,b
大宝寺（濃州）　609a
大宝殿　177a
大報恩寺（京兆）　649a,830a,b
大明庵（崇福寺,筑前）　349a
★大明寺（揚州）　72a,b,757b
大明寺（雲頂山,但州黒川）　487b,
　488b,528a,529a,531a,573b,627b
　正法庵　489a
大明寺（薩州）　542b
大明塔（円覚寺白雲庵）　365b
大雄庵（東福寺）　345a
大雄庵（建長寺）　520b
大雄山　→法雲寺（常州）
大雄山　→宝冠寺（阿州）
大雄寺（泉州）　369a,407a,425a,
　451a,492a,493a,575b
大用庵（大徳寺）　572b
大陽山　531b

大陽寺（防州）　558a
大楽院（高野山）　198a,244b,245a
大竜庵（建仁寺）　468b
大竜山　→雲興寺（尾州）
★大竜翔集慶寺　399a
大滝岳（阿州）　79b
太神宮　→伊勢神宮
醍醐寺（醍醐山,城州）　109b,133b,
　142b,143a,144b,146b,148a,b,149b,
　155b,157b,161b,176b,181a,192b,
　195a,b,197b,200b,201b,202a,212a,
　217b,219b,225b,232a,233a,b,234a,
　239a,241a,243a,244a,245a,246a,
　248a,253b,254a,346b,408b,654a,
　677b,686a,689b,691b,697b,703a,b,
　704b,706b,707a,710a,727b,732b,
　733a,b,735a,737b,738a,742b,743b,
　745a,748a,750a,761a,775a,778a,
　781a,b,789a,794b,800b,829b,834b,
　848b,853b,914b
　延命院　161b
　覚洞院　243a,244a,246a,781b
　三宝院　221b,233a,234a,241a,248a,
　　254b,432a,452a,697b,703a,706b,
　　731b,737b,743b,745a
　地蔵院　233a,248a
　慈尊院　254a
　尊師堂　733a
　醍醐山房　244a
　中性院　244a
　念覚寺〔院〕　148b
　遍智院　221b,233a,689b,727b
　報恩院　232a,244a,745a
　松橋　706b
　無量寿院　809a
　理性院　195a,784b
　蓮華院　795a
　蓮華〔蔵〕院　738a
高尾山蔵堂（神護寺）　169a

185

高雄（尾）山（神護寺）　107a,217a
高雄山寺　→神護寺
高雄道場（神護寺）　77a
高瀬寺（泉州）　540a
宝寺　→山崎寺（城州）
滝谷寺（越前）　250a
択木寮（相国寺,鹿苑院）　583a
武島（淡州）　210a
橘寺（和州）　228b,773a,788b,863a,
　864b
立山（越中）　638b,853a
丹波山　806b
胆馬山　865b
湛寂塔（福聚院,京兆）　572a
誕生院（善通寺）　226b,255a
談岑　→多武峰
談峰　→多武峰
檀那院（叡山,東塔）　168a,172b
檀林寺（京洛）　128a,270b,380b,911b

　　　　　—ち—
池鈴山（尾州）　243a
治福寺（相州）　475b
知（智）恩院（京兆）　583a,802b
知恩寺　→功徳院
知海寺（江州）　531b
知覚庵（恵峰寺,京兆）　499b
知識寺（河内）　922b
知勝院（妙心寺）　619a
知足〔庵〕（聖福寺,筑前）　409b
知足院（東大寺）　220b,229b,230b,
　769b,774a
知足院（建仁寺）　399b,519a
　霊淵塔　399b
知足院〔坊〕（興福寺）　227b
知足塔（妙楽寺呑碧楼,筑前）　409b
智覚庵（東福寺）　499b
智剛寺（豊前）　832a
★智者寺　383a,408a

★智者塔院（天台山）　86b
　智積院（京洛）　268b,269a
　智荘厳院　232a
　智福山　→法輪寺（桂井寺,城州嵯峨）
　智満寺（駿州）　720a
　竹渓山寺　89b
　竹生島（江州）　915a,916a
　竹林院（極楽寺）　151b
★竹林寺　795a
　竹林寺（和州,生駒）　228a,239b,
　　243b,284a,666b,773a,782b,784a,
　　786b,788a,790a,791b,796a,797a,
　　799a,b,800a,b
　竹林寺（肥後）　333b
　筑前山　887a
　中院（高野山）　203a,722a,826b
　中宮院（和州）　172a
　中宮寺（和州）　864b
　中山寺（和州）　239a
　中山寺（勢州）　621a
　中山寺（摂）　892b
★中竺〔寺〕　461b,464b
　中性院（根来寺）　243b,244b,258b
　中性院（醍醐寺）　244a
　中性院（高野山）　235b,244a,246a,
　　785a,807b
　中禅寺（野州）　537b
★中天竺寺（中竺）　321a,463b
　中道院（叡山,東塔）　78b
　中南院　787a
　中門（東大寺）　144a
　厨庫（南禅寺）　329a
★長安　891b
　長契寺（武州）　532b
　長慶院（建仁寺）　536b
　長慶寺（護国山,越中）　476b
　長興寺（参州）　394a
　長興寺（讃州）　415a
　長谷寺　→長谷寺（はせでら）

長国院（泉涌寺）　809a
長寿院〔庵〕（円覚寺）　337b
長寿寺（相州鎌倉）　443a,456a,512a
　澄心塔　512a
　曇芳庵　443a
　　心印塔　443a
長寿寺（丹波）　501a
長生庵（建長寺）　497a
長松山　→安養寺（勢州）
長松山　→禅通寺（泉州）
長勝寺（相州鎌倉）　335b,380b
長勝寺（美濃）　531a
長禅寺（越州）　371a
長禅寺〔甲州〕　617b
長蔵寺（濃州）　435b
長徳院（相国寺）　553b
長徳山　→功徳院（知恩寺）
長年寺（上州）　601b
長福教寺（播州）　513b
長福寺（大梅山，城州梅津）　391a,
　392a,b
　　445a
　清涼院　392b
　蔵竜庵　445b
長福寺（下州）　439b
長保寺（芸州）　505a
長母寺（尾州木賀崎）　325b,326a,
　908b
長楽寺（京兆）　213b,237b,251b
　来迎院　213b
長楽寺（上州世良田）　239b,277a,
　279a,283a,284a,287a,295b,304a,b
　308b,323b,324b,325b,345b,388a,
　395a,420a,465b,512a,513a,531a,
　752a,753a,890a
　雲堂　304b
　宝光院　420a
　霊雲庵　465b
長楽寺（紀州）　369a

長蘆寺（摂州）　492a
★超果院（秀州）　763b,764a,765a
超功寺（泉州）　756b
超昇寺（和州）　819a,846a,b
澄心寺（摂州）　343a,513b
澄心寺（信州）　450a,b
澄心塔（長寿寺）　512a
潮海寺（遠州）　689b
椿山寺（金峰山）　665a
★鎮国道場　76b
鎮守八幡大神（大安寺，和州）　641a

—つ—

通玄寺　592a
通宝山　→弥勒寺（摂州）
筑波（常州）　537b
筑波山（常州）　109b
筒岳（肥後）　763a
壺坂寺（和州）　105a,206a
鶴岡八幡宮（鶴岡神祠）　276b,280b,
　283a,303a,830a,904b

—て—

胝母院（高野山）　747a
亭子院〔京兆〕　660a
鉄山（備後）　546a
　牛欄　546a
天恩寺（尾州）　515a
★天界寺　321a,492b,503a,515b
　天源庵（建長寺）　321a,386b,462a
　天源院（天竜寺）　616a
　天山陽　477b
★天竺　62b,65b,84a
★天竺寺　283a,496a
　天授院（妙心寺）　449b
　天潤庵（建仁寺）　377b,528b,601b
　　知客寮　601b
　　毘盧塔　377b
　天祥庵（妙興寺，尾州）　462b

天瑞塔　462b
天照太神宮　→伊勢神宮
天瑞塔（妙興寺天祥庵，尾州）　462b
★天台山（台嶺）76b,84a,b,131a,b,
　132a,225a,287a,301a,305a,330a,
　406b,417a,b,430a,504a,518b,672b,
　757a,763a,b,829a,832b,833a,839b,
　847a,849b,850a,b
　華頂峰　430a,442a,839b
　観音院　86b
　国清寺　104a,b,108b,137a,138b,
　　363a,508a,850a,b
　石橋　490b
　赤城寺　763b
　大華厳寺　131a
　智者塔院　86b
　万年寺　84b,86b
　天沢寺（武州）　630b
　天池院（東大寺）　151b
　天忠寺（土州）　577a
★天柱寺（潭州）　322a
　天柱峰〔相州鎌倉，浄智寺背後〕384b
　天長雲樹興聖禅寺　→雲樹寺
★天童山　84b,86b,274a,275b,276b,
　279b,283a,290a,292b,296b,301b,
　305b,307a,322a,330a,335a,361b,
　364a,b,365b,381a,399a,416a,421a,
　428a,505a,510a,515b,582a
　千仏閣　86b
　南谷庵　421a,582a
　了然斎　276b
　天道山　→無量寿福寺（賀州）
　天得庵（東福寺）　428b
★天寧寺　364a,370a,385b,401a,409b,
　421a,431a,448b,452b,461b,463b,
　484a,490b,501a,503a,580a
　天寧寺（房州）　443a,452b,573b
　天寧寺（備後）　485b
　天寧寺（濃州）　516a

天寧寺（紫金山，丹州）　522b,524b,
　525a,b
天寧寺（奥州）　752a
天王寺　→四天王寺
天福寺（筑後）　239b
天福寺（濃州）　516a
天方寺（遠州）　476a
★天目山　357a,b,371b,372a,377a,396b,
　397a,406b,416b,417a,b,419a,426b,
　442a,443b,444a
　庫厨　444a
天目山　→棲雲寺（甲州）
天目寺（豊前）　419b,456a
天竜寺（霊亀山，天竜資聖禅寺，京兆）
　274a,369a,387a,389a,b,390a,b,
　399a,402a,b,403a,b,418a,421a,
　427a,432b,433b,434a,438b,440b,
　441a,442b,447a,448a,454a,455a,
　456a,457b,465a,471a,473a,483b,
　484a,b,486b,489b,492a,493b,495a,
　b,496a,497a,501b,502a,b,503b,
　508a,b,509b,510a,b,513a,514a,
　515b,516a,517b,519a,520b,524a,
　526b,533a,534a,545a,547a,548a,
　550a,551b,552a,b,553a,b,555a,b,
　556b,557a,563a,b,566b,569a,573b,
　575a,581a,583a,592b,595a,599b,
　616a,627b,632a,803a
　雲居庵（塔）389b,402b,510a,517b
　亀頂塔　441a
　金剛院　485b
　西源院　599a
　三秀院　495a,556b
　慈済院　402b
　性智院　552b
　多福〔宝〕院　434a
　多宝院　390a,434a
　天源院　616a
　本源庵　566b

明白庵　508b
霊洞庵　370a
転法輪蔵寺（京兆）　833a,b
伝香寺（和州）　805a,b
伝宗庵（円覚寺）　351a
伝宗塔（禅興寺,相州）　333a
伝心塔（円通寺,肥前）　311b
伝通院（武州）　261b,262a
伝灯庵（建長寺）　322b
伝灯院（大乗寺,賀州）　342b
伝灯院（永光寺,能州）　342b
伝灯院（浄住寺,賀州）　342b
伝灯院（総持寺,能州）　342b
伝灯寺（瑞応山,賀州）　366a,b,
　420a,476b
　常寂庵　367a
　　大光塔　367a
伝芳庵（建仁寺）　315b
★伝法院　849a,b
伝法院（興福寺）　106b,110a,156a,
　172a
　西院　156a
伝法院（高野山）　194b,195b,196a,
　199b,200a,202a,222b,224b,226b,
　235a,243b,244a,249a,b,253b,287a,
　694a,701a,b,706b,730b,737b,746b,
　889b,897b
伝法院（根来山,紀州）　224b,433b
　（高野山より移建）
伝法堂（仁和寺）　746b

――と――

戸隠神祠　451a
戸隠山（信州）　836a
兎原山（摂州）　690b
杜沢寺（越州）　554a,573a
度賀尾山　→高山寺
兜率院（叡山,横川）　173b,174a,
　181b

★兜率寺　399a
兜率寺（越中）　366b,367a
兜率寺（日州）　542b
養老塔　543a
鳥羽宮　196a,703b
鳥羽精舎　194b
鳥羽離宮（道場）　185a,186a,194a,
　195a,b,729b
睹史庵（建長寺）　380a
多武峰（談岑,談峰,和州）　162b,
　163b,164a,176b,177a,273b,291b,
　633b,634a,651b,663a,671b,725b,
　726a,752b,874a,b,878a,886a
安養房　874b
灯明院（叡山）　231b
★投子山　339a,382a
投老庵（南禅寺）　527a
東院（興福寺）　157a,176b
東永精舎（武州）　324a
東栄寺（常〔相〕州）　779a
東叡山（〔寛永寺〕,武州）　617a,
　751b,752b,753a,b
★東海　412b,413b
東海庵（南禅寺）　597a
東海庵（妙心寺）　597a
東海寺（武州）　621b,622a,b,
東光院（興禅寺）　227a
東光寺（東福寺）　318b
東光寺（相州）　499a
東光寺〔甲州〕　617b
東光寺（濃州）　619b
東皎寺（武州）　532b
★東山　317a,320b,446a
東山　→雲巌寺（野州）
東山　→建仁寺,泉涌寺
東寺（京兆）　82a,83a,111a,b,120a,
　126b,129a,b,131b,133b,142a,143a,
　145b,146b,147a,148a,149a,152a,
　156b,161b,169a,175a,177b,180b,

193a,197a,199a,b,201a,226a,234a,
245a,253b,254a,b,257a,b,270b,
271b,338b,402a,640b,644b,648b,
649b,654a,b,655a,661a,662b,664a,
665a,669a,675b,676b,677a,b,678a,
680b,681a,b,686a,b,688a,b,690a,
691b,692a,693b,694a,b,696a,b,
697b,698a,701b,702a,703a,b,704b,
706b,708b,709a,712a,714b,715a,
716a,b,717a,719a,b,720a,722a,
726b,727a,b,728a,b,729a,730a,b,
731a,b,732b,733b,734a,b,735a,
736a,b,737a,b,738a,b,739b,740a,b,
741a,b,742a,b,743a,b,744a,b,745a,
b,746a,b,747a,b,750a,b,795a,818a,
820a,829a,834b,900a,907a
　観音院　169a,728a
　観智院　257a
　灌頂院　82a,111b,693b,717a,719a,
　　736a,737a
　講堂　271b,728b,747a
　西院　270b,714b,715a,727b,728b,
　　739b,747b
　食堂　143a
　尊寿院　709a
　宝厳院〔宝荘厳院〕　257a
　宝蔵　728b
★東洲　399a
　東昌寺（奥州）　312a
　東勝寺（相州）　277a,316b,335b,
　　351a,365a,371a,401a,426b,493a,
　　541b
　東禅院（南禅寺）　570a
　東禅寺（濃州）　426b
　東禅寺（播州）　457a
　東禅寺（豊後）　474a
　東禅寺（武州）　624a,b,626b
　　曹渓塔　624b
　東漸寺（武州）　313a,314a,315a,

317b,326a,356a,b,357a,371b,393a
東大寺（毘盧大殿，金鐘寺，金鐘道場）
64b,69a,70a,73b,78a,80a,86a,b,
87b,92a,b,93a,b,94a,95a,b,96a,
97a,98a,100b,101b,102a,107a,109a,
b,112a,b,113b,114a,116a,122b,
123a,125a,b,126b,127a,b,129a,b,
131b,141b,142a,b,143a,b,144a,
145b,146a,147b,148a,b,149a,b,
150b,151a,153b,154a,155b,156a,b,
157b,160a,167a,169a,171b,175a,b,
177a,181a,b,183a,189a,b,194a,
195a,198a,199a,200a,b,201a,204b,
206a,207a,217b,221a,b,230b,232b,
234a,b,237a,238a,b,241a,242b,
243b,247b,251b,252a,253b,256a,
264a,b,283a,285b,286b,335a,357a,
366a,377b,638a,639b,640a,b,649a,
b,650a,654a,669a,b,675b,676b,
677b,681a,686a,b,687a,688b,691b,
696b,697a,b,698a,703a,707a,b,
709a,b,715a,b,716b,717a,721a,
724b,726b,727a,b,728b,730b,731a,
735a,736a,737b,738b,739b,740a,b,
741b,743b,744b,750a,755a,757a,
758a,b,759a,760a,b,761a,769b,
774a,775b,784b,785b,786b,787a,b,
791a,792a,797b,799b,807b,808b,
813a,818a,826a,828a,b,829b,830a,
831b,835b,836a,846b,847a,b,866b,
896b,897a,b,898b,899b,900a,b,
901a,902a,904a,905a,909a,920b
　戒壇院（戒壇）　70b,73b,74a,75a,
　　80a,87b,107b,112a,b,127a,b,
　　189a,195a,198a,217b,230b,231b,
　　232b,234b,237a,238a,239a,242b,
　　243b,246b,247a,b,251a,b,253b,
　　254a,255b,256a,b,258a,b,264a,
　　283a,284b,357a,366a,b,367b,

190

368b,387a,425b,448b,687a,707b,
709a,b,739a,755a,b,756b,760a,b,
761a,769b,770b,773a,777a,b,
781b,784b,785a,b,786a,b,787a,b,
788a,789a,795b,797a,b,798b,
799a,b,800a,802a,831b,897a

観音院　238b

吉祥院　160a

羂索院　92b,639b

斎堂　256a

食堂　200b

真言院　199a,238a,244a,246a,252b,
255b,773a,789a

新禅院　246a,255b,789a

尊勝院　156b,175a,177a,185a,198b,
202a,204b,217b,218b,221a,b,
232b,251a

大仏殿（毘盧殿，舎那宝殿，遮那大
殿）　73b,87b,206a,221a,246b,
264b,640a,669a,703a,724b,774a,b

知足院　220b,227b,229b,230b,769b,
774a

中門　144a

天池院　151b

東南院　143a,148b,155b,175b,181b,
189b,190a,194a,195a,199b,200a,
b,201a,b,207a,212b,230b,233b,
237a,241a,245b,247b,253b,732b,
734b,737b,744b,750a,b,781b,
784b,787b,788b,789a,826a,b,847a

東坊　142b

唐院　149b,759a

唐禅院　74,142a,755a

西室　153b

念仏堂　830a

南戒壇　112a

維摩堂　758b

★東士　414b

東塔（叡山）　250b,824b,872a,873a

東塔（高野山）　795a

東塔院（叡山，東塔）　682a,857b,
900b

東洞院　700b

東南院（高野山）　202a

東南院（東大寺）　143a,148b,155b,
175b,181b,189b,190a,194a,195a,
199b,200a,b,201a,b,207a,212b,
230b,233b,237a,241a,245b,247b,
253b,732b,734b,737b,744b,750a,b,
781b,784b,787b,788b,789a,826a,b,
847a

東南院（菅原寺〔喜光寺〕）　816a

東野　540a

東福寺（恵日山，恵峰，本寺）　125a,
225b,231a,251b,259a,277a,279a,
282b,284a,b,285b,287a,290b,298b,
305a,307a,309a,b,310a,b,311b,
312a,316b,317a,318a,322a,323b,
324a,325a,b,326a,328a,b,339b,
340a,b,341a,343a,b,345a,b,350a,b,
351a,368b,370b,374b,382b,393b,
394a,395a,401a,402a,403a,b,410b,
411b,412a,413a,414a,415a,417a,
418a,425a,428b,429a,b,430a,433b,
435a,b,437b,438a,444b,445a,b,
446a,447b,455a,456b,457a,462b,
465b,473b,474a,480b,484b,487a,b,
499b,500a,501b,503b,505b,507b,
512a,b,513b,526b,528a,531b,533a,
534b,535b,547b,548a,549a,551a,b,
558b,561b,563b,564a,569a,b,572b,
580a,b,581a,b,603a,606b,613a,
642a,783a,798b,801a,802a,803a,
809a,833a,904b,905b

永明庵（塔）　437b,606b,613a

延寿堂　279a

回輝庵　549a

海蔵院　369a,376a,b,425a,447b,

451a, 508a
霊源塔　508a
桂昌庵　350b
光明蔵　340b
正覚庵　403b
　正光塔　404a
正統庵　324b
　増輝塔　466a
　普光塔　324b
荘厳蔵院（荘厳庵）　285a, 351b, 401a
丈室　309b
常喜庵　513b
常楽庵（閣）　285b, 286a, 324b, 487b
心源庵　474a
双輪庵　317a
宗鏡庵（室）　499b, 569a
即宗庵　487b
堆雲庵　564a
退耕庵　501b
　清浄覚地塔　501b
大慈庵（院）　325a, 534b, 603b
大雄庵　345a
智覚庵　499b
天得庵　428b
東光寺　318b
南泉庵　418b
如意庵　341b
不二庵　551b
芬陀利華院　445a
菩提院　412a, b, 413a
　大定塔　412b
宝寿庵　403b
本成寺　343b, 446b, 513b
　祖塔　513b
万年庵　430a
栗棘庵（聖寿）　311a, 551b
　常寂塔　311a
竜吟庵　417b, 558b

竜吟峰　310a
竜眠庵　447b
東坊（大安寺）　70a
東坊（東大寺）　142b
東北院（興福寺）　157a, 209a, 227b, 228a
東北院（善通寺）　255a
東北院（京兆）　676b, 797a, b
東北寺　179a
東陽房（叡山，西塔）　167a
★東林寺　399a, 408a, 496a
東林寺（京兆）　767a, 770b
洞雲寺〔尾州〕　435b
洞谷山　→永光寺（能州）
★洞山　339a, 382a
洞春庵（建仁寺）　416a, 541b
洞福寺（越後）　574a, 582a
唐院（東大寺）　149b
唐院（園城寺）　693a
唐院（大安寺）　757a
唐院（興福寺）　844b
唐寺　→招提寺
唐招提寺　→招提寺
唐禅院（東大寺）　74a, 142a, 755a
唐房（園城寺）　137b, 692b
桐江庵（丹波）　628b
桐山寺（濃州）　476a
等持院（山城）　556b
等持教寺（京兆）　442b
等持寺（京兆）　418a, 434a, 440b, 441b, 453a, 478b, 483b, 510b, 512a, 514a, 517a, 560b, 583a, 590b, 591b
等慈庵（円覚寺）　431a
等慈塔（浄因寺，野州）　538a
等証院（東山）　525a
塔院（大安寺）　759b
塔中院（大安寺）　77b
韜光庵（京兆）　358a
同契庵（円覚寺）　395a

堂原寺　914a
★道場山（護聖万寿禅寺）　337a
　道福寺（讃州）　551b
　栂尾（城北）　378b
　栂尾〔山〕　→高山寺
　得長寿院（京兆）　192a
　徳雲院（南禅寺）　550a
　徳雲寺（信州）　378b
　徳雲寺（江州）　495a
★徳山〔宣鑑〕塔　490b
　徳聚寺（尾州）　609b
　徳住寺（薩州）　576b
　徳禅院（紀州）　573a
　徳禅寺（京兆）　432b,433a,492a,
　　616b,621b
　呑海寺（備中）　412b,413a,504a
　呑碧楼（石城山妙楽寺，筑前）　356a,
　　463b,521a　石城庵（山）も見よ
　　知足塔　409b
　曇芳庵（長寿寺，相州鎌倉）　443a

　　　　　一な一

　那智山（紀州）　694a,829a,838a
★那蘭陀寺　67a,76b,136b,495b,564a
　波著寺（なつきでら，越前）　306b
　中川寺（和州）　761a
★中天竺寺　321a
　中山寺（和州）　239a
　中山寺（勢州）　621a
　中山寺（摂州）　874b
　長尾寺（江州伊吹山）　134b,748b
　難波津住吉浦　786a
　鳴河寺（和州）　878a,b
　南院（木幡）　244a
　南院（高野山）　876a
　南円堂（興福寺）　161b,171b,181a,
　　185a,193a,804a
　南戒壇（東大寺）　112a
★南岳　411b,518b,710b,863a,b,865a

南岳　→高野山
南宮寺（濃州）　653b
南光房（叡山，東塔）　752a
★南谷庵（天童山）　421a,582a
南山　→高野山
南宗庵（泉州）　→南宗寺
南宗寺（泉州）　616b,621b,622a,b
南泉庵（東福寺）　418b
南泉寺（武江）　626b
★南禅寺（常州）　290a
南禅寺（太平興国，瑞竜山，竜山離宮）
　225b,308b,309b,328a,b,329a,b,
　330a,332a,335a,336a,b,337a,b,
　338a,b,339a,b,340b,342a,343a,b,
　346b,347a,348b,349b,350a,351b,
　353b,354b,356a,360a,361b,363a,
　368b,369a,370b,373b,374a,b,376a,
　377a,381a,b,383a,b,384a,b,388a,b,
　389a,393b,394a,398b,399a,402a,b,
　403a,407a,410b,411a,b,412a,b,
　414b,415a,416a,417a,b,418b,
　419a,421a,422a,428a,b,429a,
　431b,437a,438a,440a,444b,
　445a,446a,447a,b,448a,452a,b,
　454a,457b,458a,460a,461a,468a,b,
　471a,b,473a,b,474a,b,478a,479a,b,
　483a,484a,485b,486a,b,487a,488a,
　489b,493a,b,494a,495a,b,496a,
　497a,499a,501a,b,502b,503a,b,
　505a,508a,511b,512b,513a,b,516a,
　518a,519a,520a,b,521a,b,524a,527a,
　529a,533a,535b,536b,539b,541a,
　548a,550a,551a,b,552a,b,555a,b,
　556a,b,557a,559b,560a,561a,563a,
　b,564a,b,565a,567b,568b,569a,b,
　570a,572a,574b,575a,576b,579a,
　580a,b,581a,b,582b,583a,584b,
　590a,591a,592a,599b,602b,603b,
　606a,b,611a,b,615b,619a,631b,

632a, 802a
雲興庵　417b
雲堂　329a
雲門庵　493b, 494a
帰雲庵　329a
亀山廟塔　332a, b
　法雨塔　332b
下生院　495a
慶光庵　495b
幻住庵　581b
語心院　503b
金地院　584b
済北庵　257b, 374a, 424b, 452b
三門　329a
慈氏院　479b
慈聖院　487a
寿聖寺（改牧護庵）　337a
聚松〔祥〕院　513a
少林院（庵）　363a, 524b
正因庵　496a, 607a
正眼院　338b, 339a, b, 564b
　最勝輪塔　339a
正宗庵　473a
正的庵　347b
上乗院　419a
　無欲舎利塔　419a
定光院　512b
真乗院　529a
瑞雲庵　557a
西雲庵　422a, 539b
清泰院　533a
善住庵　458a
禅棲〔栖〕院　495b
双桂院　563b, 584b
大雲庵　384b, 468a
大周軒　582b
大定院　447a
　覚照塔　447a
大殿　329a

大寧院　505b
厨庫　329a
投老庵　527a
東海庵　597a
　虎穴塔　597a
東禅院　570a
徳雲院　550a
法堂　329a
牧護庵　335b, 337a
蒙堂　493b
竜華院　485b
竜興庵　412b
竜珠峰（山門）　486b
廊廡　329a
南京　155a, 165b, 766b, 779a
南大門（興福寺）　211b
南池院〔城州〕　142b
★南天竺　62a, 69b, 70b, 75a
南都　157a, 176a, 501a, 561a
南都七大寺　76a
南塔院（大安寺）　99b
★南屏山　311b, 316a, 317b, 430b
南芳庵（相州鎌倉二階堂）　388b

— に —

★二祖（恵可）庵（少林寺）　418a
　二尊院（洛西）　230a, b
　尼院（洛）　240a
　西院（東寺）　270b, 714b, 715a, 727b, 728b, 739b, 747b
　西院（興福寺）　156a
　西三谷寺（讃州）　220a, 238b, 254b
　西谷行光房（叡山，東塔）　259a
★西天目　444a
　西唐院（大安寺）　71b, 148a, 177b
　西室（東大寺）　153b
　西山　→三鈷寺
　日輪寺（紀州）　229b
　日光山（野州）　324a, 538b, 752b,

753a,b
★乳寶山　→雪寶山
如意庵（東福寺）　341b
如意庵（国清寺，豆州奈古谷）　437a
如意庵（円覚寺）　437a
如意庵（吉祥寺，上州）　456a
如意庵（大徳寺）　492a,612a
如意庵（総持寺，能州）　527b
如意寺（京兆）　872a
如意塔（建長寺宝珠庵）　371a
如意輪寺（洛東）　164b,264a,769b,848a
如法院　694b
如法寺（奥州）　254b
如法寺（信州）　870a
如法堂（叡山，横川）　116a,658b
如法堂（弥勒寺〈勝尾寺の前身〉，摂州）　868a
如来寺（肥後）　292b
　大慈塔　292b
仁寿殿　138a
仁和寺（御室）　133b,142a,b,146b,156b,168b,183a,186b,195a,197a,200b,203a,205b,212b,221a,223b,226b,233a,234b,235a,239a,243b,253a,255a,b,265b,269a,288b,441a,641a,661a,662a,b,669a,675b,676a,678a,b,686b,687a,688a,b,689a,691b,692b,696a,b,697b,701a,b,704a,707a,709a,b,710a,712a,714b,715a,b,716a,719a,b,724a,727a,731a,b,732a,b,733a,734a,b,736a,738b,739b,740a,741a,b,743a,b,746a,747b,748b,781a,786a,884a,887b,922a
　池上　662b
　池上宝塔院　697a
　影堂　732a
　円宗院　715b
　円堂院　661a,678a
　観音院　235a,676b,687a,692b,724b,732b,737a
　灌頂堂　676a
　灌頂壇　669a
　喜多院　675b
　北院　716a,725a,732b
　華蔵院　195b,676a,701a,707a,719b,720a,733a,879a
　五智院　740b,744b
　西寺〔院〕　156b
　西方院　720a
　勝宝院　703b,737a,743a,744b,747b,787a
　上乗院　212b,736a
　成就院　193a,696b,701a,702a,704b,747b
　真乗院　719a,731a,b,734a,741a,746b
　大教院　193a,693b,694a,704b,738b,740b
　伝法堂　746b
　菩提院　734a,740b,743b
　宝寿院　716a
　密乗院　269a
　理智院　689a,732b,734a
仁和〔寺〕西谷蓮社（京兆）　253a
忍上岳（和州）　748a
忍頂寺（神岑寺，御願真言院，摂州）　817b
忍辱山　→円成寺（和州）

—ね—
根来山（寺，根嶺）　196a,b,244b,268b,905a
　円明寺　196a,706b
　教王院　249a
　修学院　249a
　十輪院　232a,259b

中性院　243b,244b,258b
伝法院　244b,433b（高野山より移建）
菩提院　196b
宝積院　249a
弥勒院　258b
密厳院　244b
妙音院　259b
念覚寺〔院〕（醍醐寺）　148b
念仏堂（東大寺）　830a
拈華山　→正法寺（奥州）

―の―
野寺（江州）　103a
野寺（洛陽）　77a
★能仁寺　301b
濃於寺（播州）　918a

―は―
長谷寺（泊瀬寺，和州）　178b,182a,b,185a,221a,228a,b,638a,709b,772a,814b,821a,823a,b,828a,b,853b,854b,859b,919a,920a
　菩提山　228a
長谷寺（相州）　455a,493a
長谷寺（甲州）　459a
★白雲庵（東湖）　301b
　白雲庵（円覚寺）　365a,430b
　大明塔　365b
★白雲寺　364b
　白巌寺（筑後）　214b
白山　131b,635b,636a,637a,638a,b,652a,881b
白山神祠　554a,902b,903a
★白塔寺（揚州）　755a
★白馬寺　697a
★白竜寺　384b
★白鹿園寺（高麗）　893a
泊瀬寺　→長谷寺（和州）

泊船庵（相州）　340b,388a
箱崎（筑前）　210a
八条院　702a
八幡（城州）　736b,786a
八幡宮（城州男山）　776b
八幡神祠（石清水八幡）　242b,297a,725b,776b,786b,787a,789b,797b,830b
八幡神祠（宇佐八幡宮，宇佐神祠）　77b,295b,296a,641a,904a,b
八幡善法寺（城州）　242b,251b,258b
八幡大乗院（城州）　252b,786b,797b
八徳山（播州）　164b,671a,672a,848a
法堂（南禅寺）　329a
花園離宮（妙心寺前身）　404b,405a
帆山寺（越前）　415b
般舟院（洛北）　752b
般舟堂（真宗院，城州）　234b
般若寺（和州）　146b,149b,151a,776a,777b,779b,780b,790b,791a,793b
般若台（春日神祠）　209a
万松山　622b

―ひ―
比古明神（若州）　910a
比曽寺（但州）　717b
比蘇寺（和州）　71b
比良山（江州）　134a,646a,825a,851b,858b,909b
　最勝寺　851b
　妙法寺　851b
比良明神　93a,134a,909a
日吉社（日吉山王社）　204a,691a,906a
日吉明神　266b
日向寺　864b
肥（悲）田院（京兆）　802b
秘沢（越州）　573b
悲田院（和州）　790a

悲田院（四天王寺）　791a
毘沙門護世堂（叡山）　138a
毘沙門堂（山城）　214b,222a,230a,
　231b,752b
毘盧大殿　→東大寺
毘盧塔（建仁寺，天潤庵）　377b
東小田原寺（和州）　740a
東尾寺（仏頂山）　907a
東別所（高野山）　235a
東山（京兆）　236b,237a
東山離宮　245b
彦山（豊前）　210a
彦根山　→観音霊場
姫路山（播州）　225a
★百丈　383a,408a,428b,452b
　百丈山　→大智寺（城州）
〔百万遍知恩寺〕　→功徳院（長徳山）
　白毫寺（和州）　230b,238a,740b,
　773a,782b,786a,789a,796b,797b,
　798a,803b
★白蓮教寺（泰山）　768a,769a
　白蓮社（野州）　537b
　平等院（宇治）　441a,684b,700a,
　729b,776a,b,877a
　　阿弥陀堂　684b
　平等院（園城寺）　699b
　平等心王院（槙尾山，槙峰，洛西）
　　806a,b,807a,808b,809b,810b,811a,b
　広岡寺（和州）　105b
　広沢　→遍昭寺
　広田寺（武州）　254b

　　　　　—ふ—

　不空院（和州）　769a,774a,779a
　不退寺（和州）　797b
　不動院（常陸）　752a
　不二庵（東福寺）　551b
　布金館（建長寺）　385a
　布施寺（和州）　831b

富〔福〕貴山（寺）（和州）　129a,
　897b
富士山　864a,866a
普応寺（奥州）　442b
普慶精舎〔庵〕（野州）　512a
普見山（河州）　810a
普賢院（石山寺，江州）　151a
普広院（京兆）　583b
普光庵（建仁寺）　321a,326a
★普光寺（四明）　330a
　普光寺（江州）　100b,106a
　普光殿（愛宕山菩提道場，城州）　99a
　普光塔（竜翔寺祥雲庵）　321a
　普光塔（東福寺正統庵）　324a,b
　普済庵（興国寺）　400b
　普済寺（丹後）　474b
　普済寺（常州）　791a
★普慈寺　361b
★普陀山　629b
★普通院　117a
　普渡寺（常州）　791a
　普明閣（万寿寺，京洛）　502a
　普明寺（深草）　143a
　普明塔（建仁寺大昌院）　440a
　普門庵（泉福寺）　478a
　普門山　→慈眼寺（越州）
　普門山　→福聚院
　普門寺（京洛）　284a,333b,341a,
　394a,395a,411b,413a,417a,428b,
　437b,444b,447b,456b,457b,480b,
　484b,487b,505b,507b,513b,551b,
　563b,580b,581a,779a,785a,786a
　普門寺（奥州）　314a
　普門寺（江州）　443a
　普門寺（武州）　565b
　普門寺（摂州）　630b
★補陀山（宝陀山，慶元府）　330b,490b
　補陀山（野州）　537b
　補陀寺（阿州）　389a,437b

197

補陀寺（濃州）　565a
★補陀落迦山寺　→補陀落寺
　補陀落山　→神宮寺（下野）
　補陀落山　638a
★補陀落寺（補陀落迦山寺）　845b,846a
　補陀落寺　657a
　深草〔安養院，京兆〕　220a
★伏竜山　455b,456b,490b
　副田（庵）（薩州）　477a
　福海寺（摂州）　396a
　福源山　→禅興寺
　福光山（聖海寺，相州）　297b,298a
★福光寺　369b,758a
　福厳寺（摂州）　426b,454b,459b
　〔福厳寺〕（安国寺，淡州）　437b,
　　499b,500a,534b
　（巨）福山　→建長寺
　福山教寺（備中）　412b
　福聚院（普門山，京兆）　572a,577b,
　　593a
　　湛寂塔　572a
★福昌寺　503a
　福昌寺（玉竜山，薩州）　539b,540a,
　　541a,576b,912a
　福昌寺（賀州）　575a
　福城寺（城州）　369a
★福先寺　71b
　福泉寺（常州）　617a
　福智寺（豊前）　419b
　福田庵（京洛）　294b,297a,b
　伏見院（賀州）　812a
　仏果寺（播州）　534a
　仏原山（備前）　546a
　仏国寺（吉野山）　755b
　仏種寺（越前）　415b
　仏心寺（京兆）　305b
　仏蔵院（武州）　248b
　仏陀寺（賀州能美郡）　439a,b,543b,
　　549b,554a,574a

仏地院（武州）　248a
仏地院　787a
仏頂山　→楞厳寺（常州）
仏頂山　→東尾寺
仏通寺（芸州）　524b,525b
　向上庵　524b
　肯心庵　524b
仏灯国師無相之塔（建長寺竜峰庵）
　337a
〔仏徳山〕→興聖〔宝林〕寺
仏日山　624b
仏日山　→大光寺（江州）
仏隆寺　122b
★仏隴寺　137a
★仏隴大慈寺　763b
汾陽寺（建徳山，濃州）571b,572a,
　596a
芬陀利華院（東福寺）　445a

—ヘ—

平塩山（甲州）　387a
平城右京禅院（京洛）　66a
平泉寺（越前）　391a,656b
平林寺（武州）　490a
米山　→竜興寺（丹州）
★碧鶏坊　272a
別院（元興寺）　92a
別院（西大寺）　101b
別所寺（摂州）　708a
★別峰　402b
別房（西大寺）　109a
徧界一覧亭（瑞泉寺，相州）　344a,
　395a
遍昭寺（京洛広沢）　156b,159a,668b,
　669b,675b,696b
遍智院（醍醐寺）　221b,233a,689b,
　727b
遍明院（高野山）　197b,223a,235b

—ほ—

保寿〔寺〕 319b
★保寿寺 114a,b
　保寿寺（摂州） 443a
★保寧寺（鳳台山） 328a,391b,452b,
　489a,513a
　保寧寺（筑前） 371a
　保福寺（信州） 315b
　補厳寺（和州） 439b,574a
　菩提院（根来山） 196b
　菩提院（興福寺） 204a
　菩提（長楽山，宝菩提寺，京洛東山）
　　412a,b,413a（後に東福寺内に移建）
　　　大定庵 412b
　菩提院（東福寺） 412a,b
　　　大定塔 412b
　菩提（仁和寺） 734a,740b,743b
　菩提山（寺）（〔正暦寺〕和州） 221a,
　　231b,251a,b,798b
　　　禅定院 221a
　菩提山（長谷寺） 228a
　菩提山（南京） 325b
　菩提山　→禅定院（和州）
　菩提寺（作州） 206b
　菩提寺（筑前） 214b
　菩提寺（江州） 93a,612a
　菩提寺 644a
　菩提道場（愛宕山，城州） 99a
　　　普光殿 99a
　菩提房（叡山，西塔） 885b
★菩提律院 764b
★方広寺 417b,430a
　方広寺（遠州） 490a,491a
　芳徳寺（和州） 622b
★奉聖寺（金陵） 361b
★奉先寺 167a
　宝園院（叡山，西塔） 260a
　宝冠寺（大雄山，阿州） 510b,553b
　宝亀院（高野山） 747a

宝慶寺（薦福山，越州） 347b,348a,b
宝篋庵（院）（安養寺，長松山，勢州）
　325a
宝光院（高野山） 206a,226b,227a,
　235b,812a
宝光院（長楽寺） 420a
宝光山　→興禅寺
宝光寺（播州） 343a,513a
宝厳院〔宝荘厳院〕（東寺） 257a
宝山　→大徳寺
宝持院 181b
宝積院（和州壺坂） 206a
宝積院（根来寺） 249a
宝積（京洛） 552b
宝寿庵（東福寺） 403b
宝寿院（仁和寺） 716a
宝寿寺（楞迦山，河州） 369b,370a
　　霊洞庵 370a
宝珠庵（実相寺） 368a
宝珠庵（建長寺） 371a
宝処院 209a
宝生院（高野山） 701a
宝生護国院（西大寺） 776b
宝性院（高野山） 222b,260b,263b,
　264b,265a,267a,b,906b
宝性寺（西山） 556b
宝泉寺〔甲州〕 617b
宝泉寺（河州） 793b
宝蔵（東寺） 728b
★宝陀山　→補陀山
宝陀寺（阿州） 495b,502a,514a,552a
★宝池寺（清涼山） 634a
宝地房（叡山，東塔） 209b
宝土山　→願成寺（越前）
宝塔（興福寺） 171b
宝塔院 769b
宝幢〔庵〕（安国寺＝北禅寺，山城）
　415a
宝幢院（叡山，西塔） 119b,683b

199

宝幢寺（覚雄山，城西）　264b,484b,
　520b,521a,559b,628a
　鹿王院　484b,485b
宝福寺（備州）　428b
宝福寺（甲州）　459a
宝福寺（薩州）　561a,b
宝福寺（城北）　833b
〔宝〕菩提院（京洛）　412a,b,413a,
　795b（後に東福寺内に移建）
★宝峰寺　493b
宝満寺（相州鎌倉）　318a,414a
宝明塔（建仁寺永源庵）　402a
★宝林寺（務〔韶〕州）　287b
宝林寺（丹州）　305b
宝林寺（播州）　493b
宝林寺（上野）　532a
宝林寺〔城州〕　550a
放光寺（相州〔飯山〕）　770b
法雨庵（円福寺，武州）　539b
法雨塔（南禅寺亀山廟塔）　332b
法雨塔（泉竜寺）　539b
法雲寺（大雄山，常州）　396b,397b,
　443b,465b,512a,537b,545b
法雲寺（金華山，金華之新寺，播州）
　378b,383a,418a,428a,440a,457b,
　465b,493b,510b,521b,531b,535b,
　550a
法園寺〔城州八幡〕　789b
法観寺（洛東八坂）　414a,440b,509b,
　570a
法器山寺（和州）　633a,b
法源寺（相州）　305b
法広寺（京兆）　871b
法光明院（洛西）　802b
法興院（叡山，東塔）　681b
法興寺（和州）　842b
法金剛院（京兆）　269a,326b,704a,
　709b,792a,b,805b
法山　→妙心寺

法寿院（仁和寺）　716a
法住寺（京洛）　207b,713a
法性寺（京洛）　176a,224a,286b
　五大堂　286b
　遣迎院　224a
法照寺（京兆一条）　240a
法成寺（京兆）　174b,176a,179a,b,
　190b,201a,285a,680b,870b,872a
法常寺（丹州）　628a
法泉寺（相州）　371a
法蔵寺（濃州）　351a
法幢院　658b
法幢寺（播州）　627b
法堂（はっとう，南禅寺）　329a
法曼院　222a
★法門寺　839b
法楽院　872b
法楽〔寺〕（洛東）　364a
法隆寺（斑鳩寺〈宮〉，和州）　66b,
　87b,89a,91b,97b,116a,128b,129a,
　726b,776b,786b,787a,792b,854b,
　863a,b,864b,865b,897b,911b,915b
　上宮王（皇）院　786b,808b,812a
　太子堂　129a
　夢殿　792a,863b
法琳寺（城州宇治）　121a,b,655a,
　899a
法輪院（園城寺）　684b
法輪寺（桂井寺，智福山，城州嵯峨）
　127b,128a,b,566a,812a,852a,b
報恩院（醍醐寺）　232a,244a,745a
★報恩寺（城南）　352a
報恩寺（筑前）　86a,296a,400a
報恩寺（鎌倉城北）　362b,478b
報恩寺（紀州）　369a
報恩寺（光孝寺，伯州）　465a
報恩寺（野州）　532b
報国寺（相州）　357b
　休耕庵　357b

200

報国寺（摂州）　518b
豊財院（淡州）　499b
豊楽院（ぶらくいん，宮中）　652b
鳳岳寺（和州）　654a
★鳳台山　→保寧寺
蓬来山（東海中）　913a
北院（西寺）　102a
北禅庵（相国寺）　583a
★北禅院　560a
北禅寺（安国寺，京兆城北）　382a，415a，428a，429b，494a，504b，505b，506a，548b，551a，560a，569a，585b，590a
北倉院（興福寺）　95b
北嶺　→延暦寺
牧護庵（南禅寺）　337a
星野山（武州）　248a
法界寺（河州）　203a，891b
法起寺（岡本山，和州）　812b
法華院（神宮院）　77b
法華三昧堂（叡山，東塔）　158b，653a，657b
法華山（京城西）　392a
　妙峰〔庵〕　392a
法華山（播州）　912b
法華寺（和州）　99a，105b，775b
　浄土院　105b
法華堂（延暦寺西塔，西塔院）　854b
法性寺（城州）　165a，176a，224a，286b，656b，657b，668b，673a，684b，712b，729a，732b
　五大堂　286b
　遣迎院　224a
法勝寺（洛東）　86a，182b，184a，185b，187b，191a，b，211b，687b，691a，692b，697a，706b，707b，710a，715b，729b，742b，752b
発心院（京兆）　239a
発心貴山　→円成寺（但州）

本覚庵〔寺〕（勢州）　374a
本覚院（叡山，西塔）　162a
★本覚寺　328a，343b，463b，490b
本覚寺（京兆）　833b，834a
本願寺（京師）　803a
本源庵（天竜寺）　566b
本山寺（筑前）　873b
本成寺（東福寺）　343b，446b，513b
本瑞塔（華山寺，元慶寺）　621a
梵釈寺（江州）　96a，b，105b，112b，158b，695b，825b，845a，871b
梵福山（和州）　99a

—ま—

槙尾　→心王院
槙（巻）尾山（泉州）　80a，637b，638a
槙尾山（西明寺）　628b
槙尾山（槙峰，平等心王院跡，洛西）　806a，b，807b，808b，809b，810b，811a，b
松院（興福寺）　772a，784b
松尾（城州）　221b
松尾山寺（和州）　878a
松尾祠　717b
松尾明神　718a
松島寺（円福寺，瑞巌寺，奥州）　278a，b，387b，400b，624b，625a，626a，859b
松橋（醍醐寺）　706b
松室〔院〕（興福寺）　150b，155a，165b，172a
松山寺（濃州）　250a
★万寿寺（平江）　317a，322b，364b
★万寿寺（道場山，護聖万寿寺）　337a
万寿寺（水上山，肥前）　283b，295a，b，296a，316b
万寿寺（京兆）　298b，320a，338b，341b，347a，348b，356b，366b，368b，369a，370b，377a，379a，400a，408a，b，424b，425a，442b，452a，453a，457b，

465b,468b,489b,492a,502a,513b,
519a,520a,524b,529a,563a,569b,
595a,b
　覚皇宝殿普明閣　502a
　正宗〔塔〕　400a
　妙喜世界　453a,541b（後に建仁寺に移建）
万寿寺（乾明山，相州）　328a,329b,
346b,358a,365a,369a,387b,412b,
452b,468b,510a
万寿寺（蔣山，豊後）　339b,340a,b,
348b,378b,384a,400a,414a,426b,
429a,452b,456a,457b,490a,492a,
512b,526b,559a
　常楽庵　340b
万祥山　→大通寺（京兆）
万年庵（東福寺）　430a
万年山　→相国寺
★万年寺（天台山）　84b,86b
万富山（円覚寺続灯庵）　436b
★〔万福寺〕（黄檗山）　630a
万福寺（黄檗山，城州〔宇治〕太和田）
629b,630b,631a,632b,812b
　松隠堂　631a
万里小路洞院（京兆）　735a
曼珠院（洛北）　174a,192a
曼荼羅寺（随身院，城州）　180b,
226a,245a,254a,677b,694a,696a,
728a,b,730a,b,741b,742a
曼荼羅道場（真言院，宮中）　82a,b
満願寺（上州）　260a

—み—

三井寺（防州）　722a
三井寺　→園城寺
三浦（相州）　765b
三笠山（和州）　905a
三村寺（清涼院，常州）　779b,790b,
791b

三輪〔寺〕（和州）　720b,786a,908a
三輪社（和州）　777a,907b
弥勒院（根来寺）　258b
弥勒寺　296b
弥勒寺（相州）　476a
弥勒寺（通宝山，摂州）　642b,644a,
671b,867a,868a（勝尾寺の前身）
　如法堂　868a
眉間寺（南都）　708b,828b
御上山（江州）　638b
御室戸〔寺〕（和州）　914a
微笑塔（妙心寺）　405b,567b,627b
箕面山（摂州）　157b,158a,866a
密華国院　728b
密厳院（高野山）　195b,196a,197b,
244b,889b
密厳院（豆州）　254b
密乗院（仁和寺）　269a
密蔵院（尾州）　256a,b,265b
水上山　→万寿寺（肥前）
南戒壇（東大寺）　112a
★南天竺　62a,69b,75a
南唐院（大安寺）　99b
峰合寺（播州）　822b
名本寺（京兆）　558b
妙雲院（洛東）　592a
妙雲寺（竜興山，賀州）　477a
妙円〔寺〕（能州）　506a
妙円寺（薩州）　540a,576a
妙応寺（濃州）　508b,533b,534a
妙音院（根来寺）　259b
妙音院（雲州）　527a
妙観院（叡山，横川）　231b
妙観寺（摂州）　466b,467a
妙喜庵（竜興寺，丹州）　588b
妙喜院（京兆）　598a
妙喜世界（万寿寺）　453a,541b（後に建仁寺に移建）
妙喜世界（建仁寺）　454a

202

妙解寺（肥後）　622b
妙見堂（洛北）　278b,279a
妙光寺（洛西）　288a,369a,370b,
　400b,407a,b,447a
　歳寒塔　288a
妙香院（京兆）　735b
妙興寺（尾州）　462a,b,463a,619a
　瑞芳庵　463a
　天祥庵　462b
　　天瑞塔　462b
妙勝寺（京南薪山）　349a
妙勝寺（濃州）　531a,b
妙心寺（正法山，法山，京兆）　404a,
　405a,406a,449a,b,450a,528b,550a,
　b,566b,567a,568a,571a,572a,577a,
　578a,586a,587a,588a,b,589a,593b,
　594b,595a,b,596b,597a,598a,599a,
　b,600a,b,606a,b,607a,608a,609a,b,
　610a,611a,613a,b,614a,b,615a,b,
　617b,618a,619a,b,621a,b,622a,
　624a,b,625a,b,626a,b,627a,629a,
　630b,751a,753a
　　微笑塔（開山始祖塔）　405b,
　　　567b,627b
　　衡梅院　588b,597a
　　雑華院　626b
　　聖沢院　610a,619b
　　退蔵院　528b,529a,615a
　　大仙庵　608a
　　大通院　619a
　　知勝院　619a
　　天授院　449b
　　東海庵　597a
　　　虎穴塔　597a
　　養源院　521b,567b,568a,577b,587b,
　　　590b,610a
　　　菊光塔　568a
　　竜泉庵　595a
　　　大亀塔　595a

隣花院　619a
　無礙塔　619b
　霊雲院　613b,614b,618b
妙法院（洛東）　119b,176a
妙法山（熊野）　288b
妙法寺（摂州）　711b
妙法寺（比良山）　851b
妙峰（庵）（法華山傍，城西）　392a
妙楽寺（石城庵，石城山，筑前）
　296a,409a,b,463b,521a,604b
　知足塔　409b
　呑碧楼　356a,463b,521a
妙楽寺（丹州）　557a
妙楽寺（和州）　634a
明王院（相州）　791a
明覚山（濃州）　→大円寺
明光院（興福寺）　209a
明星寺（筑後）　214b,215a
明禅寺（播州）　531a
明白庵（天竜寺）　508b

　　　　—む—
牟田寺（南京）　914a
武義庵（濃州）　491a
武庫山（摂州）　913b
武佐寺（江州）　468b
無著庵（濃州）　567a
無相塔（建仁寺雲竜庵）　438b
無相之塔（建長寺竜峰庵）　337a
無動寺（叡山，東塔）　231a,260a,
　646b,647b,650b,676a,726a,729a,
　730a,873a,875a,883b
　松林房　231a
無動寺（越後）　716b
無欲舎利塔（南禅寺上乗院）　419a
無量光院（高野山）　267b
無量〔光〕寺（当麻山，相州）　748a,
　770b,860b,909a
無量寺（相州三浦）　384b

無量寿院（高野山）　261a,b,262b
無量寿院（讃州）　254b
無量寿院（相州鎌倉）　785a
無量寿院（醍醐寺）　809a
無量〔寿〕寺（相州三浦）　384b
無量寿福寺（天道山，賀州）　252b,
　778b,779a
室生山（和州）　106a,122b,725b,
　796a,797b,835b
室戸崎（土州）　79b

―も―

毛野寺（和州）　918b
芼毛山（相州）　476a
蒙堂（南禅寺）　493b
物外庵　357b
文殊堂（武州）　604a
★文殊楼　117a,118b
聞修寺（相州）　400b

―や―

八坂塔（洛東）　389a,570a,583a
八坂寺（洛東）　659a
矢田寺（金剛山寺，和州）　246b,645a
弥高寺（江州伊吹山）　134b
屋島寺（讃州）　264b,758b,759a
野中寺（河州）　810a,811b
　常寂塔　812a
薬王院（禅林寺，洛東）　189b
薬師寺（和州）　66a,100a,101a,110a,
　b,125a,b,128a,145a,149a,151a,
　152b,157a,633b,640b,646a,653b,
　654a,655a,663b,792b,815a,818b,
　895b,897a,898a,b,899b,900a,917a,
　918b,919b
薬師寺（下野）　74a,91b,756a,761b,
　813a
薬師寺（泉州）　206a
柳津別所（摂州）　708a

山崎寺（宝寺，城州）　821b,822a
山階寺（興福寺前身）　101b,105a,b,
　125a,182a,b,192b,228b,638b,676a,
　692a,896a
山田寺（和州）　105b

―ゆ―

由良　→興国寺
油山寺（筑前）　215a
湯川寺（備中）　638b,639a,907b
維摩堂（東大寺）　758b
維摩堂（興福寺）　835b
友雲庵　523a
幽〔出〕谷山　→〔大禅寺〕
★熊耳山（峰）　63a,292b,299a,350a,
　385a,427b
夢殿（法隆寺）　792a,863b

―よ―

永光寺（洞谷山，能州）　342a,b,
　366a,406b,420b,421a,424a,527b
　伝灯院　342b
永福寺（相州）　276b,790b,791b
洋嶼庵　588b
★陽山　279b
陽春庵（泉州）　573a,592a,621b
養源院（妙心寺）　521b,567b,568a,
　577b,587b,590b,610a
　菊光塔　568a
養徳院（大徳寺，京兆）　602a
養徳寺（豊後）　621a
養老塔（兜率寺）　543a
★瑤津亭　849b
横川（よがわ，叡山）　164b,166b,
　169b,171a,231a,291b,293a,468a,
　657b,658b,662b,674a,702b,713b,
　761a,824b,877a,882a
横岳山（横巌岳）　→崇福寺（筑前）
横山（丹州）　457a

204

吉野山（和州）　105a,627a,637b,
　755b,774b,905b,914b
吉野山　→海峰寺（和州）
吉野神祠　720b
吉水〔坊，房〕（城州東山）　204a,
　223a,729b,730b,889b,890a,891b
良〔善〕峰山（往生院，西山，洛西）
　190a,223a,b,224b,234b,236b,713b,
　770a,826a,827b,877b,890b,891a　三
　鈷寺も見よ
　　華台塔　224b

―ら―

羅漢寺（豊前）　832a,833a
羅漢堂（高山寺）　732b
★羅山　399b
　来迎院（長楽寺，京兆）　213b
　来迎院（泉涌寺）　279b,770a,805a
　来迎院（城州大原）　249b,698b
　来迎寺（豊後）　474a
　洛山（野州）　537b
　洛社（京洛）　882b

―り―

利済庵（円覚寺）　364a
理済寺（大義山，作州）　465b,466a
　増輝塔　466a
理性院（醍醐寺）　195a,784b
理智院（仁和寺）　689a,732b,734b
理智光寺（五峰山，鎌倉）　794b
立川寺（眼目山，越中）　508b,533b,
　534a
　獅子庵　509a
栗棘庵（聖寿，東福寺）　311a,551b
　常寂塔　311a
竜雲寺（越州）　604a
竜雲房（園城寺）　171a
竜淵庵（建長寺）　471a
竜穏寺（上州）　564b,565a

竜蓋寺（〔岡寺〕和州）　88b,89a
竜吟庵（東福寺）　417b,558b
竜吟峰（東福寺）　310a
竜華院（園城寺）　185b
竜華院（和州）　258b
竜華院（南禅寺）　485b
竜華院（京兆）　804b
★竜華寺　99b
竜華寺（羽州）　855a
竜渓寺（越前）　531b,532a
竜献寺（丹後）　463b
竜源院（大徳寺）　605a
★竜護院　515b
竜光寺（西山嵯峨）　502a
竜興院（南禅寺）　412b,417b
竜興庵（円覚寺）　470b
竜興庵（建長寺）　485b
竜興山　→妙雲寺（賀州）
★竜興寺　73a,74b,76a,b,117a,758a
竜興寺（江州）　454a
竜興寺（米山，丹州）　578a,588a,
　594b,598b,599a
　妙喜庵　588b
竜済庵（瑞泉寺，尾州）　572a
★竜山　417b
竜山〔瑞竜山〕　→南禅寺
竜山庵（甲州）　388a
竜山離宮　→南禅寺
竜珠峰（南禅寺山門）　486b
★竜翔峰　291b,408a,490b
竜翔寺（城西離宮，洛西）　321a,
　326b,409a,462b,463a,587a
　祥雲庵　321a
　普光塔　321a
竜翔精廬（武陽）　620b
竜井庵（永安寺，江州）　515b
　実相塔　515b
竜泉寺（妙心寺）　595a
　大亀塔　595a

205

竜泉寺（河州）　82a
竜泉寺（越前）　498a,527b,542a,
　543a,552b,553a,558a,576b,584b
竜増寺（上野）　249a,260a
竜泰寺（濃州）　605a
竜沢寺（下総）　452b
竜沢寺（越前）　543b,544a,554a,
　573a,585b,604a
竜潭寺（丹州）　599a
竜徳寺（南京律寺）　806b
竜宝山　→大徳寺
竜峰庵（建長寺）　335b,336a,b,337a
竜福寺（和州）　88b
竜眠庵（東福寺）　447b
竜文寺（竜門寺，防州）　576a,b,
　584b,585a,599b,601a
竜門庵（円覚寺）　461a
竜門庵（禅頭寺，紀州）　524b,525a
竜門山　→瑞巌寺（土州）
竜門寺（和州）　88b,89a,665a,666a,
　725a,815a,843b
竜門寺（濃州）　493a
竜門寺（竜文寺，防州）　576a,b,
　584b,585a,599b,601a
　視雲亭　585a
★隆化寺（相州）　65b,369b
　隆城寺　128a,b
　滝谷寺（越前）　250a
　了義寺（濃州椿洞）　491a
　了心寺（薩州）　576b
　両曜塔（浄智寺蔵雲庵）　317b
　竜安寺（大雲山，京洛）　577a,578a,
　　b,587a,588a,b,593b,594a,b,596a,
　　598b,599a,b,609a,613a
　楞伽院（浄智寺，相州）　384b,385a
　　最勝塔　385a
★楞伽山　384b
　楞伽山　→宝寿寺（河内）
　楞伽寺（城北柏野）　376a,425a

〔首〕楞厳院（叡山，横川）　108b,
　116a,159a,173b,176b,659a,837b,
　852b,870b,873b,875b,877a,916a
楞厳院（洛北）　230a
楞厳寺（紀州）　369a,b,450b
楞厳寺（仏頂山，常州）　455a,456a,b
楞厳寺（隅州）　543b
楞厳寺（尾州）　565b,589b,601b
楞厳寺（遠州）　576b
霊鷲寺（洛北）　345a,b
★霊鷲山（霊山，鷲嶺，霊鷲峰，耆闍窟）
　272b,319b,327a,331b,342a,347a,
　350b,353a,b,360a,370a,386a,390b,
　399b,407b,458b,478b,485a,526b,
　551b,552b,615a,617b,658a,689a,
　832a,833a,912b,913a
★霊〔鷲〕山遺跡　87a
★霊山　→耆闍窟，霊鷲山，霊隠寺
　霊山　→興聖寺（城州）
　霊山院（洛東）　792a,797b,798b
　霊山寺（奥州）　314a
　霊山寺〔駿州〕　793b
　林泉寺（越州）　601b
★林邑国　69b,75a
　隣花院（妙心寺）　619a
　臨済庵〔林際寺〕（豆州）　546a,b,
　　547a
　臨済寺（播州）　504a
　臨済寺（豆州）　545a,546b,547a
　臨済寺（備前）　550a
　臨済寺（駿州）　613b,614a,b,619b
　臨川寺（霊亀山，洛西）　389a,390b,
　　402a,429b,430a,434a,457a,471a,
　　474b,478a,483b,486a,495a,b,505b,
　　516a,520b,522b,552b
　　三会院　390a,b,534b
　　雲居塔　390b,517b
★霊隠寺（霊隠山，霊山）　272b,276a,
　　283a,290a,299a,301a,b,335a,336b,

352a,361b,364b,383b,409b,430b,
438b,463b,510a

— れ —

★冷泉　361b,416b
鈴声山　→真如堂（京兆）
霊雲庵（長楽寺）　465b
霊雲院（妙心寺）　613b,614b,618b
霊淵塔（建仁寺知足院）　399b
霊岳山　→円通寺（新別所）
★霊巌寺　290a,361b,385a,448b
　霊巌寺（城州）　114a,115b,345b
　霊巌寺〔参州〕　607b
霊亀山　→天竜寺
霊亀山　→臨川寺
霊源院（建仁寺）　575b,592b
霊源禅院（賀茂）　629a
霊源塔（東福寺海蔵院）　508a
霊光（大徳寺丈室）　360b
霊光殿（高源寺）　372a
霊根塔（大慈寺）　292b
霊光庵（建仁寺）　315a
霊泉院（建仁寺）　520a,592b
★霊池寺　845b
霊洞庵（興国寺）　370a
霊洞庵（建仁寺）　370a,448b,472a
霊洞庵（亀山寺，興国寺，大慈寺，宝寿
　寺）　370a
霊薬山　→正法寺
★霊曜寺　756a
　醴泉教寺（江州）　557b
★醴泉寺　117b
　蓮華院（高野山）　235a,244a,249a,b,
　716a
　蓮華院（摂州）　268b
　蓮華院（醍醐寺）　795b
　蓮華院（遠州）　890a,b
　蓮華王院（城州）　207b,739b,786b
　蓮華光院（京兆）　727a,739b

蓮華三昧院（高野山）　809b
蓮華寺（鎌倉佐介谷）　240a
蓮華寺（勢州桑名）　325b
蓮華心院（京兆）　205b
蓮華〔蔵〕院（醍醐寺）　738a
蓮華坊（園城寺）　694b
蓮社（仁和寺西谷）　253a
蓮上院（高野山）　722a
蓮台寺（洛北）　161b,661b,669a,847b
蓮台寺（備後）　237b
蓮台寺（勢州）　504a

— ろ —

★廬山　84a,289b,320a,428b,490b,491b,
　891b
　臥雲庵　320b
　開先寺　491b
廬山寺（京兆）　249b,533a
廊廡（南禅寺）　329a
六角堂（青木寺）　874a
六勝寺（京兆）　205b,255a,724b,
　732a,b,748b,834b
六条院（京兆）　205b,650b
六条別院（京兆）　717a
六波羅密〔蜜〕寺（西光寺，京兆）
　659b,822b,823b,834b,922b
鹿王院（宝幢寺）　484b,485b
★鹿苑　144a,171a,619a
　鹿苑院（相国寺）　511a,516b,517a,b,
　552b,556a,b,563b,578a,583a
　　択木寮　583a
緑野寺（上野）　78a

— わ —

鷲尾山（金山院，鷲嶺，鷲峰山，洛東）
　236a,238a,243a,247a,251a,b,252b,
　739b,786b,787b,789a,797b,799a,b,
　800a,b

件名索引

件名索引　凡例

1　常用漢字の使用や配列、さらに表記などは、人名索引・寺社名索引と同じにした。また悉曇梵字は片仮名で表記した。
2　項目立ては特に学際的視野に立ち行った。
3　地名などにより、青は「あお」「しょう」「せい」、豊は「て」「ぶ」「ぶん」などのように複数読み方がある場合は、それぞれに項目立てしているから、検字索引を参照されたい。
4　通常の件名索引（字句や事項の配列）とは質を異にし、重要な項目については、読者の便を考え、『本朝高僧伝』の本文を抄出し、要文索引的な性格を加味した。その場合、項目から1字下げて本文を抄出し、項目を山括弧〈　〉に入れた。なお補訂した人名などは亀甲括弧〔　〕に入れた。

　　例　安像
　　　　〔沢庵宗彭〕予誡徒曰、全身打畳、可掩土去、営斎立牌、〈安像〉掛真、年譜誌状一切禁之、　623a
　　　囲棋
　　　　〔覚念〕、毎日暗誦法華一部、勤修弥陀供、若及余暇、与友〈囲棋〉、　872a
　　　華厳
　　　　●志玉講〈華厳〉、犯竜顔、★支那本朝共署国師、270a

また項目立てした、千手大悲像、那智瀑、般若心経の要文として「〔仲〕算於那智瀑下、誦般若心経、瀑水逆上、忽現千手大悲」があるが、ここでは般若心経の項目に掲げ、那智瀑、千手大悲像の項目には（仲算）のみを付し、要文は省略した。しかし特に重要なものは重複掲載したものもある。

5　官職・僧職名その他で特定できるものや、関係者が明らかなものは数量的に可能な限り括弧して人名を入れた。なお人名索引・寺社名索引に準じて、外国の地名や寺名、および外国人には★印、来朝者には☆

印、渡海者には●印、渡海後来朝した者には●☆印、来朝後渡海したものには☆●印を付した。また『本朝高僧伝』には渡海の記録はないが、他の資料で渡海が明らかなものには人名の前に○印を付し、典拠も掲げた。また寺名と人名、地名と人名が同時にあるものは、繁を避け、人名のみにしたものがある。また入唐、入宋などの場合は、入★唐、入★宋などとするとともに、その項目にある外国の寺院名、地名は必要と思われるもの以外は省略した。

6 書名、語録名その他、略名で表記されている場合は、括弧を付し正式な書名などを掲示すると同時に、著者名などが明らかなものは、あわせて括弧内に入れた。

7 地名は阿州（阿波）、和州（大和）など国別にし、また荘、郡、村などがあるが、その表記は同じ州に1字下げて記すとともに、それぞれ個別に項目立てし、括弧して州名を付した。例えば雲州（出雲）の場合、宇賀荘、島根県、枕木山、三沢があるが、これらは雲州の所に1字下げて記すとともに、それぞれ項目立てして（雲州）と記した。なお読み方が不明なものは漢音により配列した。また、中国（震旦）の地名は、時代による呼称の違いや、州、省、府、県の表記が不詳のため一括しなかった。またインド（竺乾）や西域地方（大宛、葱嶺など）なども、これに準じた。

8 天岸和尚行状（記）、夢窓国師語録、阿弥陀如来像、三層塔ほか、賛、肖像、頂相、火災などは、それぞれの項目に掲げているが、同時に行状、語録、像などの項目に総括して掲げた。とりわけ塔の場合は、寺社名索引における禅宗寺院の塔名なども、努めて入れた。

9 人名索引第二部（在家者）に項目立てした雲州太守、越州檀越などのように、重複したものがある。

10 『本朝高僧伝』は二段組であるから、人名索引・寺社名索引と同じく、上段はa、下段はbで表記した。

件名検字索引

	—あ—		青	あお	243	天	あま	243	さ	327
丫	あ	241		しょう	374		てん	440		しょう	372
下	あ	241		せい	396	尼	あま	243	伊	い	245
	か	264	赤	あか	243		に	463	夷	い	245
	げ	299		あこ	243	雨	あま	243	衣	い	245
	しも	356		せき	397		う	253		え	254
安	あ	241	秋	あき	243	在	あり	243	位	い	245
	あん	243		しゅう	365		ざい	332	医	い	245
亜	あ	241	飽	あき	243	淡	あわ	243	囲	い	245
足	あ	241		ほう	502		たん	429	易	い	245
	あし	243	悪	あく	243	粟	あわ	243		えき	256
	あす	243	渥	あく	243		ぞく	415	和	い	245
阿	あ	241	赤	あこ	243	安	あん	243		わ	545
疴	あ	242		あか	243		あ	241	威	い	245
啞	あ	242		せき	397	行	あん	244	韋	い	245
海	あ	242	浅	あさ	243		きた	285	惟	い	245
	うみ	253	朝	あさ	243		ぎょう	290	異	い	245
	かい	270	足	あし	243	按	あん	244	猪	い	246
扃	あ	242		あ	241	晏	あん	244	偉	い	246
愛	あ	242		あす	243	庵	あん	244	椅	い	246
	あい	242	味	あじ	243	暗	あん	244	渭	い	246
鴉	あ	242	足	あす	243	闇	あん	244	揖	い	246
鬩	あ	242		あ	241				意	い	246
会	あい	242		あし	243		—い—		肄	い	246
	え	254	麻	あそ	243	已	い	245	葦	い	246
	かい	268		ま	509	井	い	245	違	い	247
愛	あい	242	厚	あつ	243		せい	395	維	い	247
	あ	242	熱	あつ	243	以	い	245		ゆい	526
埃	あい	243		ねつ	469	生	い	245	遺	い	247

	ゆい	527	糸	いと	250	飲	おん	263		ご	311
渭	い	247		し	346	隠	いん	251	臼	うす	253
頤	い	247	印	いな	250		お	260	太	うず	253
飯	いい	247		いん	250	蔭	いん	252	内	うち	253
	はん	476	因	いな	250	韻	いん	252	鬱	うつ	253
育	いく	247		いん	250				采	うね	253
池	いけ	247	稲	いな	250		—う—			さい	330
	ち	431		いね	250	右	う	252	畝	うね	253
石	いし	247	犬	いぬ	250		ゆう	528	馬	うま	253
	いわ	250	稲	いね	250	宇	う	252		ば	472
	しゃく	359		いな	250	有	う	252	海	うみ	253
	せき	396	今	いま	250	羽	う	253		あ	242
出	いず	247		こん	324	盂	う	253		かい	270
	しゅつ	367	石	いわ	250	雨	う	253	梅	うめ	253
	で	438		いし	247		あま	243		ばい	472
板	いた	247		しゃく	359	禹	う	253	瓜	うり	253
虎	いた	247		せき	396	烏	う	253		か	265
	こ	308	盤	いわ	250	優	う	253	運	うん	253
一	いち	247		ばん	477	鵜	う	253	雲	うん	253
	いっ	248	巌	いわ	250	上	うえ	253			
	ひと	481		がん	281		かず	274		—え—	
市	いち	248	引	いん	250		かみ	275	回	え	254
壱	いち	248	印	いん	250		こう	313		かい	268
	いっ	250		いな	250		しょう	370	衣	え	254
一	いっ	248	因	いん	251		じょう	378		い	245
	いち	247		いな	250	植	うえ	253	江	え	254
	ひと	481	院	いん	251	浮	うき	253		こう	315
佚	いつ	250	寅	いん	251		ふ	486		ごう	320
壱	いっ	250	淫	いん	251	牛	うし	253	会	え	254
	いち	248	陰	いん	251		ぎっ	285		あい	242
逸	いつ	250		おん	263		ぎゅう	286		かい	268

214

件名検字索引

恵	え	255		おつ	263		—お—		黄	おう	262
	けい	301	悦	えっ	257	小	お	260		こう	318
絵	え	255	越	えっ	257		こ	307		つ	438
榎	え	255		えち	256		しょう	370	奥	おう	262
蝦	え	255		お	260	和	お	260		おく	263
壊	え	255		おつ	263	於	お	260	横	おう	262
懐	え	255	円	えん	257	御	お	260		よ	529
	かい	272		つぶら	438		ぎょ	286		よこ	530
穢	え	255	奄	えん	258		ご	312	鴨	かも	275
永	えい	255	延	えん	258		み	513	鷹	おう	262
	なが	459	炎	えん	259	越	お	260	扇	おうぎ	262
	よう	529	怨	えん	259		えち	256		せん	401
英	えい	256	宴	えん	259		えっ	257	大	おお	262
栄	えい	256	烟	えん	259		おつ	263		たい	416
営	えい	256	袁	えん	259	飫	お	260		だい	419
詠	えい	256	偃	えん	259	隠	お	260		やま	525
瑩	けい	301	婉	えん	259		いん	251	岡	おか	263
叡	えい	256	琰	えん	259	王	おう	260	奥	おく	263
影	えい	256	焔	えん	259	応	おう	261		おう	262
	よう	530	塩	えん	259	近	おう	261	憶	おく	263
衛	えい	256		しお	353		きん	291	治	おさめ	263
嬰	えい	256	猿	えん	259		この	324		ち	431
	よう	530	遠	えん	259	往	おう	261	越	おつ	263
易	えき	256		おん	264	相	おう	262		えち	256
	い	245		とお	456		さ	328		えっ	257
疫	えき	256	厭	えん	259		しょう	374		お	260
益	や	523	演	えん	259		す	392	乙	おと	263
駅	えき	256	縁	えん	260		そう	408	男	おとこ	263
越	えち	256	燕	えん	260	皇	おう	262		なん	461
	えっ	257	閻	えん	260		こう	316	音	おん	263
	お	260				桜	さくら	333	恩	おん	263

温	おん	263	河	か	265	瓦	が	267	痎	かい	270
陰	おん	263		かわ	276	我	が	267	界	かい	270
	いん	251	架	か	265	伽	が	267	契	かい	270
飲	おん	263	科	か	265	画	が	267	晦	かい	270
園	おん	263		し	347		かく	272	堺	さかい	333
遠	おん	264	迦	か	265	臥	が	267	絵	え	255
	えん	259	香	か	265	峨	が	267	開	かい	270
	とお	456		きょう	287	賀	が	267	楷	かい	272
瘟	おん	264		こう	316		か	266	解	かい	272
穏	おん	264	家	か	265	蛾	が	267		げ	300
			荷	か	266	雅	が	267	誨	かい	272
	―か―		華	か	266	餓	が	268	懐	かい	272
下	か	264		け	297	駕	が	268		え	255
	あ	241	鹿	か	266	鵞	が	268	薤	かい	272
	げ	299		しか	353	丐	かい	268	外	がい	272
	しも	356		ろく	545	会	かい	268	艾	がい	272
火	か	264	掛	か	266		あい	242	該	がい	272
	ひ	477	勘	か	266		え	254	骸	がい	272
加	か	264	跏	か	266	回	かい	268	各	かが	272
	け	297	過	か	266		え	254	角	かく	272
甲	か	265	賀	か	266	快	かい	268	画	かく	272
	かっ	274		が	267	戒	かい	268		が	267
	こう	314	勧	か	267	改	かい	270	革	かく	272
瓜	か	265		かん	277	貝	かい	270	格	かく	272
	うり	253	禍	か	267		ばい	472		きゃく	285
伽	か	265	嘉	か	267	乖	かい	270	覚	かく	272
花	か	265	寡	か	267	芥	かい	270	廓	かく	273
	はな	475	樺	かば	275	悔	け	297	閣	かく	273
呵	か	265	歌	か	267	海	かい	270	霍	かく	273
佳	か	265	課	か	267		あ	242	蕈	かく	273
果	か	265	驊	か	267		うみ	253	鶴	かく	273

件名検字索引

神	かぐ	273		こう	314		じん	391		かみ	275
	かみ	275	活	かつ	274	亀	かめ	275		じ	352
	かん	276	喝	かつ	275		き	283		しん	387
	じ	352	割	かつ	275	禿	かむろ	275		じん	391
	しん	387	勝	かつ	275		とく	456	浣	かん	277
	じん	391		しょう	375	鴨	かも	275	乾	かん	277
学	がく	273	瞎	かつ	275	蒲	がも	275	貫	かん	277
楽	がく	274	豁	かつ	275		ふ	486	寒	かん	277
	らく	533	月	がつ	275	唐	から	276	換	かん	277
笠	かさ	274		げつ	303		とう	451	菅	かん	277
	りゅう	537		つき	438	狩	かり	276		すが	394
風	かざ	274	合	がっ	275	軽	かる	276	閑	かん	277
	ふう	488		ごう	320		きょう	289	勧	かん	277
柏	かし	274	金	かな	275	川	かわ	276		か	267
	はく	473		きん	291	河	かわ	276	幹	かん	277
春	かす	274		こん	324		か	265	感	かん	277
	しゅん	368	樺	かば	275	干	かん	276	漢	かん	277
糟	かす	274	鎌	かま	275	刊	かん	276	管	かん	277
上	かず	274	竈	かまど	275	甘	かん	276	関	かん	277
	うえ	253		そう	413	汗	かん	276		せき	397
	かみ	275	上	かみ	275	串	かん	276	歓	かん	278
	こう	313		うえ	253	坎	かん	276	潤	かん	278
	しょう	370		かず	274	旱	かん	276	監	かん	278
	じょう	378		こう	313	肝	かん	276	緘	かん	278
葛	かずら	274		しょう	370	函	かん	276	寰	かん	278
片	かた	274		じょう	378	官	かん	276	盥	かん	278
	へん	495	神	かみ	275	姦	かん	276	翰	かん	278
堅	かた	274		かぐ	273	柑	かん	276	諫	かん	278
	けん	304		かん	276	看	かん	276	歙	かん	278
甲	かっ	274		じ	352	神	かん	276	簡	かん	278
	か	265		しん	387		かぐ	273	観	かん	278

217

灌	かん	280	気	き	281	蟻	ぎ	284		ぎゅう	286
闌	かん	281	希	き	281	伎	ぎ	284		ご	311
鑑	かん	281	忌	き	281	妓	ぎ	284	絹	きぬ	285
	がん	281	奇	き	281	岐	ぎ	284		けん	304
元	がん	281	季	き	281	祇	ぎ	284	客	きゃく	285
	げん	305	祈	き	281	耆	ぎ	284	格	きゃく	285
含	がん	281	癸	き	282	偽	ぎ	284		かく	272
玩	がん	281	紀	き	282	義	ぎ	284	脚	きゃく	285
眼	がん	281	軌	き	282	儀	ぎ	285	逆	ぎゃく	285
	げん	307	姫	ひめ	481	魏	ぎ	285	瘧	ぎゃく	285
雁	がん	281	帰	き	282	議	ぎ	285	九	きゅう	285
顔	がん	281	記	き	283	北	きた	285		く	293
贋	がん	281	起	き	283		ほう	498	久	く	293
願	がん	281	飢	き	283		ほく	503	弓	きゅう	286
巌	がん	281	鬼	き	283		ほっ	503	旧	きゅう	286
	いわ	250	寄	き	283	行	きた	285	休	きゅう	286
龕	がん	281	規	き	283		あん	244	臼	うす	253
鑒	がん	281	亀	き	283		ぎょう	290	究	きゅう	286
	かん	281		かめ	275	吉	きち	285	泣	なき	459
			虚	き	283		き	281	急	きゅう	286
	―き―			きょ	286		きっ	285	宮	きゅう	286
几	き	281		こ	308		よし	530		みや	515
木	き	281	喜	き	283	乞	こつ	323	救	きゅう	286
	こ	307	棋	き	283	吉	きっ	285		ぐ	295
	ぼく	503	貴	き	283		き	281	蚯	きゅう	286
	もく	520	棄	き	283		きち	285	給	きゅう	286
危	き	281	箕	みの	515		よし	530	糗	きゅう	286
吉	き	281	器	き	284	喫	きつ	285	牛	ぎゅう	286
	きち	285	畿	き	284	橘	きっ	285		うし	253
	きっ	285	機	き	284	牛	ぎっ	285		ぎっ	285
	よし	530	麒	き	284		うし	253		ご	311

巨	きょ	286	恭	きょう	287	近	きん	291		こう	313
	こ	307	脇	きょう	287		おう	261	孔	く	293
去	きょ	286	強	きょう	287		この	324	公	く	293
居	こ	308	教	きょう	287	欣	ごん	326		こう	313
拠	きょ	286	経	きょう	288	金	きん	291	内	く	293
虚	きょ	286		きん	292		かな	275		だい	426
	き	283		けい	301		こん	324		ない	458
	こ	308	郷	きょう	289	径	きん	292	功	く	293
許	きょ	286		ごう	321		けい	301	句	く	293
筥	はこ	473	軽	きょう	289	軽	かる	276	古	く	293
清	きよ	286		かる	276		きょう	289		こ	307
	し	347	橋	きょう	289	経	きん	292		ふる	492
	しょう	375		はし	473		きょう	288	玖	く	293
	しん	389	警	きょう	289		けい	301	供	く	293
	せい	396		けい	301	勤	ごん	326		ぐ	295
魚	ぎょ	286	疆	きょう	289	琴	きん	292	拘	く	294
御	ぎょ	286	鏡	きょう	289	鈞	きん	292	狗	く	294
	お	260	饗	きょう	290	禁	きん	292	苦	く	294
	ご	312	仰	きょう	290	緊	きん	292	枸	く	294
	み	513	行	ぎょう	290	錦	きん	292	俱	く	294
漁	ぎょ	287		あん	244		にしき	464	駆	く	294
兇	きょう	287		きた	285	銀	ぎん	292	瞿	く	295
匡	きょう	287	刑	ぎょう	290	僅	ぎん	292	弘	ぐ	295
杏	きょう	287	業	ごう	321					こう	314
狂	きょう	287	澆	ぎょう	290	—く—			求	ぐ	295
京	きょう	287	凝	ぎょう	290	九	く	293	具	ぐ	295
	けい	300	旭	きょく	291		きゅう	285	供	ぐ	295
矜	きょう	287	極	ごく	323	久	く	293		く	293
香	きょう	287	玉	ぎょく	291	口	く	293	救	ぐ	295
	か	265		たま	428		こう	313		きゅう	286
	こう	316	霧	きり	291	工	く	293	愚	ぐ	295

219

空	くう	295	裙	くん	297	径	けい	301	血	けつ	302
偶	ぐう	296	葷	くん	297		きん	292		けち	302
隅	ぐう	296	薫	くん	297	恵	けい	301	決	けつ	302
藕	ぐう	296	軍	ぐん	297		え	255	結	けつ	302
艸	くさ	296	郡	ぐん	297	荊	けい	301		けち	302
草	くさ	296	群	ぐん	297	涇	けい	301		ゆう	528
	そう	409				軽	かる	276	潔	けつ	303
櫛	くし	296		―け―			きょう	289	闕	けつ	303
管	くだ	296	化	け	297	経	けい	301	月	げつ	303
	ひゃく	481	加	け	297		きょう	288		がつ	275
	ひゃっ	482		か	264		きん	292		つき	438
堀	ほり	507	仮	け	297	啓	けい	301	犬	いぬ	250
国	くに	296	花	け	297	渓	けい	301	見	けん	303
	こく	321	悔	け	297	景	けい	301		み	511
窪	くぼ	296	華	け	297	閨	けい	301	建	けん	303
熊	くま	296		か	266	慶	けい	301	県	けん	303
	ゆう	528	袈	け	298	瑩	けい	301	研	けん	303
倉	くら	296	懈	け	299	磬	けい	301	倹	けん	303
鞍	くら	296	下	げ	299	闢	けい	301	兼	けん	303
栗	くり	296		あ	241	警	けい	301	拳	けん	304
	りつ	536		か	264		きょう	289	乾	けん	304
黒	くろ	297		しも	356	鶏	けい	301	健	けん	304
	こく	323	外	げ	299	芸	げい	302	眷	けん	304
蔵	くろ	297	夏	げ	299	迎	ごう	321	剣	けん	304
	ざ	329	偈	げ	299	鯨	げい	302	堅	けん	304
	ぞう	414	解	げ	300	血	けち	302		かた	274
桑	くわ	297		かい	272		けつ	302	検	けん	304
	そう	409	刑	けい	300	結	けち	302	硯	けん	304
鍬	くわ	297	圭	けい	300		けつ	302	嫌	けん	304
君	くん	297	京	けい	300		ゆう	528	献	けん	304
捃	くん	297		きょう	287	欠	けつ	302	絹	けん	304

	きぬ	285	―こ―		琥	こ	308		かず	274
遣	けん	304	己	こ	307	觚	こ	308		かみ	275
鉗	けん	304	小	こ	307	猢	こ	308		しょう	370
権	けん	304		お	260	瑚	こ	308		じょう	378
	ごん	326		しょう	370	葫	こ	308	公	こう	313
憲	けん	304	巨	こ	307	鈷	こ	308		く	293
賢	けん	304		きょ	286	鼓	こ	308	孔	こう	314
虔	けん	304	戸	こ	307	五	ご	308	巧	こう	314
繭	けん	304		と	445	互	ご	311	広	こう	314
顕	けん	304	木	こ	307	牛	ご	311		ひろ	483
爓	けん	305		き	281		うし	253	弘	こう	314
験	けん	305		ぼく	503		ぎっ	285		ぐ	295
懸	けん	305		もく	520		ぎゅう	286	甲	こう	314
元	げん	305	古	こ	307	呉	ご	311		か	265
	がん	281		く	293	吾	ご	312		かっ	274
幻	げん	306		ふる	492	後	ご	312	交	こう	315
玄	げん	306	居	こ	308		こう	316	光	こう	315
言	ごん	326	姑	こ	308	悟	ご	312	向	こう	315
原	げん	307	孤	こ	308	御	ご	312	后	こう	315
現	げん	307	虎	こ	308		お	260	好	こう	315
眼	げん	307		いた	247		ぎょ	286	江	こう	315
	がん	281	胡	こ	308		み	513		え	254
絃	げん	307	枯	こ	308	碁	ご	312		ごう	320
源	げん	307	粉	こ	308	語	ご	312	考	こう	316
	みなもと		挙	こ	308	護	ご	313	宏	わん	547
		515	瓠	こ	308	口	こう	313	更	こう	316
還	げん	307	虚	こ	308		く	293	孝	こう	316
厳	げん	307		き	283	工	こう	313	効	こう	316
鐼(鏟)		307		きょ	286		く	293	岡	おか	263
			許	こ	308	上	こう	313	幸	こう	316
			湖	こ	308		うえ	253	杭	こう	316

厚	あつ	243	綱	こう	318	極	ごく	323	勤	ごん	326
咬	こう	316	潢	こう	318	獄	ごく	323	権	ごん	326
後	こう	316	興	こう	318	甑	こしき	323		けん	304
	ご	312	衡	こう	319	乞	こつ	323			
恒	こう	316	薨	こう	319	忽	こつ	324		—さ—	
	ごう	321	講	こう	319	骨	こつ	324	左	さ	327
栒	こう	316	鴻	こう	320		ほね	507	生	さ	327
洪	こう	316	鵠	こう	320	葱	こつ	324		い	245
皇	こう	316	藁	わら	547	兀	ごつ	324		しょう	372
	おう	262	合	ごう	320	近	この	324	佐	さ	327
荒	こう	316		がっ	275		おう	261	沙	しゃ	357
虹	こう	316	江	ごう	320		きん	291	作	さ	327
香	こう	316		え	254	駒	こま	324		さく	333
	か	265		こう	315	米	こめ	324	些	さ	327
	きょう	287	迎	ごう	321		べい	494	砂	さ	327
校	こう	317	杲	ごう	321	今	こん	324	茶	さ	328
栲	こう	317	恒	ごう	321		いま	250		ちゃ	433
浩	こう	317		こう	316	坤	こん	324	嵯	さ	328
貢	こう	317	降	ごう	321	金	こん	324	鎖	さ	328
航	こう	317		こう	317		かな	275	相	さ	328
降	こう	317	郷	ごう	321		きん	291		おう	262
	ごう	321		きょう	289	矜	こん	325		しょう	374
高	こう	317	業	ごう	321	根	こん	325		す	392
	たか	427	甍	ごう	321		ね	469		そう	408
康	こう	318	告	こく	321	崑	こん	325	坐	ざ	328
裕	こう	318	刻	こく	321	混	こん	326	座	ざ	328
黄	こう	318	国	こく	321	紺	こん	326	脞	ざ	329
	おう	262		くに	296	袞	こん	326	蔵	ざ	329
	つ	438	黒	こく	323	羂	こん	326		くろ	297
皓	こう	318		くろ	297	言	ごん	326		ぞう	414
膏	こう	318	酷	こく	323	欣	ごん	326	才	さい	329

再	さい	329	朔	さく	333	讃	さん	342	科	し	347
西	さい	329	索	さく	333		さぬ	334		か	265
	せい	395	策	さく	333	斬	ざん	342	師	し	347
	にし	463	錯	さく	333	讒	ざん	342	脂	し	347
災	さい	330	鑿	さく	333				祠	し	347
采	さい	330	桜	さくら	333		—し—		祇	し	347
	うね	253	殺	さつ	333	士	し	342	紙	し	347
斉	せい	396	薩	さつ	333	尸	し	342	清	し	347
宰	さい	330	雑	ざつ	333	支	し	342		きよ	286
彩	さい	330		ぞう	414	止	し	343		しょう	375
採	さい	330	鯖	さば	334	史	し	343		しん	389
済	さい	330	讃	さぬ	334	司	し	343		せい	396
祭	さい	330		さん	342	只	し	343	牸	し	347
菜	さい	331	早	さわ	334	四	し	343	視	し	347
斎	さい	331	三	さん	334	旨	し	346	執	し	347
崎	さい	331		み	511	此	し	346		しっ	355
最	さい	331	山	さん	339	死	し	346		しゅう	365
歳	さい	332		せん	399	糸	し	346	紫	し	347
綵	さい	332		やま	524		いと	250		むらさき	
在	ざい	332	杉	すぎ	394	至	し	346			519
	あり	243	参	さん	340	志	し	346	詞	し	348
財	ざい	333		み	513	私	し	346	嗣	し	348
罪	ざい	333	芟	さん	341	使	し	346	滋	し	348
摧	ざい	333	珊	さん	341	刺	し	346	獅	し	348
坂	さか	333	蚕	さん	341	始	し	346	觜	し	348
酒	さか	333	産	さん	341	泗	し	346	詩	し	348
	しゅ	361	散	さん	341	知	し	346	試	し	349
堺	さかい	333	賛	さん	341		ち	432	資	し	349
作	さく	333	鏟	さん	341	屍	し	346	緇	し	349
	さ	327	懺	さん	341	思	し	346	誌	し	349
削	さく	333		せん	402	指	し	346	賜	し	349

熾	し	349	飾	しか	353	十	じっ	356	灑	しゃ	358
磯	し	349		しょく	385		じゅう	365	邪	じゃ	358
示	じ	349	式	しき	353	実	じつ	356	蛇	じゃ	358
地	じ	349	色	しき	353	品	しな	356	闍	じゃ	358
	ち	431	城	しき	353		ほん	508	尺	しゃく	359
字	じ	350		じょう	381	信	しな	356	石	しゃく	359
寺	じ	350	識	しき	353		しん	387		いし	247
	てら	440	直	じき	353	篠	しの	356		いわ	250
耳	じ	350		しっ	355	忍	しのぶ	356		せき	396
	に	463	食	じき	354		にん	468	芍	しゃく	359
自	じ	350	竺	じく	354	芝	しば	356	釈	しゃく	359
事	じ	351	設	した	354	渋	しぶ	356		しゃ	358
侍	じ	351		せつ	397	島	しま	356	錫	しゃく	359
持	じ	352	七	しち	354	下	しも	356	爵	しゃく	359
神	じ	352	失	しつ	355		あ	241	若	じゃく	359
	かぐ	273	竹	しっ	355		か	264		わか	547
	かみ	275		たけ	428		げ	299	寂	じゃく	359
	かん	276		ちく	432	叉	しゃ	357	著	じゃく	359
	しん	387	直	しっ	355	写	しゃ	357		ちゃく	433
	じん	391		じき	353	沙	しゃ	357		ちょ	435
時	じ	352	室	しつ	355	車	しゃ	357	手	しゅ	359
除	じ	352		むろ	519	舎	しゃ	357		て	438
	じょ	370	疾	しつ	355	砂	さ	327	主	しゅ	360
慈	じ	352	執	しっ	355	姿	しゃ	358	守	しゅ	360
辞	じ	353		し	347	射	しゃ	358		もり	521
椎	しい	353		しゅう	365	捨	しゃ	358	宗	しゅ	360
塩	しお	353	悉	しっ	355	釈	しゃ	358		しゅう	363
	えん	259	蒺	しつ	356		しゃく	359		す	392
鹿	しか	353	漆	しつ	356	遮	しゃ	358		そう	408
	か	266	質	しつ	356	謝	しゃ	358	拄	しゅ	360
	ろく	545	蟋	しつ	356	鴻	しゃ	358	炷	しゅ	360

狩	かり	276		す	392	夙	しゅく	367	諸	しょ	369
首	しゅ	360	宗	しゅう	363	叔	しゅく	367	如	じょ	370
修	しゅ	360		しゅ	360	祝	しゅく	367		にょ	466
殊	しゅ	361		す	392	宿	しゅく	367	汝	じょ	370
酒	しゅ	361		そう	408	粥	しゅく	367	序	じょ	370
	さか	333	拾	しゅう	365	出	しゅつ	367	除	じょ	370
棕	しゅ	361		じゅう	367		いず	247		じ	352
衆	しゅ	361	秋	しゅう	365		で	438	娑	じょ	370
	しゅう	365		あき	243	述	じゅつ	368	上	しょう	370
須	しゅ	361	執	しゅう	365	俊	しゅん	368		うえ	253
塵	しゅ	361		し	347	春	しゅん	368		かず	274
入	じゅ	361		しっ	355		かす	274		かみ	275
寿	じゅ	361	習	しゅう	365	峻	しゅん	368		こう	313
受	じゅ	361	衆	しゅう	365	舜	しゅん	368		じょう	378
呪	じゅ	362		しゅ	361	駿	しゅん	368	小	しょう	370
授	じゅ	362	種	しゅう	365		すん	394		お	260
頌	じゅ	363	繡	しゅう	365	巡	じゅん	368		こ	307
数	じゅ	363	鬚	す	392	准	じゅん	368	升	しょう	371
誦	じゅ	363	十	じゅう	365	純	じゅん	368	少	しょう	371
	しょう	377		じっ	356	笋	じゅん	368	正	しょう	371
聚	じゅ	363	什	じゅう	367	淳	じゅん	368		まさ	510
儒	じゅ	363	充	じゅう	367	順	じゅん	368	生	しょう	372
孺	じゅ	363	住	じゅう	367	準	じゅん	368		い	245
濡	じゅ	363		すみ	394	詢	じゅん	368		さ	327
鷲	じゅ	363	拾	じゅう	367	処	しょ	368	匠	しょう	372
	わし	547		しゅう	365	初	しょ	368	声	しょう	372
囚	しゅう	363	重	じゅう	367	所	しょ	369	肖	しょう	372
州	しゅう	363		ちょう	436	書	しょ	369	尚	しょう	373
舟	しゅう	363	従	じゅう	367	黍	しょ	369	性	しょう	373
秀	しゅう	363	揉	じゅう	367	疏	しょ	369	承	しょう	373
周	しゅう	363	糅	じゅう	367	署	しょ	369		じょう	381

昇	しょう	373		せつ	397		しょう	370	蝕	しょく	385
松	しょう	373	勝	しょう	375	丈	じょう	379	白	しら	386
	まつ	510		かつ	275	丞	じょう	379		はく	472
青	しょう	374	掌	しょう	375	成	じょう	379		びゃく	482
	あお	243	焼	しょう	375		せい	395	心	しん	386
	せい	396	焦	しょう	376	杖	じょう	380	身	しん	386
昭	しょう	374	詔	しょう	376	定	じょう	380	信	しん	387
相	しょう	374	証	しょう	376	長	じょう	380		しな	356
	おう	262	象	しょう	376		ちょう	435	津	つ	438
	さ	328	鈔	しょう	376		なが	459	神	しん	387
	す	392	照	しょう	376		は	471		かぐ	273
	そう	408	聖	しょう	376	承	じょう	381		かみ	275
荘	しょう	374	摂	しょう	377		しょう	373		かん	276
倡	しょう	374	鉦	しょう	377	乗	じょう	381		じ	352
将	しょう	374	摺	しょう	377	城	じょう	381		じん	391
祥	しょう	374	精	しょう	377		しき	353	宸	しん	388
称	しょう	374	誦	しょう	377	浄	じょう	383	振	しん	388
秤	しょう	374		じゅ	363	貞	じょう	384	晋	しん	388
笑	しょう	374	韶	しょう	378	常	じょう	384	真	しん	388
商	しょう	374	蕉	しょう	378	静	じょう	385		ま	509
唱	しょう	374	請	しょう	378	趙	じょう	385	秦	しん	389
捷	しょう	375		しん	390	縄	じょう	385		はた	473
渉	しょう	375	樵	しょう	378	攘	じょう	385	陞	しん	389
清	しょう	375	篠	しの	356	饒	にょう	467	晨	しん	389
	きよ	286	鐘	しょう	378	食	じき	354	深	しん	389
	し	347	簫	しょう	378	植	うえ	253		じん	391
	しん	389	上	じょう	378	続	しょく	385		ふか	488
	せい	396		うえ	253		ぞく	415	清	しん	389
章	しょう	375		かず	274	蜀	しょく	385		きよ	286
笙	しょう	375		かみ	275	飾	しょく	385		し	347
接	しょう	375		こう	313		しか	353		しょう	375

件名検字索引

	せい	396	訊	じん	392		みず	513	瀬	せ	395
進	しん	389	尋	じん	392	吹	すい	393	井	せい	395
新	しん	390	椹	じん	392	垂	すい	393		い	245
	にい	463	塵	じん	392	炊	すい	393	成	せい	395
審	しん	390				彗	すい	393		じょう	379
請	しん	390		—す—		翠	すい	393	西	せい	395
	しょう	378	周	す	392	燧	すい	393		さい	329
鋠	しん	390		しゅう	363	隋	ずい	393		にし	463
震	しん	390	宗	す	392	随	ずい	393	制	せい	396
蓴	しん	390		しゅ	360	瑞	ずい	393	征	せい	396
薪	しん	390		しゅう	363	枢	すう	394	青	せい	396
	たきぎ	427		そう	408	崇	すう	394		あお	243
親	しん	390	相	す	392	嵩	すう	394		しょう	374
簪	しん	391		おう	262	菅	すが	394	斉	せい	396
囁	しん	391		さ	328		かん	277	政	せい	396
瞫	しん	391		しょう	374	杉	すぎ	394	省	せい	396
人	じん	391		そう	408	住	すみ	394	清	せい	396
	にん	467	素	す	392		じゅう	367		きよ	286
仁	じん	391	須	す	392	駿	すん	394		し	347
	にん	467	数	す	392		しゅん	368		しょう	375
壬	み	511	諏	す	392					しん	389
沈	じん	391	鬚	す	392		—せ—		盛	せい	396
神	じん	391	図	ず	392	世	せ	394	淛	せい	396
	かぐ	273	杜	ず	392	施	せ	395	勢	せい	396
	かみ	275	豆	ず	392	背	せ	395		せ	395
	かん	276	塗	ず	392		はい	472	誓	せい	396
	じ	352	頭	ず	392	畝	うね	253		せ	395
	しん	387		ちょう	436	勢	せ	395	整	せい	396
深	じん	391		とう	454		せい	396	鯖	さば	334
	しん	389	水	すい	392	誓	せ	395	石	せき	396
	ふか	488		み	511		せい	396		いし	247

	いわ	250	杣	せん	400	闡	せん	402	奏	そう	408
	しゃく	359	宣	せん	400	饌	せん	402	相	そう	408
赤	せき	397	専	せん	400	全	ぜん	402		おう	262
	あか	243	染	せん	400	前	ぜん	402		さ	328
	あこ	243	泉	せん	400	善	ぜん	402		しょう	374
隻	せき	397	浅	あさ	243	然	ねん	470		す	392
碩	せき	397	洗	せん	401	禅	ぜん	403	草	そう	409
関	せき	397	穿	せん	401	繕	ぜん	406		くさ	296
	かん	277	扇	せん	401	鱓	ぜん	406	荘	そう	409
切	せつ	397		おうぎ	262				送	そう	409
拙	せつ	397	旃	せん	401		―そ―		桑	そう	409
殺	せつ	397	栴	せん	401	祖	そ	406		くわ	297
浙	せつ	397	剪	せん	401	素	そ	406	蚕	そう	409
接	せつ	397	船	せん	401	甦	そ	406	喪	そう	410
	しょう	375		ふな	492	疎	そ	406	曹	そう	410
設	せつ	397	戦	せん	401	楚	そ	406	喪	そう	410
	した	354	煎	せん	401	窣	そ	406	曾	そう	410
雪	せつ	397	箋	せん	401	蔬	そ	406	棗	そう	410
	ゆき	529	銭	せん	401	礎	そ	406	葬	そう	410
摂	せつ	397	撰	せん	401	蘇	そ	406	僧	そう	410
節	せつ	398	潜	せん	401	齟	そ	407	想	そう	412
截	せつ	398	翦	せん	401	双	そう	407	葱	そう	412
説	せつ	398	選	せん	401	爪	そう	407	蒼	そう	412
絶	ぜつ	399	遷	せん	402	早	さわ	333	層	そう	412
千	せん	399	甄	せん	402	宋	そう	407	漱	そう	412
山	せん	399	餞	せん	402	走	そう	408	総	そう	412
	さん	339	鮮	せん	402		はしり	473	綜	そう	413
	やま	524	鎺	せん	402	宗	そう	408	澡	そう	413
仙	せん	399	蟬	せん	402		しゅ	360	甑	こしき	323
占	せん	400	懺	せん	402		しゅう	363	竈	そう	413
先	せん	400		さん	341		す	392		かまど	275

糟	かす	274	尊	そん	415		た	415	代	だい	426
噌	そう	413					だ	416	第	だい	426
叢	そう	413		―た―			だい	426	提	だい	427
藻	そう	413	太	た	415	台	たい	417		てい	439
造	ぞう	413		だ	416		だい	426	醍	だい	427
象	ぞう	413		たい	417	当	たい	418	題	だい	427
像	ぞう	413		だい	426		とう	447	高	たか	427
雑	ぞう	414	他	た	415	体	たい	418		こう	317
	ざつ	333	田	た	416	対	たい	418	篁	たかむら	427
増	ぞう	414		でん	444		つ	438			
蔵	ぞう	414	打	た	416	岱	たい	418	薪	たきぎ	427
	くろ	297		だ	416	帝	たい	418		しん	390
	ざ	329	多	た	416		てい	439	宅	たく	427
添	そえ	414		と	445	待	たい	418	托	たく	427
即	そく	414	陀	た	416	胎	たい	418	択	たく	427
束	そく	415		だ	416	退	たい	418	卓	たく	427
足	あ	241	太	だ	416	泰	たい	419	託	たく	427
	あし	243		た	415	乃	だい	419	琢	たく	428
	あす	243		たい	417	大	だい	419	濯	たく	428
息	そく	415		だい	426		おお	262	擢	たく	428
速	そく	415	打	だ	416		たい	416	諾	な	458
俗	ぞく	415		た	416		やま	525	竹	たけ	428
属	ぞく	415	陀	だ	416	内	だい	426		しっ	355
粟	ぞく	415		た	416		く	293		ちく	432
	あわ	243	茶	だ	416		ない	458	丹	たじ	428
続	ぞく	415	駄	だ	416	太	だい	426		たん	428
	しょく	385	大	たい	416		た	415	但	たじ	428
賊	ぞく	415		おお	262		だ	416		たん	428
率	そつ	415		だい	419		たい	417	立	たつ	428
村	むら	519		やま	525	台	だい	426		たて	428
巽	そん	415	太	たい	417		たい	417		りっ	534

		りゅう	536	誕	たん	430	著	ちゃく	433		と	446
達	たつ	428	団	だん	430		じゃく	359		とり	457
	だる	428	断	だん	430		ちょ	435	朝	ちょう	436
塔	たっ	428	煖	だん	430	中	ちゅう	433	超	ちょう	436
	とう	452	弾	だん	430		なか	459	牒	ちょう	436
脱	だつ	428	談	だん	430	仲	ちゅう	434	調	ちょう	436
立	たて	428	檀	だん	430	忠	ちゅう	434	雕	ちょう	436
	たつ	428				柧	ちゅう	434	頭	ちょう	436
	りっ	534		—ち—		注	ちゅう	434		ず	392
	りゅう	536	地	ち	431	厨	ちゅう	434		とう	454
棚	たな	428		じ	349	註	ちゅう	434	聴	ちょう	436
谷	たに	428	池	ち	431	鋳	ちゅう	435	寵	ちょう	437
玉	たま	428		いけ	247	駐	ちゅう	435	勅	ちょく	437
	ぎょく	291	治	ち	431	籌	ちゅう	435	沈	じん	391
垂	たる	428		おさめ	263	著	ちょ	435	枕	まくら	510
達	だる	428	知	ち	432		じゃく	359	珍	ちん	437
	たつ	428		し	346		ちゃく	433	陳	ちん	437
丹	たん	428	茅	ち	432	楮	ちょ	435	頂	ちん	437
	たじ	428	致	ち	432	儲	ちょ	435		ちょう	436
旦	たん	429	智	ち	432	庁	ちょう	435	椿	ちん	437
但	たん	429	痴	ち	432	長	ちょう	435		つばき	438
	たじ	428	竹	ちく	432		じょう	380	鎮	ちん	437
担	たん	429		しっ	355		なが	459			
単	たん	429		たけ	428		は	471		—つ—	
探	たん	429	畜	ちく	432	重	ちょう	436	対	つ	438
淡	たん	429	筑	ちく	432		じゅう	367		たい	418
	あわ	243		つく	438	帳	ちょう	436	津	つ	438
湛	たん	429	秩	ちち	433	張	ちょう	436	都	つ	438
短	たん	429	蟄	ちっ	433	頂	ちょう	436		つう	438
端	たん	429	茶	ちゃ	433		ちん	437		と	446
潭	たん	430		さ	328	鳥	ちょう	436	黄	つ	438

件名検字索引

	おう	262	汀	てい	438	添 そえ	414	兜 と	446
	こう	318	延	てい	438	甜 てん	444	都 と	446
追	つい	438	定	じょう	380	転 てん	444	つ	438
椎	しい	353	剃	てい	438	奠 てん	444	つう	438
槌	つい	438	帝	てい	439	貼 てん	444	鳥 と	446
通	つう	438		たい	418	槙 まき	510	ちょう	436
都	つう	438	貞	じょう	384	碾 てん	444	とり	457
	つ	438	堤	てい	439	顛 てん	444	屠 と	446
	と	446	提	てい	439	田 でん	444	渡 と	446
痛	つう	438		だい	427	た	416	わた	547
月	つき	438	程	てい	439	伝 でん	444	登 と	446
	がつ	275	鄭	てい	439	佃 でん	445	とう	453
	げつ	303	薙	てい	439	殿 でん	445	睹 と	446
筑	つく	438	泥	でい	439	電 でん	445	土 ど	446
	ちく	432		ない	459			と	445
堤	つつみ	438	的	てき	439	—と—		奴 ど	447
椿	つばき	438	別	てき	440	十 と	445	ぬ	468
	ちん	437	笛	てき	440	土 と	445	度 ど	447
円	つぶら	438	敵	てき	440	ど	446	読 ど	447
	えん	257	擲	てき	440	斗 と	445	どく	457
敦	つる	438	鉄	てつ	440	戸 と	445	冬 とう	447
			綴	てつ	440	こ	307	忉 とう	447
	—て—		徹	てつ	440	吐 と	445	当 とう	447
手	て	438	寺	てら	440	多 と	445	たい	418
	しゅ	359		じ	350	た	416	灯 とう	447
豊	て	438	天	てん	440	図 と	445	投 とう	447
	ぶ	488		あま	243	抖 と	445	豆 ず	392
	ぶん	493	佔	てん	443	杜 と	446	東 とう	447
出	で	438	典	てん	443	利 と	446	ひがし	480
	いず	247	点	てん	443	り	533	洞 とう	450
	しゅつ	367	展	てん	443	兎 と	446	逃 とう	451

231

倒	とう	451	道	どう	455	曇	どん	458		おとこ 263
凍	とう	451	銅	どう	456				難 なん 461
唐	とう	451	瞳	どう	456		—な—		
	から	276	導	どう	456	名	な	458	—に—
桃	とう	452	遠	とお	456		みょう	515	二 に 461
盗	とう	452		えん	259		めい	519	日 に 462
陶	とう	452		おん	264	那	な	458	にち 464
塔	とう	452	栂	とが	456	奈	な	458	にっ 465
	たっ	428	禿	とく	456	南	な	458	ひ 477
棟	とう	453		かむろ	275		なん	459	ひゅう 482
湯	とう	453	特	とく	456	諾	な	458	丹 に 463
	ゆ	525	得	とく	456	内	ない	458	尼 に 463
登	とう	453	徳	とく	457		く	293	あま 243
	と	446	毒	どく	457		だい	426	耳 に 463
等	とう	454	独	どく	457	泥	ない	459	じ 350
稲	いな	250	読	どく	457		でい	439	新 にい 463
	いね	250		ど	447	中	なか	459	しん 390
答	とう	454	髑	どく	457		ちゅう	433	肉 にく 463
頭	とう	454	咄	とつ	457	永	なが	459	西 にし 463
	ず	392	富	とみ	457		えい	255	さい 329
	ちょう	436		ふ	486		よう	529	せい 395
藤	とう	454		ふう	488	長	なが	459	錦 にしき 464
	ふじ	489	鳥	とり	457		じょう	380	きん 292
禱	とう	454		ちょう	436		ちょう	435	日 にち 464
韜	とう	454		と	446		は	471	に 462
闘	とう	454	貪	とん	457	泣	なき	459	にっ 465
謄	とう	454	敦	つる	438	梨	なし	459	ひ 477
騰	とう	454	頓	とん	457		り	534	ひゅう 482
同	どう	454	遯	とん	457	南	なん	459	入 にっ 464
堂	どう	455	呑	どん	458		な	458	にゅう 465
童	どう	455	鈍	どん	458	男	なん	461	日 にっ 465

	に	462		こん	325	破	は	471	帛	はく	473
	にち	464	寧	ねい	469	鄱	は	472	拍	はく	473
	ひ	477	熱	ねつ	469	芭	ば	472	泊	はく	473
	ひゅう	482		あつ	243	馬	ば	472	柏	はく	473
入	にゅう	465	蘖	ねつ	469		うま	253		かし	274
	にっ	464	年	ねん	469	婆	ば	472	剝	はく	473
乳	にゅう	466	念	ねん	469	罵	ば	472	舶	はく	473
女	にょ	466	拈	ねん	470	拝	はい	472	博	はく	473
如	にょ	466	燃	ねん	470	背	はい	472		はか	472
	じょ	370					せ	395	幕	ばく	473
茹	にょ	467		―の―		配	はい	472	檗	ばく	473
饒	にょう	467	野	の	470	排	はい	472	鏌	ばく	473
人	にん	467		や	523	廃	はい	472	筥	はこ	473
	じん	391	能	の	470	牌	はい	472	橋	はし	473
仁	にん	467		のう	470	稗	はい	472		きょう	289
	じん	391	衲	のう	470	売	ばい	472	走	はしり	473
忍	にん	468	納	のう	470		まい	510		そう	408
	しのぶ	356	農	のう	471	貝	ばい	472	畑	はた	473
			濃	のう	471		かい	270	秦	はた	473
	―ぬ―					唄	ばい	472		しん	389
奴	ぬ	468		―は―		梅	ばい	472	八	はち	473
	ど	447	巴	は	471		うめ	253		はっ	474
布	ぬの	468	把	は	471	根	ばい	472		や	523
	ふ	485	芳	は	471	買	ばい	472	蜂	はち	474
	ほ	496	坡	は	471	博	はか	472	八	はっ	474
白膠木	ぬるで		波	は	471		はく	473		はち	473
		468	長	は	471	白	はく	472		や	523
				じょう	380		しら	386	法	はっ	475
	―ね―			ちょう	435		びゃく	482		ほ	496
涅	ね	468		なが	459	伯	はく	473		ほう	499
根	ね	469	垪	は	471		ほう	498		ほっ	503

233

服	はっ	475	播	ばん	476	比	び	479	辟	びゃく	482
	ふく	488	旛	ばん	477	尾	び	479	百	ひゃく	482
発	はつ	475	盤	ばん	477	毘	び	479		くだ	296
	ほつ	506		いわ	250	眉	み	513		ひゃく	481
鉢	はち	475				美	び	480	日	ひゅう	482
	はっ	475		—ひ—			み	513		に	462
髪	はつ	475	比	ひ	477	備	び	480		にち	464
撥	はつ	475	日	ひ	477		びっ	481		にっ	465
抜	ばつ	475		に	462		びん	483		ひ	477
跋	ばつ	475		にち	464	琵	び	480	兵	ひょう	482
花	はな	475		にっ	465	鼻	び	480		へい	494
	か	265		ひゅう	482	麋	び	480	表	ひょう	482
縹	はなだ	475	火	ひ	477	東	ひがし	480	漂	ひょう	482
浜	はま	475		か	264		とう	447	縹	はなだ	475
隼	はや	475	皮	ひ	477	菱	ひし	481	平	びょう	482
半	はん	475	氷	ひ	477	芯	ひつ	481		ひら	482
帆	はん	475	庇	ひ	477	筆	ひつ	481		へい	493
坂	さか	333	彼	ひ	477	觱	ひつ	481	病	びょう	482
泛	はん	475	披	ひ	477	備	びっ	481	屏	びょう	482
判	はん	475	肥	ひ	477		び	480		へい	494
板	いた	247	非	ひ	478		びん	483	瓶	びょう	482
版	はん	475	卑	ひ	478	一	ひと	481		へい	494
般	はん	475	飛	ひ	478		いち	247	平	ひら	482
飯	はん	476	秘	ひ	478		いっ	248		びょう	482
	いい	247	常	ひ	478	姫	ひめ	481		へい	493
範	はん	476	被	ひ	478	百	ひゃく	481	枚	ひら	483
万	ばん	476	悲	ひ	478		くだ	296	広	ひろ	483
	まん	510	碑	ひ	479		ひゃっ	482		こう	314
晩	ばん	476	樋	ひ	479	白	びゃく	482	浜	はま	475
番	ばん	476	臂	ひ	479		しら	386	別	ひん	483
幡	ばん	476	檜	ひ	479		はく	472	秉	ひん	483

貧	ひん	483	附	ふ	485	豊	ぶ	488	古	ふる	492
稟	ほん	508	負	ふ	485		て	438		く	293
	りん	539	赴	ふ	485		ぶん	493		こ	307
賓	ひん	483	封	ふ	486	舞	ぶ	488	忿	ふん	492
	びん	483		ほう	502	風	ふう	488	焚	ふん	492
篇	ひん	483	浮	ふ	486		かざ	274	墳	ふん	492
	へん	495		うき	253	副	ふう	488	分	ぶん	492
殯	ひん	483	趺	ふ	486		ふく	488	文	ぶん	493
便	びん	483	傅	ふ	486	富	ふう	488		もん	521
	べん	496	富	ふ	486		とみ	457	蚊	ぶん	493
備	びん	483		とみ	457		ふ	486	聞	もん	523
	び	480		ふう	488	楓	ふう	488	豊	ぶん	493
	びっ	481	普	ふ	486	深	ふか	488		て	438
閩	びん	483	補	ふ	486		しん	389		ぶ	488
緡	びん	483		ほ	497		じん	391			
賓	びん	483	溥	ふ	486	服	ふく	488	—へ—		
	ひん	483	蒲	ふ	486		はっ	475	平	へい	493
鬢	びん	483		がも	275	副	ふく	488		びょう	482
			敷	ふ	487		ふう	488		ひら	482
—ふ—			膚	ふ	487	福	ふく	488	兵	へい	494
不	ふ	483	賦	ふ	487	覆	ふく	489		ひょう	482
父	ふ	485	諷	ふ	487	伏	ふし	489	秉	ひん	483
	ぶ	487	父	ふ	487	藤	ふじ	489	屏	へい	494
付	ふ	485		ふ	485		とう	454		びょう	482
布	ふ	485	武	ぶ	487	払	ふつ	489	陛	へい	494
	ぬの	468		む	517		ほっ	503	瓶	へい	494
	ほ	496	部	ぶ	487	仏	ぶつ	489		びょう	482
巫	ふ	485	娑	ぶ	487		ぶっ	489	閉	へい	494
	みこ	513	無	ぶ	488	物	もつ	520	萍	へい	494
扶	ふ	485		む	517	船	ふな	492	幣	へい	494
府	ふ	485	碪	ぶ	488		せん	401	弊	へい	494

箆	へい	494		—ほ—			はっ	475		きた	285
薜	へい	494	布	ほ	496		ほ	496		ほう	498
米	べい	494		ぬの	468		ほっ	503		ほっ	503
	こめ	324		ふ	485	封	ほう	502	卜	ぼく	503
辟	へき	494	法	ほ	496		ふ	486	木	ぼく	503
碧	へき	494		はっ	475	峰	みね	515		き	281
壁	へき	494		ほう	499	疱	ほう	502		こ	307
霹	へき	494		ほっ	503	逢	ほう	502		もく	520
汨	べき	494	保	ほ	496	報	ほう	502	牧	ぼく	503
別	べつ	494	晡	ほ	497	蜂	はち	474	僕	ぼく	503
蔑	べつ	495	補	ほ	497	豊	て	438	睦	ぼく	503
片	へん	495		ふ	486		ぶ	488	墨	ぼく	503
	かた	274	母	ぼ	497		ぶん	493	濮	ぼく	503
辺	へん	495	菩	ぼ	497	飽	ほう	502	北	ほっ	503
返	へん	495	墓	ぼ	498		あき	243		きた	285
変	へん	495	慕	ぼ	498	鳳	ほう	502		ほう	498
扁	へん	495	方	ほう	498	縫	ほう	502		ほく	503
窆	へん	495	北	ほう	498	鮑	ほう	502	払	ほっ	503
偏	へん	495		きた	285	龐	ほう	502		ふつ	489
徧	へん	495		ほく	503	亡	ぼう	502	法	ほっ	503
遍	へん	495		ほっ	503	矛	ぼう	502		はっ	475
褊	へん	495	包	ほう	498	忘	ぼう	502		ほ	496
篇	へん	495	芳	ほう	498	防	ぼう	502		ほう	499
	ひん	483	伯	ほう	498	房	ぼう	502	発	ほつ	506
編	へん	495		はく	473	冒	ぼう	502		はつ	475
弁	べん	495	奉	ほう	498	茅	ぼう	502	渤	ぼっ	507
汴	べん	496	宝	ほう	498	望	ぼう	502	骨	ほね	507
便	べん	496	庖	ほう	499	帽	ぼう	502		こつ	324
	びん	483	抱	ほう	499	棒	ぼう	502	誉	ほまれ	507
鞭	べん	496	放	ほう	499	暴	ぼう	502	堀	ほり	507
			法	ほう	499	北	ほく	503	本	ほん	507

236

品	ほん	508
稟	ほん	508
	りん	539
翻	ほん	508
凡	ぼん	508
梵	ぼん	508
煩	ぼん	509

―ま―

真	ま	509
	しん	388
麻	ま	509
	あそ	243
摩	ま	510
磨	ま	510
魔	ま	510
毎	まい	510
売	まい	510
	ばい	472
槇	まき	510
莫	まく	510
枕	まくら	510
正	まさ	510
	しょう	371
末	まつ	510
松	まつ	510
	しょう	373
万	まん	510
	ばん	476
卍	まん	511

曼	まん	511
	もん	523
満	まん	511
慢	まん	511
漫	まん	511
饅	まん	511

―み―

三	み	511
	さん	334
壬	み	511
水	み	511
	すい	392
	みず	513
未	み	511
見	み	511
	けん	303
弥	み	511
参	み	513
	さん	340
美	み	513
	び	480
眉	み	513
御	み	513
	お	260
	ぎょ	286
	ご	312
微	み	513
巫	みこ	513
	ふ	485
水	みず	513

	すい	392
	み	511
溝	みぞ	513
密	みつ	513
	みっ	514
南	みな	515
源	みなもと	515
	げん	307
峰	みね	515
箕	みの	515
宮	みや	515
	きゅう	286
名	みょう	515
	な	458
	めい	519
妙	みょう	516
明	みょう	516
	みん	517
	めい	519
茗	みょう	517
民	みん	517
岷	みん	517
明	みん	517
	みょう	516
	めい	519

―む―

牟	む	517
武	む	517
	ぶ	487

務	む	517
無	む	517
	ぶ	488
夢	む	518
	ゆめ	529
霧	きり	291
村	むら	519
紫	むらさき	519
	し	347
室	むろ	519
	しつ	355

―め―

名	めい	519
	な	458
	みょう	515
命	めい	519
明	めい	519
	みょう	516
	みん	517
迷	めい	519
冥	めい	519
酩	めい	519
滅	めつ	519
面	めん	519
綿	めん	520

―も―

| 茂 | も | 520 |
| 模 | も | 520 |

毛	もう	520	耶	や	523	踰	ゆ	526	予	よ	529
妄	もう	520	益	や	523	唯	ゆい	526	余	よ	529
孟	もう	520	野	や	523	維	ゆい	526	預	よ	529
盲	もう	520		の	470		い	247	横	よ	529
罔	もう	520	養	や	524	遺	ゆい	527		おう	262
猛	もう	520		よう	530		い	247		よこ	530
網	もう	520	約	やく	524	右	ゆう	528	誉	ほまれ	507
蒙	もう	520	訳	やく	524		う	252	飫	お	260
木	もく	520	薬	やく	524	有	う	252	璵	よ	529
	き	281	鑰	やく	524	邑	ゆう	528	永	よう	529
	こ	307	柳	やなぎ	524	宥	ゆう	528		えい	255
	ぼく	503	山	やま	524	幽	ゆう	528		なが	459
目	もく	521		さん	339	游	ゆう	528	羊	よう	529
沐	もく	521		せん	399	遊	ゆう	528	妖	よう	530
黙	もく	521	大	やま	525		ゆ	525	洋	よう	530
物	もつ	521		おお	262	雄	ゆう	528	祇	よう	530
守	もり	521		たい	416	結	ゆう	528	要	よう	530
	しゅ	360		だい	419		けち	302	容	よう	530
文	もん	521					けつ	302	庸	よう	530
	ぶん	493		―ゆ―		熊	ゆう	528	揚	よう	530
門	もん	522	弓	ゆ	525		くま	296	陽	よう	530
問	もん	522	由	ゆ	525	誘	ゆう	528	楊	よう	530
曼	もん	523	油	ゆ	525	融	ゆう	528	養	よう	530
	まん	511	遊	ゆ	525	優	う	253		や	524
聞	もん	523		ゆう	528	雪	ゆき	529	影	よう	530
			湯	ゆ	525		せつ	397		えい	256
	―や―			とう	453	夢	ゆめ	529	擁	よう	530
八	や	523	腴	ゆ	525		む	518	嬰	よう	530
	はち	473	瑜	ゆ	525					えい	256
	はっ	474	踊	ゆ	526		―よ―		謄	よう	530
夜	や	523	諭	ゆ	526	与	よ	529	瓔	よう	530

弋	よく	530		—り—		留	りゅう	536	林	りん	539
浴	よく	530	吏	り	533	竜	りゅう	536	淋	りん	539
横	よこ	530	利	り	533		りょう	538	稟	りん	539
	おう	262		と	446	琉	りゅう	537		ほん	508
	よ	529	李	り	534		る	540	綸	りん	539
吉	よし	530	狸	り	534	笠	りゅう	537	霊	りん	539
	き	281	梨	り	534		かさ	274		りょう	539
	きち	285		なし	459	隆	りゅう	537		れい	541
	きっ	285	理	り	534	豎	りゅう	537	輪	りん	539
良	よし	530	痢	り	534		りっ	536	隣	りん	539
	りょう	538	鯉	り	534	呂	りょ	537	霖	りん	539
淀	よど	531	離	り	534	虜	りょ	537	臨	りん	539
			力	りき	534	了	りょう	537	鱗	りん	540
	—ら—		六	りく	534	両	りょう	537	麟	りん	540
裸	ら	531		ろく	543	良	りょう	538			
螺	ら	531	立	りっ	534		よし	530		—る—	
羅	ら	531		たつ	428	竜	りょう	538	琉	る	540
蘿	ら	531		たて	428		りゅう	536		りゅう	537
礼	らい	531		りゅう	536	亮	りょう	538	瑠	る	540
	れい	541	律	りつ	534	梁	りょう	538	盧	る	540
来	らい	531	栗	りつ	536	猟	りょう	538	累	るい	541
雷	らい	531		くり	296	量	りょう	538	類	るい	541
頼	らい	531	豎	りっ	536	楞	りょう	538			
癩	らい	531		りゅう	537	綾	りょう	539		—れ—	
洛	らく	531	略	りゃく	536	領	りょう	539	礼	れい	541
落	らく	532	立	りゅう	536	霊	りょう	539		らい	531
楽	らく	533		たつ	428		りん	539	伶	れい	541
	がく	274		たて	428		れい	541	冷	れい	541
蘭	らん	533		りっ	534	療	りょう	539	励	れい	541
鸞	らん	533	柳	やなぎ	524	糧	りょう	539	囹	れい	541
			流	りゅう	536	緑	りょく	539	鈴	れい	541

霊	れい	541	琅	ろう	543
	りょう	539	廊	ろう	543
	りん	539	楼	ろう	543
嶺	れい	542	龐	ろう	543
癘	れい	542	臘	ろう	543
澧	れい	542	鏤	ろう	543
醴	れい	542	六	ろく	543
歴	れき	542		りく	534
暦	れき	542	鹿	ろく	545
瀝	れき	542		か	266
劣	れつ	542		しか	353
連	れん	542	録	ろく	545
廉	れん	542	論	ろん	545
練	れん	542			
蓮	れん	542		―わ―	
輦	れん	542	和	わ	545
聯	れん	542		い	245
鎌	かま	275	淮	わい	547
			若	わか	547
	―ろ―			じゃく	359
呂	りょ	537	鷲	わし	547
炉	ろ	543		じゅ	363
魯	ろ	543	渡	わた	547
廬	ろ	543		と	446
蘆	ろ	543	藁	わら	547
露	ろ	543	宏	わん	547
驢	ろ	543	椀	わん	547
老	ろう	543			
牢	ろう	543			
朗	ろう	543			
狼	ろう	543			

件名索引

—あ—

丫童（あどう）　265b

下語（あぎょ，教訓）　289b,290a,
329b,352a,358a,366b,369a,382b,
431b,543a,599b,618a

安芸　→芸州

安部（和州）　725a

安部県人（駿州）　318b

安満（あま）県（摂州）　158a

安房　→房州

亜相　73b,135a,159b,179a,194a,338b,
381b,404b,449a,613b,620a,628b,
677b,685a,687b,706b,738b,784b,
786b,787b,800b,808b

足立郡人（武州）　248a

★〔阿〕育王塔　686a,832b
　鎮西関東、処々名区、猶有〈★〔阿〕
　育王塔〉基、686a
　此仏舎利、〈★〔阿〕育王塔〉中旧物、
　832b

★阿育王塔様金銅支提（廟）　73b

★阿育王八万四千之塔　686a

阿字　635a,690a,748a,787a,874b

阿字観　196a,212a,233b,259a,787a,
858b,876b

阿字観法（聖憲撰）　259a,812a

阿字之性　690a

阿字版（金墨）　181a

阿字秘釈（頼瑜撰）　244b

阿字林　132a

阿闍梨（闍梨，阿闍梨耶）　77a,114b,
117a,b,121a,b,132b,133a,134b,
172b,176a,b,180b,185b,186a,187b,
191a,195a,197a,198a,202a,b,207a,
217b,226a,239a,243b,245a,249a,
260b,261a,267a,307a,408b,478a,
528a,537a,554a,557b,655a,656b,
657b,658b,660a,667b,668b,671b,
678b,680a,681a,b,684b,687b,691a,
696b,702a,703a,705b,706a,711b,
714b,717b,728b,730a,731a,b,732a,
733a,734a,b,735b,737a,738a,739a,
b,741b,743a,751a,775a,778a,784b,
785a,790b,797b,812a,820b,836a,b,
837a,840a,846b,849b,850a,859b,
874a,876b,877a,879a,889a,

阿闍梨位　139b,202b,268b,650b,689a,
711a,737b,846b,873a,889a

阿闍梨〔位〕灌頂　115a,131a,137a

阿闍梨師（琛海）　324a

阿州（阿波）　79b,101a,187a,437b,
446b,466b,483b,495b,502a,510b,
513b,514a,552a,553b,556b,687b,
822b
　板野郡人　101a
　倉本県人　446b
　篠原田　687b

阿州人　103b,187a,466b,513b,552a

阿州太守　389a（細川頼春），627b

阿閦仏国　62b

阿堵物（銭）　534b,567a

阿比舎法　647a

〔阿毘達磨大毘〕婆沙（舎・娑）〔論〕
（★五百大阿羅漢等造，★玄奘訳）
83b,221b,245b,246a

〔阿毘達磨〕発智〔論〕（★迦多衍尼子造，
★玄奘訳）　221b,245b,246a

★阿耨達池　87b

★阿耨達池竜王　82a

〔阿〕毘曇　87b

阿鼻　100a

阿鼻界　887a

241

阿鼻獄　810b
阿鼻城　645a
阿鼻輪廻　100a
阿武（長州）　923b
〔阿〕弥陀　70b,90b,170a,173a,200a,
　207b,213b,215a,216a,222a,253a,
　265a,540a,546a,641b,648a,b,682a,
　695b,710b,782b,834a,837b,871a,b,
　876b,878a,882b,883b,884a,885a,b,
　888b,921a,b
阿弥陀院（東山）供僧（定兼）　884a
阿弥陀経（弥陀経，★鳩摩羅什訳）
　215b,224a,267a,642b,699a,760b,
　834a,（後柏原帝筆）860a,870a,
　874b,877b,885b,886b,891b
　浄土教者、以無量寿経観経〈阿弥陀
　経〉、為所依而立宗、891b
阿弥陀経疏（源信撰）　169b
〔阿〕弥陀経疏鈔（空寂撰）　220b
阿弥陀供法　870a
阿弥陀悔過（昌海撰）　141b
〔阿弥陀三尊〕尊容　720b
〔阿〕弥陀之病　668a
阿弥陀浄刹　70b
阿弥陀像（弥陀像、弥陀如来像、形像、
　尊像、尊容）　73b,174a,b,189b,
　191a,224a,b,234b,240b,242a,671b,
　674b,720a,b,726a,764a,766a,820b,
　827b,828a,848b,858b,875b,878a,
　879a,880a,882b,883a,b,884b,885a,
　888b,895a,919a
阿弥陀堂（巖倉，大雲寺）　668b
阿弥陀仏（阿弥陀如来、弥陀仏）　91a,
　202b,215a,b,237b,710b,808b,812b,
　860b,870b,871a,b,873b,874b,876b,
　877b,879a,b,888a,890a,921a,b
　称名念仏即成半自力半他力、南無二字
　是自力故〈阿弥陀仏〉則他力故、
　237b

阿羅漢　536b,586a,829b,833a,880a,
　885b　応供、応身も見よ
阿羅漢境界　586a
阿練若　769b
阿波　→阿州
痾瘳（あちゅう）　716b
啞子喫苦瓜（悟渓宗頓上堂語）　596b
海部（あま）人（紀州）　198a
屙屎（あし）送尿　432b,575b
屙屎放尿　355a
愛太子山（愛宕山）者、地蔵竜樹聖化之
　地、不亜★支那五台峨帽、721b
鴉臭集（峨眉鴉臭集，太白真玄撰）
　582b
聞鴉鳴脱然領悟（一休宗純）　586a
閼伽　689a
　〔真統〕、励誦経、毎字三礼、〈閼伽〉
　一前漸歴年所、遂終八軸、689a
閼伽井　640a
閼伽器　639b,867b
閼伽水　638a,639b,689a,748a,810b,
　855b
閼伽桶　709b
会津（奥州）　396b,507b,752a
会津人（奥州）　406a,751b
会津太守　618a
会見（あいみ）郡（伯州）　639b
愛烟霞　427b,444a
愛染王（範俊）　694a
愛染王供（盛尊）　180b
愛染王護摩（勝信）　740a
愛染堂　246a,731a
愛染法　244b,245a,255b,694b,702a,
　728b,733b,738b,740a,744b,746b,
　748b,776b
愛染明王　246a
愛染明王像　715b
愛知郡人（尾州）　112b
愛念　923a

件名索引

〈愛念〉者即無明也、無明者是礙菩提之本、 923a
塩嚢鈔（良胤撰） 242b
青県（摂州） 644a
青袈裟 374a
青蓮華 766b（丈六），884b
赤城（常州） 324a
赤城山人（常州） 325a
赤間関（長州） 832b
赤松県人（播州） 591b
秋妻屋（あきめや）浦（薩州） 73a
飽田（あきた）郡人（肥後） 762b
悪逆 61b
悪口邪婬 919a
悪言 791a
悪業 923a,b
悪疾 808a
悪趣 158b,840b,852b,923b
悪聚空 924b
悪星 729a,732a
悪神 911b
悪比丘 61b,124a
悪報 838b
悪辣手 632a
　大灯（宗峰妙超）、出〈悪辣手〉、接得関山〔恵玄〕徹翁〔義亨〕、関山革花園、六世四派支、徹翁補紫野五世一休出、 632a
★渥洼（あくあい，中国） 97a,606a
赤穂（あこう）郡（播州） 853a
浅井郡（江州） 638b
浅井郡人（江州） 516a,646b
浅井県人（江州） 158b
朝熊山（伊勢，虚空蔵菩薩応現之霊地） 589b
朝日 412b
〔足利氏満〕壁山居士忌辰 474b
足利学校 751b
味木県（肥後飽田郡） 762b,763a

足羽（あすわ）県人（越前） 306b
麻生（あそう）津人（越前） 634b
厚草紙（元海撰） 707a
厚見郡（濃州） 356b
熱田（尾州） 905a,908b
熱田祠（日本武尊） 908b
熱田人（尾州） 242b,598a,860a
天草島（肥後） 541a,577a
天野〔神祠〕与丹生〔明神〕者、高野護法神也，733b
天野神祠、納一切経、臣僧（行勝）願足矣，733a
天橋（但州） 381b
天叢雲剣 908b
尼（海人）崎（摂州） 797b,830b
雨僧正（仁海） 677b
在田郡人（紀州） 217a,711a
在田県人（紀州） 229b
淡路 →淡州
粟田口（城州） 231a
粟津（江州） 713a
安吉而化 831a
安居 92b,127b,151b,154b,176b,209b,213b,215a,265a,275a,290a,306b,309b,310a,311a,320b,409a,414b,432a,448a,453a,b,459a,473a,477b,486b,489a,494b,499a,507b,554a,555a,564a,573b,609a,620a,625b,628b,638b,645b,649a,721b,765b,818a,832a,854b,858b,886b
　〔徹翁義亨〕結夏上堂、上根人、向虚空裏〈安居〉、中根人、向払子頭上〈安居〉、下根人、向枯木堂裏〈安居〉 432a
安居禁足 588a,591b,858b
安居偈（大愚性智） 564a
安居講（四天王寺） 138a
安居衆 477b
　日〔州〕之太平山〔寺〕、結夏〈安居

243

衆）纔十余員、至夏末満八百指、477b
安居地　671a
安居禅坐　309b
安居論講（叡山根本中堂）　209b
安国利民（大将軍尊氏）　415a
安坐（座）　210a,350b,355b,392b,467a,640a,785a,805b,836a,840a,854b,874b,877a,879a,881a,891a
安坐開光（景南英文）　569b,570a
安坐念仏（●良祐）　210a
安坐面西（西念）　888b
安坐露地（蓮待）　877a
安庠　86b,91b,122b,173a,184b,204b,350a,446b,651b,685a,712a,886a
安祥　266b,454a,749a,921b
安祥寺之法流　261a
安祥正流　260b
安詳　347b,454b
安心　327a,331b,841a
安心法　62b
安身立命　533b
安禅　105b（護命）,618a（快川紹喜）
安禅地　619b
安像　623a
〔沢庵宗彭〕予誡徒曰、全身打畳、可掩土去、営斎立牌、〈安像〉掛真、年譜誌状一切禁之、623a
安尊如来（筑前内山寺安尊）　873a
安陀衣　510b,753a
安鎮国家不動法（喜慶）　657b
〔安〕然師若不入我門、密教殆可墜地矣、140b
安野（あんの）郡雲津川矢野淵（勢州）　266a
安牌法語（●無雲義天）　428a
安武郡（長州）　765a
安名（●愚中周及）　522b
安名号（愚堂東寔）　621a

安養　141b,170a,189b,646b,720a,770a,787a,806b,808a,828a,839b,870b,882a,883a,888a,922a　極楽も見よ
安養界　90b
安養業　99a,298a
安養修（寂恵良暁）　250b
安養浄利　891b
安養之法（良遍）　782b
安養楽郷　555b
安楽行品　667b
安楽行品私記（●円仁撰）　119a
安楽国　165a
安楽寺学頭（安修）　873b
安楽集（唐・★善導撰）　239b
安楽集記（良忠撰）　240b
安楽生民（東山湛照上堂語）　298b
安楽世界　664b
安楽地　577b
安楽法門　340a
行脚　311a,379b,405b,411b,429a,437a,492a,514b,525a,546a,562b,605a,626b,627a,628a,642a
行脚之榜様　339a
行脚僧　531b,887a
行在所　583b
★按撫侍郎　84a
晏坐　832a
庵居　474b,476a,491a,561a
庵主　476a,508b,567a,583a
暗記　220a,221b,860a
暗記一蔵（●良祐）　210a
暗証　441b
暗（諳）誦（背誦）　104b,168a,217a,220a,410b,430a,545a,551a,697b,855b,872a
闇証禅師　122b

244

―い―

已講　124b, 134b, 150a, 209a, 228a, 899b, 901a
〈已講〉之人〔壱定〕未歴僧綱、入内道場、以為初例、150a
井益県（濃州）　508b
以心伝心　87a, 395b, 432a, 612a
以心明心　432a
〔以〕篤（信中）学通梵漢、才優文翰、569a
生馬（いこま、和州）　782b, 786b, 800a
伊香郡人（江州）　657a
伊賀　→賀州
伊賀刺史（藤原有家）　686b
伊賀良県（信州）　353b
伊川庄（播州）　804b
伊自良県人（濃州）　619b
伊集院人（薩州）　539b, 576a
伊勢　→勢州
伊勢神（大神）　234a, 256a, 749a, 750b
詣伊勢太神宮、降伏異国、741a
詣伊勢太神宮、降伏蒙古、738b
伊勢兵部某　624a
伊豆　→豆州
伊豆島（豆州）　866a
伊都郡（紀州）　81b, 918b
伊那郡人（信州）　450a
伊奈利山　907a
伊富峰（江州）　748b
伊予　→予州
伊予刺史（大高重成）　416b
伊予守（足利家時）　357b
夷希集（実海撰）　268a
夷華　363b, 709a
夷崎（対州）　806b
夷賊　899a
夷狄　424b
衣冠　749a

衣冠之栄　580a
衣食住　276a
位次　479a
医王　853b
医王如来（忍性）　791a
医術　663a
医巫　97a, 660b, 661b, 764a
医方　78b, 159a, 687b
医卜　660a
医薬　688b, 700b, 787a, 818b, 836b, 845b
囲棋　677a, 872a, 895b, 918b
〔覚念〕、毎日暗誦法華一部、勤修弥陀供、若及余暇、与友〈囲棋〉、872a
易行　890b
易〔行〕道　200a
〔☆竜樹〕菩薩説智度論、往往称弥陀、十住毘婆沙論、弥陀為〈易道〉、是故☆曇鸞以☆竜樹、為浄教高祖、200a
和泉　→泉州
威音王（月船琛海遺偈）　324b
威儀　163a, 224a, 267a, 268a, 278a, 455b, 587b, 618a, 845a, 871b, 877b, 885a, 923a
威儀経　127a
威儀師　180b（興福寺仁盛）, 664b（寿蓮）
威儀精恪（☆無学祖元）　303b
威儀礼典（関山恵玄）　405a, 528b
威神力（●絶海中津上堂語）　511a
威徳天（菅原道真）　911a
威徳法（良真）　691a
韋〔天〕将軍　274b
韋駄天　379a, 424b
韋駄天王　768b
〔惟肖得巌禅師〕語録（東海璚華集、惟肖得巌撰）　563b
異域　62a, 65a, 76a, 92a, 154b, 400a, 758a, 795b, 851a
★支那衆僧、無求法於〈異域〉、故★

梁唐宋三伝、無今之科（遠遊）篇、851a

異域之学匠　170a

異域之僧　95a

異域事　376b
　☆〔一〕山〔一寧〕曰、公（師錬）之博弁渉〈異域事〉、章章可悦、而至本邦事、頗渉于酬対何哉、376b

異域人　430b

異媼　295b

異形人　853a

異曲同工（禅教）　411a

異禽　838b

異花（華）　84a,266b
　〔●栄西〕、逢本邦重源、相伴登天台山、見青竜於石橋、拝羅漢於餅峰、供茶湯而感現〈異花〉於盞中、84a

異光　277a,295b,326b,387a,522b,561b,589a,661b

異香　170a,190a,195b,213b,214a,219a,240b,276a,324b,395a,446b,638b,642b,685b,701b,718b,739a,792b,816b,857a,865b,866b,877a,882b,883b,886b,889b,922b

異国　741a

異時断　186b,209b

異熟果　841a

異生羝羊心（十住心第一、愚童凡夫）81a

異人　147b,152b,154a,176a,199b,265a,308b,852a

異瑞　297a

異説　239b
　〔聖光〕曰、先師（法然）門生、離居〈異説〉、冒瀆先師、我徒亦爾、苟非智徳、難得此法、汝（良忠）能任器、宜以此度未来際矣、239b

異僧　183b,222b,268a,324a,431b,485b,794b,827a

異賊　740a

異端　458b,523a
　或者曰、子（●愚中周及）盍習儒典、恐闕博識、〔周〕及曰、若論本分、仏語祖語尚不可学、況〈異端〉乎、523a

異鳥（守墓鳥）　864a

異婦人　904b

異部　91b

異方便　192a,223b

異本太平記　450a

異聞　99b

異類　267a

異霊　441b

異論　168b
　観〔覚〕運公之立義、与源信相成表裏、如★●大宋四明●知礼●浄覚之〈異論〉、然彼互争人執、此只異法文、168b

猪熊鈔　249b
　〔照源〕、在猪熊亭、講三大部、学者筆記成一百巻、名〈猪熊鈔〉、或曰廬談、今行于世矣、249b

偉人　279b

〔偉仙方喬〕禅師遺像　538a

〔偉仙方喬〕行状　538a

〔偉仙方喬〕塔（等慈）銘（観堂光撰）538a

椅子（椅）　295a,478a,479b,556b,627b,791b

★渭水　620b

揖西（いせい）郡（播州）　597b

揖西県人（播州）　358a,554b

意楽　99b

意生身　644b,753b

意念　923b

肄習　763b

葦航〔道然〕、●桃渓〔徳悟〕、●無及〔徳詮〕、●約翁〔徳倹〕、称之四傑焉、

246

雖〔道〕然公為称首、争奈年代綿邈、偉蹟高行、亡湮不伝也、惜乎哉、312b
違和　715a
維綱　105b
維那（いの,悦衆）　61b,336b,349a,353b,412b,433b,439b,483a,587b,619a,778b,797b,920a
遺骸（松嶺道秀）　547b
遺稿（法華要文三十頌,燼香,覚英撰）　198b
遺骨投之大井河（◉清渓通徹）　471b
遺像　196b,289a,324b,460a,538a
　〔偉仙方裔〕禅師〈遺像〉　538a
遺髪　629b
遺表　→遺表（ゆいひょう）
遺付　87b
遺命　→遺命（ゆいめい）
遺霊　824a
遺録　487a（竜湫周沢），315a（☆大円禅師鏡堂覚円）
★潙仰　631a
★潙仰家風　319b
★潙山水牯牛　508a
★潙山之撥火　375b
　頤神之道　753a
　飯沢（武州）　311b
　飯高郷（勢州）　902b
　飯高山（江州）　590b
　飯山（相州）　770b
★育王之塔　686a,832b
　鎮西関東、処々名区、猶有〈★育王之塔〉基、是皆経合符、686a
　池上（城州）　168b,172b,177b,179a,684a,708a
　池上（丹波）　681b,682a
　石井（城州）　589b
　石井（播州）　457a
　石川郡人（河州）　102b

石川郡人（賀州）　812a
石津人（泉州）　574b
石山大僧都（元杲）　168b
石山寺座主（真恵）　731a
出石（いずし）邑人（但州）　621b
出雲　→雲州
出雲刺史（溝口氏某）　620b
出雲路（城州）　220a,826a
板野郡人（阿州）　101a
虎杖（いたどり）原（豆州）　546a
一挨一拶　369a,432a,567a
一衣一鉢　492a
一円相　562b,622b　円相も見よ
　★南泉〔普願〕曽画〈一円相〉、★帰宗〔智常〕坐其中、★麻谷〔宝徹〕作女人拝、622b
一行三昧（隆尭）　264a
★一行禅師之再来（宥快）　261a
一毫穿衆穴　292a（◉道元・懐奘問答語），445b（夢巌祖応小参語）
一言半句　345a
一糸毫　608b
一指頭禅（★倶胝和尚童子）　591a
一字一如来　439a
一字関（★韶陽文偃）　591b
一字金輪法　205b,708b,710a,727b,742b
一字三礼〔拝〕　859b,875b（道寂）
　〈一字三礼〉書写経典（増延）　859b
一字不説　464a
　★世尊〈一字不説〉、★達磨不立文字　464a
一実之旨　783b
一衆生不成仏、我不取泥洹、723a
一呪　637b
　要修者誠精純密、苟誠精純密、則〈一呪〉而足（中略）〔報〕恩公屢以大悲〈一呪〉、致感飛竜焉、637b
一呪一印　637a

247

一呪一軌　754a
　★大広智、★善無畏、★不空、始顕法験、此方先達、越海伝帰、行中都、〈一呪一軌〉毫髪無遺、754a
一条（城州）　240a
一条河頭（城州）　905a
一条関白（藤原家経）　245a
一条亭　668a
一乗　78a,79a,680b
一乗院法務　707b（恵信）,787a（実信）
一乗円戒　207b
一乗円宗　78a
一乗戒儀（唐・★善導撰）　239b
一乗海義（顕意撰）　243b
一乗経　671b
一乗道場　77a
一乗八講（熊野）　139a
一乗法　162b
一乗妙義　863b
一乗妙法　906a
一乗要訣（源信撰）　169b
一世界清浄多世界清浄（天境霊致入壙語）　458a
一蔵　500b
一大事　297a,476a
一代教　261b,841a
一代経迹　812b
一代経論　209b
一代経論総釈（●栄西撰）　86b
一代之宗師　356b
一代時教者、金口之所説、（中略）孰経為優焉、孰経為劣焉、664a
一代心地鈔（皇覚撰）　192b
一代蔵教是幻（東斬健易上堂語）　548a
一弾指　359a,580b
　〈一弾指〉頃転大法輪、359a
　善財〈一弾指〉頃、入得弥勒楼閣、580b

一丁字　278a
一転語　618a
一動一静一来一去　575b
一人半人　336a
一念義（幸西）　216a
一念三千　231b,680b
一念之功　886a
一念者仏智一念（幸西）　216a
一衲一鉢　575a
一馬生三寅　571b
一番論席（観円）　186a
一蒲団上十虚空（字堂覚卍偈）　561b
一仏一時一処一教　140a
　〔安然〕曰、真言宗立〈一仏一時一処一教〉、判摂三世十方一切仏教、140a
一弁　411b,473b
一枚起請〔文〕（源空）　889b
一万郷人（備中）　298a
一万三千仏（賢永）　817b
一万仏号（延朗）　718b
一毛頭上現宝王利、一弾指頃転大法輪、（宗峰妙超）　359a
一夜坐至三更有省（愚堂東寔）　619b
一陽来復（一陽復来）　319b,598b,600a
一来一去（瑞巌竜惺上堂語）　575b
一来〔果〕　833a
一覧亭偈　386b,447b
市正（いちのかみ）（松平親英）　620b
壱志郡（勢州）　265b
一家義　765b
一家之言　781a
一家之俊彦　205a
　〔弁暁〕、有弟子道性、尊玄、教寛、共〈一家之俊彦〉也、204b
一芥　517a
一喝　320b,411a,432a,551a,581a,597a,613b,615a
一喝便逝（●観中中諦偈）　514b

件名索引

一館亭　681a
一級塔（上野，下野）　78a
一去一来（松嶺智義遺偈）　341b
一茎草　363a,471b,505a,580b
　　請〔雲章一〕慶陛座説法、（中略）拈〈一茎草〉作丈六金身用、将丈六金身作〈一茎草〉用、善財一弾指頃入得弥勒楼閣、580b
　　〔●伯英徳俊〕曰、把住則拈〈一茎草〉、作瓊楼玉殿、将一塊石、作丈六金身、505a
　　〔●清渓通徹〕、〔南禅寺〕仏殿成、上堂、（中略）〈一茎草〉上、丈六金身、471b
一教　140a
一句子禅　427a
一華開五葉　294b
一箇半箇　291a,540b,629b
一香　301b,314a,351a,377a,401a,418a,419b,590a
一切教　140a
一切経　74b,641b,663b,704b,705b,729b,733a,817b,822b,882a　大蔵経・全蔵も見よ
　　〔運覚〕、発誓願自写〈一切経〉、三十年間書二千巻、704b
　　〔安然曰〕、遍一切乗、自心成仏之教、名〈一切経〉、140a
一切経蔵（叡山）　138a
一切時　140a
一切時不起妄念　483b
一切処　140a
一切乗　140a
一切智人　505a
一切女人皆是母　794a
　　〔総持〕既説〈一切女人皆是母〉、只是過現異時而已、794a
一切仏　140a
一切如来最上乗教　137a

一切如来大慈悲観音　268a
一切法一法　475a
一切万行　238b
一拶　573b
☆〔一山一寧〕像賛　332b
☆〔一山国師〕四会語録（一山国師語録，☆一山一寧撰）　332b
☆一山国師之道（相山良永唱）　472a
一指　512b,532a
　　豎〈一指〉（峻翁令山）　532b
　　豎〈一指〉者、似★俱胝之禅、512b
一処　140a
一処正処処正、一処真処処真　488b
一升三合活計　446a
一生不触女身（清仁）　872b
一生無犯（定昭）　664a
一性五性例儒図（雲章一慶撰）　581a
一心戒　463a
一心戒文（伝述一心戒文，光定撰）　107b
一心三観　76a,231b,235b,248b,292b,297a,330a,423a,513b,680b,759a,768a
一心三観血脈（尊円）　751a
一心三観之旨　76a,297a,423a,513b,759a,768a
一心念仏（尋静）　870b
一心法　474b
一心法界者、清浄之基　641b
一心妙法界　924b
一身阿闍梨　184a,194b,235a,255a,667b,688a,692b,701a,b,708a,710a,712b,724b,727a,729a,732a,b,736a,738a,739b,748b,751a
一身清浄多身清浄（天境霊致入壙語）　458a
一隻眼　375b,521a,528b
一千会講席（禅喜）　152a
一千僧　101b

一諦　138a
一炷心香　472b
一転語　500a,532a
一刀截断　561a
一鉢乞匂　798b
一法一切法一切法一法　475a
一片田地　280a
佚老　382a,402b,461a,469b
壱州（壱岐）　419b
逸居　358b,382a,433b,553a
逸史　78b
逸老　430a,438b,503b
糸　89a
印南（いなみ）郡（播州）　912b
印南（いなみ）野（播州）　792a
因幡　→因州
稲岡人（作州）　206b
稲瀬川（相州）　794b
稲津邑（能州）　860a
稲葉山（濃州）　596a
稲村山（相州）　790b
稲荷　907a
稲荷県（城州）　765b
稲荷人（城州）　558b
稲荷神　654a,685a
稲荷峰（僧正峰）　819b
犬山県（尾州）　609b
稲　88b
今出川柳御所（城州）　260a
今出河（城州）　297b
石清水検校　786b（宮清）,787a（宮清），789b（行清）
石手（いわて）荘（紀州）　195b
石手（いわて）村（紀州）　195a
石淵八講　102a
石見　→石州
盤城相馬曽根郷（常州）　262a
巌蔵（城州）　170b,391b,449b,491a,583b,688b,694b,849a,b

巌瀬神　261b
巌築（武州）　490b
引証義解　227a
引接　884a
引接流（覚善）　203b
印可（印）　111a,117a,244b,289a,304b,338a,340b,367b,368b,416b,420a,430b,466b,470a,537a,539a,541b,544b,546a,563b,567a,573b,605b,606b,860b
印記（印）　76a,273b,277b,287b,306b,333b,349b,355a,380a,431b,447b,456b,462a,470a,488b,492a,497a,513b,520a,528b,530a,534a,543b,545a,553a,559b,565a,574a,575a,577b,586a,587b,604a,612b,619b,625a
印記投之火中（一休宗純）　586a
印契　76b,118b,133b,136b,141b,165b,174a,264a,313b,507a,728a,736b,876a,889a　結印も見よ
印訣　357a,420b
印鍱　224b
印券　396a,400b
●〔印元（古先）〕、取語録外集、投于火中日、吾祖不立文字単伝心印、留此糟粕何為、443b
印刻　408a
印呪　243b
印授　752b
印書　586a,738a
印証　274b,278a,298a,446b,453b,554b,786a
印信　132b,248b,820a
〔真然〕貯★恵果手書理趣経、以為〈印信〉、820a
★印度（竺乾）　62a,70a,134a,269a,324b,659a,909b
　★北印度　67b

★中印度沙門（証梵）　849b
★中印度人　67a
印付　624a
印蒭　382b,474b,513a,596a
印本大蔵経　847b
印明　675a,726a
〔印〕融小肖　267b
因果　108a,183a,248b,861a
因果経（過去現在因果経、★求那跋陀羅訳）　136a
因果法（円照）　786a
因果報応　875a
因州（因幡）　346a,447b,474a,b,476a,545b,827a,880a
因州人　447b,827a
因州刺史（源南樵）　574b
因縁（縁）　203b,292a,296b,305a,326a,342a,358b,375a,395b,427a,433b,441b,451a,452a,474b,491a,498b,500a,527b,529b,531a,533a,b,549b,554a,560a,562a,565a,567a,582a,586a,593b,612a,613a,620a,630a,753b,848a,881b,912b,915a
因明　96b,101a,109a,113b,125a,b,134b,144b,165b,182b,183a,185a,199b,200b,219a,232b,251b,269b,782b,809a,896b
〈因明〉唯是対破外執之論、而不言勝義諦、183a
論曰、〈因明〉者禦外侮之論、183a
〔因明〕始於★弥勒、而盛於★陳那也、★戒賢伝之支那★玄奘、〔玄〕奘公伝之本朝●道昭、従此展転承伝、非其器則不敢妄授、183a
因明王（玄昭）　144b
因明義　144b,183a
因明九句義（隆海撰）　133b
因明解節記（護命撰）　106a
因明纂要記鈔（修円撰）　106b

因明纂要秘心（修円撰）　106b
因明之三支　183a
因明之祖（日域，長歳）　113b
因明者、禦外侮之論、183a
因明修円、瀋思記鈔　269b
因明相違註釈（源信撰）　169b
因明比量相違前宗後因　125a
因明目録（円超撰）　144a,b
因明論　97a
因明論義骨（願暁撰）　109b
因明論疏記（平備撰）　109b
因明論灯鈔（善珠撰）　97a
院宇　823b,910b
院事　336b
寅閣稾（常庵竜崇撰）　606a
淫雨　843a
陰界　841a
陰禅　864b
陰中　763a
陰陽　653a
〔尊意曰〕葬送之法、不択日時吉凶、不用〈陰陽〉鎮宅、加持浄水、誦五字呪、灑其点地、結四方堺、標一石柱、653a
隠　181b,187a,208b,820b
隠逸　92a,164a,176b,182a,207a,222a,296b,347b,380b,527a,589b,661a,785a,872b
山茹澗飲愛烟霞、友麋鹿者、〈隠逸〉之常也、182a
☆〔隠元和尚〕七会語録（隠元禅師語録，☆隠元隆琦撰）　631b
☆〔隠元禅師〕雑集（☆隠元隆琦撰）　631b
隠語不分　479a
隠之蘊藉者　428a
隠之純古　428a
★隋唐之世、★恵思、★普寂、★懶瓚、★法常、〈隠之純古〉者、降迫★蒙元、

★石屋、★栴堂、★中峰、隠之蘊藉者也、428a
隠士　869a
隠棲　212b,326b,477b,910a
隠中之隠　182b
隠徳陽施　504a
隠徳陽報　646b
隠遁　63b
隠遜　869a
隠霾　632a
隠約　173b,190a,555a,782b
　〔良遍〕、性守〈隠約〉、摅嫌世栄、782b
蔭任　105b
韻書　383b,806a

　　　―う―

右記（守覚撰）　206a
右京七条坊（城州）　911b
右京兆　457a（源頼之,細川氏）,577b（細川勝元）,594b（細川政元）,599a（源政元）,607a（細川氏）,609b（管領細川氏）,719a（藤原長輔）,834a（細川政元）
右京兆少尹（稲葉貞通）　619a
右京長安城（城州）　401a
右脇降誕　605b
右脇累足　68b
　〔★善無畏〕、〈右脇累足〉、奄然而化、68b
右金吾校尉（藤原範秀、小串氏）378b
★右軍（王右軍、王羲之）　73b（真行書）,299a（草聖）
右近将監（平春平,小早川氏）　524b
右近馬場　911b
右少史（中原康雄次子）　806a
右少将（源通能）　730b
右少弁　184b（藤原実仲）,747a（藤原長），甘露寺）
右丞相　152b（藤原師輔）,194a（源顕房）,231a（藤原宣秀）,400b（華山院家忠）,668b（藤原有国）,912a（藤原師輔）
右大将（源頼朝）　794b
右大臣（藤原実親）　741a
右大弁（和気真綱）　106b
右中弁　122a（文室助雄）,151a（菅原淳茂）,193a（藤原有信）
右典厩　532b（猪俣氏）,669b（平貞盛）
右兵衛佐　870a（藤原敦忠第四子）
右府　206b（源頼朝）,276b（源実朝）
右僕射　70b,78b,105b,179a,184a,650b,667a,b,673a,676b,703a,741a,767b,843b,844a,872a,902b,910b
宇賀荘（雲州）　407a
宇佐（豊前）　904a
宇佐宮規　904b
宇治（城州）　776a,875b,877a
宇治郡（城州）　121b
宇治県人（勢州）　268a
宇治（大）橋　66a（●道昭,776b（叡尊）,893a（●道登）
宇〔治〕川漁者　778a
宇治大相国（藤原頼通）　875b
宇多郡（和州）　88b,725a
宇多島（備後）　238a
宇陀郡赤尾山林（和州）　93b
宇智郡人（和州）　202b
宇都宮（野州）　533b,617a,890b
宇都山（駿州）　182a
宇和郡（予州）　238a
有宗　184b,269b,786a
有宗達者（平備、信行）　269b
有頂天　796b
有道禅師　270b
有徳　697b

〔寛助〕一時之〈有徳〉也、漏於〔元亨〕釈書、故世称不高、697b
羽化成仙　916a
羽州（出羽）　261a,344a,364a,366a,401b,406b,459a,485a,589b,622a,635a,798b,855a,883a,899a
　田川郡人　855a
　棚倉　622a
　由利　622a
羽州人（出羽人，出羽国人）　261a,344a,364a,366a,401b,798b,883a
羽州講師（安恵）　122a
羽州太守　339b（藤原親平，大友氏，玉山），388b（二階堂道蘊），573b（藤原敦氏），830a（藤原秀衡）
羽林　684a
羽林大将軍（藤原済時）　686b
盂蘭　792b
盂蘭盆経総釈（高弁撰）　219b
雨　130a,161b,217b,225a,688a,731b,732a,733a,736a,741a,743b,750b,755b,812b　大雨，祈雨，暴雨等も見よ
雨華之瑞　484b
雨灑　695a
雨傘　786b
雨潦河水大漲　811a
雨水　523a
雨沢普施　727a
雨施　703a
雨法〔宝〕童子（大日如来化身）　750a
雨瘍　832b
禹貢（書経の編名）　678a
★禹門浪　846b
★烏石嶺（福州雪峰山）　528b
★烏萇国　67b,100a
　烏鉢華　577b
★優塡第四白氎像　848a
　優曇華　367a

優婆夷　621a
優婆塞　71b,161a,295b,621a,635b,666b,915a,917a,b,918b,919b
優婆尼　201b
鵜沼（濃州）　531a
上杉憲顕（藤桂山居士）遠忌　506b
植槻道場　844a
浮島原（駿州）　908b
牛　613a
　売被買〈牛〉、（中略）売〈牛〉買被、613a
臼杵郡人（日州）　542b
太秦（うずまさ，城州）　233a,753a
内舎人　82b,818b
鬱陀（多）羅衣　77b,214b
采女正広貴（画工）　671b
畝傍山（和州高市郡）　663a
馬　517a
海邑県（筑前）　355a
梅津（城州）　490a
梅畑（城州）　572b
瓜　915a
瓜生（城州）　877a
瓜生田人（能州）　423a
瓜生別墅　877a
ウン字タラク字次第（性瑜撰）　781a
運翰　806a
運使　521a,b
運善　796b
雲雨暴降　669a
雲壑猿吟（惟忠通恕撰）　565a
〔雲渓和尚〕語録（雲渓支山撰）　494b
雲居羅漢　599a
雲州（出雲）　239a,382b,383a,406a,b,407b,431b,444b,445b,466b,480b,488a,512b,711b,723a,877a,b
　宇賀荘　407a
　島根県人　437a
　枕木山　437a

三沢人　527b
雲州人　431b,444b,445b,466b,512b,
　711b
雲州太守　275a（波多野義重）,292a
　（藤原某）
雲水　275b,305b,366b,397a,407a,
　460b,462b,465b,529b,562a,576b,
　613b,777a
　　叡尊律師、問禅於法灯有省、因為〈雲
　　水〉、建旦過於戒壇院側、而今不給願
　　公興廃、〔凝〕然公即営之、366b
雲水海会七百余員（悟渓宗頼）　596a
雲頂山（但州）　627b
雲堂　285a,301a,304b,327a,329a,532b
雲母蔵　886a
★雲門（宗）　631a
★雲門一字関（★雲門文偃）　478b
★雲門一曲（★雲門文偃家風）　484a,
　616b
★雲門有三種人古則　500a（★雲門文偃）
★雲門関字（★雲門文偃）　358a,591b
★雲門索取九十日飯銭（★雲門文偃）
　519b
★雲門禅　598b
★雲門祖塔　591b
★雲門大師再来人（関山恵玄）　404a
★雲門餅（雲門餬餅）　548b,630b
★雲門薬病相治話（★雲門示衆語）
　476b
★雲門録（雲門匡真禅師広録、★雲門文偃
　撰）　590b
雲遊　163a,330a,341a,370b,518b,
　539a,613b,685b

―え―

回光返照　284b
回心向上　833a
衣　323a,388a（先師☆無学祖元）,
　420b,602a,863a

衣盂　311b,324a,331a,343a,354a,
　389a,b,390a,483a,484a,517a,525b,
　555b,556b,557a,583b,612b,656b,
　857a　衣鉢も見よ
　〔在中中淹〕所有檀施、咸帰於常住、
　以備修造焉、〈衣盂〉之外毫不潤身、
　557a
衣壊鉢空、而心志安如、（快賢）885b
衣偈（明峰素哲）　420b
衣号（●寂室元光）　427b
衣財　116b,234a,582a
　〔定済〕三宝院回禄之後、堂宇未建、
　自捨〈衣財〉、悉復旧観、234a
衣衫破弊　208b
衣資　578b,603b
衣食　563a,792b
　〔南英周宗〕睹飢寒者、則与〈衣食〉、
　脇不沾席終身長坐、563a
衣信　420b
衣袋為証　912a
衣帛　235a
衣鉢　97a,111a,309b,354b,359a,369b,
　370a,389b,391b,407a,449a,466a,
　476b,491a,503a,523b,758b,769b,
　848b　衣盂も見よ
衣鉢褐襆　510a
衣服　116b,117b,131b,164a,791a,
　843a,874a,882a
衣服礼典　279a
　本朝禅苑、雖始於●明庵（栄西）、〈衣
　服礼典〉、至於●［大歇了］心備焉、
　279a
衣払　561a
衣蒲童子　623a
衣法　327a,533b
衣物　70b,534a,808a
衣糧　118a
江泥〔沼〕郡人（賀州）　656b
会見郡（伯州）　639b

254

依止師　127a
依報資財　856a
恵運流（安祥寺正流）　255a,260b
★恵遠（東晋）、結蓮社於廬山、諸家兼修　891b
恵学　217b,771b
　我国〈恵学〉者多、定修者寡、是為大患、217b
　［覚盛］嘗謂頃世貴〈恵学〉不持戒、仏子之謂乎、吾将嗣絶、771b
恵灌僧正牌　64a
恵行双修　185a
●〔恵暁和尚〕語録（白雲和尚語録，●白雲恵暁撰）　311a
　恵解　96a,99b,101b,104b,119a,141b,155b,162b,174a,192b,197a,239b,243b,245b,269b,387b,576b,635a,761a,782b,808b,839a,848a,897b
★恵光略疏（四分律疏★恵光撰）　755a
★恵思之再身（聖徳太子）　864b
　恵心院検校（明快）　179a
　恵心院僧都（源信）　169b
　恵心義　168b
　恵心浅広檀那深狭　167a
　恵心檀那者、叡山中古之英傑、共言浅狭也、167a
　恵心檀那之法流　209a
　恵心檀那之両義　168b
　　於今学者称〈恵心檀那之両義〉矣、而〔源〕信公之述作、巻帙満架、〔覚〕運師之義文、纔出於山衆之口碑、168b
　恵心檀那両流　269b
　恵心的流七箇三重之奥旨　752a
　恵心道　182a
　恵心法義従〔忠〕尋興　192a
　恵心門　175b
　恵檀法門　188b
　　〔澄豪〕、弟子弁覚、永弁、智海、長耀、尊珍等、共是俊傑、唱檀那流義、〈恵

檀法門〉斯時為盛也、188b
★〔恵超問仏〕★法眼〔文益〕答仏話　410b
★恵忠国師三喚侍者公案　351a
●〔恵〕椿〔王渓〕頂相入元請讃（●無夢一清）　341a
恵灯益挑（円長）　886b
恵那郡人（濃州）　601b
恵日羽足（徳一撰）　110a
★〔恵能〕六代祖師真賛、在法山（妙心寺）之庫　322b
恵弁流暢（良暁）　250b
〔恵明（了庵）〕画像　530a
恵力　614b
絵事（百済・☆曇徴）　842b
絵像（☆兀庵普寧）　290b
榎並県人（摂州）　872b
蝦夷　843a,862b,895a
蝦夷人　895a
壊衣　685a
★〔懐敞〕授此衣、為法信、84b
穢器　802b
穢土　220a,685a,802b,888a,923a
　〔如導〕、自謂此界〈穢土〉、此身穢器、無一可楽、不如去此、適彼楽国、到大井川、抱石投水、802b
★永嘉郡人（中国温州）　299a
永訣之書（明詮）　124b
永元一派　408a
●〔永源寂室和尚〕語録（氷壺録，●寂室元光撰）　427b
永劫縁会　765b
永式　110b（薬師寺最勝会），122b（天台座主、止観真言兼学者）
永世之福田（羅漢石肖像安置）　832a
★永泰軍節度（★禄慶展）　272b
〔永平禅師〕語録（●道元撰）　293a
永平広録（●道元撰）　276a,293a
永平清規（●道元撰）　275a,276a,

307b,529b
永平中興（●徹通義介）　307a
永平付法伝衣信　420b
永保寛治之時、山徒払乱、数梵破三井〔寺〕及〔良〕真房舎、弟子之院、691a
永禄兵火　247b
　〔凝然一代撰述〕〈永禄兵火〉半秦灰矣、今在府庫者、纔存十一、而又多厄蠹逸、翻覆残編、247b
英傑　167a,193a,367b
　叡尊凝然者律苑雑華之〈英傑〉、367b
英才　615b
英匠　786b
英達　269b
　道範、頼瑜、宥快、印融、真言〈英達〉、多著家書、269b
〔英仲法俊〕禅師行状（卍元師蛮写）545a
〔英〕朝（東陽）照容請賛（源司農）600b
★英武楼　510a
〔栄〕尊肖像（二条大相国写）　296a
営斎　623a
詠歌　751b,915a
叡戒壇（叡山壇、叡山戒壇、叡壇、北戒壇）　83b,104b,107a,136a,178b,291b,306b,373b,430a,537a
叡岳神　75b,516a
叡山　729b
　後鳥羽上皇御願、於〈叡山〉集一万二千二百五十員僧、頓写一切経、設大会斎、729b
叡山講堂　653a
叡山座主　→天台座主
叡山聖経　686b
　〔頼〕豪、因乞園城寺戒壇、而山徒業已堅執不解、是以不能勅裁、〔頼〕豪深怨（中略）〔頼〕豪死成鼠、嚙破

〈叡山聖経〉、俗説毎毎不足信、686b
叡山東西塔　78a
叡山法務（慈円）　729a,b
叡尊行状（凝然撰）　777b
影像（影）　107a（★南岳恵思）、170a（源信）、196a（●空海）、235b（●空海）肖像、照容、真、像、尊容なども見よ
　●弘法大師手画等身〈影像〉、并善女竜王画像、鎮伝法院、196a
影堂　533a（深谷国済寺）、828a（高野山）
衛護　909b
衛兵曹　206b,241b（盛景）、828b（文覚）、837a（源諸純）
衛役　143a
嬰児　300b
嬰童無畏心（十住心論第三、天乗）81a
易　291b,414a,485b,600a,648b,721a,774a
　禅林先達、弁〈易〉之説、如見掌果焉、故鉅儒北面承決、屢見★宋儒之書、774a
易有常数　773b
易衣（禅僧になること）　276b,287a,292b,293a,297a,325a,358a,387b,412b,441a　更衣も見よ
易衣（着替えること）　275b,303b,478a,711b　更衣も見よ
易家　894b
易之変位　773b
易筮（浄蔵）　660a
易道　773b,774a,864b
疫病　817b
疫癘　814b,911b
駅衛士　336a
駅路根絶（★玄奘）　65b
越後　286a,308b,309a,507a,539b,

553b,573b,582a,605a,690b,716b,
718b,799a,833b
　国府　182a
　白鳥県人　377b
　菅谷山　716b
　東岡　573b
　古志郡　636a,690b
越後人　507a,799a,833b
越後守（北条実時）　775b
越後檀越（信）　539b,573b,605a
越前（越州）　96b,131b,141a,172b,
251b,274a,275a,276a,291b,292a,
306b,341b,347b,348a,367b,391a,
414a,415a,416a,417b,438a,b,452a,
527b,528b,531b,532b,541b,542a,
543a,b,545a,552b,558a,562a,564b,
570b,573b,576b,584b,585b,589a,
600b,601a,b,604a,610a,626b,628a,
634b,638a,652a,656b,729b,739a,
881b,882b,901a,902b
　足羽県人　306b
　麻生津人　634b
　越智峰　903a
　大野隈笴河東伊野原　903a
　坂北郡　544a
　志比　275a
　多禰郡人　341b
　宅良　543b
　敦賀　141a,172b,552b
　平葺人　414a
　藤島　729b
越前人　415a,417b,739a,882b,901a
越前刺史　80a（藤原賀能），185a（藤原
良経），498b,544a,596a（斉藤利永）
越前檀主　367b
越前守（源基行）　191a
越前府　266a
越前府主（朝倉貞景）　266b
越前平氏（◉別源円旨）　415a

越前法橋（海縄，仏工）　720b
悦衆　→維那
★悦（兜率従悦）禅師之再来（◉竜山徳
見）　399a
★越州（中国）　73a,76b,137a
　越州　332a
　　北越　551a,561a,800b
　越州刺史（陶盛政）　584b
　越州檀越　371a
★越裳（古代南方蛮夷）　843a
　越智峰（越前）　903a
　越中　158b,460a,476b,507b,508b,
533b,747b
　　新川郡　508b
　　野尻　747b
　　放生津　366b
　越中司馬（出雲貞則）　158b
　越中刺史　622a（細川忠興），728a（藤
原顕成）
　越中人　460a,507b,853a
　越中檀越　476b,508b
　越厨浦　700a
〔円伊〕（仲方）照請賛　536b
◉円応（寂室元光）師伝賛　427b
◉円応（寂室元光）先師十三辰忌　546b
円戒　→円頓戒
円覚　325b
円覚伽藍（大陀羅尼門）　588a
円覚経（大方広円覚修多羅了義経，★仏
陀多羅訳）　295a,483b,501a,509b,
537b,576b,584a
円覚〔経〕疏抄（★柏庭善月撰）　283a
円覚寺火災（応安7年〈1374〉）　281a
円義　171a,274a
円教　77a,108b,116a,181b,183a,186a,
188b,214b,859b
円教三身　108a,248b（恵心印信，七科
伝授五）
円教寺寺務　205b（守覚），714b（禎

円教大心　856a
円具　377a,381a,486a,591b,599b,611b
　　具足戒も見よ
円顕部　887b
円光　849b
円光鈔（倶舎論殊勝問答, 円光房経円撰）　185b
円旨　163a
円宗　77a,78b,172b
円宗寺検校　692b（覚行）, 710a（覚性）
円宗寺寺務（守覚）　205b
円勝寺検校（覚性）　710a
円照之風　797a
円照上人行状（円照伝, 実相上人之行状, 凝然撰）　785b,787b,788a,800b
円成国師（関山恵玄）三百年忌　626a
円通　562b
円通之理　821b
円通懺摩法（◉愚中周及）　523a
円相　275a,278a,310b,311a,368b,394a,535b,562b,590b,611b,622b
円湛無生銘（☆大休正念撰）　300b
円壇　675a
円頂　102b,301a,412b,414a,544b,552b,560b,618b,712b,717a,727b,732a,743a,746b,752b,804b
円頂受戒　867b
円頓戒（円戒, 円頓大戒）　78b,104a,b,135b,207b,209b,214b,230a,248b,249b,250b,263a,266a,802b,856a,889b
円頓戒法　224a
円頓之機　231a
　　法華華厳〈円頓之機〉設, 而従教入禅、231a
円頓之旨　767b,897b
円頓大戒　→円頓戒

円頓大乗経　69b
　　華厳者, 如来初成道之〈円頓大乗経〉也、理深事広、非登地之人、無以達其奥焉、69b
円頓大乗菩薩戒羯磨　104b
円頓菩薩大戒　108a,207b
円頓法　260a
円頓法門大意本覚（行重七科三）　248b
円頓無作大戒　266b
円融三諦　170b
円融之旨　101a,898a
円融寺寺務（守覚）　205b
円融寺落慶導師（寛朝）　669a
円理　113b,217b,254a
円顗　232a,429a
奄然坐化　819b
　　〔壱演〕乗小舟浮水、〈奄然坐化〉、819b
延〔廷〕臣　199b
延年法　650b
延宝伝灯録（伝灯録, 卍元師蛮撰）　291a,298a,303b,306a,323a,344a,396a,435b,439a,444a,447b,465b,493a,550b
延命　665b,666a
延命法　681b,736b,737a,743b,747b
　　普賢延命法も見よ
延暦之故封　484a
延暦寺座主　104b,194b　天台座主も見よ
　　〈延暦寺座主〉此職始於〔義〕真、104b
　　〔覚円〕領〈延暦寺座主〉、山徒訴朝拒之（中略）〔覚〕円歴三日辞職、184a
　　〔覚猷〕為〈延暦寺座主〉、三日而退、蓋避山徒之嘖也、194b
延暦寺総事（修円）　106b
延暦寺総持阿闍梨（常済）　141b
延暦寺中堂供養呪願師（寛朝）　669a

延暦寺豎義式（●円珍）　138a
延暦僧録（☆思託撰）　757b
　〔☆思託〕撰〈延暦僧録〉十巻、事核
　文麗、終製自序、慣司馬氏之筆、此本
　朝僧史之権輿也、757b
延齢　210b
　令〔公〕胤、誦尊勝陀羅尼、毎日二十
　遍、以祈〈延齢〉也、210b
延和殿　849b
炎旱　→旱
炎魔天供　707b
怨魂（崇道天皇、伊予親王、藤后吉子、
　橘逸勢、文室宮田麻呂等）　646a
宴宮　90a
宴居（元海）　706b
宴坐　372a, 433b, 435a, 449a, 488b,
　538b, 632a
宴食　843a
烟火　914a
烟霞　427b
烟霞之癖（●堅恵）　122b
★袁州太守（★王本斎）　352b
　偃臥　836a
　〔長明〕、不〈偃臥〉者三載、836a
　婉閨　97b
　琰王　645a, b
　琰宮　645a
　焰所　921b
★塩官県（中国）　270b
★塩官〔斉安〕之法　631b
　塩穀　665a, 721b, 850b, 876b
　　〔日蔵〕出家、不嘗〈塩穀〉、精修六歳、
　　665a
　　〔良算〕永絶〈塩穀〉、只食淡菜、常誦
　　法華、不雑佗業、721b
　　〔蓮待〕在金峰山、誓断〈塩穀〉、身体
　　已枯、筋骨皆露、諸僧相告日、上人当
　　死不可穢霊地、876b
　塩山（甲州）　476a

塩竈烟　824b
塩味　648a, 662b, 855b
塩味集（実海撰）　268a
猿　256b
　山王円頓霊神、而〈猿〉使令也、
　256b
猿猴　256a
猿神　638b
　〔★東天竺〕国多比丘、雖我未廃仏法、
　曽下令禁私度、今受報為〈猿神〉、
　638b
●〔遠渓祖雄〕肖像　372a
遠師★大聖世尊（証真）　209b
遠州（遠江）　351a, 356a, 381a, 476a,
　490a, 491a, 503b, 520b, 548a, 557a,
　568b, 576b, 585a, 600b, 604b, 689b,
　840a, 890a
　笠原荘　840a
　城東郡　689b
　高園人　520b
　見付駅　890a
　見付県　600b
　横路　890a
　吉最県人　381a
遠州人　351a, 356a, 503b, 548a, 890a
遠州刺史（江公資）　188b
遠渉（入★宋・●浄業〈曇照〉）　766b
遠島　829a
遠敷明神（若州）　639b, 640a
遠遊　455a（入★元、●大拙祖能）,
　847a（入★宋、●畜然）
厭世出家　278a
演義　898b
演講　64a
演説　101a, 105b, 163a, 253a, 255b,
　307b, 535b, 646a, 730a, 847a, 891a
演宣　266b
演法　275a, 320b, 348a, 366b, 369b,
　393a, 412a, 417a, 437b, 448b, 468b,

484b,555a,556b,619b,649a
演法之堂　437b
演密授律（貞允）　778b
縁起　78a,b,223b,685b,848a,849a,910a
縁相　85b
燕居　443a
★燕京（中国）　430b
燕坐　435a
以燕子、作談実相、609b
燕尾帽巾　752b
閻（焔）王　707b,815b,855a,856a,861a,921b,922a,b
〈焔王〉者正直之天、鑑人間世之善悪、而司罪之軽重也、然随人之所悪、而与其罰者、寧非倍其説邪、707b
閻王宮（炎魔王宮，焔宮）　154a,b,674b,707a,855b,921b
閻庁　917b
閻浮　154a,473a,588b,605a,871a
閻浮界　581b,902b
閻浮集（●鉄舟徳済撰）　502a
閻浮洲日本国　645a
閻浮提　815b
閻羅大王（閻王）　412a,b,861a
閻羅老子　586b,623a

—お—

小栗栖（城州）　655a
小栗栖之法（信海）　121b
小栗栖人（城州）　121a,781a
小田荘（勢州）　266b
小田原（城州）　875a
小野（城州）　121b,176b,217b,257a,680b,694a,742a
小野一派　802b
小野一万菩薩　749a
小野官庫　196a
小野北尾（城州）　181a

小野之法　781a
小野荘（江州）　224a
小野神主　749a
小野相承秘書（●空海）　694a
小野広沢両派　677b
小野密水　134a,214a
小野密水三派（勧修寺流、随心院流、安祥寺流）　696a
小野密派　254b
小野流（小野）　168b,202a,212b,222a,696a,754a,784b,795a
小浜（若州）　625a
小味（おみ）荘人（肥前）　434b
和尚（「浄禅三」は省略）　63b,71b,76a,94b,98a,104a,105a,107a,b,108a,113b,114a,b,115a,b,116b,117a,b,119a,120a,122b,124b,126b,127b,132a,135a,137a,138b,140b,142a,143b,144a,b,146a,150a,158b,162b,183a,b,196a,225a,227b,246b,265b,271b,274b,275a,276a,284a,286b,287b,289a,b,290a,b,291b,292a,293a,295b,296a,b,297b,299a,634b,636a,637a,634b,636a,637b,638a,644b,646b,657b,660a,662b,710b,733b,748a,753a,755a,756a,759a,760b,771b,773a,774a,780a,782a,783b,787b,794a,796b,802b,815a,b,832b,835b,839b,841a,848a,849a,869a,872b,896a,914b,917a,922b
於道山（丹州）　649a
御室　142a
御室法流　206a
越智峰（越前）　903a
飫肥（おび）人（日州）　624a
隠岐守（大江安成）　879a
王懐水精手幡　73b
王畿　815b

王種　491b
王種之聞人　169a
王城　86b
王臣　271a, 644a
王制　208a
王都　85a, 919b
王土　644a
王府　99b
★王右車〔軍〕(王羲之) 真行書　73b
★王陽明序　603a
　王老師一線道　375b
応器(●栄西)　85a
応機　123b, 797b
応機演法　600a
応機接物　456a
応機説法　443a
応供　425a　阿羅漢, 応真なども見よ
応化合一之説　641b
応化之人　869a
応真　275b, 287b, 490b, 772b, 833a　阿羅漢, 応供なども見よ
応真菩薩　912b
応身　643b
応世　316b, 363b
応病底薬　476b
応夢衣　486b
応用自在　924b
応理宗戒〔図〕釈文鈔(叡尊撰)　777b
応〔量〕器　85a, 366b
応和角論　→応和宗論
応和宗論(応和角論, 応和宮会, 応和宮講)　153b, 157a, 160a, b, 164a, 167a, 269b　宮会, 宮講なども見よ
応和宗論記(恩覚撰)　211b
近江　→江州
近江湖　858b
近江掾(慶滋保胤, 寂心)　164b
近江太守(大友直庵居士)　454a

往★元　534b　入★元も見よ
往生　90b, 159b, 165a, 174a, 234b, 238b, 852b, 855b, 857a, 871a, b, 872b, 873a, b, 874a, b, 875a, 876a, 877a, 878b, 879b, 881b, 882a, 886a, b, 890a, b
　〔満願〕嘗立義曰、諸行非是弥陀別願、雖非別願、而得〈往生〉、238b
往生因　680a, 888b
往生講　190a
往生之科　891a
往生之儀　882b
往生之左券　808b
往生之粧　881a
往生之相　215b, 885a
往生至要訣(証賢撰)　253a
往生者難中之難　174a
往生十〔拾〕因(永観撰)　190a
往生十〔拾〕因私記(永観律師十因記, 了恵道光撰)　250a
往生之助因　886a
　〔蓮蔵〕、三時行法、千日護摩、回以為〈往生之助因〉、886a
往生正業　90b
　何等是〈往生正業〉、仏言、観如来相好及浄土荘厳、是為正業、90b
往生浄土　890a
往生善処　836b
往生伝(拾遺往生伝、三善為康撰)　867a
往生伝〔浄土往生伝(★戒珠撰), 新修浄土往生伝(★王古撰), 新編古今往生浄土宝珠集(★陸師寿撰)〕　891a
往生人　165a, 201b
往生法　211a
往生要集(源信撰)　169b, 207a, b, 239a, 266a
往生楽土　871a
往生論疏釈(★天親菩薩撰)　91a
往生論註鈔(真空撰)　785b

261

往★天竺　65b
相賀（おうが）県人（紀州）　876a,
　886a
皇子出家、昇于品階、〔性〕真為始、
　687b
皇子大将軍（宗尊）　285a
黄巻　882a
黄巻朱軸　191a
黄巾乱　514a
黄金　132b,517a,795b
黄紙度牒　357a
★黄梅（五祖弘忍）夜半授衣　284b
★黄梅（五祖弘忍）夜半曽分付　580a
★黄檗〔山〕　600a
★黄檗吐舌　350a
★黄竜　631b
★黄竜之禅（黄竜禅）　219b,631b
　●明庵〔栄西〕参★虚庵〔懐敞〕、伝
　〈★黄竜之禅〉、（中略）始称臨済之祖、
　631b
★黄竜宗　87b
　奥州　93a,213a,246a,254b,278a,312a,
　　345b,382a,387b,424a,442b,522b,
　　528a,624b,626a,643b,663b,824b,
　　855b,857a,859b,908b
　　会津　396b,507b,752a
　　会津人　406a,751b
　　奥羽　823a
　　黒石　424a
　　忍郡　198a
　　津軽　622a
　　東奥　314a,859b
　　松島　278a,717a,860a
　奥州刺史　174b（平基平）、543a,561b
　　（島津忠国）、692b（藤原良経）
　奥州人　246a,345b,382a,528a,857a
　奥州太守　297b（平泰盛）、400a,625a
　　（伊達正宗）、683b（平基衡）、707b
　　（藤原基信）

奥州檀越（伊達氏）　312a
奥州筑紫軍　751a
横説豎説　320a,602a,604b
鷹犬　101a
扇　285a
大祝　340a,718a,721a,908b
大井河　128b
　〈大井河〉溢、堰破堤崩、多損田畝、
　詔監防遏、〔道〕昌躬荷鋤、先拽搬役、
　衆人子来、土功速成、父老合爪曰、豈
　図行基菩薩復現於世、吾儕何多幸邪、
　128b
大炊御門左丞相（藤原経宗）　207b
大内　353b
大県（おおがた）郡人（河州）　122a
大内焼　660a
大臣（橘諸兄）　468a
大蔵卿　199a（藤原為房）、201a（藤原
　師行）、712a（藤原行宗）
大忍（おおさと）荘（土州）　791a
大坂（摂州）　624a
大坂城　625a
大島（豆州）　829a,866a
大島郡人（防州）　855a
大隅　→隅州
大隅宮（難波）　904a
大鷹　266b
大津浦民　648a
大舎人（藤原俊業）　254a
大鳥（泉州）　245a
大鳥郡人（泉州）　233a,815a
大鳥人（泉州）　143b
大野隈筥河東伊野原（越前）　903a
大原（城州）　204a,885b
大原見聞（聖聡撰）　263a
大原山（城州）　684a
大三輪神（大巳貴尊）　907b
大峰　699b
大峰検校職（増誉）　696a

大山咋神（松尾神）　905b
大渡（おおわたり、肥後）　292b
大渡長橋　292b
　●〔寒巌義〕尹募衆縁、造〈大渡長橋〉、人民皆被其利済、292b
岡里（城州）　628b
奥院廟　704a
奥島神（江州野洲郡）　898a
憶想（智光）　91a
治邑（豊前）　622a
越任　192b
乙訓（おとくに）木上山（城州）　113b
男山（和州）　641b
男山鵲峰　904b
音韻清亮　102b、173a
音韻和雅　838b
音演古今無儔（良忍）　699a
音楽　105b、134b、210a、247a、646a、651a、688a、701a、707a、749a、b、760b、823a、837a、838a、847b、870a、b、871b、876a、882b、887a、916a、922a
　〔凝〕然、多才宏記、華厳、天台、真言、三論、法相、倶舎、成実、律、浄土、及国史、神書、〈音楽〉科条、莫不該綜、悉有疏鈔、247a
音義　762b
音訓　104b
音芸　699a、820b
音声　789a
音声婉雅（浄尊）　887a
音声清暢（実因）　165a
音声諷誦絶儔（聖守）　789a
音声輪　235b（覚和）、433b（慈永）
音節　702b
音調（寛朝）　669b
音調和雅（円久）　852b
音律　845a
音輪　201a

音輪清亮（道昌）　128b
音輪無礙（円照）　787a
恩賜　622a
恩禄制貪　862b
★温州（中国浙江省）　72b、126b、291b、299a、301b、455b、490b、765a
　★永嘉郡人　299a
　★楽城県　126b
温泉　479b（摂州）、628a（加賀）、874a
　〔高明〕、如法書法華八軸、沈之井中曰、我若成仏、滅後此井、可変〈温泉〉、以此為符、874a
温泉神祠（豆州）　684b
陰陽　78b、517b
陰陽之術（安部〔倍〕晴明）　836b
陰陽鎮宅　653a
陰陽博士（阿〔安〕部〔倍〕晴明）　252b
陰陽妙合之理　773b
★飲光（迦葉）一笑間　411b
飲食　63b、412b、625b、829a、834b、870b、871a、872a、924a
園城戒壇（三井戒壇）　178b、686b、910a
　宣問〈園城戒壇〉立不、於諸宗、於是三論、法相、華厳、真言、律宗、一等賛可、只台徒固執不応、178b
　三井〔寺〕頼豪、奏立戒壇白河帝夢、赤衣老翁、立持弓箭、帝問、卿誰乎、翁曰赤山明神也、欲射奏〈園城戒壇〉者、其議遂寝、910b
園城寺座主（慶円）　179b
園城〔寺〕再興（行尊）　700b
園城寺沙弥不得登叡〔山戒〕壇　178a
園城寺焼〔失〕（保安２年〈1121〉）　191a
園城寺長吏（三井長吏）　141a（康済）、178b（明尊）、181a（慶暹）、184a

263

（覚円），194a（覚猷），211a（公胤），225b（道智），650b（増命），668b（余慶），673b（勧修），674b（勝算），680a（心誉），693b（隆明），695a（増誉），700a（行尊），719b（増賀・覚忠），742b（行昭），743a（道昭），750b（良瑜）
園城寺法務　184a（覚円），695a（増誉），719b（増賀），742b（行昭），750b（良瑜），
遠忌　484b,541a
瘟疫　366b
穏坐　598b,614b,888a

—か—

下髪　328b,406a,448b,471a,483a,513b,534a,541b,583a,608b,614a
火界呪　659b,674a,675a,687a,749a,794b
火観（恵猛）　811a
火炬　394a
火炬般若智光　256b
火化　345a,360a,447a,512b　火浴，火葬なども見よ
　坐脱立亡〈火化〉水定、★支那禅策中班班睹焉、蓋是達人、512b
火後之廃　592a
火光三昧　618a
火坑　586b
　〔一休宗純曰〕正知正見者、日用坐断涅槃堂裡、全身堕在〈火坑〉底、586b
火災（罹災，災，炎，燹，焼災，燬）　86a,191a,222b,234a,255a,281a,286a,326b,335b,367a,384b,407a,441a,483b,484a,517a,519a,531a,559a,573a,588a,592b,622a,660a,692b,703b,750a,754a,786a,789a,794b,804a,829a,834a,899a,910a,911a,b,918a　回禄，火廃なども見よ
　正和乙卯（4年〈1315〉）〔建長〕寺罹〈火災〉、●〔約翁徳〕倹坐瓦礫場、接納恰然、335b
火聚刀山　645a
火生三昧　556a
火食　217b,375a
火星　914a
火葬　66a,822b,876b,917a　火化，火浴なども見よ
　〔●道昭〕随★西天法、〈火葬〉於栗原、薪尽火滅後、暴風遽起、骨灰共失焉、66a
　〔蓮待〕曰、我終之後、不可〈火葬〉、棄置原野、可施鳥獣、876b
火銅柱　815b
火廃（京兆，安楽光院）　804a　火災，回禄も見よ
火浴　250b,263a,276b,292a,298b,303b,310a,354b,367a,379b,395a,407b,419a,420b,435b,464b,556a,608b,664b,688a,730a,917a　火化，火葬も見よ
　〔定昭〕曰、我去後不須〈火浴〉、縦為枯骨、亦当誦経饒益一切、訓誠畢結印而化、664b
火雷気毒王　911b
火蓮集法印伝（★勾令玄居士撰）　272a
火炉頭話（●瓊林）　323a
加護　646a,664b,700b
加持　82a,115a,120a,b,159a,b,161b,242a,255b,288b,636a,637b,647a,b,652b,653a,656b,657a,658a,660a,667a,668a,669b,673a,b,674a,675a,b,676b,679b,682b,687a,b,688b,692b,693a,b,695b,699b,700a,b,705b,716b,718a,719a,725a,b,730b,734b,737b,740b,741a,b,742b,743b,744a,745b,748b,749b,750a,753a,

件名索引

754a,787a,795a,819a
〔誕生院〕護摩堂火、余焔及院、一衆騒劇、〔宥〕範時修定、初不起座、〈加持〉灑水、猛火便消、255a
粉河寺火不救、〔至一〕定中知之、刻木童子、〈加持〉抛空、利那飛行、入寺巡火、即時撲滅、750a
加茂郡人（濃州）　599b
加茂明神　658b,905b
甲斐　→甲州
瓜瓞綿綿　589a
伽陀　561a,787a,883b,884a　偈も見よ
伽梨　74b,86a,,288b,303b,501a,863a
伽陵頻伽　921b
花山院左丞相（藤原兼雅）　207b
呵罵仏祖（高山通妙）　461a
呵仏罵祖　323b,369b,502a,618b
佳詠　914b
果樹　758b
　城外路傍、列栽〈果樹〉、行人就蔭飢則啖実、758b
果蔬　924b
河州（河内）　64a,65a,82a,90a,94b,99a,100b,102b,111b,122a,203a,235b,236a,503b,504a,538a,b,553b,554b,567a,588a,639a,640a,692a,759b,775b,780b,793a,b,805b,808a,809b,810a,811b,815a,818b,862b,863a,877b,878a,881a,905b,915a,922b
　石川郡人　102b
　大県郡人　122a
　河内郡　881a
　河内科長山陵　862b
　志紀郡　64a
　磯長　236a,786a
　高安県　881a,915b
　　東山　915a
　丹比（たじひ）郡　65a

西浦　369b
錦織郡人　100b
秦邑人　810a
枚岡　905a
河州刺史（畠山義就）　266b
河州人　90a,94b,538a,553b,639a,805b,878a,881a
★河南（中国）　411b
河弁　112a,113b
★河北（中国）　411b
河北郡人（加賀）　541b
架椅　919a
架橋　66a,791a,815a,822a
〔忍性〕〈架橋〉一百八十九所　791b
科文　100b（慈雲撰）、219b（高弁撰）
★迦葉尊者像　472a,830b
★迦葉白槌話（剛中玄柔上堂語）　487b
★迦葉仏之会　872a,b
★迦毘羅国　67b
迦楼羅　196a
香河郡人（讃州）　127b
香月荘人（筑前）　214b
香椎（筑前）　210a
香取郡人（下総）　398b
家学（密教、守助）　740b
家学（法相宗、良遍）　784b
家学（密教、三論、律、聖守）　789a
家教（世俗家、五蘊家、三界家）　198b,548b,563a
家訓　565b,602a
家舎　516b
家塾　151a
家珍　525b
家第　637a
〔泰澄〕雖万里道、一時至、然則遊★天竺★震旦本朝、猶如巡〈家第〉、637a
家伝書　225b
家風　276a,314a

265

荷（蓮）　352b
荷葉木皮為衣（良算）
★華夷　157b,214a,236b,273b,275b,
　355a,382a,433b,478b,516b,605a,
　632a,677a,733a,769a,791b,827b,
　844a
★華夷禅客　425a,486a
★華異域　380a
★華夏　352b,397a
　華茎　389b
　華鯨楼（般若寺）　776a
　華香洒掃（暹与）　887b
　華構（泉涌寺）　765b
★華山（中国陝西省華陰県）　461a
　華山寺僧正（遍昭）　146a
　華侈　109b
　　〔徳一〕悪僧〈華侈〉、常修杜多、
　　109b
　華什（漢詩）　616a
　華藻　609a
　華族　251a
　華頂　364a
★華亭県（中国秀州）　764a,819b
　華洛　360a
　華洛東夷　891b
　鹿〔賀〕島（常州）　64a,b,420a,
　　546a,617a,904b
　掛錫　268b,377b,412b,416b,438b,
　　477a,499b,503a,523a,535b,573b,
　　599b,621b,624a,779a,785a,786a,
　　797a,810a,887b
　掛鐘仏事　337b
　掛真　623a
　　〔沢庵宗彭〕、予誡徒曰、全身打畳、可
　　掩土去、営斎立牌、安像〈掛真〉、年
　　譜誌状、一切禁之、623a
　掛搭　84b,165a,251b,287a,305a,315b,
　　326b,355a,380b,382b,398b,404a,
　　411a,420a,423a,440a,450b,452a,

455a,465b,468a,470a,478b,487a,
490b,531b,,540a,545b,554a,564a,
565a,582a,584a,598a,601a,625a,
763b,812b,899b
　参謁一山和尚于鹿山（円覚寺）、同求
　〈掛搭〉者四十余員、〔一〕山指禅牀曰、
　各試呈頌、可者許参堂、398b
勘解由司庁　82b
跏坐　679a,685b,883a
跏趺　74b,321a,326b,371b,525b,563b,
　806b,837b,922a
跏趺印手（教尋）　701b
跏趺而化（延救）　837b
跏趺入観（叡尊）　777a
過去七仏　726a
賀古郡（播州）　642b
賀古郡人（播州）　323b,872a
賀州（加賀）　306b,307a,342a,366a,
　b,367a,420a,b,423a,439a,472a,
　476b,477a,499b,541b,543b,544a,
　549a,553b,574a,575a,628a,656b,
　713a,760b,779a,812a,886a
　石川郡人　812a
　江泥〔沼〕郡人　656b
　河北郡人　541b
賀州刺史（源親季）　223a
賀州人　171b,544a,760b,779a,886a
賀州太守　585a（了厳）,700b（季成）,
賀州檀信　342a,477a
賀春山（豊前）　77b
賀茂（城州）　629a,889b,905b
賀茂神　236b
賀茂河原屋　207a
賀茂郡（播州）　853b
賀茂郡人（濃州）　599b
賀茂神巫　296a
賀茂陵野（城州）　889b
賀陽院　687a
賀陽宮　765b

266

勧修寺検校（貞慶） 654b
勧修寺権別当職（寛信） 199a
勧修寺長吏（道宝） 738a
勧修寺別当職（寛信） 199a
勧修寺法務（道宝） 738b
勧修寺門流 678a
勧修寺流 239a
禍福吉凶 156b
禍福寿夭 430a
★嘉興府（中国） 448b
〔嘉泰〕普灯録（宋・★雷庵正受編） 273a
嘉遯 89b,106b,235b,378b,667b,802b
　隠遁，高遁なども見よ
寡婦 164a
歌 503a
歌詠 226b
歌唄 250b,921b
歌舞 296a,828b
歌井説 385b
課持妙経、不思佗業、（平忍） 653b
驊騮（名馬） 687a
●瓦屋（能光禅師）塔 272a
瓦鉢（磁器製鉢） 685a
我覚本不生、出過語言道、（毘盧遮那経） 85b
我宗無語句、又無一法与人、387b（☆一山一寧），593b（桃隠玄朔）
我逢人（★三聖恵然，★興化存奬） 573a
伽藍 74a,b,279b,484a,609a,834b,896a,910a
　★賢天起塔，★帝釈造堂，★五天竺内，挙特勝者、〈伽藍〉一十三万、経蔵二十一万、七宝仏像一百四十万、834b
　桓武帝遷京山代、有延暦、園城、東寺、醍醐、六勝寺、五山十利、八宗〈伽藍〉経像、宏造巨麗、碁布五畿七道、834b

伽藍神 721a,785a,833b
伽藍制式 89b
伽梨 →僧伽梨
画 472a,828a
画工（工画） 80b,90b,121b,136a,207b,273a,546b,671b,753a,829b
　●〔円〕珍、起礼拜、乃命〈画工〉光空、図其〔不動明王〕像、136a
　〔源空〕、令〈画工〉乘台図之（★善導）、於今其徒展転模写焉、207b
画師 600b
画肖 823b
画真 322b,850a
画像 114b,172b,244b,425b,530a,774b,836b,847b
画像（不動明王）涙痕（泣不動尊） 836b
画棟（泉涌寺） 829b
画幡 764b
画梅 386a
臥雲之志 654b
臥具 131b,839a
　〔玄常〕精修勤辛、以楮為衣、不設〈臥具〉、不儲斎糧、喫一栗一柚、以過一冬、839a
臥行者 635a
臥倒（先覚之謝世） 383b
峨冠木偶 539b
峨護雪、蠟人氷、448a,458b
峨山祖翁三十三回忌 533b
賀頌（元璞恵珠） 560b
賀州（伊賀） 145b,157a,171b,203b,252b,266b,778b
　山田郡 203b
　山田郡人 157a
蛾眉 496a,721b
〔峨眉〕鴉臭集（太白真玄撰） 582b
雅楽寮 70a,124b,646b,847b
餓死 65b（★玄奘），120a

267

餓者　63b,807b,838a
餓羿　791a
駕車　736a
駕船　149b
駕舶　395b,895b
　〔●弁正〕留学垂三十年、請益頗多、有思郷詩（中略）開元庚午夏〈駕舶〉帰国（●弁正、開元庚午・天平2年〈730〉）、895b
鵞王自択乳　304b
丐者（乞食）　534b
丐人　871a
★会昌沙汰　126b
回廊　91b
回禄　234a,434a,790b,831b　火、火災、罹災、災なども見よ
〔快庵和尚語録〕代語録（快庵明慶撰）605b
快活衲僧　600a
　〔東陽英朝冬夜小参〕方今宗門之弊、危如累卵、微似懸糸、諸方称明眼者、或抱妻罵★釈迦、或酔酒詞★弥勒、撥無因果、自謂〈快活衲僧〉、600a
戒　761a,794b,798b,812b,813b,877a
　〔実範〕自念言、〈戒〉貴授受、我〔実範〕雖学徧、奈無師承、761a
　〔憲〕静奏曰、夫〈戒〉者、諸仏之所師、遺弟能弘、雖万乗主、不得不敬、苟不敬之、何以為〈戒〉乎、退黙忽変不動明王、帝愕然懺謝、下座受戒、794b
戒惟緩乗以急（覚念）　872a
戒為基　763a
　〔●俊芿〕曰、三学之中、惟〈戒為基〉若不精持、豈称仏子耶、763a
以戒為地　812b
以戒為師　812b
　★仏答★阿難之問、令滅後〈以戒為師〉、猶慮未来乗急戒緩之蕩、臨泥丸之夜、扶律談常、遺誡来機、812b
戒衣号　354b
戒恵　701b,721b,816b
戒学　74a,94a,756a,758b,799b,801a
　☆〔鑑〕真奏下野薬師寺、筑紫観〔世〕音寺、各建戒壇充東西〈戒学〉、74a
戒器　127a
　若夫年未満二十、或七十以下、幷朝廷不許之人、負債之輩、黄門奴婢之類、非〈戒器〉故、不聴受〔戒〕、127a
戒経　777b,801a
戒行　101a,103b,309a,362a,b,407b,645a,756a,768b,781b,791b,801a,805b,812b,844b,885a
戒玉　756b
戒解　918b
戒検　99a,721a,769a,774b,813b,836a,885a,917a
　●〔有〕厳公、帰自★宋後、且緩〈戒検〉、専急定観、774b
戒香　757a
戒業　127a
戒根　804b
戒根不浄　772a
戒乃三学之首　806a
戒師　75a,92a,174a,645a,732a,746b,758a,804b,805b,872b
戒持　223a
戒修　812a
戒修特全　886b
戒修未備　775b
戒修密験　310a
戒珠　65a,89b,91b,144a,178b,193a,238b,777b,781a,793a,799a
戒習大小　251b
戒疏（四分律比丘含注戒本疏、唐・★道宣撰）　89a,755a,757a,760a,770a,

268

b,772b,774b,775b,779b,786a,794a,795b,805a,811b,813a
　★道宣、遠祖★〔曇摩〕迦羅、顗律孤起、始著〈戒疏〉業疏行事鈔三大書、立一家之言、而有★弘景、★融済、★道岸、★智仁周律師、弘倡師説、宗名遂分矣、813a
　●道光、入唐学律、從★道成★道岸習受、齎〈戒疏〉帰、813a
　忍性律師、慨此方〈戒疏〉未完、将需★支那、勧●〔覚〕如泛洋、興正深感、令●定舜伴、在★元三載、多齎得律部経論、794a
戒疏稿　107a
戒疏律章　796a
戒定　78b,179a,779a
戒定恵　270a,318b,812b
戒帖〔牒〕　357b（●天岸恵広）,760a（最教）
戒乗　873b
戒場　74a
戒水密灌、不分渥渭、（思順）789a
戒善　781b
戒善法　761b
　〔密厳〕、興律幢再行羯磨、東関復得備〈戒善法〉、761b
戒体　351b,626b,761b,789b,797a,813b
戒体章綱義（清算撰）804a
戒壇　247b,790b,813a,b,831b,910a
戒壇（叡山・北・大乗）　78a,83b,104b,107a,136b,178b,291b,306b,373b,430a,537a
戒壇（園城寺）　178b
戒壇（観世音寺）　74a,813a
戒壇（東大寺、南戒壇）　73b,80a,93b,107a,112a,b,127b,133a,157b,195a,198a,217b,234b,253b,357b,761a,813a
　〔鑑真〕肇建〈戒壇〉於東大寺　813a

戒壇（唐招提寺）　74a,75a,813a
　賜皇子旧邸、招提寺成、〈戒壇〉制全十師儀備、大小戒法、随機布授、813a
戒壇（下野薬師寺）　74a,761b,813a
　以〔密〕厳、為薬師寺中興焉、今又及四百余歳、結界化墟、纔〈戒壇〉礎石存焉、761b
戒壇（南都）　425b,448b
戒壇院　127a
戒壇院縁起（聖然撰）　246a
戒壇院学頭（湛叡）　254a
戒壇院主　367b
戒壇院書庫　784b
〔戒壇院旦過寮〕跡鞠作茂草　367b
戒壇院中興（円照）　787b
戒壇院廃墟　786a
戒壇院罹治承兵燹　789a
戒壇系図通詳記（霊波撰）　258b
戒壇式（実範撰）　761b
戒壇清浄　127b
戒壇法（東大寺）　757a
戒伝　756b,772b,813b
戒徳　464a,772a,773b,790b,804a,808a
戒波羅蜜　72a,796b,803b
戒廃則定恵不生　812b
戒範　92b,136a,220a,760b,769b,779b,793b
戒秘　790a
戒篇　759a
戒柄　793b
戒法　61b,72a,73b,74a,92b,95b,105a,218b,324a,333b,353b,354a,371b,407a,443b,504a,542b,583b,645a,755b,758a,761a,763a,771b,775a,778a,793a,b,794b,796a,805a,807b,808a,812a,813b,835b,836a,842a
　〔●普照〕、嘗慕★支那〈戒法〉之盛、天平初、奉勅同●栄叡等入★唐、758a
　〔叡尊〕嘆曰、縦定恵該貫、〈戒法〉不

浄、諸善功徳、不能増長、雖綜顕密、戒修未備、775a
戒本　801a
戒本（四分律比丘含注戒本，唐・★道宣撰）　73b,780a,791b
戒本（梵網経古迹記鈔，英心撰）796b
戒本疏（唐・★懐素撰）　73b
戒本疏（四分律比丘含注戒本疏，唐・道宣撰）　→戒疏
戒品　807b
戒密二壇　258a
戒力　614b
戒律　72b,256b,723b,739a,757b,760b,803b,809b,813a,855a,856a,920a
　〔●栄叡〕常患〈戒律〉不完、始有跨海之志、757b
戒律為宗　920a
戒律宗　818a
戒律伝来記（豊安撰）　760a
戒臈　146a
　以〈戒臈〉、分僧籍者、釈氏之綱要也、梵網経曰、若仏子応如法次第坐、先受戒者在前坐、後受戒者在後坐、金口明説之、146a
改元　843b
改葬　752b
　〔源君（徳川家康）〕、歴一回忌、遷於日光山、此〔藤原〕鎌足〈改葬〉于談峰之例也、752b
貝塚（武州）　263a
乖和　818b
芥子　333b,461a
海印歌　499a
海軍　330a
海月（くらげ）　672b
海国（日本）　492b,493b
★海州東県浜（中国）　116b
★海昌（中国）　271a

海上（かいじょう）郡船木（総州）　250b
海神　65b,73a,116b,755b
海蔵〔和尚〕紀年録（竜泉冷淬撰）　376b,425b
海東　296b,319a,764b
海東郡人（尾州）　367b,424b
海東国主　768b
海東伝灯之始祖（●最澄）　76b
海邦遺跡熊野古祠　510a
海本非凹、山也不凸（平心処斉偈）　435a
海民　919b
海厄　757a
海邑県（筑前）　355a
海虜　303a
★海陵県（中国揚州）　116a
海路　848b
　〔●奝然〕、其駕船時、〈海路〉万里、背負〔白鬚像〕模像、昼夜不臥、848a
疥癩者（●無文元選）　491a
界繋之説　841b
　儒者之不毀髪膚、全身而帰之、〈界繋之説〉、841b
契印　67b,118b,261a
契経　678b,686a
契悟　292a,b,293b,294b,329b,330a,340b,342a,351a,364b,375b,424a,446b,463a,477b,483b,514b,529b,531a,537a,540a,541a,544b,545a,601a,604a
契省　471b
契証　298a,316a,529a
契当　499b,558a
契入　612a,613a
晦夫集（信中以篤撰）　569b
開筵（亮典）　268b
開眼（聖宝）　143a
開眼供養　726a（慶円），732b（道深）

〔道深〕、膺明恵上人十三回忌、高山寺
　羅漢堂本尊、〈開眼供養〉、〔道〕深為
　導師、732b
開眼供養講師（●道昭）　66a
開眼供養導師（☆菩提仙那）　70a
　☆〔菩提仙〕那、〔東大寺毘盧大像〕
　為〈開眼供養導師〉、70a
開悟　67b,384a,432b,477b,531a,541b,
　573b,584b,609b
開講　66b,69a,101a,116a,122a,151b,
　152b,218a,231b,235b,246b,256b,
　613b,767b,796b,840a
　招〔定〕舜南京、九旬〈開講〉、叡尊、
　禅恵、源俊、良遍、是律林俊徳、前席
　乞教焉、767b
開権顕実　215a,605b
開山　64a,174b,280a,b,281b,404a,
　415a,419b,421b,438b,544b,571b,
　590a,621a,622a,624a,629a,749b,
　796a,798b,811b
開山〔大通令為〕行状（卍元師蛮写）
　590a
開山行状年譜　→〔覚源禅師平心処斉和
　尚〕行状年譜
開山国師〔関山慧玄〕三百年忌　621a
開山祖（開山始祖、初祖、鼻祖、開山第
　一祖、開山第一世、開山第一代）
　86a,240a,260a,270b,275a,277a,
　278b,279b,283b,284a,285b,287b,
　302b,305b,309b,314b,324a,333b,
　339b,342a,353b,356b,362b,366b,
　367b,368b,369a,378b,382a,383a,
　384b,388b,389b,392a,394a,396a,b,
　415b,416b,420b,435b,436b,437a,
　441b,447a,457a,460b,461b,465b,
　476b,478a,b,485a,490a,498a,500a,
　509a,510b,512b,518b,521a,532b,
　533b,534b,539a,540a,542a,544a,
　554b,557b,558b,562b,565a,b,567b,

571a,b,584b,589b,594a,599b,605a,
　609b,610b,616b,619a,622a,673b,
　775b,789b,790b,804b,846a
開山正忌日（●天岸慧広）　357b
開山祖塔（●円爾弁円）　484b
開山入滅牌（退耕行勇）　277a
開山両祖　571a
開示　278a,599b,628b
開遮　444b,543b,785a,788b,790b,
　793a,799a,813b,877b
開遮持犯　763b,806a
開遮法　245a,767b
開制　620a
開席　252b
開説　799a
開祖　621a
開蔵鈔（頼瑜撰）　244a
開堂　275a,283b,290a,295b,298b,
　302b,305b,307a,310b,319b,320a,
　323b,327a,336a,341b,348a,353b,
　357b,358b,359a,378a,384a,388b,
　389b,393b,397a,399b,401a,405a,
　407a,b,417a,421b,431b,448b,461a,
　464b,466a,470b,474b,476a,497a,
　501b,507b,513b,521b,533b,540b,
　550b,551b,556b,563a,b,569a,578b,
　580b,583a,588a,591b,594b,595a,
　604b,607b,609b,610b,611b,614b,
　615a,616b,617b,619b,622a,624b
開堂演法　275a,348a,397a,417a,448b,
　556b
開堂慶讃　616b
開堂嗣香　305b,310b,474b,591a
開堂祝聖　421b,624b
開導師　701b,832b
開舗　632a
開法　329b,419a,b,445a,447a,b,457a,
　510b,527a,528b,531b,535b,539a,
　551b,561a,564b,565b,574a,582a,

605b
開炉　344b, 374b, 486b, 494a
開炉上堂　344b, 486b, 494a
楷字　806a
楷書　427b, 553a
解夏　275a, 311a, 316a, 327b, 445b, 485a, 519b, 595a, 564a, 597b, 620a, 625b, 638a
解夏小参　445b, 485a, 564a, 620a
解夏上堂　275a, 311a, 316a, 327b, 519b, 595a, 597b, 620a, 625b
解制上堂　605b, 608b
誨語　822b
懐香　307a, 312a, 352a, 361b, 378a, 403b, 431b, 562b
懐中香　615b
蘚岳（和州）　721b
外教　640a
外貢　61a
外集　345a, 382a, 443b, 446b, 458b, 487b, 576b, 584a, 606a
外書　225a, 446b, 575a
外文　563b
艾灸　838a
該貫　229b, 249b
骸（骹）骨　857b, 919b
各務（かがみ）郡人（濃州）　104b
角虎集（常庵竜崇, 角虎道人撰）　606a
角力　119b
画一画　295a, 404b, 440b, 474a, 563b, 597b, 620a
革院為禅宇　288b
革教為禅　309a
革教寺為禅刹（改教寺為禅刹）　283b, 295b, 416b
革宮為寺　309b
革密院為禅宇　307a
革律為禅　362b
格外之玄機　257b

格外宗旨　315a
格物致知　183b
　及学者〈格物致知〉、則雖世書宜学之、183b
●覚阿五偈（普灯録, 五灯会元所載）　273a
●〔覚〕阿未通語音、軋執筆書而対、272a
讃覚隠〔永〕本公真（竹居正猷）　576b
覚運義　676a
〔覚〕運之立義、与源信、相成表裏、168b
〔覚英〕、★慈恩之再世歟、抑亦★護法之後身歟、198a
覚皇宝殿（京洛万寿寺）　502a
〔覚教〕其徳行、弟子房円、恩叙法印、斎助恩任大僧都、731a
〔覚源禅師平心処斉和尚〕開山行状年譜、（卍元師蛮写）　435b
〔覚源禅師平心和尚年譜〕行状、取他人之語、而為禅師之事者多、至所載遺頌者、東福東漸〔健〕易公之辞偈也、435b
覚盛之門　798b
覚場塔（●可庵円恵, 三州願成寺）　368b
覚心不生心（十住心論第七, 三論宗）　81a
〔覚信〕任大僧正、法相宗下、天平十七年行基菩薩始稟此職、歴三百八十年、〔覚〕信今預、188a
覚智禅師像　460b
〔覚鑁〕遺像　196b
　融源来会、対〔覚鑁〕霊柩誦理趣般若、至第二段忽開棺中唱経首句、〔融〕源和誦、毎段次然、従茲掬其流者、対〔覚鑁〕遺像〉誦理趣分、必略首句矣、196b

272

件名索引

覚鑁之徳　706a
〔覚鑁，真誉〕二師各有所長、互相請益、197a
覚母集（元宝撰）　257b
覚雄宝殿　517a
覚林菩薩　595a
覚路　67b,862a,872b
廓然契悟（了悟）　424a,430b
廓然無聖　62b
閣廊（西芳寺）　389a
★霍山（中国，衡山の別名）　461a
藿食　109b
鶴林　594b
鶴林玉露（宋・★羅大経撰，百科辞典）　210b
鶴林双趺熊耳隻履（◉寂室元光遺偈）　427b
神楽（かぐら）岡（城州）　682b
学海　339b
学業　100a,140a,146a,149b,168b,197b,200a,204a,213b,224b,253b,268b,323b,459b,472a,506b,553a,557a,563b,613a,635a,658a,672b,713a,717a,784a,882b,919a,920a
　恐〈学業〉道殊、各随所習、自相是非諍論、784a
学解　92b,221b,233a,385b,545b
　◉〔実〕翁〔聡秀〕責其〈学解〉、痛加針剤、従茲手不把書冊、545b
学士　480a
学語漢　545b
学識　250a,333b,800b
学者　64b,97a,103a,109b,110a,117b,122b,125b,134b,150a,158a,160b,163b,167a,168b,173b,183b,184b,191b,192b,201a,b,203a,209a,b,215b,226a,227a,235a,243a,245a,249b,250a,254b,258b,259b,267b,275b,279b,284b,286a,288a,307b,323a,b,332b,337b,345a,364a,367a,369a,377a,405a,422a,425b,426a,432b,439b,442a,443b,458b,476a,480a,491b,501b,508b,545b,550a,569b,573b,574a,586b,599b,600a,611b,658a,673a,709a,755a,756a,790b,795b,796b,797a,b,803b
〔照源〕在猪熊亭、講三大部、〈学者〉筆記成一百巻、名猪熊鈔、或曰廬談、今行于世矣、249b
学習　198a,799a
学術　175a,691b,706b,742b,878b
学匠　102a,170a,185a,228a,235b,673a,890b,901a,907a
学渉門外　649b
学禅　304a,442a,590b,621b
学綜★支竺、才善辞藻、564b
学智　161b
学徒　76a,86a,88b,109a,118a,133b,155a,161a,198b,211b,215a,222a,236a,256b,260a,262b,328a,333b,346b,354a,369a,421a,451a,476a,512a,583a,606b,640b,649b,650b,668a,736b,737b,763b,769a,786a
学頭　210a,249b,254a,258b,746b,873b
学頭職　200a（伝法院，信恵），215a（油山寺，弁長）
学道　67a,233b
学道工夫　277b
学道之序　541a
学道者之大病　661a
学道人　392a,397b,432a
学道用心集（◉道元撰）　276a
学得之徴　785b
学徳　874b,896a
学人　148a,196b,227a,256b,276b,338b,339b,341a,345b,381b,386a,393b,397b,404a,406b,409b,419b,433b,453b,456b,474b,477b,517b,

540b,554b,573b,578a,590a,594a,599a,605a,628b,629b,649a,673b,722a,861b
　山門三井之〈学人〉、或精於顕、而龘於密焉、或精於密、而龘於顕焉、唯〔勧〕修公両輪並馳、673b
学賓　69a,71b,94b,102b,145b,148b,151a,155a,181b,198b,208b,230b,283b,316a,333a,356b,366b,420b,488b,493a,542b,770b,772b,775b,786b,788b,805b
学仏　784a
学仏者　135a,155b,177b,178a
　〈学仏之者〉、要観心熟也、観心熟則霊鑑明也、135a
学密　221b
学密之徒　198a
学文　160b,656b
　講習討論者、雖〈学文〉之一端、而遂使人我自隔蛮触爰峙焉、160b
学文所　147b
学門次第恵戒定　270a
　法門次第戒定恵、観門次第定恵戒、〈学門次第恵戒定〉、270a
学律　71b,74a,242b,246a,760a,768a,800b,813a
　◉道光入★唐〈学律〉、従★道成★道岸習受、齋戒疏帰、813a
学律之侶　806a
学律受密　781b
学侶　100b,110a,133b,145a,150b,158a,170b,173b,187a,195b,198b,204b,222b,226a,230b,259a,b,263a,502b,611b,654b,732b,741b,744b,759b,770b,774b,790b,896b
学練　237a
楽　75b,642b
楽音　827b,837b
楽部　75b

楽舞　124b
楽邦浄　886b
笠置（城州）　219a
笠置窟（城州）　920b
笠罝法門（かさじるしほうもん）　249a
　七箇法要者、本◉伝教（最澄）所★唐伝之奥旨也、（中略）三科義者、先輩之未発也、〔仙〕波山之裔、伝而家之、以俚諺称〈笠罝法門〉良有旨哉、249a
笠原荘（遠州）　840a
笠間（常州）　456a
風早県人（予州）　106b
柏野（城州）　376a
柏原（江州）　260a
春日四社　904b
春日神　211b,679a,750b
春日神宣　157a
春日崇唯識華厳　906b
春日〔明〕神　119a,155a,b,171a
春日山（和州）　69a
糟谷県人（相州）　529a
上総　240a,880a　総州も見よ
上総国分寺講師（平明）　880a
葛上郡人（和州）　95b
葛木上郡人（和州）　836a
葛木上郡茄原村人（和州）　865b
葛木郡人（和州）　169a
葛木下郡（和州）　874a
葛下郡人（和州）　175a,874a
葛野（城州）　570b
葛野郡（城州）　835b
葛野郡北山（城州）　817b
葛服　721b
葛嶺　636b
片岡（和州）　63a,b,87b,107b,863b
片岡★達磨塔　559a
堅田（江州）　554b,586a
甲冑　424b
活魚　545a

274

件名索引

活仏（●復庵宗己）　396b
喝　309b,331a,402b,417a,438a,442a,
　506a,511a,555b,602a,606b,608a,
　614a,615b,630a
喝一喝　275a,278a,327b,363a,393b,
　401b,418a,441a,453b,459a,474a,
　519b,564a,568a,581b,592a,595b,
　607a,608b,609a,b,617a,624b
喝下撤白雨　347a
喝下棒頭雷電奔　531b
喝雷棒雨　360b,588b
喝両喝　630a
割愛剃染　841a
割裁衣（袈裟）　96a　袈裟も見よ
勝論（かつろん）　219a
瞎驢　347b
豁然大悟（開悟，了悟）　274b,374a,
　384a,387b,406b,423a,426a,435a,
　455b,596a
月輪　173b,189b,268b,680b,810b,
　886a,902a
月輪観　173b,196a
月輪相　880a
月輪中現七層塔　189b
合掌　75a,134a,136b,162b,169b,174a,
　182a,201a,213a,214b,224b,262a,
　265a,365a,394b,453b,475b,479a,
　556a,567b,638b,640a,646b,659b,
　661a,673a,675a,680a,683b,685b,
　701b,710b,725a,753a,766a,777a,
　785b,802a,808b,809a,810a,836b,
　838a,b,852a,854a,857a,862b,863a,
　870b,873b,877a,878a,b,882a,887a,
　889b,909b,922a,b,923b
　〔聖徳太子〕年甫二歳、二月中旬、向
　東〈合掌〉、称南無仏、862b
合掌印（定兼）　884a
合掌向西（良源）　159b
合掌沈没（行範）　838a

合十指爪　878a
合爪　75a,128b,147b,155a,161a,174a,
　200b,265a,335a,406a,533b,566b,
　574b,673b,698a,827a
合爪向西　70a
金沢（武州）　426a
金沢庫書　552a
樺崎（野州）　537b
鎌倉（相州）　258a,261a,b,275b,
　276b,280b,290b,305a,317a,323b,
　325b,333b,335a,378b,384a,387b,
　410b,426a,430a,435a,439b,443a,
　445a,452b,475b,478a,479a,502b,
　510a,520b,529b,538b,569a,716b,
　747b,750a,776a,790b,801a,830a,
　904b,909a
鎌倉管領（源基氏）　478b
鎌倉元帥　386a（源氏），389b（源尊
　氏），427a（源基氏），497a（源基氏）
鎌倉元帥左典厩（源基氏）　490a
鎌倉五山　739a
鎌倉五山記　341a
鎌倉府　213b,254b,890b
鎌倉府主　749b
鎌倉副帥（北条氏）　441a
竈明神（玉依姫）　907a
上郡人（和州）　913b
★上天竺　86b,281a,337a,459b,768a
神風大吹蒙古船砕　737a
亀谷　86b,284b,447a,528a
亀山（城州）　534b
亀山宮　285a
禿坂（かむろざか，和州）　538b
鴨河　826a
鴨河堤　827a
〈鴨河堤〉壊、〔覚〕尊自築防、洛民輸
　力、827a
蒲生（がもう）郡（江州）　685b
蒲生郡人（江州）　140b,612a

275

蒲生山中（江州）　875b
唐橋大納言（源雅親）　221b
狩野（相州）　529b
軽島明宮　904a
川（河）崎（武州）　267b,439a
河越（武州）　324a
河越人（武州）　430a,545a
河田谷（武州）　231b
河内　→河州
河内郡（河州）　881a
河内科長（しなが）山陵　862b
河内太守（橘公）　369b
河原院（源融相公別業，祇陀林寺）
　767a
河南（かわみなみ，紀州）　235b
干（竿）木随身（草堂林芳辞偈）
　470b
刊〔●道元〕牌（●中庭宗可）　421a
甘雨　143a,146b,161b,180b,523a,
　677b,680b,698a,714b,719a,742a,
　791b
甘雨大澍　817a
甘泉　266b,636b,640a
甘膳　856b
甘沢　691b
甘露　74b,464a,726a,859b
甘露門　299b,323b,328a,403a,517b
汗衫子破草鞋（黙翁妙誡）　495b
串究三論（英訓）　238b
串習　789a
坎井　126a
旱（炎旱，久旱，亢旱）　64a,b,68a,
　82a,84a,143a,146b,154a,156a,157b,
　161b,217b,225a,234a,278b,315a,
　325b,441b,552b,640b,649b,652a,b,
　656a,661a,b,669a,677a,b,681a,
　686b,688b,690a,691b,692a,693b,
　695a,696a,697a,698a,702a,703a,
　707b,709a,712a,714b,716a,717a,

719a,720a,727a,b,728a,b,731a,
　732b,733b,735a,736a,737a,738b,
　741a,742a,744a,755b,786b,791a,
　811a,812b,817a,894b,910a,913b
旱損　446a
旱天　745b
旱魃　130a,180b,688b,731a,733a,737a
旱霖集（夢巖祖応撰）　446b
旱澇　441a
肝心要義鈔（宥海撰）　248b
★函夏　292b
★函谷関　378a
函丈　91b,160a,252a,257b,272b,345b,
　450b,510b,584a,706a,788a　籌室，
　丈室，方丈なども見よ
官軍　844b
官使　920b
官寺　86a,143b,283b,350b,374b,511b,
　547b,596a,674b,692b,765b,814b,
　851b
官人　757b
官租　912b
官茶　499a
官誅　829a
官符　61a,232b,760a,768a,769a,776b,
　809b,826a
官封　774a
官米　635a,699b
官命　603a
官吏　430b,799b,839a
官禄　637b
姦人（★丁謂）　849a
柑子　523b,699b
看経　575b
看護（真済）　120b
看読　304a,862b
看病（忍性）　791a
看病第一（八福田中）　647a
神崎人（紀州）　826b,827b

276

神田県人（常州）　256a
神林県人（信州）　286b
浣沐　820b
乾串　868a
乾魚　868b
乾屎橛　299b
貫究　263b
貫首　156b,177a,199a
貫達　264a
貫通　89a,898b
寒温　666b
寒丐　832b
寒灰枯木　598a
寒乞者　812a
★寒山子不甘餧飯残羹（在先希譲上堂語）　508a
換衣　309b
菅神　912b
閑院　687a
閑院修法（定豪）　730b
閑吟十偈（蒙山智明撰）　418b
閑居　220a,313a
閑工夫　417b
勧縁（●最澄）　909a
勧戒（憲静）　794b
勧学講　190b,729b
勧諫　837b
勧化　264b,324b,587a,790b,873b
勧修指甘瓜、踊有毒、（勧修）　754a
勧善懲悪　165a,855a
勧発文（●愚中周及述）　524b
勧劣向勝不退門広短冊（順継撰）　249b
幹縁　800a（尊空）,832a（昭覚）,909a（正智）
幹事　86a,285b,483b,485b,787a,791a,828b,829b,844b
感応　62a,753b,827a,850a
感応巌　811a

感怪　924b
感験　246a,704a
感身学正記（叡尊撰）　777b
感霊　168b
★漢　606b
漢音（●義真）　104a
漢家　137b
漢語　757a
漢光類聚鈔（忠尋撰）　192a
〔漢〕詩（●道慈辞詩）　89b,90a
漢書（後漢・★班固撰）　136a
★漢祖　564a
★漢地　125b
★漢帝之旧例　848a
漢諷　391a
〔漢・和〕語灯録（黒谷上人語灯録，了恵道光撰）　250a
管絃　135b,662b,666a
管領　441b（源頼之）,447b（源頼之），556a（源頼之）,576b（上杉憲実），609b（細川氏）
関左　267b
関左台徒　268a
関西　286a,320a,439b,444b,465b,492a,503b,524b,569b,767a,802b
関山〔恵玄〕革花園（妙心寺）六世四派支　632a
関山国師壁立家風　588b
関山宗（義天玄詔）　577b
関山派下（義天玄詔，雲谷玄祥，桃隠玄朔）　598b
関字　404a
関中創立戒壇図経（唐・★道宣撰）　73b,74a
関鎖靖居（昌海）　141b
関東　190a,237b,332a,441a,497b,538b,544b,562b,617a,626a,686a,721b,793b
関東元帥　470b（源基氏）,562b,583a

（源持氏）
関東十八談林之首（増上寺）　263b
関東将帥（上杉憲実）　576b
関東人　237b,721b
関東禅林知識九峰信虔、◉中山法穎、香林識桂、　497a
関東（源）連帥（源義詮）　442b,443a
関白（博陸）　201a,234b,245a,253b,324b,394a,473b,555b,677a,700a,737b,744b,890b
歓喜天　681b
澗飲蔬食（◉無文元選）　491a
監院　527b,577b
〈監院〉参法眼因縁　527b
監護　829b
監寺（かんす）　278b,306b
緘黙　631b
◉覚阿入★宋、参★仏海〔恵〕遠得悟、而〈緘黙〉不説、631b
◉寰中歌（◉寰中志撰）　461b
◉寰中元志行状伝記　462a
盥漱　753a,832b
翰苑　572a
翰墨　187a,348b,394b,480a,481a,511b,520b,571a,818b
翰墨自楽　252a
翰墨場　481a,501b
翰林　737a,910b
翰林学士　303b（★掲僕斯）,357b（★掲僕斯）,379b,385a（★危素）,391a（★宋景濂）,443b（★宋景濂）,520b（★宋景濂）,521a（★宋文憲）,833b（★宋景濂）
翰林葫蘆集（景徐周麟撰）　606a
翰林才（義堂周信）　480a
諫官（明達）　653b
諫議　138a（菅原道真）,162b（橘恒平）,225a（菅原為長）,285a,b（菅原為長）,659a（善）

諫議大夫　696a（源基平）,699b（源基平）,761a（藤原顕実）,848a（大江斉光）
諫議大夫殿中監（三善清行）　658b,665a
歙衣　570b
簡註（慈雲撰）　100b
〔観〕円〔厳〕勝之論衡、義学之可懼者也、186b
観行　500a,887a
観行観　220b
観経　→観無量寿経
　諸経是方便説、〈観経〉是真実門、223b
　浄土教者、以無量寿経、〈観経〉、阿弥陀経、為所依而立宗、891b
〔観経〕私記（証空撰）　223a
観経疏　→観無量寿経疏
　源空、依★善導〈観経疏〉、以専念而鼓起、一時奔帰、門輩並出、唱導日多、而後竟角立歯列焉、891b
観経疏鈔　→観無量寿経疏鈔
観経是真実門　223b
観光　64b,69a,322a,333a,460b,461a,466a,468a
観坐　689a,736b
観自在軌　650b
観自在像　367b,513a,663a,821b,837b
　観音像なども見よ
観誦　690a
観誦要文　888b
観心　135a,165b,172b,174a,186b,274a,344a,658a,676a,679b,711b,767a,856a,882b,889a
観心発源頌（宗珍撰）　250a
観心類聚（存海撰）　259a
観心論註（◉成尋撰）　850b
観世音菩薩　330b,453a,596a,877a　観音、観音菩薩、観音大士、観音薩埵な

278

ども見よ
観世音菩薩像（観世音像）　153b, 817b
　観音像，観音大士像，観自在像も見よ
　紺琉璃〈観世音像〉、153b
　〔賢永〕図書一万三千仏、〈観世音菩薩像〉、一切経、817b
観想　90a, b, 91a, 189b, 387a, 753a
〔観中中諦和尚〕語録（三会語録，観中和尚語録，●観中中諦撰）　514b
観念　200b, 856a, 870b, 887b, 891b
　〔叡桓自警策曰〕（中略）我見近世行人、或営外相苦行、不作内心〈観念〉、或施依報資財、無正報信恵、　856a
　余（卍元師蛮）謂★震旦本朝、前修之諸師、或依〈観念〉、皆本唯心、雖正観念仏理有所由、然宜定不宜散、扶自不扶他、似非菩薩之誓全也、　891b
観音　67b, 70b, 81a, 92b, 93a, b, 163b, 207b, 263b, 287b, 311a, 483a, 493a, 514a, 526a, 549b, 618b, 629b, 641b, 642a, 650b, 651a, 652a, 720b, 722b, 751b, 792b, 822b, 828b, 834a, 839b, 844a, 846a, 869a, 879b, 882a, 890b, 909b　観世音菩薩，観音薩埵，観音大士，観音菩薩，施無畏者も見よ
　★釈尊説法之会、〈観音〉莫不随影、909b
観音院灌頂堂　676a
観音院（東寺）小灌頂　728a
観音画像　394a
観音経（妙法蓮華経観世音菩薩普門品）　134a
観音供　692a, 741a
観音供者宮典之大者也　692a
観音化身内秘菩薩行、外現声聞行　767a
観音号　879b
観音薩埵　98b, 155b, 424a, 468a, 722b, 723a　観音，観世音菩薩，観音大士，観音菩薩，施無畏者なども見よ

観音薩埵同円通門　424a
観音薩埵霊蹟　722b
観音之応化　751b
観音之正真　281a
観音地蔵来現之処（肥前肥御崎）　662b
観音慈力、妙経威力、井〔斉遠〕師慈力、有此霊応、　722b
観音呪　256b, 858b
観音聖像　845b〔観音大士〕聖像なども見よ
観音勢至来迎　890b
観音像（観世音像）　73b, 88b, 153b, 224a, 242a, 279a, 281a, 286b, 341b, 415b, 522b, 537b, 545b, 557a, 624b, 641b, 652a, 672a, 679a, 764a, 801b, 817b, 819b, 831b, 884b, 895a, 909b, 919a　観自在像，観世音菩薩像，観音大士像なども見よ
　〔良胤〕求定朝所作弥陀〈観音〉勢至像安于〔観勝〕寺　242a
観音大士　281a, 286b, 288b, 300a, b, 358a, 387a, 455a, 490a, 497b, 562a, 624a, 649a, 679a, 690a, 844a, 846a, 856a, 920a　観音，観世音菩薩，観音薩埵なども見よ
〔観音〕大士之妙験　98b
観音大士像　99b, 281a, 371b, 438a, 844a、観音像なども見よ
〔観音大士〕聖像　679a　観音聖像なども見よ
観音菩薩　169b, 170a, 401b, 502a, 540a, 709b, 900a　観音，観世音菩薩，観音薩埵，観音大士施無畏者なども見よ
観音法　131b
〔観〕普賢経科（観普賢菩薩行法経科，●成尋撰）　850b
観普賢経玄賛（守朝撰）　157a
観普賢経略釈（真興撰）　166a

〔観普賢菩薩行法経〕普賢〔菩薩〕勧発品（第八巻）　854a,923b

観仏　220b

観仏三昧　220b,238b

観仏唱号　713b

観仏念仏両三昧　238b
〔満願立義曰〕、就四弘総願門故、一切万行随意得度、在総願門故得往生、〈観仏念仏両三昧〉字、雖有両名唯是一体、両名互通定散門故、　238b

観方　488a

観法　238a,260b,673b,747b,771b,815a

観無量寿経（観経，劉宋・★畺良耶舎訳）　223b,224a,880a,891b

観無量寿経疏（観経疏，唐・★善導撰）　207a,220b,223a,b,234b,238a,240a,891b

観無量寿経疏（空寂撰）　220b

観無量寿経疏記（善導疏記）　220b（空寂），240b（良忠）

観無量寿経疏鈔（観経疏鈔）（●成尋撰）　850a

〔観無量寿経疏〕伝通記見聞（良暁撰）　250b

観無量寿経秘訣集（証空撰）　224b

観門次第定恵戒　270a

灌漑　815a
〔行基〕路逢嶮隘、架橋修路、指点某地可耕墾某水可〈灌漑〉、穿渠溝築堤塘、或二十所、或三十所、　815a

灌頂　67b,77a,b,80a,b,83b,111b,112a,116b,118a,121a,126b,131a,135a,137a,141a,b,142a,b,143b,149a,152a,156b,162b,168b,176a,180b,181a,187b,193a,197a,202a,207a,214a,221b,229b,233a,235a,244a,245a,251a,255b,260b,264a,265a,283a,286a,649b,650b,655a,669b,674a,675b,676a,b,677b,678a,680a,681a,b,687a,689b,693b,696a,b,697b,707a,710b,712b,717b,722a,725a,730a,b,733a,734a,738a,b,740a,743b,745a,746b,747a,763a,775a,790b,801b,802b,811a,820a,826b,827b,876b,887b,888a　両部灌頂も見よ
覚鑁初在高野、崇〔真〕誉聴密、〔真〕誉亦欽〔覚〕鑁重受〈灌頂〉、蓋二師各有所長、互相請益、　197a

灌頂阿闍梨（灌頂阿闍梨耶）　687a（性信），696b（寛助）

灌頂王　79a

灌頂器物　76b

灌頂儀式（●最澄撰）　78b

灌頂五智之水　697a

灌頂三摩耶　77a

灌頂之始（本朝）（●最澄）　77a

灌頂主　114b

灌頂小阿闍梨　696b

灌頂水　83b, 705b, 732a, 794b

灌頂大阿闍梨（唯空）　251b

灌頂壇　104b,114a,118b,126b,128a,131b,137b,145a,149a,158b,232a,252b,669a,692b,710b,724b,859b,885a

灌頂伝法　734a,889a

灌頂堂　668b（洛北大雲寺観音院），676a（仁和寺観音院）

灌頂幡　895a

灌頂部　151a,235a,737a

灌頂法　82a,108a,118a,136a,140b,148a,b,152a,161b,168b,169a,195a,201a,203a,205b,223a,226a,229b,232a,235b,245a,248a,253b,254a,257a,313a,651b,654a,656b,661a,662b,668b,672b,686a,688b,691b,701b,703a,704b,708b,710a,715a,720a,725b,727b,729a,730b,731b,

280

734b,737b,739b,740a,b,741a,b,
742a,752a,779a,786b,793a,800b,
822a

灌頂密印　688a,745a

灌頂密旨　135a

灌仏会　825b,851b

闤闠聚落非僧所芝　716b

鑑水者　832b

元慶寺座主　135b（遍昭）, 140b（安然）

元宵（上元）上堂　305b,445b,459a,
542a,594b,606a

元旦　488b,535b,594b,614b

元旦（正）上堂　300a,314b,331b,
535b,594b,602a,614b

元品無明　209b

含注戒本　→四分律含注戒本

玩具　301a,812a

眼睛　98b

★雁門　845b

顔氏家訓（北斉・★顔之推撰）　918a

贋比丘　158a
　多才博識、渡真如海之船筏也、然〈贋比丘〉却以増慢、取堕悪趣、　158a

願往生　879b

願行之法孫（憲淳）　795a

願西方　872a,873a,887a

願心　888a

願文　158a,706b,824b

願力　354a,862a

願輪　839a

巌泉　567a

龕銘　480a
　叢林之先達、臨終作〈龕銘〉者、如★痴絶〔道〕冲不多見焉、本朝義堂〔周〕信公之〈龕銘〉、天境〔霊〕致公之壙語、前後両三人而已、　480a

☆〔鑑〕真影堂　761a

☆鑑真再生（覚盛）　772b

—き—

几案　527b

木賀崎（きがさき，尾州）　325b

危（跪）坐　352a,457a,477b,619b,
699b,774b,866b

吉備中山（備中）　439b

気象　731b

気絶　82b（◉空海）,674a

希明（清）良公真　585a

忌斎　443b,525b,573a
　〔養叟宗〕頤嘗曰、吾必与先師同日而取滅、令吾児孫同修〈忌斎〉矣、
573a

忌日（◉栄西）　276b

忌辰上堂　275b（★長翁〔如浄〕），
280a（◉明庵禅師〔栄西〕）

奇異之像　144a

奇雲　78b,243a,668b

奇花　218a,266b

奇楽　240b

奇香　211a,643a,655b,749a,882b,883a

奇字　806a

奇事　836b

奇祥　213b

奇人　645a
　〔小野〕篁又〈奇人〉也、身列朝班、而神遊琰宮、　645a

奇瑞　856b

奇相　430a

奇男（瑩山紹瑾）　341b

★季潭〔宗〕泐讃　492b

祈雨　64a,b,68a,82a,84a,122a,156a,
157b,298b,369b,669a,677b,680b,
693b,695a,706a,707b,709b,716a,
717a,719a,728b,734b,736a,739b,
745a,811a,817a,828a,850a,913b
　梁★法朗者、三論之祖也、在★興皇寺、服青衣、登講筵、☆〔恵〕灌師之披青衣、〈祈雨〉得徴、　64a

● 〔栄〕西〈祈雨〉、修法之間、〔栄〕
　西身発千光、上燭霄漢、于時大雨、勅
　賜千光之号、　84a
祈雨偈（峻翁令山）　532b
祈雨禱晴　706a
祈雨法（尊意）　652a
祈雩（印性）　719a
祈願場　202b
祈求修法　816b
祈皇后産（行遍）　734a,b
祈蝕　737b,741b,745a
祈禱（●俊芿）　764a
癸亥集（●愚中周及撰）　524a
紀伊　→紀州
紀伊守（源懐信）　866b
紀綱　287a,317a,439b,483b,524b,
　528b,541b
紀州（紀伊）　79b,81a,b,138b,145a,
　147a,149a,187a,194b,195a,197b,
　198a,200a,201b,202a,b,203a,212a,
　b,214a,217a,226a,229b,232a,233a,
　235a,b,243b,245a,249a,262b,264a,
　265a,b,267a,b,286b,288a,b,315a,
　328b,356b,369a,370b,386a,400b,
　425b,447a,448b,450a,b,451a,496b,
　504a,524b,525a,573a,690a,701a,
　706a,709a,710a,b,711a,715b,721a,
　722a,733a,747a,749b,807b,820a,
　821a,822a,826b,827b,828a,838a,
　858a,859b,874a,b,876a,b,879a,
　883a,884a,885a,b,886a,b,887b,
　888a,b,889a,906a,b,918b,919b
海部人　198a
在田郡（県）人　217a,229b,711a
伊都郡　81b,918b
石手荘　195b
石手村　195a
相賀（おうが）県人　876a,886a
河南人　235b

神崎人　826b,827b
熊野　138b,919b
熊野村　919b
紺野人　203a,232a
渋田人　197b
神宮県人　214a
神宮人　747a
玉津人　433b
名草郡神宮人　245a
名手県人　232a
名手荘　265b
那賀郡人　243b,828a
花園村　887b
富貴（蕗）荘　715b
三谷県人　202a
由良　236a,240a,287b,504a,777a
由良湊　451a
和佐県人　201b
紀州人　147a,315a,370b,425b,706a,
　749b,886a,b,887b,888a
紀州太守（源国清）　371a
紀州大守光禄太夫（大賢居士）　496a
軌　639b
軌則　780a
軌範　758b,802a,813a
　☆道璿亦至、然未行結界登壇受具之
　〈軌範〉、　813a
帰戒　810a,813a
　★真丹曹魏以前之僧、不稟〈帰戒〉、
　止剪髪殊俗而已、　813a
帰自★元国（●大拙祖能）　538b
帰壙（●性海霊見）　501b
帰国（帰朝、帰自★支那、帰自★宋、帰
　自★唐、帰楫、帰帆、帰本国、帰本邦、
　帰来、還本朝、来帰）　77b,80a,
　84a,b,86b,89a,b,104a,b,108a,b,114b,
　118b,121b,131b,132a,138b,175b,
　264b,273a,b,274b,277b,278a,b,
　288b,295b,296b,306a,312a,313a,

282

357b,369b,377a,378b,380a,b,381a,
  385b,391b,399a,401a,418a,426b,
  428a,434b,436b,439b,444b,448a,b,
  456b,460b,461a,b,462a,463b,465b,
  471a,492a,b,505a,510a,511b,513a,
  521a,524a,553a,766b,829b,831b,
  844a,b,845a,b,850b,893b,894b,895b
帰楫　→帰国
  〔●清渓通徹〕、入★元、歴尋諸刹三十
  余載、掌蔵輪於★双径、及理〈帰楫〉、
  風暴船砕、〔通〕徹乗片板著無人境、
  471a
帰船　437a,472b
帰★宋（帰★中国, 西帰）　291a,
  294b,295b,297b,904b
帰朝　→帰国
  〔●行善〕発誓刻〔観音〕大士像昼夜
  敬礼（中略）〈帰朝〉時抱〔観音大士〕
  像而来安興福寺、844a
帰★唐　68b,138b,271b,910b
帰帆　→帰国
帰便　765b
帰本邦（高麗）（☆恵慈）　842b
帰命闍梨（★無著, ★護法）　102a
帰命本願鈔（証賢編）　253a
記賛　281a
記室（書記）　313a,317a,325a,370b,
  409a,413a,418a,452b,455a,499b,
  514a,523b,524a,531a,569b,611b,
  878b
記誦　374a
記箋（慶滋保胤, 寂心）　164b
記伝之書　250a
  余（卍元師蛮）見〈記伝之書〉、古書
  者虚少実多矣、中古以来虚多実少矣、
  至於今時附会索強、偽書贗本梓印粉然、
  〔和〕語灯〔録〕七巻、皆実録也、乃
  知●〔道〕光之名不實焉、250a
記得　411b,596b

記筆　878b
記莂（記）　239b,312b,314b,331b,
  333a,338b,350b,356b,448a,466b,
  493b,512b,520b,552a,612b
起龕仏事（興善院殿寿岳保公）　548a
起坐礼仏（利慶）　875b
〔起山和尚〕四会語録（起山和尚語録,
  起山師振撰）　474a
起信論（大乗起信論,★馬鳴述）
  75b,85b,186a,373b,802b
起信論寛狭章（徳一撰）　110a
〔起信論義記〕教理鈔（湛叡撰）　254a
起信論私鈔（霊波撰）　258b
起信論疏　269a
起塔　834b
飢渇　73a
飢饉　254b
飢人　63a,b,64a,914a
鬼　142b
鬼王　665b
鬼神　66a,753b,856b,865b,910a,915a,
  924b
鬼女　754a
鬼星　729a
寄錫　452b
寄帰伝　→南海寄帰内法伝
規矩　290a,519a,564a,773b,833b
規矩礼楽鬱（●直翁智侃）　339b
規縄　540b,551b,600a
亀毛　327a
★虚堂〔智愚〕和尚塔　463b
★〔虚〕堂〔智愚〕頂相　319a
喜見城（忉利天）　153b,656b
喜見菩薩　836a
喜捨　811b
〔棋山賢仙〕自肖題　393a
貴婦人　725b
貴仏恭僧　902a
棄教帰禅（●可庵円恵）　368a

棄教入禅　441b
棄孺子（●約翁徳倹）　335a
棄璵璠玩珷玞　761b
器許　499a
器仗（夜叉羅刹持物）　911a
器物　765a
畿甸　689b,751a
畿内　76b,86a,93b,144a,156a,173b,
　177a,205b,224b,226b,240a,257b,
　271b,273a,289a,630b,634a,656a,
　688b,709a,726a,727b,731b,733b,
　738b,790b,829b,847b,894b,896b
　〈畿内〉大風、都人斂曰、比来●栄西
　新唱禅宗、其徒衣服異製、〔僧〕伽梨
　博幅、直綴大袖行道之時、特包飆風、
　今之風災因欤●〔栄〕西也、　86a
畿邦　695a
機縁　137b,483b
機縁語句　291a
機縁相契　456b
機契　501a
機感　754b
機語　76b,299b,504a,540a,571b
機語相契　358a
機語相投　368b
機語投契　413b,460a
機語不契　274b,472a
機弁　834a
麒麟　614b
蟻虱蚊虻、噆身不払（陽勝）　914a
伎楽　871a,873a
伎芸　382a,392b,660a,842b
妓楽　653b
岐阜人（濃州）　522b
岐陽〔方〕秀禅師、難於〔元亨〕釈書者
　多矣、　125a
祇洹　834b
　★須達開〈祇洹〉、★萍沙施竹園、★
　優塡刻栴檀、★波斯鑄金像、★賢天起

　塔★帝釈造堂、　834b
　祇園（城州）　683b,858a
★祇園精舎　90a,99b
　祇陀〔寺〕廃、〔釈迦丈六〕像遷戒光
　〔寺〕、　767a
★耆闍崛之仙　913a
　耆宿　385b
★耆婆（名医）　306a
　偽経　99b
　偽論　129a
●〔義尹（寒巌）〕礼★初祖（達磨）塔、
　三千五百拝、　292b
●〔義〕尹〔寒巌〕、募衆縁、造大渡長橋、
　292b
　義恵　172a
　義学　67a,101b,103b,109a,125a,148a,
　156a,161a,175b,184b,186b,198a,
　202b,211b,227b,228b,232a,243b,
　257b,259b,260b,267b,288a,330a,
　366a,377a,387a,442a,443b,601b,
　642a,661a,793a,837b,873a,888a
　縦使説得弁如建瓶、但是〈義学〉沙門、
　而非本色衲僧、442a
　義学高僧　89a
　義学之沙門　211b
　義学生（●栄叡）　92a
　義記（観音寺★高〔亮〕律師撰）　73b
　義解　91a,172a,177a,191a,192a,194a,
　197a,199a,212a,214b,227a,245a,
　252b,268a,297a,325a,800a
　義子　430b
　義鈔（華厳演義鈔,唐・★澄観撰）
　256a
●〔義真〕能通唐言　104a
　義井　66a（●道昭）,791b（忍性）,
　822a（光勝〈空也〉）
　〔忍性〕修道路七十一所、鑿〈義井〉
　三十三所、　791b
　〔義堂和尚〕語録（空華集,義堂周信

284

撰）　480a
義範風馳　754a
義別三論　90b
義弁　141a,152b,157a,245b,261a,414a
義理之学　343b
　　☆〔仏〕源（大休正念）謂〔嶮崖巧〕安日、〈義理之学〉、多滞在知解、名曰理障、亦名法愛、　343b
義竜律虎　286b,649a
義論　124a,181a,183a,185b,186b,192b,227a,235a,262b,690b,799a,812a
儀観鈔（警誡十一条，貞慶撰）　208b
儀軌　639b,867b
儀規　549b
儀器　131b
儀仗　556b
★魏　62b,813a
★魏使　63a
★魏邦　338a
議論　108a,174a,213a,259a,856a,897a
★北印度　67b
北尾（城州小野）　181a
北戒壇　→戒壇（叡山）
北白河峰殿（藤原道家別殿）　241b
北谷人（和州）　106a
北野（城州）　803a,839a,911b,912a
北山（城州）　174a,218a,510b,519a,574b,577b,619b,648b
行方（きたかた）郡（常州）　816b
吉祥　822a
吉祥（往生，化，坐化，坐寂，入定などの様相）　90b,112a,119b,120b,188a,198b,253b,334a,422a,425b,509b,538a,544a,556a,581a,640a,690b,706a,b,718b,737a,810a,850a,875a,882a
吉祥天像　244a
★吉蔵大師之法　894a

吉凶　293a,653a
吉凶禍福　839a
吉兆　894b
喫茶　342a,453a,459a,500a,582b,601a,619a
喫飯　342a,432b,575b
橘子　162a
牛車　178b,184a,197b,205b,226a,677a,691a,701a,705b,709a,717a,719b,724b,727b,730a,732a,740a,742a,b,743a,746b,750b,751a
牛車之宣　677a,701a,705b,709a,727b,740a,750b
駕牛車入禁裏（道深）　732b
乗牛車出入禁門（道耀）　743a
絹（縑）　89a,107a,116b,135b,154b,684a,758a,
客星　705b,728b,732a,754a
客堂主　630a
格式　259b,818b
　　私立道場者、〈格式〉之所禁也、818b
以脚、献下方一切諸仏　838b
逆賊　659a
瘧疾　702b,703a
★九夷三韓　561a
★九江　678a
九州　360a
九州禅客　339b
九層塔火（法勝寺）　86a
九転丹砂　540b
九流　133a,394a,622b
九流八索　466a
九流百家　374a
　　〔虎関師錬〕、三蔵聖教、諸家語録及〈九流百家〉、本朝神書、罩籠漁猟、靡不記誦、　374a
九流百氏（師蛮賛語）　363b

九流百氏之書（空谷明応）　516a
弓剣　543a
弓矢（夜叉羅利持物）　911a
弓箭　910a
弓馬業　553b
旧衣　497a
旧戒　836a
　〔賢憬〕、捨〈旧戒〉登壇進具　836a
休休歌（●性海霊見撰）　501b
休歇　567a
究串　207a,894b
究研　248a
究明　899a
究明己事　279a,431b
急雨　719a
急雨降注　698a
急疾　923b
宮院講莚　183b
宮会　160a,901a,b　応和宗論も見よ
〔宮会〕為恒式　901a
宮会法規　897a
宮講　103b,110b
宮講師（隆汝）　899a
宮女　163a
宮女浴於池、生染失通、忽堕於地（久米仙）、914a
宮商　411a
宮中（宮）　77b,82b,92b,101b,104a,128a,131b,145a,148a,b,159a,173b,180b,184a,188b,204b,207a,219a,247a,280b,389a,b,392a,674a,735b,760a,815b,851b,895a,900b
宮中講会　101b
宮中金光明最勝王経会（宮中金光明会、宮中最勝会）　77b,899a
宮中斎会　106b
宮中密灌之始　77b
宮殿　132b,153b,207b,238a,696b,729b,921b

宮度　106b
宮馬　715a
宮論　269b,674b
宮論席　897b
〔宮論〕豎義弁決（奉基）　900a
救済　662a
救済有情　217b
救済衆生　863b
救鹿山（肥州）　413a
蚯蚓（みゝず）　326b
給金三万地三千畝　384b
給事　206a,212b,213a,b
給糧　92b
糗（ほしいゝ）　919b
牛過窓櫺話（宗峰妙超・徹翁義亨問答語）　431b
牛馬屈膝（真盛）　266b
巨海一滴（●物外可什等撰）　357b
巨鼇　295b
巨（鉅）儒　133a,450a,774a,918a（★顔子推）
巨鐘　572a
去髪　804b
拠歩（先覚之謝世）　383b
虚往実帰（●空海）　81b
★許州（中国）　71b
清滝峰高雄道場　77a
清水　868b
魚版　→木魚
魚服　138b
　●〔智〕聡与●円載乗★李延孝舶、其夜風濤遽作舶砕、●〔円〕載公★李〔延孝〕氏葬於〈魚服〉、●〔智〕聡駕浮版、幸得命存、138b
魚鼈　868a
魚鱗　128b
御衣　122b,650b,677a,703a,705b,706b
御史台（中原実斎居士）　562b
御製賛（後醍醐帝）　338b

286

漁者　918a
漁者禁殺、屠児止市、　786a
漁捕　776b
漁民　778a
漁猟　374a
兇悪　268a,918b
★匡廬（中国）　399a
杏家　273b
狂雲集（一休宗純撰）　587a
狂疾　647a,b（藤皇后明子染殿），661b（肥州太守妻），674a（藤皇后彰子），700a（藤才人），713b（義尊弟子妙円），725a（堯信）
狂息　674a
狂病　134a,164a,647a（藤妃多賀幾子），660a,674a（後朱雀帝女娟子），687b（延禅童役），725b（平等法師）
狂風（藤原頼道）　674a
京　81a,86b,118a,136a,173a,198b,213a,220a,237a,241b,248a,249b,287a,288b,309a,378b,389b,403b,407b,414a,415a,438a,452a,483a,490b,493a,495a,500a,505a,510b,528b,544a,554b,567b,569a,576b,582b,589a,597b,599b,616b,626b,629a,703a,748a,796a,802b,857a,881b,904a,b　城州，京師，京城，京兆，洛，洛西，洛東，洛南，洛北，洛陽なども見よ
京華　251b,427b,818b
京畿　164a,257b,652b
京南　349a
京尹（京都所司代）　630b
京輦　618a
矜式　259b
★香厳撃竹頌（偈・話）　301a（★無準師範・☆無学祖元問答語），304b（☆無学祖元上堂語），329b（☆無学祖元下語），424a（無底良韶）

★香厳樹上話　531a（徳翁宗碩），532a（峻翁令山）
★香林紙襖遺風　440b
〔恭翁運良和尚〕語録（仏林恵日禅師語録，恭翁運良撰）　367a
脇侍（報恩）　637b
強記　449a,861b
教意　276b,411a,614a
教院為禅利　477b
教王経義記（●空海撰）　83a
教誡律儀（教誡新学比丘行護律儀，唐・★道宣撰）　791a
教誡律儀鈔（恵猛撰）　812a
教誨　71b,898b
教学　214b,756a,852b
教学者　245b
教観　95b,131b,132a,174a,b,251a,670b,763b,830b
教観大綱見聞鈔（実海撰）　268a
教義　108b,268b,396b
教化　842b
教家　442a,699a
　　山〔宣鑑〕★臨済〔義玄〕〈教家〉竜虎、　442a
教外　412b,432b,594a,631b,753b,785a,b,803a
直截本根、契仏之内心、而的的承稟、〈教外〉伝之謂仏心宗矣、　631b
●道昭謁★玄奘三蔵、而〈教外〉伝禅、　631b
教外之旨　220a,247b,283a,287a,374b,387a,403a,432a,441a,752a,802b
〔周皎（碧潭）〕、凡遇日月星宿之変旱潦兵疫之災、有禱必応、常以自負、不信有〈教外之旨〉、　441a
教外之法　271b
教外宗　239b,286b,292b,355a,390a,392b,444b,631b
教外伝　272b

教外別伝　85a,338b,408b,612a,631b
　◉〔栄〕西示衆日、我此禅宗、単伝心印、不立文字、〈教外別伝〉、直指人心、見性成仏、其証散在諸経論中、　85a
教外無禅、禅外無教（夢窓疎石）、　803a
教利　374b
教利竜象　765a
教旨　215b
教肆　202b,345b,514a,528a
教示　187a
教寺　295b,342a,368a,468a,544a,567a,604a,620a,656b,860a
教時問答（安然撰）　140b
教者　268b,318b
教授　148b,251a,759a,786b,793b,846b
教授師　116a,127a
教重七科（一心三観、心境義、止観大旨、法華深義、円教三身、常寂光土義、蓮華因果）　248b
教乗　109a,220a,231b,283a,286a,328b,428b
教場　565a
〔教尋〕、常持文殊、毎坐密壇、共談法義、　701a
教是仏之語　362b
教説　279b
教禅　87b,171b,231a,264b,323b,339a,767a
　〔静明〕、曽謁東福〔寺〕◉聖一国師、〈教禅〉併問、一日問絶待妙、国師示以玄機、〔静〕明疑情頓釈、（中略）宋国★長水〔子〕璿法師、問★琅琊〔恵〕覚禅師曰、清浄本然、云何忽生山河大地、（中略）★〔子〕璿於言下頓裂経綱、　231a
教禅諸師註釈七十余家　100a
教禅律部　765a
教相　65b,589a
　★〔玄〕奘語曰、〈教相〉繁冗、労多功少、無如学禅、此宗微妙、汝（◉道昭）当承此法伝東城、　65b
教蔵　442b
教内　432b
　〔徹翁義亨〕歎曰、我会中究〈教内〉者甚多、悟教外者且無一人、432b
教法　67a,77b,117b,169b,170a,249a,271b,697a,716b,910b,917a
教門　300a,533a,750a,889a
　〔☆大休正念上堂〕総曰、〈教門〉有所拠、宗門無所依、　300a
教門之先達　889a
教門之義虎　533a
教門名徳　325b
　〔無住一円〕、薙髪稟具、此時〈教門名徳〉太半在東関、　325b
教理　272a
教律　229b,766a,770a,901b
教令輪　152a,753b,876a
教録　590a
経　105a,875b
　質律究〈経〉（護命）　105a
経王威神力　923a
経王力　923a
経学　900a
経巻　72b,664a,670b,723a,855b
　今此諸師、徒知〈経巻〉之可貴、却不知法執之成翳矣、　664a
　〔性空〕数日不食、禅坐誦経、或従〈経巻〉内、白粳迸散、或於壇上、煨餅涌出、　670b
経巻論帙　544a
　〔天鷹祖祐〕為僧、〈経巻論帙〉略探玄賾、一日喟嘆謂、是皆済世薬方、非見性法、更衣遊方、　544a
経函　186b,352a
経観　95b
経義　122b,843a,863a
経教　834b

288

経篋　245b,856a
経業当生極楽（講仙）　923a
経蹟　895b
経史　115b,820b
経旨　843b
経軸　823a
経呪　722a,904b
経書　117b,118a,121a,137b,335a
経疏　97b,98a,140a,183a,184b,190b,
　　227b,246b,258b,264b,771b,810b,
　　901a
　〔円〕照毎講〈経疏〉、使〔凝〕然覆
　　講、　246b
　〔総融〕公繹諸〈経疏〉、著鈔千巻、当
　　時比於★世親大士也、　258b
経乗　642b,899a
経是仏語　441b
経生　80b
経籍　66a,132a,314a,516a,599b,844b
経像（経典，仏像）　817a,823a,834b
経蔵　147b,186a,234b,340b,448b,
　　524a,827b,834b
　★賢天起塔、★帝釈造堂、★五天竺内、
　　挙特勝者、伽藍一十三万、〈経蔵〉二
　　十一万、七宝仏像一百四十万、　834b
経蔵鑰　→蔵鑰
経典　137b,222b,341a,391a,446b,
　　612a,817a,828a,859b
　〔勝道〕、我所図写〈経典〉仏像、将安
　　山頂報神之徳、以福群生、　817a
経典論策　114b
経塔会　78a
経堂　765b,868a
経嚢　820a,870b
経法　109b,115a,412b,639b,838a
経文　114a,132b,133a
経力　852b,856b
経律　95b,757a,831a,845a
経律論　210a,699a,850a,896b

経律論教　766a
経律論師　390b
経録　552a,554b
経論　61b,65b,67a,72b,76b,78b,85b,
　　87a,89a,90a,b,98b,104a,109a,110b,
　　111a,112b,114b,116a,121a,129a,
　　131a,132a,b,136a,140a,143b,144b,
　　145a,153b,154b,171b,172b,186a,
　　187a,191a,198a,201a,203a,209a,
　　210b,219b,221a,235a,257b,258a,
　　273a,325b,326a,345b,438a,441b,
　　475a,551a,558b,567b,642a,656b,
　　663b,690b,709b,721a,757b,765a,
　　768a,784a,801a,805a,810b,817b,
　　820b,842b,845a,846b,862b,874a,
　　881b,893b,894b,896b,897a,898a,b,
　　910b,920b
経論之宗　270b
経論疏釈　219b
経論疏章　99b,844b
　●〔玄〕昉以伝来〈経論疏章〉五千余
　　巻、及仏像等、献尚書省、　844b
経論文集（済暹撰）　187a
★郷貢進士（★沈権）　138b
軽重儀（☆鑑真講義）　74b
橋梁　66a（●道昭），536a（仲方円伊）
　〔平安京〕河流失古道、〈橋梁〉亦朽壊、
　　往来士民久困済渉、爰有信心施者慈恩、
　　出浄財二百万、以集巨材、又有設計之
　　沙門慈鉄、化縁善巧克幹其事、　536a
警訓　898b
警策　181b,200a,215a,232a,277b,
　　763a,856a,859a,861b
警策後学　896b
彊産　550a
〔鏡円〕通翁国師一百年忌　564a
☆〔鏡堂和尚〕四会語録（鏡堂和尚語録,
　　☆鏡堂覚円撰）　315a
鏡篋　270b

饗堂　328a
★仰山推枕子話（心王）　474a
★仰山問僧到五老峰麼因縁（梅山開本示衆）　554a
行有二種一身行二心行（沙弥〈臥行者〉・客比丘問答語）　635a
行疫神　856b
行円行軌、山王現壇、　754a
行巻（万松藁,●伯英徳俊撰）　505b
行記　545a,671b　行業記も見よ
行基窟　537b
行基菩薩復現於世（道昌）　128b
行化　492a
行解　340a,347b
行伍　153b
行業　351b,389a,437a,671b,868a,873a
行業記　269a（運敞撰）,920b　行記も見よ
行業八十一事　368b
行事鈔（四分律刪繁補闕行事鈔、唐・★道宣撰）　71b,74b,755a,759b,763a,765b,775b,781b,786a,788b,797b,806a,b,813a
　　★道宣、遠祖★迦羅、顗律孤起、始著戒疏業疏〈行事鈔〉三大書、立一家之言、　813a
行事鈔資覽訣（英心撰）　797a
行実　72a,440b,465a,530a,803a,849a
　　行状も見よ
　　師錬未知謂〈行実〉乎、余曰虎関和尚、不稽事実、容易筆記者或在焉、　849a
行者　690a,703b,729a
行住坐臥　85b,299b,376a,432b,575b
行重七科　248b
〔行勝〕勧請気比厳島、併為四神（天野・丹生）、　733b
〔行勝〕観事蹟、与泰澄和尚同修得也、　733b
〔行〕勝修不動護摩、毎日七座、　733b

行状（行録, 伝, 行記）　94a,219b,230b,239a,255a,281b,298a,303b,328a,334a,357b,370a,385a,396a,433a,435b,447b,448b,450a,462a,496b,503b,518a,533a,538a,543b,544b,545a,558a,564b,590a,671b,777b,785b,787b,788a,800b,802a　行業記、行実なども見よ
行帖　160b
行道　504a,768b
行道記（良源、藤亜相斉信撰）　159b
行道記（別峰殊禅師行道記、★大方道遐撰）　504b
行道仏　223a
行徳　883a
行人　856a
　　〔叡桓自警策曰〕、我見近世〈行人〉、或営外相苦行、不作内心観念、或施依報資財、無正報信恵、徒感人天果報、856a
行法　875a,877b,887b
行法要集（頼誉撰）　259b
行棒行喝（●信中自敬上堂語）　385b
行録　→行状
刑部（大友氏時）　456a
刑部侍郎　354a（源〈土岐〉頼康）,532b（源〈武田〉信成）
澆季　195b,256a,264b,695a,723a,736b,785b,813b,855a
　　今及〈澆季〉、真言功能、不可軽蔑、736b
澆世　215b,851a
澆末　196b
澆漓　262b,552a,645a,892a
　　〔琰王対冥衆〕嘆曰、〈澆漓〉有情、罪障至渥、我雖精直頗罹余殃、645a
凝然之記（三国仏法伝通縁記、凝然撰）　69b
〔凝然〕就〔運〕良問禅要　366a

凝然著書千巻独歩古今　269b
旭蓮社（澄円）　257b
玉印鈔（杲宝撰）　257a
〔玉雲開祖太容梵清和尚〕語録（太容禅師語録，太容梵清撰）　549b
〔玉翁〕肖容賛（雪嶺永瑾）　834a
★玉几峰　361b
玉匣　913a,b
●玉山〔玄提〕忌　487b
玉麈尾　863a
玉像（駕竜寺）　101b
玉版　232b
★玉門塞　67b
霧島（薩州）　670b
近師　209b
〔証真〕雅言衆曰，遠師★大聖世尊、〈近師〉★天台、★荊渓，其余者不足用之，　209b
近事戒　772a
〔叡尊，円晴，●有厳〕、依大乗三聚通受法、各自誓受〈近事戒〉、　772a
近侍　872b
近儒　864b
〈近儒〉撰書、排斥仏法、　864b
金棺　354b,872b
金橘　217a
★金牛飯　630b
金銀彩画（●奝然将来）　847b
金口　664b,861a
金口五千余巻　439a
金闕最勝会　201a
金吾（源持豊）　588a
金吾衛将軍（藤原重輔）　679b
金吾校尉（藤原佐道）　644a
金吾大将軍（源頼家）　86a
金錯刀　441b
★金山（中国江蘇省）　354b
金山遺嘱　526a
金師子衫（以天宗清上堂語）　610b

金師子章（華厳金師子章，唐・★法蔵撰）　219a
金紫光禄大夫（藤原道雅）　685a
金獅　618b
金字銀字一切経（藤皇后得子，美福門院装潢）　705b
金字金剛般若経（●最澄将来）　77a
金字大乗経　74b
金字大般若経　659b,823a
金字法華経　77a,105b,175b,419a,861a
金七十論（梁・★真諦訳）　191b
金車　882a
金人　136a,144a,822b,863b
金水　867b
金星　729a
金箭　903b
金像　834b
金粟　629b
金粟如来　623a
金粟如来之説　458b
金丹等彩具　918a
金鳥玉兎　352b
金殿　264b,863b
金殿銀楼　90a
金塔（後嵯峨上皇囎）　786b
金帛　326b
金峰山検校　221a（実尊），228b（慈信），707b（恵信）
金峰山三石窟（●日円）　850b
金峰山浄土　665b
金峰山比丘　120b
金峰山菩薩　665b
金峰浄土　907b
金仏　860b
金文一蔵暗記暗書（●安覚良祐，色定，●栄西弟）　210b
金屏　847b
金餅百錠　464b
金宝鈔（実運撰）　707b

金墨阿字両版（慶暹）　181a
金盆　62b
金明集（聖聡撰）　263a
金毛獅子　218a
金襴　594a
金襴衣　774b
金襴衣紫袍　389b
金襴伽梨　330b,407b,494a,552b,556b,
　591a
金襴袈裟　520b
金襴賜　534b
金襴僧伽梨　495a,551b,603a
金縷僧伽梨　517a
金竜　82a
★金陵（中国）　62b,99b,272b,361b,
　391b,401a,417a,430b,438b,463b,
　489b
金輪王　272b
金輪王光明遍照大日尊　793a
金輪法　729b
金縷衣　465b
★径山長老之法（◉円爾弁円）　783b
経行（きんひん）　153b,218a,416b,
　432b,475b,554b,577b,625b,633b,
　642b,810b,867a,873a
　〔安尊〕昼博奕嬉戯、夜坐禅〈経行〉、
　外似無慚愧、内全大悲心、時人称安尊
　如来、　873a
琴操　820b
琴川録（岐陽方秀撰）　552a
琴瑟　924a
鈞旨　416a,534b,551b,592a
鈞軸　556b,667b,831a
鈞帖　312a,317a,325a,b,340a,394a,
　429b,434a,438a,445b,478b,499a,
　505b,526b,559b,579b,752a
鈞選　510b,559b
鈞命　426a,501b,517b,530b,536a,
　560b,561a,583b,595a,630b

禁闈　787a
禁苑　843b
禁衙（道寂）　875b
禁戒　852b
禁漁（真阿）　265a
禁宮　267a
禁闕　136a,137b,733b,845a
禁足　275a,305b,311a,320b,448a,
　555a,564a
禁中　77a,108b,199a,260b,418a,739b,
　740a,751a,768b,772a,780a,809b,
　825b,851b,899b
禁廷　898b
禁殿　179b,202a,521a,674a,696a,
　712b,732b,734a,735b,743a,747b,
　752b,825b,898b
禁屠　862b
禁婦人渉境　907b
禁門　174b,206a,226a,676a,713a,
　715a,719b,728b,730b,742b,743a
　聴乗車出入〈禁門〉、僧家蒙此宣以
　〔済〕信為初、　676a
禁裏　224a,751a
緊那羅王宮殿　604b
錦座　388a
錦繍　583a
錦帛　389b
錦被　419a
銀器　838b
銀弓　903b
銀券　588b
銀水瓶　62b
銀青光禄大夫（◉大伴胡万）　73a
銀塔　768b
★鄞県（中国，浙江省寧波府）　503a
★鄞江（中国）　603b

—く—

九巻疏釈（五部九巻，観経疏四巻，浄土

法事讃二巻，観念法門一巻，往生礼讃一巻，般舟讃一巻，唐・★善導撰）　236b

九十日飯銭（★雲門文偃）　474a

九旬禁足　275a

九頭竜　903b

九頭竜馬　907a

九世度（丹州）　539b

九相之変　848a

〔●寂昭〕、会失侍妾、以愛緩喪、因観〈九相之変〉、悟四大無常、　848a

九層塔　752b

九層塔火（法勝寺）　86a

九白　91b

九品　220a, 237b

九品往生義私記（良源撰）　159b

九品散善　237b

九路峰下（丹州）　628b

久世（城州）　878a

久野〔能〕山（駿州）　282b

久能郡人（駿州）　345a

久能人（駿州）　333b

久保県人（武州）　267b

久米郡人（予州）　837a

久米道場　68b, 87b

　★〔善〕無畏、納密経於〈久米道場〉、87b

口訣　221b, 710a

口訣鈔（聖冏撰）　261b

口号　157b

口呪　574b

口誦　139b

口称念仏（存海）　259a

口唱弥陀　876a

口伝鈔（良暁撰）　250b

工夫　273a, 277b, 423b, 424a, 477a, 488a, 491a, 543b, 558a, 598a, 629a, 630a

工夫精進（天徳曇貞）　557b

孔雀経（孔雀明王経，仏母大金曜孔雀明王経，唐・★不空訳）　122a, 235a, 677a, 678a

孔雀経法　143a, 146b, 205b, 656b, 657b, 661a, 662b, 681a, 686b, 687a, b, 688a, b, 691b, 692a, b, 693b, 695b, 696b, 698a, 701a, 702a, 703a, b, 707a, 709a, 710a, 712a, 714b, 715a, 717a, 719a, 722a, 724b, 727a, 728a, 732a, 733a, 736a, 737a, 746b

〔成賢〕修〈孔雀経法〉於高陽殿、禱雨得賞、定範為法印、光宝転大僧都、　728a

孔雀経北斗法（寛助）　697a

孔雀明王供（性信）　687a

孔雀明王呪　865b

〔役小角〕、居岩窟三十余歳、衣藤葛食松果、持〈孔雀明王呪〉、駕五色雲、逸遊仙府、駆逐鬼神、以為使令、日域霊区、修歴殆遍、　865b

公験　304b

公請　111b

公文　583b

内蔵助（谷氏某）　620b

功徳　62b

功徳義鈔（高弁撰）　219b

功徳主（西方寺，興国寺，願性，葛山五郎景倫）　287b

功能　127b

句語三昧　301b, 391a

★古林（くりん）和尚肖像（京兆，長福寺清涼院安置）　392b

★古林〔清〕茂偈（贈●鉄牛景印）　393b

玖河郡（防州）　722a

供斎　128b

供饌　91b

供茶　763b

供物　114b, 131b, 675a, 909a

供養　62a, b, 63a, 66a, 73a, b, 92a, 96b,

293

117a,128a,143a,144a,159a,160b,
178b,192a,202b,242a,266b,271a,
289a,318a,355a,359b,379b,389a,
428b,441a,442a,443b,472a,474b,
517a,526a,535b,568a,583a,616a,
656b,669a,680a,693a,b,706b,715b,
726a,b,727b,744b,746b,749a,769a,
786b,808a,810b,814b,829b,844a,
847a,b,874b,875a,876a,877b,887b,
888a,922a

供養慶讃（淳和帝）　104a
供養呪願師（寛朝）　669a
供養導師　128a,149a,173b,174a,175a,
178b,179a,b,191a,205b,206a,221a,
276b,441a,676b,687b,691a,b,692b,
704a,709a,712a,730a,731a,749b,
827b,844a,892b
供養導主（道法）　724b
供養法　684b,877b
供料　817b
★拘尸〔那掲羅〕之遺教　515a
狗子無仏性話　301a（★無準範提撕）、
340b（☆霊山道隠看）、396b（●復庵
宗己）、446b（東海竺源上堂語）、
514b（弥天永釈看）
狗子話　288a（●無本覚心室中話）、
628b（藤原光広参扣）
狗肉　347a
掛羊頭売〈狗肉〉　347a
苦界塵　886b
苦学絶倫（●雪村友梅）　377b
苦行　217b,561b,853a,856a
〔叡桓〕、我見近世行人、或営外相〈苦
行〉、不作内心観念、或施依報資財、
無正報信誠、856a
苦行者　143a,866a
金峰〔山〕嶮径、役君之後榛塞無路、
〔聖〕宝持斧而開、従此〈苦行者〉相
尋往来、143a

苦空　172a,250b
苦修精勤（阿清）　920b
苦修精励（蓮待）　876b
苦修練精（基灯）　855a
苦練　866b,920b
枸杞〔杞〕　617a
〔宝山〕残夢、平生好飯〈枸杞〉、天海
学之至以長生、617a
倶舎　166a,247a,269b,785b
秀恵、顕範、覚雄、尊玄四学匠究〈倶
舎〉、成実、通三論、華厳、時人比四
天王、269b
倶舎義疏（倶舎論鈔，唐・★窺基撰）
136b
倶舎之細瑣　166a
嘗看〔唯識義〕私記、科一百余条、而
唯識之重関也、〈倶舎之細瑣〉也、無
鍵鑰而自啓也、166a
倶舎之麟鳳（定春，快円）　237b
倶舎頌　217a
倶舎頌疏（倶舎論頌疏通麟記，唐・★遁
麟撰）　325b
倶舎宗　237b,830b
〔定春，快円〕、時人連称曰空宗之竜蛇、
〈倶舎〔宗〕〉之麟鳳也、237a
倶舎論（阿毘達磨倶舎論，★世親造，★
玄奘訳）　64b,77b,83b,110b,166a,
185a,b,221a,b,232b,237a,238b,
245b,246a,247a,254b,261b,269b,
274a,537a,751b,771b,775a,785b,
796b,830b,898a
倶胝一指禅（実峰良秀上堂語）　506a
倶胝之禅　512b
〔九峰韶奏〕其入石龕者、似普化之挙、
其豎一指者、似〈倶胝之禅〉、先覚後
覚皆同一三昧也、512b
倶利伽羅　733a
駆烏（有）　226b,241b,308b,431a,
486a,493a,509b,516a,597b,672b,

792b, 889b　沙弥（勤策）も見よ
　駆儺（追儺）　831a
　〔●湛慧〕歳首行〈駆儺〉於此寺（観世音寺）、掠取路人、頭蒙鬼面、身被彩服、名儺鬼、引過寺庭、闔府男女、雑沓入寺、以杖木瓦石擲之、是以寺之四畔、是日絶行、831a
★瞿曇白拈賊　473a
　弘戒授法　803a
　弘経講論雑述　184b
　弘律　756a, 777a, 810b
　弘律之宗祖（☆鑑真）　75a
　弘律之祖（澄禅）　781b
　弘律利生之十誓願（恵猛）　810b
　求法　76a, 77b, 116b, 136b, 272a, 523a, 758a, 763a, 844a, 906a
　〔●円仁〕〈求法〉未充、海神有意乎、与弟子●惟正等、頻請下船、116b
　求法南詢（明忍）　806b
　求聞持呪　485b
　〔春屋妙〕葩平居身行口言意思、同時弁之、屢顕神異、誦〈求聞持呪〉時、感舎利如雨、持曼殊五字呪日、米粒盈壇、485b
　求聞持等密法　89a
　求聞持法　83b, 195a, 748a, 810a, 811a, 879a
　〔●栄西〕期百日、修〈求聞持法〉、初入壇時、刻身長於堂前柱、怨期倚柱、長於前四寸余、83b
　具威儀（唐・★定賓）　68b
　具足戒（具戒）　76a, 80a, 96a, 98a, 107a, 108a, 112a, 114a, 116a, 129b, 189a, 195a, 198a, 207a, 238a, 245a, 251a, 252b, 253b, 258a, 335a, 368b, 406b, 416b, 442a, 448b, 449a, 477a, 516a, 531b, 538b, 542b, 557a, 650a, 652a, 672b, 687a, 709b, 739b, 756a, 757b, 759a, b, 762a, 766b, 772a, 774a,

775b, 778a, b, 779a, 780a, b, 781a, 782b, 788a, 789a, 790a, 792a, 793b, 797a, b, 799a, b, 800a, b, 801b, 803a, 808a, 809a, b, 812a, 815a, 818b, 820b, 831b　円具も見よ
　具支灌頂　161b, 233a, 244a, 246a, 775a, 776b, 778a, 779b, 780b, 785a, 788a, 793b
　供奉大徳　76b（●最澄）, 114b（★常澄，★弘弁，★斉高，★光顕，★海岸，★円鏡）, 115b
　供奉班　76a（●最澄）, 758a（●普照）
　救術　836b
　救世観世音　865a
　救世之願輪　862a
　救世菩薩　862b
　救抜　794b
　愚按訣灌頂記（親玄撰）　248a
　愚管鈔（慈円撰）　730a
　愚痴斎　354b
　愚痴邪見　861a
●愚中〔周及〕嗣★即休〔契〕了，隠靈丹丘　632a
　愚童持斎心（十住心論第二, 人乗）　81a
　空有　103b, 269b
　安澄、泰演、衡持〈空有〉、269b
　空有之旨　895a
　空有之法　640b
●〔空海〕七七忌身体尚温、鬚髪日生、82b
●〔空海〕青竜〔寺★恵果〕之後身　196a
●空海僧正之記（空海僧都伝, 真済撰）　80b, 817a
●空海伝　641a
●空海塔（弘法大師塔）　212a
　空観　139a
　空観乗　726b
　空義　174a

295

空華外集（義堂周信撰）　480a
〔空華〕日用工夫集（日工集，義堂周信撰）　293a,480a
空劫已前自己　364b
〔空谷明応〕行状　518a
〔空谷明応〕語録（仏日常光禅師語録，空谷明応撰）　518a
空宗　61a,64a,65a,87b,90a,b,91a,100b,102a,109a,112b,121a,124a,129a,171b,189b,190a,200a,b,230b,237b,238b,246a,655a,893a,b,894a,897b
　〔禅林寺〕南京東南院主輪次住持、歴二百三十余歳、永観律師挟浄業、而唱〈空宗〉、承久之比、西山〔証〕空住後、為専修之地矣、190a
空宗中興　246a
　〔聖然〕雖通三蔵、独家三論、為〈空宗中興〉矣、246a
空宗之竜蛇倶舎之麟鳳（定春，快円）　237b
空晴四神足（仲算，真喜，守朝，平忍）　150b
空諦　170b
空鉢塚　912b
空密二教　253b
空門　368b,711b
空門之標表　132b
空也法師、於六波羅蜜寺、慶讃金字大般若経、659b
空論　108b,237a
空論之旨　66b
偶講（義昭）　152b
隅州（大隅）　477a
　隅州人　477a,508b
　甑島　456a
　甑島人　584b
藕糸衣　858b
藕糸伽梨　288b,777a

岬（草）山　234b
岬（草）薙剣　908b
草河（洛東）　277b,323a
櫛比県（能州）　342a
櫛梨県人（讃州）　254b
★百済　842b,863a,865a,892a,b,894b,904a,912b,917b
☆百済王子（☆阿佐）　863a
★百済国　61a,b,64b,633a,842a,851a,862b,865a,892b,894b,917b
☆百済使　634a,842a
☆百済儒　904a
☆百済国人　61a,b,64b,633a,842a,b,865a,892b,894b,917b
☆百済仏工　821b
　国島下郡（摂州）　817b
　窪屋郡人（備中）　920b
　熊凝邨　863b
　熊岳（薩州）　561b
　熊野（紀州）　138b,919b
　熊野一乗八講　139a
　熊野河　658b
　熊野三山検校　730b
　熊野三山事　521a
　熊野山　695b,710b
　　〔増〕誉之練苦、也登〈熊野山〉凡十三度、695b
　熊野山三神（伊奘冉尊）　906a
　熊野神　710b,852a
　熊野塔　712a
　熊野峰　510a
　熊野村（紀州）　919b
　倉本県人（阿州）　446b
　鞍　895a
　鞍馬　389b
　鞍馬（城州）　648b
　鞍馬県人（城州）　203a
　鞍馬谷（僧正谷）　819b
　栗原（和州）　66a

黒石（奥州）　424a
黒川（但州）　488b
黒谷（城州）　206a,214b,882b
〔黒谷上人〕語灯録（道光撰）　250a
蔵人頭（良峰宗貞,遍昭）　135a
蔵人頭左中弁（源師資）　696b
蔵人弁（伊家）　688b
桑谷（くわがやつ,相州鎌倉）　791a
桑田郡（丹州）　582b
桑名（勢州）　325b
桑名津（勢州）　624a
鍬　895a
君子　291b
君子之論　183b
君臣　439a
君臣道合　365b
捃捨鈔（慶命撰）　676b
裙子　207b（源空）,779a（行然）
葷血　263a
葷腥　122a,206b,866b
葷膻　265b,545a
薫衣　837b
薫香　274b
軍行　537a
★軍将（★林師準）　136b
　軍場　543a
　　〔天真自性〕、一日出〈軍場〉、与敵交鋒之際、忽然有省、543a
　軍船　758a
　軍荼利法　734a,744b,745a
　軍吏　625a
　郡治（参州）　318a
　郡主　84a,456a,534b,540b,571a,594a,596a,604a,605a,609a,622a,776a,840a,895a,918a
　郡牧（濃州）　435b
　群玉府　162a
　群虎　846b
　群書　387a

群書博覧（天隠竜沢）　597b
群生　817a
群籍　267b,457b,528a,605b,628b

―け―

化儀　157a,228b,264b,545a,797b
化衆　268a
化生　89a
化身　471b
化制　769b
化他門　224a
化佗　270a
化度　170b
化道　192a,264b,283b
化導　61a,133a,241a,777b
化仏　170b
化物　444b
化門　134a,189b
加行　737b,751a
仮似相　783a
仮諦　170b
花瓶　726a
悔過　96a,127a,208b,664a,918b
悔謝　913a
華玄〔法華玄論か浄名玄論〕略述（智光撰）　90b
華香　703b,820b
華厳　69a,b,71b,75b,77b,81a,87b,91a,92a,b,94a,95a,b,96a,99a,b,100a,b,101a,113b,124a,136b,142b,143b,144b,156a,162a,175a,177a,189a,198a,199b,200b,203b,204b,207a,217b,218b,221a,b,232b,239b,243b,246b,247a,b,251a,b,252b,255b,256a,258a,b,264b,269b,270a,366a,368a,402b,450b,501a,537a,b,595a,640a,649b,723a,760b,799b,828a,869a,897a,b,898b,899b,900b,906b

件名索引

297

〔●照恵〕、雖開戒密二檀、以〈華厳〉為嵩門、258a
〔凝然〕、一代撰述凡有一千一百余巻、弟子十二人、挟律而宗〈華厳〉、各化一方矣、247a
●志玉講〈華厳〉、犯竜顔、★支那本朝共署国師、270a
華厳会　93b,247a,505b,669a
華厳〔★賢首〕教　93b,123a,221b,255b
華厳経（大経，大方広仏華厳経，★仏陀跋陀羅・★実叉難陀・★般若訳）73b,80b,85b,93a,94a,b,95a,114a,131b,156b,175a,200b,207b,218a,246b,256b,264b,340b,341a,753b
華厳経疏（華厳大疏，唐・★澄観撰）94a,136b,254b,264b
華厳経探玄記（唐・★法蔵撰）　217b
華厳経探玄記鈔記（慶俊撰）　202b
華厳経探玄記洞幽鈔（凝然撰）　247a
華厳経善財讃歎偈（源信）　172b
〔華厳〕孔目章発悟記（凝然撰）　247a
華厳五教章（唐・★法蔵撰）　101a,175a,202b,217a,247a,251a,898a
華厳五教章見聞（慈雲撰）　100b
華厳五教〔章〕賢聖鈔〔章〕（凝然撰）247a
華厳五教章纂釈（湛叡撰）　254a
華厳五教章指事（慈雲撰）　100b
〔華厳〕五教章性通記鈔（霊波撰）258a
〔華厳〕五教章鈔　256a（盛誉撰），258a（霊波撰）
華厳五教章通路記（凝然撰）　247a
華厳五教章復古記（慈雲撰）　100b
華厳五教章復古記科文（慈雲撰）100b
華厳五教章復古記簡註（慈雲撰）100b

華厳五教章要文集（俊才撰）　255b
華厳五十三略頌（道玄撰）　252b
華厳興隆之地（栂尾山高山寺）　218b
華厳骨目（●円珍撰）　139b,167b
華厳始祖（☆●審祥）　95a
華厳者以☆●〔審〕祥師為初祖　69b
華厳宗　69a,77b,95a,112b,113b,144a,156b,178b,219b,771b,817b,821b,828a　賢首宗も見よ
華厳宗義（高弁）　218b
華厳〔宗〕香薫鈔（宗性撰）　232b
華厳宗旨　101a
華厳宗始祖　219b
〔高〕弁公者、本朝〈華厳宗始祖〉、☆●審祥十七世之孫也、219b
華厳宗疏鈔及因明目録（円超撰）　144a
華厳宗、預此選（興福寺維摩会講師）、以〔正〕進為始、113b
華厳修禅観照入解脱門義（高弁撰）219a
華厳十玄談（華厳経十玄章か，唐・★智儼撰）　561a
華厳初祖（本朝）（☆●審祥）　69b
華厳碩匠（良忠）　785b
華厳尊者（☆道璿）　95b
華厳頓教　144a
華厳瀑　817a
華厳発願初興之大士（良弁）　95a
華厳唯心義釈（高弁撰）　219a
華厳老僧（道玄）　252a
華厳楼閣　363a
華厳六波羅蜜経（★般若訳）　80b
華蔵界　505a,796b
華蔵世界　493b
華台玉扉　90a
華堂　671a
華幡　809b
袈裟（割裁衣）　62b,72b,74b,80b,82a,96a,108a,127a,132a,266a,270b,

298

284b,289a,309a,367b,370a,447a,
471b,479b,485b,488a,492b,510b,
520b,540a,546b,547a,580a,641b,
650b,659b,674b,687b,700a,708b,
726b,863a,870b,883a,902b,914a,
〈袈裟〉者三世如来、利益衆生之標幟
也、文殊大聖之衣、二千年後、展転遠
渉、至吾日域、可以為奇耳、708b

袈裟環　405a
袈裟之霊験　510b
懈怠　666a
下根人　432a
下品下生　921b
下臈　146b
外学　61b,102b,283a,371b,480a,611b,
　842b,862b
外教　640a,794a
　吾〔仏〕法中修得之所成、而☆孔老
　〈外教〉所絶而無也、640a
外護　271a,284b,292b,354a,466a,
　476b,528b,551b,584a,809a
外集　→外集（がいしゅう）
外説密乗、内修浄業、（静遍）　212b
外相　856a
外典　154b,398b
　〔●竜山徳見〕、師事●寂庵〔上〕昭公、
　暗記法華、不労復習、思恵夙薫、尤通
　義理、傍通〈外典〉、五車該覧、398b
外道　124a,183a,b,219a,273a,353a,
　362b
外縛印　774b,812b
夏　74a,470b,596b,904b
夏坐　658b
夏制　559a
夏制秉払　559a
夏日　313a
偈　62a,b,72b,201b,208a,215b,245b,
　262a,272a,b,273a,275b,277b,278a,
　b,279a,280b,281a,289a,290b,292a,

296b,299a,300b,301a,b,303b,304a,
b,305a,307b,310b,311b,312b,313a,
b,315a,b,317a,b,318a,319a,321a,
324a,326a,327a,b,328a,329a,b,
332b,333a,b,337a,b,338a,339a,
340a,b,343a,344a,345a,b,348b,
349b,351b,352a,354a,356b,357a,b,
360a,364a,365b,367a,368b,369b,
370a,b,372a,376a,377b,378a,379b,
380b,381a,b,383a,386b,389a,390b,
391b,393b,394b,395a,396a,b,399b,
400a,b,401a,403b,408b,411a,412b,
413b,415b,416a,b,417a,b,418b,
419a,b,420b,423b,424b,425a,427a,
b,429a,b,430a,b,431a,b,433a,b,
434b,435a,437a,b,438b,439a,440a,
441a,442b,444a,446b,448b,449a,b,
450b,453a,b,455b,457a,460b,461a,
b,462a,463a,b,466b,469b,471a,b,
472a,b,475a,478a,479a,b,480b,
481a,483b,484a,b,486b,489a,490a,
b,491a,494a,495a,496a,499a,500b,
501b,503a,505a,507b,509a,510a,
512a,513a,b,514b,515a,b,516b,
517b,518b,519b,520a,b,523a,b,
524a,525b,527a,529a,b,530a,531b,
532a,b,534a,b,536b,537b,539a,b,
540a,b,542a,545a,546a,547b,548a,
549a,550b,551a,552b,553a,b,554b,
555a,556a,559a,560b,561a,b,562b,
564a,571a,573b,574a,576a,577b,
581a,b,582a,584a,586b,587a,591b,
592a,b,594a,b,595a,b,596a,b,600b,
601b,606b,608a,609b,610b,611a,
613a,b,614a,616a,617a,618b,620a,
621a,623a,625a,b,626a,627a,b,
628a,631a,671a,672a,766a,768b,
801b,816b,861a,863a,867b,879b,
913a　伽陀、偈讚、偈頌、辞偈、辞世

299

偈、投機偈、長偈、末後一句、臨終偈、臨亡偈、遺偈、焼香偈なども見よ
自本朝入★中華、参師得悟、即時呈〈偈〉者、★宋元之間甚多矣、而看彼方之諸録、不記一頌、但★〔正〕受雷庵〔嘉泰〕普灯録、★〔普〕済大川五灯会元、独載●覚阿五偈、 273a

偈語　587a

偈讃（偈賛）　303b, 357b, 416a, 501a, 768b

偈詩　521a, 553b

偈頌　381a, 443a, 452a, 462a, 473a, 480a, 501b, 562a, 587a

偈銭　463b

解恵　151a, 796a

解義　362b

解行　204a, 397b, 719b, 799a, 802a
　観大光（●復庵宗己）之挙措、清白〈解行〉並有、得幻住〔★中峰明本〕之骨格者、独属于●〔宗〕己公与、397b

解行兼備　239a, 917a

解做活計　421b

解節経（解深密経第二品別訳）　85b

解説　359a, 861a
　経曰、受持読誦、書写〈解説〉、如法修行、861a

解脱　187a, 302b, 423b, 458a, 486b, 517a, 595b, 923a

解脱安楽之地　721b

解脱法門　511a

解脱門　295a, 300a, 319b, 348a, 471a, 494b

刑官加刃　377b

圭笏　303a

京華集（横川景三撰）　591a, b

京師　82a, 123a, 220a, 240a, 238a, 257a, 264b, 284b, 289a, 292a, 296a, 297a, 306b, 309a, 310a, 320b, 370b, 380a, 382b, 389a, 417a, 426a, 429b, 462b, 468b, 494a, 499b, 522b, 526b, 563a, 567a, 583b, 598b, 624a, 664b, 713a, 718b, 748a, 766b, 799b, 803a, 866a, 896b　京、城州、洛、洛西、洛東、洛南、洛北、洛陽なども見よ

京師人　238a, 257a, 380a, 719a, 799a

京城　76b, 237a, 246b, 270b, 275b, 305b, 408b, 431b, 463a, 508b, 572a, 673b, 734a, 799a, 839b

城西　150a, 221b, 326b, 379a, 392a, 441a, 484b, 521a, 632a, 834a, 852a

城都　539b

城南　271b

城北　220a, 345b, 358b, 382b, 396a, 415a, 580a, 592a, 652a

都城　279b

京城人　260b, 572a, 673b, 799a

京兆　83b, 111a, 129b, 133b, 142a, 148a, 150b, 152a, 156b, 161b, 162a, b, 168a, 174a, 175a, 180b, 186b, 193a, 205b, 206b, 212a, b, 213b, 214b, 223a, 234b, 236b, 237b, 238a, 239a, 241b, 246a, 249b, 250a, 253a, 254b, 255a, 265a, 276a, b, 282b, 290b, 293a, 298a, 308a, 310b, 311b, 314a, 316b, 318a, 323b, 325a, 326a, 328a, 333b, 335a, 337b, 338a, 341a, b, 342b, 344a, 345a, 346b, 348a, 349a, 351b, 356a, 358a, 361b, 368b, 370b, 373b, 377a, b, 378a, 380a, b, 381a, 383b, 387a, 391a, 393b, 395a, b, 398b, 401b, 402a, 403a, b, 404a, 408a, 414a, 415a, 416b, 417a, b, 418b, 419a, 421a, 424b, 425b, 428a, b, 429a, 431b, 437a, 438a, 439b, 440b, 441a, 444b, 445a, b, 446b, 447b, 449a, 454b, 456b, 457b, 462b, 465b, 468a, 470a, 472a, 473a, b, 478a, 479a, 480b, 483a, 486b, 491b, 492a, 493a, 494a, 495a, b,

496a,497a,501a,502a,b,504b,505a,
b,507b,508a,509b,511b,512b,513a,
b,514b,515b,520a,b,521b,527a,
528b,529b,531a,532a,534a,535b,
547b,548a,549b,550a,551a,b,552a,
553a,555a,b,556a,557a,558b,559b,
560b,561a,563a,b,564b,565a,566b,
567b,568b,569a,b,571a,572b,573a,
574b,577a,578a,b,579a,580a,581a,
b,582a,b,584b,585b,587b,588a,b,
590a,591b,592b,593b,595a,b,597a,
598a,599b,601a,602b,604a,605b,
606a,b,607a,608a,b,609a,b,610a,b,
611a,612a,613a,b,614a,b,615a,
616a,618a,b,640b,643a,650a,654b,
661a,662a,670b,672b,673a,675b,
676b,678a,679b,680b,682b,686b,
688a,689b,690b,691b,692b,693b,
694a,696a,697b,701a.b,703b,704a,
b,706b,707a,708b,709b,712a,b,
714b,715a,716a,b,719a,b,724b,
726b,727a,728a,730b,731a,b,732a,
b,733b,746a,747a,b,748b,750b,
762a,b,766a,767a,b,768a,769b,
770a,b,781a.784b,792a,794b,795a,
796a,797a,b,799a,801a,802b,804a,
b,805a,b,806a,808b,809a,b,818a,
820a,822a,824b,825b,830a,833a,b,
837a,856a,860b,868b,870b,871a,b,
872a,875a,b,878a,880a,895a,b,
896b,897a,910b,915a,919b,922a,b
京兆人　148a,161b,162a,b,168a,174a,
212a,223a,238a,337b,518b,556a,
568b,571a,590a,610b,650a,661a,
670b,673a,679b,690b,704b,706b,
712b,726b,769b,795a,799a,800a,
806a,808a,809a,856a,871a,875a,
878a,880a,895a,915a,919b
径要　565b

★恵果和尚之塔　114a
★荊州（中国）　72a,384a
　涇渭　305a,382a
　涇渭分流集（聖冏撰）　262a
　経史　499b,904a
　経史子集（経書，歴史書，諸子類，詩文
　　集）　178a,563a
　経史百家之書　575a
　経死　865b
　経書　376b,410b,462a,552a,603b
　啓講　103a
　渓声広長舌　299b
　渓声作広長舌　609b
　景徳伝灯録（宋・★永安道原撰）　63a,
　　584a,591a
　閨門集（横川景三撰）　591a
　慶雲　739a,792b
　慶喜之職　793b
★慶元府（中国明州）　300b,330b,361b
★慶元府東湖（中国明州）　301b
★慶元府判官　330b
　慶賛　389a
　慶讃　111a,153b,154b,155a,163a,
　　191a,219a,389b,556b,659b,823a,
　　832b,904a,918b,922a
　慶讃会（般若寺）　793b
　慶讃金字大般若経　659a,823a
　　空也法師於六波羅蜜寺〈慶讃金字大般
　　　若経〉、659a
　慶讃供養　181a,500b,705b,830b
　慶讃陞座（沢庵宗彭）　622a
　慶讃導師　751a（尊円），861a（慈心）
　慶讃法筵　179a
　〔瑩山〕清規（瑩山紹瑾撰）　342b
　磬鈸　864a
★罽賓国　80b
　警誡十一条（儀観鈔，貞慶撰）　208b
　警策　→警策（きょうさく）
　鶏足寺学頭（頼尊）　254b

芸州（安芸）　240a,382b,505a,524b,
　534b,908b
芸州刺史　253a（武田時綱）,731b（隆
　親）,749a（源雅房）
芸州人　534b
芸術　61b
鯨呑海水尽、露出珊瑚枝、〈☆兀庵普寧
　上堂語〉290b
血脈　296b
血脈鈔　122b
血脈図　540b
血脈相承説（恭翁運良撰）　243b,367a
結縁　203b,219a,266b,878a,882a,887a
結縁会　692b
結縁灌頂　111b,234a,692b,710a,746b,
　795a
　〔実〕恵、欲於東寺、春秋二季、修
　〈結縁灌頂〉、111b
欠伸一声泊然就化（愚堂東寔）　621a
血書一偈（周勝）　556a
血書華厳経（☆霊山道隠題）　340b,
　341a
血書五部大乗経（◉平田慈均）　417a
血書金剛経（☆霊山道隠題）　340b
血書法華経　340b（☆霊山道隠題）,
　713b（義存）
血食祠　510a
血仏血経（良範）　873b
決疑鈔見聞（良暁撰）　250b
決疑集（良源撰）　159b
決疑鈔（源空撰）　211a
決疑論（唐・★懐感撰）　211a
決権実論（◉最澄撰）　78b
決定往生　216a
決定往生集（珍海撰）　199b
決定心　208a
結印　118b,196b,202a,223a,249a,
　279a,664b,679a,690b,701b,709a,
　711a,b,716a,726a,777a,791b,887b

結印坐化　202b（心覚）,249a（良殿）
結跏　643b,820b
結跏趺坐　82b（◉空海）,636b（泰澄）
結界　74a,218b,240b,636b,698b,709a,
　761a,b,768a,772a,775b,777a,791b,
　797a,806a,811b,813a,860b,903a
　〔実範〕、往招提〔寺〕、然招提〔寺〕
　☆鑑真滅後、三百余年、殿宇荒落、僧
　侶不棲、〈結界〉之地、半為田疇、
　761a
結界之法一則旧制　806a
結界道場　777a
結夏　275a,290a,311a,320b,348a,
　350a,359b,374b,414b,432a,453a,
　474a,477b,488b,500b,563b,564b,
　591a,596b,603a,620a,772a
結夏小参　320b,453a,500b,603a
結夏上堂　275a,311a,348a,350a,359b,
　432a,474a,563b,588a
結夏秉払　414b
結解之二字　620a
結座　302a
結制　275a,290a,305b,306b,313b,
　344a,352b,363b,380a,411a,412a,
　413a,428b,432b,458b,459a,494b,
　495b,499a,502b,509b,516b,519b,
　521b,524a,b,526b,542b,558b,559b,
　560a,577a,588a,601b,608b,609a,b,
　610a,620a,625a,630b,638a,812b
結制安居　275a
結制次日上堂　494b
結制上堂　305b,352b,412a,459a,516b,
　519b,526b,560a,588a,608b,609a,
　610a,625a
結制冬節　509b
結制秉払　313b,344a,363b,380a,411a,
　413a,428b,458b,502b,521b,524a,
　558b,559b,577a,601b
結制分座　495b

結則（制か）　612a
結壇　763b
潔斎　764a
闕　91b,144a,188b,338b,374b,578b
闕廷　106b,851b
〔月庵宗光和尚〕語録（月庵和尚語録、月庵宗光撰）　489a
〔月〕庵〔宗光〕照容請賛　529a
★月江〔正〕印偈（贈●鉄牛景印）　393b
★〔月江正印〕自頂相自賛　466a
〔月舟和尚〕語録（月舟寿桂撰）　610b
月蝕　234a,727b,731b,733a,b,735a,738b,740b,741a,b,742a,b,743b,744a,b,745a,b,746a,750b,754a
　〔俊巌〕、禱〈月蝕〉験、賞以尊教、任法印、733b
　〔公紹〕、祈〈月蝕〉、不得験、辞僧職、詔不許、745a
月船〔琛海〕之再来（南海宝洲）　465b
月旦上堂　374b,409a,486b,493a,514a,542a
月天子　751b
〔月堂和尚〕語録（月堂宗規撰）　409b
月堂〔宗規〕禅宴之処（呑碧楼）　463b
月俸　143a
〔月篷円見〕塔銘（明・★見心来復撰、★金陵杜環書）　438b
★月林和尚語（月林師観禅師語録、★月林師観撰）　287b
★月林和尚体道銘　287b
●〔月林道皎〕写照自賛　392a
見解　305a,347a
見月在瓶中、見発祖意、（春浦宗煕）　591b
見色明心（☆一山一寧上堂語）　330b
見色明心聞声悟道（徹翁義亨上堂語）

432a
見性　623b,625b
見性義記抜闕要（乾峰士曇撰）　412b
見性鈔（恭翁運良撰）　367a
見性成仏　85b,362b,549b,612a
　●〔栄〕示衆曰、我此禅宗、単伝心印、不立文字、教外別伝、直指人心、〈見性成仏〉、其証散在諸経論中、85a
見性法　544a
　〔天鷹祖祐〕、経巻論峡略探玄蹟、一日喟嘆謂、是皆済世薬方、非〈見性法〉、更衣遊方、544a
★建康（中国南京）　383b
〔建長〕寺罹火災（正和4年〈1315〉）　335b
〔建長〕寺罹回禄、丈室未建、廃頽相次、434b
建塔　562b,592a,610b
　〔周宗（南英）〕滅後、闍維畢、以骨投河、勿〈建塔〉勿設斎、562b
　老僧〔宗煕（春浦）〕滅後、汝等不用〈建塔〉、592a
〔建仁寺〕開山以来寺未構法堂、諸堂亦傾覆、434a
県吏（秦氏）　763a
研学　237b
研究　69b,164b,843a
研習　80a,168a,178a,211b,217a,228a,236a,747a
研心〔神〕章（護命撰）　104b,105a
研精困学　394a
研綜　895b
研覈章（顕意撰）　243b
研磨　184b
倹歳　791a,838a
　〔忍性〕逢〈倹歳〉、則煮糜粥、救餓殍、791a
齎兼金一盆練緯十襲金銭十万（源公〈足利義教〉、太夫人）　556b

兼金縑帛　360a
兼中至　302b
拳印　131a
拳頭　492a
乾卦　894b
乾卦有偈　773b
乾魚　163a
　〔増〕賀帯〈乾魚〉為剣、乗痩牸牛、交前駆之列、諸徒叱而去之、〔増〕賀厲声日、〔慈恵〕僧正之前駆、捨我其誰歟、163a
乾坤　301b,338b,464a,500a,503b,572a,624b
　〔☆無学祖元〕、説偈日、〈乾坤〉無地、卓孤筇、喜得人空法亦空、珍重大元三尺剣、電光影裏斬春風、301b
乾坤大地喚作一句（東山湛照上堂語）　298b
〔乾峰士〕曇寿塔　412a
〔乾峰士曇・霊岳法穆〕二師★馬鳴★竜樹再世云、413b
★健陀羅国　80b,82a
　眷属　867b,907a,910b
　剣　674b,852a
　剣印　75a
　剣難之偈（晋・★僧肇）　304a
　剣輪法　655a
　堅固子　379b,447a
　堅牢善女天（大地神）　682a,903b
　検校　91b,103a,179b,205b,212a,228b,230a,235b,663a,692b,695b,707b,710a,722a,724b,725a,729b,731b,732a,b,742b,743a,747a,750b,786b
　検校職　230a（良覚），235b（寛範），255b（実呆），711a（済俊），747a（定範・頼審・道淳）
　検題（増利）　147b
　検題宣（仁敷）　152b
　硯笥　847b

硯水　904b
嫌禅　910a
献茶（●山叟恵雲，★天台山石橋羅漢）　312a
絹　808b
絹素　817a
絹綿　879a
●遣唐使　65a,76a,80a,633b,757b,758b,892b
　〔●道昭〕●定恵●道厳等十有三人、従〈遣唐使〉●小山長丹、入★唐、65a
●遣唐大使（大使）　73a（●藤原河清），76b（●藤原賀能）
●〔遣唐〕副使（●大伴胡万）　73a
　鉗鎚　487a,523a,528a
　権輿　65a
　憲章十七条（十七条憲法，聖徳太子撰）　863a
　憲法（★唐国）　146a
★賢首教　123a,252a,583a,801b
★賢首教疏　580a
★賢首宗　94a,218b,897b　華厳宗も見よ
　賢聖義及二空比義義（聖宝）　142b
　臚斎口義　563b
　臚斎口義鈔（惟肖得厳撰）　563b
　繭衣輿馬　626a
　顕戒縁起（●最澄撰）　78a
　顕戒論（●最澄撰）　78a
　　●〔最〕澄述〈顕戒論〉三巻、表進、博引大乗戒文、作顕戒縁起、返詰二十八失（景深著，迷方示正論）、78a
　顕教（顕）　80b,106b,137b,173b,192b,194b,204b,261b,408a,572b,673b,674a,b,698b,713b,766b
　顕教之理　147b
　顕行門　223b
　顕正記（聖冏撰）　262a
　顕典　119a

顕典密軌　708a
顕墳密典　735b
顕法華義（●最澄撰）　78b
顕密　114a,115a,136a,b,138a,140a,b,
　143a,b,144a,145a,146a,147b,148a,
　149b,158a,b,162a,163a,167a,170a,
　b,178a,179a,184a,185b,191a,194b,
　197a,199b,201b,211b,222a,241a,
　243a,246a,248a,b,249b,256a,263b,
　267b,269b,284b,286b,323b,376b,
　452a,538b,644a,653a,656b,659b,
　660a,661a,666b,667a,677a,680a,
　681b,686b,688b,691a,711a,712b,
　719b,730a,740b,750b,767b,769b,
　775b,781b,786b,789a,793a,797b,
　799a,800a,805b,828a,831a,832a,
　840a,858b,873b,874b,875b,877a,
　878b,882b,889b
　〔安〕然公之学、雖〈顕密〉並馳、而
　観平日署述、則其心所郷往者、顕在瑜
　伽三密耳、140b
　天元長暦之間、●慈覚●智証両徒相軋、
　〈顕密〉雖異、其争惟同、豈翅〈顕密〉
　而已、197a
顕密該貫　760b
顕密学　148a,644a,766b,850b
顕密訣　694b
顕密玄秘　767b
顕密綱　246a
顕密旨　708a
顕密宗　254a,762a
　〔栄海〕、有七兄弟、大半出家、帰〈顕
　密宗〉、254a
顕密書　225b
顕密声明　699a
　〔良忍〕、常以此〈〔顕密声明〕〉業、広
　作仏事、699a
顕密相　225b
顕密（二）教　141a,142b,143a,185a,
　194b,211a,219a,231b,277a,291b,
　293a,308b,345a,387a,642b,679b,
　684b,692a,706b,720a,751b,808b,
　831a,839b,870b,875b
顕密二法　655b
顕密之博士（安然）　140b
顕密法（顕密教法）　119a,132b,141b,
　147b,187b,194a,211b,225a,230a,
　250a,434b,463a,589a,651b,656b,
　663a,669b,683b,684a,693b,712b,
　719b,735b,825b,836a,849b,857a,
　872b,874a,922a
顕密梵音節奏入神　800a
顕密名徳　725a
顕密門　206a
顕密要義　223b
顕密両教　211a
顕密良匠　222a
顕密輪　187b
顕密論談鈔（宥海撰）　248b
顕門　872b
顕唯識疏隠文鈔（常騰撰）　103a
顕揚大戒論（●円仁撰）　118b
燻（つちぶえ）　845b
燻篪相和　62a
験徳　694b
験力　919a
懸記　370a,407a,451a
●〔元晦（無隠）〕与☆清拙和尚、同船而
　帰、419b
元弘之擾　411a
元弘之乱〔変〕　441a,449a
元亨宮論　358b
元亨釈書（釈書、先史之綱、錬師日、虎
　関師錬撰）　63b,69b,70b,73b,87a,
　b,91a,98a,115b,121a,b,125a,152b,
　162a,209b,270a,273b,281b,300a,
　304a,313b,376b,377a,395a,403a,
　425a,452b,480b,507a,518b,520a,

305

580b、642a、697b、699a、841a、849a、851a、862a、867a、869a、891a、901b、902a、905a、917a、922b

岐陽〔方〕秀禅師、難於〈〔元亨〕釈書〉者多矣、〔明〕詮之伝其一也、〔方〕秀公不見僧録、何以難之乎、125a

禅教律之伝録私記、纂著〈〔元亨〕釈書〉三十巻、簡而ない足、繁而整、明行解感応之分科、480b

然〔淳〕祐〔元〕杲二師漏〈先史之綱〉者為可惜焉而已、162a

〔無比単況〕、勧法兄竜泉〔令〕涬公、上書重奏〈〔元亨〕釈書〉、有旨入毘盧大蔵、518b

●性海〔霊〕見公、勧化諸方、重刊〈〔元亨〕釈書〉、〔智〕至一筆繕写、520a

〔寛助〕一時之有徳也、漏於〈〔元亨〕釈書〉、故世称不高、697b

賀〈〔元亨〕釈書〉入蔵（天鑑存円）507a

賀〈〔元亨〕釈書〉入蔵偈（●月心慶円）520b

元亨釈書寺像志（虎関師錬撰）　137b

★元国（元、大元）　241a、301b、315a、328a、331a、332b、337a、341a、343b、345a、351b、354b、357a、365b、368a、377a、b、380b、381a、385a、386a、391a、b、393b、396a、b、401a、b、406b、407b、408a、415b、416a、b、417b、418a、b、419a、421a、426b、428a、b、429a、b、430a、b、431a、436b、439a、b、440b、442a、444b、448a、452a、455b、457a、459b、462a、463a、b、464a、b、465b、466a、471a、472b、473a、488a、489a、490a、492a、496a、499b、501a、502a、b、503a、b、505a、511b、514a、520b、523a、610a、794a、799b　★支那、★中華、

★中国も見よ

〔月庵宗光〕将遊〈★元国〉、〔峰〕翁〔祖一〕曰、汝何不著一鞭尽我蘊奥、若向上更有事、則★支那★西天一任汝去、〔宗〕光遂寖行、488a

★元国僧　544a

★元国遊覧之偈（●天岸恵広撰）　357b

●〔元志〔寰中〕〕行状伝記　462a

　元主之命　631b

　　☆一山〔一寧〕逼〈元主之命〉来往南禅〔寺〕、☆清拙〔正澄〕応平帥（北条高時）之請、☆明極〔楚俊〕、☆竺仙〔梵僊〕、来董南禅〔寺〕、631b

●〔元寿〕相倚●元旨●曇韶、蹙海入★元　459b

★元戎　234a、242b

　〔定済〕、詣伊勢太神宮、調伏〈★元戎〉、夏六月、於西院修不動使者法、降伏蒙古、234a

★元人　492a、520b

　元帥　510a（足利基氏）、562b（足利義教）、829a（源頼朝）

★元朝叢林之盛典　408a

★元天子詔不許浪書　439b

　元品無明者等覚智断　209b

★元明乱　464a

　幻雲〔文〕集（月舟寿桂撰）　610b

　幻住庵記（★中峰明本撰）　357b

　幻住〔★中峰明本〕之骨格　398a

　玄学（老荘学）　423b

　玄機　231a、360b、421b

　　出〈玄機〉格外者、大悟也　360b

　玄義鈔（順耀撰）　192b

　玄旨　478a、514a

★玄沙〔師備〕虎　630b

　玄談　521b

　玄徒　521b

　玄秘　726b

　玄微鈔（元海撰）　707a

玄牝門　597b
玄風　272a
原人論（唐・★圭峰宗密撰）　622a
現成公案　306a,355b,401b,519b
　〈現成公案〉者、即今眼見形色、耳聞音声是也、　355b
現前慇懃之教　783b
眼横鼻直　302a,472a,601a
絃歌　828b
〔源〕空之真　207b
源元帥（足利尊氏）　386a,389b
源空碑　230b
源将軍（足利尊氏）　384a
〔源信〕影像　170a
源信二十七疑　167a
　〔源〕信公、曽設〈二十七疑〉、寄問宋国★智〔知〕礼法師、〔安〕海見其問目曰、是等膚義、何須遥問乃作上中下三答、謂徒曰、★法智〔知礼〕答釈、不出我三種矣、及★〔知〕礼答釈来、〔安〕海已物故、果如〔安〕海之中下義也、　167a
源平之擾乱　209a
還学沙門（◉円行）　114b
還俗（源算）　827a
厳刑　838b
鏟（鏟, さん）鬘　503a
鏟（鏟, さん）髪　276b

—こ—

己事　279a
小石川（武州）　262a
小内（こうち）海（日州）　602b
小倉県（筑前）　445a
小坂（城州）　800b
小林北谷（相州鎌倉）　904b
〔巨〕福山（建長寺）宝庫　281b
戸部侍郎（清貫）　85a
戸部尚書（藤原文範）　668a

〔戸部〕尚書右丞（藤原有国）　668b
戸部尚書諫議平章（覚心）　769b
木幡（城州）　240a,785a,798b
木幡義（真空）　785b
古記　774b,902b
古義談林　267b
　関東八州、有〈古義談林〉六十余院、写〔印〕融小肖、歳時饗祭、267b
古笈　198b
古鏡　472b,718a
◉〔古剣妙快和尚〕語録（◉古剣妙快撰）　499b
古今揩定記（顕意撰）　243b
　〔顕意〕嘗謂徒曰、★善導疏釈振古講者、多陳己見、翻失真義、於是著〈古今揩定記〉三十巻、　243b
古今雑記　575a
古之章服　806a
古詩　810b
古寺破房　472a
古書者虚少実多　250a
古人為法亡軀　398b
古人聚頑石、猶且説法　565b
古人得法之後、潜処山谷、保重斯道、539a
◉〔古先印元和尚〕語録（◉古先印元撰）　443b
◉〔古先印元〕塔銘（明・★宋景濂撰）　443b
古則　425b,500a,586b
古則因縁　562a
古塔　686a,754a
古塔廃寺　816b
古徳　560a
古徳之語　626a
古徳篇　901b
古筆拾遺鈔（印融撰）　267b
古風　632a
　◉月林〔道皎〕承★〔清〕茂古林、揚

〈古風〉於城西、632a
古仏　459b,524b,615b
古仏宗風　474a
古仏心宗　313b
居士　272a,291a,366b,374a,378b,379a,383a,384a,393a,412a.419b,426b,430b,454a,456a,465a,466a,474b,489a,491a,492a,b,496a,506b,510b,521a,529b,534a,537b,540a,542a,b,546a,b,562a,b,565a,567a,583b,584b,585a,590b,602b,628a,776a,868b
★姑蘇（中国江蘇省呉県）　364b,429b,848b
●〔孤峰覚明〕塔上銘（★用章廷俊撰）407b
孤涎集（一糸文守撰）　629b
虎　511a,514b
★胡僧　549b
胡餅（餬餅）　330b,401b,596a,604b
枯木集（痴兀大恵撰）　325a
枯木堂裏　432a
粉河寺火〔災〕　750a
挙足下足皆是密印　276b
瓠子（ひょうたん）（高峰顕日上堂語）327b
虚空蔵聞持法（求聞持法）　68a,79b,83b,89a,99a,128a,b,129a,195a,196a,248b,257a
〔道〕詮、修〈虚空蔵聞持法〉、得自然智（中略）〔道〕詮後退居和之富貴（福貴）山、深避人事、　129a
虚空蔵座主（惟首）　140b
虚空蔵菩薩　91a,128b,538b,566b,589b,879a
虚空蔵菩薩応現之霊地（伊勢朝熊山）589b
虚空蔵菩薩像（桂井寺、福智山法輪寺）128a

虚空裏　432a
★虚舟和尚語録（八会全録，虚舟普度禅師語録、★虚舟普度撰）　323a,b
許可　377a,424a,425b,459b,462a,489a,495a,499b,612b,622b
★湖山（中国）　323a
★湖南（中国）　631a
　★馬祖〔道一〕★石頭〔希遷〕、称之★江西〈★湖南〉、　631a
琥珀　510a
觚翰　443b
猢猻　352b
瑚璉之材　331b
葫蘆　595b
鈷杵　754a
鼓声　272b
〔●覚阿〕、長蘆江岸、聞〈鼓声〉、忽然大悟、　272b
鼓証　632a
☆隠元〔隆琦〕、〈鼓証〉繽紛、行★中峰禅、　632a
五位　439a,451a,452a,473a,544a,632a,796b
☆東明〔恵日〕、☆東陵〔永璵〕、★宏智〔正覚〕之孫、設〈五位〉正君臣、632a
五位君臣　530a
〔了庵恵明、宏智小参鈔跋〕、蓋有曹洞宗旨、〈五位君臣〉、重離畳変、宝鏡三昧等之秘訣、　530a
五位訣　452a,752a
五位顕訣（唐・★洞山良价撰）　342a
五位之秘訣　420b
五位秘訣　571b
五位秘訣（南英謙宗撰）　574a
五位要訣　488b
五印　338b
五陰　62b,721b
五陰（存海, 真要十一条六）　259a

五蘊　253a,534b,535a
五蘊家　548b
五英　632a
　峨山〔韶磧〕、籌室正令〈五英〉、632a
五戒　779b,787b,916a
五戒十善　375a
五戒十念　266a,b,
五岳（五山）513a,550b,552a,563b,572a,578b,599a,620a,621a,632a
　〔義天玄詔〕、出衣資十万錢、分送〈五岳〉諸山、以賙贍大衆、578b
五岳書府　584a
五岳第一　501b
五岳之襲弊　609a
五岳之鸞鳳（瑞渓周鳳、瑞巖竜惺）578b
五畿七道　834b,859a,895b
五畿梵利　864b
五逆　100a,449b,462a,483b,592a,617a,623a,882a,920a
　★仏曰四重〈五逆〉、我亦能救、盗僧物者、我所不救、920a
五教（小乗教,大乗始教,大乗終教,頓教,円教）232b
五教儀解集（霊波撰）258a
五教章之機関　898a
五教断惑分斉鈔（霊波撰）258a
五教理　252b
五経（易経,書経,詩経,礼,春秋）842b
　〔☆曇徴〕、★高麗国貢来、渉外学善〈五経〉、又有伎芸、造碾磑工彩画、是時本朝未善絵事、842b
五行　82b
五苦　154b
五家　294b
五家七宗　631b
　★世尊拈華、★迦葉微笑、以至西天四七、東土二三、五灯録所載今姑置之、★大鑑下分於★青原★南岳、有★馬祖★石頭、称之江西湖南、★馬祖〔道一〕下、独盛転伝、臨済、曹洞、潙仰、雲門、法眼、之五派分、而復副於楊岐、黄竜之二流、総之〈五家七宗〉也、直截本根、契仏之内心、而的的承禀、教外伝之謂仏心宗矣、631a
五家禅灯　516a
五家弁（虎関師錬撰）611b
五夏　808b
五鈷　664b,668a,687b,700b,733b
五鈷杵　137a,691a,752b,858b
五講会（仁康）824b
五穀　541a,649b（観宿）,733a（行勝）,817b（賢永）,879a（明寂）
　断〈五穀〉塩醋、（明寂）879a
五彩系　882a,888b
五罪　666a
五山　408a,520b,533b,600a,632a
五山之位　408a
五山之上（南禅寺）479a,b,501b,568b
五山十利　328a,485b,517a,578b,584a,750a,834b
五山第一（天竜寺）552b
五師（法相家、玄覚、覚信、尋範、覚晴、信慶）193a
五字義　196b
五字呪　217b,653a,790a
五時口決集（皇覚撰）192b
五時講　203b
　〔覚弁〕、挙五部大乗経要文、輪次講説、結縁四衆、始於華厳終於涅槃、謂之〈五時講〉、203b
五時之説（台教）905b
五時八教　235b,749a
五獅子如意　143a（聖宝）,148b（延敞）

五色雲　849b,865b
五色苔　915b
　〔法空〕、綴〈五色苔〉、為衣服、915b
五色幡　828a
五社神（南禅寺門前）　551b
五車　257a,398b,454b
五車書　406a
五種三昧　169b
五種法師　882a
　〔境妙〕、読誦法華、満二万部、又修〈五種法師〉、十種供養之法、882a
五趣　867b　五道も見よ
五宗　77b
五宗経論　272a
五十三疑問（●俊芿）　764b
五重　231a
五重唯識　228a
五処七会語録　→仏国国師語録
五性各別　899a
五障　672a
五条（袈裟）　708a
五条（城州）　834a
五条若宮別当（実深僧正）　241b
五乗　67a
五濁悪世　807b
五濁塵壒世、見摩尼宝珠、526a
五心義私記（五心義略記、清範撰）168b
五辛（大蒜、茖葱、慈葱、蘭葱、興渠）917a
五相成身記（覚超撰）　173b,174a
五僧衣供　900b
五蔵〔臓〕　838b
　〔応照〕、以左右臂、献南北二方一切諸仏、以〈五蔵〔臓〕〉、献五智如来、以六腑与六道衆生、838b
五蔵三摩地観（●空海）　81a
五体投地　723a,868a
五大虚空蔵像　120a,257a

五大虚空蔵法　724b,728b
五大星　218a
五大尊像　242b（降伏蒙古）、694b（大仏工定朝）
五大堂（大雲寺観音院）　668b
★五台和尚　117a,b
★五台山（中国）　117a（●円仁）、288b（●無本覚心）、845b（●恵蕚）
五台山（土州）　388a（夢窓疎石）、509b（●絶海中津）
★〔五〕台山念仏法（●円仁）　118a
五壇　732b,743b,751a
五壇火燼、六印水澄、206a
五壇法　669a,679b,685a,696b,697a,b、701a,b,702a,704b,715b,731a,734b,737b,743b,744a,745a,751a
　〔尊道〕、奥州筑紫軍兵騒擾、修〈五壇法〉東西烽平、凡修〈五壇〔法〕〉、前後五度、皆得成就、751a
五壇数　707a
五智　867b
五智観　855b
五智如来（大日如来，阿閦如来，宝生如来，阿弥陀如来，不空成就・釈迦如来）　838b
五頭首（ごちょうしゅ）（首座、書記、蔵主，知客，浴主）　509b
五帝三皇　508a
五哲　507a
★五天　144b
★五天之境　67b
★五天竺（東，南，西，北，中天竺）　834b
　★賢天起塔、★帝釈造堂、〈★五天竺〉内、挙特勝者、伽藍十三万、経蔵二十一万、七宝仏像一百四十万、834b
五灯一覧図（雲章一慶撰）　581a
五灯会元（南宋・★大川普済撰）273a,451a

五灯会元鈔（叔英宗播撰）　564b
五灯録（景徳伝灯録，広灯録，続灯録，聯灯録，普灯録）　581a,631b
五道（五趣）（地獄，餓飢，畜生，人，天）　840b,861a,b,867b
五日十講供養（法華，仁王）　847a
五念門（礼拝門，讚歎門，作願門，観察門，廻向門）　881a
五波羅密〔蜜〕（布施，持戒，忍辱，精進，禅定）　834b
五派一滴図（日庵一東撰）　611b
　〔日庵一〕東、嘗依虎関和尚五家弁、作〈五派一滴図〉、611b
五（両手，両足，口）筆　82b
五百阿羅漢〔像〕　479a
五百応真　763a
　〔●俊芿〕登★天台山、度石橋礼〈五百応真〉、供茶於蒸餅峰、感碗中現華、763a
五百戸封　645b
五百声聞　305a
五百仙人（処胎経）　914a
五百僧斎　80b
五百羅漢　84b,305a,406b,623a
五方便（顕意撰）　243b
五〔法〕（●道昭）　87b
五瓶灌頂　117a
五篇（ごひん）（波羅夷，僧残，波逸提，提舎尼，突吉羅）　774a
五篇軌　788b
五篇七聚（七聚＝五篇と偸蘭遮、悪説）　248a,535b,759a
五部　114b,701a
五部灌頂（金剛界曼荼羅，仏，蓮華，金剛，宝，歇磨）　80a,195a
五部九巻（観経疏四巻，浄土法事讚二巻，観念法門，往生礼讚，般舟讚各一巻）　891a
五部九巻釈義（唐・★善導撰）　223a

五部大乗経（華厳経，大集経，大品般若経，法華経，涅槃経）　91b,417a,693b,781a,875b,921b,922a
五部大乗経印鍥　224b
五部大乗〔経〕書写　921b
五部大乗経要文（覚弁講説）　203b
五部秘奥　786a
五部密印　827b
五部夜叉　700b
五仏　818b
五仏頂法　77a
五仏頂法訣（●永忠撰）　845b
五仏宝冠　81a,83a
五分法身　686b
五方便　243b
五法（五〔法〕）（●道昭）　66a,87b
五品位　159b
五門禅要〔法〕（★仏陀蜜多撰，★曇摩蜜多訳）　218a
五夜叉　700b
五葉集（一糸文守撰）　629b
五欲（財，色，飲食，名誉，睡眠欲）　469a
五竜山（筑前）　330b,776b
五輪九字〔明〕秘〔密〕釈（覚鑁撰）　701b
五輪塔婆　781a
五老峰　554a
互相請益　197a
牛頭（ごず）　79a
★牛頭山法　76b
★牛頭天王之句　678a
★牛頭風　79a
★牛頭法　631b
　伝教初承行表、再投★脩然、受〈牛頭法〉、631b
★呉越（中国）　317a,323a,335b,765b
★呉興（中国）　383b,452b
★呉国（呉）　269b,314a,492b,842b

★呉国人　65a,66b,842b

★呉国僧（☆福亮）　228b

★呉松（中国）　442b

★呉中（中国）　429a

★呉天　437a

★呉門（中国）　399a,452b

吾宗（禅宗）無語句、亦無一法与人、427a

〔後柏原帝〕御筆阿弥陀経　834a

★後漢（★明帝）　848a

〔後小松〕太上皇照容　580b

後後末世、無戒者満州、802b

後七日御修法（顕厳）　730b

後拾遺往生伝（三善為康撰）　891b

後生　126a

景戒禀性不偶、下愚寡聞、坎井之議、久迷太方、能工之所彫、浅工加刀、只尽貪善之情、聊示濫竽之業、〈後生〉賢者幸勿嗤焉、126a

〔後醍醐〕帝像　389a

後伝法記（光定撰）　107b

後鳥羽上皇御願　729b

後堂　458b,505b,580a,583a

後房　98a

後夜　763b

悟解　304b,416a,447b,454a

〔悟渓和尚〕六会語（大興心宗禅師虎穴録,悟渓宗頓撰）　597a

悟証　279a（蔵叟朗誉）、442b（●古先印元）、571a（桃隠玄朔）

悟上三昧　506a

悟心　279b

悟道　330b,382b,432b,565a

峨山和尚、対月〈悟道〉因縁、565a

悟得　550a

悟入　565a（見侍者）、613b

〔景〕堂震威一喝、〔慶〕浚脱然〈悟入〉、613b

★悟本大師（洞山良价）再来人（●道元）

274b,276a

御願寺　159a（恵心院）,195b（神宮寺）,196a（根来円明寺）,706b（根来円明寺）,818a（興隆寺）

御願所（大雲寺観音院）　668b

御願場　197a（持明院）,790b（相州極楽寺）

御願蘭若（花園仙院）　607a

御斎会　128a,663b

御斎会講師（寛信）　199a

御前講師（●円珍）　138a

御膳米塩　896a

御霊会　646a

碁（増誉）　695b

語音　272b

●〔覚〕阿未通〈語音〉、軏執筆書而対、272b

語音未弁　290b

語言三昧　575b

語灯録　→黒谷上人語灯録

語未通疏筆来意　417b

〔●古源邵元〕登★天台、礼★無見〔先〕睹、以〈語未通、疏筆来意〉、417b

語黙動静　320b,544b,558b

〔大綱明宗示衆曰〕、決心法、則〈語黙動静〉、倶是成獅子吼、558b

語録（語）　281a,286b,287b,291b,293a,300b,303b,306a,311a,315a,321a,323a,b,328a,337a,b,345a,347b,354b,360b,363a,365b,367a,374a,379b,382b,385a,387b,390b,396a,397b,403a,409b,417b,427b,433a,440b,443b,446b,452a,454b,458b,459b,469b,472a,476b,480a,485b,487a,489a,494a,b,496a,499b,501a,b,506b,508a,511b,514b,515b,518a,520a,542a,549a,b,559a,560b,563a,b,576a,582b,584a,595b,597a,

312

599a,603b,606a,610b,631a
〔●古先印元〕、取〈語録〉外集、投于火中曰、吾祖不立文字単伝心印、留此糟粕何為、443b

語録外集　443b(●古先印元)、446b(夢巌祖応)、458b(天境霊致)

語録外文（惟肖得巌）　563b

語録不許　409b
〔月堂宗〕規、平日〈不許録其語〉、409b

語録文集　496a
〔徳叟周佐〕、臨順寂、命侍者、持平日所著〈語録文集〉、来於面前一炬丙之、496a

護戒　798b

護国土　105b

護国法　790b

護国品（金光明最勝王経）　776a

護国利人　96a,119b

護国霊験威身神　904a

護持国家　663b,818a

護持僧　194a,226a,233a,b,245a,413a,693b,694b,696b,702a,703a,b,705b,717a,719b,727a,728b,730b,731a,b,733b,734b,736a,b,737a,b,738b,739b,740,741a,b,742a,b,743a,744b,745a,746b,751a

護宗　280b

護宗尊僧　901a

護神　207b,910a

護壇　704b

護念　639a

護法　62a,830b

★護法之後身（覚英）　198a
〔覚英〕★慈恩之再世歟、抑亦〈★護法之後身〉歟、198a

護法神　225b,651b,660b,662b,682a,700a,733b,750a
天野〔神祠〕与丹生〔明神〕者、高野〈護法神〉、733b

護法善神　721b

護法菩薩　665b

護法明王　703b

護法明神　413a

護法利人　123a

護摩　171a,219b,648b,652b,662b,681b,688b,689a,694b,709b,733b,740a,837b,849b,886a
〔頼尋〕博綜密乗、事相無闕、持不動尊、常修〈護摩〉、至八千枚、見〔不動〕明王両脚、689a

護摩王　144b

護摩壇　309b,574b,697b,702a

護摩堂火（善通寺誕生院）　255a

護摩秘軌　195a,775a

護摩法　138a,647a,781a,811a

護命僧正伝（☆思託撰）　106a

口碑　876b

工巧　78b

工芸　391a

工匠　89b,847b,890a

工部　641b

工部侍郎（足利泰氏）　339b

工部員外郎（菅野文信息、寂禅）　685b

工部尚書（源具堯）　628b

工磨　281b

工糧　113b

上野　→上州

上野講師（勝道）　817a

上野太守　445a

公案　303a,310b,319b,320b,327a,330b,338b,343b,351b,352a,366b,367b,385a,391b,418b,474a,498a,528b,530b,537b,543b,554b,578b,589a,591b
有句無句如藤倚樹〈公案〉、343b,352a

☆〔仏〕源（大休正念）示以〔★恵忠〕国師三喚侍者〈公案〉、351a
公案現成　579a,614a
公役　856b
公家　190a
公卿　178a
公卿大夫　179a
公挙　290a
公帖　456a,559a
公府　265a,465b,624b,627a,630b
孔子伝　273b
★孔老　197a,219a
★孔老外教　640a
　吾〔仏〕法中修得之所成、而〈★孔老外教〉所絶而無也、640a
★孔老書　433b,751b
　〔天海〕、学法相三論于南都、足利学校聴〈★孔老書〉、751b
★孔老百氏之道　246b
　巧画妙計（●重源）　829b
　広演法華　882b
　広慈禅師行状（在庵大和尚行業，普籍一光編）　447b
　広衆之交　200a
　　〔重誉〕、研錬三論、兼通密蔵、厭〈広衆之交〉、入光明山、199b
★広州（中国）　72b
★広州刺史（中国）蕭氏　62a
　広疏　→四分律疏
　広沢　→広沢（ひろさわ）
　広長舌　609b
　広目天　379a,684b
　広隆寺主務（道昌）　128a
　広隆〔寺〕寺務（良恵）　736a
　広録　384a
　弘徽殿　652b
　〔弘宗定智禅師〕語録（蘭州良芳撰）　469b
　弘敷大小乗　830b

●弘法忌　186b
●弘法義章　260b
●弘法自筆十喩詩　687a
●弘法大師画像　689b
●弘法大師之影　235b
●弘法大師詩文（遍照発揮性霊集）　120b
●〔弘法〕大師真　193a
●弘法〔大師〕之忌日　694a
●弘法〔大師〕之五鈷　689b
●弘法大師之後身　678b
　為〈●弘法大師之後身〉者、教有性信・〔成〕典公等、禅有滅宗〔宗興〕・●寂室〔元光〕等、678b
●弘法大師之再身　463a（●寂室元光, 滅宗宗興），688a（性信）
●〔弘法大師〕再来（滅宗宗興）　462b
●弘法大師之徳　888b
●弘法大師手画等身影像　196a
●弘法大師所画不動明王像　811a
●弘法大師定身　427b
●弘法大師像　196a,452a,678b
●弘法大師塔　212a
●弘法大師飛行三鈷密軌　694a
●弘法大師廟　680a,888b
●弘法大師宝瓶　681b
　弘法利生　780b
　弘律　75a
　甲乙住持　432b
　　大将軍義詮源公、奏朝廷、乞大徳、徳禅両寺、逓代皆俾〔徹翁義〕亨之児孫〈甲乙住持〉、432b
　甲科　103b,105a,133a,174a,469b,910b
　甲賀郡（江州）　93b
　甲賀県人（江州）　499b
　甲第得度　127b
　甲州（甲斐）　263b,280b,387a,b、388a,417a,429b,434a,442b,444a,457b,459a,468b,471a,475a,483a,

486a,512a,514b,534a,613b,617b,752a,839b,864a
〔甲州〕塩山　476a
甲州人　263b,457b,483a,486a,534a,839b
甲州大守　182b（藤原頼経），615b（武田晴信，信玄）
甲陽人　490a
交代住持　238a,833b
光香異　195a
〔光勝〕画肖　823b
〔光〕定公従●弘法、日革名泰範、入十大弟子之員、（師蛮誤解）　107b
光明蔵　560a
光明幢　564b
光明法　202b
光明遍照之句　215b
光禄大夫　241b（源頼政），253a（武田信宗，証賢）
向上事　449a
向西　118b,173a,718b,726b,855b,884a
向西合掌　646b（成意），680a（心誉），808b（良永），870a（尋静），877a（蓮待）
向西合爪　147b（増利），673b（勧修），760b（明祐）
　〔勧修〕〈向西合爪〉、辞衆而寂　673b
向西化（願西）　886b
向西結跏（恒寂）　820b
向西胡跪（明請）　871a
向西而去　749a（長慶），872b（清仁），882b（仁慶），887a（浄尊）
向西而行（円慶）　874b
向西而化（逝）滅　200b（如幻），671b（性空），674a（勝算），873b（安修）
向西而寂（長慶）　749a
向西即寂（蓮生）　891a
　〔蓮生〕、俄日死期至、葬先師（源空）之側、言訖〈向西即寂〉、891a

向西唱仏端坐而化（性真）　687b
向西唱弥陀（相応）　648a
向西誦真言（明寂）　879a
向西遷謝（覚入）　874a
向西端坐　215b（弁長），224b（源空），240b（良忠），638b（蔵縁）
向西端坐念仏（玉翁）　834a
向西念仏而逝（高明）　874a
向西念弥陀（峰延）　648b
向西飛去　186b（観円・教忍仙人），865b（山背大兄王），870a（真覚）
向西方勧請諸仏（応照）　838b
向西遥礼（戒明）　100a
向上玄関　411b
向東而去（☆道瑢）　72a
向東合掌（聖徳太子）　862b
向東拝春日明神合掌坐脱（真範）　182b
后宮大夫（成経）　734a
好学　457b
好事之弊　564b
　〔檗山之徒〕、革題号、而為己作、〈好事之弊〉、甚以可笑、564b
好相　761a,b,772a,806a,810b
　受有二焉、通与別也、通〔受〕者千里無師、則発誠心、得〈好相〉、許自誓受、別者必択親授、師稟闕則不成戒、761b
江海　843a
江月（月江正文）　565b
★江之南北（中国）　501a
★江州（中国）　73a
★江西（中国）　274b,399a,631a
★江浙（中国）　291a,368a,436b
★〔江蘇省〕松江（中国）　352b
★〔江蘇省〕金山（中国）　354b
★〔江蘇省〕廬山（匡廬）（中国）　399a
★〔江蘇省呉県〕姑蘇（中国）　364b
★江南（中国）　275a,314a,452b
★江南江北（中国）　392a

江府（武州）　626b,627b,630b
★江陽県人（中国揚州）　72a
★江陵（中国）　918a
　考撃念仏　236b
　考盤　202a
　考妣　102b,114a,526a,592a
　考卜　836b
　考問　922a
　更衣（着替える）　82b,147a,281a,
　　336b,350b,367a,368a,416a,447a,
　　456b,479b,512a,518a,521b,541a,
　　594b,660a,711a,713b,889b　易衣、
　　新衣なども見よ
　更衣（出家、禅僧になる）　274b,
　　298a,339b,423a,427b,444b,463a,
　　468a,537a,543b,544a　易衣も見よ
　更衣趺坐（●大拙祖能）　456b
　孝　755b
　　〔☆法進〕語曰、無改於父之道、可謂
　　〈孝〉矣、☆〔法〕進公者、其〈孝〉
　　之純也乎、755b
　孝経　452a
　孝経新義　847a
　孝子　435a,820a,859a
　孝子不使爺銭　435a
　孝純　102a,151b
　孝順　815a
　孝順之心　152a
　孝養　93b,441a,853b
　効験　697b,703b,722a,728b
　幸心鈔（親快撰）　233b
★杭之中天竺（中国）　510a
★杭州（中国）　272b,311a,b,321a,
　　322a,396b,407b,430b,438b,463b,
　　845b
★杭州塩官（中国）　845b
★杭州人　340b
　杭扇印石　484a
★杭都（中国）　270b

咬嚼不破処　374a
後学　552a,920a
後身　196a,198a,678b
後版　370b,391b,414a,415b,428b,
　　429b,437b,452b,460a,474b,483a,
　　487a,493b,495b,500a,502a,512a,
　　528b,551b,559b
後仏之済度　783b
★後梁　272a
恒式　746b,851b,901a
枸杞（くこ）　617a
　〔宝山〕残夢、平生好飯〈枸杞〉、617a
洪雨　710b
洪鐘　339a,411a,828b
皇恩　242b,319b,378b
　〔良〕胤嫌受〈皇恩〉、或匿石山巌窟、
　　或遁高野山、242b
皇恩仏恩　319b,378b
皇居　288a
皇后　69a,96b,163a,168a,173b,174b,
　　198b,218b
皇孫出家、歴任僧官、以〔寛〕忠為始、
　　662b
皇太后　108a,144b,178b
皇太子　686b,692a,820b
皇太神宮（伊奘諾尊）　902a
皇太神者、本朝宗廟之大祖、902b
皇帝　753b
皇帝本命道場　118a
皇帝万歳　550a
皇道　568b
荒神供　867b
虹　86b
香（拈香）　198b,285a,296b,319b,
　　335b,339b,348a,356b,364b,386a,
　　407a,428b,456a,464b,466a,489b,
　　492a,493b,500a,512a,565a,570a,
　　571b,578b,584b,590b,592a,599a,
　　608a,615a,621a,800b,809b,875b,

316

881a　嗣香，焼香，弁香なども見よ
香衣　240a,827b
香煙（烟）　78b,544a,865b,914b
香火　324b,356b,596a,795a,842a,846a
香火之墳寺（濃州霊薬山正法寺）356b
香気　66a,74b,88b,97a,200b,266b,361b,425b,428b,642b,646b,651a,680b,777a,823a,827b,837b,864b,873a,874b,877a,878a,879b
香薫　265a,822b
香華（花）　80a,111b,210a,280a,464b,638b,722b,747b,785b,810b,825b,853a,864b,871b,874b,924a
香偈　801b
香語　443b
香合　440a,495a,528a,583a
香資　379b
香積　156b,360a,389a,426b,546b,562b
　〔松嶺道秀〕，乃沽売所持書籍、或闕〈香積〉、或施浴室、無事不弁、546a
香積厨　229b,776a
香燭　821a
香職　385b
香信　546b
香水　217b,687a,b,717b,885a
香象　329a,469a
香象王　304a
香象王袴　610b
香厨　816a
香灯　337a,385a,809b
香灯田　753b
香湯　605b,730a
香飯　372b
香風　280a
香幣　407b
香片　540b
　〔石屋真〕梁以〈香片〉、与尼智泉、〔智〕泉珍蔵者久、化成舎利、光彩曜目、540b
香炉　158a,173a,218a,354b,438b,448a,598a,650b,651a,661b,721b,772b,823a,838b,848b,856b,865b,871b,874b,882b
校官　383b
栲栳禅　406a
　〔関山恵玄〕国師、平素愛〈栲栳禅〉、嫌瑠璃禅、406a
浩然気　597b
貢船　894b
貢珍　603b
貢物　895a
貢來　61a,64a,842b　来朝，入貢なども見よ
航海　84a,85a,257b,385a,395b,397a,417a
降雨　913b
降臨　275b,884b
高庵〔芝丘〕之記　833a
高園集（●汝霖良佐撰）　521a
高科　136a,164b
〔高山慈〕照行状（●約庵徳久撰）　370a,448b
高山〔慈〕照禅師〔肖像〕　472a
〔高山慈照〕塔銘（夢窓疎石撰）　370a
高声唱（泰澄）　634b
高声念仏　267a（祐崇），883b（珍西）
　〔珍西〕、拝弥陀像、〈高声念仏〉、衆誦伽陀、〔珍〕西其和声、883b
☆高泉僧宝伝　→東国高僧伝
高僧　144a,208a
高僧伝（三僧伝＝梁・続・宋）　87a
〔高湛〕行状（岐陽方秀撰）　802a
〔高湛〕真肖（仲方円伊賛）　802a
高踏　252a,632a
　●無文〔元選〕師〔正〕友古梅〈高踏〉奥山、632a
高邁　527a

〔高〕弁師行状（明恵上人行状，喜海撰）　219b
〔高峰顕日〕行状　328a
高峰〔顕日〕（仏国国師）頂相（夢窓疎石画）　387b
高野　81b,287b,427b
高野往生伝（如寂撰）　203a,875a,891b
高野検校〔職〕　197a,b,198a,201b,202a,203a,214a,230a,232a,233a,264a,715b,722a,747a,827b
高野護法神（天野神祠、丹生明神）　733b
高野〔山〕座主（観賢）　147a
高野山座主　→金剛峰寺座主
〔高〕野山之再営（覚鑁）　195a
高野執行職（峰宿）　149a
高野寺務（斉高）　149a
高野大塔　709a（保元元年〈1156〉4月落慶），746b（元応2年〈1320〉3月落慶）
高野伝法院座主　730b（定豪），746b（禅助）
★高麗　64b,65a,465b,472b,844a,846a,851a,863a,864a,892b,894b
　〔●祖継大智〉、有維桑思、天子下詔、駕本国舶（中略）至洋中風濤鼓怒、飄泊〈★高麗〉、舟楫皆破、●〔大〕智作偈、呈王、（中略）王賜船返国、472b
★高麗国　64a,484a,842b
★高麗国王庁　286a
★高麗国使臣（☆金竜）　484a
☆高麗（国）人　64a,460b,842a,b,894b
高（亮）律師義記　73b
康福天下　298b
袷衣　77b
黄衣　880a
★黄河　319a

黄泉　532a
黄牒（勅旨）　204a,434a
黄門（中性者）　127a
黄門（中納言）　96b,135b,450a
黄門侍郎　176b,336b,391a,449a,612b,673a,679b,681a,693b,833b,891b
皓老布襌（東漸健易）　548b
膏雨　656a,688b
膏雨大澍　82a
綱位　148a,175b,183a,190a,213a,697b,819b
綱維　123a,130b,519a,587b,819a,b　維那も見よ
綱紀　340a,845a,b
綱所　127a
綱宗　438b
綱務　74a
綱要　146a,421b,786a
潢荘　791b
興建　888a
　〔明遑〕、為平日之課誦、務志〈興建〉、修補堂塔、晩年信阿弥陀仏不動尊、願臨亡之正念、888a
興国寺（鷲峰）舞馬之変（火災）（貞和元年〈1345〉）407a
興正之木叉　793b
〔興正菩薩〕七七忌　781a
〔興正菩薩略〕行状（凝然撰）　777b
興正律　793a
興禅記（●無象静照撰）　306a
興禅護国論（●栄西撰）　86b
興福寺義学生（●栄叡）　92a
興福寺寺務次第　98b,106b
興福寺主務　94b（慈訓），160a（安秀），189a（勝超），221a（実尊）
興福寺別当次第　106b
興福〔寺〕宝塔落慶（治安4年〈1024〉）171b
興福寺法務　160b（真喜），228b（慈

信）
興福寺務　177b（明懐），182a（真範），
　185a（隆禅），227b（公縁），694a
　（範俊）
興福寺維摩会　897a,900b　維摩会も見
　よ
興福寺維摩会講師　143a（聖宝），900a
　（奉基）　維摩会講師も見よ
興福〔寺〕衆徒横暴　703a
興法之洪基　864b
興法利生　828a
興律　769b,806a,807b
★衡山（中国）　461a
★衡州（中国）　80a
薨于配所（菅原道真）　911a
講位　111a
講幃　260a
講会　111a,128a,143a,145b,152b,
　191a,193a,213a,899a
講会師　228b
講筵　64b,106a,155a,163b,172a,183b,
　187b,190a,197a,200b,230b,254b,
　259a,788b,789a,805b,895b
講演　76a,103a,108b,183a,231a,583a,
　640b,756a,759a,769b,789a,790b,
　805a,806b
講学　109b,286b,756a,799b,848b
講義（講）　87b,132a,204a,268b,
　272b,584a
講教　231b,575b,786a
講経　77b,94a,181a,132a,152b,214a,
　246b,267a,394a,629b,684a,778b
講訓　236a
講座　112b,139a,177a,181a,899a,b,
　900b
講賛　801a,864b
講師　76a,89b,94a,95b,100b,103b,
　105b,108a,112b,125b,129a,133a,b,
　134a,140b,141a,143a,146b,148a,b,
　149a,150a,151b,155a,156a,b,157a,
　159a,160a,161a,162b,164a,165b,
　166b,171a,172a,177b,182b,183a,b,
　185a,b,187a,b,189a,190b,191a,b,
　201a,209b,228b,246a,265b,282b,
　283a,284a,338b,339a,402b,403a,
　406b,497b,659a,696b,730a,752a,
　817b,818a,843b,897a,898b,899a,b,
　900a,b,901a,923a　維摩会講師も見
　よ
〔清和帝〕重行宮会、又召南北学匠、
　勅延昌任〈講師〉、立為恒式、901a
講肆　72b,91b,221b,273a,276b,279b,
　298a,338a,392b,417a,468a,537a,
　551a,755b,765b,788b,795b,810b
講侍　131a
講式五章　195b（覚鑁），218a（高弁）
講主　104a,108b,138a,141b,145b,
　150a,157a,160b,165b,191b,430a,
　459b,897b,900a
講首　160a,172a,222a,228b,900a,901a
　応〈講首〉之選者、遷歴有序、前歴興
　福寺維摩会、後主薬師寺最勝会、過是
　以往、称三会已講、逐班次叙僧綱、
　901a
講衆　194a
講授　165a,169a,202b,755b
講習　133a,157b,164b,793b,838a
講習討論　183b
講疏鈔　759b
講場　343b,368b,408b,572a
講席　102b,133b,150a,151b,152a,
　157a,171a,174b,185a,187b,201a,
　209b,226b,239b,241a,245b,246b,
　282b,368a,602b,786a,803b,843b
講説　76a,90a,106b,203b,229b,266a,
　268b,325b,345b,441b,525b,567b,
　752a,795b,897a
講堂　68a,74b,91b,170b,184a,194a,

195b,266a,653a,668b,728b,729a,
747a,765b,768b,803b,858b,875b
〔覚鑁〕建伝法院於〔高〕野山、〈講
堂〉密室及密厳院、大極壮博、195b
講布　267b
講敷　65a,76a,236b,246b
講法華経　823b（中信）、883a（永尊）
〔中信〕昼〈講法華〔経〕〉夜修念仏、
823b
講輔　214a
講法　111a
講磨　789a
講律　759b,761a,797a,807b
講律以為永式　756a
講〔律〕疏鈔　759b
講論　103b,144b,155a,184a,198a,
649a,796b,882b,901a
〈講論〉僧綱在席、豎義弁復、若不契
仏理、則従質斥之、置制厳密、猶如士
登試射甲、901a
鴻基（平安城）　　835b
鴻儒　120b
鴻臚官　127a
鴻臚卿（★宣梵大師）　849b
鴻臚少卿（★宣秘大師）　849b
鴻臚丞（★李現欽）　68b
鴻臚僚　70a
鵠　303a
合志郡人（肥後）　461b
合志郡赤星郷（肥後）　461b
江湖　288a,301b,314b,316a,322b、
328a,333a,340b,348a,357b,370b、
396a,b,406a,414a,439a,457a,483b、
484a,501b,530b,538a,545a,578b
江湖集鈔（江西竜派撰）　569a
江州（近江）　75b,95b,96a,b,100b、
104a,106b,107b,115b,119a,122a、
126b,132a,134a,b,135b,138a,140a、
b,141a,b,143b,144b,151a,b,158b、

161a,162a,164a,165a,166b,167a,
168a,169a,170b,172a,b,173a,174a,
b,175b,176a,177b,178a,179a,b,
181a,b,182b,183a,b,184a,185a,b,
187b,188b,190a,b,191a,192a,194a,
204a,209a,210b,216a,222a,225b,
230b,231a,255a,256b,260a,263b,
272a,293a,341b,382b,414a,419b,
426a,b,427b,439a,440b,443a,452b,
454a,462b,466b,467a,474a,b,476a,
491b,495a,514b,516a,527a,528a,
529b,530a,b,531b,533b,536b,537a,
538b,539b,546b,554b,557b,562b,
572b,608b,610a,617b,627a,629a,
638b,646a,b,649b,650a,651a,652a,
653a,b,655b,656a,657b,658a,660b,
661b,662b,663a,666b,667a,b,669b,
672b,675a,676a,679b,680a,681a,
683b,684a,b,685a,b,686b,690a,b,
691a,693a,695a,696a,699a,700a,
702b,705b,707b,712b,719b,726a,
729a,735b,738a,742b,748a,b,749a,
750b,825a,b,826b,834a,836a,837b,
838a,839a,840a,845a,851b,852b,
853b,854a,855b,856a,857a,b,858a,
859a,864a,b,868a,870a,b,871a,
872a,873a,874b,875a,b,878b,879b,
882a,b,883b,884a,885a,b,900a,
906a,909a,910a,912a,914a,916a,
917a,b,919b
浅井郡　638b
浅井郡人　516a,646b
浅井県人　158b
粟津　713a
伊香郡人　657b
伊富峰　748b
飯高山　590b
小野荘　224a
柏原　260a

堅田　554b,586a
蒲生郡　685b
蒲生郡人　140b,612a
蒲生山中　875b
甲賀郡　93a
甲賀県人　499b
坂本　749b
坂本杉生　192b,840a
志賀　75b
志賀郡　182a
志賀郡人　557b
志賀県　162a
志賀人　92b
滋賀郡　910b
滋賀里人　112a
塩津　554b
島之郡荘　689a
勢多県　93a,909a
太和荘　222a
田上県　426a
高島　394a
高島郡三尾山　814b
竹生島　915a,916a
比良奥島　426b
比良山　134a,825a,909b
比良雷渓　426b
深谷　263b
磨針山　749a
守山県　557b
益須（やす）郡　895a
野洲人　112a,181b
野洲郡奥島　898a
山科県　126b
緑智郡　853b
江州人　263b,393a,533b,610a,649b,749a,853b,882a
江州講師（行表）　95b
江州刺史　439a（佐々木道誉），452b（大友貞宗）

江州水田二十町　700a
江州太守　384a（大友直庵貞宗），414a（大友直庵貞宗），419b（大友直庵貞宗），617b（佐々木義弼）
江談〔鈔〕（大江匡房談，藤原実兼筆録）　825a
江都督（大江匡房）　694a
迎撰　891b
昊宝得其（●空海）骨髄　257a
〔恒〕河沙　850b
降三世　669a,697b,732b
降三世明王　641a
降伏異国　741a
〔斎助〕詣伊勢太神宮〈降伏異国〉、741a
降伏夷賊　899a
降伏法　667a
降伏蒙古　234a,242b,738a,b,739b,776b　蒙古も見よ
〔道宝〕奉詔詣伊勢太神宮、〈降伏蒙古〉、738b
降魔杵　273a
降魔相　733a
郷船　309a
郷僧　287a（●源心），305b（●円海）
郷談俚語　332b
郷便　765a
業疏（四分律刪補随機羯磨疏，唐・★南山道宣撰）　74b,755a,813a
　★道宣遠祖★迦羅、顗律孤起、始著戒疏〈業疏〉行事鈔三大書、立一家之言、813a
〔業疏記〕顕縁〔鈔〕（照遠撰）　803b
業障　458a,888b
★籠山店（中国濃州）　382a
告戒　498b
刻像　441b
刻楷集（瑞渓周鳳撰）　584a
国医　275b,336b,390a,416a

国王　568a
国王大臣　274b,331b,604b,614b,618b
国恩　116b,845a
国家　81a,b,82b,91b,92a,b,118a,120a,127a,135a,284a,340a,415a,421b,454b,635a,641b,680b,737a,812b,817b,818a,825b,851b,886a,896a,898a,900b,906a
　〔道勝〕為〈国家〉修普賢延命法、737a
国記（扶桑略記，皇円撰）　840b
国均　484a,865b
国禁　629a
　〔一糸文守〕将入★明国而受明師之証、以〈国禁〉不遂志、629a
国語（周・★左丘明撰）　233a
国貢　842a
国子祭酒（和気弘世）　76a,77a,78b
国史　61a,64b,66b,69b,95a,97b,120a,121b,247a,376b,481a,818a,866a,894a,902b
　〔凝〕然多才宏記、華厳、天台、真言、三論、法相、倶舎、成実、律、浄土及〈国史〉、神書、音楽科条、莫不該綜、悉有疏鈔、247a
国史記　97a,844b,901a
国司　671a,699b,847b
国師　68a,69a,b,77a,80b,231a,236a,247a,251b,252a,b,255b,264b,270a,b,286b,289a,b,294b,298a,b,303b,304a,305a,308b,309a,310a,b,311b,312a,318a,321a,324b,325a,b,326a,b,328a,b,329a,b,333b,337a,b,338b,339a,b,341a,b,343a,b,345b,347b,348b,349a,350a,b,351a,b,355a,356a,b,357a,358a,359b,360a,b,363b,366a,368a,b,370a,b,377a,b,378b,386a,391a,b,392b,396b,397b,400a,b,402a,b,403a,404a,405a,b,406a,b,407a,b,409a,b,412b,415a,418a,419b,421a,b,425b,426a,431b,433a,b,434a,437b,439a,b,440a,b,441a,b,442b,444b,449a,b,451a,455a,457a,459a,b,462a,463a,465b,466b,467a,468a,471a,472a,473b,474b,475b,477a,478a,480a,483a,484b,485b,486a,b,489b,492b,493a,494a,495a,496a,498a,501a,502b,504b,508a,509b,510b,511b,513a,b,514b,516a,517a,518a,520a,b,521a,522b,523a,524a,526b,527a,534a,540a,b,544b,545a,553b,555a,b,564a,b,566a,575b,577a,578b,581b,583b,584b,588b,595a,596b,598a,606b,607a,612b,613a,b,614b,615a,616b,617b,618a,619b,621a,b,622a,624b,626a,627b,629b,631a,747b,749b,750a,753b,766a,767b,770a,777a,779a,783a,b,785a,786a,803a,832a,845b,850a,902b
国師号　332b,376a,389a,433a,483b
　〔沢庵宗彭〕将賜〈国師之号〉、〔宗〕彭辞曰古来蒙徽号者、皆名徳之宗師也、某甲何敢当焉、徹翁禅師大灯国師上足、吾門宗祖也、（中略）伏願重賜追諡、（中略）〔後水尾〕上皇善其言、加〔義〕亨日天応大現国師、433a
　〔春屋妙葩〕賜〈国師号〉、〔妙〕葩奏曰、先師夢窓道契三朝、特賜徽号、然而☆仏光仏国二祖、未蒙此号、願諡二師、恩莫大焉、483b
国師七朝　632a
　夢窓〔疎石〕〈国師七朝〉、春屋〔妙葩〕僧録五岳、632a
国主　81b,388a
国主匠作少尹（島津久豊）　561b
国守　542a,614b
★国清寺座主　108a

322

国清〔寺〕中興之祖（松嶺道秀）
546b
国祚　833b
国祚有虞　904b
国僧（日本僧）在元者（●石室善玖，●無夢一清，●此在妙在，●無涯仁浩，●一峰通玄，●古鏡明千，●古源邵元）、429b
国泰民安　378b
国内講経之権輿　537b
国府（越後）　182a
国風　272b
★〔仏〕海〔恵遠禅師〕復問我〈国風〉、●〔覚〕阿復書曰、国主無姓氏号全輪王、272b
国分寺講師（平明）　880a
国分寺（六十余州）西大寺子院　780a
国宝　173a,263a,337a,b
国民　609a
黒衣　208a,538b,639b,797b
沙門者在勤道而息諸縁、故翻以勤息、剃髪〈黒衣〉、是其表相也、639b
黒金水瓶　848b
黒業　882a
黒子　678b
黒漆崑崙夜裏奔（徹通義介・瑩山紹瑾問答語）　342a
黒漆竹篦　388a,435a
黒豆　568a,571b
黒如漆因縁（大徹宗令示衆）　533b
黒白（緇素）　91a
黒白布薩　500a
酷虐　713a
極無自性心（十住心論第九、華厳宗）81a
極楽（楽国）　91a,99a,189b,222a,267a,642b,653a,656b,837a,838a,852b,855b,870a,b,871b,873b,875b,876b,881a,b,884b,885b,887a,890a,

921b,923a　安養，楽邦も見よ
或人問曰、〈極楽〉兜率、願在何利、〔蓮〕待曰、先達作業不相応、況於愚夫乎、法界皆如也、何地為望、但為冥路之資糧、常誦法華経一万部、876b
〔尊意〕曰、我年来願生〈極楽〉、今革欲生兜率、653a
極楽界　90a
極楽国土　881b
〔鎌倉極楽寺〕回録（建治元年〈1275〉）790b
極楽上品蓮　157b
極楽浄土之相　871b
極楽相　189b（永観），208a（源空）
極楽中品　859b
〔増延〕、告諸弟曰、我滅後勿修仏事、〈極楽中品〉、不可成疑、859b
極楽兜率願、在何利、　876b
極楽東門　921b
極楽房　90b
極楽来迎之儀装（鳥樟上人円観）　837a
獄囚　534b
獄所　154a,922a
獄卒　154a,623a
獄吏　838b,839a
甑島（薩州）　456a
乞丐（丐者）　156b,182a,242a,360b,372b,790a,791a
〔忍性〕遇寒素者、脱与衣服、頒付銭資、盲者授杖、見〈乞丐〉施布袋、逢棄孺子、出銭乳養、791a
乞戒　127b
乞匃　791b
乞匃屋　791b
乞讃　297b
〔東巌恵〕安、写〔●悟空敬念〕肖像、〈乞讃〉、297b
乞食　661a,821b
乞食袋　107a

乞者　198b,372b
忽然有省〈天真自性〉　543a
忽然了悟〈●祖継大智〉　472b
骨髄　257a,404b〈関山慧玄〉,829a
　　〈文覚〉
　　南山宥快頼瑜、得●空海之皮肉、東寺
　　杲宝、得其〈骨髄〉、257a
★葱嶺　63a
兀坐　329a
☆〔兀庵普寧和尚〕四会語録（兀庵寧和尚
　　語録、☆兀庵普寧撰）　291b
☆〔兀庵普寧〕肖像　297b
☆〔兀庵普寧〕頂相　297b
　近衛将　135a
　駒岳（摂州）　892a
　米堕村（播州）　913a
　吐米（こめはき）愛染　715b
　今時此方庸流、奔波入★宋、是偏遣国之
　　恥、374a
　坤之六者純陰　773b
　坤卦有奇　773b
　金光　874b
　金光明会　77b
　金光明経玄義（隋・★智顗撰）　167b
　金光明経文句（●円珍撰）　139b
　金光明〔最勝王〕経（唐・★義浄訳）
　　101b,104b,105a,110b,112a,119a,
　　123b,124a,127a,129a,138a,141a,
　　154a,179b,269b,318b,646a,663b,
　　776a,817b,818a,900b
　金光明最勝王経護国品（四天王〔護国〕
　　品）　684b,776a（亀山法王宸筆）
　〔金光明〕最勝王経講会　141a,897a
　金光明長講　108a
　金剛印　163b
　金剛王　618b
　　〔月航玄津上堂曰〕、★臨済喚作〈金剛
　　王〉、則豎静三辺、★徳山呼為木居士、
　　則横絶八夷、618b

金剛〔王院〕流　241b
金剛界　131a,136b
金剛界印契真言　871b
金剛界口決（●空海撰）　83a
金剛界三摩地法　131b
金剛界次第（●空海撰）　83a
金剛界私記（●空海撰）　83a
金剛界大日像　199b
金剛界大法　117a
金剛界大曼荼羅　80a,117a,132b,137a
金剛覚大王　666a
金剛灌頂　131a
金剛〔経〕疏鈔（●円爾弁円撰）　283a
金剛圏　313a
金剛薩埵　80b,115a,652a,671a,672b
金剛三昧院別当職　〈願性，葛山景倫〉
　　287b
金剛之妙恵　111a
金剛私記（●空海撰）　83a
金剛杵　136b,667a,789b,853a
　★〔般若〕怛羅、付梵夾与〈金剛杵〉、
　　以為法信、136b
金剛杵儀軌　131a
金剛定　83a
金剛乗　195a,214a,238a,287b,289b,
　　703a
　真正禅者若修密法、其応影響、今学
　　〈金剛乗〉者不知其本、而却以謗禅、
　　289b
金剛神　93a,907a
金剛蔵　259b
金剛蔵王　93a
金剛智霊塔　137b
金剛頂経（金剛頂一切如来真実摂大乗現
　　証大教王経，唐・★不空訳）　123b,
　　144b
金剛頂等諸密経　80b
金剛頂経開題鈔（杲宝撰）　257a

324

金剛頂経業　82b
金剛頂経疏（●円仁撰）　118b
金剛頂経略釈（●空海撰）　83a
金剛伝法之二座主職（真誉）　197a
金剛幢　261b
金剛童子　903b
金剛般若波羅蜜経（金剛経，金剛般若経，後秦・★羅什訳）　77a,340b,394a,412b,430b,433b,493b,517b,525a,527a,533a,601a,613a,659b,723b,818b,840b,870b,882b,919a
〔尋静〕昼読〈金剛般若〔経〕〉、夜念弥陀仏、凡百善根、用期安養、870b
金剛〔般若経〕疏抄（★柏庭善月撰）　283a
金剛峰寺検校（道法）　725a
金剛峰寺座主（高野山座主）　145a,b,147a,149a,156b,197a,654a,661a,664b,822a
金剛峰寺座主此職以〔寿〕長為始、145a
金剛峰　260b,538a
金剛峰之再興者、〔祈〕親之力、　821a
金剛摩尼法　912b
金剛夜叉　743b
金剛夜叉法　696b
金剛力士　384b,446a,665b,810a,911a
金剛輪　151a
金剛鈴（★法全）　137a
金鑽人（武州）　260a
〔金師子章〕光顕鈔（高弁撰）　219a
金色　874b,881a
金色雲　158a
金色四天王像　143a
金色舎利（英訓）　238b
金色身　857a
金色人　136b
金色千手観音像　143a
金色僧　862b

金色尊像　881b
金色大悲之相　642a
金色如来　905a
金色波羅夷華（金波羅華）　353a
金色仏（八丈）　702a
金色仏〔像〕　202b,702a
〔宗賢〕常修浄業、安置〈金色仏像〉丈六五軀、三尺十軀、法華経二十部、紺紙金泥理趣経一巻、202b
金色薬師　671a
金鐘道場　69a,95a
金鷲菩薩　93b
金粟如来　→★維摩居士
金胎印明（性空，皇慶）　671a
金胎大法　711b
金胎秘蔵　132a
金胎秘法　728a
金胎曼荼羅鈔　245a（信日撰），267b（印融撰）
金胎両界法　244a
金胎両部　123a,202a,701a
金堂　296a（弥勒寺），689a（三井寺），719a（興福寺），887b（高野山）
金堂職（高野山，定仁）　888a
金銅宮殿　655b
金銅支提（★阿育王塔様，☆鑑真上表進呈）　73b
金毘羅神　906a
金錍論註（●最澄撰）　78b
金蓮華　169b
矜伽〔羯〕羅童子　648b,656a,733b
根縁　68a
根気　80b
根境識（存海，真要十一条七）　259a
根本呪　637b
根本中堂（叡山）　209b
根嶺事　226a
根嶺之秘奥　268b
★崑山（中国崑崙山）　421a

★崑崙　577b
混坐　627a
紺紙金字　191a,848b（法華経）
紺紙金泥理趣経　202b
紺青　776b
紺野人（紀州）　203a,232a
紺馬　130b
紺琉璃観世音像　153b
袞竜紫帽　464b
羯磨　78a,127a,146a,247b,254a,255b,
　　758b,761b,772a,b,775b,787b,788b,
　　796a,813b,825b
　　上臘之僧、随下臘者、稟学仏教、已依
　　有受授之分、上臘之僧須居下位、若然
　　可違〈羯磨〉否、146a
羯磨受法　813a
　　★曇摩迦羅至★維陽出四分戒本、授
　　〈羯磨受法〉、★中華戒律始也、813a
羯磨疏（四分律刪補随機羯磨疏、業疏）
　　（唐・★道宣撰）　74b,755a,795b、
　　813a
羯磨法　774b,835b
言句　443b,498b
　〔通幻寂霊〕垂誡曰（中略）若貪著文
　　字〈言句〉名聞利養、非吾徒、498b
言語　295b,406b,836a
　　〔◉神子栄尊〕入★宋、見★径山★無
　　準和尚、時年四十余、以〈言語〉不通
　　無所契、◉聖一復在侍者寮、就研究、
　　多所発明、295b
言語文章　549a
言説相　85b（起信論）、747b（◉無本
　　覚心）
言泉（良源）　152b
言詮　542b
欣求浄域（助慶）　874a
欣求浄土（湛空）　230a
欣修浄土（隆尭）　263b
勤策　→沙弥

聞法縁故、今得比丘形、不記終巻、不
　聞之故、自今〈勤策〉、必生兜率、
　854b
勤修　253a
勤息　150b,639b
　沙門者在勤道而息諸縁、故翻以〈勤
　息〉、剃髪黒衣、是其表相也、639b
勤息行　692a
勤息法　189a
権化　907b、917b
権実　219a
権少僧都　148b,150a,156b,161b,165b、
　175a,194a,198a,200b,221b,227b、
　234a,235b,655b,657b,661a,675b、
　676b,677b,678a,681a,688a,690a、
　691b,693b,696b,698a,704b,709a、
　714b,717a,728a,b,730b,731a,734a、
　b,736a,b,738a,739b,742a,745a、
　746a,818a
　加任東寺二長者、為〈権少僧都〉、此
　職以〔真〕紹為始、818a
権僧正　135a,160b,184a,185a,189a、
　192b,204b,206a,228a,234a,661a、
　663a,667b,668b,674b,675a,676b、
　678b,680a,684b,686b,688a,b,693b、
　694b,695a,696b,698a,700a,702a、
　703a,705b,707a,709a,715a,716b、
　717a,719a,726a,727b,728b,729a,b、
　730b,731b,732b,734a,b,735a,736a、
　b,738a,b,739b,740b,741a,b,742a,b、
　743a,b,744a,745a,746a,751a,819a
権僧都　176b,180b,234a,663a,666b、
　703a,712b,727a,734b
権大僧正　714b,731a
権大僧都　120a,156b,160b,176a,194b、
　199a,204b,205b,228b,232b,265b、
　654b,655b,669a,675b,686a,688b、
　691b,693b,694b,696b,702a,703a、
　709b,712b,716a,719a,b,720b,726b、

326

728b,731b,732b,733b,735a,737a,b,
738a,b,739b,740b,741b,743a,b,
744b,746a
権大納言　695a（藤原経輔），746a（藤
　原実藤）
権中納言　158a（藤原敦忠），744b（藤
　原公泰），870a（藤原敦忠）
権法眼（琛海）　323b
権法務（東寺，定親）　735a
権律師　121b,128a,133b,150a,155b,
　157b,175a,183a,185b,190b,193a,
　199a,200b,235b,249a,655b,669a,
　710a,712a,715a,717a,b,728a,
　b,734a,736b,899b,900a

　　　　　ーさー
左衛門権（佐藤信盛）　728b
左衛門督（藤原重扶）　171b
左街功徳使　115a
左街功徳使儀・同三司（唐・★仇士良）
　117a
左記（守覚撰）　206a
左脚骨　837b
　〔信敬〕斬〈左脚骨〉、刻釈迦像、
　837b
左金吾　348a（波多野貞通），465b（山
　名時氏），493a,565b（長尾俊叟居士），
　580b（源徳本），589b（長尾俊叟）
左金吾校尉　373b
左少将（藤原政兼）　185a
左少弁　208a（藤原貞憲），716b（藤原
　能忠）
左相国（源俊房）　190b
左証　555a
左丞相　174a（藤原仲平），207b（大炊
　御門藤原経宗，花山院藤原兼雅），
　208a（徳川綱吉），230a（藤原実能），
　478b（足利義満），479a,b（足利義
　満），484b（足利義満），530b（足利

義持），580a（藤原経嗣），664a（藤原
　師尹）
左遷　280b（☆蘭渓道隆），911a（菅原
　道真）
左大将（藤原実有）　743a
左大将軍（足利直義）　421b
左大臣　413a（平重盛），684a（源雅信），
　731a（藤原実房）
左大夫（桑原安岑）　650a
左大弁（紀古佐美）　835b
左中丞（藤原兼顕）　588b
左中将　214b（藤原行通），875a（藤原
　教行）
左典厩　177a（藤原顕長，行真），230b
　（藤原資能），490a（源基氏），713a
　（源義仲），715a（藤原顕定），732b
　（藤原基輔）
左伝（春秋左氏伝，★孔子撰）　79b,
　274a
左兵衛尉（源義信）　717a
左武衛将軍（足利直義）　369a,376a,
　381b,384b,389b,419a,442b
左僕射（尚書省次官，宰相）　192b,
　223b,628b,648a,673a,675b,687a,
　697b,702b,707a,738a,765b,804a,
　824b,913a
生飯（さば）　653a,687b,717b,724a
　〔尊〕意常分飯与鳥、以木叩板、集
　〈生飯〉台　653a
佐嘉郡（肥前）　478a
佐嘉郡人（肥前）　403b
佐州刺史（源忠季）　192a
佐介谷（相州鎌倉）　240a
佐土原（さどわら，日州）　624a
作仏　453a,528a,612a
作務　375b,391b,543a,590a
作礼　324a
些子禅　301b
砂金　122a,159a,655b

327

茶果斎　801b
茶菓　850a
茶湯　84a,305a
嵯峨（城州）　243a,348b,374a,441b,
　812a,847b
嵯峨県人（城州）　566b
嵯峨釈迦堂、落慶供養、〔道〕尊為導師
　（貞応元年〈1222〉2月）　727b
嵯峨朝　338b
嵯峨離宮　288a
鎖門却掃　445b
相模守（足利直義）　388b
坐位序例　869a
　若夫心出家、在家出家〈坐位序例〉者
　〔元亨〕釈書論之、今日欠如焉　869a
坐椅子（坐椅）　478a,479b,556b,
　627b,791b
坐椅遷化（☆明関哲〈朝鮮人〉）　627b
坐臥念仏（源空）　891b
坐観　685b,726b
坐具　74b,85a,292b,339b,370b,533b,
　543a,619b
坐化　198b,202a,249a,328a,329a,
　334a,408b,413b,416a,448b,464a,
　501b,539b,581a,623a,709b,711b,
　733b,788a,819b,872b,876a,889b
　〔壱演〕乗小舟浮水、奄然〈坐化〉、
　819b
坐寂　263a,779a,875b,883b
坐睡　274b,532b,808b
坐逝　402b,431a,492a,536b,856b,889a
坐（座）蛻　148a,151b,296a,307b,
　494b,521b,541a,576a,589b
坐席　806b
坐禅　66a,81b,274b,306b,309b,426a,
　431b,437a,672a,760b,828b,873a
　●〔道〕昭毎〈坐禅〉、或三日一起、
　或七日一飡、又夜分牙歯放光誦経、
　66a

坐禅次第（高弁撰）　218a
坐禅事儀（●俊芿撰）　766a
坐禅者為脱落身心（★天童如浄）
　274b
坐禅念仏　760b,828b
坐禅用心記（瑩山紹瑾撰）　342b
坐禅用心鈔（経海撰）　231b
坐禅礼仏日課（●絶海中津）　509b
坐脱　182a,b,295a,340a,383b,512b,
　513b,515b,533a,581b,646b　坐寂、
　坐逝、坐蛻、坐亡なども見よ
　先覚之謝世、〈坐脱〉立亡拠歩趺倒、
　各呈臨終之遊戯三昧也、然而未有若●
　広恵大師（大朴玄素）陞座説法担杖
　（拄杖）而化者、可謂列聖堆中光前絶
　後也、383b
坐断　343a,399a,406a,b,421b,586b,
　596b
　〔一休宗純示衆曰〕、正知正見者、日用
　〈坐断〉涅槃堂裡、全身堕在火坑底、
　586b
坐談　583b
坐褥　66a,b
坐亡　889a
坐亡亭頌　450b
座臥　432b
座元　510a
座主　76b,80b,104b,108a,118a,119a,
　122a,b,130a,131a,135b,136a,138a,
　140b,141a,143a,b,144b,145a,b,
　147a,148a,b,149a,b,151b,155b,
　156b,157b,159a,162a,165a,167a,
　174b,176a,178a,b,179a,182a,184a,
　192a,194b,204b,211a,212a,213b,
　223a,230a,231b,233a,234a,241a,
　245a,246b,253b,273a,274a,284a,
　644b,650b,651b,652b,653a,b,654a,
　655b,656a,b,657b,664b,666b,667a,
　b,668b,669b,673b,675b,676b,684a,

b、685b、686a、691a、b、695b、697b、700a、703a、705b、706b、707a、708a、712b、713a、719b、727a、729a、b、730a、b、731a、732b、735a、b、737b、738a、742b、743b、745a、746b、751a、789a、855b、872a、900b、924a

座主位　176b、233b、673a
　◉慈覚◉智証之両門徒争〈座主位〉、〔延〕殷賑騒擾、遷醍醐山、176b

座主職　178a、197a、225b、233b、822a
　〈座主之職〉、古来任重、故選智行全備之人而補焉、不必局於◉慈覚門生、◉智証之門亦多有、178a
　山衆侵〔覚〕鐐公之定者、嗛其〈座主職〉也、継及〔真〕誉公而終訟成、復之東寺、後永不相和也、天元長暦之間、◉慈覚◉智証両徒相軋、顕密雖異、其争惟同、豈翅顕密而已、197a

座主上人　557b
座首　235a、701a
胜説（瑞渓周鳳撰）　583b
胜説補遺（瑞渓周鳳撰）　583b
蔵王権現　907b
蔵王神　852a
蔵王菩薩　665b、853a、876a、908a、911a
才華　511b
才雅　186a、599a
才学　174b
才解　716a、849a
才章　416a
才藻　164b、494b、547b
才多而行少（慈恒）　896b
才美　632a
　◉中巌〔円月〕独続★大恵〔宗杲〕焰、挟〈才美〉輝妙喜世界、632a
才弁　139a（済詮）、201a（聖慶）
才力（真済）　120b
再生　419b（◉無隠元晦）、583b（★坡翁、蘇東坡）、770b（◉円悟浄因）

〔◉無隠元晦〕◉千光国師（栄西）〈再生〉、419b
再生之説　869a
再身　97b（善珠）、463a（寂室元光、滅宗宗興）、688a（性信）、864b（聖徳太子）
　〔善珠〕以相宗中興之才、称★慈恩之〈再身〉、97b
再世　198a（覚英）、413b（乾峰士曇、霊岳法穆）、415b（無徳至孝）
　和尚（無徳至孝）〈再世〉☆義空、415a
再甦生　354b
　唐朝★洞山〔良〕价和尚入定後、因弟子悲〈再甦生〉、起設愚痴斎、354b
再入★元国（◉崇山居中）　381a、382a
再入★宋　84a（◉栄西）、338a（◉見山嵩喜）、766b（◉浄業）
再入★唐（◉好仁）　132b
再遊于★宋域（◉湛海）　768b
再遊★元国（◉嵩山居中）　381a
再遊★唐土（◉恵夢）　846a
再来　261a（宥快）、283a（◉円爾弁円）、399a（◉竜山徳見）、462b（滅宗宗興）、465b（南海宝洲）
　〔宥快〕★一行禅師之〈再来〉、261a
再来之称（☆蘭渓道隆）　281b
再来此国　322b
再来人　274b（◉道元）、276a（◉道元）、398b（◉竜山徳見）、404a（関山恵玄）、425b（孤山至遠）
★西域　63a、75a、84a
西域記（大唐西域記、唐・★玄奘撰）　73b
西海　813a
西海之外　114b
西海道　813a
西帰　297b
★西瞿耶尼　500b

★西乾(印度)　500b
西国　632a
★西竺　132b
★西竺法　133b
★西浙(中国)　442b
★西川(中国)　378a
西大寺流　781a
西大七世長老(信照)　801b
★西天　63a,95b,140b,169b,295a,362b,369b,380a,392a,412b,413b,414b,426a,429b,441b,453b,488a,495b,543b,612b,631a,850a
　時人曰、以東地之唇舌、通〈西天〉之音韻、〔安〕然公才宏淵哉、140b
　★世尊拈華、★迦葉微笑、以至〈西天〉四七(二十八祖)、★東土二三(六祖)、五灯録所載、631a
★西天二十八祖　312a
★西天鼻祖(★摩訶迦葉尊者)　390a
★西天法　66a
西天梵語看(●嵩山居中撰)　381b
西府　291a,295a
西方　684b,870b,872a,873a,b,877b,878a,b,882a,b,883b,885a,887a,889a
　〔密厳〕不交広衆、退謙草庵、繋念〈西方〉、観心専修、及老不弛、結弥陀定印、嗒然坐亡、889a
西方往生人　201b
西方佳期　163b
西方券　267a
　源信僧都在西教寺、持〈西方券〉、過年半千、〔真〕盛公則之、267a
西方業　265a,860b
西方之勧発　169b
西方集(重誉撰)　200a
西方浄利　684b
西方浄土　787a
　元興寺智光、禅林寺永観、俱生安養、〈西方浄土〉切須欣求、静坐念仏、787a
西方念仏集(昌海撰)　141b
西方仏　267a
西方浄霊瑞　839b
西芳山　390a
西邦　78a
西望命終　858b
西明寺、取規於★天竺祇園精舎、祇園摹兜率内院、90a
西要鈔(証賢編)　253a
災異　844b
災害　910a
災難　907b,911a
災癘　910a
采邑(豊後)　621a
宰相　225a,(平教盛)　618b,733b
　(藤原俊経)、875a,(藤原教行)
彩衣　276a
彩雲　214a
彩画　842b
彩具　918a
彩服　831a
採訪使　758a
済世術　403a
済世薬方(天鷹祖祐)　544a
済度　178b,877a
済度一切衆生　682b
済度人畜　893a
済洞　454b
済洞之宗　561b
済洞諸老　421a
済洞禅徒　567b
　〔日峰宗舜〕槌払之暇、講説経論、〈済洞禅徒〉、絡繹填門、567b
済此集(文集二十巻, 虎関師錬撰)　376b
祭祀　843a
祭酒　117b,181a,778a
祭典　448b

祭典之義　443a
　〔●古先印元〕召門弟曰、吾明日逝矣、
　爾等即龕瘞之、母狗世俗行〈祭典之
　儀〉、　443a
祭奠　448a
　〔●此山妙在日〕行荼毘儀、不可諸山
　入牌并設〈祭奠〉、　448a
祭文　427a,515a
祭文儀軌（荒神供）　867b
菜園　775b
菜果　257b,444a
菜汁　651b
菜蔬茶果　723b
斎　80b,134b,143a,155a,344b,441b,
　683b,729b,839a
　〔聖〕宝神遊無方、朝出醍醐、詣吉野
　蔵王堂、至東大寺、却回醍醐、值午時
　〈斎〉、　143a
斎会　106b,201a
斎会重講　738a
斎戒　651b
斎供　258a,364a
斎供千僧　131a
斎時　129a
斎食泉清（西念）　888b
斎修　168a
斎粥　389a
斎厨　88b,107a
斎田　663b
斎堂　809a（京兆, 雲竜院）, 811a（岩
　松院）
斎鉢　106a,189b,527a,827b
斎不過中　102b
斎糧　234b,839a
　〔玄常〕以楮為衣、不設臥具、不儲
　〈斎糧〉、喫一栗一柚、以過一冬、天性
　貴法、見人必拝、見鳥獣屈膝、是故得
　通能知他心、（中略）常不軽菩薩之跡、
　839a

崎玉郡人（武州）　107b
最初阿闍梨　185a,b,187b　初阿闍梨も
　見よ
最初精藍（大和, 石川寺）　842b
最勝院検校（道法）　724b
最勝会　89b,110a,112b,125b,148b,
　175b,182b,183a,189a,190b,201a,
　684b,777a,794a,897a,898a,b,899a,
　b,900b,901a
　聖武皇帝、始啓〈最勝会〉於大極殿、
　901a
　〔仲〕継請修〈最勝会〉於薬師寺、以
　為永式、　110a
最勝会宮講　208b
最勝会講　185b,190b
最勝会講座　112b（長訓）, 199a（寛
　信）
最勝会講師　89b,112b,128b,140b,
　165b,185b,187b,190b,191b,192a,
　227a,684b,897a,b,898a,b,899a,b,
　900a,b
最勝会講主　141b（済棟）, 145b（智
　鎧）
最勝会講首　191a（覚俊）, 898a,b,
　（平恩・長源）, 899a（安春）, 900a
　（奉基）
最勝会講之証義（良意）　185a
最勝会講導（宗範）　183b
最勝会座首（光意）　102b
最勝会証義　199a（寛信）, 204b（顕
　真）
最勝会証義者　191a（証観）, 192a（忠
　尋）, 695b（増誉）, 706a（行玄）
最勝会蒙召任講首（平恩）　898a
最勝王　663b
　此経〈最勝王経〉一切経中最為第一、
　故題云〈最勝王〉、　663b
最勝王経　→金光明最勝王経
　四天王寺安居講、唯法華仁王両経、●

〔円〕珍奏加〈最勝王経〉、138a
最勝王経羽足（平備撰）109a
最勝王経会　134a（法勢）, 143b（長意）, 899a（隆汝, 安春）
最勝王経音義（行信撰）91b
最勝王経講会　141a, 897a
最勝王経雑疏（◉円珍撰）139a
最勝王経鈔（常楼撰）103a
最勝王経註（明一撰）97b
最勝王経遊心訣（善珠撰）97a
最勝王経略釈（◉空海撰）83a
〔最勝〕吉祥斎会（大極殿）136b
最勝光院検校（守覚）205b
最勝講　133a
最勝講会　141a, 145b, 197b, 222a, 899b, 900a
最勝講義者（隆明）693b
最勝講席（頼厳）185a
最勝道場　684b
最上乗之宗　360b
最乗派下宗匠　543b
◉最澄◉円仁大師号　647b
◉最澄親承秘密理絶名言　76a
歳月談空　701b
歳首上堂　619b
歳旦　327b, 355b
歳旦上堂　327b, 355b, 619b
綵扇　273a
綵帛　69a
綵幡　879b
綵縷　764b
〔在庵普在〕自照賛　447a, b
〔在庵普〕在肖容　447a
〔在庵大和尚行業〕（仏恵広慈禅師行状, ◉日巌一光編）447b
在家　869a
在★元　363b, 377a, 380b, 383a, 393b, 408a, 418a, 429b, 430b, 490a, 492a, 502b, 503b, 794a　留★元も見よ

是時国僧〈在★元〉者、若◉石室〔善〕玖、◉無夢〔一〕清、◉此山〔妙〕在、◉無涯〔仁〕浩、◉一峰〔通〕玄、◉古鏡〔明〕千、◉古源邵〔元〕等、互加鞭励、429b
在★元九白（◉不聞契聞）430b
〔在★元〕三十余載（◉清渓通徹）471a
在★元十三白（◉大朴玄素）383a
在★元十年（◉可翁宗然）377a
在★元十余年（◉鉄牛景印）393b
在★元二十一年（◉古源邵元）418a
在★元二十年（◉古鏡明千）408a
在★元二十余年（◉無著良縁）380b
〔在先希譲〕語録（三会語録, 在先和尚語録, 在先希譲撰）508a
在★宋　86b, 210a, 277b, 279b, 288b, 292b, 295b, 303a, 504a, 765a, 770a, 783b, 904b　留★宋も見よ
◉〔栄〕西〈在★宋〉時、捨銭三百万星、架★万年寺三門両廊、又修★観音院智者塔院、86b
在★宋三載（◉神子栄尊）295b
在★宋十二年（◉俊芿）765a
在★宋十余年（◉寒巌義尹）292b
在★宋六年（◉円爾弁円）783b
〔在中中淹〕自照賛　557b
在★長安垂三十年（◉永忠）845a
在★唐　89a, 98b, 99b, 104b, 118b, 119a, 126b, 132a, b, 138a, 139b, 146a, 181b, 634a, 846b　留★唐も見よ
◉〔恵〕運〈在★唐〉、逢会昌沙汰、持★青竜寺鎮守神体而帰、即為今寺（安祥寺）鎮守、126b
◉〔定恵〕〈在★唐〉二十七年、調露初元伴☆百済使而帰、634a
在★唐十八年（◉道慈）89a
在★唐六載（◉円珍）139b
在★明　480a（◉伯英徳俊）, 511b（◉

絶海中津）
在★明五年（◉志王）　264b
在★明十九年（◉瑚海中珊）　582a
財産　828a
財色　840b
財施　834a
財法二施功徳無量　454a
財物　698a
　〔勝〕覚尚素丹、不愛〈財物〉、法供之外、佗営如遺、　698a
罪悪　783b
罪業　527a
罪障　645a
　〔満米〕嘆曰、澆漓有情、〈罪障〉至渥、我雖精直顧罹余殃、　645a
罪人　875a
罪簿　154a
摧邪輪（高弁撰）　219b,890a
　〔信寂〕為源空徒、以渉内外、作書答明恵〈摧邪輪〉、承言分理、　890a
坂北郡（越前）　544a
坂本（江州）　749b
坂本杉生（江州）　192b,840a
酒井保人（能州）　424a
酒匂人（相州）　276b
堺県（泉州）　257b
堺県人（泉州）　582b
堺邑（泉州）　521a
作家　380a,404a,501b,560b,567a,586a,618b
作家境界　586a
作州（美作）　426a,465b,573b,850b,884b,
　稲岡人　206b
　垪和（はが）　540b
作州人　426a,854a,b,884b
削具　382b
削染　99a,108a,134b,142a,149b,176b,272a,400a,426a,491b,526b,531b,554b,559b,561a,675a,696a,755b,762a,763a,766b,769b,809a,b,874b
削髪　141b,368b,779a
削髪　382b,635b,692a,763a,829a
朔望陞座　500a
索湯沐浴　874a（覚入），878a（経源）
策励　921a
錯用心（瑞巌竜惺上堂語）　575b
鑿義井（◉道昭）　66a
桜田（武州）　624a
桜田之旧趾（武州）　624b
殺罪　815b,906b
殺人刀活人剣（◉円爾弁円，冬至小参語）　284b
殺屠　909a
薩州（薩摩）　202b,243a,442a,477a,519a,539a,542b,561a,573a,574a,576a,b,605a,b,912a
　秋妻屋浦　73a
　伊集院人　539b,576a
　熊岳　561b
　甑島　456a
　霧島　670b
　島津人　243a
　樋脇邑　561a
薩州人　442a,561a,573a,605a
薩州刺史　83b（賀陽貞政），183b（久任）
薩州太守（島津元久）　540a
薩埵　80b,490b,623a,644b,678b,791b
薩埵之行　866a
薩埵之眷属（成典）　678b
薩婆多　232b
雑華　70a,93a,95a,99a,113b,144a,145b,156a,198b,217b,221b,247a,252b,254b,256b,258a,269b,270a,367b,869a,897a
　☆〔菩提仙那〕諷誦〈雑華〉、以為心要、尤善梵呪、　70a

叡尊凝然者、律苑〈雑華〉之英傑、367b
雑策　70b
雑雑集（順耀撰）　192b
雑述　184b
　分弘経講論〈雑述〉之三科（東域伝灯目録）　184b
雑書　108b,765a
雑宝手炉（●空海献上品）　80b
雑妄想之話（☆竺僊梵僊）　384a
鯖（鯖翁）　869a
讃岐　→讃州
早良（さわら）人（筑前）　667b
三会　124b,175a
三会已講　901a
　応講首之選者、遷歴有序、前歴興福寺維摩会、後主薬師寺最勝会、過是以往、称〈三会已講〉、逐班次叙僧綱、901a
三会語録　508a（在先希譲）、514b（●観中中諦）、515b（●大初啓原）
三会講　128a,148a,149b,151b,157a,198b,199b,227b,228a,233b,253b,734b
三会講師　177a（松橋）、184b（湛秀）、189a（勝超）、198b（厳意）、696b（寛助）、726b（成宝）、738a（道宝）、760b（法秀）
三衣　674b,708a,b,776a,b,859a,877b
三衣一鉢　356b,873b,877b
　〔高明〕〈三衣一鉢〉、不蓄余資、念仏誦経之外、勤興建而造博多橋、873b
三衣六物（誠蓮）　804a
三恵　135a
三科義　248b,249a
　〔尊〕海立〈三科義〉、自擬一家法門、一曰止観非法華大意、二曰十行出仮菩薩不習円無作、三曰変易名言不亘実報、248b
三界　840a

三界家　548b
三界旅人（沙門、釈子）　96a
三学　67a,215b,217b,219a,221a,248a,255b,258b,270a,299a,318b,537a,633b,763a,788b,800a,802b,804a,806a,842b
　〔明忍〕謂、戒乃〈三学〉之首、806a
　〔●俊芿〕歎曰、〈三学〉之中、惟戒為基、若不精持、豈称仏子耶、763a
　〔弁長曰〕欲開大聖之秘蔵、須用〈三学〉之管鑰、215b
三学共備（湛叡）　254a
三学供奉大徳（常弁）　114b
三学兼備（実融）　251a
三学鼎足（仁鏡）　721b
三喝四喝　432a（宗峰妙超・徹翁義亨問答語）、630a（密雲円悟・☆隠元隆琦問答語）
三月望上堂（心田清播）　560a
★三韓　61a,277b,907a
★三韓王子（★玉堂仙）　553b
三観　76a,163a,192a,231a
三観一心　186a
　〔厳〕勝答曰、十信断見思、初住断無明、依此円教意、明〈三観一心〉、当云三惑同時断、186a
三観義私記（安然撰）　140a
三観私記（覚超撰）　173b
三観十乗　175b,277b
三観即融　171a
三観法門　265b
三観門　752b
三願　219b,220a
　〔成賢〕我有〈三願〉、一千日修弥陀護摩、供慈母、二暗誦法華一部、三遁世閑居、219b
三帰　324a
三帰戒　808b
三帰五戒　413a,504a,626a,774a

三帰五八戒　809a, 812a

三級九輪〔塔〕(江州蒲生郡石塔寺)　685b

三級塔　120a (夢中), 718a (松尾祠)

三級木塔　636b
〔泰澄〕作〈三級木塔〉一百万基、其高六寸刻雕妙絶、　636b

三教　114b, 121a

三教聖人　841a
★孔子曰、朝聞道夕死可也、〈三教聖人〉、軽生重道、841a

三教大旨　285a

三経　127a
受戒者(中略)試法華最勝威儀〈三経〉、即簡年二十以上六十已下熟前件〈三経〉者、127a

三空　91b

三解脱門　595b

三賢　500b

三玄　544a

三間堂 (高野山, 宗賢)　202b

三鈷　733b

三鈷杵　81a, 143a, 635b, 636b

三公　912a

◉三光国師 (孤峰覚明) 百年遠忌　575b

◉〔三光国師〕塔上銘 (★用章廷俊撰)　407b

三教指帰 (◉空海撰)　79b

三業　83a, 310b, 812b
瑜伽者、梵語、此翻相応、身口意之〈三業〉感応妙悋之謂也、83a

三業念　220b

三綱　96b, 123a (呆隣), 130a

三綱維　111a

三綱司 (高尾山寺, 智泉)　644b

三国通鈔 (三国伝灯記, 覚憲撰)　206b

三国伝記 (玄棟撰)　135a

三国伝灯記　→三国通鈔

三国伝来　671a

三国伝来金胎印明、不違一事　671a

三国仏法伝通縁起 (凝然之記) (凝然撰)　69b, 247b, 898b
凝然撰〈三国仏法伝通縁起〉、挙南都法相宗匠五十人之名、　898b

三山　696a
〔増誉〕、得大峰検校職、今修験家攀〈三山〉者、以聖護院為本者、従此始、696a

三山検校　212a (覚海), 695b (増誉), 742b (道昭), 743a (良慶), 750b (良瑜・道意)
補〈三山検校〉、此職自〔増〕誉而始、695b

三師七証　127b

三地菩薩　637a

三自性　66a

三時行法　886a
〔蓮蔵〕、〈三時行法〉、千日護摩、回以為往生之助因、　886a

三時念誦 (真頼)　871a

三識 (存海、真要十一条四)　259a

三十講　718a

三十頓棒　→三十棒

三尺〔金色仏像〕十軀 (宗賢)　202b

三種滲漏 (唐・★洞山良价撰)　342a

三種論議　151b

三聚　787b, 813b

三聚戒　246b

三聚戒釈要 (恵猛撰)　812a

三聚綱義 (清算撰)　804a

三聚浄戒　264a, 757a, 787b, 795b, 808b

三聚浄戒四字鈔 (定泉撰)　796b

三聚浄戒通受懺悔 (定泉撰)　796b

三聚通受法　772a, 813b
覚盛、円晴、◉有厳、叡尊、出于南京、相共発心、依瑜伽〈三聚通受法〉、互

作主伴、自誓受戒、丕整四部、墜綱復
振、 813b
三聚法　788b
三州牧　585a
三秀〔院〕之塔（西山嵯峨）　556b
三宗綱義（清算撰）　804a
三十金　138b
三十三過鈔（凡骨鈔，竟空撰）　125b
三十三回忌　590a
三十三天　597a
三十七尊密呪　129b
三十条口伝鈔一千七百条（皇覚撰）
　192b
〔三十帖策子〕筆削三十帖小策（●空
　海・●橘逸勢書写）　145a, b
〔無空〕、補座主、時大師〔筆削三十帖
　小策〕、秘在山中、 145a
〔無〕空，抱〔三十帖〕小策，遁伊賀
　州、 145b
〈三十帖〉小策，本東寺宝蔵之物也、
　於是長者定賢僧正、責要還之、〔無〕
　空不肯、 145b
三十神　749a
三十二相　923b
三十棒（三十頓棒，三頓棒）　275a,
　284b, 384a, 455b, 474b, 489a, 519a,
　545b, 553a, 571a, 586a, 608a, 615b
和尚（●寂室元光）曰、疑底〈三十
　棒〉、不疑〈三十棒〉、 545b
三重印可　244b
三重鈔（存海撰）　259a
三重脈略　248a
三処道場　420b
三〔性〕（●道昭）　87b
三性之説　783b
三荘　312a
三従之身　863b
三条（城州）　240a, 767a
三条殿　698b

三乗　77b, 856a
三乗索車差別　802a
三乗十二部教　80a
三乗十二分教　291a, 402b
三心　237b
三心帰一（金剛経）　340b
三心私記（良忠撰）　240b
三心所廃之義　237b
三心正因　237b
〔見性曰〕既廃十一門故、三心亦廃、
〈三心正因〉第四門故、称名念仏即成
　半自力半他力、 237b
三身（法身，報身，応身）　136b, 194b
仏有〈三身〉、法報応也、其教有二、
　顕与密也、〈三身〉中法身為最、二教
　中密乗為上、 194b
三身義私記（源信撰）　169b
三途　217a, 913a
三途苦　824b
逢此会（五講会）者、離〈三途苦〉、
或夢★霊山★釈迦来臨道場、 824b
三塗　475b, 807b
〔良永〕、若有不幸墜入〈三塗〉者、我
　願代彼受苦矣、故値餓者与以食、遇病
　者施以薬、 807b
三塗之苦　475a
三世而絶　632b
●樵谷〔惟僊〕、☆鏡堂〔覚円〕、☆別
　伝〔妙胤〕、☆東里〔弘〕会、☆霊山
　〔道隠〕、伝自大方、〈三世而絶〉、
　632b
三世十方一切仏教（安然）　140a
三世諸仏骨髄（霊仲禅英法語）　530b
三世諸仏、悉以身肉布施、子（高弁）其
　庶幾乎、 218a
三世諸仏証得法（悟空敬念上堂語）
　295a
三世仏　506a, 580b
三誓　173b

〔覚超〕立〈三誓〉、一日不躡囂塵、二日不聞世事、三日臨終正念、 173b
三千威儀 127a
三千界 619a,633a
三千義備検(●俊芿撰) 766a
三千五百拝(★初祖塔,●寒厳義尹) 292b
三千三諦 767b
三千世界 909b
三千大千世界 87b,116b
三千拝 853a(転乗),921a(円能)
三千礼楽 618b
三禅定楽 547a
三僧伝(梁・唐・宋高僧伝) 87a,b
支那之〈三僧伝〉、初置訳経、★賛寧云、訳経仏法之本也、 87a
三層塔 112b,486b
三蔵 63a,65a,b,67a,71b,72b,74b,76b,80a,b,89a,94a,95b,96b,98b,111a,114b,115a,117b,121a,124a,128b,129a,131a,133a,136b,137a,160a,188b,196b,200a,211a,214a,238a,246a,253b,256b,257a,258a,299b,345b,368a,394a,412b,441b,454b,649a,755a,756a,763b,795b,849b,850a,894a
〔澄豪〕、綜貫〈三蔵〉、精通台教、為山家模範、 188b
〔聖然〕、雖通〈三蔵〉、独家三論、為空宗中興矣、 246a
〔碧潭周皎曰〕、★西天祖師自★大迦葉至★優婆麴多皆兼弘〈三蔵〉 441b
三蔵英匠(円照) 786b
三蔵経 291b,406a
三蔵十二部 480b
三蔵聖教 323b,374a
三尊 860a
三諦 138a,170a,171a,726b
三諦(存海,真要十一条五) 259a

三諦俱為 215a
三諦即一 138a,680a,906a
三諦即是 726b,906b
三諦融即 906b
三大五部(行事鈔三巻,戒疏四巻,業疏四巻,拾毘尼義鈔三巻,比丘尼鈔三巻) 775b
三大書(行事鈔,戒疏,業疏) 813a
律三大部も見よ
★道宣、遠祖★迦羅、顗律孤起、始著戒疏業疏行事鈔〈三大書〉、立一家之言、 813a
三大利(法成,天王,尊勝寺) 285a
三大部(法華) →天台三大部
〔照源〕、有猪熊亭、講〈三大部〉、学者筆記成一百巻、名猪熊鈔、或曰廬談、今行于世矣、 249b
三大部(律) →律三大部
三大律疏 252b(禅爾),264a(志王)
三大律章 790b
〔忍性〕、往鎮西、就商舶求〈三大律章〉、納西大寺、重欲入元求大部律鈔、 790b
三大律鈔 770b,791a,795a
三大律部 256b
三大部鈔(四分律含注戒本疏警意鈔十七巻,四分律行事鈔資行鈔二十八巻,業疏記顕縁鈔二十巻,照遠撰) 803b
〔照遠〕、著述〈三大律部鈔〉六十五巻、日資行、日警意、日顕縁、乗筆於暦応二年(1339)八月、脱藁於貞和五年(1349)八月、其間祁寒凍手、酷暑蒸身、未嘗少懈、 803b
三代実録(藤原時平,大蔵善行等撰) 760b,901a
三朝灌頂国師(★大広智) 80b
三朝御製仏牙讃碑(三朝御讃仏牙) 768b,769a

三転語　360a,586b
三塔　163a,216a,840a
三毒　625a
三頓棒　→三十棒
三念住　191b
三輩散善　220b
三番論義　151b
三廟鈔（真空撰）　785b
三部奥玄　202a
三部灌頂　76b,650b
三部灌頂密教　76b
三部経開題（◉栄西撰）　86b
三部浄教　223a,236b,240a
三部大法　135a,886b
三部大法阿闍梨灌頂　118a
三部台教　231b
三部念誦　122a
三部秘経　80b,706b,711a
三部秘法　107a,144b
三部密　685b
三菩提　263b,881b
三菩提心　130b（藤原忠仁），888b（西念）
三宝　61a,b,96a,269b,808a,811b,864a,892b,910a,918b
三宝院為東密之正伝　248a
三宝院回禄　234a
三宝院正統　221b
三宝院法流　254b
三宝院流　241b
三宝供　240a
三宝綱義（清算撰）　804b
三宝之棟梁（☆恵慈）　842b
三宝車　871b
三宝輔行記（◉円仁撰）　119a
三宝名字　809a
〔用〕周又刻〈三宝名字〉、印以与人、時受帰五八戒者、有一万余指、809a

三仏号　718b
三品　701a,710a,724b,844b
三昧　211a,230a,310a,547a,863b
三昧座主（叡山東塔）　924a
三昧牀　207b
三昧力　159a
三昧（摩）耶　171a
三摩地　82a,256b,268b,640b,787a,852a
三摩提　72a
三摩耶　171a
三摩耶戒　118a,b,137a,195a,710b,800b
三摩耶戒作法（◉空海撰）　83a
三摩耶戒壇　249b
三摩耶秘密戒　131b
三位少将（藤原兼季）　742b
三密　115a,140b,148a,199a,201a,265a,270a,688a,690a,750a,786a,789b,797b
三密月輪之尊　660a
三密教　67b
三密壇　800a
三密八教　87b
三密法　800b,888b
三面八臂　163b
三面房舎（東大寺）　786b
三目六臂（★般若仙）　74b
三文銭　344b
三門　86b,329a,357b,374b,429b,484a,493b,495a,511b,560b,617b　山門も見よ
●〔栄〕西在宋時、捨銭三百万星、架★万年寺〈三門〉両廊、又修★観音院智者塔院、86b
三略六韜（秦・★黄石公，周・★太公望撰）　466b
三輪相応　754a
勝覚、覚法、増誉、行尊、中世之達人、

出処清高、修感無方、是皆師資面授、〈三輪相応〉所得者也、 754a

三論 61a,b,64a,b,65a,66b,77b,80a,81a,89a,90a,b,91a,94a,99a,100b,101b,109a,b,121a,122b,124a,127b,129a,133a,142b,144a,146b,148a,149b,151a,153b,155b,157b,161b,162b,164a,171b,181a,b,189a,194a,195a,199a,b,200a,b,201a,b,207a,212b,230b,231b,233b,237a,238a,b,239b,241a,243b,245b,246a,b,247a,b,253b,269b,272a,368a,641a,654a,655a,704b,707a,721b,726b,734b,737b,744b,750a,751b,775a,781b,784b,785a,b,786a,788b,789a,b,795b,797b,799a,800a,826a,846b,847a,892b,893b,894a,865a,896b,897a,b,900a

〈三論〉七宗之本、諸宗〈三論〉之末、 129a

〔智光〕嘗曰〈三論〉有二、一者部別三論、中〔論〕百〔論〕十二〔門論〕是也、二者義別三論、破邪顕正言教是也、 90b

〔凝〕然多才宏記、華厳、天台、真言、〈三論〉、法相、倶舎、成実、律、浄土、及国史、神書、音楽科条、莫不該綜、悉有疏鈔、 247a

三論家 91a

〔師〕錬師曰、今之〈三論家〉皆〔霊〕叡之子孫也、 91a

三論玄義（隋・★吉蔵撰） 785a,795b

三論玄義検幽鈔（澄禅撰） 781b

三論空理 795b

三論之祖（★法朗） 64b

★法朗者〈三論之祖〉也 64b

三論七宗之本 129a

三論宗 64b,101b,112b,142b,143a,175b,178b,898b

三論宗始祖（本朝,☆恵灌） 64a

〔☆恵灌〕本朝〈三論宗始祖〉、64a

三論宗証義之始 199a

三論大義 147b

三論大義鈔（大義鈔）（玄叡撰） 109a,269b

三論方言義（観理撰） 156a

三惑 186a,209b

三惑同時断 186a

十信断見思、初住断無明、依此円教意、明三観一心、当云〈三惑同時断〉、（観円、厳勝宗義論） 186a

山居 475b（抜隊得勝）、649a

〈山居〉之僧、祈水得感者、此書往往記之、 649a

山居偈（無因宗因） 529a

山行 496a

山家学者 209b

山家之魁才 209b

〔証真〕雄視★宋四明之諸師、而博洽不譲、実〈山家之魁才〉、 209b

山家法 175b,176b,875b

★山交（中国浙江省） 515b

山谷 477b

山色 299b,609b

〔☆大休正念卓一下云〕、〈山色〉清浄身、渓声広長舌、 299b

〔雪嶺永瑾上堂〕以〈山色〉作清浄身、是錯、 609b

山衆料 671a

山神 81a,866a

山神廟（甲州法雲寺十境） 444a

山棲谷飲（永観） 189b

山中（丹州） 607b

山中遺老 559a

山徒 184a,191a,213b,686b,691b,713a

〔覚円〕領延暦寺座主、〈山徒〉訴朝拒之、官使登山、滕結宣命於講堂欄、掲告〈山徒〉、於是止訴、〔覚〕円歴三日

339

辞職、 184a
〈山徒〉焼園城〔寺〕、衆憂且悲、〔証〕観笑曰、本寺雖焼、証観未焼、有何憂耶、 191a
永保寛治之時、〈山徒〉払乱、数焚破三井及〔良〕真房舎弟子之院、（師蛮贅語） 691a
山徒之噭訴 484a
山徒之嘖 194b
山徒之訴 190b
山徒訴公府 484a
山王 256b,726b,910a
〔慈妙〕曰〈山王〉円頓霊神、而猿使令也、 256b
〈山王〉守叡山東麓、〔赤山明〕神護西麓、 910a
山王座 906a
山王祭礼 676a
山王三聖 906b
山王之使令（蜂） 162a
山王祠 702b
山王神 136b,713a,868a
山王神壇 162a
山王神殿 676a
山王明神 131b,136b,138b,675b,680a,685a,702b,713a
山王明神影 131b
山門（門） 319b,320b,330b,335b,429a,437b,470b,498b,531b,549a,585a,627a,749b,765b 三門も見よ
山門額（但州円成寺） 68b
山門之棟梁（行玄） 706a
山門寺門（両門） 178a,185a
〈〔山門寺門〕〉両門角立、園城寺沙弥不得登叡壇、 178a
山門疏 395b,569b
山門三井之学人 673b
〈山門三井之学人〉、或精於顕而蠱於密、或精於密而蠱於顕焉、唯〔勧〕修公、

両輪並馳、 673b
山門三井碩徳 181a,207b
山門領袖（厳勝） 186a
山陽之道場 341a
山林田園 508b
山林田畝 366b
参学 280a,534b,575b,588a,608a
参学之士 492a,515a
参学之徒 383a
参議 124a（小野篁）,134b（三善清卿）,181a（藤原有国）,222a（藤原成頼）,687b（藤原師成）,688b（藤原佐理）,693b（源基平）,726b（藤原惟方）,849a（藤原佐理）
参議大夫 202a（平実親）,824b（藤原佐理）
参究 278a,279b,292b,326b,329b,342a,343a,385a,448a,454b,465a,466a,467a,525b,543b,547b,550a,555a,559b,574a,582a,585a,593b,624a,832a
参玄（徒） 297b,299b,513a,549b
参玄之士（徒） 275a,292b,445a,494a
〔東伝士啓〕曰、夫〈参玄之士〉、切須子細、 445a
参敲 315b,452b
参師得悟 273a
参侍 626b
参州（参河） 318a,367b,394a,435a,436b,491a,585a,607b,609b,626b,760a,857b
郡治 318a
黄楊（つげ）県 435a
設楽（したら） 435a
須瀬 626b
高橋郡 394a
広沢 491a
参州刺史 221a（藤原任尊）,691b（源経信）,734a（藤原任尊）,848a（大江

340

定基，●寂昭）
参州人　436b,585a,760a,857b
参詢　296b,347b,576b
参請　362a,528b,537b
　〔☆明極楚俊上堂〕以〈参請〉多、叢林熟者帰西序、謂之頭首、以廉於己、世法通者帰東序、謂之知事、　362a
参尋　343b,435a,554a,564b
参禅　236a,280b,291a,296b,302b,307a,319a,325b,326a,333b,349b,350b,358b,374a,377b,394a,434a,440a,463a,466b,476a,480b,520a,552b,560b,596a,604b,611a,620b,752a,763b,785a,786a
　★天童〔如〕浄和尚曰、〈参禅〉須使身心脱落、　552b
参禅学道　531b,532a
　〔峻翁令山〕呈〔抜〕隊〔得勝〕偈曰、〈参禅学道〉似呑剣、　532a
参禅大徹　319a
参禅問道　784a
参徒　420b,524b,540b,587b,618b,624a
参堂　274b,312a,319a,330a,339b,345b,384a,398b,404a,415b,417a,426a,543a,601b
　☆〔一〕山〔一寧〕指禅牀曰、各試呈頌、可者許〈参堂〉、　398b
参得　458b,619b
参徧　574a
参方　315b,371a,528b
参問　271a,295b,317b,358b,450b,460a,477a,478a,576a,614a
参遊　473a
芟鑿　509b
芟染　318b,357a,429a,460a,571a
珊瑚念珠　464b
蚕衣　791a
　〔忍性〕禁著〈蚕衣〉、弊衣蔬食、791a
産難　173b

散筵　898a
散花　914b
散杖　244b
散定故念仏為宗　220b
散説　472a,564b
散善　237b
散念　856b
散念誦　888a
散位（清原正国，覚入）　874a
賛（讃，題）　94a,133b,157b,158a,223b,273b,278b,281a,283b,287b,289a,296b,297b,309a,319a,322b,323a,332b,338a,b,341a,343b,349b,363b,365a,372a,385a,388a,392a,393b,397a,425b,427b,431a,445b,447a,b,448b,449b,456b,457b,465a,466a,472a,492a,496a,b,497b,501a,505b,529b,530b,531b,536b,540b,543b,552b,553b,557b,585b,600b,656b,764b,767b,768a,769a,802a,804b,834a,873a,883b,912a　自賛も見よ
賛偈　289a
賛語　289a,343b,447a,511b
賛辞　289a
　孤山〔至〕遠公持●〔覚〕心肖像、求〈賛辞〉於建長☆明極和尚、時〔明〕極有違和、巻而置屏風上、一日〔明〕極坐牀屏下、肖像跨跳扣屏風数声、〔明〕極謂惟真訝賛語之遅、即起掛案上焼香拝謝、援筆為賛、　289a
鑱鬘　424b,830a
鑱髪　461b,462a,592b
懴会　639b
懴悔　127a,173a,702b,825a,855b
懴悔法　124b,641a,774a,784a,810b,922b　懴摩法も見よ
懴悔拝謝　80b
懴罪　918a

懺修　825a
懺摩法　472a,804b　懺悔法も見よ
懺六聚篇鈔（幸円撰）　781a
讃　→賛
讃辞　296a
讃州（讃岐）　146b,208a,226b,230a,
　237a,238b,254a,264b,415a,551b,
　571a,593b,755b,758b,766a
　　香河郡人　127b
　　櫛梨県人　254b
　　多度郡　755b
　　多度郡人　79b
　　垂氷（水）荘　337a
　　那珂郡人　136a
　　二村荘　766a
　　西三谷　254b,796a
　　美濃県人　310b
讃州刺史（藤原教行）　875a
讃州人　99b,111a,129b,142b,146b,
　220a,551b,644b,800a,820a
讃説　356b,815a
讃嘆　161b,164a,726b,809b,852a,913a
讃嘆仏徳　921b
讃歎　74b,169b,379b,441b,671b,906b
讃礼　265a
　　〔真阿〕遺命門人、水葬於下鳥羽淵、
　　飼諸鱗介、都城僧俗、奔波〈讃礼〉、
　　公府下制、其淵禁漁于今尚在云、
　　265a
斬剟皮骨　837b
　　〔信敬〕曰、我当〈斬剟皮骨〉供養菩
　　薩矣、先截手指、以備不動明王、次斬
　　左脚骨、刻釈迦像、無幾脛骨漸愈、行
　　歩如故、次剝手皮、摸作弥陀三尊像、
　　次以指骨、雕刻観自在大勢至二像、
　　837b
讒言　912b
讒者震死　911a
讒譖　911a

—し—

士衛　672a
士大夫　763b
士督下道　844b
★尸羅跋城（舎衛城）　99b
★支竺　564b
★支竺搏（扶）桑　68b,536b
　支提（廟）　73b
★支那（赤県，神州）　65a,83b,84a,
　87a,186b,203b,248a,250a,270a,
　272a,315b,335a,338a,367b,376b,
　381a,385a,387a,391b,406b,428a,
　444a,448b,455b,462a,464b,469b,
　488a,499a,501b,530b,545b,553a,
　581b,631b,721b,754a,755a,768b,
　794a,806b,834b,848a,850b,891a,
　909b,910a,912b　震旦、中華も見よ
　〔●性憲〕入★宋国、留学辛勤、終於
　〈★支那〉、248a
　☆兀庵〔普寧〕僅住回〈★支那〉、☆
　仏源〔大休正念〕巻亀谷（寿福寺）、
　☆仏光〔無学祖元〕坐鹿山（円覚寺）、
　●南浦〔紹明〕☆西澗〔子曇〕同船異
　曲、631b
★支那戒法之盛　758a
★支那国　847b
★支那国人　755a,b（☆法進），756a（☆
　仁韓，☆法顆），759a（☆恵良，☆恵
　達，☆恵常，☆恵喜）
★支那三伝（梁高僧伝，続高僧伝，宋高僧
　伝）　87a,270a,891a
★支那之豪傑（観米★宋元僧）　333a
★支那之釈伝　480b
★支那之密〔教〕、衰于★唐季、絶于★宋
　初、唯日域、至今熾然、754a
★支那衆僧、無求法於異域、851a
★支那諸師伝　298b
　余（師蛮）見〈★支那諸師伝〉滅後現
　舎利者、僅指可籌焉、唯此方先達特為

342

最多、 298b
★支那人 759a
★支那禅策 512b
★支那禅法之盛 83b,317b
★支那僧（行禅） 793b
〔総持〕令〈★支那僧〉☆行禅書法華経、鏤版以伝、 793b
★支那僧伝 230a,679b
★支那僧伝不有師資同諱 230a
★支那仏法 845a
　止悪 796a
　止悪修善 923b
　止雨法 131b
　止観 248b,282b,325b,387b,673b,676a,679b,806b,826b,883b　摩訶止観も見よ
　止観現前 923a
　止観三徳之義 108a
　止観之理 497b
　止観私記（◉円仁撰） 118b
　止観書 177a
　止観心要（◉最澄・円澄法門相承書，撰者不詳） 108a
　止観心要鈔（忠尋撰） 192a
　止観大意（唐・★湛然撰） 497b
　止観大旨 248b
　止観微旨（良源撰） 159b
　止作随行 806a
　止防用心（良遍撰） 784a
　史記（前漢・★司馬遷撰） 273b,801a
　　★司馬遷撰〈史記〉、而立〈仲尼弟子伝、大半挙姓名而已、 801a
　史才（皇円） 840a
　史集 89a
　史書 893b
　史丞相（★銭相公） 764b
　史籍 780a
　史伝 97b,242b,662a
　　作〈史伝〉者、捜索不周不照前後、則多誣古徳、自陥瞽史之坑、可不慎哉、 97b
史法 450a
史録 901b
司蔵 →蔵主（ぞうす）
司大蔵 →蔵主（ぞうす）
司馬少卿（大友頼尚） 360a
只管打睡 552b
四夷 347a,904a
四威儀 71b,90b,278a,493b
四韋陀論 183a
四運心（存海，真要十一条三） 259a
四会語録 291b（☆兀庵普寧），306a（◉無象静照），315a（☆鏡堂覚円），511b（☆絶海中津），560b（心田清播）
四会著述（☆一山一寧） 322b
四王像（城州興隆寺） 818a
四王天子 153b
四恩 70b,479a
　〔☆菩提仙那云〕普為〈四恩〉、造如意輪像、欲更造八大菩薩像、 70b
四果 500b
四果聖者 623a
四回造船五次浮海（☆鑑真） 757a
四海安泰 80b
四学匠 269b
　承久之間南京有秀恵、顕範、覚雄、尊玄〈四学匠〉、究倶舎成実、通三論華厳、時人比四天王、 269b
四季講（公伊） 187b
　〔公伊〕嘗招一衆、修〈四季講〉、以報諸祖恩、春供★妙楽、夏供★南岳、秋冬供★章安★天台、 187b
四儀（仁鏡） 721b
四教階位 224a
四教義 →天台四教義
四教顕鈔（四教顕略鈔、順耀撰） 192b

四金魚竜　757a
離四句絶百非（無徳至孝結夏乗払語）　414b
四功徳　210a
四弘総願門　238b
四傑　246a（空宗＝覚澄，貞禅，義海，承信），313a（大覚派），684b（叡山＝桓舜，貞円，日助，遍救）以葦航〔道然〕、●桃渓〔徳悟〕、●無及〔徳詮〕、●約翁〔徳俊〕、称之〔☆蘭渓道隆＝大覚派〕〈四傑〉焉、312b
四賢詩　299a
四資　834b
四事（飲食，衣服，臥具，湯薬）　85b，703a，760a
四事供養　857b
四時勤念　81b
四悉檀義（●円仁撰）　119a
四衆（四部衆＝比丘，比丘尼，優婆塞，優婆夷）　71b，74a，80b，99a，102b，105b，114a，150b，203b，206a，207a，217b，221b，224a，226b，234b，246b，249b，266a，297b，332a，368a，399a，407b，419a，423b，441a，456a，473a，507a，508b，517b，519a，524b，526a，537b，601b，778b，779b，781b，782b，792b，793b，798b，800a，804b，810a，817b，822b，830b，844a，855a，873b
四種三昧　78a，116a，122a，284a
四種相違制（観理撰）　156a
四種法師　169b
四宗　83a，112b
四宗兼学　249b，813b
四宗碩徳（三論実敏，華厳正義，天台円修，法相明詮）　124a
四宗法匠　112b
四十九重摩尼殿偈　816b
四十九重摩尼宝殿　639b（実忠），816b

（歓喜）
四十二章経（後漢・★迦葉摩騰，★法蘭共訳）　537b
四十二臂大悲像（●白雲恵暁）　311a
四十年説法之衣（峰翁祖一）　488a
四十八願　890a
四十八願鈔（証空撰）　224b
四十八夜念仏説法（真盛）　266b
四重五逆　920a
四書　418b
四匠門　269b
　聖禅、宗性遊〈四匠門〉、研二経二論、269b
四性匹得（存海，真要十一条二）　259a
四勝　584a
四聖六凡　364b，454a，474b，526a，560b
四摂（布施，愛語，利行，同事）　326a
四摂法　834b
四条（城州）　825a
四条大宮西（城州）　415a
四条河上（城州）　158a
四条坊門（城州）　837a
四条離宮火（保延4年〈1138〉）　703b
四帖疏疑端（顕意撰）　243b
四神　733b
四節旦望　596b
四諦（苦，集，滅，道諦）　365a，375a
四諦義（隆海撰）　133b
四諦外別立法性之句（●円爾弁円）　282b
四大（地，水，火，風大）　62b，253a
四大仮合　841a
四大天王　749b
四大不堅〔永観〕　189b
四大部洲　363
四頭首（しちょうしゅ）　389a
四天童　162b
四天王　269b，379a
四天王〔護国〕品（金光明最勝王経）

684b

四天王座　684b

〔四〕天王寺検校（覚性）　710a

〔四〕天王寺寺務　700a（行尊），713a（明雲）

〔四〕天王寺主（増誉）　695a

四天寺主務　777a

四天王像（四王像）　143a（聖宝），637b（報恩），818a（延庭），825b（神恵），863b（聖徳太子）

四天王法　653b

四度加行（十八道，金剛界，胎蔵界，護摩）　737b

四度瑜伽（亮典）　268b

四徳之教　119b

四瀆　678a

四賓主（客看主，主看客，主看主，客看客）　478b

四賓主話　410b

四部　75a,774a

四部衆（四衆）　618b

四部弟子　485b

四分戒本　813a,761a

　★魏嘉平年中，★天竺曇摩迦羅，至★雛陽出〈四分戒本〉，授羯磨受法，★中華戒律始也，　813a

四分戒本定賓疏賛宗記（凝然撰）　247a

四分戒本定賓略疏（唐・★定賓撰）　242b

四分戒品　813b

　実範憂律幢之倒、自往招提、得戒光於猷猷中，承〈四分戒品〉，　813b

四分衆法布薩　811b

四分布薩　772a,b,811b

四分律（★仏陀耶舎訳）　73b,251a

四分律戒本疏（戒疏，唐・★道宣撰）　73b,755a,760a

〔四分律〕含注戒本（唐・★道宣撰）　73b,761a,794a,813a

〔四分律含注戒本疏行宗記〕警意〔鈔〕（照遠撰）　803b

四分律〔删繁補闕〕行事鈔（行事鈔，唐・★道宣撰）　71b,74b,755a,759b,763a,765b,775b,781b,786a,788b,797b,806a,b,813a

〔四分律删繁補闕行事鈔資持記〕資行〔鈔〕（照遠撰）　803b

〔四分律〕删補鈔（行事鈔か）　774a,795b

四分律删補随機羯磨疏（業疏，唐・★道宣撰）　74b,755a,795b,813b

四分律删補随機羯磨疏済縁記顕縁鈔（〔業疏記〕顕縁〔鈔〕，照遠撰）　803b

四分律疏（法礪疏，唐・★法礪撰）　72b,73b,74b,755a,758b,759a,b

四分律疏（恵光略疏，中国南北朝・★恵光撰）　755a

四分律疏（智首広疏，唐・★智首撰）　755a

〔四分律疏〕飾宗義記（定賓疏，唐・★定賓撰）　73b

〔四分律〕比丘尼鈔（尼鈔，唐・★道宣撰）　755a,794b

〔四分律比丘〕尼鈔資行録（総持撰）　794a

四分律〔法〕礪疏義記（唐・★亮撰）　73b

四方教　682b

四方仏像　818a

四報　830b

四法界　99a,202b

四法界之事理　898a

四品拾遺　622b

四煩　135a

四無量之観　130b

四無量心（慈，悲，喜，捨無量心）　834b,878a

★四明（中国） 167a,168b,175b,209b,
　283b,287a,301b,330a,354b,385b,
　391a,398b,421a,829b,891a,906b
　〔証真〕雄視★宋〈四明〉之諸師、而
　博洽不譲、実山家之魁才也、 209b
　〔●龍山徳見〕発志南詢、●〔寂〕庵
　〔上昭〕許遠遊、密付心印、維時★蒙
　古与吾有悪、舶達★〈四明〉、不許著
　岸、 398b
★四明山家 170a
★四明之始祖（★智礼） 167a
★四明人 421a
　四面堂（高野山） 884b
　四薬綱義（清算撰） 804a
　四律五論 775b
　四律匠之一（叡尊） 310a
　四霊之瑞 262a
　四論 129a
　旨訣 529b
　旨要 586a
　此世佗世之母氏 794a
　此法不思議、離於心意識（文殊問経）
　　85b
　死而不亡者寿 841a
　死屍九相之変（図） 387a
　死蛇活竜 287b
　死蛇出草踢倒須弥 433b
　死蛇能弄作活竜 411a
　死肉 887b
　糸竹 658b
　至節 313a,485a
　至節上堂 485a
　至節秉払 313a,377b,435a,516a
　志賀（江州） 75b
　志賀郡（江州） 182a
　志賀郡人（江州） 557b
　志賀県（江州） 162a
　志賀島（筑州） 410b,412b
　志賀人（江州） 92b

　志気郡（河州） 64a
　志士仁人 841a
　志州（志摩） 858a
　志比（越前） 275a
　志摩守（佐竹義光） 261b
　私財 542b,669a,830a,887b
　　●〔重〕源巡化諸州、周防長門二州飢
　　荒、〔重〕源捨〈私財〉、救活存撫、二
　　州之民、感其徳恵、 830a
　　〔遷与〕華香洒掃之暇、観念誦経為急、
　　捨〈私財〉作仏具、 887b
　私度 638b
　　〔恵勝曰〕、曽下令禁〈私度〉、今受報
　　為猿神、 638b
　使役 790a
　使者三返無已入寺（玄密） 615b
　刺史 76a,136b,167a,292b,439a,452b,
　　507b,681b,790b,817a,857b,896b
★刺史工部郎中（★李肇） 137a
　始祖 95a,167a,240a,270b,349a,417a,
　　437b,577b,618a,628a
　　〔明僧★高泉云〕宗★賢首者、推〔慈〕
　　訓師為〈始祖〉、余按、是大不爾、
　　94b
　　★智礼者、★荊渓之正統、為★四明
　　〈始祖〉、而不出〔安〕海之中下釈、
　　167a
★泗州（中国） 290a
　知客（しか）〔典〕賓，知賓） 319a,
　　501b,548b,570b
　知客寮 352b,501a,601b
★屍陀林 217b
　思郷詩（●弁正） 895b
　〔思〕淳忌辰 801b
　思盧計較此礙悟之基 443b
　指教 830a,842b
　指骨（信敬） 837b
　指心鈔（頼瑜撰） 244a
　指西 66a

346

指灯　664a,726a
　〔暹命〕詣四天王寺、跪煉一指、供養尊像、時青竜現形、甚可怖畏、〈指灯〉漸竭、竜形亦隠、処々霊区、煉手足指、多感徴験、　726a
指仏　223a
指要記（良源撰）　159b
指鹿為馬　492b
科長（しなが,和州）　864a
師位　600a,638a
　〔法海〕、雖学業成嫌居〈師位〉、638a
師子座　645a
師資契投　415b
師資之儀　389b
師資授受父子相伝　137b
　真言止観両教之宗、同号醍醐、倶称深秘、必須〈師資授受、父子相伝〉、苟無機縁、難遇難悟、137b
師資相契　384a
師資同諱　230a
　★支那僧伝、不有〈師資同諱〉者、独★南山〔道〕宣律師末有興寧寺★義宣者、（中略）本朝教家人犯師祖諱、却以為栄、法然門下特多、　230a
師資面授　754a
　勝覚、覚法、増誉、行尊、中世之達人、出処清高、修感無方、是皆〈師資面授〉、三輪相応所得者也、754a
師承　273a,298a,451a,467a,761a,775b
　戒貴授受、我（実範）雖学徧、奈無〈師承〉、761a
　禅法者、以質於〈師承〉為的伝宗、故今断為◉〔悟空敬〕念公嗣、298a
師説　813a
　★弘景、★融済、★道岸、★智仁、★周律師、弘偈〈師説〉、宗名遂分矣、813a
師祖　485a
師檀之契　660b

師範　130a,855a
　〔貞観寺〕座主必簡定受学両部大法、修練苦行堪為〈師範〉者、130a
　〔師〕錬（虎関）以手不仁、不能作字、命侍僧書　376b
★脂那（支那）風　67a
祠山張大帝（土地神）　385a
祠堂（◉明庵栄西）　276b
祇管打睡　274b
紙衣　721b,878a
　〔仁鏡〕、持誦法華、六時修懺、〈紙衣〉葛服、恬度寒燠、茗粥蔬菜、動虧斎時、721b
紙翰　365b
紙燭吹滅話（月堂宗規）　463a
紙服　805b
　〔照珍〕、毎入朝廷、麻衲〈紙服〉、805b
紙服葛布（妙音）　702b
紙法服（応照）　838a
紙墨　210a,395a,510b
清水山（武州）　562a
牸牛　699b
視篆　559a,582a,587a,596b,598b,609a,610b,618a
　〔月舟寿〕桂、〈視篆〉建仁〔寺〕、二十五回、610b
執行職　149a,235b（覚和）
紫雲　77b,115b,159b,164a,190a,207b,208a,211a,240b,250b,389b,418a,463b,464b,651b,677b,684a,685b,688b,706b,753a,777a,806b,839b,867a,872b,903a,912b
紫雲簇（◉空海）　913b
紫衣（服）　63b,69a,77b,86b,147a,471b,527b,547b,583b,607a,847b,875b,904b
紫衣青裙　69a
紫気　569b

紫金衣　464a,b
紫金台　288b
紫袈裟　547a,626a,844b
紫色　880a
紫宸殿　77a,108a,138a,692b
紫扇　478a
紫服　63b,527a
紫服絹帛　849b
紫方袍　275b,525a,609b,621a
紫袍（衣）　132b,240a,267a,632a,
　848b
　瑩山〔紹瑾〕総持拝〈紫袍〉、　632a
紫袍之寵賜　342b
紫磨金色身　473a
紫蓮台　882b
詞義幽妙〔通幻寂霊〕　498b
嗣香（嗣法之香）　290a,305b,310b,
　317a,322a,329b,339b,409a,417a,
　419b,437a,440b,448b,457a,b,460a,
　465b,466b,474b,508a,514a,540b,
　551b,559b,580b,591a,592b,609a
　〔●鈍夫全快〕依育王〔月江〔正〕印
　禅師、〔月〕江証其所悟、付自頂相賛
　其上（中略）〔全快〕然香為霊厳〔道
　昭〕之嗣、（中略）余読月江和尚賛、
　似授記莂、又★宋文憲（宋景濂）以
　〔全〕快公為月江之資、然〈嗣香〉供
　霊厳者何也、此方先達此類儘多、●無
　関〔普門〕於★〔妙〕倫断橋、●白雲
　〔恵暁〕於★〔紹〕雲希叟等是也、或
　以★臨済〔義玄〕嗣★黄檗〔希運〕、
　　★雲門〔文偃〕嗣★雪峰〔義存〕為例
　者、相似而不同、　466b
　〔桂林徳〕昌未逢和甫〔斉忍〕、而供
　〈嗣法之香〉、此亦当時五岳之襲弊也、
　608b
嗣書　273a
嗣承　472b,502a
嗣法（嗣）　272a,276a,292b,342b,

345a,346a,363a,380a,390b,396b,
397a,b,424a,447b,454b,505b,579a,
598a,606a,608b,609a,610a,611b,
622b,755b,760a
〔●復庵宗己〕〔書幣〕以通〈嗣法〉之
趣、396b
延慶間、禅人蹯溟参★普応国師（中峰
明本）者、不可勝記、称其〈嗣法〉者
復多矣、397b
〔峨山紹〕碩公長養間房、余二十年、
人天推出、紹董師席、接出四七之〈嗣
法〉、今其孫葉播于東西、大概道者五
世而衰、是常数也、如〔紹〕碩公承永
平〔●道元〕五世、其法還盛、蓋知識
門庭、以有格外之玄也与（歟）、424a
〔天隠竜沢云〕、〈嗣法〉有三、上士嗣
怨、中士嗣恩、下士嗣勢、　598a
嗣法書　319b
滋賀郡（江州）　910b
滋賀里人（江州）　112a
獅（師）子　698b,721b
獅子筋（無比単況編）　480b
獅子吼　303b,558b
〔大綱明宗示衆曰〕決心法則、語黙動
静、俱是成〈獅子吼〉、　558b
獅子吼経　264b
獅子窟　421b,540b,627a
★獅子国　846b
獅子座　128b,863a
獅子絣　776a
獅中主　354b
觜盧都　524b
詩　102b,133a,425a,430b,439b,455a,
491b,496a,b,499a,510a,511b,534b,
553b,588a,605b,848b,895b
詩筵　806a
詩歌　119b,179a
文徳帝二皇子惟高、惟仁、有争儲位、
令作〈詩歌〉、其佳者得位、而二皇子

348

詠作共佳、又募相撲勝者得之、　119b
詩偈　547b
詩書　551a
詩疏（信中以篤撰）　569a
詩章　603b
詩僊（★白玉蟾）　314a
詩中禅、禅中詩　615a
詩文　83a
詩名　571a
詩律　133a
試業得度　100b,173a
試中得第　116a
試度　82b,106b,119b
試賦　164b
資行　→〔四分律行事鈔資持記〕資行
　　〔鈔〕
資財　116b,856a
　〔●円仁〕〈資財〉衣服皆脱与之、賊発
　善心、返衣財、　116b
★資政大夫（★全岳柱）　357b
★資善大夫（★周伯琦）　370a,385a
　資糧　876b
　紃服　276b
　紃門宝蔵註垂誡（一糸文守撰）　629b
　誌状　623a
　賜斎問法（●約翁徳倹）　336b
　賜紫　572b,626b,849b
　賜紫之寵命（妙心寺）　607b
　賜紫沙門五人　624b
　賜紫拝号　264b
　　南遊諸師★唐宋元明〈賜紫拝号〉教禅
　　俱有、●〔志〕玉公亦崇才徳、昇金殿、
　　講獅子吼経、　264b
　賜紫方袍　624a
　賜乗牛車（尊道）　751a
　賜対　287b
　熾盛光仏頂法　118a,145a
　熾盛光法　656a,705b,729b,735b,751a
　熾説二教　901a

磯城島（しきしま，和州）　790a
磯城島金刺宮　144a
磯長（河州）　236a,786a
示誨　396b,442b,501b,538b
示観門　223b
示寂　834a
示衆　280a,288a,299b,300b,302b,
　306b,313a,320b,327b,330b,331b,
　333b,334a,337a,355b,360a,375b,
　383a,402a,423b,439a,473a,476b,
　488b,489a,503a,515a,524b,525b,
　526b,532a,533b,544a,b,549a,552b,
　554b,558a,560a,571a,b,578b,585a,
　586b,587a,588a,592a,595b,596a,b,
　597a,604b,608a,611a,619b,629a,
　630a,861a
地獄（泥梨〈ないり〉）　99b,154b,
　163a,268a,345a,349a,364a,394b,
　397b,400a,469a,511a,527a,547a,
　594b,595b,644a,645a,b,852a,861b,
　871a,922b
地獄谷　604a
地獄之因　546b
地獄天堂　345a
地獄八寒八熱受苦罪状　922a
地獄変相　574b
地主　648b
地神五代（天照大神，天忍穂耳尊，天津
　彦彦火瓊瓊杵尊，彦火火出見尊，彦波
　瀲武鸕鷀艸葺不合尊）　903a
地神之始（天照大神）　903b
地震　76b,205b,705b,746b,751a,754a
地蔵　721b,754a,791a,922a
　〔忍性〕自画文殊〈地蔵〉、分与男女、
　791a
地蔵願王　595b
地蔵軌　644b
地蔵薩埵　499b,674b,792a
　〔大全一雅〕有入★元之志、做装行具、

349

俄患痢疾、既発船有日、此夕夢〈地蔵薩埵〉告曰、你慎勿瑜海、再三叮告、〔一〕雅怪止、其船至大洋、覆没風濤、499b

地蔵相（満米）　645b

地蔵尊　645b,712b,791a,794b,884a,888a,917b,920b

地蔵菩薩　265b,434b,441b,645a,713b,834a,920b

地蔵菩薩像（地蔵像）　713b,802a

地蔵宝号　638b,674a,712b,920b

〔地蔵〕本願功徳経　441b

〔碧潭周皎〕日、月之二十四日、乃〔地蔵〕菩薩感応斎日也、老僧滅後当取斯日為吾忌辰、設斎読誦〈地蔵本願功徳経〉、441b

地蔵名号（地蔵号）　638a,674a,920b

〔蔵縁〕形極短小、又甚醜、徐徐歩行、人不能及、専持〈地蔵名号〉又無他業　638a

地蔵来現之処（肥前肥御崎）　662b

地蔵流　268b

字説（◉寂室元光作）　514b

字輪観　811a

寺位　552b

寺宇　822a,825a,852a

寺額（延暦寺）　78b

寺規　647a,716b,897a

寺産　298b,550a,559a,868a

寺誌（摂州剣尾山）　865a

寺主　86b,255a,715a

寺制　292a

寺荘　786b

寺像経函　834b

寺厨　324a

寺鎮（東寺灌頂院、★恵果所付★健陀国袈裟、念珠）　82a

寺田　639b

寺法　246b

寺務　111b,127b,129b,149a,169a,176b,177b,180b,182a,184a,188a,199a,227a,234a,245a,421b,484b,649b,669a,676b,677b,681a,684b,687b,688a,691b,692b,694a,b,697a,698a,700a,702a,707a,709a,712b,713a,714b,715a,716b,717a,727a,728b,730b,731a,b,734b,736a,b,737a,738b,739b,740a,b,741a,b,742a,b,743a,b,744a,b,745a,b,746a,b,747b,801b,820a,872a

耳目通利　855a

〔基灯〕日課法華、三十余部、〈耳目通利〉、隔数十里、悉皆見聞、855a

自在天神閼忌之日（二十五日）　369b

自賛　309a,363b,372a,496a,505b,530a,552b,767b　賛も見よ

〔心〕海、令宋工☆周丹之写◉〔俊〕芿寿容、芿師〈自賛〉、767b

自賛頂相　283b,309a,372a,466a,530a,552b

自恣　446a,479b,519a,608b,620a,854a,889b

自受用身　91a

自書金字妙経（慈心）　861a

自肖賛（賛自肖）　447b,496a,531a

題自肖　393a（棋山賢仙）、543b（天真自性）

自性清浄　85b

自性法身　902b

自証説法十八段論草（聖憲撰）　259a

自証無相法離言説四事（解節経）　85b

自照（肖）　447b,531a,543b,557b,572a,590b

自障　280a

自心決ア字大意直顕集（存海撰）　259a

自心成仏之教　140a

自真（檀渓心涼）　447b

自誓　772a

自誓羯磨　772a
　〔覚〕盛日、拠占察瑜伽説、以〈自誓羯磨〉、稟受戒法、則七衆各得戒、而成其性、　772a
自誓自戒　813b
自誓自具　806b
自誓自受（円晴，●有厳）　774a,b
自誓受戒（自誓受）　758b,761b,773a,775b,778a,806a
　●〔普〕照曰、凡於諸戒、容〈自誓受〉、唯声聞耳、律儀不可、若容〈自〔誓〕受〉、如是羯磨、都無軌範、758b
　受有二焉、通与別也、通〔受〕者千里無師、則発誠心得好相、許〈自誓受〉、別者心択親授、師稟欠則不成戒、761b
自誓受具　793b（総持），810b（慈猛）
自誓進具（良永）　807b
自他相対釈文　157b
自然妙音　701b
自由　565a
自利相　224a
自利利佗　580b
自力　237b
　南無二字是〈自力〉故、阿弥陀仏即他力、237b
事史（本空寂禅師）　465a
事事無礙　783a
事事無礙法門　425a
事蹟　376b（本朝高僧），733b（行勝）
　〔行勝〕、又観〈事蹟〉、与泰澄和尚、同修得也、　733b
事相　690a
事相無欠（頼尋）　689a
事理　439a
事理俱密　729a
事理二法　200a
事理不二　183b

事理法界　175a
事理無礙　783a
侍衛　831a
侍衛士　828b
侍客（請客侍者，●嵩山居中）　381a
侍局　277b,286a,420a,431a,516a,562a,572b
侍香　335b,361b,364b,369a,399a,429a,434b,455a,461b,488a,528a,573b
侍坐　545b
侍司　398b,438a,490b,541b
侍者　277b,297b,319b,338b,343b,351a,354a,355a,360b,361b,388a,396b,399b,401a,404a,405a,412a,417a,420a,435a,443a,448b,452b,473a,475b,488a,496a,497a,500b,503a,514a,519b,524a,528b,545b,546b,547a,b,564b,565a,570a,571b,573a,574b,577a,579a,588b,594a,b,602a,610a,621a,626a,628a,733b,905b
侍者寮　295b,488a
侍従　232a（藤原通成），714b（藤原宗信），736a（藤原公仲），910b（菅原道真）
侍従民部少輔（源延俊）　730b
侍女　672a,674a
侍妾（大江定基，●寂昭）　848a
侍臣　635a,833b
侍僧　193b,218a,278a,285b,296a,303a,311a,312b,345b,365b,374a,376a,393b,403b,405b,413b,445b,454a,460b,479b,500b,518a,525b,534a,600b,610a,672b,674a,687b,713b
侍中（藤原公忠）　660a
侍読　291b,820b（小野篁，春澄，善綱諸学士）

351

侍薬（古岳宗亘）　612a
侍郎　84a,86a,b（藤原公経，平），891a（★王古）
持戒　71b,133a,218b,597b,771b
　〔覚盛〕嘗謂、頃世貴惠学、不〈持戒〉、仏子之謂乎、　771b
持戒清浄　772a
持戒〔清浄〕印明　218a
持戒第一　759b
　☆〔鑑〕真公、称〔道〕忠〈持戒第一〉焉、　759b
持戒念仏　837a
持経　447a,465b,663b,855a,856a,857a,859a,870a
　今遭此患、由〈持経〉故、転重為軽、857a
持経而卒（源尊）　856a
持経者　650a,852a,854a,923b
　〔道命〕専誦法華、又無佗業、（中略）日本国中、〈持経者〉多、而〔道〕命師最為第一、　852a
持経法師　854a
持国〔天〕　379a
持斎　547b,646a,877b
持地比丘　536a
持地菩薩　536a
持地〔菩薩〕像　792b
持呪　343b,647b,651b,764b,791a,915b
持誦　158a,650b,652b,674a,690b,711a,721b,723b,854a,b,856b,880a,888a,903b
持念　93a,97a,118a,142a,161a,173b,218a,310a,650b,651b,658b,659a,b,662a,663a,665a,666a,668a,673a,674a,b,676a,b,679b,685a,687b,689b,691a,693a,b,699b,700b,703a,b,717a,754a,786a,818a,902a,903a,b,915b,918a
　〔行円〕或〈持念〉如神、疫瘡癰瘡、

不仮驢駄薬、　754a
持念経法　137b
持念作法　636b
持念作礼　117a
持念壇　138a
持念道場　118a
持鉢自活　806b
持犯　127b,804b
持犯開遮　72a,325b,790a,810b
持犯綱義（清算撰）　804a
持明宮　765b
持明仙　912b
持律　572a,649a,651b,759b,765b,779a,782a,800b,813b,883b,884b
神人（じにん）　74b,80b,164a,165a,186b,188a,209a,236b,303a,360b,367a,424b,471a,537a,585a,648b,658b,659b,674a,676a,721b,723a,772a,839b,857a,904b,915b
時雨　791b,792a
時疫　836b,837b,920b
時権　751a
　是時〔正〕法山〔妙心寺〕、略於〈時権〉、属乎青蓮院、　751a
時宗　236b
　〔遍何二師〕〔一〕何之貽厭、無得開焉、今以〈時宗〉名於家者、以〔一〕遍為祖矣、　236b
時節因縁　560a,613a
時服　758a,897a
除目修法　184a
慈惠廟　691a
★慈恩教　91b,123a,160b,583a,801b
★慈恩★賢首之教　802a
★慈恩之再身（善珠）　97b
★慈恩之再世（覚英）　198a
　〔覚英〕〈慈恩之再世〉歟、抑亦★護法之後身歟、　198a
★慈恩之初祖（◉道昭）　369b

★慈恩宗　102b,222a
慈恩疏（成唯識論述記，唐・★窺基撰）
　89a,165b,269b,580a,799b,899a
慈海　567a
●慈覚之徒　668b
●慈覚●智証両徒相軋　197a
●慈覚●智証両門座主争　176b
●慈覚●智証両門徒諍　668b
●慈覚門　650b
●慈覚門生　178a
　慈教　815b
　慈行　855a,877a
　慈救呪　859b,887b
　慈済　720b
★慈氏　→★弥勒菩薩
　〔大灯国師〕拈衣云、★西天金縷付〈★慈氏〉、★東山屈昢〔胸〕止★曹渓、　612b
★慈氏楼閣　511a
★慈氏下生　→★弥勒菩薩下生
　慈心　98b
　慈仁　838b
　慈善心　854b
★慈尊→★弥勒菩薩
★慈尊出世　840a
　〔皇円〕待〈★慈尊出世〉、受其接化、840a
　慈忍　884a
　慈悲　500a,614b,626b,633b,645b,672a,821b,834a,838a,909a
　〔太原崇孚上堂〕、羅漢以感通為力、菩薩以〈慈悲〉為力、諸仏以妙用為力、各有階差、　614b
　慈悲方便　297a
　慈悲利物　536a
　辞偈　262a,311b,317a,333a,337a,341a,349a,350b,357b,380a,390b,403b,428b,435b,437b,441a,479b,511a,513a,570b,577a,581a,592a　辞世偈，末後一句，臨終偈，臨亡偈，遺偈も見よ
　〔覚源禅師平心和尚年譜〕行状取他人之語、而為禅師之事者多、至所載遺頌者東福〔寺〕東漸〔健〕易公之〈辞偈〉、也、　435b
　辞章　583b,592b,621a
　〔周〕鳳〔瑞渓〕、博識多聞、善属〈辞章〉、壮年精于蘇詩、　583b
　辞世　391b
　辞世偈　315b,325b,329a,371b,393b,436b,445a,458a,587a,621a　遺偈，臨終偈なども見よ
　辞世頌　〈☆明極楚俊〉　363a
　辞藻　553a（●鄂隠慧䇹），564b（叔英宗播）
　椎尾山（相州）　790b
　塩田（信州）　308b
　塩津（江州）　554b
　塩屋郡人（野州）　141a
　鹿是菩薩　171a
　〈鹿是菩薩〉、転法輪之三摩耶、又春日神使獣也、　171a
　飾磨（しかま）郡（播州）　918a
　式（講式）五章（覚鑁撰）　195b
　式又尼　775b
　式部丞（藤原家能）　704b
　色究竟天　190a,b
　色相荘厳仏（六重仏相二）　181b
　色欲障道　914a
　城上（しきのかみ）郡（和州）　907b
　城上郡長谷山（和州）　814b
　識智之旨　875a
●〔直翁智侃〕塔銘（●椿庭海寿撰）　340b
　直顕集（阿字大意，存海撰）　259a
　直講（中原広宗）　730a
　直下（指）単伝　385b,478b
　直示一句　304a

直旨意　747b
直指之旨　295b,385a,510b,777a（叡尊）
直指之道　274b,300a
直指堂　458b
直指人心　85b,362b,401a,612a
　●〔栄〕西示衆曰、我此禅宗、単伝心印、不立文字、教外別伝、〈直指人心〉、見性成仏、其証散在諸経論中、　85a
直心〔指〕人心見性成仏　549b
直説　534a
直牒（決疑鈔直牒，聖冏撰）　262a
直殿　384b
直裰　86a,214b,347b,408a
　畿内大風、都人僉曰、比来●栄西新唱禅宗、其徒衣服異製、〔僧〕伽梨博幅、〈直裰〉大袖行道之時、特包飆風、今之風災因於●〔栄〕西也、　86a
食事　790a
食堂　200b,832a
　〔恵〕珍、以施財、修補東大寺〈食堂〉、　200b
食封　89b,91b
食輪　312a,352b,379a
★竺乾　→印度
★竺乾震旦　851a
★竺支韓和之諸大乗　87b
〔☆竺仙梵僊〕行状（★了庵清欲撰）　385a
〔☆竺仙梵僊〕語録（☆竺仙梵僊撰）　385a
〔☆竺仙梵僊〕真賛　385a
〔☆竺仙梵僊〕塔銘（★翰林学士危素）　385a
竺典　263a
★竺土　65b（★玄奘），846b（●真如），866b（☆伏見翁）　天竺も見よ
竺墳　394b,478a,545a,569b,894b
竺墳魯誥（魯誥竺墳）　478a,522b

竺峰冷泉両会語（虚舟和尚語録の内，★虚舟普撰）　323a
竺峰録（虚舟和尚語録の内，★虚舟普度撰）　323a
設楽（したら，参州）　435a
七会語録　337a（●約翁徳儉），631a（☆隠元隆琦）
七楹鐘楼（東大寺）　786b
七科伝授　248b
　〈七科伝授〉者、一日一心三観、二日心境義、三日止観大旨、四日法華深義、五日円教三身、六日常寂光土義、七日蓮華因果、是教重七科、　248b
七月旦上堂（太清宗渭）　493a
七級塔　112a
七倶知（七倶胝仏母尊）　136b
七箇三重之奥旨（恵心的流）　752a
七箇法要　248a,249a
　〈七箇法要〉者、本●伝教所唐伝之奥旨也、不入其門而伝之、則不易知焉、249a
七金山（しちこんさん）　153b
七寺　133b,198a,246b,258a
七寺義学　184b
七寺門　157b
七七之忌　653a,847a
　〔尊意曰〕、我弟子等〈七七之忌〉、集居旧房、修唱念仏、各於自房、益勤修学、若有思我、砥励所業、是報恩也、653a
　〔●奝然〕、語遠遊、母従其意、〔奝〕然図弥勒文殊像、請南北清衆於常住寺、法華仁王五日十講供養演説、是預修老母〈七七之忌〉也、　847b
七衆（比丘，比丘尼，式叉摩那，沙弥，沙弥尼，優婆塞，優婆夷）　92b,340b,457b,775b
七衆各得戒　772a
七衆之首　92b

354

七衆守制　793a
七宗　129a, 631b
七宗僧園　834b
七十五法　237a
七処九会（大愚性智）　563b
七処之縁　94a
七処十一会語（東明和尚語録，☆東明恵日撰）　365b
七星　675a
七聖財（信，戒，聞，慚，愧，捨，恵）　791b
七条（城州）　860b
七条坊（城州）　911b
七帖見聞（貞舜撰）　260a
七層塔（永観）　189b
七大寺　76a, 102a, 129a, 151b, 185a, 188b, 230b, 256b, 834b, 895b, 897a
七大寺会　151b
七大寺検校（行信）　91b
七大寺僧　824b
七朝　632a
七朝之師号（夢窓疎石）　390b
七朝帝師（夢窓疎石）　583b
七珍　98a, 834b
七顛八倒　488b
七難　729a
七難災　115a
七難即滅　729a
　一切国王、講読此〔仁王〕経、〈七難即滅〉、七福即生、万姓安楽、　729a
七日斎　105a
七日御修法　226a
七廟　96b
七福即生　729a
七仏　355b
七仏薬師法　667b, 705b, 708a, 712b, 719b, 729b, 735b, 764a
　〔慈源〕修〈七仏薬師法〉、結願日妖星隠、貰置阿闍梨三口於叡山、　735b

七遍入獄令諸鋼党開法華　838b
七宝厳飾　921b
七宝塔　189b
　作〈七宝塔〉、安舎利一粒、　189b
七宝仏像　834b
　★賢天起塔、★帝釈造堂、★五天竺内、挙特勝者、伽藍一十三万、経蔵二十一万、〈七宝仏像〉一百四十万、　834b
七宝蓮池　806b
七滅諍　765b
七葉図　287b
七曜（一行禅師）　745b
七曜星　750a
　★一行禅師封蔵七撥、而没〈七曜星〉、750a
失明　74b
竹篦（箆）（しっぺい）　283a, 290a, 310a, 338b, 435a, 486b, 495a, 511a, 523b, 571b, 572a, 574a, 584b, 596a, 598b, 607a, 610a, 611a
直歳（しっすい）　594b
室中　270b, 279b, 288a, 311b, 360b, 486b, 599b, 615b
室利殿　537b
疾雨　702a, 911b
疾疫　910a
疾病　911a
執筆書而対　272b
　★〔仏〕海〔恵遠〕問其来由、◉〔覚〕阿未通語音、輒〈執筆書而対〉、272b
悉地　68b, 79b, 128a,b, 174a, 195a, 257a, 690a, 698a, 811a, 879a
　事相者, 不択恵愚、行者意念純一、則必獲〈悉地〉矣、690a
悉曇　116a, 166b, 260b, 261a, 658b, 659b, 681b, 739b, 764b, 797b
悉曇学　687a
悉曇決択鈔（宥快撰）　261a

355

悉曇考覈鈔（宥快撰）　261a
悉曇字記鈔（宥快撰）　261a
悉曇字義（記，唐・★智広撰）　775a
悉曇章（安然撰）　75b,117b,136b,
　140a,b,166b
悉曇章蓮華手種子字義　166b
悉曇鈔（宥快撰）　260b,906b
悉曇蔵（安然撰）　140a
蒺藜　306a
漆函　863b
漆桶　290a,298a,302b
質問　267a
蟋蟀　853a
十戒　80a
十界　174a,209a,263b,854a
　〔遍〕救曰、行者苟観心純精、則〈十
　界〉可共空、〔覚〕超曰、九界可空、
　仏果不可空、　174a
十境　444a,496a
十傑（通幻寂霊）　632a
十講会　76a
十師　127a,813a,893b,894a
　招提寺成、戒壇制全〈十師〉儀備、大
　小戒法、随機布授、　813a
十遮　127a
　三七日修悔過、四月十五日以前定其受
　戒日、請伝戒大小十師於東大寺戒壇、
　依教問十三難及〈十遮〉、然後登壇受
　戒畢、　127a
十首詩（◉大象宗嘉〔駕〕撰）　496b
十種供養法　882a
十声念誦　336b
　〔◉約翁徳倹〕曰、毋厚喪礼、維那投
　炬、〈十声念誦〉、不可行余仏事、吾昔
　在★霊隠〔寺〕、親見★退耕〔徳寧〕
　入滅、大約類之、　336b
十聖三賢　526a,575b
十信　846a
十信断惑　186a

十利　415a,484b,572b,578b,584a,
　596a,632b
十利之山　737a
十臂毘沙門法　681b
十方諸神、来于仏会、誓護正法、641b
実魚、依師〔広恩〕道力、変成経巻、
　723a
〔実賢〕禱月蝕又験、賞置伴僧二人、於
　清滝宮、　733a
実悟　271b,440a,459a,561a
実参　271b
実相　250a,303b,526a
実相上人之行状　→円照上人行状
実相之三昧　111a
実相妙行　856a
実忠、迎聖像於南津者、協於感得也、
　753b
実菩提心論（覚運撰）　168b
実法不顛倒　85b
〔実峰秀禅師〕語録（実峰良秀撰）
　506b
品川（武州）　622a
信濃　→信州
信濃守　185b,477b,627a
篠木県（尾州）　256a
篠原田（阿州）　687b
篠村荘（丹州）　718b
忍郡（奥州）　198a
芝県（武州）　624b
渋田人（紀州）　197b
島津人（薩州）　243a
島之郡荘（江州）　689a
島根県人（雲州）　437a
下津（尾州）　544b
下野　→野州
下鳥羽淵（城州）　265a
下総　240a,263a,452b,748a　総州も見
　よ
　香取郡人　398b

件名索引

下総人　263a,748a
叉手　357b,455b,492a,557b,602a,606a,b,611a
写一切経（運覚）　704b
写経　817a,823a
写実相（円照）之真、寄于戒壇院（真照）、　795b
写肖（印融）　267b
写照　199b,363b,392a,492b,505b,536b,553b,622b,767b　肖像，真，照容も見よ
〔沢庵宗〕彭画一円相、自下一点、用擬〈写照〉、622b
写像追福　94b
写大蔵経五千四十八巻（賢憬）　835b
写法華経（聖皐）　804b
沙石集（無住一円撰）　325b,782a
沙弥（勤策）　136a,158a,178b,286a,435a,516a,575a,635a,650a,726b,822a,854b　駆烏（有）も見よ
沙弥戒　105a,116a,251a,258a,772a,777b,779a,780b,788a,790a,802b,807b,808b,812a,813a,820b
霊福、賢憬、志忠、善頂、道縁、平懐、忍基、善謝、行潜、行忍等、八十余人、捨旧重受、〈沙弥戒〉者、四百四十余人、813a
沙弥経鈔（☆法進撰）　755b
沙弥行　127a
沙弥十戒　80a,268b
沙弥童行　307b
沙弥尼戒　775b
沙弥法　438a
沙門　61b,80a,81b,156b,522b,527a,639b,661a,686a,805b,822b,841a,842a,863b,865b,882a,b,886b,887a,890a,891a,894b,895a,923b　桑門も見よ
〈沙門〉者、本捨身之行也、841a

沙門之始　61a
沙門只当貧窮　219a
沙門犯法以僧律治之　760a
車乗　131b
舍（闍）維　70b
舍那　796a
舍摩他　139b
舎利（仏舎利、舎利羅）　65b,73b,74b,80b,83a,84a,105b,106a,114b,115a,116b,189b,194a,224a,238b,240b,244a,250b,256b,276a,b,281a,288b,292b,295b,297b,298b,303b,318a,b,321a,325a,340a,b,342b,370a,376a,383a,395a,407b,409b,414a,b,419a,420b,423b,435b,457a,464b,485b,487b,489a,490b,504b,513b,525b,528a,539a,b,540b,541a,548a,556a,592a,679a,b,705b,717b,718a,726a,727b,730a,752a,757a,765,768a,b,769a,775b,777a,b,781b,786a,791b,794b,804a,810a,827a,b,829a,830b,831a,832b,833a,842a,b,902a,912b,913a　設利，設利羅なども見よ
〔永観〕寛治八年（1094）作七宝塔、安〈舎利〉一粒、寅昏礼讃曰、若我生安養、則〈舎利〉当増、189b
〔運〕良所剪爪髪、所堕歯牙、皆現〈舎利〉、367a
★支那諸師伝、滅後現〈舎利〉者、僅指可籌焉、唯此方先達特為最多、而未有如宝覚禅師（東山湛照）、生前予知有真骨者、298b
〔義空〕得〈仏舎利〉五粒、慶讃供養者一千日、其〈舎利〉神変不可思議、或放異光、或騰虚空、回施盤上、中住水心、四衆頂礼、830b
〔覚樹〕宋朝賜紫★崇梵大師寄贈書簡并〈仏舎利〉八十粒、以結法信、

357

194a
舎利会　118a,768b,772a,776a,777a
舎利塔　137b,419a
舎利塔銘（●絶海中津製）　833a
舎利羅　→舎利
娑竭羅竜　604b
娑婆　164b,340b,887a,921b
娑婆山　589b
娑婆世界　881b
射甲　901a
捨仮帰真　841a
捨顕帰密　202a
　〔心覚〕、与興福寺珍海論説宗義、〔心〕
　覚詞答屈、従此〈捨顕帰密〉、202a
捨顕専帰密　674a
捨財供養　137a
捨財建堂（宗像氏国）　210a
捨身　158a,836b
　〔証〕空謂為法〈捨身〉、大士之常也、
　836b
捨身之行（沙門）　841a
捨身入蛇道　840a
捨法財（延暦寺）　138b
★釈迦之遺跡　847a
★釈迦丈六之像　767a
★釈迦像（釈迦仏像，仏像，仏陀像）
　72a,163a,178b,766b,767a,824b,
　830b,832b,837a,880a,883a,900b
　〔信敬〕次斬左脚骨、刻〈釈迦像〉無
　幾脛骨漸癒行歩如故、　837b
★釈迦尊像　825a
★釈迦尊容（新彫）　508a
★釈迦如来真身歯牙　768a
★釈迦如来真身仏牙　769a
★釈迦八塔　84a
　〔●栄西〕重渡★震旦、達於★天竺、
　拝〈釈迦八塔〉、而終身於仏国、　84a
★釈迦仏模像　847b,848a
　〔●奝然〕駕船時、海路万里、背負

〔〔釈迦仏〕模像〕、昼夜不臥、　848a
★釈迦名言　900b
　昼則転読御願大般若経、夜則念誦〈釈
　迦名言〉、　900b
自★釈迦文至★恵能三十四像　138a
遮異見章（徳一撰）　110a
遮持　779a
遮脱空讒語漢　488b
遮那大像　177a
遮那大像衣之金　909a
遮那大殿（●俊乗房重源）　830a
謝書記上堂　409a
謝新旧両序上堂　340a
謝新両班上堂　362a
謝世　114a,158b,316b,383b,465a
謝世偈（卍庵士顔）　401a　辞偈，遺偈
　なども見よ
謝知事上堂　344b
瀉水印　652b,753b
　尊意結〈瀉水印〉、消菅神之瞋火、
　753b
瀉瓶　94a,123b
灑水　255a
灑水印　171b
邪婬　919a
邪見　918b
邪疾　699b
邪宗　125a
邪僻　219b
邪法　625b
蛇　142b
蛇趣長命　840a
　〔皇円〕我聞諸趣之中、〈蛇趣長命〉也、
　不如捨此身入蛇道、待★慈尊出世、受
　其接化、　840a
蛇身　840b,852a,923a
闍維（舎維）　70b,196b,288b,298b,
　300b,316b,337a,339a,350b,363a,
　370b,382a,394a,409b,419,423b,

358

435b,449b,487b,489a,525b,562b,
608a,653a,884b
　〔南英周宗〕滅後〈闍維〉畢、以骨投
河、勿建塔勿設斎、　562b
闍毘（荼毘）　164a
闍梨　→阿闍梨
尺八　273a,587a
石橋（★天台山）　84a,b,305a,312a,
406b,417b
芍薬　340a
釈義論　190b
釈疑論（竜泉令渾撰）　425a
釈家棟梁（☆道蔵）　64b
釈氏　363a,773b
釈氏稽古略（元・★覚岸宝洲撰）
515b
釈氏之綱要（戒臘）　146a
釈氏之史　224b
釈氏之事　840a
釈氏之道善悪斉利　268a
釈氏必拝（★高昌王）　430b
釈儒之人　632a
釈儒典　579a
釈書寺像志　137b
★釈尊説法之会観音莫不随影　909b
釈典　132b,308b,332b,433b,560b,
569b,717b,762b,812a
釈秘要鈔（元宝撰）　257b
釈〔摩訶衍〕論（★竜樹撰）　129a,
238b,243b,245a,269b,325b,799a
　●弘法大師奏以此〈[釈摩訶衍]論〉、
為密教所依、　245a
釈摩訶衍論勘註（杲宝撰）　257a
釈〔摩訶衍〕論愚案鈔（印融撰）
267b
釈〔摩訶衍〕論愚草（頼瑜撰）　244b
釈〔摩訶衍〕論決択〔集〕（宥快撰）
261a
釈〔摩訶衍〕論私記（信堅撰）　245b

釈摩訶衍論指事（●空海撰）　83a
釈〔摩訶衍〕論指南鈔〔釣物〕（印融
撰）　267b
釈〔摩訶衍〕論百条論草〔第三重〕（聖
憲撰）　259b
　〈[釈論百条論草]〉筆成十巻、自跋巻
尾、今密厳下用為手鏡、　259a
釈〔摩訶衍〕論名目〔私鈔〕（印融撰）
267b
釈門奥旨　913a
釈門棟梁　438b
錫杖　633b,709b,856a,877b,920b
錫杖経（失訳）　884a
爵封倶辞（延慶）　896a
若州（若狭）　416b,468a,539a,557a,
625a,639b,640a,910a
　小浜　625a
　無音河　640a
若州人　468a
●〔寂庵上昭〕行録　334a
寂光土義　108a
寂災壇（頼瑜）　244b
●〔寂室元光〕自賛頂相　530a
●〔寂室元〕光之真　427b
●寂照（昭）入宋、〔延〕殷亦相従、（中
略）朝廷有議留〔延〕殷、　176b
寂滅為楽　433b
寂滅行　448a,494b,564a,609a,625a
著語称讃　416a
手印　139b,574a,643a,711b,884a
手簡　492b
手巾為信印　236a
手香　477a
手指　837b,840b
　〔信敬〕截〈手指〉、以備不動明王、
837b
　★世尊（中略）諸大乗経、説焼燃〈手
指〉、剥砕皮骨、献供仏、而求菩提、
840b

手皮　837b
〔信敬〕剝〈手皮〉、模作弥陀三尊像、837b
主座　145b（延惟）、548a
主蔵秉払（●東林友久）　401a
主殿頭（石川忠綱）　620b
主当令（高階仲資）　85a
主賓　94a,425a
主賓道合　343a
主務　93a,94b,103a,128a,145b,157b,160a,189a,200b,221a,255a,719a,726b,740a,746b,748b,790b
守護国界主経釈（●空海撰）　83a
守護国界章（●最澄撰）　78b
守護経法（道意）　747b
守塔　582a
〔守〕敏之与●空海争法雨　641a
守墓鳥　864a
守文　755b
●〔宗〕叡、抵★洛陽聖善寺、拝瞻★善無畏三蔵旧址、院主与以★〔善無畏〕三蔵所持宝杵、梵夾、儀器、再登★〔五〕台山、131a
●〔宗〕叡、喜附舶、経三昼夜、著太宰府、131b
●〔宗〕叡、分捨東大延暦諸寺、一無所蓄、131b
拄杖　85a,274b,291a,295a,296a,298b,299a,b,302a,b,305b,311a,b,314a,317a,319b,320a,330a,331a,336a,b,340a,343a,344b,347a,b,350a,353a,b,355b,357b,363a,378b,380b,381b,383a,395b,401b,408b,409a,413b,417b,440b,446a,448a,451a,469a,474a,478b,479a,485a,486b,493b,495b,498b,500a,505b,508a,510a,516b,517a,542a,551b,560a,562b,563b,564a,568a,571b,573a,574a,b,575b,578a,580b,581b,590b,591a,

592a,594a,b,596a,b,597b,598b,602a,604b,607a,608a,610a,b,613a,614a,b,619b,620a,624b,625b
此〈拄杖〉者、●法灯国師帰朝之時、忘而遺于★宋国、不弥月而游泳海上、到由良湊、451a
拄杖頭　610a
炷香　363b,875b
★首山〔省念〕竹箆話（了堂真覚上堂語）574a
★首山老婆心切（特芳禅傑上堂語）599a
首座（しゅそ）　281a,293b,303b,322a,328b,335b,353b,354a,b,360a,365b,392a,408a,411b,429b,432a,440a,472a,487a,490b,493b,503a,523a,610a,613a,768a
首座寮　301a,322b,411a,b,558b
首楞厳経（楞厳経，唐・★般剌密帝等訳）　99b,218a,283a,419a,799a
〈首楞厳経〉者、★大覚世尊以法華後涅槃前、在★尸羅跋城祇園精舎、為諸大菩薩、説円大究竟法、99b
〔高弁〕嘗曰〈首楞厳経〉者、聖教之眼目也、218a
首楞厳頻伽瓶之喩（覚晏・懐奘問答語）291a
修学　270a,859b
修感　754a
修観　153b,176b,200b,217b,259a
修行　198b,220a,362b,633b,666a,775b,854b
〔日蔵〕帰依大日如来、修胎蔵法、延命八十一歳、如説〈修行〉、延為九十九年、666a
修行者　81b
修供　79b
修験　119a,690a,691a,787a
修験家　696a
今〈修験家〉、攀三山者、以聖護院為

360

本者、従此始焉、 696a
修者誠精純密 637b
修呪 105a, 902a
修誦 79b
修習 139a, 169b, 251b, 859a
　● 〔円〕珍閲〔大〕蔵経凡三遍、常修密観、其〈修習〉時、雖徹暁無仮寐、浄鉢過時、不択精糲、垂年八旬、識鑑尚明、 139a
修心為緊、明心為最、 362b
修懺 635a, 721b, 817a, 851b
　〔泰澄〕衣藤皮、飡松葉、〈修懺〉積年、発得恵解、 635a
修善奉行 855a
修善要法（円忍撰） 812b
修禅 81b, 713b
修多羅 826b
修多羅教 392b
修多羅供銭 920a
修塔 576a
修道 187a, 560b
修得 150b, 829a
　夫通有二、生得〈修得〉也、修得者不依賢愚、而依精力之純也、〔文〕覚之強苦、雖聖賢、而有所難成、是所以明王薬師加護也、 829a
修福之勤 834b
修法 84a, 159a, 161b, 248b, 260b, 266a, 644a, 651b, 668a, 669b, 675b, 677b, 681b, 690b, 695b, 742a, 763a, 817a, 836b, 918b
　● 〔栄〕西祈雨、〈修法〉之間、● 〔栄〕西身発千光、上燭霄漢、于時大雨、勅賜千光之号、 84a
修法儀軌 639b
修法禁殿前後八度（寛空） 661a
修法要集（守覚撰） 206a
修理大夫（俊綱） 885a
修礼懺悔 71b

修練（錬） 79b, 142b, 192b, 203a, 235b, 658b, 844b, 874b, 875a, 878a, 907a, 915a, 919b, 924a
修路（行基） 815a
殊勝問答（円光鈔，経円撰） 185b
酒 187b, 242a, 273b, 600a, 630b, 651b
酒肉 904a
棕櫚 340a
衆園 655b
衆穴一毫収（夢巌祖応解夏小参語） 445b
衆生皆成仏 155a, 159b, 169b
衆聖之迎摂 891b
衆聖之来迎 889a
衆寮 280a
★須弥半腹 221a
★須弥山（須弥） 153b, 319a, 326b, 333b, 357b, 358b, 363a, 379a, 461a, 469b, 524b, 564a, 572a, 582b, 587a, 594b, 597a
塵尾 187b, 229b, 401a　払子（ほっす）も見よ
入院 591a
入水 838a
入内 159b, 163a, 404b, 434a
入内論義 899a
寿光殿学士（★恵超） 843b
寿塔 300b, 384b, 412a, 416a, 447a, 484b, 567b, 587a, 599a
　丞相藤公、剏菩提院、為〔乾峰士〕曇〈寿塔〉、 412a
　源公〔足利義満〕発信心、〔宝幢〕寺後剏小院、為〔春屋妙〕葩〈寿塔〉所、以其地有白鹿来、勝日鹿王也、 484b
寿容 767b
受印 495b
受衣 532b
受衣記（渡唐天神記，藤原師輔題） 912a

受戒　72b,73a,b,74a,78a,103b,126b,
　127a,129a,139b,142a,144a,155b,
　158b,163a,164b,178b,208b,209a,
　218b,231b,240a,242a,252b,254b,
　275b,276a,b,296a,307b,318b,328b,
　340a,350a,354a,357a,364b,366a,
　370a,371b,402a,403b,426a,437a,
　460a,469b,476a,478a,484a,509b,
　518a,532a,b,543a,570b,585a,595b,
　601a,650b,675a,702a,705b,711b,
　724b,729a,730a,732a,737b,747b,
　751a,752b,756a,757b,760a,765b,
　772a,775b,776a,b,777a,779b,780a,
　784b,785a,786b,790a,794b,796a,
　797b,799a,804b,805b,806a,822b,
　827a,835b,867b,874b,875b,885a,
　886a,888a,890b,905b,906a,918b
●〔恵〕運、憂諸寺度者〈受戒〉之廃、
　翌歳上表曰、謹案旧例、凡得度者、先
　与度縁、次令入寺、就中年度者、経二
　年精練沙弥行、臨時度者、経三歳、然
　後聴〈受戒〉、　126b
〔◉恵運〕三七日修悔過、四月十五日
　以前定其〈受戒〉日、請伝戒大小十師
　於東大寺戒壇、依教問十三難及十遮、
　然後登壇〈受戒〉畢、　127a
☆鑑真和尚、行羯磨法於東大寺、〔賢〕
　憬為受者、是本朝登壇〈受戒〉之始
　也、　835b
受戒之嚻　412a
受戒師（行意）　885a
受戒者　127a,146a
　梵網経曰、若仏子応如法次第坐、先
　〈受戒者〉在前坐、後〈受戒者〉在後
　坐、金口明説之、　146a
受戒日　127a
受戒法　772a,804b
受戒問法　224a
受学　245a,784b,802b,806b

受記　465a,577a
受教（峰禅）　822a
受具　105a,251b,255b,256a,361b,
　377b,392b,401a,491b,495a,497b,
　523a,580a,612a,766b,769b,770a,
　777b,794b,805a,813a
受決〔訣〕（◉寰中元志）　461b
受業　77b,104b,109b,125a,134b,150b,
　157b,166b,178a,184a,189a,206a,
　233b,246a,248a,264a,287b,366a,
　448b,451a,475b,516a,543a,584b,
　707b,727b,732b,740a,775a,780b,
　794b,795b,805b,866b
受業師　294b,521a,655b
受持　256a,861a
　〔法華〕経曰、〈受持〉、読誦、書写、
　解説、如法修行、　861a
受者　835b
受授之信　114b
受度　116a
受報　802a
受密　177b
呪願　113a,148a,159a,234a
呪験　667a,695b,754a
呪持　699b,815b
呪修　913b
呪術　866a
呪僧　660a
呪縛　668a,b
呪符　733b
呪力　212a,659b,716a
呪霊　187b
〔授翁宗弼〕行状（東陽英朝撰）　450a
〔授翁宗〕弼照容（頂相）（無因宗因
　写）　449b
授戒　73b,74a,b,189b,254a,287b,
　390a,b,687b,755a,763a,786b
授記　124a,460b,572b,586a
授手印決答（良忠撰）　240b

件名索引

授菩薩戒儀（叡尊撰）　777b
授律弘密　781a
頌　387b,398b,404a,422a,520a,561a,562a,616b
頌偈　354a,416a
頌古　392b,484a
頌疏鈔（英憲撰）　238b
数珠　273a,370b,371a,848b
誦持普門品（力能）　884a
誦唱〔阿〕弥陀経（経遥）　874b
誦法華経一万部（蓮待）　876b
聚分韻略（虎関師錬撰）　376b
儒　351b,551a,812b
儒家　840b
　愛生悪死者、人情之常也、受身体髪膚於父母、不敢毀傷者、〈儒家〉之教也、840b
儒雅　503a,848a
儒官（★虞伯生）　524a
儒冠　151a
儒教　653b,660b,840b
儒詰　560b
儒士　620b
儒子　393b
儒詩　583b
　仏氏鈔〈儒詩〉、非相誇乎、〔瑞渓周〕鳳曰、★坡（蘇東坡）翁五祖再生、而★照覚為師、仏印仏恵為方外友、583b
儒者　304a,406a,521b,841a
儒釈　219a,846b
儒釈古今書　376b
儒釈禅教之異　376a
儒釈論　285a
儒宗　285a,363a,910b
儒術　285b
儒書　79b,132a,b,178a
　〔後三条帝〕曰、学仏者不渉〈儒書〉、朝会交接旨語卑陋、台徒中有内外兼通者、朕其試之、〔勝〕範択進以〔薬〕

智、帝先問止観幷密乗、奏対審明、次至経史子集、〔薬〕智始釈俗諦、終帰真乗、宏詞雄弁、178a
儒生　63b,120b,617a,773b
儒籍　569b
　景南〔英文〕、釈典〈儒籍〉無不遊目、569b
儒典　115b,225a,376b,523a
　或者曰、子（◉愚中周及）盍習〈儒典〉、恐閾博識、〔周〕及曰、若論本分、仏語祖語尚不可学、況異端乎、523a
儒道百家　332b
儒仏　285b
儒門之★曽子　152a
儒林　165a,316a,449a
儒林望士　660a
孺子　698a,791a
濡首大士　→文殊
鷲峰之頂宗　912a
鷲嶺拈華　346b
囚人　189b
囚徒　839a
州司（藤原師高）　713a
州守　524b（平則平）,573b（葦名盛信）
州将（稲葉一鉄）　618b
州牧　73a,452a
舟子　918a
舟人　295b
★秀州（中国）　763b,765a
周易　528b
　〔無因宗因〕善熟杜詩、又精〈周易〉、528b
〔周〕鳳（瑞渓）博識多聞、善属辞章、壮年精于蘇詩、583b
〔周鳳（瑞渓）和尚〕語録（瑞渓和尚語録、瑞渓周鳳撰）　584a
宗印（了庵恵明）　529b
★〔宗〕印（北峰）師之真影　765b

363

★〔宗印（北峰）〕就〔天〕台宗教観、出五試問、独以◉〔俊〕苟答為勝、763b
★〔宗印（北峰）〕付法語幷唯心浄土之説、表伝法之信、 765a
宗学　262a
宗眼　362a
宗記　241a,613a
宗規　422a,555a
宗機　558a,617b
宗義　81a,101a,b,133b,160b,184b,186a,202a,241b,243a,256a,269a,416a,451a,624a,875a
宗義鈔（宥快撰）　261a
宗教　64b,211b,231b,248a,249b,250a,267b,336b,402a,454b,483a,631a
☆〔隠元〕〈宗教〉才識、雖不及古人、而勝於今世、631a
宗教大旨（◉円爾弁円）　286a
宗訣　250a,615b
宗眼　362a,567a
宗綱　113b,425b,530a
宗旨　84b,170a,200a,288a,305b,306a,307a,331a,338b,360b,402a,440b,459b,462a,477b,498a,b,510b,528b,544b,552b,553a,565b,574a,578a,591b,624b,817a,831b
◉慈覚◉智証之門裔、皆兼学顕密、以為家常也、〔源〕信師独以〔天〕台教為己重任、七十余部疏章、靡不扶翼〈宗旨〉、170a
宗師　297a,337b,341a,360b,374a,381b,420b,433a,518a,532a,569b,600a
後小松帝顧問一休〔宗〕純公曰、空谷〔明応〕◉性海〔霊見〕二師、孰為本色衲僧、卿審択之、〔宗〕純奏曰、以某謂見、性海文字性未脱焉、空谷名利両忘、本分〈宗師〉、518a

宗匠　264a,299b,426a,529b,533b,594a,796b,898b
宗鈔（常楼，常謄）　269b
宗乗　61a,69a,85a,107a,188a,242b,253b,277b,283b,297a,299b,322b,327a,329a,339b,342a,348b,350a,359a,380a,427a,451a,470b,477b,494b,511a,526a,527b,536a,537b,542b,544a,558a,589a,b,607b,614b,627a,785a,893b,900a
〔大綱明宗〕示衆曰、吾此〈宗乗〉不拈文字、不拘経論、 558a
〈宗乗〉者、空有雖異、而其利済者、同是応化之二菩薩也、893b
宗説　284a,340a,394b,414a,420b,427b,487a,502b,505a,520b,589b,602b,632a
義堂〔周信〕、◉絶海〔中津〕、〈宗説〉、双璧、632a
宗祖　65a,75a,433a
宗派　134a,298a,589a
宗派図　283b,293a
宗風　343b,392a,428a,507a,524a,568b,579b,584b,586a,621b
宗名　813a
★弘景、★融済、★道岸、★智仁、★周律師、弘倡師説、〈宗名〉遂分矣、813a
宗門　288a,300a,309b,323a,326b,345a,366b,386a,391b,399a,404a,406a,407a,484a,503b,509b,510b,525b,591a,598a,603a,608a,620a,621a,628b
教門有所拠、〈宗門〉無所依、 300a
夫〈宗門〉者、以直指面命、的的相承、598a
〈宗門〉伝此方、大率有二十四流、才至五六世、其法寖衰、或流乎文字辞章之末、或囿乎知解計較之中、而失本源

者、多幾乎二百余載矣、 621a
〔一老〕宿曰、〈宗門〉話頭、非言説所及、 326b
宗門之弊 600a
宗門旨 334a,620b
宗門事 406b
宗門十勝論（虎関師錬撰） 374b,377a
〔宗門〕正灯録（東陽英朝撰） 600b
宗門禅（月航玄津上堂語） 618a
宗門第一書（碧巌集〈録〉） 628a
宗門要旨 277a
宗献 581b,587b
宗要 232b,239b,245b,251b,330a,338b,391b,413a,419a,425a,434a,444b,456a,532b,543b,550b,568b,805b,887b
宗要科文鈔（姫路鈔、正覚撰） 225a
宗要鈔（良忠撰） 240b
宗要類聚（政海撰） 231a
宗論 339b
拾異（虎関師錬撰） 917a
拾遺往生伝（三善為康撰） 891b
拾要集（守覚撰） 206a
〔秋礀道泉〕写照自讃 363b
執金剛神 665a
執金剛像 92b
習毅 893b
習学 151b,172a,183b,238a,250a,251b,260a,267a,414a,559b,601a,646b,652a,655b,727a,728a,731a,759a,b,761a,799a,807b,829b,839a,844a,b,895b,896b,898b,916a,921a
習串 71b,135a,150a,188a,210b,220a,237a,686b,900a
習貫 236b
習記 72a
習究 66b
習教 762a
習修 249b

習受 813a
習誦 301a
習定 504a
習禅 218b
習禅一科 631b
習禅危坐 774b
習読 554b,717b
習稟 253b,254b,305a,806b
習律 251a,758b
習錬 144b
衆伎音芸（恒寂） 820b
衆人多疾、以鐺烹粥、或煎水哺之、病者皆愈、（●道昭） 65b
種子義（●最澄撰） 166b
繡袈裟（橘皇后） 270b
繡梓 408b
繡服 625b
繡仏（薬師寺） 66a
十悪五逆 882a
十一面観世音神変不思議 634b
〔泰澄〕礼数百拝、高声唱曰、南無〈十一面観世音神変不思議〉、 634b
十一面観音 640a
十一面観音呪 858b
十一面観音像 814b（長谷寺）,821b（濃州谷汲寺）,918b（紀州狭屋寺）
十一面観音大士 903a
十一面観音法 636a
十一面大悲像 679a（和州円成寺）,822b（洛東西光寺、六波羅蜜寺）
十因文集（真空撰） 785b
十願（千観） 158a
十疑問（瑩山紹瑾） 342b
十牛訣（痴兀大恵撰） 325b
十牛図（宋・★清居皓昇撰） 510b
十玄談 99a
十劫正覚迹門弥陀 216a
十三観（★善導） 223b
十三級〔石浮屠〕（宇治川） 776b

365

十三級塔（阿成山，多武峰）　634a
十三級宝塔（摂州武庫川，浮橋寺）
　224a
十三大教寺　695b
十三難　127a
十地　220b, 500b
十地菩薩　637a
十地法門　218a
十住心論（秘密曼荼羅十住心論，●空海撰）　68b, 81a, 83a, 104b
十住心論義批（凝然撰）　247a
十住心論義林（宥快撰）　261a
十住心論愚草（頼瑜撰）　244a
十住心論広名目（印融撰）　267b
十住心論鈔　247a（凝然撰），257a（杲宝撰）
十住心論草稿（頼瑜撰）　244a
十住毘婆沙論（★竜樹撰）　200a
十重禁戒　776a, 790a
十重之禁　780a
十重唯識帝〔瑜〕鑑記（凝然撰）　247a
十乗　231a, 310b
十乗観法　202a
十信断惑　186a
十善　186a, 916a
十禅支録（虎関師錬撰）　376b
十禅師　120a, 122a, 143b, 159a, 646a, 648b, 653b, 656b, 871a
十禅師位　119a
十禅師大法師位（恵亮）　119a
十大弟子　107b, 123a
十大弟子像　830b, 832b
十大徳（●善議，勤操等）　76a
十題論科註（頼瑜撰）　249b
十段錦　288a
十童子　668a
十二〔因〕縁　375a, 915a
十二処　458a
十二頭陀　390a

十二大士　560a
十二〔門論〕（門）（★竜樹撰）　87b, 90b
十如実相文　676a
十如是集（●円仁撰）　119a
十八界　458a
十八契印　195a, 775a, 810b
十八契印口訣　244a
十八衆参遊★大明（●大初啓原，●宗猷等）　515b
十八談林（相州光明寺等）　241a
十八道　193a
十八部主　762b
　〔●俊芿〕〈十八部主〉中、第七日苏、第八日大不可棄、其誼弥粗相似、故自為名為号、　762b
十八羅漢画幀　764b
十仏　440a
十万頌　68a
十夜念仏（祐崇）　267a
　方今専念之寺、初冬唱〈十夜念仏〉者、自〔祐〕崇而始、　267a
十喩詩（●空海撰）　687a
　〔皇太子（尊仁、後三条天皇）〕喜覩●弘法自筆〈十喩詩〉及驪駒二匹　687a
十余人同船入★唐（●恵済，●恵先等同志）　843a
十羅刹　690b
十羅刹女　664b, 723b, 915b
十力　191b
十六応真（二八応真）　772b, 832b　十六羅漢も見よ
十六応真像　345b　十六羅漢像も見よ
十六観　223b
十六観経記（宋・★源清撰）　167a
十六観門　237b
　〔見性〕付嘱曰、廃前定散〈十六観門〉、唯立名号、以本願故、是九品散善亦廃、　237b

件名索引

十六大阿羅漢　502a
十六羅漢画真（★大雲寺）　850a
十六羅漢画像（☆鑑真将来品）　847b
十六羅漢像　800a（洛東金山院）、832a
　（豊前羅漢寺）
　〔尊空〕幹縁図〈十六羅漢像〉、置〔洛
　東〕金山院、　800a
什具　221b,264b,413a,424b,889b
什物　124b,273b
充棟汗牛　269a
住持　190a,283b,362a,b,404b,563b,
　764b,777a,892b
　☆〔明極楚俊〕上堂、★百丈已前無住
　持事、也無両序之称、亦無進退之説、
　百丈已後古風漸散、法出姦生、選賢択
　能、量才補職、以宗眼明、戒行潔者為
　〈住持〉、謂之長老、　362a
　★臨安菩提律院、択〈住持〉人、諸寺
　胥議曰、以能答日本●〔俊〕芿師疑問
　者、可充其選、　764b
住持十二大利（在庵普在）　447b
拾薪採果（亮典）　268b
重閣講堂　765b
重受　662b,774b,813a
　霊福、賢璟、志忠、善頂、道縁、平懐、
　☆忍基、善謝、行潜、行忍等、八十余
　人、捨旧〈重受〉、沙弥戒者、四百四
　十余人、　813a
重重法界　156a
重重法界旨　771b
重臣千秋　550a
重離畳変　530a
★〔従〕悦〔兜率〕禅師之再来（●竜山徳
　見）　399a
従教帰禅（●桃渓徳悟）　313b
従教入禅（法華、華厳二宗）　231a
揉紙為衣（棋山賢仙）　393a
糅鈔（伝通記糅鈔、聖冏撰）　262a
夙業　611a,808a

★〔叔平隆〕肖像　378a
祝延国祚　235a
祝賛　561a
祝聖　138a,285b,336a,343a,353a,
　357b,360a,362b,408a,421b,479a,
　540b,590b,604b,607a,610b,614a,
　624b,627a,809b
祝聖道場　406a
祝槃　83b,142a,308b,514a,686a,692b,
　699b
祝髭　364a
祝甓　488a
祝髪　151b,164b,182b,311b,373b,
　387a,431b,438a,531b,560b,572b,
　576b,679a,711b,724b,730a,746a,
　805a
祝巫　289a
宿王菩薩　910b
宿学　318a,368a
宿疾　636b
　〔泰澄〕有〈宿疾〉者、僅飧鉢飯、其
　病即痊、雖万里道、一時而至、　636b
宿習　335a
宿世　885b
宿命智　341b
粥飯　339b
出家　71b,72a,88b,98a,109a,120a,
　134b,135a,151b,164b,168b,175a,
　181a,182a,187a,193a,200a,206b,
　219a,222a,223a,232b,236b,237a,
　243a,245a,254a,255b,256b,268a,
　278a,287b,305a,316b,317b,322a,
　329a,333a,345a,378a,387b,393b,
　415b,431b,434b,438a,448a,449b,
　455b,467a,474b,483a,497b,507b,
　534a,576a,592b,604b,653b,658b,
　661a,662b,665a,673b,675b,684a,
　687b,688b,694b,709b,716b,724b,
　739b,755a,759b,772b,779a,790a,

367

798b、801b、802b、815a、822b、828a、b、
829b、849a、852b、855b、857b、869a、
870a、876b、877b、881b、882a、886a、
891a、895b、914b、923b
皇孫〈出家〉、歴任僧官、以〔寛〕忠
為始、　662b
皇子〈出家〉、昇于品階、〔性〕信為始
也、687b
未聞若〔平〕灯公道心勇健者、真〈出
家〉真隠逸、661a
出家修道　560b
出定　599b
出世　101a、290b、307b、338b、341b、
381a、444a、524a、526b、528a、840a、b
〔☆即休契了〕嘱曰、子（●愚中周及）
帰郷国、不要〈出世〉、須居山林、做
静地工夫、長養聖胎、524a
出世法　475b
出離之法　478a
出離法　122a、291b、812a
述記鈔（善珠撰）　97b
述聞鈔（良暁撰）　250b
俊傑　188b
〔澄豪〕弟子弁覚、永弁、智海、長耀、
尊珍等、共是〈俊傑〉、唱檀那流義、
恵檀法門斯時為盛也、188b
●〔俊〕苅姿貌似第十七慶友尊者（難提蜜
多羅）　764b
●〔俊〕苅自賛　767b
●〔俊〕苅寿容（宋工☆周丹）　767b
春供　187b
〔公伊〕嘗招一衆、修四季講、以報諸
祖恩、〈春供〉★妙楽、夏供★南岳、
秋冬供★章安★天台、187b
春耕集（心田清播撰）　560b
峻翁令山行状（佚失）　533a
舜若多神（虚空を司る神）　576b
駿馬　564a、703a
巡観　556b

巡行　829b
巡堂　274b、389b、453a、459a、607b
巡遊　526b、897a
巡礼　116b、847b、883b、915b
巡歴　845a、860b
准三后　235a
〔法助〕為一身阿闍梨、任〈准三后〉、
僧家此職以〔法〕助為始、235a
純金為地　665b
筍　352b
〔淳〕祐〔元〕杲二師、漏先史之綱（元
亨釈書）者、為可惜焉而已、162a
●〔順空（蔵山）〕頂相　317a
順次往生　883a
〔永尋〕修千座講、所持袈裟書諸経要
文、其志偏祈〈順次往生〉、毎正修念
仏、以小豆粒、充一遍数、積至為三十
五石、883a
順世　575a
順風　290b
順開山（浄智寺●南州宏海）　317b
準絹　765b、777a
詢禅　270b
処士　413b
処胎経　914a
初阿闍梨　190b、191a　最初阿闍梨も見
よ
初位三昧　196b
初会（弥勒）　124b
初於聞中入流亡所（存海、真要十一条
九）　259a
初果之位　151b
初学　68a
初学者　259b
初住　186a
初祖　69b、544b、758a
華厳者、以☆●〔審〕祥師為〈初祖〉
也、69b
初祖伝法偈　294b

★初祖（達磨）塔　292b
　〔●義尹（寒厳）〕礼〈★初祖塔〉三千
　　五百拝、　292b
初転法輪　171a
初発心時便成正覚（華厳経）　84b,85b
初例　150a,175a,176a
　已講之人〔壱定〕、未歴僧綱、入内道
　　場、以為〈初例〉、　150a
所契　325a,557b,573b
所悟　530a,554b,561a,596a
所持法華　875b
所証　279b,564b
所悩忽除即蘇　923b
書　287b,376b,820b
　正和已前以〈書〉質心、正和已後以心
　　質心、　376b
　嵯峨淳和二皇工〈書〉、世称二妙、論
　　者曰、嵯峨勁筋乏肉、淳和豊肉軟骨、
　　肥痩得適者、亭子親王也、　820b
書一切経（西法）　882a
書翰　271b
書簡　287b
書記（記室）　313a,317a,325a,370b,
　　409a,413a,418b,452b,455a,499b,
　　514a,523b,524a,531a,555b,569b,
　　611b
書策　219a,466b
書冊　545b
書山講式讃章（●寛昌撰）　225a
書史　592b,606b
書写　76a,225b,861a,867b,875b,922a
　〈書写〉五典（五部大乗経）、必生安
　　養、　922a
書写供養　656b
書写供養如法経、断言持斎（永遒）、
　　877b
書写五部大乗経（道寂）　875b
書写最勝王経（叡尊）　776a
書写仏経（賢護）　825a

書写法華〔如法経〕（永遒）　877b
書〔状侍者〕　474b
書如法経毎一字必三拝（道寂）　875b
書籍　259a,301a,531b,546a,584a,
　　652a,
　〔峻翁令山〕取〈書籍〉、或焚或与人而
　　曰、吾今抛軀偏問諸方、若不明大事、
　　死不休、　531b
　〔松嶺道秀〕沽売所持〈書籍〉、或購香
　　積、或施浴室、無事不弁、　546a
書幣　362a,376a,396b
書法　206a
書問　484a
黍飯　425b
疏記鈔（順耀撰）　192b
疏鈔（章）　106a,158a,202a,207a,
　　220b,259b,264b,269b
　高弁中興華厳、多著〈疏鈔〉、修禅密
　　感神敬、　269b
署述　374a
　〔虎関師〕錬掩室謝事、専以〈署述〉
　　為努、　374a
署文　552b
諸悪莫作衆善奉行　302a,766a,862b
諸経是方便説、観経是真実門、　223b
諸経要文　883a
諸経論指事文集（観理撰）　156a
諸行　220b
諸行往生（第二十願）　220b
諸行非是弥陀別願　238b
諸山　416a
諸山名徳　138a
諸子百家書　480b
諸寺縁起集（清範撰）　168a
諸儒　603a
諸宗　156a,368a,538a
諸宗経書　137b
諸宗三論之末　129a
諸宗章疏　144b,168a,244a,780b

369

諸宗碩師　80b
諸宗碩徳　101b
諸宗伝通録（凝然撰）　247b
諸真言句義（印融撰）　267b
諸籍秘蹟　76b
諸尊印契儀軌　257a
諸尊儀軌（西念）　888b
諸尊三昧　195a
諸尊壇軌　116b
諸尊秘軌　711a
諸尊秘記　652a
諸尊秘訣　232a
諸尊秘法　701a
諸尊秘要　711b
諸尊法　886a
諸大寺及大内之焼災　911b
諸壇　828b
諸天　71b
諸天善神　723b
諸堂　434a（建仁寺），558a（江州大光寺）
諸堂之規　89b
諸仏、以妙用為力、　614b
諸仏言教、渡河筏、　438a
諸仏心印　100a
諸仏未出世、祖師未西来、（☆兀庵普寧上堂語）　290b
諸法実相　85b,306b
諸法寂滅相　395b
諸録　273a,475a
如仲（天闇）真（川僧恵済賛）　585b
◉汝霖（良佐）之行実　521a
序跋　569a
除疫法　652b
除蓋障三昧　196a
除災致福、熾盛光仏頂　118a
除夕示衆（★北禅院智賢禅師）　560a
除病法　659b
除夜小参　344a,413b,487b,559b,606a

★婺州衙前散将（★徐公直，★徐公祐，★廖公著）　271b
上人　68b,78b,80b,98b,191a,209a,219a,227b,231b,237b,240b,246b,251b,254b,267a,269a,397a,404b,449b,538b,572b,639a,642b,649a,653b,656a,659b,665a,666a,671a,672a,682a,709b,722a,726a,732b,742a,747b,748a,749a,763a,767a,769a,771b,777a,b,779a,788b,792a,795a,b,800b,804b,811b,815b,821b,822b,825b,831b,837a,839a,857a,859b,865a,872a,873b,874b,876a,877b,881b,882b,883a,884b,885b,886b,905a,b,907a,911a,b,923b
上人位　748a
上人号　240a,269a
小阿闍梨　696b
小阿弥陀経疏（隋・★智顗撰）　167b
小灌頂　193a,728a
小鑑（無住一円撰）　326a
小願（◉空海）　81b
小疑之下有小悟　427a
小弓矢　206b
小牛（印融）　267b
小偈遺什　550b
小国辺鄙　191b
小参　284b,310b,320b,321a,343a,344a,350a,399a,401b,411b,413b,445b,453a,485a,487b,493b,498a,500b,548b,549a,559b,563a,564a,591b,596a,600a,b,602a,603a,606a,612b,620b
小参謂之家教（東漸健易冬夜小参語）　548b
小参鈔（★天童覚和尚小参抄，★宏智〈わんし〉小参抄，了庵恵明撰）　529b,530a
小参上堂（乾峰士曇）　411b

370

件名索引

小沙弥　635a,637b（報恩）
小蛇　266a,405b
小肖　267b
　関東八州有古義談林六十余院、写〔印〕融〈小肖〉、歳時饗祭、267b
小祥忌　876a
小乗　111b,181b,597b,785b
小乗教　186b
　異時断者、〈小乗教〉説之、同時断者、天台一家之所立、186b
小乗部　583a
小乗論　190b,245b
小浄土（礼光,智光）　90b,91a
小僧都　91b,129b
小飡（夕食）　183b
小豆　858b,883a,886b
　隋僧★宋満、唱弥陀号、以〈小豆〉算、満三十石、858b
　〔願西〕入念仏門三十余載、以〈小豆〉数、期一千斛、而至七百斛、886b
小白山大行事　903b
升壇　437a
升堂　568b
少外記　806a（中原氏、明忍）、875b（中原氏、道寂）
★少室家風　336a
★少室之旧章　515a
★少室禅　526b
★少室単伝　412a
★少室単伝亦妄伝　278b
★少室秘訣　347a
★少室壁観　346b
少僧正（道融）　739b
少僧都　91b,93a,103a,105a,106b,111b,112b,120a,126b,128b,129b,133b,139a,142b,145a,147b,149a,b,150a,152a,154b,155b,156a,160a,168b,169a,171b,172a,177b,190b,191b,193b,249a,649b,651b,662b,663a,669b,698a,760a,845a,897a,899b
少納言已講（定算）　228a
少内記　806a（中原康雄）、915a（都良香）
少林一曲（◉嵩山居中撰）　382a
〔少林〕無孔笛（東陽英朝語録）　600b
★少林面壁（義雲結夏上堂語）　348a
正印　284a,521b
自〔★正印（月江）〕頂相賛其上　466a
正因果鈔（存海撰）　259a
正因正行　237a
正覚　220b
正覚国師（夢窓疎石）之禅　496a
正覚国師（夢窓疎石）頂相衣盂　583b
正学　882a
正観　134b,135a
正観念仏　891b
　★震旦日本朝、前修之諸師、或依観念、皆本唯心、雖〈正観念仏〉理有所由、然宜定不宜散、扶自不扶他、似非菩薩之誓全也、891b
正議大夫　73b（安宿王、◉吉備真備）、100a（清河房融）
正月望上堂（太容梵清）　549b
正見　586b
　〔一休宗純示衆曰〕正知〈正見〉者、日用坐断涅槃堂裡、全身堕在火坑底、586b
正眼　343a,353a,392b,404a,b,421b
正業　90b
　白仏何等是往生〈正業〉、仏言、観如来相好及浄土荘厳、是為〈正業〉、90b
正修念仏（永尋）　883b
正修論（虎関師錬撰）　376b
正宗　298b,300b,367a,613a
正定身（★清弁論師）　840b
正心　174a,680a,836b,837b,883b

371

正心而化（信覚）　688b
正僧都　162b, 666b
正像　704b
　〔運覚〕嘗謂、如来滅後二千余年、〈正像〉已過、遺教将滅、704b
正知　586b
正中来、兼中至、(☆無学祖元上堂語)　302b
正灯録（東陽英朝撰）　600b
正道　648a
正念　173b, 212b, 873b, 876a, 879a, 888a, 889a
正念誦　887b
正偏位序　365b
正偏五位　473a
正偏五位之体裁（◉祖継大智示衆）　473a
正報　856b
　〔叡桓自警策日〕、我見近世行人、或営外相苦行、不作内心観念、或施依報資財、無〈正報〉信意、徒感人天果報、856a
正法　80a, 197a, 547b, 622b, 625b, 641b, 772b, 773b, 775a, 902a, 909b
正法眼　304b, 346b, 461b, 544a
正法眼蔵（◉道元撰）　276a
正法眼蔵　62a, b, 318a, 355b, 360b, 373b, 385b, 390a, 433a, 478b, 579a
正法眼蔵語　342b（瑩山紹瑾撰）, 367a（恭翁運良撰）
正法眼蔵涅槃妙心　84b（★釈迦★迦葉付属）, 355b（峰翁祖一示衆）
正法眼蔵微妙法門（太容梵清小参）　549b
〔正〕法山有四流、而東陽一派為寂寥、621b
正法門下　620a
正律師　111b, 655b, 897b
正令　596b

生絹　448b
生死之柄　836b
生死自在　64a
生死事大　219a, 405a, 479b, 490b, 531b, 546a, 562a, 598a, 601a
生死事大無常迅速　544b（通幻寂霊・天鷹祖祐問答語）, 545b（◉寂室元光・松嶺道秀問答語）, 598a（天隠竜沢上堂語）, 601a（曇英恵応・天叟祖寅問答語）
生死事大無常迅速之語（★永嘉玄覚）　479b
生死涅槃　264b, 505b, 526a, 905a
生石大神　912b
生天之祥　823b
生得　829a
生梅　674b
生仏　848b
生滅　783a
生滅已滅寂滅現前（存海, 真要十一条十一）　259a
生楽国　890b
匠工（建順）　832a
匠作少尹（島津久豊）　561b
声明　239a, 246a, 267a, 666a, 669b, 699b, 800b, 831b
　勅令諷◉慈覚大師伝来〈声明〉、267a
声明業　82b
声明輪　702b, 797b
声聞　71b, 111b, 270a, 305a, 623a, 758b, 833a
肖像（肖容, 肖, 遺像）　70b, 94a, 129a, 152a, 227a, 267a, 289a, 296a, 297b, 372a, 378a, 392b, 393a, 425b, 431b, 447a, 460a, 472a, 496a, 531a, 540b, 543b, 553b, 585b, 590a, 671b, 802a, 823b, 830a, 832a, 834a, 850a　照容, 真, 像, 尊容, 影像も見よ
〔☆菩提仙那弟子等〕修飾八（大菩薩）

372

像、又刻〔☆菩提仙那〕〈肖像〉、並置大士傍、 70b
正仲（良伊）禅師、画★迦葉★達磨二尊者至其祖高山〔慈〕照禅師二十八代〈肖像〉、請〔相山良〕永点眼供養、 472a
〔横川景三〕、値雲仲〔道〕芳公三十三回忌、赴会斎筵、拝其〈肖像〉、有感于心、自為之嗣、 590a
勅延源闍梨図〔性〕空〈肖像〉、並記行業、 671b
肖像賛偈 289a
肖容 →肖像
〔真〕梁（石屋）自画〈肖容〉、竹居〔正〕猷公請賛、540b
尚侍（女官） 142a
尚書 410b,449b,668a,b
尚書右丞 116a（藤原常嗣）、668b（藤原有国）、698a（藤原顕隆）
尚書左丞 85a（宗頼）、118a（伴善男）
尚書省 86a,137b,844b,910b
●性海和尚語録（●性海霊見撰） 501b
●性海〔霊見〕文字性未脱焉、空谷〔明応〕名利両忘、本分宗師 518a
性具旨 283a,406b
〔性空〕行記（具平親王再製） 671b
性空根浄、送寂心于釜、 754a
〔性〕空肖像（延源闍梨図） 671b
〔性真円智禅師観中中諦〕三会語録（●観中中諦撰） 514b
性相 103b,104a,109a,152a,175b,176a,177b,195a,201a,221a,222a,227a,232b,233b,234b,241a,257a,263b,284a,286a,b,379a,491a,528a,561a,641b,711a,732b,740b,761b,767b,770a,784b,788b,801b,897a,919b
〔寛〕助公謂曰、昔弘法有言、学金剛乗者、当兼学〈性相〉、命受法相於喜

多院恵暁、学三論於東南院覚樹、195a
●〔聖〕実公博渉〈性相〉、為南京証義者、慕風入★元不帰而終、 241a
性相学（義海） 655b
性相義（忠延） 897a
性相教 214b（信空），915b（法空）
性相経疏 157a
性相之法 408b
性相密（聖宝） 143b
性得 150b
性霊集 →遍照発揮性霊集
性霊文集纂編（●空海撰） 187a
★〔承〕古塔主、距★雲門（文偃）、百年而称其嗣、 598a
承記 572a
承香殿 657b
承嗣 316b,349a,436b,470a,560b,581b,595a,600a
★承事部工部主（★金陵，★杜環） 438b
承法 229b
昇天入地、飛行無礙、 914b
松果 865b
〔役小角〕、衣藤葛、食〈松果〉、持孔雀明王呪、 865b
★松源一派 606b
★松源黒豆 568a，571b
★松源之宗 322b
★松源之禅 281b
★松源之苔帯椿 572a
★松源師祖の伝之旨 323a
★松源正脈 363b
★松江（中国江蘇省） 352b
★松滋（中国） 843b
松山集（竜泉令淬撰） 425b
松風説法、蘿月談空者、自然妙音、文殊境界、 701b
松風論（☆澄円撰） 258a

膳松葉、久蓄焼身之具、〈応照〉　838a
餌松葉、服薜茘、〈久米仙〉　913b
〔松嶺道〕秀照容　546b
青衣　64a,b,154a,412a,905b
　　梁★法朗者、三論之祖也、在★興皇寺服〈青衣〉、登講筵、☆〔恵〕灌師之披〈青衣〉、祈雨得徴、　64b
青衣童子（金剛童子）　849b,914b
青衣人　920b
青横赤白黒（◉円爾弁円・鉄牛円心問答語）　351b
青裙　69a
青竜　571a
★青竜寺座主（★義真）　114a
青竜車（聖徳太子）　863b
青蓮（半権現）　187a
青蓮院主　184b
青蓮華　661a
昭陽舎　199a
相見　310b,312a,332a
相国（太政大臣）　85a,118b,129b,137b,138b,165b,178a,196a,197b,201a,204a,207a,b,218b,234b,235a,239a,291b,456a,496a,524b,526a,583b,633b,666b,673a,b,674a,675a,b,677a,b,679b,680a,683b,711b,713a,746a,802a,829b,831a,b,
相国寺火災（応永元年〈1394〉）　517a
相国〔寺〕西堂（惟肖得巌）　563a
相国寺霊塔　751a
相国新寺落慶（明徳3年〈1392〉）　517a
荘園　500b,567b,786b
荘厳宝殿　537b
荘田　94b,156b,275b,279b,353b,360a,544a,b,545a,558a,559a,604a,622a,630b,644a,671a,753b,769b,820b,863a
倡妓歌　316b

将軍　276b,306b,559b,643a,b,692a,718b,753b,754a
将軍塚　882a
祥雲　115b,135b
祥瑞　117a
称号　207a,220a,223a,236b,883b
称号日六万遍（弁長）　215a
称念　826b,921a
称名　215a,890a,b,891b
　　〔空也〕、始修浄業、遊化里庵、華洛東夷、〈称名〉殆遍、有諸家間亦和者、旁修而未聞宗之名也、　891b
称名説法　890b
称名念仏　207b,237b
　　〈称名念仏〉即成半自力半他力、南無二字是自力故、阿弥陀仏即他力故、237b
称名（号）門　208a,238a
秤子　909b,910a
〔笑堂常訢〕自肖賛　531a
商買貿易　523a
商客　272b,523a
商船　67a,290a,850b
　　〔☆普寧（兀庵）〕偶本朝道旧、毎逢〈商船〉、寄書聘招、遂以景定庚申（文応元年〈1260〉）、一錫浮海、　290a
商人　116b,137b,173a,b,847b
　　〔◉円珍〕乗〈商人〉★李延孝舶、経二十日、著肥前松浦県、本朝天安二年（858）也、　137b
商舶　83b,117b,275a,278a,279b,287a,299a,323a,330b,378a,453a,514a,523a,768b,790b,849b
商舶東渡　138b
商量　524b,608a
唱戒　800a
唱教門　495b
唱号　215b,723a
唱首（良忠）　241a

374

唱導　174b,267a,424a,699a,739a,
　797a,b,800b,823a,b,834a,891b
　準★梁唐僧伝、当有〈唱導〉声徳之科
　而伝、何不爾耶、通日、感通者本也、
　音芸者末也、君子務本、本立而道生、
　故〔元亨〕釈書亦無二科、捨彼取此、
　以摂諸感進之篇焉、699a
　源空依★善導観経疏、以専念而鼓起、
　一時奔帰、門輩並出、〈唱導〉日多、
　而後竟角立歯列焉、891b
　唱導師　789a（厳寛）,827b（僧正寛
　助）
　〔聖守,円照〕其父厳寛、為〈唱導師〉、
　学有内外、義弁抜群、789a
　唱仏　240b,687b
　捷径法門（念仏）　263b
　渉遊　312b
　清浄斎　213b
　清浄法身　916a
★清涼山宝地院塔　634a
　章句　487a
　章服　245b
　〔信〕堅公、当是時竜袖分寵、著於宗
　美焉、後之教学者、襲為〈章服〉、而
　栄傚之、今呼縹（はなだ）帽子者也、
　245b
　笙歌　873a
　笙厳窟（和州）　733a
　笙簧　852a
　〔紹〕喜公、能死千載、平氏遺悪後代、
　618a
　接引之相　871a
　勝因　873a
　勝縁　100a,763a,854b
　〔春命〕聞僧読妙典、以此〈勝縁〉、転
　畜業為人身、854b
　勝岳（加茂山）　412a
　勝義　238a
　勝義諦　183a,b,

〔頼〕増日、因明唯是対破外執之論、
　而不言〈勝義諦〉、183a
勝境　90a
勝軍地蔵像　643b
〔勝軍地蔵勝敵毘舎門〕二像供養　643b
勝算祈臘梅結青実、754a
勝地　134b
勝敵毘舎門像　643b
勝福　846a
勝宝院法務（道証）　787a
勝鬘経（劉宋・★求那跋陀羅訳）
　199b,863a
勝鬘経疏（聖徳太子撰）　863b
勝鬘〔経〕疏詳玄記（凝然撰）　247a
勝論　→勝論（かつろん）
掌蔵（蔵主〈ぞうす〉）秉払　415b,
　583a
焼向炉中　473b
焼香　118b,134a,170a,224b,283b,
　289a,305b,327a,379b,425b,448b,
　494a,503b,518a,577a,614a,679a,
　802a,850a,862b,873a,914b
焼香偈　627b
焼香作礼　286a,312b
焼香礼讃　170a
焼香礼拝　651a
焼災　911b
焼身（焼死）　837a（円観）,838a（応
　照）,839b（永助）,918a（慈応）,
　〔応照〕、絶穀塩、只膳松葉、久蓄〈焼
　身〉之具、至期著新紙法服、手執香炉、
　趺坐薪上、向西方勧請諸仏、発願曰、
　我以心献妙法蓮華経、以頂献上方一切
　諸仏、以脚献下方一切諸仏、以背献東
　方一切諸仏、以胸献西方一切諸仏、以
　左右臂献南北一切諸仏、以五蔵〔臓〕
　献五智如来、以六腑与六道衆生、回此
　善根、向無上道、速得菩提、言訖自把
　炬焼薪、結定印誦妙経、烟焔上騰、経

音不乱、火気薫郁勝沈檀、　838a
焼身已三回（長明）　836a
　〔長明〕〈焼身已三回〉、今命尽昇兜率、
　便積薪入内、自放火卒、836a
焼燃手指　840b
焦熱地獄　154a
詔宣　684b
証　158a,552b,581a,609b,616b,631b
〔証観〕蒙探題宣、依山徒之訴、止、
　190b
証亀成鼇　492b
証義者　185a,186a,187b,191b,222a,
　241a,262b,695b,730a
証解　341b
〔証〕玄公之律　797a
〔証〕玄、雖広渉諸乗、而以毘尼為宗、
　788a
証悟　65b,315b,599b
証者　76a
〔証真〕雅言衆曰、遠師★大聖世尊、近
　師★天台、★荊渓、其余者不足用之、
　209b
〔証〕真公、嘗謂、★智者〔大師智顗〕
　覧〔大〕蔵〔経〕十五遍、吾尚加之、
　★〔智者〕大師現曰、汝十六遍不如我
　一遍也、是讁識之言、而無所取材焉、
　209b
証道歌（唐・★永嘉玄覚撰）　543a,
　565b
証道流（実融所伝密法）　251a
証明　273a,304b,328b,329b,358b,
　360a,421a,423b,451a,507b,541b
　● 〔一翁院〕豪公歴参諸方、悟解已成、
　意欲承名師之〈証明〉、参★仏鑑於★
　径山、謁☆兀庵於福山（建長寺）、二
　師賞而不印焉、後見仏光（☆無学祖
　元）於建長、☆〔仏〕光独大証其悟、
　304b
象先之占　894b

鈔釈（道蔵）　65a
鈔章（隆寛）　214b
〔照〕遠公鈔冊堆然、発明南山之道、
　803b
照権実鏡（●最澄撰）　78b
照容（照）　159b,343b,447b,449b,
　492b,505b,529a,530b,546b,557b,
　572b,580b,590a,593a,600b,672b,
　767b　肖像、真、真影、写照、像、
　尊容なども見よ
〔良〕源道貌雄威、自臨鏡写〈照容〉
　曰、我像設所在、必避魔魅、従此道俗
　雕印、四方競供、至今人屋戸扉粘貼殆
　遍、　159b
小師●紹侍者、持〔潜渓処〕謙〈照
　容〉、入★元ango★本覚〔寺〕★霊石
〔如〕芝公、請真賛、343b
〔秋磵道泉〕写〈照〉自讃、　363b
門人●霊昌、持●〔独芳清〕曇〈写
　照〉、入★明国、★天界〔寺〕住持★
　季潭〔宗〕泐公作之讃、492b
太上皇（後小松帝）写御〈照容〉、
　580b
●〔聖一〕国師遺像　324b
●〔聖一国師〕語録（聖一国師語録、●円
　爾弁円撰）　286b,390b
●〔聖一国師〕塔上銘（☆東陵永璵撰）
　391a
●〔聖一国師〕年譜（聖一国師年譜、鉄牛
　円心撰）　351b,391a
●〔聖一国師〕碑銘（明・★宋景濂撰）
　391a
●聖一（円爾弁円）嗣★無準〔師範〕、●
　法灯（無本覚心）承★無門〔恵開〕、
　☆大覚（蘭渓道隆）嗣★無明〔恵性〕、
　開建長〔寺〕、　631b
聖階　846a
聖観音像　831b
聖観自在之変身　903b

376

聖教　144b
聖教之眼目（首楞厳経）　218a
聖経　100a,124a,215a,224a,248a,
　254b,341a,686b,715a,850b,889b,
　890b,892a
〔聖〕罔公之書、比浄家先作、可謂藍冰
　之克家、　262a
聖光行状（了恵撰）　239a
聖号　846a
聖財集（無住一円撰）　325b
聖衆　651b,749b,875a,878a,888a
聖衆迎（定秀）　883b
聖衆相迎（平珍）　871b
聖衆（衆聖）来迎　220b,878b,884a,
　889a
聖僧　390a,591b,838a,856a,858a,884b
聖像　753b,846a,920a
聖諦第一義　62b
聖沢（東陽英朝，天蔭徳樹）下　621b
聖天供　810a
〔聖〕天像　678a
聖天法　678a
〔聖徒明麟〕自肖賛　496a
聖道　215b,223b
聖道門　212b
聖徳太子、近江之地、建四十八寺
　685b
聖徳太子所造、如意輪聖像、出於灰燼、
　一毫不損、　570b
〔聖徳〕太子、眉間放光　865b
聖人（☆日羅）　865b
聖武帝大祥忌　835b
摂大乗論釈（★無性訳）　100b
鉦　905b
鉦鼓　236b
〔加茂〕神託社司、以祠前所掛之鉦、
　拆為両片、分賜〔智〕真〔一〕何、従
　此二人崇神之賜、遁撃鐘片、考撃念仏、
　勧誘州里、時人是謂〈鉦鼓〉也、236b

摺本〔大〕蔵経（●奝然将来）　847b
精勤　920b
精舎　61a,65a,815a,824b
精修　920b
精修勤辛（玄常）　839a
精進　80a,186b,263a,277a,772a,861b,
　883b,885a
精進修練（徳満）　919b
精進灯　802b
精練　886b
誦観　226b
誦戒　725b
誦経　66a,76b,92b,153b,165b,173a,
　186b,189b,202a,212b,441b,522b,
　528a,633a,636a,647b,648b,649b,
　661b,662a,664b,670b,689a,690b,
　697a,703a,709b,711b,717a,720b,
　722b,723a,727a,753a,789a,817a,
　821a,849b,850b,852a,b,854b,856b,
　857a,b,858a,859a,b,860a,869a,
　872a,873a,b,887b,902a,906a,914b,
　916a,918a,919b,920a,924b
●〔道〕昭、毎坐禅、或三日一起、或
　七日一飡、又夜分牙歯放光〈誦経〉、
　66a
〔叡実〕向焼魚〈誦経〉、魚即蘇息、
　661b
聞〔道〕命師〈誦経〉、乗此善力、転
　重為軽、報得蛇身、若得重聞、必生善
　処、　852a
誦経音　852b
誦経念仏　709b
誦持　884a,886a,923b
誦呪　118b,287b,309a,645b,652a,b,
　661b,668a,673b,717b,726a,763b,
　777a,791b,858b,882b,885b,915a,
　916a
誦習　198b
誦唱　267a

誦念　368b
誦法華経、我転劣報、得浄妙心、　856b
★韶陽一字関（★雲門一字関）　591b
蕉堅稿（◉絶海中津撰）　511b
請雨　68a
請雨経法　161b,180b,199b,649b,676b,
　677b,680b,689b,690a,696b,698a,
　717a,719a,720a,727a,731b,733b,
　738b,741a
請雨法　811a
請雨文　225a
請賛（讃）　319a,341a,343b,388a,
　431a,449b,497a,536b,540b,600b
　〔玉渓恵珎〕上足◉無夢〔一〕清公、
　齋◉〔恵〕珎之頂相、入★元、〈請讃〉
　於★径山★古鼎〔祖〕銘禅師、　341a
　〔夢窓疎〕石画高峰〔顕日〕頂相、抵
　万寿〔寺〕〈請賛〉（高峰）、　387b
　〔大方元恢〕弟子◉曇聡入★元、参★
　天寧〔寺〕★楚石〔梵〕琦和尚、持大
　方肖像、為〈請賛〉、　431a
請詢　390a
請帖　460b
請真賛（★霊石如芝）　343b
請来　126b
請来目録　115b
樵夫　413a,468a
鐘鼓　285a,307a,339b,366b,510b
〔鐘谷利〕聞写照賛（◉性海霊見）
　505b
鐘鉢　895b
★鐘陸（中国）　210b
鐘楼　786b,809a,811a,827b
簫鼓迭起　746b
上願　727b
上宮太子草創四十六伽藍之一（野中寺）
　811b
上宮峰　907a
上元上堂　606a

上綱（清水寺上綱，清範）　168a
上根人　432a
上座　123a,320a,327a,330a,385a,402a,
　431b,448a,451a,458b,500a,537b,
　545b,557b,564a,596b,605a,614b
★上竺　580a
上首　774a,779b
◉〔上昭〔寂庵〕〕与◉南浦〔紹明〕、◉約
　翁〔徳倹〕、◉無象〔静照〕、◉樵谷
　〔惟僊〕、同参（南遊入★宋）　333b
上州（上野）　78a,240a,249a,260a,
　277a,279a,283a,287a,295a,304a,
　325b,338a,339b,388a,396b,420a,
　452a,b,456a,465b,475b,532a,533b,
　538a,b,558a,564b,565a,b,589a,
　599b,601b,739a,799b,909a
白井　565b
世良田県　277a
世良田人　465b
利根　452b
那波　539a
結城　396b
上州人　338a,339b,799b
上祖之訓　612b
★上都（中国長安）　116a,764b
上都（城州）　362a,828b
上堂　275a,b,279b,280a,284b,285a,
　289b,290a,b,291a,295a,296b,298b,
　299a,b,300a,301b,302a,b,304b,
　305b,306a,311a,312a,313a,314b,
　316a,317a,318a,319a,b,320a,327b,
　328b,330a,331a,b,335a,336a,
　340a,342a,344b,346b,347a,348a,
　350a,351a,352a,b,353a,b,355b,
　359b,360a,362a,365a,367b,373b,
　374b,378b,384b,385a,b,389a,399b,
　401b,402a,b,408a,409a,b,411b,
　412a,416a,417a,b,418a,420a,421a,
　b,425a,428a,432a,440b,445b,446b,

378

453a,454a,455b,457b,458a,459a,
468b,469a,470b,471a,b,473b,474a,
475a,478a,479a,485a,486a,b,487b,
491a,493a,b,494a,b,495a,498a,b,
500a,b,505a,506a,507b,508a,511a,
514a,516b,517a,519a,b,523a,524b,
526b,529a,535b,541a,542a,b,547a,
548a,b,549b,550a,551b,559a,b,
560a,b,563a,b,568a,572b,575b,
579a,581b,582b,588a,590b,594a,b,
595a,b,596b,597b,598b,599b,600a,
602a,603a,604b,605b,606a,b,608b,
609a,b,610a,b,611a,b,612b,613a,b,
614a,b,615b,616a,b,617b,618a,
619a,b,620a,624b,625a,b,630b,905b

上堂祝聖　353a
上品上生　873b
上品下生　170a
上臈　146a
丈室　272b,280b,309b,312b,324a,
329a,337a,360a,b,366a,368a,369b,
404a,405a,424a,434a,442b,455b,
465b,472b,511a,541a,544a,590a,
602b,792b
　自〔建長〕寺罹回録、〈丈室〉未建、
廃頽相次、〔青山慈〕永以檀嚫、捨充
修補成之、　434a
丈夫　391a
〔丈六〕観音像（高野山四面堂）　884b
丈六〔金色仏像〕五軀、三尺十軀（高野
山東南院三間堂）　202b
丈六金身　363a,471b,505a,580b
　拈一茎草、作〈丈六金身〉、　363a,
580b
丈六釈迦像（京兆祇陀林寺、康尚作）
767a,824b
丈六尊勝仏頂像（紀州伝法院）　195b
丈六大日像（円明寺八角二級塔）
706b

丈六大悲像（良弁）　93a
丈六堂（大原勝林院）　204a
〔丈六〕不動像（高野山四面堂）　884b
丈六仏二十余尊（東大寺東南院）　143a
丈六弥陀像　189b（洛東禅林寺薬王院）、
884b（高野山四面堂）
　〔永観〕禅坐時、観極楽相〈丈六弥陀
〔像〕〉髣髴現前焉、　189b
　造刻〈丈六弥陀像〉、以分倍舎利、納
仏之眉間、　189b
丈六薬師金像二菩薩像（和州久米寺）
914a
丈六盧舎那仏〔像〕（唐招提寺、雲静
作）　756a,b
丞相　107a,151a,155b,158b,159b,
164b,165b,171a,177a,178b,198a,
223a,274a,284a,285a,b,286a,298b,
312a,b,345a,368b,374b,376a,408a,
412a,413a,431a,437b,447a,484b,
485a,494a,500b,508a,511a,b,512a,
b,514b,516b,517b,521a,b,527a,
528b,533a,534a,539b,547b,549a,
552b,555a,556a,b,559b,563b,569a,
570a,572b,581a,583a,586a,589b,
612b,634a,668a,684b,705b,819a,
831a,848b,911a,915a
丞相源公（足利義満）　484b
成実宗（跋摩宗）　61a,64b
成実論（成実★訶梨跋摩著、★羅什訳）
61a,64b,65a,247a,269b
成実論疏（☆道蔵撰）　64b
成勝寺検校（覚性）　710a
● 〔成尋〕自肖像　850a
● 〔成尋〕善恵国師之塔　850a
成道　124a,364b,365a,916a
成道世間相常住（行重七科二）　248b
成仏　190b,840b,854a,881b
　〔西因〕曰、若聞白山名、善悪衆生、
流転生死者、我乃不〈成仏〉、　881b

成仏記　671a
成仏作祖　575b
成唯識論（★護法等造，★玄奘訳）
　88b,97b,105a,111a,129a,134b,156a,
　176a
成唯識論述記（述記、慈恩疏、唐・★窺
　基撰）　89a,165b,269b,580a,799b,
　899a
成唯識論述記鈔（善珠撰）　97b
杖　791a
杖鞋　895b
杖錫　82a,413b,527a,567a,846b
杖頭　644b
杖払　296a,310b,584b,610a
杖笠　168b,830a,832b
　〔東大〕寺衆作●〔重〕源肖像、安小
　堂、陳〈杖笠〉、旌其有功也、　830a
定印　120b,133b,139a,170a,224a,
　547b,636b,643a,657a,671b,679a,
　705a,748b,785a,827b,837b,838b,
　871a,874b,877a,883b,886a,889a
　〔延救〕手結〈定印〉、跏趺而化、楽音
　聞耳、香気薫衣、　837b
　〔応照〕言訖自把炬焼薪、結〈定印〉
　誦妙経、烟焔上騰、経音不乱、　838b
定恵　633a
定恵二学　836a
定恵該貫　775a
定恵、来★唐材於海壖〔者、協於感得
　也〕、　753b
★定海県人（中国明州）　364a
定額　130a,135a
定額寺　111b（金剛峰寺）,825a（叡山
　延暦寺）
定額僧　130a
定観　774b
　●〔有〕厳公、帰自★宋後、且緩戒検、
　専急〈定観〉歟、不然、　774b
定化　618a,828a

定光古仏之地　435b
定光仏　880a
定香　881a
定講師（講仙）　923a
定坐　66a,181a,265a,541b,562b,577b,
　604b,642b,880a
定坐念仏　880a
〔定済〕三宝院目録之後、堂宇未建、自
　捨衣財、悉復旧観、　234a
〔定済〕賞以定演任権僧都、　234a
〔定済〕賞以俊誉任権少僧都、　234a
定散斉通、智愚共済、　892a
　至〔源〕空随弥陀之本願、坐臥念仏徧
　唱、〈定散斉通、智愚共済〉、　891b
定散者理事之二　643a
定散十六観門　237b
定散門　220b,239a
　在総願門故、得往生、観仏念仏両三昧
　字、雖有両名、唯是一体、両名互通
　〈定散門〉故、　238b
定散理事　643a
定修者　218a
招〔定〕舜南京、九旬開講、　767b
定性二乗不成仏之義（南京、法蔵）
　159a
定性無性之執　169b
定心　98b,889b
定心院（叡山）十禅師　646a,870b
定身　82b
定善　220b
定善故観仏為宗　220b
定中　562b,590a
　〔南英周宗〕棄絶文書、専注禅観、有時
　不食旬余、〈定中〉屢感観音大士現形、
　562b
定門（★達摩掬多）　67a
定力　166a,212a,614b
★定林竜峰四利　363b
長講　77b,78a,108a,119b,125a,885b

380

長講筵（山階寺）　125a
長講願文（●最澄撰）　78b
長講法華仁王金光明等　900b
承久之乱　218b
承天寺（筑前）火（宝治初〈1247〉）
　286a
承和四年明匠伝　108a
乗戒倶緩　878b
乗願随法　841a
乗急戒緩　812b
乗車　188b,676a,728b,730b,742b
　〔済信〕聴〈乗車〉出入禁門、僧家蒙
　此宣以〔済〕信為初、　676a
乗輿　776b,844b
　以〔叡〕尊蹴八旬、勅聴〈乗輿〉入内
　禁、　776b
城州（山城）　66a,99a,100b,102b,
　110b,113b,114a,120a,121a,b,123a,
　127b,131a,b,135a,142b,146a,b,
　147b,148a,b,149b,151a,152a,153b,
　155a,156a,160a,168b,199a,208a,b,
　217a,219b,221b,222a,223b,225b,
　226a,227a,230b,232a,233b,234a,
　238b,243a,245a,246a,251b,297a,
　318a,391a,428a,449a,474b,497b,
　528a,560b,563b,592b,600b,607a,
　611a,621a,629b,648b,654a,655a,
　668b,677a,684a.,689a,691b,697b,
　698b,703a,704b,706b,707a,712b,
　717a,721a,727b,730b,736b,737b,
　738a,741b,742b,743b,745a,776b,
　807b,815b,817b,821b,822b,827a,
　828b,834b,839b,852a,853b,858b,
　871b,875a,877b,879b,889b,899a,
　905b,907a,914b,920b　京、京師、京
　城、城東、京兆、都、山城、洛、洛西、
　洛東、洛南、洛北、洛陽なども見よ
　粟田口　231a
　池上　168b,172b,177b,179a,684a,

　　708a
　石井　589b
　出雲路　220a,826a
　一条　240a
　一条河頭　905a
　稲荷県　765b
　稲荷人　558b
　今出川柳御所　260a
　今出河　297b
　巌倉　170b,391b,449a,491a,583b,
　　688b,694b,849a,b
　右京七条坊　911b
　右京長安城　401a
　宇治　776a,875b,877a
　宇治郡　121b
　太秦　233a,753a
　梅津　490a
　梅畑　572b
　瓜生　877a
　小栗栖　655a
　小栗栖人　121a,781a
　小田原　875a
　小野　217b,257a,680b,694a
　小野北尾　181a
　大原　204a,885b
　大原山　684a
　岡里　628b
　乙訓木上山　113b
　賀茂　629a,905b
　賀茂河原屋　207b
　賀茂陵野　889b
　神楽岡　682b
　笠置　219a
　柏野　376a
　葛野　570b
　葛野郡　835b
　葛野郡北山　817b　北山も見よ
　亀山　534b
　祇園　683b,858b

北野　803a,839a,911b,912a	西京　321a,496a
北山　174a,218a,510b,519a,574b, 　　577b,619b,648b	西洞院　275b
	西山　223a,389b,429b,487a,556a, 　　713b,770a,827a
久世　878a	
草河　277b,323a	仁和西谷　253a
鞍馬　648b	八幡　237a,242b,786a,b,797b
鞍馬県人　203a	八幡人　736b,809a
黒谷　206a,214a,882b	東山　114a,190a,225b,237a,389a, 　　399a,440b,519a,b,528b,536b, 　　555a,559a,577a,591b,659a,682b, 　　837a,848a
小坂　800b	
木幡　240a,785a,798b	
五条　834a	
嵯峨　243a,348b,374a,441a,812a, 　　847b	広沢　677b
	深草　220a,234a,287a
嵯峨県人　566b	深草県　243a,275a
相楽　918a	福岡　688b
三条　240a,767a	北京　149a,203b,214a,221b,237b, 　　239a,241a,264b,779a,781a,791a, 　　795b,813b
四条　825a	
四条大宮西　415a	
四条河上　158a	堀川　86a
四条坊門　837a	松尾　219a
七条　860b	壬生　586a
七条坊　911b	紫野　355a,358b,592a
下鳥羽淵　265a	八坂　440b,509b
上都　362a,828a	山崎　429b,524b,580a,822a
白川（河）　214b,224a,368b,374a	山崎県　641b
千本　649a,830a	山崎人　429a
醍醐小野県　677b	山科東峰　643a
高尾（雄）　82a,107a,254a,717a	山城州人　100b,102b,110b,114a, 　　120a,151a,152a,153b,156a,160a, 　　227a,230b,238b,251b,318a,391a, 　　428a,449a,474b,497b,560b,563b, 　　592a,600b,607a,611a,654a,655a, 　　689a,766b,781b,799a,805a,818b, 　　839a,895b,896b
高雄山　120a	
薪　587a	
長安大路　882b	
長安城人　401a	
椿峰　142a	
帝都　240a,765a,768b	
鳥羽　192a	山田　105a
栂尾　378b	吉水　207a,211a,215b,243a,890a
鳥部野　837a,890a	良峰　224b,379a,713b,827b,891a
鳥部辺南阜　102a,114a	洛東　715b,890a　洛を見よ
中山　297a	洛北　688b,830b　洛を見よ

382

六条北　715b
鷲尾　800a
城西（相州鎌倉）　371a
城西（京師・城州）　150a,221b,326b,
　379a,392a,441a,484b,521a,632a,
　834a,852a
城州刺史（藤原宣孝）　177b
城都（京師）　539b
城東（相州鎌倉）　279b
城東郡（遠州）　689b
城南（京師・城州）　271b
城北（京師・城州）　220a,345b,358b,
　382a,396a,415a,580a,592a,652a
城北（相州鎌倉）　478b
城北別業（藤原師継，妙光寺）　288a
城邑　477b
　及〔無〕外〔円照〕開皇徳〔寺〕、〔無
　著妙〕融亦従行、（中略）〔無〕外付衣
　且嘱曰、你不居〈城邑〉、隠棲山谷、
　477b
浄域　871b,874a
浄衣　118b,151b,311b,399b,469b,
　642b,657a,664b,730a,764a,772b,
　823a,827b,871a,873b,880b,889a,
　922a
浄恵　834b
浄縁　922a
浄戒　665b,773a
浄教　158a,200a,207a,b,215a,216a,
　220b,223b,234b,236b,237b,239b,
　257b,262a,266a,270a,748a,751b,
　802b,871b,881b,890a
　良忠学窺諸家、筆削〈浄教〉、聖冏聖
　聡撰述甲於其家、　270a
浄教高祖（★竜樹）　200a
　菩薩説智度論、往往称弥陀、十住毘婆
　沙論、弥陀為易道、是故★曇鸞以★竜
　樹為〈浄教高祖〉、　200a
浄教地（西山三鈷寺）　224a

浄経　682b
浄橋寺構四面堂、安置弥陀、観音、勢至
　像、造十三級宝塔、収仏舎利、度沿海
　民、　224a
浄行品　71b,72a
浄業　90b,157b,164b,189b,190a,199b,
　200a,201b,202b,206a,212b,215a,
　222a,b,237a,240a,253a,263a,265a,
　266a,291b,295b,306b,537b,538a,
　555b,621b,726a,749a,800a,804a,
　815a,829b,831a,839b,876a,b,883b,
　885a,888b,891b
　〔静遍〕外説密乗、内修〈浄業〉、
　212b
浄財（平安京第五橋）　536a
浄利　91a,159b,164b,165a,170a,200a,
　213b,219a,239b,241a,684b,685a,
　839a,b,852b,866a,867a,873b,878b,
　884b,886b
浄衆　638b
浄修　224b,752a
浄住法（本朝布薩之始，金鐘寺，道融）
　93a
浄心誡観（唐・★道宣撰）　791a,801a
浄身　887a
浄水　653a
浄禅　834b
浄地　877b
浄土　90b,200a,203a,207b,239a,247a,
　253a,263b,783a,b,852b,873b,878a,
　884a,885b,890a,908a,921b,923a
　三論者、祖述★竜樹、而蕩滌諸法之宗
　也、然智光礼光至珍海重誉、求〈浄
　土〉慕弥陀者、無違於宗旨否、　200a
　金峰〈浄土〉、我牟尼応化、蔵王菩薩
　也、　907b
浄土〔観〕音義記（凝然撰）　247a
浄土義（覚心）　238b
浄土義私記（珍海撰）　199b

383

浄土教　216a,237a,240a,254b,257b,
　747b,800a,891b
　夫〈浄土教〉者、以無量寿経、観経、
　阿弥陀経、為所依而立宗、其始東晋★
　恵遠、　891b
浄土教海章（凝然撰）　　247a
浄土経疏　238b
浄土行　704b
浄土業　249b
浄土三心之義（顕意）　　243b
浄土之相　870a
浄土之蓮　865b
浄土寺座主（明救）　　669b
浄土十勝論（浄土十勝箋節論，澄円撰）
　258a
浄土宗　890b
浄土宗義（白旗義）　　250b
浄土宗要〔集〕（宗要，西山宗要，顕意
　撰）　　243b
浄土荘厳　90b
　白仏日、何等是往生正業、仏言、観如
　来相好久〈浄土荘厳〉、是為正業、
　90b
浄土詮註鈔（道光撰）　　250a
浄土伝戒論（聖冏撰）　　262a
浄土法　204b,207a,220a,236a,250a,
　785a
浄土門　214a,237a,796a
浄土律　813a
　登壇授受、有不及古先、而其持律如法、
　与或称真言律〈浄土律〉、自呼四宗兼
　学之例、心形懸異也、　813b
浄人　810a
浄忍　841b
浄念（智光）　91a
浄鉢（●円珍）　139a
浄髪　447a,518a,521b
浄服　820b
浄邦　230a,702a,808b,923a

依経王力、脱穢土、昇〈浄邦〉、不思
　議解脱之法、　923a
浄邦之業　666b
浄邦報生　203a
浄法　234b
浄名経　→維摩詰経
　☆〔福〕亮講〈浄名経〉、是南都維摩
　会之権輿也、　65a
浄名経略賛（行賀撰）　　98b
浄妙身　856b
　誦法華経、我転劣報、得〈浄妙身〉、
　856b
浄影義鈔（珍海撰）　　199b
浄侶　164b,262a,912a
貞観寺座主　143a（聖宝），149a（蓮舟）
貞観寺寺務（済高）　149a
〔貞〕慶雖以法相立宗、而律規為務、
　208b
貞和類聚祖苑聯芳集（義堂周信撰）
　480a
〔常庵竜崇〕語録（栗蒲集，常庵竜崇
　撰）　606b
常行三昧　118a
常行堂　682b
　〈常行堂〉本尊弥陀、夢告〔戒〕算曰、
　吾将思出聚洛、育済一切衆生、　682b
常行念仏所　224b
〔常光国師＝空谷明応〕行状　518a
常師　826b
　〔明算〕、学無〈常師〉、826b
常寂光土義（教重七科）　248b
★常州（中国）　290a
常州（常陸）　240a,261b,264a,325b,
　329b,338a,396a,b,455a,475b,488a,
　496a,512a,537b,569b,617a,632a,
　752a,779a,b,780b,790b,791a,b,
　794b,816b
赤城　324a
赤城山人　325a

〔盤城〕相馬曽根郷　262a
鹿島（賀島）　64a,b,420a,546a,
　617a,904a
笠間　456a
神田県人　256a
行方（きたがた）郡　816b
筑波　396b,537b
筑波山　618a
不軽山　262a
水戸　617a
常州人　261b,264a,329b,396a,496a,
　569b
常州講師（最仙）　816b
常州刺史（北条聖全）　585a
常住　354b,370a,517a,556b,568a,
　600a,920a　常住物も見よ
　曠兼金一盆練緯十襲金銭十万、〔古幢
　周〕勝帰之〈常住〉、一分不及私、
　556b
〔東陽英朝冬夜小参〕侵掠〈常住〉、恣
　自己利、貴鬻豪奪、謟権謢世、住著寺
　院、　600a
常住寺十禅師（延庭）　817b
常住物　124a,189b,655b,834b,920a
　常住も見よ
　余少時遊学、観自〔宗〕他宗寺、其為
　副寺知事者、侵貪〈常住物〉矣、仏日
　四重五逆、我亦能救、盗僧物者、我所
　不救、誠哉、　920a
常寧殿　652b
常念密修（良禅）　827b
常不軽行（証印）　642b
常不軽菩薩　839a
常楽閣　324b
静原山（大虫峰）　648b
静坐　252b,787a,845a
静坐念仏　787a,845a
静修　254b
★趙州因甚道（個）無字　396b,419b,
　475b,566b
★趙州勘婆話（大虫全岑・月庵宗光問答
　語）　488b
★趙州関（景川宗隆上堂語）　594b
★趙州関棙子（一糸文守示衆語）　629a
★趙州喫茶去（☆一山一寧上堂語）
　331b
★趙州狗子無仏性　367b,396b,446b,530a
★趙州狗子話　297a,366a,446a,455a,629a
　一夏百余人入室、挙個〈趙州狗子話〉、
　無一人省得、446a
★趙州口皮禅（師蛮賛語）　306a
★趙州七斤衫（実峰良秀上堂語）　506a
★趙州洗鉢盂話（南界宏海）　317b
★趙州茶　511a,548b,616b,630b
　★雲門餅、〈★趙州茶〉、★曹山酒、★
　金牛飯、★雪峰毬、★玄沙虎、★徳山
　棒、★臨済喝、　630b
★趙州道底（高峰顕日・平心処斉問答語）
　434b
★趙州入草求人（景川宗隆上堂語）
　594b
★趙州柏樹子話　374a,392a,397a,405a,
　406a
★趙州平常心是道話（●徹通義介話）
　342a
★趙州布衫　341b（松嶺智義遺偈）,459a
　（傑翁是英上堂語）
★趙州放下著話　305a
★趙州無字　539b,565a
　縄牀　163b,574a,685b,774b,919b
　攘疫法　675b
　続日本後紀（藤原良房、藤原良相、伴善
　男、春澄善縄など撰）　89a,91b
★蜀（国）　272a,280a,312b,314a　西蜀
　も見よ
　飾宗義記（四分律疏飾宗義記、唐・★定
　賓撰）　73b
　蝕　737b,742a,743b

白髪翁　905b
白川（河）（城州）　214b,224a,368b,374a
白河八講会　201a
白河別業　179a
白河離宮　704b
白坂（尾州）　544b
白鳥県人（越後）　377b
白箸翁　868b
白旗城（播州）　468b
白旗義　250a
　東関浄土宗義、蓋有三流、以〔良〕暁為〈白旗義〉之祖焉、　250b
白旗県人（相州）　250b
白井（しろい、上州）　565b
心印　116b,272b,285b,330a,349a,355b,370a,371b,392b,395b,398b,399b,418a,443a,b,457b,473a,493b,572a,579a,599b,610b,631b,831b,909b,910a
　●慈覚逢★蕭慶中、親稟〈心印〉、厥後不伝三百年矣、　631b
心印銘（宋・★源清撰）　167b
心縁相（起信論）　85b
〔心覚〕入和州光明山、不出山中二十五年、苦修砥礪、　202a
心月輪　115a
心観明了鈔（宥海撰）　249a
心境一如　375a
心境義（行重七科二）　248b
　〈心境義〉成道世間相常住　248b
心行　635a
　行有二種、一身行、二〈心行〉、　635a
心経秘鍵鈔（般若心経秘鍵鈔、杲宝撰）　257b
心経秘鍵信力鈔（般若心経秘鍵信力鈔、宥快撰）　261a
心経幽賛解節記（般若心経幽賛解節記、護命撰）　106a

心具往生記（聖冏撰）　262a
心訣　217b
心宗　314a,374b
心宗旨　753b
心術　218a
心書（楞厳註、●大歇了心撰）　279a
心浄則仏土浄（浄名経）　85b,916a
心身脱落話　306a（●道元）、498a（峨山紹碩上堂語）
心喪　430b
心地　537a,611b
〔心田和尚〕四会語録（心田和尚語録、心田清播撰）　560b
心頭　618a
　〔快紹〕喜代曰、安禅不必須山水、減却〈心頭〉、火自涼、猛火著衣、恬然不動、与衆定化、　618a
心南院流（仁然）　229b
心念清浄　723a
心法　95b,391b,484b,558b,753b
　〔大綱明宗曰〕不決〈心法〉、縦吐妙言妙句、皆是成野干鳴、若能決心法、則語黙動静、俱是成獅子吼、　558b
　総持者、〈心法〉之妙用、謂之無上神呪也、　753b
心要　70a,273b,276a,284b,350b,381b,393a,427a,442a,530b,632a
　沢庵〔宗彭〕、愚堂〔東寰〕、雲居〔希膺〕、大愚〔性智〕、一糸〔文守〕、以〈心要〉鳴、　632a
心要（覚晏撰）　273b
身行　254a,485b,635a,661b
身後供具（青山慈永遺誡）　434a
身心脱落（●道元上堂語）　275b
身世俱棄者、遜之全者　213a
　〔明遍曰〕、夫〈身世俱棄者、遜之全者〉也、而棄世不棄身者、遜之闕者也、今之諸名徳是也、213a
身如意（師蛮賛語）　150b

386

身命　840b
　衆生迷倒、輪廻五道者、依恪愛於〈身命〉財色也、840b
信印　236a,309a,368a,475b
　〔●法灯国師〕付手巾、以為〈信印〉、236a
信衣　327a,360b,440a,456b,589b,601b
信恵　856a
信州（信濃）　78a,224b,240a,266a,296b,312b,315b,338a,349a,b,356a,378b,404a,405a,406b,408a,439b,443a,448a,450a,451a,466a,546a,720a,802b,836a,860a,864a,888a,909a
　伊那郡人　450a
　伊賀良県　353b
　賀島　546a
　神林県人　286b
　塩田　308b
　高井郡　870a
　戸隠山　836a
　長池県人　328b
　保科人　308b
　水内県人　119a
　横山県　501a
信州人　312b,349b,404a,439b,448a,888a
信州太守（小笠原貞宗）　353b,354a
信宿　105a
信書　220a,248a,290a
　〔親玄〕稟灌頂法、〔親〕快与〈信書〉、嘱付相承聖経秘軌、248a
信証　591b
信心　236b,355b,484b,570a,638a,846a,879a,887a,919b
信施　726a
信女　909b
信聞　863a
神　92a,134a,136b,171a,172b,407a,461b,467a,475a,638b,641b,721a,723b,793a,805a,814b,826a,829b,830a,849b,854b,856b,904a,905a,906a,907b,908b,909b
神賀神　119a
神願寺（神護寺前身）災害　910a
神官　245a,718a,826a,912a
神交道合　454a
神国　902a,903a
神之本地　905b
●〔神子栄〕尊肖像　296a
神主　504a,718a
神州　87b
神書　247a,257a,374a,477b
神託　236a,b,713a,749a,777a,833b,854b,904a,b,905a,906a,909a
神託記（澄禅撰）　781b
神殿　718a,720b,776b,902a,905b
神道　119b,257a,641b,903b
　論〈神道〉者、或有応化合一之説、於理不周、641b
神道麗気記鈔（聖冏撰）　262a
神童　351a,462b,483a,634b,671a,806a,808a,831a
神巫　156b,157a,162a
神廟　641b,776a
神風　745b
　覆日月之蝕、汎掃彗星之凶、降法雨而興旱天之稲、起〈神風〉而破敵国之船、曷為奇異哉、745b
神風和記（慈遍撰）　257a
神仏利生之恩（観円）　186a
神木　904b
神明　218b,898a,904a
神明之冥助　119b
神冥　809b
神門山（予州）　645b
神遊無方（聖宝）　143a
神輿　676b

387

神竜　82a,122a,152b,266b,552b,817a
神鈴　324a
神霊　161a,225b,303a,635b,724a,908b
宸翰　292b,389b,391b,636b,748a,752b
振鈴　664b
★振旦　144b
★晋　642a
真（真容，真肖）　107a,147a,193a,207b,230a,289a,322a,427b,447b,457a,572a,576b,585a,b,619b,623a,638a,672b,749a,795b,802a,825a　真影，肖像，像，影像，尊容，照容などの見よ
〔源〕空之〈真〉、207b
●〔弘法〕大師〈真〉、193a
讃覚隠〔永〕本公〈真〉、576b
写実相（円照）之〈真〉、寄于戒壇院、795b
真影　186b,765b
★〔宗〕印（北峰）師之〈真影〉765b
真影供　186b
●弘法忌、〔済〕還献〈真影供〉、非長者職而司者希也、186b
真牙（唐・★宋帰敬）　769a
真教　68b,72b,97b,102b,184b,212a,222b,741a,755b,906b
真経　69b
真行書　73b
★王右車〔軍〕（王義之）〈真行書〉、73b
真空　102b
〔真〕空意不栄、甘退枯寂、784b
〔真〕空公之行状（師蛮撰）　785b
真骨（設利羅，師蛮賛語）　318b
真言　68b,82b,87b,118b,121b,122b,137b,143b,147b,189a,203a,204b,237a,b,247a,251b,255b,269b,272a,711a,778a,785a,798b,876b,879b,914b
道範、頼瑜、宥快、印融〈真言〉英達、多著家書、269b
真言印契　117a
真言院道場　199a
真言教　68b,147b,148b,152a,242b,248a,251b,257a,265b,267a,268b,325a,441a,527b,701b,707a,747b,775b,785b,828a,837a,879b,886a,887b,888b,896b
〔☆善無畏〕初止南都興福寺東南隅、後往但州発心貴山（円成寺）、建一精藍、説〈真言教〉、68b
真言功能　736b
〔唯心〕曰、今及澆季、〈真言功能〉、不可軽蔑、736b
真言業（貞観寺，真雅以下十六員）130a
真言三蔵（東寺，●空海）　129a
真言三密之雲　697a
真言之教場（金剛峰寺）　820a
真言之功　115a
真言宗　140a,178b,818a
真言伝（類聚八祖伝，栄海撰）　254a
〈真言伝〉七巻、上自伝来八家、至諸師士庶、面授之審也、254a
真言堂（洛北，大雲寺観音院）　668b
〔真言〕八家（大日如来，★金剛薩埵，★竜猛，★竜智，★金剛智，★不空，★恵果，●空海）　254a
真言秘教　77a
〈真言秘教〉、未伝此方、●最澄阿闍梨幸得此法、立為国師、77a
真言秘蹟　131a
真言秘典（良敏講）　243a
真言秘要（京兆，禅林寺）　818b
真言付法纂要鈔（成尊撰）　180b
真言〔付法〕伝（秘密曼荼羅教付法伝，●空海撰）　115b,120b,121b

388

真言部　706a
真言法　736b,871a
真言本母集（頼宝撰）　257b
真言名目（頼宝撰）　257b
真言問答書（◉空海撰）　83a
真言律　806a,813b
〔真際〕賢、比★顔回、不終天年、123b
真讃（賛）　322b,343b,349b,365a,385a,397a,425b,456b,465a,496b
　●紹侍者、持〔処〕謙照容、入★元、従★本覚〔寺〕★霊石〔如〕芝公、請〈真賛〉、　343b
真種岬（草）　630b
真宗　454b,459b,505b
真肖（高湛,〈仲方円伊賛〉）　802a
真証　527b
真照（性空,〈書写山〉）　672b
真乗　61b,85a,178a,208b,251a,316a,454b,753b,820b,836a,864b,913a
真人　63b,863a
真心要決（良遍撰）　284a,783a
真身舎利　768a,769a
真蹟（★中峰明本）　357b
真詮　622a
真俗雑記（真俗雑記問答鈔,頼瑜撰）　235b
真諦　614a,747a
真諦不生不滅之理　116a
★真丹　→★震丹
　〈★真丹〉曹魏以前之僧、不稟帰戒、止剪髪、　813a
★真丹国人　756a
真知識　404a
真典　173a,210a（良祐）
　中世以来、禅教之徒動玩世書、外于〈真典〉、　173a
●真如阿闍梨再身（真寂,円城王子）　151a

真如解脱菩提涅槃（天境霊致上堂語）　458a
真秘　226b,743a
真仏　216a,689b
真法　896b
真妄同源　494b
真要十一条（存済撰）　259a
真容　107a,147a,230a,825a　真、尊容、照容、像なども見よ
　〔湛空〕法然謫行、随到讃州、嘗在船窓、糊紙空成、模〔法〕然〈真容〉、置于二尊院、　230a
真論　129a
★秦　61b,273b,564a,606b
★秦里封国　764b
★秦隴　378a
陛座　154a,272b,288b,320a,343a,356b,359b,362b,364b,365a,366b,383b,384b,389b,390a,412a,414b,419a,454b,456a,b,463b,464a,465a,474b,478b,483b,487b,489b,494b,500b,506b,517a,525a,526a,527b,532b,539b,553b,556b,564b,570a,574b,576b,580b,581b,583b,616a,622b,630b,683b,750b,780b
陛座慶讃　553b,556b,622a
陛座説法　383b,390a,527b,532b,576a,580b
　未有若★広恵大師、〈陛座説法〉担枝而化者、　383b
陛堂　475b,501b,549b,581b,596b
晨粥午斎　811b
深山幽谷　645b
清規　275a,276a,307b,529b（以上永平）、342b（瑩山）、354b（大鑑）、354b,408a,581a（以上百丈）
清規要綱（雲章一慶撰）　581a
進戒　382b,514a,544b,575a,613a
進士（源国輔,行円）　680a

進具　295b、301a、306b、330a、414a、
　　424b、455a、463a、483a、508b、512a、
　　518b、527b、539b、562a、692a、755a、
　　772a、779b、781a、793a、b、796a、b、
　　804b、836a
進香船（☆隠元隆琦）　629b
進修之道　862a
進退之説　362a
進納　272b
新衣　203b、262a、354a、870b、871b、
　　882a、883a
新戒　822b
新旧会品鈔（道玄撰）　252a
新宮（熊野）　906a
新紙法服（応照）　838b
新修往生伝（藤原宗友撰）　891b
新集聖経序（●最澄撰）　78b
新浄衣　487b
新選千載集（二条為定撰）　253b
新都（平城京）　66a
新豊之曲　472b（☆東明恵日）、541b
　（石屋真梁）
★新羅（新羅国）　76b、95a、107b、363a、
　　375b、376a、843b、844a、846a、851a、
　　865a、894b、904a、910b
　　　●浄達入〈新羅国〉、尋師求法、844a
★新羅国之神　910b
★新羅国人　69a、843b
★〔新羅〕使船（留学僧●明聡、●観智）
　　895a
新羅神　868a
★新羅船（●智通、●智達）　67a
　　新羅箭（●無著良縁撰）　381a
☆新羅僧（●●智鳳）　228b
☆新羅大使　843a（☆智洗爾）、895a
新羅明神　137b
審祥、講華厳於毘盧大殿、　87b
請益　108b、114b、117a、131b、132b、
　　136b、139a、156a、160a、169b、174b、

175a、177a、197a、217b、232b、258a、
289b、297b、304a、309a、312a、328b、
338a、354a、366a、380a、382a、401a、
412b、418b、420a、428b、430b、431b、
432b、435a、439a、b、440b、449b、472b、
484a、488b、499a、501a、511b、523a、
530a、533b、544a、554b、558a、562a、
567a、584b、587b、621b、762b、811b、
831a、843b、895b
請客（しんか）侍者　528b
鋑梓　323a、355b、454b
★震旦（震旦、真丹、振丹）　62a、65b、
　67b、75a、84a、94a、218b、269a、278b、
　441b、449b、472b、637b、756a、813a、
　833b、834b、846b、891b
〈★震旦〉諸師、乗運逢時、研瑩註釈、
　推ися経綱論紀、遂立宗義、　269a
　〈震旦〉禅祖★大寂〔馬祖道一〕、★南
陽〔荷沢神会〕、★鵝湖〔大義〕、★司
空山〔恵可〕等諸師、広引経論、以印
仏心、　441b
〔入★竺土〕★〔玄〕肇〔奘〕★〔義〕
浄二師、遙聞〈★震旦〉、●真如独出
扶桑、　846b
★震旦国　295a　★支那も見よ
蕈（しいたけ）　749b
薪汲　733b
積薪入内、自放火卒、（長明）　836a
薪水　571a
薪水役（峻翁令山）　531b
親衛（足利某）　354a
親衛校尉（遠藤持遠）　828b
親衛少将軍（藤原定親）　784b
〔親厳〕修仁王経法、由是毎歳賜阿闍梨
五人於密華国院、728b
親授（別受）　761b
親書宗派図（★無準師範）　283b
親切　599b
親王　246b、255a、724b、732a

390

件名索引

親王宣　686b
簪笏　316a
嚫施　111a（明福）,534b（無求周伸),
　787a（円照）
嚫施、不沾一毫、用充起廃、（天祥一
　麟）　519b
嚫以金塔（後嵯峨上皇，円照）　786b
嚫敬　154b
嚫金　576a
〔瑞巌竜〕惺、升（陞）座説法、所得
　〈嚫金〉、悉備其修塔之需、576a
嚫施　391a,626a,871a
嚫宝　832b
人牛倶忘　510b
人事　774b
仁義　375a
仁慈、838a
〔蓮照〕〈仁慈〉、寒冬脱衣与凍人、倹
　歳譲食於餓者、好服弊衣、体餒蚤虱、
　又入汚池、食膚肉於蚋蛭、一時入山、
　喂身蚊虻、838a
仁政　61b
沈香（沈）　114b,515a,677a
沈檀　878a
神威　912a
神異　66b,74b,106b,204a,222b,296a,
　324b,410b,485b,522b,635a,640a,
　660b,667a,821b,842a,865a
　有〈神異〉、逢過海税船飛鉢乞米、
　635a
　〔慈信〕〈神異〉甚多、飛鉢乞食、
　821b
神異之僧　662a
神意　902a
神慰　911b
神猿　638b
神感　161a,187a
神姫　907a
神亀　149b

神供　681a,723b,908b
神宮県人（紀州)　214a
神宮人（紀州)　747a
神験　637a,b,677b,702b,906a
神祇　412b
神護寺主務（禅助)　746b
★神光（じんこう，恵可）一臂端（断）
　（乾峰士曇上堂語)　412a
★神光断臂　346b（元翁本元上堂語),
　841a（師蛮論）
　〈神光、断臂〉安心、伝統禅灯、841a
神司　777a
神祠　92b,210a,265b,340a
神迹　68b
神呪　141b,170b,261a,424b,633b,
　637b,695b,698a,711a,753b
神授　832b
神通　470b,542b,847b,849a
神通遊戯（行巡)　644b
神籍　262a
神仙　502b,513a,538a,816b,902a
神仙之会（江州竹生島)　916a
神仙之器（●空海)　913b
　●空海獲紫雲篋、禱旱降雨、蓋是密乗
　之秘蹟、而非〈神仙之器〉也、913b
神僧　217b,295b,358b,435b,763b,808a
神足（余慶四神足，勧修、勝算，慶祚，
　穆算）　668b
神代最初之主（国常立尊　くにとこたち
　のみこと）903a
神女　260b,261a,266a,645b,685a,
　752a,775a,906a,913b
神力　470b,614b,641a,832a,919b
深覚、独潤四方　754a
深義　863b
深解之人（恵心院源信)　169b
深山巌崖、有仏法、也無、（★無準師範
　上堂語）289b
深山幽谷　645b

391

深秘　253b
訊究　174a
尋牛　510b
　自始〈尋牛〉至終人牛倶妄、（◉絶海中津・足利義満問答語）　510b
椹袍（増賀）　163a
塵路　666b

—す—

周防　→防州
周防州守（北原玄昌居士）　542b
宗鏡録（宋・★永明延寿撰）　215a,259a,284a,517b,776a,785a
宗鏡録要文（聖光）　273b
相撲　119b（惟高・惟仁皇子儲位争）695b
素盞山（播州）　671a
須瀬（参州）　626b
数論（すろん）　219a
諏方〔訪〕明神（健御名方命）　909a
鬢髪　390a,555a
図画碑帖（◉俊芿将来品）　765a
図画曼荼羅（★恵果授与品）　80b
図讃天神入宋之像（渡唐天神像）　912a
図写〔阿弥陀三尊〕尊像　720b
図写経典仏像（勝道, 下野神宮寺安置）817b
図書一万三千仏、観世音菩薩像、一切経、（賢永, 伯州国分寺安置）　817b
図仏　817a
杜多（杜荼）　109b,276a,360b,623a,661a,699b,823b,860b　頭陀も見よ
杜多行　419b（◉無文元選）、543b（梅山聞本）
杜多之行先仏之遺訓（貞慶）　208b
杜多法　561b（字堂覚卍）、845a（師蛮賛語）
豆州（伊豆）　82b,122b,123a,254b,331a,357a,371a,436b,437a,476a,

506b,507a,537b,545a,546a,547a,666b,684b,713a,720a,829a,839b,866a
伊豆島　866a
虎杖（いたどり）原　546a
大島　829a,866a
走湯県　123a
走湯人　720a
奈古谷　437a
北条県人　666b
塗毒鼓　299b（☆大休正念示衆）, 304b（◉一翁院豪上堂語）, 523b（◉愚中周及偈）
頭陀　79b,158b,249a,514b,672a,868b,920b　杜多も見よ
頭陀木叉（師蛮系語）　233b
救頭然（燃）（ずねんをすくう）　292a,397b,520a,570b,920b
頭北面西　190a,208a,213a,680b,766a,772b,811b,875a
水軍不利（元寇）　377b
水牯牛（虎関師錬上堂語）　374b
水牯牛横眠倒臥　516b
水災（★松江）　429a
水晶　273a,823a
水晶数珠　389b,848b
水晶匣　769a
水晶宝壼　833a
水精壼　105b
水精降魔杵　273a
水精念珠　164b,419b,912a
水精輪　419a
水定　512b（師蛮賛語）, 838a（行範）〔行範〕七日断食、一心念仏、借舟出海、将示〈水定〉、隣里貴賤、方舟浮海、奏音楽供葬、〔行〕範乃衣裏包砂、合掌沈没、衆皆哀嘆、838a
水葬（真阿）　265a
〔真阿〕遺命門人、〈水葬〉於下鳥羽淵、

件名索引

飼諸鱗介、都城僧俗、奔波讚礼、公府下制、其淵禁漁于今尚在云、 265a
水想観　82b,207b
水中捉月、鏡裏求形〈☆大休正念上堂語〉　300a
水天供　680b,742a,744a
水田　700a
水瓶　875a,919b
水辺林下一閑僧〈古幢周勝血書偈〉556a
水紋僧伽梨　298b,380b
水陸会　524a
吹火　911a
垂誡　292a,385a,413b,440a,460b,498b
垂訓　367a,798b
垂語　336b,414a,418b,500a,521b,550a,554a,563a,614b,618a
垂示　307a,390b,596a,619a
垂迹　192a
垂手旨趣　272b
垂髻　592b
垂範　785b,813a,862b
炊巾　404a
彗星　662b,696b,698a,705b,724b,729a,b,732a,b,734b,735a,b,739b,744a,745b,754a
　或覆日月之蝕、汎掃〈彗星〉之凶、降法雨而興旱天之稲、起神風而破敵国之舶、曷為奇異哉、 745a
　有隠没〈彗星〉客星日蝕月蝕、銷除風雨変怪天災地震者、 754a
翠竹真如集〈天隠竜沢撰〉　598a
燧香〈覚英撰〉　198b
★隋　64a,686a,778a,863a
☆隋使〈☆斐清〉　863b
★隋僧〈★宋満〉　858b
★隋唐之世　428a
　随意接化　380a
　随意得度〈満願〉　238b

就四弘総願門故、一切万行〈随意得度〉、 238b
随縁真如　924b
随喜　772b
随機開発　390a
随機汲引　94a
随機教授〈円照〉　786b
随機済物〈護命〉　105b
随機説化　850b
随機説授　224a
随機宣布〈浄業〉　766b
随機伝授〈円珠〉　789a
随機布授〈師蛮論〉　813a
随機誘引〈鑿通〉　810a
随宜応機〈琳海〉　797b
随求呪　711a
随求多羅尼　827b
随自実教　77a
随処成主〈竹居正猷・大寧寺僧問答語〉576b
随処興災　911b
随心院為御願場　730b
随佗権教　76b
瑞雲　158b,210a,234b,561a,646b,671a,875a,882b
瑞応　843b
★瑞巌〔師彦〕、頻喚主人翁、〈空谷明応上堂語〉 516b
〔瑞巌竜惺〕二会語録〈瑞巌竜惺和尚語録、瑞巌竜惺撰〉 576a
〔瑞渓和尚〕語録〈瑞渓周鳳撰〉 584a
瑞光　266b,811a,829b
瑞彩　389b
瑞祥　838a
瑞世　318a,327b,356b,615a
瑞星　729b
瑞雪　282b
瑞相　872b〈覚念〉, 874a〈助慶〉
瑞像之縁起　848a

393

瑞夢　792a
〔瑞〕竜山（南禅寺）毎月初三、祭僧正（道智）忌、　225b
瑞鹿　809b
枢要解節記（護命撰）　106a
崇霊　754a
★嵩山（中国）　345b, 461a
●〔嵩山居中〕遺像　460a
●〔嵩山居中〕語録外集（少林一曲, ●嵩山居中撰）　382a
菅谷山（越後）　716b
杉〔松〕室（和州）　916a
住吉浦（摂州難波津）　786a
住吉県（摂州）　470a
住吉県人（摂州）　173a, 470a, 653b, 915a
住吉神　852a
住吉谷（相州鎌倉）　240a
住吉谷瓶子山（相州鎌倉）　240b
住吉明神　173a, 577a
駿州（駿河）　182a, 282b, 284a, 318b, 333b, 345a, 430b, 459a, 462a, 476a, 534b, 563b, 575a, 614a, 624a, 720a, 796a, 805a, 908b
　安部県人　318b
　宇都山　182a
　浮島原　908b
　久野〔能〕山　282b
　久能郡人　345a
　久能人　333b
　駿府　752a
　薬科人　282a
駿州人　796a, 805a
駿州太守　456a（大江氏）, 613b（今川義元）, 614a（今川氏親）

――せ――

世栄　217a, 782b, 849b, 879b, 887a
　〔浄尊〕我是凡愚無慙之僧、永捨〈世栄〉、偏忻来果、不受檀施、　887a
世縁　537a, 570b
世界（円相, 沢庵宗彭）　622b
世学（☆菩提仙那）　69b
世義（藤原顕長, 行真）　177a
　〔行〕真思、苟欲順父命、則違〈世義〉、欲立我志、則反為不孝也、進退惟谷、不如逃世修菩提因、　177a
世教　197a, 375a, 674b
世間之眼　622b
世間相（恵心印信, 行重七科二）　248b
　心境義成道〈世間相〉常住、248b
世間法　678b, 924b
世間文字　475b, 575a
世財　834b
世事　173b, 393a, 887b
世儒　304a, 450a, 916a
世書　120a, 173a, 183b, 225a, 309b, 377b, 773b
世説　507b
世相　522b
世俗　61b, 443a
　毋徇〈世俗〉、行祭典之儀、（●古先印元遺誡）　443a
世俗家　548b
世俗勝義　238a
世俗諦　548a
★世尊拈華因縁（実伝宗真提綱）　612a
★世尊拈華公案（祥山仁禎・華叟宗曇問答語）　554b
★世尊滅度不滅度話（黙庵周諭上堂語）　440b
世諦　331b, 746b
世諦不生不滅之義（●最澄示教）　116a
世典　79b, 206a, 243b, 406a, 499b
世福　540a
世紛　206a
世法　362a

件名索引

世務　531b,546b,661b,889a
世良田（せらた，上州）　277a
世良田人（上州）　465b
施　834b
　〈施〉有二種、一日法財、二日世財、法財者上科所列、法本浄恵浄禅等也、世財者飲食四資象馬七珍、及此科所陳諸師之業作、　834b
施丐（栄好）　102a
施材　768a
施財　200b,536a
　〔恵〕珍以〈施財〉、修補東大寺食堂、200b
施食　778b
書施者姓名、納聖観音像中、（済宝）831b
施主　525b
施身命者、吾仏因地之忍修也、（師蛮賛語）　98b
施僧誦経（慈応）　918a
施田資香灯　385a
施入寺田二町九反四十歩　639b
施福　834b
施無畏　650b,720b
施無畏者（観音の異名）　638a　観音も見よ
　汝図此〈施無畏者〉真容、安巻尾寺、638a
施門甚溥　834b
施薬　402b
施利　638a
施力　536a
背振山（筑前）　671a
勢多（せた）県（江州）　93a,909a
誓多（せた）郡（備中）　639b
瀬水河（江州）　748b
井水　685b
　〔覚助〕所住之地、渇于〈井水〉、祈求其〔明王〕像、冷泉湧出、人名其地曰、

法泉房、　685b
成典修供、天像弾舌、（師蛮論）　754a
★成都（中国）　279b
成童　605a
★西安囲（中国）　764a
★西河〔善昭〕弄獅子（☆無学祖元上堂語）　302b
☆西澗祖翁之道（大用全用）　513a
西巌集（雲渓支山撰）　494b
西源録（西源和尚語録，特芳禅傑撰）599a
西向而去　642b
西向入観（道寂）　828b
西向礼謝（源信）　170b
西山　224b
西山義　215b,238a,243b
〔西山宗要〕（浄土宗要，顕意撰）　243b
〔西山〔証〕空公、往後専修之地、　190a
西山別墅　556b
★西竺　132b
★西竺法茶毘（隆海）　133b
★西州（大唐）　67b
西州　149b,255b,264b,505a
西州之律場（西林寺）　767a
西序　362a
　以参請多、叢林熟者、帰〈西〉序, 謂之頭首、　362a
★西蜀（中国）　272a,289b,378a　蜀も見よ
★西蜀人　289b
★西蜀涪江（中国）　279a,307b
★西台　117a
★西唐　107a,647b
西堂　539a,563a,614a,621b,624b,630a
西望念仏（湛空）　230a
西面而化（経遥）　874b
西面端坐（隆海）　133b
西来　290b
西来意（★趙州柏樹子頌）　392b

395

西来正脈　492b
西来密意　387b
制戒　78a
制禁之表　776b
制多迦童子　648b,656a,733b
征夷大将軍　208a（徳川綱吉），715b
　　（源頼朝）
青華厳（★投子義青）、未始識★大陽
　〔警玄〕、而嗣之、　598a
★青丘釈　→梵網経古迹記
　青錦苞　867b
　青蛇　207b,752a
★青州（中国）　318a,560a
★青州府（中国）　117a
　青松録（桂林徳昌撰）　608a
　青嶂集（●観中中諦撰）　514b
　青天白日（桂林徳昌解制上堂語）
　　608b
　青銅　241b
　青銅銭　613a
　青竜　84a,726a,761a
　　〔●栄西〕・重源相伴登★天台山、見
　　〈青竜〉於石橋、拝羅漢於餅峰、供茶
　　湯、而感現異花於盞中、　84a
　青竜院最初阿闍梨（証観）　190b
★青竜〔恵果〕之後身（覚鑁）　196a
★青竜〔恵果〕之余流　697a
★斉国　83b
　政道　219a
　省　289b,366b,444b,566b,630a
●清渓和尚語録（●清渓通徹撰）　472a
☆清拙和尚語録（☆清拙正澄撰）　354b
　盛礼（月船琛海）　323b
★盛唐之格律　491b
★淛東（中国）　452b
　勢至像　641b,895a
　勢州（伊勢）　150b,160b,172a,265b,
　　266a,b,268a,276a,325a,343a,374b,
　　387a,388b,413b,447b,477b,488b,

504a,547a,550a,559b,563b,566b,
568b,570b,571a,581a,589b,593b,
594a,b,604a,621a,627b,800a,803a,
902a,b,904b,905a,919b
安野郡雲津川矢野淵　266a
飯高郷　902b
壱志郡　265b
宇治県人　268a
小田荘　266b
桑名　325b
桑名津　624a
勢陽　265b,616a
多気郡人　160b
鳥羽県　173a
名帳〔張〕　904b
中原人　413b
保保郷　571a
南津　624a
宮崎　268a
勢州人　150b,172a,276a,325a,387a,
　593b,799b,800a
勢陽（勢州）　265b,616a
勢洛（伊勢，京洛）　594a
誓願　810b
整衣　278a,342b
石龕　136a,512b
石州（石見）　239a,240a,877b
　石州人　877b
　三隅県人　239a
石女　508b
石人　582b
石甃浮図　74b
★石霜〔山〕（中国）　409b
石像　832a,833a,867a
石塔婆（石塔）　102b,445a,643a,
　718b,740b
石浮図　68b
石浮屠十三級（叡尊）　776b
石屏集（●性海霊見撰）　501b

石油　821b
★赤県（中国）　83b,89a
★赤山明神（支那，泰山府君）　909b,910a
隻履　63a,291b
　★〔孝荘帝〕啓壙視之、惟空棺〈隻履〉在焉、　63a
碩学　144b,786b
碩師　105b,129a,174b
碩儒　374a
碩匠　155a
碩徳　117a,148a,207b,552b
関県（濃州）　605a
切瑳琢磨　291a
★拙庵〔徳光〕像　273a
殺生　638a,776a,791b,909a,918a
殺生石（玄翁玄妙）　507a
★浙（中国）　279b,352a,430a
★浙江省山交（中国）　515b
★浙江省羅陽（中国）　515b
★浙江浜（中国）　553a
★浙之東西（中国）　411a
★浙東（中国）　503a
接化　470a,537b
接度　328a
接衲　535b
接物利生　421b,457a
設計之沙門慈鉄　536a
設斎　168a,354b,372a,379b,412a,434a,441b,456a,525b,526a,534a,563a,577b
　月之二十四日、乃菩薩感応斎日也、老僧（碧潭周皎）滅後当取斯日為吾忌辰、〈設斎〉読誦〔地蔵〕本願功徳経、報菩薩慈、　441b
　〔南英周宗〕滅後闍維畢以骨投河、勿建塔勿〈設斎〉、勉強弁道、慎勿怠慢、　562b
設利（舎利）　316b,354b,367a,370a,371a,394a,419a,427b,449b,459b　舎利，設利羅なども見よ
設利羅　299a,300a,318b,339a,351b,486a,739a,776a,794a,804a,810a　舎利も見よ
〈設利羅〉者、雖非禅人之強而所要、然不因多劫三学之薫、不能感得焉、299a
〈設利羅〉者、法身之所表、秘在一切処、若能三学清均、則応時随所而顕現、　804a
雪江宗深行状（東陽英朝撰）　450a
★雪山　365a,665a,693a
雪樵独唱集（闌坡景茝撰）　607a
●〔雪村和尚〕語録（●雪村友梅撰）　379b
★雪峰毬　630b
★雪峰塔銘（★樵隠悟逸修）　408a
★雪竇　円悟之風（通翁鏡円）　338b
★雪竇遥道者因縁（蔵海性珍・●物外可什徒問答語）　474b
雪梨（●清渓通徹）　471a
摂取不捨（源空）　208a
摂州（摂津）　70a,73b,131b,133a,138a,157b,158a,173a,215a,224a,b,236a,268b,273a,309a,343a,362a,396a,418b,420a,443a,457b,459b,466b,467a,470a,479b,492a,505b,508b,510a,518b,526a,529a,530b,533a,b,548a,559a,563a,567a,586a,587b,588a,592a,598b,611b,624a,625a,630b,634a,638a,639b,642a,644a,653b,708a,711b,733a,767b,775b,789a,791b,796b,797a,b,800b,812a,816a.817b,821b,830b,854a,856b,861a,863b,865a,866a,b,867a,872b,874b,892b,913b,915a,919a,b
安満県　158a
青県　644a

尼（海人）崎　797b,830b
兎原　690b
榎並県人　872b
大坂　624a
国島下郡　817b
駒岳　892b
住吉県　470a
住吉県人　173a,470a,653b,915a
高木県　733a
玉造　863b
玉造県人　418b
手島郡人　919b
豊島（てしま）郡人　638a,642a
中山　821b
難波　73b,633a,904a
難波荒陵　863b
難波津　70a,639b,786a,918a
難波津住吉浦　786a
浜田荘　468b
兵庫県　236a,396a
兵庫県人　530b,611b
水田県　273a
水田県人　919a
溝杭　468a
箕面山　866b
武庫河　224a
柳津　708a
淀河　93b,158a,664b
和田県　711b
渡辺　708a
摂州人　133a,470a,587b,797a,800b
摂州太守（藤原親秀）　389a
摂政（藤原兼良）　588a
摂政関白（藤原道家）　234b,735b
摂政家（頼尊）　182a
摂津権守（藤原致房）　866b
摂津守　651a（高階義範）,689a（源満仲）
節奏（寛朝）　669b

★節度使　116b（★李徳裕）,117a,121a
截海求法　272a
　★李唐之代、自此方〈截海求法〉者、大率法相三論天台真言而已、独●瓦屋〔能光〕師伝★洞山古仏（良价）之禅、而振玄風於★支那、以長齢之高終於★西蜀、　272a
截海而来（☆道寧）　894b
截髻（証仏）　237a
截手指（信敬）　837b
截足一指（永暹）　877b
説演（慶遑）　181a
説戒　207b,246b,266a,407a,761a,766b,772a,775b,776b,778b,786a,b,793b
説経　649a,824b
説化　380a,850b
説示　219a,420b,869a
説心説性、説禅説道、　476b
説相　85b
説得弁如建瓶、但是義学沙門、而非本色衲僧也、　442a
説法　70a,101a,113a,137a,152b,154a,b,161a,163a,168a,173b,189b,208b,219a,283b,284b,285b,288b,292a,301b,305b,309a,316b,344a,359b,364b,369b,378a,381a,383a,b,390a,b,391b,394a,412a,416a,418a,419b,424a,429b,431b,438b,443a,444b,447a,448b,457a,b,463b,464a,468b,474b,476a,483b,488a,491a,493a,497a,507a,b,510a,512a,514a,516a,524b,527b,532b,539b,541b,547a,557b,559a,565b,570a,575a,576a,580a,b,606a,614a,625b,684a,763a,776a,785a,787a,792b,794b,802b,803b,830b,831b,847b,890b,892b,909b
　★智者〈説法〉時、撃〔石鼓〕以集

衆、 137a
〔放牛光林〕就八坂法観寺、請五頭首、輪次登座〈説法〉、 509b
〔無〕極〔恵徹〕召〔月江正〕文曰、夫朝参者宗旨家訓、不可依衆多少、古人聚頑石、猶且〈説法〉、今我会裏僧、雖僅有十員、皆能志於道、叢林法規不可欠焉、 565b
説法導師（顕恵） 918b
説法印 174a
説律伝密（信乗） 797a
説論 181b
説話 495b,506b,596a,619b,620a
絶飲食（尋静） 870b
● 〔絶海和尚〕四会語録（絶海和尚語録、●絶海中津撰） 511b
絶交 212b
絶穀 80a
絶穀塩（応照） 838a
絶言断食（延救） 837b
絶食 837b,852a
絶名利 158a
●千光国師（栄西）再生（●無隠元晦） 419b
●千光国師塔銘（★蘭閑叟譔） 86b
●千光禅師入定之処（建仁寺） 416a
★千巌〔元長〕之禅（●大拙祖能） 538b
千座講（永尋） 883a
千字文（浄蔵） 658b
千手観音像 143a,157b,671a,818a
東寺食堂安金色〈千手観音像〉及四天王像、143a
〔千観〕父母初無子、禱於〈千手観音像〉而生、因以為名、 157b
千手経 700a
千手神呪 825b
千手真相 638a
千手陀羅尼 134b,652a,786b,883b

千手大悲経 700a,b
千手大悲像（仲算） 155a
千手大悲陀羅尼 825b
千手大悲銅像（☆法道仙） 912b
千手法 711a
千手宝鉢法（☆法道仙） 912b,913a
千松島（奥州松島） 860a
千聖 343a
千僧会（信円） 221a
千僧供 131a,224a
千僧誦経 703b
千日忌（慈鎮〈慈円〉, 証空） 224a
千日護摩 662b,688b,837b,886b
千日十座行法 887b
〔聖誉〕曰、〈千日十座行法〉、已満九百九十九日、所余十座也、吾密厳国土之報生、雖在明日、縮期将終、今十座中、至前供養、正可取減、其後供養、於彼楽国、宜成散席也、 887b
千日読経 906b
千日念仏会 215a
千如十界 263b
千臂経 889a
千仏榜 299a
千本（城州） 649a,830b
千礼 859b
山河大地 338a,458a,598b
〈山河大地〉草木叢林、色空明暗悉皆清浄、（天境霊致入壙語） 458a
仙院 240a（後深草上皇）, 243b（亀山上皇）
仙院后宮 238a
仙苑（★霊鷲山） 912b
仙館集（蘭坡景茝撰） 607a
★仙居郡人（中国・台州） 322a
仙闕 186a,622a
仙宮 231a（後嵯峨帝）, 620b（後水尾上皇）, 625a（後水尾上皇）
仙術 675a,915b

仙陀　594b　陁陀羅も見よ
仙通（陽勝）　914a
仙洞　245a,722a,740a,744b,751a
仙道（都良香）　915a
仙人　186b,756b,916b
仙波（武州）　752a
仙波東地（武州）　248a
〔仙〕波山之裔　249a
　三科義者、先輩之未発也、〈〔仙〕波山之裔〉、伝而家之、以俚諺称笠璽（かさじるし）法門、良有旨哉、249a
仙府　865b
仙方（喜撰）　914b
仙法　913b（久米仙）,914b（陽勝）
仙薬（★徐福）　510a
占察〔善悪業報〕経（隋・★菩提灯訳）85b,758b
占相　660a
★占波国　363a
先覚之謝世　383b
先考　456a,577b
先師　276b,307a,395a,517b,541a,546b,566b,573a
　〔養叟宗〕賾嘗曰、吾必与〈先師〉、同日而取滅、573a
先師式　119b
先師（◉最澄）塔　118a
先師塔旁（懐奘）　292a
先佗後己、陰徳陽報徒善哉、646b
先達　774a
先徳　125b,140b,165b,266a
先登（熊野，禅仁）　191b
先徳篇　901b
杣保隠遁鈔（印融撰）　267b
宣旨　253b,630b
宣布　766a
専一禅観（瑞巌竜惺）　575a
専願往生（経遥）　879b
専願楽国（経得）　879a

専願楽邦（教懐）　875a
専志念仏（覚入）　874a
専使　524b,529a
専持法華（恵増）　853b
専修　190a,204b,214b,220a,234b,262a,269b
　源空攘臂、〈専修〉有撰〔選〕択集、269b
専修法　212b,829b
専唱空宗（長賢）　897b
専誦法華　854a（春命）,882b（仁慶）
専誦法華、又無佗業、（道命）　852a
専注法（見性）　237b
専念　213b（隆寛）,222a（明禅），891b（源空）
専念義　204a,212b
専念之寺（相州，光明寺）　267a
専念旨　209b,213b,223a
専念称号（湛空）　230a
専念法　207b,211a,216a,224a,234b,236a,237b,240a,250a,262a,266a
専念門（証賢）　253a
染衣　261b,274a,614b,810b,820b,874a
染縑　541b
染心　914a,915b
　〔久米仙〕久在深山学仙法、餌松葉、服薜茘、一日飛空経過故里、見女以足浣衣、其脛甚白、忽生〈染心〉、即時落地、913b
泉州（和泉）　80a,110b,143b,173a,206a,226a,b,233a,235b,245a,252b,257b,258b,265a,369a,407b,448b,492b,493a,521b,540a,573a,574b,582b,586a,592b,607b,616b,621b,637b,638a,677b,699b,722b,747a,772b,775b,786b,806b,812b,815a,859b
石津人　574b
宇多人　235b

大鳥　245a
大鳥郡人　233a,815a
大鳥人　143b
堺県　257b
堺県人　582b
堺邑　521a
泉南　616b,622b,628b
船尾県人　226b
高石　407b
高瀬　540a
日根県人　448b
真木尾山　699b
山代県人　722a
横山県人　747a
泉州人　110b,206a,226a,258b,265a,
　806b,859b
泉州僧統（兼澄）　206a
泉州太守（有馬忠清）　584b
泉南（泉州）　616b,622b,628b
泉涌、戒光為教律之窟　766b
泉布三千縑黄金百鎰文、馬十匹、（足利
　義満）　517a
泉福衆（尊海）　248b
洗浴　327a，☆無学祖元・高峰顕日問答
　語）,434b（青山慈永）
穿衣噉飯、厠屎放尿、（◉南浦紹明・峰
　翁祖一問答語）　355a
扇篋　847b
扇子　306a,339a,343a,461b,488b,
　555b,597a
旃陀羅　887a　仙陀も見よ
栴檀　834b,847b
　以〈栴檀〉木、剋雕木像、847b
栴檀香　464b
〔栴檀〕像　848a
　宋沙門★義楚云、今在★汴州〈〔栴檀〕
　像〉、此其最初也、847b
栴檀模像　769b,847b
栴檀林　386b,796b

剪戒　263a
剪髻　287b
剪髪　158b,162a,189a,295b,347b,
　381a,404a,430a,452a,480b,548a,
　587b,593b,595b,605b,757a,762b,
　888a,890b
剪除　555a
剪染　655b
剪草　585b
剪髪　206a,243b,250b,283a,424a,
　433b,450b,527b,553b,576a,604a,
　651b,800a,808b,813a,875b,883b
船子　616b
船師　300a,635a,637a
船主　331a
船中皆病臥（◉栄叡）　757b
船尾県人（泉州）　226b
戦艦　330b
煎茶　84b,305a,549b
箋翰　222a,328b,350a,369a,370b,
　401a,435a,446b,450b,452b,516a,
　520b,554b,565b　書記も見よ
箋註　517b
銭　86b,107a
銭穀如山（円照）　786b
銭資（忍性）　791a
★銭唐（★陸屋寿）　891a
★銭塘江（中国）　430b
撰述（聖冏,聖聡）　270a
撰集鈔（西行撰）　794a
撰書　269b
〔潜渓処〕謙照容（頂相）　343b
翦髪　236a,566b
選択鈔（良忠撰）　240b
選択本願念仏集（選択集，源空撰）
　207a,212b,213b,219b,222a,223a,
　269b
　源空攘臂、専修有〈撰〔選〕択集〉、
　269b

選択密要訣（証空撰）　224b
選仏開眼供養（興福寺，信忠）　744b
選仏場　305b
遷化　659b
遷化之相　774b
　院主（◉有厳）持画像、出告曰、是写〈遷化之相〉也、774b
遷都　835b
甄拍版　411a,458b,487b
甄拍版，無孔笛　411a
餞別之偈（◉古先印元に対し、★霊石如芝、★笑隠大訢、★断江覚恩、★別源宗、★無言承宣）　442b
鮮鱗　908b
鎺髪（◉弁正）　895b
〔蟬闇外藁〕外集（瑞巌竜惺撰）　576a
懺六衆鈔（幸円撰）　781a
闡提願　220b
闡法　423a
饘粥　483b
全呪全印　637a
全蔵書写之願　210a
　〔◉良祐〕誦法華四功徳之文、始志〈全蔵書写之願〉、奔走四方、紙墨化人、一時緇白資助者多、210a
前十三願是観行観　220b
前堂　418a,437b,452b,474b,493a,551a
前版　301a,b,415b,455a,512a
善悪斉利　268a
善悪霊異記（日本国現報善悪霊異記、景戒撰）　781a
◉善恵国師（成尋）之塔　850a
善縁　923a
善家秘記（三善清行撰）　120b
善見〔天〕　190b
善光寺如来　860a
善業　857a,882a
善根　838b,845b,879b
善財　409a,437b,563b

善財一弾指（雲章一慶陞座説法）　580b
善財童子　246b
　慈真和尚夢、〈善財童子〉稷於戒壇院、〔慈〕真問此何種也、曰雑華之種也、〔慈〕真常怪之、至此始知〔凝〕然公是華厳会中根熟之人也、246b
善財童子知識集（◉成尋撰）　850b
　〔善謝〕晩入梵福山、屏絶人事、修安養業、99b
善珠伝　97b
善住比丘（鐘谷利聞自賛）　505b
善心　116b,923b
善神　723b,911b
　諸天〈善神〉、723b
善逝　391a
善知識（高弁撰）　219b
善知識　404a,515b,605a,801a,888a
　〔◉大初啓原〕与〔◉宗猷等十八衆、参遊★大明、歴見天界★李潭〔宗〕泐、仰山★了堂〔惟一〕、天童★無著等四十五員〈善知識〉、515b
★善導盛倡★長安矣　891b
★善導疏記（観無量寿経疏記）　220b
　（空寂撰）、240b（良忠撰）
★善導疏釈　243b
　〔顕意〕謂徒曰、〈善導疏釈〉振古講者多陳己見、翻失真義、於是著古今楷定記三十巻、243b
★善導像　224a
善女　82a
善女竜　726a
善女竜王画像　196a
　〔覚〕鑁乞◉弘法大師手画等身影像、并〈善女竜王画像〉、鎮伝法院、196a
★善無畏之疏（宥快）　260b
★善無畏舎利塔　137b
★〔善〕無畏者、登地菩薩瑜伽悉地大聖者、68b

★〔善〕無畏納密経於久米道場　87b
★〔善無畏〕遊化諸州、衆機未熟、真教無聞、遂納大毘盧遮那〔神変加持〕経於和州高市郡久米道場、又帰★唐、68b
善用心（瑞巌竜惺上堂語）　575b
善隣国宝記（瑞渓周鳳撰）　584a
禅　65b, 66a, 84a, 85a, 96a, 261b, 368a, 441b, 557b, 752a, 753a, 784a
　〔◉可庵円恵〕棄教帰〈禅〉　368a
　〔◉最澄〕入★唐、伝台密〈禅〉三宗、今台密盛禅滅久矣、84a
禅院　66a, 118b, 272a, 910a
　〔◉道昭〕構〈禅院〉、終日定坐、国人崇信学禅者多、66a
禅院神祠　910a
禅衣（行然）　779a
〔禅〕英照容（足利義持）　530b
禅影（南岳★恵思大師影）　107a　肖像, 真, 照容, 影像, 像なども見よ
禅悦之食法身之香（師蛮系語）　213a
禅苑　279a
〔禅苑〕衣服礼典（◉大歇了心）　279a
禅戒　284b, 786a
禅戒規（虎関師錬撰）　376b
禅戒正伝（恭翁運良撰）　367a
禅客　81a,b, 278b, 314b, 326b, 342a, 349a, 357b, 365a, 388a, 404a, 447a, 465a, 470a, 486a, 491a, 515b, 528b, 537b, 541b, 552b, 559b, 565a, 589a, 594a, 598b, 615b, 619b
禅学　345a, 357a
禅関　616b, 770b
禅観　67a, 68a, 130b, 218a, 259a, 323b, 406b, 516b, 562a, 575a, 593b, 601a, 832a, 876a, 886a
　〔南英周宗〕棄絶文書、専注〈禅観〉、562a
禅観法　217b
禅規　85a, 285a, 291a

〔禅喜〕母亡後、雕肖像　152a
禅儀外文（虎関師錬撰）　376b
禅教　81b, 182a, 245b, 247b, 277a, 325b, 356b, 367b, 441b, 442b, 534b, 618b, 764b, 785a
禅教之師（道勝）　737a
禅教之徒、動玩世書、外于真典（師蛮賛語）　173a
禅教律　323b（月船琛海）, 362b（☆明極楚俊陞座祝聖罷語）
禅教律之伝録私記（元亨釈書, 虎関師錬撰）　480b
禅経（坐禅三昧経, 修行道地経, 達摩多羅禅経など）　81b
禅行　273a
禅化　85a, 276b, 283b, 325a, 346b, 429b, 476a
禅化東播（元翁本元）　346b
禅家　309b, 451a
禅家之藩籬　304a
禅家無眼（東山五祖★法演道）　446a
禅外無教（夢窓疎石）　803a
★禅月大師之画也、第二摹本、在★育王山、（十八羅漢画幢）　764b
禅源　433b
禅居　639a
禅語　259a, 563b
　多用〈禅語〉而世人難暁　563b
禅講交馳（規庵祖円）　328b
禅講双行（蔵叟朗誉）　279a
禅坐　80a, 101b, 105a, 134b, 136a, 139a, 181a, 186a, 189b, 217b, 218b, 222a, 253a, 288b, 309b, 389a, 391b, 405a, 413a, 447a, 455a, 468a, 480b, 516b, 566b, 570b, 574a, 604a, 626a, 645b, 648b, 650b, 664b, 670b, 676b, 711b, 725b, 749b, 771b, 820b, 837b, 840b, 850b, 860a, 867a
〔性空〕数日不食、〈禅坐〉誦経、或従

経巻内、白粳迸散、或於壇上、煖餅沸
出、或当冬夜、寒侵弊衣、忽自庵上、
垂綿纏身、是以身体肥滑、光彩過人、
670b

〔永観〕及晩年、舌乾咽涸、只為観想、
三時誦経一日不欠、誦仏頂呪三十八億
九万一百二十遍、夢中常見月輪中現七
層塔、又〈禅坐〉時観極楽相丈六弥陀
勢鬘現前、189b

〔行信〕不慕名利、深山幽谷〈禅坐〉
安居、645b

禅坐念仏（●円珍）　139a

禅策　447b,523a,541b,584a,589a,628b

禅策中古事方語（☆一山一寧）　332b

禅冊　375b,418b

禅刹　288a,295b,307a,358b,389a,
  392a,418b,436b,479a,500a,507b,
  557b,565a,831b,910a

改教寺為〈禅刹〉（興聖万寿禅寺）、
  295b

革密院為〈禅刹〉（加賀大乗寺）、307a

禅刹之位次（京兆，鎌倉）　479a

禅刹之護神（赤山神）　910a

禅肆　439b

禅詩（●無文元選）　491b

禅師（「浄禅三」は省略）　65b,66b,
  69a,72a,b,76b,84b,93a,95a,106b,
  108b,123a,125a,167b,210a,217b,
  219b,220a,225a,231a,239b,251b,
  257b,259a,261a,701b,745b,750a,
  760b,765a,770a,801b,803a,831b,
  845b,860b,902b,908b,909a,912a

禅師号　275b,281a

本朝賜〈禅師号〉、自☆〔道〕隆始、
  281a

禅爾従容問曰、見師（凝然）下筆書不用
  藁、文不加点、鉅篇魁冊不日而成、凡
  有撰述已来、鮮有如此盛、不知労心思
  否、〔凝〕然曰吾不経意也、猶草和章、

何労之有、247b

禅者　274b,318b,359a,430a,432a,
  469b,523b,542b

禅趣　396a

禅誦　198a,331a,510a,525b,555a,
  810a,815a

禅宗　64a,84a,85a,86a,b,87b,257b,
  270b,271b,272a,b,278a,279b,281b,
  284a,338b,387a,389a,433b,437b,
  438a,452a,497b,508b,522b,541a,
  546b,612a,631b

畿内大風、都人僉曰、比来●栄西新唱
〈禅宗〉、其徒衣服異製、〔僧〕伽梨博
幅、直裰大袖行道之時、特包飄風、今
之風災因於●〔栄〕西也、86a

自★李唐、始名〈禅宗〉、631b

我法之中有種熟脱之三焉、為学道之序
（中略）教家貴熟時矣、故台教有前番
前熟、後番後熟之語〈禅宗〉尚脱時、
541a

〈禅宗〉若非、則●伝教亦非、●伝教
若非、則台教不立、台教不立、則台徒
豈拒我耶、甚矣法裔之闇其祖意、85a

禅宗第一祖（本邦●栄西）　87a

禅匠　396a

禅林　278a,327b,328b,329b,352a,
  359b,384b,385a,386a,398b,417a,
  459b,474a,486b,494b,495b,500b,
  502b,504b,508b,514a,519b,544a,
  553b,582b,604a,606a,607a,608b

〔一〕山指〈禅林〉曰、各試呈頌、可
  者許呈堂、398b

禅杖　763a

〔●俊芿〕告諸徒曰、我欲佗方求法、
若不勉彊、豈堪伝承、当剋一百日試所
修、乃授〈禅杖〉、令諸門生輪次警策、
昼則説法、夜則跌坐、763a

禅定　218a,279b,303a,362b,713b,
  721b,786a,787a,815a,883b

404

〔円照〕昼講戒疏、夜坐〈禅定〉、786a
禅心　626b
禅是仏之心、教是仏之語、律是仏之行、362b
禅是仏心　441b
禅蛻　158a,578b
禅祖　86b,422a,441b
〈禅祖〉之来自★支那者、亡慮十有五人、皆是一時英傑也、歴遷五岳、宗規伝世、422a
〔★震旦〈禅祖〉〕等諸師、広引経論以印仏心、441b
禅僧（尋禅）　889a
禅中詩　615a
禅鎮（●智者大師智顗●最澄奉進）77a
禅徒　444b,457b,567b,589b,605a,606b,761b
禅灯（★神光〈恵可〉）　841a
禅堂　252b
〔禅〕爾構〈禅堂〉、昼夜二時率衆静坐、禅余開席、講雑華及三大律疏、252b
禅道　66b,288a,327a,343a,401a,465b,584b,586b,598b,629b
禅徳　475b,752a
禅那　251b,552a,751b,783b
〔聖観〕、挟〈禅那〉、演浄教并説無礙、751b
闕〈禅那〉、則見慢岳如峙、無上妙薬、為之失験、783b
禅人　268b,299a,397b,521b
文章者道之緒余、非〈禅人〉之所務也、521b
禅波羅蜜　582b,721a
禅版几案（不見明見）　527b
禅病　397a
禅風　529b（了庵恵明）、562a（白崖宝生）
禅法　83b,85b,95b,217b,273a,b,277b,283a,298a,326a,463b,591a,799a,803a,845b
〈禅法〉者、以質於師承、為的伝宗、298a
禅法之邁他家（虎関師錬）　374b
禅法之初相承（●道昭）　66b
禅密　269b
高弁中興華厳、多著疏鈔、修〈禅密〉感神敬、269b
禅門　84b,310a,343b,375a,538b,624a,864b
岐陽〔方〕秀禅師曰、弘安正応間、〈禅門〉諸老、棟梁大法者後前輩出、343b
禅門戒法（●遠渓祖雄）　371b
禅門祖印（●円仁）　117a
禅門大戒（●円爾弁円）　283a
禅門大乗戒座（☆隠元隆琦）　631a
禅門廃（☆蘭渓道隆偈）　280b
禅余或問（虎関師錬撰）　376b
禅要　71b,215a,264b,268b,273a,b,285a,286a,322b,325b,335b,363b,366a,367b,397b,573a,620a,763b,783a
相国寺瑞渓〔周〕鳳公、宝幢寺大梁梓公、従●〔志〕玉問教、〔志〕玉亦就〔周〕鳳聴〈禅要〉、264b
凝然講華厳、至六相義、〔運〕良屢問難、〔凝〕然公以問出意表、渋滞答釈、就〔運〕良問〈禅要〉、〔運〕良曰、我仏祖単伝之旨、豈義学者所能階邪、〔凝〕然公請益不止、366a
禅楽（☆菩提仙那）　70a
禅律或真言律（師蛮賛語）　806a
禅律寺院（八十余所）　389b
値仏国禅師三十三回忌、請畿内〈禅律寺院〉八十余所僧尼、就於天竜寺修大会斎、389b
禅林　227b,243a,271a,279a,480a,

484a, 802b
禅林偈頌（★宋元二代，貞和類聚祖苑聯芳集）　480a
禅林豪傑（空谷明応）　518a
禅林先達（師蛮論）　774a
禅林第一伽藍（南禅寺）　484a
禅侶　387b, 476b, 498a, 544a
禅録　285a, 578b, 748a
繕写（開成）　867b
繕写経典（琳賢）　828a
鱓羹（師蛮賛語）　918a

—そ—

祖意　276b, 411a, 587a, 591b, 614a
　〔春浦宗熙〕見月在瓶中、見発〈祖意〉、〔養〕叟不肯、示以★雲門関字、591b
祖意教意異曲同工（乾峰士曇）　411a
祖意教是同是別　417a（★古林清茂・●平田慈均問答語）, 423a（瑩山紹瑾・峨山韶碩問答語）
祖衣（奇山円然）　333b
祖苑君子（元翁本元）　347b
祖教　622b
祖業　729a
祖語　523a
祖綱　450b
祖言　525a
〔祖厳（芳庵）〕自賛頂相　552b
祖師　163b, 290b, 485a
祖師真（愚堂東寔達磨忌示衆）　619b
祖師心印　493b
祖師西来　385b, 469a, 489a, 592a
祖師西来意　311b, 315b
祖師禅（南宗禅）　84a, 95b, 500a, 508a, 586b, 618b, 631b
　〔★李唐禅宗〕非六度之禅、所謂教外別伝、〈祖師禅〉者也、631b
祖宗　454b
祖祖相伝　285b

祖灯万古伝（●無象静照元宵上堂語）　305b
祖塔　287a, 513b, 575a, 576a, 584b, 616b
祖堂　421a, 765b
祖道　283b, 477b, 491a, 568b, 569b, 576b, 582a
　〔江西竜派上堂云〕〈祖道〉参皇道、以偕行、宗風体仁風而斉扇、568b
祖伝録　623a
祖風　336a, 342a, 623b
　〔●約翁徳倹上堂祝聖日〕、★少室家風、未至泯絶、仏日与舜日長明、尭風与〈祖風〉永扇、336a
〔祖祐（天鷹）〕師之行状　544b
祖録　450a, 600a
祖税　265b
素意　810b
素衣　915a
素願　210a（良祐）, 877b（永湿）
素丹　698a
　〔勝〕覚尚〈素丹〉、不愛財物、法供之外、佗営如遺、698a
素帛（★辛文昱）　117b
甦生　354b, 692b
　★洞山〔良〕价和尚入定之後、因弟子悲、再〈甦生〉、起設愚痴斎、354b
疎放無戒検（願覚）　917a
★楚（中国）　384a, 437a, 492b
窣堵波（率兜婆，率都婆，窣堵滕，窣堵）　82b, 292b, 370b, 518a, 666a, 827b
　〔日蔵上人〕造一万〈率都婆〉抜我苦厄、666a
蔬食　791a（忍性）, 826b（覚尊）
礎石（椎尾山）　790b
蘇詩（瑞溪周鳳）　583b
蘇悉地　652a
蘇悉地掲〔羯〕羅経（唐・★善無畏訳）　68a

蘇悉地経疏（◉円仁撰）　118b
蘇悉地大法　117a,137a
蘇悉地法　132b,650b
★蘇州（中国）　179a,271b,322a,396b,
　520b,848b
★蘇州僧録司（◉寂昭）　848b
★蘇州名藍　848b
　蘇〔生〕　159b,412a,674a,b,675a,
　　685a,687b,693b,695b,717b,763a,
　　829a,846b,855a,b,856a,858b,920b,
　　921a,922a,923b
　蘇息　695b,917b,921a
　蘇婆呼童子経（唐・★輸婆迦羅訳）
　　68a
　蠧衣　558b,805b,808b
　〔大綱明〕宗性貞素、〈蠧衣〉糲飯
　　558b
　〈蠧衣〉間色者、諸仏之遺制、而沙門
　　之通儀也、805b
　蠧行（鐵海）　805a
　蠧茶淡飯　594b
　蠧布伽梨　214b
　蠧服　158a,564b
　双趺　427b,459b,595a
　〔双峰宗〕源頂相　350b
★双林示寂、赴泥洹（◉祖継大智涅槃会示
　衆）　473a
　爪髪　363a,390b,485b
　爪髪歯牙、皆綴設利、（高山慈照）
　　370a
★宋（大宋）　84a,121b,167a,168b,
　170b,176b,210a,225a,248a,257b,
　272a,273a,274b,276a,b,277b,278a,
　b,279a,284a,286b,287a,289a,291b,
　292b,293a,294b,295b,296b,297a,
　304a,305a,307b,309a,310b,311b,
　312a,313a,316a,317a,b,318a,321a,
　323a,333a,338a,339b,349a,374a,
　451a,631b,642a,662a,681b,763a,

766b,768a,770a,773b,774b,795a,
799b,813b,829b,831a,b,847a,b,
848b,849b,850b,851b,912a　宋国も
見よ
★宋元　273a
★宋元諸師　599a
★宋元禅匠　396a
　自寛元至元徳中、〈★宋元禅匠〉相次
　東来、及康永末、☆別伝〔妙胤〕禅師
　独殿而至、396a
★宋元之僧、観光吾国、（師蛮賛語）
　333a
★宋元二代禅林偈頌（貞和類聚祖苑聯芳集,
　義堂周信撰）　480a
☆宋工（☆周丹）　767b
★宋高僧伝（★宋僧伝）　87a,631b
★宋国（宋）　85a,90a,169b,170b,209b,
　210b,231a,291a,672b,766b,785a,
　848a,b,849a
　長徳三年（997）夏〈★宋国〉僧、送
　新書五部、其義膚浅、山門三井碩徳奉
　詔難破、170b
　〔◉寂昭〕、誉聞〈★宋国〉教法之盛、
　長保四年（1002）、持錫浮海　848b
　〔◉浄業〕、聞〈★宋国〉律学之盛興、
　以建保二年（1214）春遠渉、766b
★宋国蜀人　314a
★宋国人　257b
★宋国禅宗　272b
★宋国僧　170b
★宋国明州人　333a
★宋刻法華経　766a
★宋之名匠（★北礀〈敬叟〉居簡）
　277b
★宋史　847b
★宋寺　765b
　鉅啓講肆、警衆規制、一刑〈★宋寺〉、
　765b
★宋室　769a

★宋沙門　170a,847b,849b
　〈★宋沙門〉朝散大夫試鴻臚少卿★宣
　秘大師賜紫恵賢、849b
★宋儒　752b
　林道春謁、〔天〕海謂之曰、汝効〈★
　宋儒〉、屢斥仏道、752b
★宋儒之書　774a
★宋諸刹　247b
★宋人　172b（★朱仁聡）、257b（★澄
　円）、283b（☆謝国明）
★宋地　175b,848b
★宋地偉才（★白蓮和尚澄円）　257b
★宋地禅宗之盛（◉性才法心）　278a
★宋朝　365b
★宋朝賜紫（★崇梵大師〔恵賢〕）　194a
★宋朝僧録司（★仏光法照）　281a
★宋帝　128b,547b
★宋末運、辺烽日警、禅刹擾紛、335b
　走湯　→はしりゆ
◉〔宗〕可〔（中庭）〕、命工刊〔◉道元和
　尚〕牌、再入〔★太白山南谷庵〕祖堂、
　421a
◉〔宗己（復庵）〕、与◉無隠〔元〕晦等同
　参、浮海入★元、396a
　宗鏡寺（但州）火　622a
　〔宗〕宿〔春夫〕真　572a
　〔宗頓（悟渓）〕、問答〔雪〕江震威而喝、
　当下豁然大悟、596a
　宗伯　752a
　〔宗彭〕写照　622b
　奏楽　485a,553b,685b,720b,727b,729b
　相応之権化（役小角）　907b
　相応秘訣（道範撰）　226b
　相迎　871b
　相好（如来）　90b
　相者（人）　210,600b
★相州（中国）　121a
　相州（相模）　93b,239a,250b,254a,
　256a,b,258a,264b,267a,276b,279a,

283a,285a,287a,289b,299a,300b,
302a,305b,307a,b,312b,313a,b,
314b,315a,b,316a,317b,318a,b,
322a,328a,b,329b,331a,333a,b,
335a,337b,340b,343b,349a,b,356b,
357a,b,358a,362a,363b,364a,366b,
369a,371a,b,380a,381b,382a,386a,
388b,393a,394a,b,398b,400a,b,
401a,b,403b,411b,412a,b,418b,
419b,422a,426b,428a,429b,430a,b,
433b,434a,b,436b,437a,438a,b,
439a,b,442a,b,444b,445a,446b,
447b,452b,456a,458b,459a,460b,
461a,465b,466a,468b,469b,470a,b,
471a,472a,473a,474b,475a,476a,
486a,489a,497a,498b,502b,503a,b,
505a,506b,507a,508a,b,510a,512a,
514a,529a,546a,552b,576b,589b,
601a,b,610b,720a,749b,770b,779a,
781b,782a,790a,791a,793a,795a,
796a,801a,802a,860b
　飯山　770b
　稲村山　790b
　糟谷県人　529a
　鎌倉　258a,261a,b,275b,276b,280b,
　290b,305a,317b,323b,325b,333b,
　335a,378b,384a,387b,410b,426a,
　430a,435a,439b,443a,445a,452b,
　475b,478b,479a,502b,510a,520b,
　529b,538b,569a,716b,747b,750a,
　776b,790b,794b,801b,830b,904b,
　909a
　稲瀬川　794b
　鎌倉県人　325b,335a,455a,493a
　鎌倉人　258a,305a,417a,452a,455a
　亀谷　86b,284a,447a,528a
　桑谷　791b
　小林北山　904b
　佐介谷　240a

408

城西　371a
城東　279b
城北　478b
住吉谷　240a
住吉瓶子山　240b
相城　569a
二階堂　794b
由比郷　904b
由比浜　378a
狩野　529b
酒匂人　276b
椎尾山　790b
白旗県人　250b
相陽　279b,285a,315b,318b,331a,
　388a,562a,770a
中村人　475a
藤沢　860b,909a
松田郡　720a
三浦　340b,384a,388a,765b
山下　589b
相州刺史（橘敏貞）　157b,165a
相州人　92b,104a,433b,438a,445a,
　471a,473a,495a,497a,508b
相州太守（北条氏綱）　610b
相宗　→法相宗
　〔●智通〕、勅為僧正、是〈相宗〉入★
　唐得法之第二番也、67a
　〔善珠〕、以〈相宗〉中興之才、称★慈
　恩之再身、97b
　天暦、応和之間、〈相〔宗〕〉台〔宗〕
　為蛮触矣、152b
　真興、貞慶〈相宗〉翹英、自倹葆光、
　269b
相宗円融之蹟（師蛮賛語）　784b
相宗義（栄仁）　900b
相宗章疏　65b
　★〔玄〕奘、授以仏舎利、経論、及
　〈相宗章疏〉、又以鉄鑵、与之曰、我従
　★天竺持来、烹物治病必有神効、併以

贈汝（●道昭）、65b
相宗入★唐得法之第三番（☆●智鳳、☆
　●智雄）　843b
相宗之憲章　227b
相性之経論（道詮）　129a
相城（相州鎌倉）　569a
相承之譜　248b
　〔尊〕海、以恵心以来十九通之印信、
　収在泉福〔寺〕、為累代〈相承之譜〉、
　248b
相台（法相，天台）　152b,155a,160b
相台交鋒　155a
相馬曽根郷（常州盤城）262a
相府（覚運）　168b
相部空宗　374b
相撲（すもう）　119b
相陽（相州）　279b,285a,315b,318b,
　331a,388a,562a,770a
相楽（そうらく，城州）　918a
草（艸）鞋（仲算）　155a
草庵（草廬）　520b,527a,710b,723a
草衣木食（字堂覚卍）　561b
草座　866b,867a（善仲）
草史　120a
草書　82b,502a
　●〔鉄舟徳〕済、妙于〈草書〉、隻字
　片箋得者宝焉、502a
草創之祖（春屋妙葩）　485a
草堂（恵猛）　811b
草履（真興）　165b
草隷　820b（恒寂）,847a（●奝然）
荘子（★荘周撰）　377b,563b,595b
〔荘子〕膚斎口義鈔（惟肖得巌撰）
　563b
送行偈（★行中仁）　553b
桑糸　691a
桑門　260b,406a,433b,445b,531b,
　555a,570a,573a,579a　沙門も見よ
蚕虱　838a

409

唼身蚊虻（蓮照）　838a
唼膚（仁耀）　836a
★曹渓　499a、576b、612b
★曹渓正脈　336b
★曹渓仏法無多子（★月江正印自画自賛
　語）　466a
★曹源　523a
★曹源一滴水　347a
★曹源五派　506a
★曹源水（★月江正印偈）　523b
★曹山辞★洞山因縁（◉樵谷惟僊上堂語）
　296b
★曹山酒　630b
　曹洞　296b、367a、631a、752a
　　仏林禅師（恭翁運良）究〈曹洞〉玄妙、
　　得臨済正宗、　367a
　〔曹〕洞下旨　452a
　曹洞之祖　631b
　　◉道元、従★如浄得★洞山之訣、始称
　　〈曹洞之祖〉、　631b
　曹洞旨帰　251b
　　〔理然〕、参◉道元禅師門派、粗把〈曹
　　洞旨帰〉　251b
　曹洞宗（洞宗）　415b、528b、605a
　　雲州太守藤重通波多野氏、逓代帰〈曹
　　洞宗〉、為越之永平寺外護、朝観在洛、
　　屢参〔無因宗〕因室、頗有省処、創退
　　蔵院請〔宗〕因、為第一世、　528b
　曹洞宗旨　291b（弧雲懐奘）、530a（了
　　庵恵明）
　曹洞宗要（玉翁）　834a
　〔曹〕洞宗総録司（通幻寂霊）　498a
　曹洞禅　751b
　　〔聖観〕参〈曹洞禅〉、修専念法、
　　751b
　喪儀　306a、447b
　喪具　641a
　喪服　74b
　喪礼（◉約翁徳倹）　336b

★曽子唯不如★趙州無（了庵恵明・無極恵
　徹問答語）　565a
棗麤　733a
　〔行勝〕、絶五穀、喫〈棗麤〉、733a
葬具　872a
葬送之法　653a
　〔尊意曰〕〈葬送之法〉、不択日時吉凶、
　不用陰陽鎮宅、加持浄水、誦五字呪、
　灑其点地、結四方堺、標一石柱、令来
　見者結睹史之因、　653a
葬地　470a
葬斂　749a
　〔長慶〕告門弟曰、勿致〈葬斂〉、置棺
　山頂、不可覆蓋、門弟遵言、已過三日、
　有棺無屍、　749a
僧戒　794b
僧界　775b
僧階　129a、162b、171b、197b、221a、
　819b、865a、883a、900a
　〈僧階〉未整、〔真〕雅奏曰、律師已上
　品秩稍尊、当不与凡僧同位階、於是以
　法印大和尚為僧正階、法眼和尚為大小
　僧都階、法橋上人位為律師階、　129b
　不歴〈僧階〉、直昇綱位、以〔壱〕演
　為始也、　819b
僧官　112b、129b、143a、144a、145a、
　155a、179b、193a、202a、204a、208a、
　222a、230a、233b、235b、251b、639a、
　647b、662b、669b、676a、681b、685a、
　703b、711a、715a、716a、717a、719a、
　731b、733a、734b、737b、839b、850b、
　897b、899b
　皇孫出家、歴任〈僧官〉、以〔寛〕忠
　為始、　662b
　〔済信〕譲〈僧官〉於他門、可為初例
　也、　676a
　〔日円〕嫌〈僧官〉、厭広衆、寄身巌
　谷、　850b
僧官長者（実賢）　733a

410

僧規　619a,625a
僧祇物　852b
僧伽（そうぎゃ）　614b,869a
僧伽画真　850a
僧伽之宗　191b
僧伽藍（衆園）　655b
僧伽梨（黎）（伽梨）　84b,86a,139a,
　208a,214b,224a,274b,298b,330b,
　359b,380b,389b,399b,407a,412a,
　434a,441a,494a,495a,504a,511b,
　517a,547b,551b,552b,556b,591a,
　603a,620a,679a,772b,791b,889a,
　905b
僧供　118a
僧綱　61b,91a,105a,b,124b,127a,
　130a,147b,149b,150a,164a,176a,
　182a,188a,194b,197a,204a,257a,
　639a,646a,649b,678b,688b,689a,
　692b,696b,708a,731b,732a,733b,
　734b,738a,739a,b,741b,744a,745a,
　750b,818a,820a,826b,845a,872a,b,
　897a,898b,899a,901a
　☆〔観〕勒任僧正、高麗☆徳積為僧都、
　是本朝立〈僧綱〉之始、　61b
　〔貞観寺〕準天台宗、特置座主、勿令
　〈僧綱〉摂領、　130a
　已講之人〔壱定〕、未歴〈僧綱〉、入内
　道場、以為初例、　150a
　任阿闍梨、進〈僧綱〉、後授此位、
　〔教〕円為初例、　176a
　僧綱四人、阿闍梨十一員、於紫宸殿、修
　孔雀経法、　692b
僧綱所　124a,127a
僧綱、放牒諸寺、令上当年受戒者名、
　127a
僧史　87a,95a,377a,395a,480b,757b,
　769a,834b,843b,851a
　〔元亨〕釈書本朝之〈僧史〉也、初置
　伝智、　87a

僧食　124a
僧職　99a,784b
僧舎　810a
僧正（正）　61b,64a,65a,66b,67a,
　70a,b,79b,86b,88b,90a,92a,93a,
　b,97a,100a,102b,105b,110a,112a,b,
　114a,120b,121a,122a,128a,b,129b,
　130a,131b,133b,135b,140a,b,141b,
　142a,b,143a,145a,147a,b,148a,
　149a,156b,157b,159a,b,160b,161a,
　b,162b,163a,164a,167a,168b,169a,
　b,174b,176b,178a,179b,180b,181a,
　182a,b,184a,185a,b,187b,188a,b,
　192b,194a,195a,197b,198a,199b,
　201b,202a,204a,206a,207a,211a,b,
　225b,226a,228a,231b,232a,b,234a,
　b,241b,243a,244a,b,246a,248a,
　254a,b,255a,260a,b,261a,268b,
　269a,274a,283a,284a,288b,310a,
　432a,434b,567b,627b,639a,b,649b,
　651a,653a,656b,657b,661b,662b,
　664a,669a,b,670b,672b,675b,676b,
　677b,678b,679a,680b,686a,688a,b,
　690a,691a,b,692b,693a,b,694b,
　695a,699b,701a,b,702a,703a,706b,
　707b,708a,b,710a,713b,715a,b,
　716b,717a,719a,b,726b,727a,b,
　728a,729b,730b,731a,b,732a,b,
　733a,b,734a,b,737a,b,738a,b,739a,
　740a,b,741a,b,742a,b,743a,b,744a,
　b,745a,746a,747b,748b,750a,b,
　751b,752b,760a,775a,787a,799a,
　806a,809a,814b,815a,817a,820a,
　821a,827a,844a,b,848b,852a,866b,
　875b,879b,884a,894a,895b
　醍醐〔寺〕定海、転〈僧正〉、南衆七
　千伏闕到訴、以其越任、〔玄〕覚亦転
　〈僧〉正、置〈僧〉正二員、自此
　時始、　192b

〔定海〕転〈〔僧〕正〉、南京玄覚、為
権僧正、興福衆徒七千余人入京訴
〔定〕海超授、〔玄〕覚亦転〈〔僧〕
正〉、703a
為〈僧正〉、兼管法務、台徒此任〔増〕
命為始、651a
僧正階　129b
僧正谷（鞍馬谷）　819b
僧正法印大和尚位（長意）　143b
僧正峰（稲荷峰）　819b
僧都　61b,82a,94b,95a,96a,99a,b,
　102a,105a,106a,107a,109b,113b,
　114a,129b,131a,133b,142a,b,144a,
　145b,149a,b,150a,151b,156b,157a,
　162b,173a,b,175a,b,184b,185a,
　186b,189a,190a,191a,193a,194a,
　199a,200b,201a,204a,207a,209b,
　212b,221b,222a,226a,227a,228a,
　230a,b,246a,250a,264a,267a,295b,
　325b,669b,672a,b,674a,681b,692a,
　694a,696b,697b,700b,704a,707a,
　708a,b,725a,728a,730a,731b,749a,
　761b,789a,816a,825a,826a,848b,
　851b,870a,872a,873a,886b,897b,
　901a
僧籍　146a,809b
僧中之竜、法中之王、（春屋妙葩）
　484b
僧伝　107b,154b,274a,278a,281b,
　306a,435b
僧統　112a,124a
僧堂　352a,389a,b,424a,437b,456a,
　493b,613a
僧尼　61b,73b,621a,760a,794a,842a
〈僧尼〉新受戒者、従〔豊〕安学律、
　760a
僧尼宮斎　913a
僧買俗宅者、律令之所制、私立道場者、
　格式之所禁也、818b

僧服　785b
僧宝　549b,834b,842a
僧宝之綱範（増利）　147b
僧房（坊）　97a,266a,550a,557a,
　614a,776a,786b,790a,809a,811b,
　832a,882b,924a
僧務（●寂昭）　848b
僧物　920a
僧律　760a
　沙門犯法、〈僧律〉治之、760a
僧寮　806a（智泉）、811a（慈猛）
僧糧　123b,324b,544b,756a,785a,
　806b,830a
〔真体〕、従弘法（●空海）剃髪稟戒、
　尽捨田園、為神護寺〈僧糧〉、以賛父
　母之冥福、123a
僧録　125a,584a,632a
　夢窓〔疎石〕国師七朝、春屋〔妙葩〕
　〈僧録〉五岳、632a
僧録和尚　115a
僧録三教講論大徳　114b
僧録司　281a,298a,330b,457a,473b,
　484b,485b,487b,498a,511b,552b,
　556a,b,575a,576a,578a,583a,b,848b
　左丞相義満源公、奉勅総〈僧録司〉事、
　本朝此職、権輿于〔春屋妙〕葩也、
　484b
想観（行仙）　739a
★葱嶺　63a
蒼竜（●無象静照上堂語）　306a
層塔　608a
漱口吐水　562a
〔南英周宗〕、昼夜端坐、無雑用心、夜
　間聞僧〈漱口吐水〉声、倏然有省、
　562a
総願門　238b
総講師　284a
総事（延暦寺）　106b
総持　67a,374b,549a,753b

412

〔虎関師〕錬至三門云、相部空宗、一百十二、〈総持〉正受、八万四千、374b
〈総持〉者、心法之妙用、謂之無上神呪、753b
総持阿闍梨（延暦寺）　141b
総持章（◉最澄撰）　78b
総持是般若体（無著妙融）　477a
総持門　585a,753b
総州（上総・下総）　250b,388a,396b,747b,801b,919a　上総、下総も見よ
　海上郡船木　250b
　武射郡人　919a
総州刺史（源満氏）　318a
総州人　747b,801b
総州太守　368a（吉良満氏）,534a（赤松性松居士）,568b（東師氏）,627b（源忠弘）,787a（某）
総州別駕（源満氏）　285b
総法務　255a,710b,724b,732a,b,748b
〈総法務〉、此職始于〔覚〕性、　710a
綜貫（串）　896b,897a
綜研　230b,887b
澡身　447a（在庵普在）,777a（叡尊）
澡沐（寂禅）　685b
澡沐易衣（◉道元）　275b
澡沐静坐（月蓬円見）　438b
澡浴　262a,525b
澡浴新衣（夢嵩良真）　345b
澡浴剃髪（宝山浮玉）　460b
竈門山（心蓮）　907a
罾釣　718a
叢規　352a,483b,508b,523a,528b,565b,618b
叢規厳正（☆霊山道隠）　340b
叢規全備（無因宗因）　528b
叢規典刑（◉道元）　275a
叢規典礼（☆竺僊梵僊）　385a
叢社　363b

叢席　396b
叢林　275a,402b,404a,428a,485b
叢林獅子児（◉古先印元）　442b
叢林典刑（大全一雅）　500a
叢林法（◉神子栄尊）　295b
叢林法規（月江正文）　565b
叢林礼楽　307a（◉徹通義介図写）,354b（☆清拙正澄）
藻才（◉古剣妙快）　499a
造業受報説（高湛）　802b
造寺　62b,89b,271a
　朕（★武帝）甞〈造寺〉度僧、有何功徳、　62b
造船　72b
造塔　292a,360a,501b
〔宗峰妙超〕、遺誡諸弟子曰、我滅後火化、置骨石於丈室、勿別〈造塔〉、360a
〔◉性海霊見〕、遺誡諸徒不許〈造塔〉、帰壌之後植青松一株、可以表塔様耳、501b
造堂（宇都宮泰綱）　891b
象王袴　559b
★象山県人（中国明州）　383b
象馬　834b
像（図）　61b,70a,b,72a,73b,74b,76b,79b,80b,82b,88b,90a,92a,b,93a,99b,101b,104a,108b,114b,117a,120a,121a,124a,b,128a,136a,138a,143a,144a,151b,153b,155a,157b,163a,170a,172b,174a,b,177a,178b,188a,189b,191a,195b,196a,b,199b,202b,210a,219a,222b,223a,224a,b,227a,234b,240b,242a,b,244a,b,256b,257a,273a,274a,279a,281a,282b,283b,286b,287b,289a,290b,292a,296a,297b,300b,311a,324b,328a,332b,341a,345b,367a,b,368a,371b,387a,389a,394a,408b,415a,b,

413

425b,441b,442a,446b,452a,460a,b,
472a,479a,486b,487a,509b,513a,
519b,522b,530a,533a,537b,538a,
539b,543b,552b,553b,557b,559a,
570b,585b,622a,623a,624b,633b,
634a,b,637b,638a,639b,641b,642a,
643a,b,647a,b,652a,655a,657a,
663a,671a,b,672b,674b,678a,b,
679a,683b,685b,686a,688b,689b,
694b,695b,702a,703b,704a,706b,
711a,713b,715a,b,720a,b,726a,
747a,753b,754a,756b,764a,b,765a,
766a,b,767a,769a,774b,776a,785b,
790b,791a,792b,795a,796a,800a,
801b,802a,810a,811a,814b,817a,b,
818a,819a,820b,821b,822a,b,823a,
b,824b,825a,b,826a,827b,828a,
830b,831b,832a,b,833a,834b,836b,
837b,839b,842a,844a,b,845b,846a,
b,847a,b,848a,b,849b,850a,854a,
857a,858b,860a,863b,868a,874b,
875a,b,876a,878a,879a,880a,881b,
882b,883a,b,884b,885a,888b,890b,
895a,900b,902a,904a,909a,b,910a,
912a,b,913a,b,914a,917b,918a,b,
919a,920a,921a,b　画真，照容，肖
像，影像，尊容，仏像，頂相も見よ
像季　75a,104a,106a,158b,193b
像設　460b
像法　787b
像末　783b,903b
雑行　215a
雑業　873a
雑談集（無住一円撰）　325b
増一阿含　107b
〔増賀〕祈発心堅固、毎夜千拝三年無怠、
　163a
増長〔天〕　379a
〔増〕誉之練苦也、登熊野山、凡十三度、

　695b
蔵函　425a,505a
蔵経　→大蔵経
蔵経舎利記（芳庭法菊撰）　439a
蔵経鑰　445b,448a,581a　蔵主，蔵鑰
　なども見よ
● 〔蔵山順空〕頂相　317a
蔵主（司蔵，司大蔵）　343b,370b,
　382b,407a,457a,474b,516a,539a,
　562a,592b　知蔵，蔵経鑰，蔵鑰，大
　蔵関鑰も見よ
蔵主寮　504b
蔵箋（天祥一麟撰）　520a
蔵典　356b,391b,501a
蔵堂（高尾山）　169a
蔵鑰（経蔵鑰）　318a,319a,322a,
　335b,361b,363b,364b,385b,418b,
　438a,465b,499b,503a,510a,551a,
　559b,572b,591b,601b,604a　知蔵，
　蔵主，蔵経鑰なども見よ
蔵輪〔鑰〕　471a
添上郡（和州）　92b
添上郡中川（和州）　207a,761a
添上郡伏見郷人（和州）　921a
添上郡箕田県人（和州）　775a
添下郡人（和州）　89a,171b
即心即仏　421b,427a,432b
即心即仏因縁（●寂室元光）　427a
即心即仏話　394a（大陽義冲），456a
　（●大拙祖能），528a（大有理有），
　619a（南化宗〈玄〉興）
即心非心即仏非仏（徹翁義亨）　432b
即身義顕鈔（頼瑜撰）　244a
即身義東聞記（杲宝撰）　257a
即身成仏印明　725b
即身成仏義　83a（●空海撰），140a（安
　然撰）
即身成仏義私記（覚超撰）　173b
即身成仏之印　725b

件名索引

即身成仏之義（◉空海）　81a
束智成身　802a
束米　913a
息慈（沙弥）　72b
息慈戒　707b,755b,759a,778b,800a
息慈十戒　779b
息慈籍　810b
速証菩提経（衍）集（◉円仁撰）
　118b
俗〔検〕校　130a
俗書（永超）　184b
俗諦　178a（薬智）,614a（明叔慶浚上堂語）
俗宅　818b
〔真紹〕買故従五位下藤関雄東山宅、造立一堂、安置五仏、夫僧買〈俗宅〉者、律令之所制、私立道場者格式之所禁也、然今犯制者、是誠欲報先帝（文徳）鴻恩、遂区区之至願也、　818b
属文（◉汝霖良佐）　520b
粟散王都（★北礪居簡偈）　277b
粟散国　865a
粟散国土　515b
粟米菜蔬　444a
続往生伝（大江匡房撰）　891b
続古事談（撰者未詳）　767a
続高僧伝（唐僧伝、唐・★道宣撰）
　87a,631b
続翠稿（江西竜派撰）　569a
続選択集（静遍撰）　212b
続遍照発揮性霊補闕鈔（済暹撰）　187a
賊党　116b
賊船　523a
遭賊奪糧（◉栄叡）　757b
率陀天　466a
巽二之難　87a
〔尊海〕信尊滅後、領泉福衆、〔仙〕波山泉福往還、乗牛口不絶誦十行出仮所依文、琵琶橋辺之農夫、慣聞諳之、仲夏挿秧、男女謡曰、十行出仮菩薩、習円無作邪、習号不習兮、看所依之文邪、　248b
尊者　95b,353a,763b,764b,813a
尊宿　564b,571b
纂自★唐至元〈尊宿〉入寺之語、随類分部、編成三巻、曰曇華集（叔英宗播）（中略）檠山之徒、添頃世僧之語、革題号而為己作、好事之弊、甚以可笑、　564b
尊勝院貫首（高弁）　218b
尊勝院最初阿闍梨（良意）　185a
尊勝院初阿闍梨（禅任）　191a
尊勝護摩　876a
尊勝寺検校（覚性）　710a
尊勝寺長吏（覚行）　692b
尊勝呪　656b,657a,708b,711a,859b
尊勝陀羅尼　210b,415a,645b,704b,886b
尊勝仏頂像　195b
尊勝法　129b,652a,b,687b,694a,734b
尊星王　693b
尊星王法　656b
尊像　174a,b,533a,655a,689b,726a,825a,839b
〔城州正法寺〕素役小角之所創、其〈尊像〉（大悲菩薩像）泰澄和尚之所刻、　839b
尊卑　146b,662a
尊容　508a,720b

―た―

太和荘（江州）　222a
他縁大乗心（十住心論第六、法相宗）
　81a
他化自在天宮　218a
他語（叡効）　839b
他業　890b
他力本願　208a

田上県（江州）　426a
田川郡人（羽州）　855a
田河郡（豊前）　77b
田島（筑前）　210a
打坐　454a
多気郡人（勢州）　160b
多劫三学　299a
多才宏記（凝然）　247a
多才博識　158a
多身清浄（天境霊致入壙語）　458a
多度郡（讃州）　755b
多度郡人（讃州）　79b
多禰郡人（越前）　341b
多念義（隆寛）　213b
多宝塔　827a,b,891a（観念三昧院）
多宝〔如来〕　165b
多品密呪　652a
多聞（瑞渓周鳳）　583b
多聞多智　542b
　〔明窓妙光〕上堂、道者非神通修証之所到、禅者非〈多聞多智〉之所弁、得意通宗何借言詮、542b
多聞天（多門）　379a,684b,855b
多聞天王　195b,912b
多聞天王像（多聞天像）　138a,704a,830b
多羅尼　748b　陀羅尼も見よ
多臈　146a
　〔梵網経曰〕且〈多臈〉之僧受教少臈、已貴師受之分而居上者、所以思其恩義不択尊卑也、然在私坐為之尚可、在公坐為之則不可、何者礼貌制規者、真俗所共由也、146a
陀我神祠（江州）　638b
太宰府（筑前）　70a,73a,118a,131b,137b,138b,279b,283b,312a,319b,331a,360a,622a,676a,764b,813a,831b,844b,847b,873b,912a
太宰府講師（道証）　103b

太宰府人（筑前）　294b,408b,604b
太宰府太守（大友直庵居士）　384a
太宰府大威徳天神　912a
太宰府大弐　831b（藤原某）、844b（藤原〈少弐〉広嗣）
太宰府都督　386a（藤原〈大友〉頼尚）、911a（菅原道真）
〔太〕宰府都督司馬少卿（藤原〈大友〉頼久）　360a
太政官　760a
打罵　435a
陀仏陀仏（称号）　889b
陀羅尼　709b,880a　多羅尼も見よ
陀羅尼経書（●最澄）　76b
陀羅尼集（仲算撰）　155b
茶毘　102a,114a,133b,240b,276a,297b,311b,325a,340a,342b,351b,360b,370a,371a,376a,414a,433a,434b,439a,456b,471b,486a,491b,501a,513b,515a,525b,534a,541a,549a,577a,628a,643a,726a,777b,876a,877a,878a,884b　闍維、闍毘なども見よ
　〔●清渓通徹〕〈茶毘〉于吉祥塔処、門人拾遺骨、投之大井河、遵遺嘱也　471b
　〔維範〕遺命曰、滅後不須〈茶毘〉、待小祥忌、啓棺看之、門人任命、殯小廟室、至期開棺、印契儼然、876a
茶毘儀　256b,448a
茶毘所　340a,370a,685b,781a
茶毘場　105a
茶毘法　281a,806b,810a
駄都秘法（如意宝珠法）　244a
大疫（京畿、天暦5年〈951〉）　822b
★大宛（中国）　606a
★大華（中国）　132a
大厦　912a
大官鴻儒　378a

件名索引

大義　883b
大義鈔　→大乗三論大義鈔
大逆　61b
大愚〔宗〕築公（当世禅匠）、有流言事、没法山（妙心寺）籍、753a
★大元　→★元国
大綱　874b
大綱鈔（道光撰）　250a
大使　73a
大儒（菅原道真）　138b
大樹（征夷大将軍）　559b,620b,622a,627b,630b
●〔大初啓原〕語録（三会語録，大初啓原禅師語録，●大初啓原撰）　515b
大疏百条論草（聖憲撰）　258a
★大聖世尊（遠師，証真）　209b
大織冠（藤原鎌足）　65a
大織冠（藤原鎌足）之遠忌　843b
大織冠（藤原鎌足）像　634a
大水　844a
大病（行然）　779a
大夫　923b
大風（畿内）　86a（元久2年〈1205〉），271b（永祚2年〈990〉），287b（●心地覚心），295b（●神子栄尊），541a（石屋真梁，応永30年〈1423〉），787a（円照），911a（北野天神）
大鵬　564a
★大梁　338a
太賢疏（梵網経古迹記，新羅・★太賢撰）　770a
太皇后　118a（淳和），174b,178b,179b（以上彰子），207b
太子（東宮）詹事（藤原貞雅）　168a
太子像（聖徳太子）　792b
太史　177a,673a（安倍晴明），836b（安倍晴明）
太守　303a,384a,414a,419b,477b,483b,500a,b,576b,614a,617b,625a,628a
太守刑部（武田信成）　476a
太守左金吾（山名時熙）　488b
太上皇（後小松）写御照容　580b
太神　793a
〔太清録〕六会語録（太清宗渭語録，太清宗渭撰）　494a
〔太白和尚〕語録（太白和尚語録，太白真玄撰）　582b
太平記（小島法師撰）　450a
〔太容和尚〕語録（太容禅師語録，太容梵清撰）　549b
台岳貫主（明快）　179b
台観　766a（慈円），840b（皇円）
台教　87b,277b,752a,906a　天台教も見よ
●最澄，播〈台教〉於叡山　87b
台教疏籍　243a
台教疏鈔（宋・★源清撰）　167a
★台州（中国）　76a,104a,136b,301b,322a,330a,349a,430a,514a,757a,832b,847b
★仙居郡人　322a
★寧海県　847b
★台州人　330a,349a
台宗　152b,274a
天暦応和之間，相〔宗〕〈台〔宗〕〉為蛮触矣、152b
台宗旨（千観撰）　158a
台相異義事在良源伝　153b
台徒　85a,140b,178a,b,231a,259a,297b,306a,651a,658a,667b,802a,910a
一身阿闍梨、〈台徒〉此任始於〔尋〕禅、667b
〔存海〕立真要十一条、一日発心条、二日四性叵得、三日四運心、四日三識、五日三諦、六日五陰、七日根境識、八

417

日中論四句、九日初於聞中入流亡所、
十日如是漸増聞所聞尽、十一日生滅已
滅寂滅現前、〈台徒〉修観者至今用之、
259a

台徒嫌禅　910a

台徒修観　259a

台府　623a

台密（天台密教）　84a,140b,150a,
157a,249b,326a,491a,651a,660b,
752a,753a,754a,813b,879b

　　〔●最澄〕入★唐、伝台密禅三宗、今
〈台密〉盛禅滅久、84a

　　●俊芿入★宋謁★如庵〔了〕宏、疑結
解紐、拠北京之泉涌寺、挟〈台密〉唱
木叉、813b

台密教（台密二教）　215a,653a,797a

台密禅三宗　84a,276b

　　〔退耕行勇〕、再帰〔金剛〕三昧院、準
建仁寺規、置〈台密禅三宗〉、276b

台密法　181a,185b,675a,743a

台命　569a,622a,630b,753a

台門両輪　166b
　　源信、覚運、為〈台門両輪〉、166b

台律　755a,766b

台律中興（●俊芿）　765b

台嶺　690a,825b

台嶺貫主　178b

台嶺教法　169b

★台嶺五寺（中国）　81a

台嶺之華（安海）　167a

★台嶺之石橋（中国天台山）　833a

台嶺楞厳院十禅師（尋静）　870b

当摩曼陀羅鈔（聖聡撰）　263a

体餒蚕虱（蓮照）　838a

体〔胎〕金灌頂（公紹）　745a

体〔胎〕金蜜壇（円照）　786a

体大東門記（頼宝撰）　257b

対御録　287b

対州刺史　584b（伊香賀浄久）、807b

（宗氏）

対論（三井頼憲, ●円爾弁円）　283a

対論不屈（長朗）　898a

★岱山（中国）　461a

帝釈　394a,564a,597a,681b,772b,
773a,774b

帝釈宮　379b

帝釈殿　154b

待賢門講師（浄蔵）　659a

体〔胎〕金灌頂　745a

胎金之秘奥　147b

胎金大法　151a

胎金曼荼羅　80b

体〔胎〕金密壇　786a

胎金両部　254b

胎蔵　736b

　　〔唯心〕文永末修〈胎蔵〉坐礼盤泊然
而化、736b

胎蔵界灌頂水（法）　132b

胎蔵界広記（●空海撰）　83a

胎蔵界私記（●空海撰）　83a

胎蔵界大曼荼羅　80a,117a

胎蔵界悲生眼印明　243b

胎蔵界法　140a,169a

胎蔵灌頂　131a

胎蔵灌頂壇　117a,137a

胎蔵儀軌　117b

胎蔵三密鈔（覚超撰）　173b

胎蔵法、666a

　　〔日蔵〕帰依大日如来修〈胎蔵法〉延
命八十一歳、666a

退院　360a,402b,409b,475a,549b,
563b,603a,611b

退院上堂　351a,360a,365a,402b,409b,
475a,486a,549b,603a,611a

退隠　204a

退休　552b,591b

★退耕〔徳寧〕入滅大約類之（●約翁徳
倹）　336b

418

★泰山（中国）　377a,768a
泰山府君　909b
泰澄伝（浄蔵撰）　637a
乃祖（瑩山紹瑾）之旨（太源宗真）　439a
大阿闍梨　170b（慶祚），324a（琛海），735b（慈源）
大阿羅漢　833a,880a
大安寺古図　90a
大安楽処（月庵宗光元旦示衆）　488b
大安楽経　119a
大医（重雅）　673a
大医王（恵増）　853b
大医禅師（嫩桂正栄）之忌辰　356b
大医禅師七周忌　386a
大医博士（丹波雅忠）　687a
大威儀師　694a,825b
大威徳壇（真恵）　731a
大威徳呪　658a
大威徳神　723b
大威徳天神　666a,912a
大威徳法　655b,659a,736a,738a,b,743b
〔実深〕建長八年（1256）修〈大威徳法〉、祝延朝廷、賞以公惟、為権僧都、738a
大威徳明王　106b
大威徳明王之法　648a
大雨　64a,84a,121b,122a,154a,158a,369b,441b,649b,652b,661a,681a,686a,688a,690a,693b,697a,709a,712b,714b,717a,719a,727a,b,728b,731a,733b,735b,736a,738a,742a,743b,744a,752a,768b,850a,858b,894b,911a　雨、暴雨、雷雨、急雨なども見よ
大雲庵（南禅寺）災（暦応5年〈1341〉正月）　384b
大会　228b（藤原不比等），752a（天海）
大会講師（証真）　209b
大会斎　74b,92a,121a,124b,128a,130a,143a,276b,389b,485a,539b,546b,570a,578a,621a,729b,750a,790b,842a
大会探題　150a（仁敷），664b（定昭）
大衣（●大初啓原）　515b
★大恵一炬手段（師蛮賛語）　440b
★大恵広録（★大恵宗杲撰）　384a
★大恵之禅（●天祐思順）　277b
★大恵之派（●中巌円月）　454a
★大恵法語（★大恵宗杲撰）　367b
☆大円禅師（鏡堂覚円）遺（語）録（☆鏡堂覚円撰）　315a
大和尚〔上〕　74a（☆鑑真）
●〔大応国師（南浦紹明）〕語録（●南浦紹明撰）　321a
●大応〔国師（南浦紹明）〕頂相（滅宗宗興）　462b
●〔大応国師〕塔銘（★延俊用章撰）　321a
大戒　119b,283a,490b
☆大覚（蘭渓道隆）忌　404a
☆大覚（蘭渓道隆）之道（☆義翁紹仁）　307b
☆大覚（蘭渓道隆）先師説法之衣（平心処斉）　435a
☆〔大覚禅師〕語録（☆蘭渓道隆撰）　281a
☆〔大覚禅師之〕四傑（葦航道然，●桃渓徳悟，●無及徳詮，●約翁徳倹）　313a
☆大覚禅師百年忌（永和3年〈1377〉7月24日）（●大拙祖能）　456b
大閤（豊臣秀吉）　619a
大学（●行賀）　98a
大学士　106b
大学博士　316a（月峰了然），843a,b

（●僧旻）

　大楽令（藤原農省）　161b

　大旱　121b,122a,298b,303a,369a,
　　532b,676b,689b,734b,752b,849b　旱
　　も見よ

　大患　841a

　　★老子曰、吾所以有〈大患〉、為吾有
　　身、及吾無身、吾有何患、又曰、死而
　　不亡者寿、（師蛮論）　841a

★大鑑〔恵能〕下、分於★青原〔行思〕★
　　南岳〔懐譲〕、（師蛮論）　631a

　大鑑清規（☆清拙正澄撰）　354b

　大岩屋　832a,833a

　　本朝〔昭〕覚〔建〕順二師、自開〈大
　　岩屋〉、佗山之石以為錯、聖者所箋
　　〔筌〕、★天竺真丹、未聞斯作、抑亦日
　　域無比霊場也、（師蛮賛語）　833a

　大願（義空）　830b

　大亀　918a

　大機（横川景三拈香語）　590b

　大饑　483b

　大疑　427a

　大休歇之地　528b

☆〔大休念禅師〕語録（☆大休正念撰）
　　300b

　大教　69a,140a

　大経（華厳経）　93b,95a,156b,264b
　　凝然之後、興〈大経（華厳経）〉者、
　　●〔志〕玉之力居多、264b

　大経要義（実範撰）　761b

　大曉翁之百計垂手（師蛮賛語）　451a

　大曉扒子之契券（師蛮賛語）　451b

　大金山　655b

　大宮司（宗像氏国）　210a

　大宮神　676a

　大元阿闍梨（泰舜）　655a

　大元帥像　121a

　大元帥秘法　121a,899a

　大元帥法　121b,122a,677b

　大元帥曼荼羅　121a

　大元帥霊像秘軌（山城州宇治郡法琳寺安
　　置）　121b

　大元法　121b,655b

　大現国師（徹翁義亨）行状　433a

　大権修理菩薩　350b

　大居士　555b,556a

　大虚空蔵法（道宝）　738b

　大悟　272b,274b,338b,360b,366a,
　　374a,431b,475b,567a,574a,596a,
　　629a

　　〔●覚阿〕抵長蘆江岸、聞鼓声、忽然
　　〈大悟〉、　272b

　　停妙理区中者小悟也、出玄機格外者
　　〈大悟〉、　360b

　　以無縁為縁、〔鏡〕円（通翁）在傍聞
　　之、忽然〈大悟〉、　338b

　　挙★首山〔省念〕竹箆話云、不触不背、
　　亦是労生擬議、且道、諸人如何即是、
　　〔竹窓智〕厳〈大悟〉、　574a

　　〔悟渓宗頓〕依雪江〔宗深〕于竜安
　　〔寺〕一日問答、〔雪〕江震威而喝、当
　　下豁然〈大悟〉、　596a

　　〔一糸文守〕斎後、過庵前柚樹下、脱
　　然〈大悟〉、　629a

●〔大光禅師〕語録（●復庵宗己撰）
　　397b

●大光国師（●約翁徳倹）伝　564b

　大光明　211a,913a

　大光明蔵（雪渓支山上堂語）　494b

　大孝　821a

　大綱十二派（在中宗宥、安叟宗楞、即庵
　　宗覚、天巽慶順、寠（実）山永秀、月
　　叟明沢（潭）、罷叟宗俊、拈笑〔華〕
　　宗英、雲岫宗竜、南極寿星、模庵宗範、
　　秀（州）庵宗彭）　558b

　大綱鈔（●道光撰）　250a

　大黒神　324b

　〔大黒神〕像（★竺乾諸寺安置）　324b

420

大極殿　112a,b,130a,897a,898a,b,
　899a,901a
　聖武皇帝、始啓最勝会於〈大極殿〉、
　901a
大極殿火（貞観18年〈876〉）　899a
大極殿吉祥斎会　136b
大極殿講師（明詮）　124a
大斎　792a
大利　626b
大士　99b,258b,288b,330b,459b,514a,
　559a,562b,659b,680a,701a,708a,
　721b,816b,856a,b,866a
大士（如意輪）　680a
大士応化　912b
大士之化（行叡，延鎮）　643b
大士像（行円）　825a
大師　68b,69a,76b,77a,79a,83a,84a,
　85a,95a,b,96b,97b,100a,106b,107a,
　108b,110a,b,113b,114a,117b,119a,
　120b,122a,123a,b,129b,131a,132a,
　136a,139a,b,140a,b,141a,b,143a,
　144b,147a,159b,167b,169b,170b,
　181b,187a,190b,193a,194a,b,196a,
　b,208a,209b,212a,218a,222b,226b,
　235b,245a,248b,266a,267a,274b,
　295a,316b,321a,327a,337a,358a,
　363a,368a,375a,383a,b,385a,391b,
　395b,401b,402a,404a,427a,433a,
　449a,452a,462b,463a,474a,479b,
　502b,511b,512a,533a,547b,565b,
　596a,617a,637a,647b,651a,b,658b,
　678a,b,680a,681b,693a,694a,704a,
　721a,725b,746b,753a,b,755b,764b,
　778a,788b,811a,818a,820a,825a,b,
　828a,843b,847a,848b,849b,850a,
　877a,879b,885a,888b,892b,893b,
　894b,896b,897a
大師号（◉伝教，◉慈覚）　647b
　賜◉伝教◉慈覚二大師諡号、本朝〈大

　師号〉権輿于茲、　647b
大師（◉空海）真　193a
大師（◉空海）塔　821a
大自在王菩薩　904a
大事　283a,311b,338a,462a,531b,
　533b,541b,555b,586a,601b,602b,
　616a,623b,626b,628b
　〔峻翁令山〕尽取書籍、或焚或与人而
　曰、吾今拋軀偏問諸方、若不明〈大
　事〉、死不休、　531b
大事因縁　326a,395b,433b,451a,452a,
　498b,533a,549b,582a
大事了畢（平山善均）　505b
大蛇　695a
大衆衣　790a
　濯〈大衆衣〉、掃除僧房、〈忍性〉
　790a
大宗師　455b（◉大拙祖能），520a（香
　山仁与頌），851a（★竺乾震旦）
大宗匠（★晦機元熙，★一山了万,★末
　宗本，★寂庵寂相）　335a
◉大初啓原禅師語録（◉大初啓原撰）
　514b
大小二教　219a
大小戒　763a,769b
大小戒法　813a
　賜皇子旧邸、招提寺成、戒壇制全十師
　儀備、〈大小戒法〉、随機布授、　813a
大小戒律（覚澄）　229b
大小経疏　879b
大小経論　185a,551a,895b
大小之隠　561a
大小諸疏　211a
大小乗　61a,80a,103b,106a,120a,
　157a,161b,169b,182a,185b,190a,
　201b,245a,264a,272a,293a,316a,
　747b,783b,830b,898b
大小乗経律論五百二十七巻（◉成尋）
　850a

大小神祇　902a
　本朝者神国也、凡所封幣祠祭〈大小神祇〉、有三千二百五十余名、　902a
大小進具　800a
大小僧都階　129b
　法眼和尚、為〈大小僧都階〉、　129b
大小二律　769a,b
大小律疏（高湛）　801b
大小律範　763a
　●〔俊〕芿謂、〈大小律範〉、未尽其要、須入★中華決択所疑、　763a
大相国　128a,129b,174b,178a,184a,188a,192b,221a,228b,243a,248a,284a,285a,296a,309b,325a,340a,456a,492a,493b,500a,503b,663a,676b,687b,688a,693a,702b,716a,719b,730a,731a,736a,739b,740b,747b,750b,766a,787b,831a,b,840a,875b,877a,906a
大将軍　251a,265a,266a,285a,287b,376a,379a,381b,384b,385a,389a,393b,395b,396a,397a,399a,407a,412a,415a,416a,b,419a,432b,434a,438a,441a,457b,460b,468b,473a,483b,501a,b,508b,517b,527a,544a,b,546b,548b,551b,555a,558a,559a,560b,563a,564b,575a,587b,590b,622a,716b,717a,729b,752b,829b,831a
大祥忌（三周忌）　475a,835b
　聖武帝〈大祥忌〉、　835b
大聖　215b,217b,640b
大聖竹林寺記（★法照撰）　239b
大聖明王　656a,668a,836b
大丞相　160b,168a,170b,194b,221a,225b,228a,241a,309a,b,310b,333b,495b,514a,544a,545a,673a,685a,688b,707b,729a,734a,737a,740a,742a,743a,833a

〈大丞相〉道家藤公子、兄弟誑誑、釈服九人、共居二京、為顕密相之名匠矣、　225b
大乗　62a,b,135a,597b
大乗院法務（円実）　787a
大乗会　182b,687b
大乗会講師　183b（宗範）、265b（真盛）
大乗戒　240a,285a,631a,651b,801b,881b
大乗戒座　631a
大乗戒壇　78b
　〔大乗戒壇〕東大寺景深著迷方示正論、挙二十八失、　78a
大乗戒文　78b
　〔●最澄〕、博引〈大乗戒文〉、作顕戒縁起、78a
大乗羯摩　116a
大乗義首巻（頼瑜撰）　244a
大乗経（金字）　74b
大乗経　74b,99a,131b,190a,368b,441b,510b,537b,641a,672a,817b,818a,821b,840b,902a
　★世尊、法華楞厳梵網金剛諸〈大乗経〉、説焼燃手指、剥砕皮骨、献供仏而求菩提者、何謂也、　840b
大乗経神呪（多常）　633b
大乗華厳獅子吼経　69a
大乗玄論不審鈔（英訓撰）　238b
〔大乗三論〕大義鈔（玄叡撰）　269b
大乗四家（三論、法相、華厳、律）　77b
〔大乗〕荘厳論（唐・★波羅頗蜜多羅訳）　720b
大乗心　81a,92b,190b
大乗対倶舎鈔（源信撰）　169b
大乗菩薩　520b
〔大乗本生〕心地観経（唐・★般若訳）　780a

件名索引

大乗論　190b,191a
大政威徳天（大政天神＝菅原道真）
　665b,666a,911a
大心　186a,190b
大心士　839b
大信心　355b
大臣百僚　174b
大神通　906a
大星　765a
大勢至像（信敬）　837b
大誓願　831a
大石窟（豊前）　832a
大山（伯耆）　854b
大闡提　350a
〔大全一雅禅師〕語録（大全一雅撰）
　501a
〔大全一雅禅師〕偈賛（大全一雅撰）
　501a
★大宋　912a　★宋，★宋国も見よ
★大倉県（中国）　421a
　大僧　104b,136a,187a,438a,490b,
　　493a,528b,556a,601b,605a,822b
　大僧正　159b,184a,185b,188a,192a,b,
　　193a,194a,198b,205b,221a,225b,
　　228a,234a,241a,246b,253b,257a,
　　669a,673b,676a,b,681a,691a,692a,
　　693b,695b,697a,700b,703b,705b,
　　707a,b,709a,716b,717a,719b,727a,
　　b,728b,729b,731b,735b,736a,737a,
　　b,738b,739b,740a,741a,b,742a,b,
　　743a,b,744a,745a,b,746a,b,747a,b,
　　750b,752b,816a,827b,895a
　任〈大僧正〉、密家此職始於〔寛〕朝、
　　669a
　修孔雀経法於亀山院、〔禅助〕即譲賞
　　任、奏以顕誉、為〈大僧正〉、746b
　為〈大僧正〉、此任〔行〕基為始、
　　816a
　〔定海〕、任〈大僧正〉、醍醐之徒、

〔定〕海為初任、　703b
大僧正法務（国家師範，法宇棟梁）
　178b
大僧都　66a,74a,91b,92a,93a,98a,
　102a,105a,b,111a,112a,113a,124b,
　129b,142a,147b,149a,b,150a,b,
　152a,155b,156a,159b,161b,164b,
　168b,171b,174a,175a,176a,181b,
　185a,b,187b,189a,190b,191b,193a,
　197b,640b,649b,661a,664b,667a,
　675b,677b,678a,681a,684a,b,686b,
　692a,696b,714b,715a,717b,727b,
　728a,b,730b,731a,732b,734b,736b,
　740a,755a,760a,761a,835b
〈大僧都〉此任以●〔道〕昭為始、66a
大僧列（慈済）　781b
●〔大象宗嘉（駕）〕行状（●絶海中津
　補）　496b
●〔大象宗嘉（駕）〕真賛（●絶海中津）
　496b
大蔵関鑰（蔵主）　330a
大蔵経（蔵経，全蔵書，大蔵）　74b,
　83b,139a,172b,207a,209a,b,210a,b,
　218b,266a,274b,283a,314b,363a,
　403a,408a,414a,418a,b,425a,429a,
　439a,460a,487a,503a,516a,518b,
　520b,537b,540a,559a,561a,567a,
　577a,612a,616a,756b,766b,776a,b,
　791b,833b,835b,847b,909a　一切経
　も見よ
太平〔妙準〕、嘉暦元年（1326）遣僧
★大元、求〈大蔵経〉、置金峰山、延
　文二年（1357）冬、火于隣家、延而及
　寺、〔〔大〕蔵経〕為灰矣、　439a
●〔円〕珍閲〔〔大〕蔵経〕凡三遍、
　常修密観、其修習時、雖徹暁無仮寐、
　139a
〔証〕真公嘗謂、★智者覧〔〔大〕蔵
　〔経〕〕十五遍、吾尚加之、大師現日、

423

汝十六遍不如我一遍也、是謏識之言、而無所取材焉、209b
〔剛中玄柔〕有南詢之志、帰告玉山、〔玉〕山〔玄提〕以躬逼暮齢梔之、（中略）〔玄〕柔遣十禅客入★明、求〈大蔵経〉、歴三霜、得二蔵而還、一蔵収于大慈寺、一蔵寄于東福寺、487a
★明太祖命住持〔白庵〔万〕〕金公、選一時名緇、点〈大蔵経〉、◉〔椿庭海〕寿亦預、503a
〔偉仙方喬〕三閲〈〔大〕蔵経〉、537b
〔◉汝霖良佐〕点校〈大蔵経〉、520b
〔☆義静〕、以檀黷購〈蔵経〉、建輪蔵於〔唐〕招提〔寺〕、756b
〔浄業〕求〈〔大〕蔵経〉、舶載帰朝、766b
〔亀山〕上皇、令〔叡〕尊献〈大蔵経〉於伊勢大神宮、776a
〔忍性〕納〈大蔵経〉一十四蔵、791b
〔賢〕憬、写〈大蔵経〉五千四十八巻、而置于招提寺、835b
◉〔畬〕然、奉請★釈迦仏模像、十六羅漢画像、摺本〈〔大〕蔵経〉五千余巻等、847b
大蔵経会 913a
大陀羅尼経（唐・★菩提流志訳）612b
大茶（陀）羅尼門 128b,564a,588a
大池 718a
〔★大智禅師〕偈頌（◉祖継大智撰）473a
大智度論（★竜樹撰） 85b,87b,200a,297b
菩薩説〈〔大〕智度論〉、往往称弥陀、十住毘婆沙論、弥陀為易道、是故★曇鸞以★竜樹為浄教高祖、200a
大中大夫 78b（大伴国道）、648b（藤原伊勢人）
大虫峰（静原山）648b
大通令為（丹州瑞巌寺開山）行状 590a
〔大通令為〕自照 590a
大殿 74a,234b,266a,329b,556b,756a,b,760b,765b,829b,913b
大渡長橋（肥後、◉寒巌義尹）292b
大灯国師（宗峰妙超）忌 615a
〔大灯国師〕語録（宗峰妙超撰）360b
★大唐 →★唐
★大唐境（★善無畏）67b
大唐西域記（唐・★玄奘撰）73b
★大唐伝来台宗奥旨（円澄）108a
大塔（高野山）187a
大堂（洛北大報恩寺）830b
大道〔一〕以禅師像 622a
大道心 276a,872b
大徳 76b,108b,111b,114b,117a,138b,158b,165a,187a,188b,198b,200b,207a,211a,213b,220a,226b,232a,245b,264a,274a,325b,449a,452a,646a,662b,701b,711a,775a,785b,789a,799b,812a,830b,897b
〔大徳〕寺火（災）573a
大徳〔寺〕丈室霊光（宗峰妙超）360b
大納言 212a（平頼盛）、221b（源雅親）、691b（源隆国）、738a（源顕国）、835b（藤原小黒麻呂）
大内記（慶滋保胤）694b
大日 665b
大日経（大毘盧舎那成仏神変加持経、毘盧遮那経）（唐・★善無畏、★一行訳）68a,b,81a,85b,111b,122a,136a,137b,243a,394a,637a,902b
大日経奥之疏詮要鈔（印融撰）267a
大日経開題（◉空海撰）83a
大日経愚案鈔（印融撰）267a
大日経指南鈔（印融撰）267b

424

大日経疏（唐・★一行撰）　254b,268b
大日経疏勘註（杲宝撰）　257a
大日経疏文次第（◉空海撰）　83a
大日経鈔（宥快撰）　261a
大日経略釈（◉空海撰）　83a
大日五字呪（証印）　889b
大日之神秘　913b
大日呪　687a
大日如来　115a,123a,136a,202b,666a,902b
大日〔如来〕像（丈六，兼海）　706b
大日仏印　136b
★大梅山清涼塔　489b
★大梅祖塔（◉心地覚心）　287a
大舶　86b
大般若経（般若経，大般若波羅蜜多経，唐・★玄奘訳）　82b,85b,97a,154b,256a,325b,411a,418a,477a,659b,691a,725a,753b,762b,818a,823a,867b,900b,904a,907b,908b
〔慈妙〕詣伊勢神、期一千日、転読〈大般若〔経〕〉、　256a
金字〈大般若経〉、659b,823a
有〈大般若経〉六百巻、而失両軸、〔士〕曇〔乾峰〕暗記書之、後以別本対閲、不差一字、　411a
昼則転読御願〈大般若経〉、夜則念誦★釈迦名言、　900b
大般若〔経〕之逸本（乾峰士曇）　412b
大悲　220b,640a
大悲一呪　637b
大悲願力　364b,383a
大悲経　708b
大悲金像　543b
大悲之応現　643a
大悲之開遮　788b
大悲之化門　784b
大悲之相　642a

金色〈大悲之相〉　642a
大悲呪　637b
大悲聖像（和州小島寺）　637b
〔報恩〕安〈大悲聖像〉、高一丈八尺、脇侍四天王像、極有霊応、　637b
大悲心　469a,720a,834a,873a,920a
大悲神呪　643a
大悲像　93a,367a,638b,639b,643a,826a,839b
〔法海〕募緇素、雕〈大悲像〉、造堂安置、（泉州巻尾寺）　638a
〔賀州大野尼〕寺火、而〈大悲〉像不壊、367a
〔叡効〕昼絶他語、読法華経三千部、夜礼〈大悲像〉三千拝、　839b
大悲胎蔵　136b
大悲菩薩　637b,839b
大悲方便　839a
大比丘戒　775b
大比丘尼戒　775b
大毘婆舎論（阿毘達磨大毘婆沙論，★玄奘訳）　83b
〔大毘〕婆娑論鈔（覚俊撰）　191a
大毘盧遮那神変加持〔経〕（唐・★善無畏，★一行訳）　68b,80a,137b　大日経も見よ
〔★善無畏〕遊化諸州、衆機未熟、真教無聞、遂納〈大毘盧遮那〔神変加持〕経〉於和州高市郡久米道場、又帰★唐、　68b
大毘盧遮那世尊　80b
大毘盧遮那般若母加持　137a
大部灌頂　114b
大部律鈔　790b
大仏開眼供養導師（定遍）　715b
大仏工（定朝）　694b
大〔仏〕像高一十六丈　902b
大仏頂経是偽経　99b
大仏頂呪　677b,689b,855b,859b,875a,

887b
〔玄海〕無病而死、忽生両翼、(中略)
　以〈大仏頂呪〉為左翼、以法華為右翼、
　廻望、855b
大仏頂法　217b,737b
　道乗修〈大仏頂法〉降於★蒙古、
　737b
大仏殿　605b
大仏殿復慶供養導師（覚憲）　206a
大遍知　310b
大菩薩　99b,635b
大菩薩之号（行基）　816a
大菩提　855a
大方〔元恢〕肖像　431a
〔大方等〕大集経（中天竺・★曇無讖
　訳）　725a
大宝殿（大仏殿，東大寺）　177a
大法雨（実賢）　691b
大法会（鎮護国家）　120a
大法眼禅師（★法眼文益）　415a
大法師　84b（◉栄西），103a（常騰），
　635a（泰澄）
大法師位　105a（護命），118a（★円仁）
大法房五師（慶俊）　202b
大法輪　76b,348a,359a,454b,479a,
　618a
　一毛頭上現宝王刹、一弾指頃転〈大法
　輪〉、(宗峰妙超)　359a
大品般若経（★鳩摩羅什訳）　725a
大盆穴　819b
　★性空普公、坐〈大盆穴〉、浮潮取滅、
　三日之後、端坐汀沙、819b
大魔王　641a
大明寺（但馬）方丈災　531a
大雄之殿（淡州安国寺）　437b
大雄殿（甲州向岳寺）　532b
大理卿　838b
大論義鈔（順耀撰）　192b
大論師　269a

内裏　88b
太史（◉無雲義天）　428a
太政大臣　130a（忠仁），234b（藤原公
　経）
台府　265a,627b
台命　622b
代語録　529b（了庵恵明撰），605b（快
　庵明慶撰）
代受苦（一切如来大慈悲観音）　268a
代別頌古醍醐酢頗多（雲門一曲）　484a
第一義　215a（弁長），511b（◉絶海中
　津）
第一義無有文字（大般若経）　85b
第一義諦　498a,550a
　〈第一義諦〉諸仏心源、(通幻寂霊小参
　語）　498a
第一義天　793a
第一座　287b,290a,309a,312b,313a,b,
　322b,325a,329b,357a,361b,367b,
　371a,380a,381a,382b,383a,384a,
　394a,406b,413a,414b,418b,419b,
　425a,430b,462b,477a,478b,500a,
　504b,507b,510a,521b,542b,559a,b,
　590b,616b,621a,626b
第一世　156a,185a,198a,203b,222a,
　231b,235a,253a,266b,275a,298a,
　307b,318a,341b,349b,357b,371a,
　372b,377a,380a,419b,451a,456b,
　457b,463a,485a,494a,513a,515a,
　524b,528b,530b,537a,540a,565a,b,
　574a,596a,609a,630b,664b,689a,
　770b,779a,780b,835b,836b,896b
第一祖　150b,221a,320b,409a,533b,
　554b,599b,606b,696b,727a,749b,
　759b
第一代　235a,250b,338a,346a,362a,
　393a,b,400b,466a,484b,507a,528a,
　576b,601b,619b,622b,759a
第五橋（五橋）　360b,486b,490a,

426

535b, 536a, 559a, 587b
大日本国山城州平安城東有橋、横二水交流之要衝、当九重第五之通衢、故名之〈第五橋〉、 535b
第五世（戒壇院, 恵雲） 759a
第三世（増上寺, 聖観） 751b
第三地 678b
第三地之聖者（◉弘法大師） 463a
第三地菩薩（沙門） 80a
第四座問者 160b
第四世（唐招提寺, 道靜律師） 760a
第七世（唐招提寺, 慶円） 798b
第十九願聖衆来迎 220b
第十八願念仏衆生 220b
第二阿闍梨位（西大寺, 性瑜） 781a
第二義門衆生本有（通幻寂霊小参語） 498a
第二座（位） 301b, 429b, 468b, 483b, 503a, 531b, 572b
第二座講師（道詮） 129a
第二十願諸行往生 220b
第二世 250b, 276b, 349a, 441b, 544b, 755b, 867a
〔管領源頼之〕建地蔵院於嵯峨、〔碧潭周〕皎為開山祖、皎祖乎国師（夢窓）、自称〈第二世〉、 441b
第六天魔王 668a
提婆宗（空宗） 61a, 64b
　欽明推古之二朝、★百済★高麗入貢之僧、大概〈提婆宗〉、 64b
醍醐小野県（城州） 677b
醍醐之徒 703b
醍醐寺座主 144b, 146b, 148a, b, 149b, 155b, 157b, 212a, 234a, 241a, 245a, 246a, 253b, 654a, 686a, 691b, 697b, 703a, 706b, 707a, 727b, 732b, 735b, 737b, 742b, 743b, 745a, 789a
〈醍醐寺座主〉、此職自〔観〕賢始也、 146b

醍醐密派（定海, 賢覚, 聖賢, 三流） 698b
醍醐流 239a
題者 209b（安居院澄憲）, 265b（五智院朝算）
題跋 459b
高井郡（信州） 870a
高石（泉州） 407b
高市郡（和州） 68b, 80a, 89b, 594a, 633b, 663a, 914a
高市郡人（和州） 88b, 101b
高市人（和州） 177a
高尾（雄）（城州） 82a, 107a, 254a, 717a
高雄山（城州） 120a
高木県（摂州） 733a
高島（江州） 394a
高島郡三尾山（江州） 814b
高瀬（泉州） 540a
高園人（遠州） 520b
高槻城主（永井氏） 809a
高橋郡（参州） 394a
高橋郡人（予州） 246b
高安県（河州） 881a
高安県東山（河州） 915a
篁〔小野〕又奇人 645a
薪（城州） 587a
宅良（越前） 543b
托鉢（真範） 182a, 612a
托鉢話（★徳山宣鑑） 538b（白崖宝生）, 562a, b（南英周宗）, 567a（日峰宗舜）, 612a（古岳宗亘）, 629a（一糸文守）
択師伝法 851a
択法眼 386a
択木寮 369a, 387b
卓子 523b
託宣 162a, 904a
託胎 869a

427

琢磨経論　898a
濯衣沐身（楽蓮）　870a
謫居　208a, 226b, 280b, 430b
謫在信州（☆蘭渓道隆）　909a
竹野郡（丹後）　463a
丹比（たじひ）郡（河州）　65a
但馬刺史（高雄）　177a
立野（たつの，和州）　534b
達（嚏）嚫（䞋）　124b, 131b, 154a,
　　684b, 790b, 850a
達嚫文（◉空海）　644b
達人大観　924b
塔所（たっしょ）（★如浄和尚）　582a
塔主（たっす）　329b
塔頭（たっちゅう）　379b
脱衣与凍人（蓮照）　838a
脱去　278b, 288b, 337b, 345b, 364a
脱然示寂（東巌恵安）　297b
脱畜為人（頼真）　853b
脱落身心　274b
　　〔★長翁如浄和尚〕曰、夫坐禅者為
　　〈脱落身心〉也、　274b
立山修練場　638b
棚倉（羽州）　622a
谷汲（たにぐみ，濃州）　821b
玉津人（紀州）　433b
玉造（摂州）　863b
玉造県人（摂州）　418b
玉依姫（竈明神）　907a
垂氷〔水〕荘（讃州）　337a
★達磨一派牛頭山法（◉最澄）　76b
★達磨（初祖）忌　385a, 440b, 559a,
　　571a, 619a, b
★達磨忌示衆（愚堂東寔）　619b
★達磨忌上堂　559a（伯師義稜）, 619a
　　（南化宗〈玄〉興）
★達磨讃（月庵紹清）　445b
★達磨之一葦隻履（師蛮賛語）　291b
★達磨之心（☆明極楚俊祝聖罷語）

　　362b
★〔達磨〕初祖画真賛（☆西礀子曇賛）
　　322b
★〔達磨〕初祖賛（◉見山崇喜）　338a
★達磨禅（宗峰妙超）　358a
★達磨像　273a（大日能忍），387a（夢窓
　　疎石），472a（正仲良伊）
★達磨始伝衣、而来以為法信、（◉栄西）
　　84b
　達磨多羅禅経　218a
★達磨大師頂相（足利義持）　512a
★達磨単伝（師蛮賛語）　391a
★達磨塔　559a
★達磨不識語（瑩山紹瑾・明峰素哲問答
　　語）　420b
★達磨墳　63b, 64a
★達磨分上、豈論会与知之浅深耶、（義天
　　玄詔）　578a
　丹丘　84a, 381b, 484a, 632a
　丹後　251b, 460a, b, 474b, 484a, 557a,
　　793a, 913a
　　竹野郡　463a
　　与佐郡　172b
　　余社郡管川人　913a
　丹坂（濃州）　435a
　丹州（丹後・丹波）　101b, 241b, 251b,
　　305b, 371b, 443a, 457a, 471b, 474b,
　　497b, 498a, 517a, 522b, 524b, 527b,
　　528a, 532a, 539b, 540a, 542a, 544b,
　　545b, 552b, 557a, 558a, 565a, 570a, b,
　　576b, 585a, 588a, 589a, b, 594b, 598b,
　　599a, b, 627a, 628a, 629a, 649a, 726a,
　　913a
　　於道山　649a
　　九世度　539b
　　九路峰下　628b
　　桑田郡　582b
　　薬山　501a
　　山中　607b

篠村荘　718b
永谷　570b
氷上郡　545a
氷上郡佐治荘　371b
船井郡人　101b
三重郷人　241b
八木　578a
薬山深処　501a
横山　457a
丹州官吏　717b
丹州人　726a
丹青　199b（珍海），527a（玉畹梵芳）
　〔玉畹梵〕芳善〈丹青〉好画蘭、527a
丹波　219a,456b,681b
　池上　681b,682a
丹波山中採蕨編蒲（寥海）　806b
丹波刺史（経国）　676b
丹波荘田（平氏）　219a
丹波人　456b
旦過　366b（恭翁運良），531b（月堂円心），777a（叡尊）
　叡尊律師問禅於法灯（◉無本覚心）有省、因為雲水建〈旦過〉於戒壇院側、而今不給、願公興廃〔凝〕然公即営之、366b
　〔叡尊〕逢由良◉法灯国師、探直指之旨、知有別伝事、建〈旦過〉於戒壇院前、備雲水之設、777a
旦過寮　367b
旦望上堂　491a（◉無文元選），596b（悟渓宗頓）
旦望布薩　572a（春夫宗宿）
但州（但馬）　68b,176a,257a,381b,488b,528a,529a,534b,611b,621b,622a,627b,641b,717a
　天橋　381b
　出石邑人　621a
　雲頂山　627b
　黒川　488b

養父郡人　717a
但州刺史（柳生宗矩）　622b
但州人　176a,257a
担板　408a
担版漢（☆一山一寧上堂語）　331b
単坐（抜隊得勝）　475a
単聖道人、不知仏意、（弁長）　215b
単伝★達磨（少室）　327a,391a,412a
単伝玄旨（正専如周）　809a
単伝之旨　271b,311b,400a,417b,557b
単伝直指　338a（◉見山崇喜初祖賛），505a（★了道惟一偈）
単伝直截（大全一雅）　500a
単伝宗　286b
単伝宗旨　325a（痴兀大恵），449a（◉約庵徳久）
単伝心印　85a（◉栄西），443b（◉古先印元）
　〔◉古先印元〕、取語録外集、投于火中曰、吾祖不立文字〈単伝心印〉、留此糟粕何為、443b
探題　190b,191b,201a,222a,752a
　〔証観〕、長治元年（1104）蒙〈探題〉宣、依山徒之訴而止、190b
淡州（淡路）　210a,226a,437b,499b,500a,534b,569a
　三原人　569a
淡州刺史（脇坂安治）　619a
淡州太守（細川氏春）　437b,499b
〔湛〕空公行状　230b
湛空碑（二尊院）　230b
短杖（明忍）　806b
端午　305b,409a,498b,516b
端午上堂　409a（月堂宗規），516b（空谷明応）
端坐　133b,170a,213b,215b,219a,224b,240b,265a,267a,275b,286a,288b,299b,303b,306a,311b,326b,345b,350b,360a,368a,416b,433a,

449b、476b、477a、479b、489a、503b、504a、513a、528a、549a、561b、562a、589b、594b、598a、600b、626a、633a、642a、661a、679a、687b、704b、713b、718b、739a、753a、765a、767a、809b、819b、827a,b、834a、850a、852b、854a、871b、874b、884b、887b、888a、889b

端坐合掌　213b（隆寛）、889b（源智）

端坐合爪（真阿）　265a

端坐功夫（無著妙融）　477a

端坐思惟（天隠竜沢）　598a

端坐示滅　63a（★達磨）、479b（義堂周信）

端坐遷化（源信）　170a

端坐汀沙（★性空普）　819b

　★性空普公、坐大盆穴、浮潮取滅、三日之後〈端坐汀沙〉、819b

★端州（中国）　758a

端正（信浄）　883a

端心念仏（証賢）　253b

★潭（中国）　322a

誕生（慈妙）　256b

　長阿含経曰、前仏悉皆四月八日〈誕生〉、八月八日入涅槃、〔慈〕妙公生滅同其居諸、偶利爾乎、256b

団扇　860a

断塩穀　850b（日円）、876b（蓮待）

断飲食（春素）　871a

★〔断橋妙倫自賛〕頂相（◉無関普門）309a

断見　622b

断五穀塩醋（明寂）　879b

　〔明寂〕、受両部大法、永〈断五穀塩醋〉、身不著絹綿、偏求菩提、信心益堅、879b

断穀食棄塩味（相応）　648a

断言語（定厳）　886a

断言持斎（永瀁）　877b

　〔永瀁〕、書写供養如法経、〈断言持斎〉、

修大仏事六次、毎度截足一指、為灯供養、877b

断食　97a、665b、718b、837b、838a

断諸迷妄仏（六重仏相三）　181b

断髪　805a

断臂　62b、458b

断臂安心　841a

　★神光、〈断臂安心〉、伝続禅灯、豈啻仏祖而已哉、諸家宗流、皆当如斯、841a

断臂人（月庵紹清、★達磨賛）　445b

煨餅（性空）　670b

弾指一声（瑩山紹瑾）　423a

弾正尹（桜井王）　123b

弾正少弼（土岐頼遠）　354a

弾正大弼（紀御園）　120a

談苑集（一絲文守撰）　629b

談義竜象　81b

談岑（多武峰）　634a

　和州〈談岑〉今日多武峰、畿内霊勝之地、不亜★唐之五台、他日墳於彼、子孫益昌、634a

談席　102a（勤操）、234b（真空）

談柄（実因）　165a

談法（聖聡）　263b

談林　249a（上州竜増寺）、260a（上州竜増寺）、834a（東関）

談論　172a（義光）、895b（弁正）

檀越　99a、124b、128b、137b、152b、163a、173a、188a、215b、240b、258a、264b、268a、292a、295b、297b、307a、312a、313a、324a,b、326b、333b、335b、340a、343a、347b、349a,b、354b、359a、362b、368a,b、369a、371a、372a,b、374a、381b、384b、387b、390b、394a、396b、409a、414a、415b、419b、420b、431a、435b、457a,b、460b、461b、473b、474b、476b、478a、490a、493a、499b、500a、505b、506b、507a、508b、511a、512a、

513a,515a,517b,518a,519b,524b,
525b,526a,530b,531b,532b,533b,
534a,b,537b,539b,542a,543a,546b,
554a,b,557b,558a,560b,565a,573b,
577a,599a,602b,609b,614b,616a,
619b,621a,636a,649a,651b,671b,
718a,739a,749b,785a,795a,803a,
811a,839a,868a,878a,881a,b,882b,
883b,896b,905a,918a,922a
檀越供（楽西）　712a
檀越布金（承俊）　896b
檀戒二波羅蜜之行（叡尊，忍性）
　791b
檀戒忍　270a
檀契（妙心寺拙堂、大内義弘）　567b
檀貺　202b
　〔宗〕賢以〈檀貺〉建三間堂、常修浄
　業、安置金色仏像丈六五軀、三尺十軀、
　法華経二十部、紺紙金泥理趣経一巻、
　202b
檀家　586b
〔檀渓心涼〕自真　447b
檀興　224b,550b,756a,810a,834a
　〈檀興〉不整、則五波羅蜜不成、　834a
檀興之義　834b
檀興篇　834b
檀主　468a
檀請　249b,254a,266b,369a,508b,543b
檀信　113b,292b,338a,342a,346a,
　424a,448b,477a,544a,552b,554b,
　573b,605a,616a,792b,808a
檀嚫（嚫）　69a,73a,157b,232b,257b,
　262a,342a,370a,408a,434a,557b,
　568a,756b,765b,794b,814a,823b,
　829a,872b（清仁）
　〔日峰宗舜〕所受〈檀嚫〉悉納常住、
　以充修造、是故諸堂百廃、一世全備、
　568a
●〔俊〕苅性恬澹、不馳浮靡、〈檀嚫〉

富有、悉備修営、　765b
〔義静〕以〈檀嚫〉、購蔵経、建輪蔵於
招提〔寺〕、　756b
自〔建長〕寺罹回禄、丈室未建、廃頽
相次、〔青山慈〕永以〈檀嚫〉捨充修
補、　434a
檀施　118b,266a,366b,371a,407a,
　425b,557a,563a,624a,711b,786b,
　791a,811a,872a,887a
〔忍性〕所得〈檀施〉、即散囹圄、
　791a
〔了堂素安〕〈檀施〉充牣、〔素〕安不
私一芥、悉備修補、　371a
〔円照〕〈檀施〉、併納之戒壇院、供十
方僧、　787a
〔孤山至〕遠律身精厳、不儲長物、所
獲〈檀施〉登便与人、　425b
〔在中中〕淹天性温淳、福恵兼全、凡
所有〈檀施〉、咸帰於常住、以備修造
焉、衣盂之外毫不潤身、　557a
檀那（大檀那）　331b,365a,b,388b,
　551b,558a,614b
檀那義　168b
檀那之門　175b
檀那的流　222a
檀那流　188b,209a,269b
檀波羅蜜　242a,817b,834b
檀福至饒　787a
檀力（深有）　748b
檀林寺供養導師（道昌）　128a

—ち—

地持論　190b
地神之始（天照大神）　903b
地理　835b
地理学　61b
地霊　810a
池亭（西芳寺）　389a
治国　119b

治心之要術　375b
治水（★白圭）　830a
治病（★玄奘）　65b
治部官　89a
治部大輔（和気入鹿）　76a
知解　310a, 343b, 382a, 403b, 417a, 621a
　今時和★明之僧、玩文字〈知解〉、逸居無事称伝法、　382a
　宗門伝此方、大率有二十四流、才至五六世、其法寝衰、或流乎文字辞章之末、或囿乎〈知解〉計較之中、而失本源者、多幾乎二百余載矣、621a
知見解会　302b, 574a
　〔了堂真〕覚呵云、儞実未透徹、只認得〈知見解会〉、以為至当、　574a
知見之害（☆無学祖元）　304a
知事　311a, 344b, 362a, 405b, 444a, 546a, 651b, 920a, 922b
　以廉於己、世法通者帰東序、謂之〈知事〉、匡持法社、　362a
求知識於異朝　784a
知者楽水、仁者楽山、（師蛮賛語）　427b
知蔵（蔵主）　383a
知蔵寮　532b
知足　276a
知賓（知客）　84a, 283a, 305a, 460a, 491b, 493a, 501a, 516a, 528a, 577a
★知府按撫侍郎（中国）　84a
　知弁無礙　286a
　茅竜（元杲）　161b
　致政隠士（藤原宗友）　891b
〔智翁〕（無才智翁）頂相　341b
〔智覚普明国師〕（春屋妙葩）語録（春屋妙葩撰）　485b
智行　76a（●最澄）、795b（尋算）
智行全備（座主之職）　178a
智見　831b
智愚共済　892a

至〔源〕空随弥陀本願、坐臥念仏偏唱、定散斉通、〈智愚共済〉、心契聖経、教応澆漓、　891b
智光　256b
智山徒衆　283b
智者（恵忠）　895b
★智者（智顗）之教　392b
★智者（智顗）之道　763b
★智者〔寺〕、★東林〔寺〕両本　408a
★智者（智顗）塔　137a, 138b, 763b
★智者（智顗）塔院　86b
★智者（智顗）道場　839b
★智首大師広疏（四分律疏、隋・唐・★智首撰）　755a
智舜説空、延当世賓、　269b
智荘厳院流（祐遍）　232a
●智証之門　178a
●智証大師号　651a
●智証門徒　668b, 680a
智徳　207a, 239b, 919b
智不到処、切忌道箸話、（通幻寂霊・傑堂能勝問答語）　553b
智弁　284a, 831b
智法蔵重門略訣（俊承撰）　222b
痴漢　339b
竹園（★萍沙）　834b
〔竹巌聖皐〕自賛　804b
〔竹巌聖皐〕頂相　804b
竹嬾集（瑞渓周鳳撰）　584a
竹生島（江州）　915a, 916a
竹林寺記（大聖竹林寺記、★法照撰）　239b
竹林寺（生馬大聖竹林寺）主（明観滅）　786b
畜業　854b
筑後　214b, 215a, 295a, 553a, b, 802b
　筑後人　553a, b
　山本郷　215a
筑後刺史（菅野文信）　685b

筑後州人　295a
筑紫　70a,74a,358a,844b,904a
　蚊田　904a
筑紫人　876a
筑前（筑州）　85a,86a,103b,161a,
　210a,214a,251a,278b,294b,305b,
　312a,313a,317a,318a,328a,333b,
　338a,339b,343a,344a,348b,349a,
　350a,351b,356a,370b,377a,382b,
　393b,394a,400a,b,401a,403b,408b,
　413b,414a,419a,425a,444a,445a,
　456a,462b,478a,489a,490b,512a,
　519a,520a,521a,535b,539a,540a,
　572a,575a,831a,b,847b,873a,b,
　887a,907a,912a
　香月荘人　214b
　香椎　210a
　海邑県　355a
　小倉県　445a
　五竜山　330b,776b
　早良人　667a
　志賀島　410b,412a
　田島　210a
　太宰府　70a,73a,118a,131b,137b,
　　138b,279b,283b,312a,319b,331a,
　　360a,622a,676a,764a,813a,831a,
　　844b,847b,873a,912a
　太宰府人　294b,408b,604b
　博多　86a,161a,283b,292b,452b,
　　484a,490b,524a,765a
　博多人　278b,371a,410b
　博多津　290b,421a,429b
　博多橋　873b
　博多浜　352b,386a
　筥（箱）崎　85a,210b,873a
　横岳　338a,355a
　冷泉津　372a
筑前刺史　616b（三好長慶），622a,
　704a（藤原基実）

筑前州人　350a,377a,393b,444b,489a,
　512a,831a
筑前背振山　671a
筑前太守（真祖）　573b
秩父（武州）　539a
秩父県人（武州）　531b
蟄居　92a（●栄叡），155a（仲算）
茶樹　405b
著衣喫飯（瑞巌竜惺上堂語）　575b
著衣喫飯、屙屎送尿、（徹翁義亨上堂語）
　432b
著帽　620b
★中印度　67a,849b
★中印度沙門証梵義　849b
　中院之秘蹟（覚善）　203a
　中院僧都（堯信）　725a
　中院法（真俊）　211a
　中院流　198a,203a,232a,244b,722a,
　　826b
　〔明算〕、折中野沢之伝、始立密義、成
　〈中院流〉、斯之可謂兼備二諦、　826b
中陰　879b
〔中淹（在中）〕自照賛　557b
★中華　73a,89b,92b,273a,302a,318b,
　319a,455b,461b,463a,480a,b,492a,
　b,501b,512b,763a,894a
　●〔俊〕苐謂、大小律範、未尽其要、
　　須入〈★中華〉、決択所疑、　763a
★中華戒律始　813a
　★曇摩迦羅、至★雒陽出四分戒本、授
　　羯磨受法、〈★中華戒律始〉也、　813a
中観（★竜樹〈猛〉）　102a,191a
中気（法菊）　439a
中宮　174b（威子），205b,695a（賢子）
中宮産　731a,733b,736b,737a
★中夏　473a
中古以来〔書〕虚多実少（師蛮賛語）
　250a
中古之英匠（弁暁）　204b

中古法相宗　125b
中興　248a（東関天台学尊海），761b（薬師寺密厳），778a（律宗叡尊）
中興之祖（妙心寺，日峰宗舜）　568a
★中国　67b,78a,121b,461a,847a
中根人　432a
中山寺記　894a
中散大夫　117b（★揚敬之），271a（藤公兄弟）
中使　86b,92b,157b,158a,195b,336b,362a,404b,464b,517a,603a,620a,671b,686a,694a,697b,710b,733a,740a,780a,850a,851b
中秋上堂　317a（◉蔵山順空），600a（東陽英朝）
中書王（兼明親王）　165a
中性道場（頼瑜）　244a
中性務（聖憲）　258b
中世之達人（勝覚，覚法，増誉，行尊）　754a
中諦亦有亦無（増賀）　170b
★中台　117a
中壇（定遍）　715b
★中天竺　100a,114b,136b,463b,510a,847a,850a
中堂（叡山）　138a
中道　116a,183b,215a
中納言　147a,149b,172b,191a,219a,225b,227a,239a,397b,700a,727b,741b,745a,775b,830b,879b
中風　659b（浄蔵），920b（蔵満）
★中平道場　84a
中辺義鏡残（徳一撰）　110a
中辺義鏡章（徳一撰）　110a
中辺論私記（守朝撰）　157a
中奉大夫　337a（★王都中），801b（藤原家隆）
★中峰（明本）和尚真蹟（◉天岸恵広）　357b

★中峰（明本）忌（◉古先印元）　443b
★中峰（明本）国師塔（◉古源邵元）　418a
★中峰（明本）垂誡（閩渓良聡）　440a
★中峰（明本）禅　632b
　☆隠元（隆琦）、鼓鉦繽紛、行〈◉中峰禅〉、632b
★中峰（明本）道　632a
　◉無隠〔元晦〕、◉古先〔印元〕、◉遠渓〔祖雄〕、◉業海〔本浄〕、◉明叟〔斉哲〕、◉復庵〔宗弘〕並弘〈★中峰〔明本〕道〉、632a
★〔中峰明本〕自讃頂相（◉遠渓祖雄）　372a
★〔中峰明本〕真賛頂相　397a
★中峰法衣真賛頂相　397a
中品中生（源秀）　780b
中論（★竜樹撰）　87b,90b,230b,897b
　恵観〔灌〕、来説中〔論〕百〔論〕〔十二〕門〔論〕〔大〕智〔度〕之論、87b
中論観業品　201b
中論四句（存海，真要十一条八）　259a
中〔論〕百〔論〕〔十二〕門〔論〕智之旨、（★吉蔵）　894a
★仲尼弟子伝（史記〈★司馬遷撰〉所収）　801b
〔仲方円伊〕写照請賛　536b
忠孝　375a
柤械　623a
注疏（道蔵撰）　65a
注念（珍西）　883b
厨庫　255a（善通寺），329a（南禅寺）
厨米　488a
註金光明経（◉最澄撰）　78b
註疏（勧劣向勝不退門広短冊，順継撰）　249b
註仁王経（◉最澄撰）　78b
註法華経（◉最澄撰）　78b

434

註無量義経（●最澄撰）　78b
鋳金像（★波斯匿王）　834b
鋳我〔阿弥陀如来〕形像（源延）　720a
鋳就〔阿弥陀三尊〕尊容（仏工海縄）
　720b
駐錫　524b,557a,663a,802b,811b
籌室　349a,526b,596a,620a,632a,
　779a,784b　函丈，方丈なども見よ
　峨山〔紹碩〕，〈籌室〉正令五英、（太
　源宗真、通幻寂霊、無端祖環、大徹宗
　令、実峰良秀）　632a
著述（瑞渓周鳳）　583b
楮　671a,839a
　〔性空〕綴〈楮〉為衣、671a
　〔玄常〕精修勤辛、以〈楮〉為衣、不
　設臥具、不儲斎糧、喫一栗一柏、以過
　一冬、839a
楮衣　806b
楮帛（☆一山一寧）　332b
儲位（皇太子）　180b
庁衙　920b
長阿含経　256b
★長安（長安城，中国）　65a,67b,72a,
　80a,114a,b,117a,137a,378a,620a,
　634a,844b,845a,895b
　長安軽薄之士（師蛮賛語）　839b
　長安大路（山城）　882b
　長安城人（山城）　401a
★長翁〔如浄〕忌日（●寒巌義尹）　293a
★長翁〔如浄〕忌上堂（●道元）　275b
★長翁〔如〕浄禅師塔（●中庭宗可）
　421a
　長橋（東福寺通天橋）（春屋妙葩）
　484b
　長偈（夢窓疎石）　461b,503a
★長江（揚子江）　524a
　長坐　468a（蘭洲良芳），483b（春屋妙
　葩），563a（南英周宗）
　〔南英周〕宗、豊頬秀眉、音吐如鐘、

性剛直無棲飾、檀施川輸視猶泥芥、睹
飢寒者則与衣食、脇不沾席、終身〈長
坐〉、563a
長坐不臥　475b（抜隊得勝），859b（蓮
長）
長時不臥（峰翁祖一）　355a
長者　669a,686b,707a,736a,744b,
　746a,b,747a,b,750a,b　東寺長者も
　見よ
　〔寛暁〕不任〈長者〉、而修此法（孔雀
　経法）、其徳可見焉、707a
　〔良恵〕三任〈長者〉之初例、736a
長者職　175a,186b
　●弘法忌〔済〕還献真影供、非〈長者
　職〉而司者希也、186b
長寿　187a
長州（長門）　76b,237b,576b,599a,b,
　601a,602b,800b,823b,830a
　赤間関　832b
　阿武　923b
　安武郡　765a
　長州浜　426b
　三角県　426b
長州人　237b,535b,800b
長州刺史（藤原共方）　874b
長生術（天海）　617a
長日護摩（心蓮）　711a
長日講（元興寺，円照）　799b
長尾白鳥（真覚）　870a
長篇詩（★朴翁義銈）　764b
長物　393a,492a,610a,919b
長養（●南浦紹明）　358b,360b
長養聖胎（★即休契了嘱語）　524a
★長楽県（中国福州）　455a
長吏　141a,181a,184a,194b,205b,
　211a,225b,650b,668b,673b,674b,
　680a,695a,700a,719b,738a,742b,
　743a,750b,857a
長連琳　564b

長老　217b,362a,424a,450a,468a,
　　523b,557b,592a,611b　住持も見よ
◉〔重〕源肖像　830a
　〔重誉、樹朗〕、称当世〔智〕鸞〔智〕
　　鳳、　200a
重陽上堂（◉無涯仁浩）　401b
帳幀（仁耀）　836a
張三之謗　87a
☆張詠（登州押衛）、来干日本、厚受国恩、
　　聞◉〔円〕仁留寓、延家遇給　116b
以頂、献上方一切諸仏、以脚献下方一切
　　諸仏、（応照）　838b
頂相（ちょうそう）　131b（清和上皇）、
　　746b（伏見上皇）
鳥獣　839a（玄常）、876b（蓮待）
★朝議郎中台州刺史（★藤邁）　132a
　朝貢　132a
　朝座講師（永縁）　189a
　朝参　565b
　　〈朝参〉者宗旨家訓、不可依衆多少、
　　（中略）今我会裏僧、雖僅有十員、皆
　　能志於道、叢林法規不可欠焉、565b
朝散大夫　78b,79b,184a,765b,849b,
　　891b,896a
　　★宋沙門〈朝散大夫〉試鴻臚少卿★宣
　　秘大師賜紫恵賢　849b
朝懺暮悔（◉空海）　80a
朝旨（主恩）　161a
朝廷（朝）　77b,82b,92b,98b,113b,
　　124b,127a,129b,133a,135b,143a,
　　145a,147a,149c,151b,164b,167a,
　　174a,176b,184a,209a,353b,356b,
　　365a,368b,384b,390a,395a,399a,
　　418a,422a,454a,604a,628a,639a,
　　640b,659a,660a,666b,667b,673a,
　　678b,729b,730b,738a,825b,826a,
　　829b,839b,894b,895a,901a
　　毎年正月始人日後、一七日中〈朝廷〉
　　国家泰平修法、至今不絶、　82b

朝廷政蹟、釈氏之事、皆悉撰述、（皇円
　　撰扶桑略記）　840a
朝廷命、修北斗法、（信証）　702a
朝命、住健仁寺、（◉雪村友梅）　379a
朝聞道夕死可也、（論語，★孔子撰）
　　841a
超海入★唐（◉恵雲）　894a
牒経論（最勝会，問答）　190b
調布（遍昭）　135b
調伏異賊（勝信）　740a
　〔勝信〕入石山寺、〈調伏異賊〉、740a
調伏元戎（定済）　234a
調伏法　641a（守敏）、707a（実運）
　其〈調伏法〉者、炎魔天供也、於今伝
　　家矣、　707a
調伏蒙古（道勝）　737a
雕印　159b（良源道貌）
雕刻（彫刻）　702a,837b
　〔信敬〕以指骨、〈雕刻〉観自在大勢至
　　二像、　837b
　〔瞻西〕又〈彫刻〉八丈金色仏〔像〕、
　　安勝応院、　702a
雕石（◉恵萼）　846a
頭首（ちょうしゅ）　362a,612a
　叢林熟者、帰西序、謂之〈頭首〉、
　　362a
頭首秉払（古岳宗亘）　612a
聴雨集（心田清播撰）　560b
聴講　72b（◉栄叡，◉普照），152b
　　（藤原師輔），562b（一僧），766a（藤
　　原公継）
聴受（妙法）　906a
聴誦　905a（唯識），905b（法華）
聴徒二千指（叡尊，梵網経講義）
　　775b
聴法　183a,240a,402a,434a,476a,
　　507b,552a,570a,577a,581a,640b,
　　763a,765b,785a,860a
聴法衆（中継，道雄等二十員）　108b

436

聴聞　909b
聴律〔如性〕　231b
寵命（南禅寺，五山第一）　552b
勅黄〔勅旨〕　88b,199a,612b,613a
勅使　624b
勅書〔春屋妙葩〕　484a
珍禽〔礼光〕　90a
珍書〔述記鈔，善珠撰〕　97b
珍重大元三尺剣（☆無学祖元偈）　301b
珍宝　73a（☆鑑真）、131b（●宗叡）
〔●宗叡〕達嚫以衣服、臥具、〈珍宝〉、車乗等、●〔宗〕叡分捨東大、延暦諸寺、一無所蓄、　131b
★陳国　862b
★陳朝　107a
頂相（ちんぞう）　131b,133b,274b,278b,283b,287b,297b,309a,b,317a,319a,328a,341a,b,350b,360a,372a,387b,397a,462b,466a,497a,512a,515b,524b,530a,552b,583b,753a,764b,804b　肖像、照容、真，像も見よ
及☆兀庵〔普寧〕帰宋、〔東巌恵〕安送至鳥羽、☆〔兀〕庵付法衣及〈頂相〉而去、297b
★〔断〕橋〔妙倫〕将入寂、以袈裟自賛〈頂相〉、付●〔無関普〕門、表信印、　309a
●無夢〔一〕清公、齎●〔玉渓恵〕琇之〈頂相〉入★元、請讃於★径山★古鼎〔祖〕銘禅師、341a
李部親王、持〔双峰宗〕源〈頂相〉請語、350b
〔夢窓疎〕石画高峰〔顕日〕〈頂相〉、抵万寿請賛、387b
★〔中〕峰〔明本〕以自讃〈頂相〉畀之、372a
★〔天目山塔主善栄〕、塔下所有先師

〔★中峰明本〕法衣一頂、真賛〈頂相〉一軸寄納、397a
★〔月〕江〔正印〕証其所悟、付自〈頂相〉、466a
〔通〕幻〔寂霊〕付法衣并自賛〈頂相〉、以証之、552b
頂相請賛　319a,341a,387b
●椿庭海寿行状　503b
●椿庭海寿塔銘（●直翁智侃撰）　503b
鎮護国家　118a,120a,127a,680b,851b,900b
鎮護国家大法師〔泰澄〕　635a
鎮護国土　663a
鎮護之霊境（金剛峰寺）　820a
鎮護宝祚　904b
鎮護邦家　907b
鎮国家（●恵夢、尊勝陀羅尼経、刻貞石）　415a
鎮寺法主〔行信〕　91b
鎮守　126b
●〔恵〕運在★唐、逢会昌沙汰、持★青竜寺〈鎮守〉神体而帰、即為今寺（安祥寺）〈鎮守〉、126b
鎮守神（東大寺毘廬大像）　904a
鎮守府将軍　306b（藤原利仁）、643a（坂上田村麻呂）、692a（源義家）
鎮州蘿蔔（実峰良秀上堂語）　506a
鎮西　168b,190a,210a,211b,215a,239b,251a,295a,303a,313a,371a,386a,409a,414a,415b,431a,572a,661b,672a,681b,686a,725a,790b,799a,800a,825b,831b,851b,859b,883a,904b
鎮西義（流）　215b,224b,236a,273b
鎮西人　190a,211b,313a,725a,799a,800a,825b,831b,851b,883a
鎮宅　653a
鎮覆国家〔行円〕　906a

―つ―

対馬島　806b
対馬島人（覚海）　212a
津軽（奥州）　622a
津高県人（備前）　637a
津野人（土州）　509b
都賀郡（野州）　817a
都賀郡人（野州）　115b
黄楊（つげ）県（参州）　435a
追孝之道（祈親）　821a
追薦　794b
追福　213a
槌子（聞渓良聡）　440a
槌払（日峰宗舜）　567b
〔通翁鏡円（普照大光）〕国師一百回忌（大愚性智）　339b
通串（顕意）　243a
通儀（沙門）　805b
通議大夫（源国挙）　680a
通幻下十哲（通幻下之十哲）　530a, 541a, 542a, 544b, 553a
通幻先師三十三回忌（癸卯応永30年〈1423〉5月5日）　541a
〔通幻〕自賛頂相　552b
通玄峰頂非是人間，心外無法満目青山，（★徳韶国師頌）　544b
通受　251b, 761b, 813b
通受羯磨（智海）　796a
通受作法　835b
　〔天平〕勝宝以前之諸師、多依瑜伽論、行〈通受作法〉焉、〔賢〕憬公、於興福維摩堂、与☆思託律師、商論別受、遂服其義、即捨旧戒、登壇進具、835b
通受懺悔法（良遍撰）　784a
通受比丘、性戒倶成之義、学者疑信相半、（覚盛義）　782b
通受文理鈔（良遍撰）　784a
通受法　796a, 803a, 806b, 809b, 810b,

812a
　〔円忍〕、依〈通受法〉、納具足戒、812a
通誦（転乗）　853a
通天〔橋〕（東福寺，春屋妙葩）　484b
通別　772a
通別之微、野沢之密、（忍空）　796a
通別二戒　773a
都寺（つうす）（玉峰璨）　354a
痛棒機（景川宗隆偈）　594a
月輪（別）墅　207b, 284a
筑波（常州）　396b, 537b
筑波山（常州）　618a
堤田荘（尾州）　687b
椿洞（つばきほら，濃州）　491b
椿峰（城州）　142a
円岡（武州）　539a
敦賀（越前）　172b, 522b
敦賀人（越前）　141a

―て―

手島郡人（摂州）　919b
豊島（てしま）郡人（摂州）　638a, 642a
出羽　→羽州
出羽国人（羽州）　798b, 883a
汀沙〔端坐〕（★性空普）　819b
廷議　776b
廷尉　718b（源義経），829a（文覚），838b, 839a,
延〔廷〕臣　199b
剃戒　177a, 214b, 265b, 683b, 688a, 792a, 827b
剃卯（日蔵）　665a
剃具　92b, 368a, 473a
剃髪　75b, 155b, 179b, 184a, 188b, 205b, 208b, 222a, 223a, 233b, 239b, 246b, 316b, 394b, 442b, 458b, 465b, 522b, 528b, 530b, 535b, 558b, 642b, 717b,

438

740a,804b,822a,846b,849b

剃（鬚）染　62a,131a,140a,202a,246a,
　253a,258a,408b,457b,543b,557b,
　613a,625a,658b,708b,709b,727b,
　729a,737a,779a,780b,793b,806a,
　822a,827a,836a,840a,859b,886b,
　896b,914b

剃染得度　119a（恵亮）、515b（◉大初
　啓原）

剃刀　98b,206b

剃頭★（迦葉）　67b

剃（鬚）度　214b,225a,276a,354a,
　370a,543a,732a,749b,

剃（鬚）髪　111a,116a,123a,139b,
　142b,151a,161a,166b,174b,176b,
　202a,203b,217b,230a,233a,243a,
　245a,248a,257a,265a,268a,b,307b,
　342a,354a,369b,428a,431a,434b,
　460b,477a,478a,491a,512a,515b,
　525b,534a,538b,542b,557a,576a,
　585a,624a,628b,636a,639b,646b,
　653a,b,670b,680a,685b,709b,716b,
　721a,759a,770b,771b,777a,795a,
　810b,826b,858b,874a,877a,881b,
　923b

　沙門者、在勤道而息諸縁、故翻以勤息、
　〈剃髪〉黒衣、是其表相也、639b

剃髪得度（覚鑁）　195a

剃（鬚）髪刀　450a（大歇勇健）、545a
　（松嶺道秀）

剃浴趺坐（虎関師錬）　376a

剃浴更衣（恭翁運良）　367a

剃落（◉空海）　82b

帝闕　851b

帝祚　863b

★帝都　847a,b

　帝都（城州）　240a,765a,768b

堤塘（行基）　815b

提起（◉椿庭海寿）　503b

提綱　465a,559a,568a

提唱　283b,303b,304b,319a,321a,
　341a,344a,345a,347b,353b,359b,
　370b,371b,379b,389b,391b,413a,
　419b,447b,450b,457b,483b,491b,
　519a,527b,549a,550b,559b,561a,
　565a,570a,579b

提唱語句　436b,440a

　仏海禅師（聞渓良聡）溥博強記、而有
　文材、住西禅〔寺〕、法雲〔寺〕、建仁
　（寺）、〈提唱語句〉若干万言、然誡門
　人、俾不記隻字、故無伝於世、其遠孫
　天隠〔竜〕沢公（中略）於敗楮断簡中、
　纂拾成巻、且撰行略、440a

提撕　301a,343b,366a,396b,472a,491b

★程朱（★程顥，★程頤，★朱熹）説（雲
　章一慶）　581a

★鄭州（中国）　596a

★鄭州刺史（★辛文昱）　117b

薙染　206b,231b,241b,391a,410b,
　418b,495a,597b,629b,646b,685b,
　781b　剃（鬚）染なども見よ

薙鬘　123b,172a,279b,573a,785b　剃
　鬘も見よ

薙髪　114a,136a,b,157b,220a,256a,
　261b,323b,325b,499b,548b,562a,
　601a,652a,710a,732a　剃（鬚）髪も
　見よ

泥牛　348a,382b,428b,471a,498b,514a

〈泥牛〉哮吼、382b

木馬嘶火裏、泥牛吼海門、428b

〈泥牛〉吼処山河静、木馬嘶時日月長、
　471a

吼月〈泥牛〉、能入海、嘶風木馬、解
　遊春、498b

〈泥牛〉蹈破澄潭月、還当也無、
　514a

泥墨　867b,904a

的的承稟　631b

直截本根、契仏之内心、而〈的的承
　　稟〉、教外伝之、謂仏心宗矣、631b
的的相承　283b,598a
　　夫宗門者、以直指命命、〈的的相承〉、
　　昔★〔薦福承〕古塔主、距★雲門、百
　　年而称其嗣、★青華厳〔投子義青〕未
　　始識★太陽〔警玄〕、而嗣之、598a
剔髪（☆明極楚俊）　361b
笛（●覚阿）　273a
敵国之船　745b
擲筆（●雪村友梅）　379b
擲筆坐蛻（瑞巌竜惺）　576a
鉄鞋（●祖継大智）　473a
鉄庵〔道生〕語録（鉄庵道生禅師語録、
　　鉄庵道生撰）　345a
〔鉄庵道生〕外集（鉄庵道生撰）　345a
鉄枷　620a,623a
鉄牛　327a
鉄牛之機　355b,399b
鉄酸餡（餡）（●桃渓徳悟上堂語）
　　313a
鉄山（備後州）　546a
鉄杖　907b
鉄刀（●斎然）　847b
鉄鐺（●道昭）　65b
鉄鉢　74b（☆鑑真）、765b（●俊芿）
鉄面皮　517b
鉄門銅釜（満米）　645a
綴鉢（長屋王詩）　89b
〔徹翁和尚〕語録（徹翁義亨撰）　433a
徹翁〔義亨〕之要訣（●大象宗嘉）
　　496a
徹翁〔義亨〕補紫野（大徳寺）五世一休
　　〔宗純〕出、（師蛮論）　632a
徹証　309a
徹塵（実海撰）　268a
徹髄鈔（聖聡撰）　263a
徹選択集（徹選択本願念仏集、弁長撰）
　　215b,239a

寺之記（翰林学士★宋景濂）　833b
寺（大安寺）之鎮守八幡大神　641a
天衣　853a,871b
〔天鷹祖祐禅〕師行状（師蛮写）　544b
天下禅林海東法窟（建長寺山門額）
　　281b
天下桑門之秀（★神叡〈唐国人〉）
　　91b
天下第一刹（南禅寺）　384b
天下擾乱南北分争（建武年中）　467a
天界　684a
天楽　139a,148b,163b,170a,211a,
　　214a,642b,648a,655b,718b,739a,
　　859b,865b,875a
●天岸〔恵広〕和尚行状　357b
●天岸〔恵〕広等相偕入★元（物外可什）
　　386a
天境霊致和尚語録　→無規矩〔集〕
天華　213b,463b,464b,808b,865b,907a
　　異香〈天華〉之奇祥、213b
天眼（関山恵玄）　406a
天源一派（●南浦紹明）之流　496b
天源之派（●南浦紹明）水　356a
天供　703b,723b
天狗　843a
天宮　821b
天工　921b
天骨兇悪（上田三郎）　918b
天災　754a,911a
　　〔義範〕、有隠没彗星客星日蝕月蝕、銷
　　除風雨変怪〈天災〉地震者、権衡造
　　化、754a
天災地孽之変　787a
天子万年庶民晏楽（開成）　868a
天使　153b,154a,204b,405a
★天竺　62b,65b,73b,84a,90a,128b,
　　134a,218b,637a,708a,813a,833a,
　　834b,846b,848a,867b,904a　竺土も
　　見よ

★上天竺　86b,281a,337a,459b
★南天竺　62a,70b,75a,117b
★南天竺人　69b
〔★玄奘〕昔往〈★天竺〉、駅路糧絶不遇人家、殆将餓死、偶一沙門以梨子、恵我、我哺之気力日健、漸達★竺土、其沙門即汝（◉道昭）前身也、　65b
〔泰澄〕雖万里道一時至、然則遊〈★天竺〉★震旦本朝、猶如巡家第、637a
★天竺上人　68b
★天竺人（★法道仙）　912b
★天竺霊山地主神（日吉山王）　906a
　天衆　134b
　天性邪見　918b
〔天祥一麟和尚〕語録（天祥一麟和尚録, 天祥一麟撰）　520a
〔天聖〕広灯録（宋・★李遵勗撰）411a
　天津橋　68b
〔天真自性〕自肖〔賛〕　543b
〔天真自性〕禅師行状　543b
　天真独朗　601b
　天神　864b
　天神之終（伊奘諾尊）　903b
　天神七代　903a
　天神章　665b
　天神地祇　861b
　天神入★宋之像　912a
　　題筑前州大宰府大威徳天神、参★大宋径山★仏鑑禅師受衣記（渡唐天神記）、（中略）〔◉円爾〕再見日、我親入★仏鑑之室、自指腋下衣袋為証、爾来図讃〈天神入★宋之像〉（渡唐天神像）者多、　912a
★天親問★無著因縁（愚堂東寔）　620a
　天晴（円照持念）　786b
　天仙　865b
　天像　678a,754a

天像二脇侍　244a
天帝（帝釈）　153b,154a,157a
天帝釈　772b
天大将軍身　643b
天台　76b,77a,b,81a,124a,144a,167b,183b,209b,247a,272a,363a,605b,765b
天台一家　186a,b
　異時断者、小乗教説之、同時断者、〈天台一家〉之所立也、　186b
〔天〕台学（神恵）　825b
天台観法（◉真照）　795a
天台義　216a,231a
天台教（台教）　72b,76a,79a,83b,84a,85a,87b,104a,107a,122a,131a,135a,137a,139b,140b,141a,164a,165a,166b,168a,170a,172b,173a,174a,175b,176a,177a,185a,b,188b,192b,203b,207a,209b,211a,b,220a,223a,225a,231a,239b,248a,249b,251b,257a,260a,263b,277b,282b,295b,297a,306b,330a,339b,344a,368a,b,406b,501a,541a,557b,572b,611b,650b,652a,661b,667b,676b,679a,680a,682a,684b,685b,692b,702b,717b,726a,748a,751b,752a,759a,761a,762a,763b,764b,768b,786a,802a,823a,848b,856a,861a,883a,b,885b,890a,906a,b,908a,917b,923a
　◉慈覚〔智証之門裔、皆兼学顕密、以為家常也、〔源〕信師独以〈〔天〕台教〉為己重任、七十余部疏章、靡不扶翼宗旨也、　170a
　〈〔天〕台教〉有前番前熟後番後熟之語、禅宗尚脱時矣、541a
　夕仰〈天台教〉、朝聴★南岳風（光定, 聖徳太子古跡題）　107b
天台教観　83b

〔天〕台教疑問五十科（叡山諸師作）
　132a
天台教五時之説　905b
天台教寺　164a,248a,596a
　談岑（多武峰）之地、◉定恵創基、善珠実性等諸師、或唱法相、或弘三論、曁〔増〕賀之居、始為〈天台教寺〉、164a
　東関〔天〕台学、〔尊〕海中興之、由是東州〈天台教寺〉五百八十属附〔仙〕波山矣、248a
〔天〕台教疏鈔（宋・★源清撰）　167a
〔天〕台教疏籍　243a
天台教法　132a
天台座主（延暦寺座主、叡山座主）
　104b,108a,118a,122b,130a,138a,
　140b,141a,143b,159a,162a,167a,
　174a,176a,178a,b,179a,182a,184a,
　192a,194b,204b,223a,273a,274a,
　284a,646b,650b,651b,652b,653a,b,
　655b,656b,657b,666b,667a,b,668b,
　669b,675b,676a,684a,b,685b,691a,
　695b,700a,705b,708a,712b,713a,
　719b,729a,b,730a,735b,751a,872a
　〔覚猷〕為〈延暦寺座主〉、三日而退、蓋避山徒之嘖也、　194b
天台三大部（法華玄義、法華文句、摩訶止観）　225a（正覚）、249b（照源）、751a（尊道）、755a（☆法進）
天台三大部鈔（正覚撰）　225a
★天台山蒸餅峰（◉重源）　829b
★天台山石橋（中国）　84a,b,305a,
　312a,406b,417b,763a
　陟〈天台山〉石橋〉、供茶於五百羅漢、感盍中現花、（◉孤峰覚明）　406b
天台之欠文　167b
天台止観　343b（嶮崖巧安）、653b（明達）　摩訶止観も見よ
〔天台〕四教儀（高麗、★諦観撰）

207a（源空）、751a（尊道）
天台旨（経海）　231a
天台宗（台宗）　84a,85a,86a,98a,
　108a,b,112b,116a,117a,130a,176a,
　182b,211b,214b,242b,274a,358a,
　673b,763b,830b,918a
天台宗義集（◉義真撰）　104b
〔天〕台宗教観　763b
　★〔北峰宗印〕、就〈〔天〕台宗教観〉、出五試問、独以◉〔俊〕芿答為勝、763b
〔天〕台宗教義二十七疑（天台宗二十七問）（源信作）　169b,848b
〔天〕台宗旨（千観撰）　158a
〔天〕台宗時彦酬酢之書（◉栄西将来）　84a
〔天〕台宗章疏　144b
〔天〕台宗祖　79a
〔天〕台宗相承之図（★柏庭善月撰）　283a
天台所伝疏記（二百四十巻、◉最澄写）　76b
〔天〕台書五部　672b
天台疏　76a（◉最澄）、216a（幸西）
天台疏鈔（宋・★源清撰）　167a
天台疏鈔印鍥（証空）　224b
天台章疏　765a
天台諸典籍（◉最澄将来）　77a
天台新章疏三十余部（◉栄西将来）　84a
〔天〕台〔法〕相異義事（在良源伝）　153b
天台僧　871b
★天台〔智者〕像　224a
天台徒　→台徒
天台菩薩戒義記（菩薩戒義疏、隋・★智顗撰）　224a
天台法華宗　77b
天台法華年分度者二人　78a

天台法門（定厳）　886a
天台密教　→台密
〔天〕台密法（慶円）　675a
〔天〕台門両輪　166b（源信，覚運）
天台要文（源信）　908a
〔天〕台律中興（●俊芿）　765b
天台霊応図集（●最澄撰）　78b
天沢（★虚堂智愚）之門客　409b
天沢（★虚堂智愚）水　464b
天沢（★虚堂智愚）天源（●南浦紹明）之派水　356a
天沢（★虚堂智愚）余波　463b
天長雲樹興聖禅寺之額（後醍醐天皇下賜，雲樹寺）　407a
天長地久　87b（師蛮論），378b（●雪村友梅上堂語）
天堂　345a,349a,364a,394b,397b,400a,469a,922b
天堂地獄（絶崖宗卓辞偈）　349a
天童　170a,218b,802b,854b,878b,882b,923b
天童（★東巌浄日）和尚道風、故遠来将礼拝（●竜山徳見）　399a
★〔天童如浄〕僧伽梨幷自頂相（●道元）　274b
天徳曇貞行状　558a
天女　282b,721b,854b,865b,903a
天人　671a,876a
天人師　370a,391a
天王　706b
天馬玉津沫（江西竜派撰）　569a
天変　704b,729b,737b
天変多（延喜，延長間）　907a
天魔　273b
天魔王　668a
天文　660a
天文地理　835b（賢憬）
天文地理学（聖徳太子）　61b
天文暦数之学（加茂〈慶滋〉保胤，寂心）

164b
〔天祐和尚語録〕（万寿語録，天祐梵暇撰）　595b
天理　792b
〔修〕広公得逢所生之母、令盲頓明、非〈天理〉之致、是修得之所感、希中之希也，792b
天竜　765a
天竜一指（無極和尚語録，無極志玄撰）　403a
天竜王　924b
天竜鬼神　634a
天竜寺火災（延文3年〈1358〉正月）　483b,519a
天竜寺慶讃　389b
天竜〔寺〕殿宇　389b
天竜〔寺〕復燬（貞治6年〈1367〉）　484a
天竜門下　505b
佔筆　304a,575a
典厩（藤原某）　354a
典厩丞（紀季重）　829b
典策（古典史策，書物，頼円）　227b
典司蔵経（空谷明応）　516a
典侍（藤原氏）　647a
典座　306b,316b,339b,345b,372b,543a,651b
典蔵　335b,343a,370b,384a,502b
典蔵経鑰（●此山妙在）　448a
典籍　316b,562a
〔典〕賓　→知客
点眼（新雕★釈迦尊容，大法大闡）　508a
点眼供養（相山良永）　472a
点心　749a
点茶　570a,574b
展転摸写（源空之真）　207b
展鉢（聞渓良聡）　440a
展払　501b

443

甜瓜　673a
転経　94a,485b,718b,881a,896a
転識成智（高湛）　802a
転蛇為人　853a
転畜業為人身　854b
転読　105b,900b,923b
転男成仏（☆霊山道隠，血書法華経題）　340b
転法輪　171a,576b
　鹿是菩薩、〈転法輪〉之三摩耶、又春日神使獣也、171a
奠茶仏事（足利尊氏）　400b
奠湯仏事（長寿寺殿足利尊氏）　403a
貼肉布衫（松嶺智義遺偈）　341b
碾磑（☆曇徴）　842b
顚倒　458a,882a
顚風　753b
　相応以不動法、癒藤后之〈顚風〉、753b
田一百畝　844b
田衣　510b
田園　123a
田園資材　130a
田楽　560a
田畯　158b
田荘　727b
田地　296b
田地契券（頼西）　709b
田猟　101a,546b
伝衣　62b,84b,420b,484a,601b
　★達磨始〈伝衣〉而来以為法信、至★六祖止而不伝、84b
　永平付法〈伝衣〉信、420b
伝戒　127a,806b
伝戒国師（真盛）　266b
伝戒之志（●普照，●栄叡）　758a
伝戒大小十師　127a
伝記之書　250a
　余（師蛮）見〈伝記之書〉、古書者虚少実多矣、中古以来虚多実少矣、至今時附会牽強、偽書贋本梓印紛然、語灯〔漢語・和語〕七巻、皆実録也、乃知〔道〕光之名不賓焉、250a
伝記百家之書　869a
●伝教大師自筆法華経（喜慶）　657b
●伝教大師年譜（●円珍撰）　139a
伝受三論（●智円）　894a
伝授（瑜伽・毘尼，円珠）　789b
伝宗（☆東里弘会塔銘）　333a
伝習　185a,251b,831b,876b,893b
伝心法要（唐・★裴休編）　573b
伝通記見聞（観無量寿経疏伝通記見聞）（良暁撰）　250b
伝禅　293a
伝灯之釈義　481a
伝灯大法師（位）　73b,78a,94a,b,102b,107a,109a,120b,122b,134a,141b,142a,144a,145b,175ab,211b,641a,817b,825b,851b,897b,898a,b,900b,901a
伝灯法師（位）　81b,145b,851b
伝灯録（瑞渓周鳳講）　584a
伝法　63a,105b,106a,118b,382a,601b,678a,734a,765a,767a,796a,827b,845a
伝法阿闍梨（位）　120a,140b,142a,143a,686a,694b
伝法阿闍梨位灌頂　80b,121a,137a,141a
伝法院学頭　200a（信恵），235a（俊晴），244a（頼瑜），249a,b（良殿，順継），889b（証印）
伝法院事　226b
伝法院座主　196a（覚鑁），197a（真誉），235a（会慶），253b（聖尋），730b（定豪），737b（聖尋），746b（禅助）
伝法〔院〕之子院（持明院）　197a
伝法院之的流（兼海）　706b

伝法院羅飛馬之災（仁治年中）　222b
伝法会（仁和寺）　186b
伝法灌頂　111b,116a,142a,b,146b,
　152a,187b,214a,233a,244a,245a,
　251a,676a,677b,681a,687b,689a,
　696b,697b,712b,730a,733a,740b,
　746b,811a,826b,887b,888b
伝法灌頂会（仁和寺）　734a
伝法灌頂道場（三井寺）　138a
伝法記草（円澄）　108b
伝法偈　323a（★虚舟普度），494a（太清宗渭）
伝法与金剛峰不相和合（保延以降）　222b
伝法之印　137a
　★〔法〕全公、付五鈷杵金剛鈴、以為〈伝法之印〉也、　137a
伝法之信　765a（●俊芿），811a（恵猛）
　〔北峰宗印〕付法語幷唯心浄土之説、表〈伝法之信〉、　765a
伝法而回（帰国）（●業海本浄）　444a
伝法大会　195b,244a,b
　遷伝法・密厳二基於根嶺、未及締構、寓神宮寺、修〈伝法大会〉、是根来修会之始也、　244b
伝法堂学頭（仁和寺禅助）　746b
伝法密灌　143b（長意），737a（道勝），744b（実海）
伝密　795a,797a
伝来経典（●円珍）　910b
伝来経論疏章五千余巻及仏像等（●玄昉）　844b
伝律（☆鑑真）　73b
佃猟漁捕者捨業受戒（抜隊得勝）　476a
佃猟之疇捨業受戒（峻翁令山）　532a
殿宇　596a（濃州瑞竜寺），761a（唐招提寺）
殿閣　768a,831b
殿閣堂楼（永源寺）　426b

殿修式　267a
　〔祐〕崇、奏以〈殿修式〉、永世移行于光明寺、　267a
殿上紫朱　240a
殿中監　660a
殿堂　86a,142b,159a,215a,389a,405b,
　460b,462b,464a,484a,526b,536a,
　557b,558b,567b,614b,619b,640a
　〔良〕源、領山門殆二十年、〈殿堂〉楼閣皆復旧観、　159a
殿堂像設（丹州幸泉寺）　460b
殿堂門廊（雲厳寺）　326b
電光影裏斬春風（☆無学祖元偈）　301b

—と—

十市人（和州）　161a
土佐　→土州
土佐太守（藤原〈山内〉忠義）　619a
土佐人　876b
斗藪　→抖藪
戸隠山（信州）　836a
吐唾便利不向西方（範久）　873b
★吐蕃　67b
吐米（こめはき）愛染　715b
多武峰（和州）　874b（経暹），886a（定厳）
多武峰寺検校（泰善）　663a
図書（河図洛書）之祥　262a
図南之志（●成尋）　849b
抖藪（斗藪）　203a,667b,695a,725a,
　726a,760b,822a,827a
　〔明祐〕不寝私室、独宿大殿者、塚間樹下、〈抖藪〉之類歟、　760b
　〔光勝〕、無恪嗇好〈抖藪〉、天下霊区、足跡印遍、所過道路、高者削之、窪者抹之、架橋梁修寺宇、無水之地、則鑿義井、荒原曠野、逢無主骸、拾聚火葬、　822a

445

杜詩（★杜甫）（無因宗因）　528b
利根（上州）　452b
兎角　327a
兜率　134b,170a,605b,653a,b,708b,736b,758a,823b,836a,852b,854b,857b,876b
　吾（尊意）年来願生極楽、今革欲生〈兜率〉、　653a
　其牛即汝（明蓮）前身也、聞法縁故、今得比丘形、不記終巻（法華経八巻）、不聞之故、自今勤策、必生〈兜率〉、854b
兜率宮軌（実忠）　639b
兜率業（唯心）　736b
兜率上生　97a（善珠）、124a（明詮）
　〔明〕詮、常修〈兜率上生〉、曽夢詣兜率内院、受★弥勒授記、　124a
兜率浄業（慶俊）　99b
兜率浄土（唯心）　736b
兜率陀天　391b
兜率天　165b,198b,471b,748b,816b,923b
　〔修覚〕曰、我今依妙法力、得生〈兜率天〉、　923b
兜率天人来迎（平忍）　653b
兜率内院　90a,124a,653b,708b,736b,838a
　按夫★西明寺（唐）、取規於★天竺祇園精舎、祇園摹〈兜率内院〉、本朝梵刹之制度、無可与大安寺斉歯、　90a
兜率内宮　639b,821a
都　208a,306a,601b,895b,907a
都下　290b,408b
都城（京師）　279b
都城南羅城門　271b
都督（藤原伊房）　187b
★都盧（西域国）　146a
鳥羽（城州勝光明院）　192a
鳥羽院　695a

鳥羽宮　694a
鳥羽県（勢州）　173a
鳥羽府蔵　196a
鳥羽宝蔵　694a
屠膾街売、捨業改行、（●俊芿）　765b
渡海　65a,74b,172b,296b,377b,421a,426b,465b,525b,842a,
　〔☆東陵永璵〕常志遊扶桑、而無由〈渡海〉、　421a
　〔●南海宝洲〕、与●中巌〔円〕月公往関西、将入★元、公府有故不許〈渡海〉、貞和初、与同志数輩遂泛海、至洋中船破、〔宝〕洲附一大櫃、抵★高麗地、　465b
渡司（玄賓）　639a
渡舟（聖宝）　143a
渡船（●道昭）　66a
〔渡唐天神記〕（受衣記）　912a
〔渡唐天神像〕（図讃天神入宋之像）　912a
渡蘆像（蘆葉達磨図）　540a
登美山右僕射林　70b
睹史（兜率天）　170a,516b,547a
睹史〔多天〕宮　165b
土去（巨）鈔（親快撰）　233b
土州（土佐）　79b,388a,478a,509b,539a,553a,572b,577a,624b,791a,876b
　大忍荘（おおさと）　791a
　五台山　388a
　津野人　509b
　長岡人　478a
　畑人　624b
　室戸崎　79b
土州人　577a
土地神（妙理権現）　366b
土地神之誕辰（2月8日）　335b
土地堂　385a,579a
土木之営役　765b

446

奴僕（玄賓）　639a
度一千僧　101b
度縁　127a
度者　107a,119b,127a,146b,159a
度生　560b（元璞恵珠），633b（多常），
　785a（真空）
　〔多常〕、誦大乗経神呪、専事〈度生〉、
　応死之人承験再蘇、病者盈門、奇異甚
　多、　633b
度僧　77b,126b
度牒　357a,383b,646b,647b,648b
読経　103b,234a,539b,712b,714b,
　716b,717b,719a,727a,731a,739b,
　741a,854b,906b
冬瓜（高峰顕日上堂語）　327b
冬瓜印（師蛮賛語）　623b
冬至　328b,401b,429b,474a,495a,
　504b,505b,533b,586b,597b,598b,
　611a,613a,b
冬至示衆　533b,586b,611a
冬至上堂　328b,474a,495a,597b,598b,
　613a,b
冬至小参　284b,401b
冬至秉払　429b,504b,505b
冬節　350a,370b,383a,391b,448a,
　452b,499b,502a,509b,531b
冬節小参　350a
冬節秉払　370b,383a,391b,448a,452b,
　502a,531b
冬夜　310b,493b,548b,600a,670b
　〔性空〕、当〈冬夜〉、寒侵弊衣、忽自
　庵上、垂綿纏身、是以身体肥滑、
　670b
冬夜小参　310b,493b,548b,600a
忉利薩埵　192a
忉利天　153b,154a,b,792b,847b,911a
忉利天妙種　116a
当来之勝果（厳実）　888b
　〔厳実〕、及壮年、両眼失明、〔厳〕実

感過去之業障、深求〈当来之勝果〉、
　888b
灯供養（永逗）　877b
　〔永逗〕、修大仏事六次、毎度截足一指
　為〈灯供養〉、　877b
灯炷（賢永）　817b
灯明　817b
灯明料（高野山金剛峰寺）　111b
灯油田　224b（証空），582a●（瑚海中
　珊）
　●〔瑚海中珊〕、在★天童〔山〕時、
　自出衣財、買〈灯油田〉若干畝、附★
　如浄和尚塔所南谷庵、　582a
★灯爐島　659a
灯籠　582b
投機偈（抜隊得勝）　475b
投契（雲谷玄祥）　571a
投身（★志通，叡効）　839b
　〔叡効〕、昼絶他語、読法華経三千部、
　夜礼大悲像三千拝、六時勤修法華密供、
　（中略）又上樹〈投身〉、神又扶接焉、
　如是三度、〔叡〕効思時不至、　839b
東夷　77a,891b,904b,908b
東夷之辺地（奥羽二州）　823a
東夷人（性蓮）　721a
東夷叛（元慶初年〈877〉）　899a
東域　65b,80b,87b,169b
東域伝灯目録（永超撰）　184b
東叡（泉福寺）　231b
東奥（奥州）　314a,859b
東家丘　519b
東海　319a,412b,413b,553a
東海一漚集（語録・文集，●中巌円月
　撰）　454b
東海瓊華集（語録・外文, 惟肖得巌撰）
　563b
東海之竜象（●玉渓恵珺）　341a
東海聖人（浄蔵）　659a
★東漢　61b

東漢之史籍　780a
東関　78a,115b,161a,225b,248a,250b,263b,267a,b,277a,278b,284a,316b,325b,332a,335b,365a,382b,396a,b,415b,424a,426a,431b,450b,496a,527b,530a,537a,541b,545a,558b,632a,721a,744b,761b,779a,795a,799b,813b,817b,829a,834a,860b,891a,909a
〔無住一円〕此時教門名徳、太半在〈東関〉、　325b
東関之談林　834a
東関浄土宗義三流（白旗派〈良暁〉、藤田派〈性真〉、名越派〈尊観〉）　250b
東関禅客　278b
東関叢席（●復庵宗己）　396b
東関台学中興（尊海）　248a
東関八州　558b
東関名士（蓮生，宇津宮頼綱）　891a
東還　381b
東巌〔恵安〕之宗派（☆兀庵普寧之嗣）　298a
〔東〕巌行状（東巌安禅師行実）　298a
東帰　69b,76a,114b,294b,315b,317b,319b,364b,406b,429b,430b,489b,490b,496a,499a,514a,520b
●〔最〕澄、慮〈東帰〉有懐疑者、乃造★刺史陸公、作援証、　76a
東帰集（●天岸恵広撰）　357b
東帰集（●別源円旨撰）　416a
東行　297b,316a,756b
東宮　119b,161b,178a,640b,677a
東宮位（●真如皇子）　846b
東宮学士（滋野貞主）　124a
東宮亮（業遠）　673a
★東湖（慶元府）　301b
東国　76b,198b,533a
東国高僧伝（高泉僧宝伝、☆高泉云）　91a,94b,107b,438b,538a,545a
〈東国高僧伝〉、分泰範、光定、両所立伝、　107b
〔虎関士〕錬師曰、今之三論家皆〔霊〕叡之子孫也、明僧〈☆高泉〉、亦将錯就錯焉、余〔卍元師蛮〕按、不爾、智蔵下出道慈、智光、礼光三傑、（中略）今之空宗皆〔道〕慈公之裔也、　91a
明僧〈☆高泉云〉、〔慈〕訓師南遊、親伝其旨於★法蔵、帰付〔良〕弁公立其宗、故此方之宗★賢首者、推〔慈〕訓為始祖、余按是大不爾、新羅★審祥禅師入★唐見★賢首大師、伝雑華来住大安寺、為本朝華厳始祖、　94b
〔月逢円〕見公、遷化之年紀、塔銘誤為貞治三年（1364）、明僧〈☆高泉僧宝伝〉相襲就錯、　438b
東西曼荼羅鈔（覚超撰）　173b
東山阿誰話（景川宗隆）　593b
東山暗号子（雲谷玄祥拈香語）　571b
東山（泉涌寺）家法　805a
東山屈昫止曹渓（古岳宗亘拈衣語）　612b
東山十境序（●大象宗嘉撰）　496a
東山道　813a
東山二会語録　→伯師和尚語録
東山布袋〔常庵竜崇解制上堂語〕　605b
★東山〔法演〕牛過窓櫺話（☆蘭渓道隆）　279b
東山与麼説（★雪嶺永瑾上堂語）　609b
東寺阿闍梨（成尊）　180b
〔東寺〕為密場、置五十比丘、　82a
東寺一長者　120a,253b,703b,714b,727a,737b
〔東寺〕永仁落成　795a
東寺灌頂阿闍梨耶（寛助）　696b
東寺結縁灌頂小阿闍梨　696b
東寺講堂　728b,729a,747a

東寺権法務（定親）　735a
東寺座主（禅助）　746b
東寺三長者　149a,654a,669a,704b,
　731a,734b,736b,739b,741a,b,744a,
　747b
東寺三宝（頼宝，杲宝，元〔賢〕宝）
　257b
東寺之秘法　729a
東寺四長者　664a,734a
東寺寺務　199a,669a,681a,688a,691b,
　694b,698a,702a,709a,714b,715a,
　717a,727a,728b,730b,731a,734b,
　736a,b,737a,738b,739b,740a,b,
　741a,b,742a,743a,b,744b,745a,b,
　746b,747a,820a
東寺舎利宝物盗難（建保4年〈1216〉）
　727b　東寺宝蔵窃什物去も見よ
東寺主務（印性）　719a
東寺修営（真恵）　731a
東寺十禅師　648b
東寺小灌頂（良遍）　728a
東寺壇所　688b
東寺長者　111b,129b,131b,133b,142a,
　143a,145b,146b,147a,148a,149a,
　152a,161b,169a,175a,180b,199a,
　226a,234a,245a,254a,649b,655a,
　661a,662b,675b,676b,677a,678a,
　681a,686a,688a,b,690a,691b,693b,
　694b,696a,b,697b,698a,702a,703a,
　706b,709a,712a,714b,715a,716a,
　717a,719a,b,720a,726a,727a,b,
　728a,b,730a,b,731a,b,732b,733b,
　734a,735a,736a,737a,738a,b,740b,
　741b,742a,743a,b,744b,745a,b,
　746a,b,747a,b,750a,b,820a
　承和二年（835）勅任〈東寺長者〉、此
　　任自〔実〕恵始、　111b
　万寿四年（1027）時年三十六〔〈東寺
　　長者〉〕不盈四十、而預此職者、以

　〔延〕尋為初例、　175a
　〔良恵〕建長元年（1249）、優詔復職、
　　三任〈東寺〉長者〕之初例、　736a
東寺鎮守（稲荷明神）　907a
東寺二十僧　654a
東寺二長者　120a,133b,156b,677b,
　686b,702a,740a,742a,744a,b,745a,
　818a
　〔承和〕十年（843）冬加任〈東寺二長
　　者〉、此職自〔真〕済、始矣、　120a
　承和嘉祥間、頻加任〈東寺二長者〉
　　為権少僧都、此職以〔真〕紹為始、
　　818a
〔東寺〕文永火後、東寺未復（憲静）
　794b
東寺宝蔵　145b
東寺宝蔵窃什物去（建保4年〈1216〉）
　728b　東寺舎利宝物盗難も見よ
東寺宝塔落慶（応徳2年〈1085〉）
　691b
東寺法務　129b,142a,169a,253b,675b,
　681a,686b,688a,b,691b,692a,698a,
　702a,703a,709a,714b,717a,719a,
　726b,727a,b,728b,730b,731b,734a,
　b,736a,b,737a,b,738b,739b,740a,b,
　741a,b,743a,b,745a,b,746a,747a,
　750b
　〔貞観〕十四年（872）領〈東寺法務〉、
　　此職始於〔真〕雅、　129b
東寺密伝之魁（皇慶）　681b
東州　78a,161a,162b,759b
東序（知事）　362a
東陬　790b
東征　71b,757b
東征伝　→唐大和尚東征伝
★東浙（中国）　384a
東漸　269a
〔東漸和尚〕諸会語録（東漸健易撰）
　549a

〔東漸和尚〕竜石稿（東漸健易撰）
　　549a
〔東漸寺〕偈（東漸作、賦咏、題東漸、
　　題偈、東漸寺詩板）　313b，314a，
　　315b，317b，326a，356a，b，357a，371b，
　　393a
東大寺印　760b
東大寺戒壇　80a，127a，b，195a，198a，
　　650a，707b，709b，760b，897a
東大寺戒壇院　→戒壇院（東大寺）
東大寺勧進職　799b
　　〔円〕照公、嘗任〈東大寺勧進職〉、化
　　東関、　799b
東大寺幹事　86a，285b，786b，787a，791a
東大寺華厳会（寛朝供養）　669a
東大寺之碩才（真空）　784b
東大寺誌（琳賢図）　828a
東大寺主（清寿）　669b
東大寺主務　145b（延惟），157b（法
　　縁），160a（湛昭），726b（成宝），
　　740a（勝信）
東大寺大鐘　377b
東大寺中門二天〔像〕（醍醐帝造）144a
東大寺別当職（円明）　897a
東大寺務　127b，129b，144a，149a，199a，
　　234a，649b，669a，676b，677b，697a，
　　707a，716b，731a，736a，741b，743b
東台密　325a
東地　241a
★東都（洛陽中国）　71b，137b，758a
　　東渡　64b，73a，273b，299a，304b，307b，
　　310b，314b，330b，333a，340b，349a，
　　354b，362a，371b，381a，385b，403b，
　　411a，442b，472b，755a，b，758a，759b，
　　770a
東土　62a，414b，495b
★東土二三（六祖）　594a（景川宗隆上堂
　　語），631b（師蛮論）
★東土六祖（★達磨、★恵可、★僧璨、★

道信、★弘忍、★恵能）　312a
東塔（久米道場）　80a
東堂　292a，332a，384b，430b，509b
東南院僧都（樹慶）　789a
東南学侶　732b
東濃（濃州）　520a，615b，619b
東藩　583a
東府　546a，624a
東武　624a
東福門下　284b
東弗于逮坐道場　500b
東方二甘露門（●南浦紹明、高峰顕日）
　　323b
東宝記（杲宝撰）　257a
東密　754a
東密之正伝（小野三宝院）　248a
☆〔東明恵日〕真賛　365a
☆〔東明禅師語録〕七処十一会語（東明和
　　尚語録、☆東明恵日撰）　365b
東遊　255a，322a，533b，631b，756b，757a
東遊集（横川景三撰）　591a
東陽〔英朝〕一脈〔派〕　621b
　　〔正〕法山有四流、而〈東陽〔英朝〕
　　一脈〕為寂寥焉、曁乎〔大円宝鑑〕国
　　師（愚堂東寔）之出、支派浩澣、可称
　　聖沢下之中興、　621b
東林〔寺〕擬戒光〔寺〕之子院　767a
★東林本（沢山式咸本）　408a
東魯書　151a，601a
洞下尊宿（雲谷玄祥）　571b
洞家　472b
洞家五位君臣之訣（大歇勇健）　451a
洞家宗乗幷法衣（明窓妙光）　542b
洞済包笠　366b
★洞山果子　319b，548b
★洞山古仏之家風　276a
★洞山古仏之禅（●瓦屋能光）　272a
★洞山五位（梅山聞本示衆）　544a
★洞山三頓棒因縁（一休宗純）　586a

450

件名索引

★洞山之訣（◉道元）　631b
　◉道元従★如浄得〈洞山之訣〉始称〔曹洞之祖〕　631b
★洞山宗旨（通幻寂霊）　498a, b
★洞山設愚痴斎（古岳宗亘・大林宗套問答語）　616a
★洞山禅　613a
★洞山麻（傑翁是英上堂語）　459a
★洞山麻三斤　392a, 487b
★洞山林下　272a
　洞宗　→曹洞宗
　洞宗訣（川僧恵済）　585a
　洞宗僧録司（通幻寂霊）　498a
　洞宗秘訣（快庵明慶）　605a
　洞上訣（義雲）　348a
　洞上玄風　498b
　洞上五位秘訣（南英謙宗撰）　558a
　洞上之家風（聞渓良聡）　439b
　洞上之曲（僧海）　293b
　洞上之旨　366a（恭翁運良），607b（契嶷）
　洞上之旨趣（絶巌運奇）　476b
　洞上之宗（大徹宗令）　259a
　〔中性院聖〕憲之従弟大徹〔宗令〕禅師、住摂之護国寺、唱〈洞上之宗〉、〔聖〕憲著阿字観法一篇、以示学侶、乃呈〔大〕徹公、〔大〕徹雑禅語、以加雌黄、　259a
　洞上之宗旨　476a（抜隊得勝），544b（天鷹祖祐）
　洞上之宗種（瑩山紹瑾）　472b
　洞上之中興（瑩山紹瑾）　342b
　〔紹〕瑾公祖述道元、憲章〔懐〕奘〔義〕介、（中略）如仏慈禅師（瑩山紹瑾）、可称〈洞上之中興〉、　342b
　洞上宗　306b, 307a, 365b, 421b, 439b
　洞上宗記（曇英恵応）　601b
　洞上宗訣（太源宗真）　439a
　洞上宗旨　544b（天鷹祖祐），552b（芳庵祖厳）

　洞上宗匠（梅山聞本）　554a
　洞上宗乗（太容宗真衆）　439a
　洞上宗風（◉徹通義介）　342b
　洞上諸師伝（撰者不詳）　543b
　洞上禅（太容梵清）　549a
　洞上禅利　529b
　洞上風（大空玄虎）　604a
　洞上法（◉祖継大智）　472b
　洞水　632a
　了庵〔恵明〕流〈洞水〉於東関、632a
　洞曹宗旨（南英謙宗）　574a
　逃隠山谷（照阿）　799b
　倒退三千　500a
　凍人 838a
　〔蓮照〕、仁慈、寒冬脱衣与〈凍人〉、倹歳譲食於餓者、好服弊衣、体餧蚤虱、又入汚池、食膚肉於蚋蛭、一時入山、唼身蚊虻、　838a
★唐（大唐，李唐）　61a, 65a, 66b, 67a, b, 69a, 71b, 74a, 76a, b, 77a, 81a, 84a, 89a, 90a, 92a, 94a, 95a, b, 98a, b, 99b, 100b, 104a, 105a, 108a, b, 114a, b, 116a, 118a, b, 120a, b, 121b, 122b, 126b, 128b, 129a, 131a, 132a, 133a, 136b, 137b, 138b, 139a, 211a, 219b, 227b, 261a, 269b, 270b, 271b, 272b, 275b, 278b, 284a, 289b, 291b, 302a, 304b, 317b, 375b, 386a, 415a, 437a, 461b, 462a, 463a, 492b, 515b, 593a, 595a, 631b, 633b, 653b, 710b, 754a, 756b, 757b, 758a, 788b, 813a, 839b, 843a, b, 844b, 845a, b, 846b, 847a, 851a, 866a, 868a, 892a, 893b, 894a, 895b, 896a, 906a, 909b
　入〈★大唐〉逢大匠伝大法　894a
　唐院阿闍梨（経円）　185b
★唐客四十余輩　118a

451

★唐興県（中国）　76b
★唐言　104a（◉最澄），139a（◉済詮），518b（無比単況）
★唐語（◉義真）　104a
★唐国　74b,319a,320b,417a,534b,647a,659a
★唐国人　91a,94a,270b,756b,759a,842b
★唐国沂州人（☆思託）　756b
★唐国憲法　146a
　　自★唐至★元尊宿入寺之語（曇華集，叔英宗播纂）　564b
★唐国仏像　76b
★唐国裡無禅師（★雪竇常送偈）　417a
★唐材　753b
　　定恵来〈★唐材〉於海壖、実忠迎聖像於南津者、協於感得也、　753b
★唐之五台　634a
★唐使（☆高表仁）　843a,893b,894a
★唐商　126b（★李氏），136b（★欽良暉），138b（★桓至貞）
★唐人　94a,524a,894b
★唐人書翰　271b
★唐船　139a
　　唐禅院僧都（済棟）　142a
☆唐僧（☆泰信法師）　108a
★唐土人　755b
★唐宋　591a,662a,864b
★唐宋帰敬之真牙（師蛮論）　769a
★唐宋元明　264b
★唐宋之朝、南詢諸師伝法者、教禅多律者鮮、（師蛮贊語）　767a
★唐宋僧史　769a
★唐宋僧伝　862a
★唐宋僧伝、立習禅一科、　631b
　　唐大和上東征伝（淡海三船〈おうみのみふね〉真人元開撰）　73b,75a,757a
★唐朝　118a,125b
★唐朝内道場　82a
★唐帝　89a

★唐伝　249a
　　七箇法要者、本◉伝教所〈★唐伝〉之奥旨也、不入其門而伝之、則不易知焉、　249a
★唐土　846a
★唐風俗　139a
★唐坊　137b
　　桃華坊第（雲章一慶）　580a
　　桃子　700a
　　桃李（傑翁是英涅槃会上堂語）　459a
　　盗賊　413a
　　陶器（◉遠渓祖雄）　372a
　　塔（浮屠）　63a,67a,68a,73b,78a,80a,84a,86a,b,102b,112a,b,114a,116a,118a,120a,137b,138b,163a,170a,171b,187a,189b,212a,216a,219a,224a,b,248b,250b,263a,266a,271a,272a,287a,288b,292a,b,298b,300b,303b,307b,310a,311a,b,315a,b,318b,321a,322b,324b,325a,328a,329b,332a,b,333a,337a,339a,340a,b,342b,343b,344a,354b,357b,360a,363b,365b,367a,368b,370a,b,377b,378b,379a,383b,384b,385a,386b,389a,391a,392b,396b,399b,405b,406b,407b,408a,412a,416a,418a,419a,420b,421a,422a,424b,427b,430a,433a,434b,435a,438b,440a,443a,b,445a,447a,448b,449b,452a,457a,459b,462b,463b,466a,469b,474a,484b,485b,486b,489b,490b,491b,492a,499b,501b,503b,508b,512a,513b,529a,533a,534a,538a,539b,541a,547b,549a,554a,556b,558b,559a,562b,567a,568a,570a,b,572a,575a,576a,578b,582a,583a,584b,585a,587a,590a,b,591b,592a,595a,597a,599a,600b,602a,605a,608a,610a,b,613a,616b,618b,621a,

件名索引

624b,627b,633b,634a,636a,b,643a,
659a,664b,668b,679b,685b,686a,
691a,709a,712a,718a,719a,729b,
740b,746b,748b,751a,754a,763b,
768b,772b,776b,786a,b,789b,790b,
791b,792b,795a,806b,809a,810b,
811a,812a,816b,821a,826a,827a,b,
828a,832b,833a,834b,840a,850a,
865a,b,867a,882a,888a,b,891a,911a
宝塔も見よ
〔●心地覚心〕、上★大梅拝祖〈塔〉、
287a
〔●古源邵元〕、礼★中峰国師〈塔〉投
宿塔下、 418a
〔●中庭宗可〕、登★太白山拝★長翁
〔如〕浄禅師〈塔〉、 421a
〔●無我省吾〕、上★径山拝★〔智愚〕
虚堂和尚〈塔〉、 463b
★大梅山清涼〈塔〉、489b
〔足利義持〕、贈金銭十万、以贍其〔古
幢周勝〕〈塔〉、 556b
〈塔〉（江州蒲生郡石塔寺）即★阿育王
所造、八万四千之一也、 685b
●善恵国師（成尋）之〈塔〉、850a
塔院 392b
塔縁起（●仲蔵主） 685b
塔基 686a
塔材 266a
塔寺 271a
塔上銘 368b（東漸健易撰）,391a（☆
東陵永璵撰）,407b（★用章廷俊撰）
〔●孤峰覚明〕門人●仲蔵主人★元国、
請杭之★浄慈〔寺〕住持★用章〔廷〕
俊禅師、〈塔上銘〉撰焉、407b
塔中（文殊大士像） 634a
塔中円戒 248b
〔行重七科〕、一日一心三観者、同体境
智、〈塔中円戒〉、 248b
塔中法門（行重七科） 248b

塔厨 795a
塔婆 102b,610b,659a,781a,828a
〔以天宗清〕曰、老僧滅後不要建塔、
聴吾偈曰、利界三千一〈塔婆〉、610b
塔牌 865a
塔廟 170a,888b
塔銘 86b,303b,321a,337a,340b,354b,
357b,363a,370a,385a,391a,407b,
408a,422a,438b,443b,448b,459b,
503b,538a,541a,833a
● 〔約庵〔徳〕久公、藁〔高山慈〕照
行状、入★明請天寧★楚石〔梵〕琦公、
撰〈塔銘〉、 370a
★樵隠〔悟逸〕自修★雪峰〈塔銘〉、
408a
棟梁 114b,123b,343b,452b,819b,830b
湯泉（☆竺僊梵僊） 384a
湯沐 518a,534a,713b,882a,886b
湯沐浄髪更衣跌坐（空谷明応） 518a
湯薬 292a,311b,326b,403b,426a,
478a,483a,509b,681a,781a,862b
錫〔湯〕薬（月堂円心） 531b
登具 430a,462a,772a
登試射甲 901a
★登州（中国） 65b
★登州界（中国） 116b,117b
★登州押衙（中国） 116b
登受 813a
登壇 74a,96a,102b,103b,127a,b,
158b,255b,274a,366a,368b,455a,
523b,557b,649b,658b,687a,721a,
729b,784b,790a,800a,813b,835b
〈登壇〉授受、有不及古先、而其持律
如法、 813b
登壇具戒（登壇受具） 255b
登壇受戒 127a,366a,790a
依問等十三難及十遮、然後〈登壇受
戒〉畢、127a
☆鑑真和尚、行羯摩法於東大寺、〔賢〕

憬為受者、是本朝〈登壇受戒〉之始也、 835b
登壇重受（源算） 827a
登壇進具 287a,836a
登地薩埵 891b
登地之薩埵（★提婆、★調達） 641a
登地菩薩（★善無畏） 68b
★登莱界 845b
登竜門 105a,228b,326b
等覚智断（元品無明） 209b
★雪川〔州〕之獄（中国、●雪村友梅） 377b
頭髪 127a
衣藤葛、食松果、（役小角） 865b
藤為牀、楮為衣、枯淡与世、邈然、（月庵宗光） 488b
藤桂山居士（上杉憲顕）遠忌 506b
藤皮 635a
〔泰澄〕衣〈藤皮〉飡松葉修懺、635a
藤氏系図 239a
禱雨 704a（深覚）, 715a（定遍）, 728a（成賢）, 752a（天海）
禱蝕 737b（道乗）, 740a（勝信）
禱晴（行勝） 733a
韜晦（●桂堂瓊林） 323a
鬪雞 667a
謄写仏経（蓮意） 884b
謄西飛去（法寿） 875b
同音念仏 266b
同参 333b
　●〔寂庵上昭〕、与●南浦〔紹明〕、●約翁〔徳倹〕、●無象〔静照〕、●樵谷〔惟僊〕〈同参〉★堂〔智〕愚、★偃渓〔広〕聞、★介石〔智〕朋、★簡翁〔居〕敬諸老、333b
同参泛海 456a
同参浮海（●復庵宗己）、●無隠元晦等〈延慶3年，1310〉） 396a
与同志者截洋入★元（●椿庭海寿〈貞和
6年，1350〉） 503a
与同志数十人、入★唐、（●智円） 894a
与同志●物外〔可〕什公等数十人往太宰府、明年（元応3年1321）春〔浮洋〕、（●天岸恵広） 357a
与同志数人、凌海入★支那、（●業海本浄、〈文保2年，1318〉） 444a
与同志数輩、遂泛海、（●南海宝洲、〈貞和初〉） 465b
同時断 186b,209b
〔証真〕曰、三惑者異時断、元品無明者等覚智断也、一代経論、未嘗見〈同時断〉妙覚智断之文、 209b
同船 314b,489a,505a,510a,631b
☆兀庵〔普寧〕僅住回★支那、☆仏源（大休正念）卷亀谷（寿福寺）、☆仏光（無学祖元）坐鹿山（円覚寺）、●南浦〔紹明〕☆西澗〔子曇〕〈同船〉異曲、631b
同船東渡 314b
☆〔鐘堂覚円〕、与☆無学〔祖〕元禅師〈同船東渡〉、（祥興2年＝弘安2年〈1279〉） 314b
同船而帰 84a,305b,416b,419b
〔●無象静照〕、与郷僧●円海、〈同船而帰〉、当文永二年（1265）矣、乃往鎌倉、構真際精舎而居、翌歳●円海建仏心寺於京城、招●〔静〕照開堂、305b
〔●栄西〕●重源相誘〈同船而帰〉、84a
〔●明叟斉哲〕偕郷友六人、与☆清拙〔正澄〕和尚〈同船而帰〉、 416b
〔●無隠元晦〕、与☆清拙〔正澄〕和尚、〈同船而帰〉、 419b
同船入★元 489a（●石室善玖），505a（●伯英徳俊）
同船入★唐 843a

〔◉恵済〕与同志◉恵先等十余人〈同船入★唐〉、843a
同体境智（一心三観）　248b
同遊大★元　429a
　〔◉友山士偲〕、与法兄◉正堂〔士〕顕公、〈同遊大★元〉、429a
堂宇　342a,348b,634b,711a,781b
堂閣僧坊四十余所（西教寺）　266a
堂閣塔厨（東寺）　795a
堂斎（教待）　868a
堂司（総持）　793b
堂舎　818a,819a,898a
堂舎塔廟（高野山）　888b
堂頭　335b,500a,554b
堂塔　633b,748b,826a,828a,882a,888a
　〔西法〕修〈堂塔〉、救病飢、又勧衆僧、書一切経、882a
堂塔落慶（法勝寺）　691a
堂裏灑掃、仏前供具（金堂職定仁）888a
童行　415b,440a,809a
童行集（一糸文守撰）　629b
童歯出家（温中宗純）　592b
童子　274b,373b,471a,477b,585b,591b,638b,643b,664b,667b,674a,682a,699b,723b,781b,829a,849b,852a,858b,877b,883a,924a
童子役（義空）　830a
童侍　330a（☆一山一寧）、364a（☆東明恵日）
童役（童子役）　335a,370b,391a,424b,430a,442a,472a,512a,513b,518b,537a,541b,543b,545a,551a,556a,562a,573a,589a,590a,599b,601b,722b,749b
童蒙役（常庵竜崇）　605b
童列（◉愚中周及）　522b
道家　644b
　漢★河上公、逢★文帝昇天、離地一百

余丈、夫〈道家〉者流、以故作意、（師蛮賛語）　644b
道学　132b（円載），305a（◉無象静照）
道義　837b
道儀　101a
道旧（大全一雅）　500b
道教流之密軌（円忍）　812a
道具　114b,115a
◉道元和尚牌　421a
　〔◉中庭宗可〕、有彫乃祖〈◉道元和尚牌〉、入★南谷庵祖堂者、歳月已久、牌亦湮没、◉〔宗〕可命工刊牌、再入祖堂、421a
◉〔道〕元禅師語録（◉道元撰）　293a
◉道元禅師門派　251b
　〔如空理然〕、参◉道元禅師門派〉、粗把曹洞旨帰、251b
道号　273a
受〔道公〕師経力、得生補陀、為大士眷属、856b
写照〔◉道皎（月林）〕自賛　392a
蔑視◉〔道〕皎★〔徳〕宣〔徳〕寧、而不屑★〔恵〕洪★〔宝〕曇★〔曇〕噩、（師蛮賛語）　377a
道者　474b
道者五世而衰、是常数也、424a
道者非神通修証之所到、禅者非多聞多智之所弁、（明窓妙光上堂語）　542b
道術（★後漢蘇耽）　913b
〔道助〕修仁王経法、至期雲雨覆天、賞弟子二人昇僧綱、732a
◉道昭師六百之懸記　370a
道昭第一番（伝法相）　66b
〔道乗〕、禱蝕有験、朝賞以仁教叙法印、以〔道〕乗奏公聖為権大僧都、737b
道場　484a,600a,601b,700b,795a,804b,810b,818b,867b,881a
　南禅〔寺〕乃朝家重崇之〈道場〉、禅

林第一伽藍、〈春屋妙葩語〉　484a
道心　661a,908b
　〔平〕灯公、〈道心〉勇健者、真出家、
　真隠逸也、661a
道心堅固（青蓮）　187a
道人　61b,374a,418b,447a,478a,479b,
　503a,531b,556a,579a,605b
★〔道〕宣師、夜則捧行道、昼則蔵地穴、
　此★支那仏牙之興也、（師蛮論）
　768b
〔道〕詮肖像　129a
道詮、崇真釈〔摩訶衍〕論　269b
☆〔道璿〕行実（●吉備真備纂）　72a
道蔵、釈家棟梁、法門領袖、64b
道俗苦練之路　866b
　〔役小角〉、開達〈道俗苦練之路〉、今
　之喧吹法螺、入大峰葛嶺者、皆擬役君
　之跡也、866b
道徳　450a
道徳仁義礼楽忠孝、皆治心之善者也（虎
　関師錬普説）　375a
〔道範〕肖像（自画）　227a
道貌雄威（良源）　159b
勧☆〔道〕隆東渡、迫其来朝、（●月翁
　智鏡）　770a
道誉（☆蘭渓道隆）　280b
道路　536a,791b
道論法交（思淳）　801a
銅器　847a
銅銭　266a,389b,434a
　源公（足利尊氏）、承勅噀嚱〈銅銭〉
　三百万貫、鞍馬三十匹、389b
銅像　639b,895a
　持統三年（689）四月、★新羅王弔先
　皇喪、献弥陀観音勢至三〈銅像〉、
　895a
銅塔　68a,718b
銅瓶　919b
噇飯　355a

導師　96b,128a,160b,192a,207b,208b,
　213b,219a,646a,757a
遠江（とおとおみ）→遠州
遠山（濃州）　355a
栂尾（城州）　378b
栂尾之文庫　271b
禿童子　871b
禿尾長柄帚（正宗竜統撰）　592b
禿尾鉄苕帚（正宗竜統撰）　592b
禿尾柄帚（正宗竜統撰）　592b
以特石包錦団（元翁本元問答罷言）
　347a
特牛（頼真）　853b
得戒　127b,424a,772b
犯得戒妻（顕恵）　919a
得戒得罪　772b
得月楼（建長寺）　411b
得験　731b,735b,736b,742a
得悟　273a,385b,442b,591a,631b
　●覚阿入★宋、参★仏海〈恵〉遠〈得
　悟〉、而緘黙不説、631b
得証（明叔慶俊）　613b
得度　70a,78a,106b,111a,114a,119a,
　122a,126b,141b,142b,161b,190b,
　195a,213b,223a,231b,234b,238b,
　246a,256a,265a,272a,310b,330a,
　346b,364b,365a,393a,446b,456b,
　501a,503a,515b,518b,526b,531b,
　575a,621b,626b,647a,695a,724b,
　750b,751b,829b,836a,842a,860a,
　895a
随意〈得度〉、238b
得道易、守道難、（★無準師範・☆兀庵
　普寧問答語）　290a
得皮得膸（高峰顕日偈）　327b
得法　67a,476a,539a
　〔●大拙祖能〕曰、古人〈得法〉之後、
　潜処山谷、保重斯道（中略）汝（白崖
　宝生）自今十三年、深自韜晦慎勿開法、

件名索引

539a
徳一疏破◉伝教（師蛮論）　269b
〔◉徳俼（約翁）〕〔仏灯〕大光国師伝
　564b
徳恵　830a（◉重源）,855b（蓮坊）
徳義（◉寂昭）　848b
徳行　731a（覚教）,837b（延救）
　朝廷崇其（覚教）〈徳行〉、弟子房円、
　恩叙法印、奝助恩任大僧都、731a
★徳山〔宣鑑〕呼為木居士、則横絶八夷、
　（月航玄津上堂語）　618b
★徳山〔宣鑑〕斫額　411b
★徳山〔宣鑑〕托鉢話（一糸文守示衆語）
　629a
★徳山〔宣鑑〕托鉢話（因縁）　538b,
　562a,b,567a,612a
★徳山〔宣鑑〕塔（◉無文元選）　490b
★徳山〔宣鑑〕白棒（傑翁是英上堂語）
　459a
★徳山〔宣鑑〕棒　596a,630b
　★雲門〔文偃〕餅、★趙州〔従諗〕茶、
　★曹山〔本寂〕酒、★金牛〔鎮州〕飯、
　★雪峰〔義存〕毬、★玄沙〔師備〕虎
　★〈徳山〔宣鑑〕棒〉★臨済〔義玄〕
　喝、630b
★徳山〔宣鑑〕末後句話（◉南浦紹明・恭
　翁運良問答語）　366b
★徳山〔宣鑑〕★臨済〔義玄〕、教家竜虎
　（師蛮賛語）　442a
〔徳叟周佐〕語録（徳叟周佐撰）　496a
〔徳叟周佐〕自賛　496a
〔徳叟周佐〕文集（徳叟周佐撰）　496a
徳必有類　94b
毒害　911b
毒蛇　673a,722a,853a,914a
毒瘡　707b
毒薬　63a
毒竜　130a
独覚　71b

独鈷杵　119b,655a
★独孤〔淳〕朋偈（贈◉鉄牛景印）
　393b
独坐　169b（源信）,537b（偉仙方裔）
独掌不浪鳴（大徹宗令・竺山得仙問答
　語）　533b
◉〔独芳清〕曇写照（明・★季潭宗泐請
　賛）　492b
読師（興福寺範円）　729b
読誦　103a,136a,176a,441b,690b,
　702b,800a,853a,b,856a,859a,860a,
　861a,b,877b,880a,904b,905a,907b,
　912a,916a,919a
〈読誦〉之徳、天神地祇、感而遂通、
　861b
読書　150b,210a,214b,239b,254a,
　267b,355a,368b,373b,393b,424b,
　501a,548a,585a
〔印融〕、性好〈読書〉、或赴外請、必
　駕小牛、鞍著文卓、行誦且吟、267b
髑髏　839a,852b,893a
咄一咄（太白真玄上堂語）　582b
富田人（尾州）　698b
富緒（とみのお）河（和州）　63b
鳥部（辺）野（城州）　837a,890b
鳥部野南阜（城州）　102a,114a
鳥山（武州）　267b
貪善之情　126a
貪即菩提仏（六重仏相五）　181b
貪痴之風　905b
頓教　95a,144a
　華厳〈頓教〉、144a
頓悟　537b
頓死未殯喪（円能）　921a
頓写　154a,729b
　後鳥羽上皇御願、於叡山集一万二千二
　百五十員僧、〈頓写〉一切経設大会斎、
　729b
遜之闕者（今之諸名徳）　213a

457

遜之時　427b
遜世閑居　220a
　〔成賢〕有三願、一千日修弥陀護摩、供慈母、二暗誦法華一部、三〈遜世閑居〉、219b
呑碧楼（筑前，石城山妙楽寺）　356a, 463b, 521a
呑碧楼記　463b
〔鈍翁了愚〕行録　396a
曇華　493b, 503b
曇華集（叔英宗播撰）　564b
◉曇聡入★元、参天寧〔寺〕★楚石〔梵〕琦和尚、持大方〔元恢〕肖像、為請賛、431a
曇仲〔道〕芳公三十三回忌（横川景三）　590a
曇仲〔道〕芳肖像　590a
　〔横川景三〕、拝其〈〔曇仲道芳〕肖像〉、有感于心、自為之嗣、590a
〔曇貞（天徳）〕行状　558a
★曇鸞義　90b
　依〈★曇鸞義〉、著★天親菩薩往生論疏釈五巻、（往生論疏，智光）　90b
★曇鸞以★竜樹、為浄教高祖（師蛮系語）　200a

― な ―

名草郡神官人（紀州）　245a
名手県人（紀州）　232a
名手荘（紀州）　265b
名帳〔張〕（勢州）　904a
那伽定（仏の定）　346a, 678b, 840b
那伽身　83a
那賀郡人（紀州）　243b, 828a
那珂郡人（讃州）　136a
奈〔那〕須（野州）　338a
那須野（野州）　507b
那波（上州）　539a
那吒（なた）〔天王〕　401b

那智巌上　155b
那智瀑　155a（仲算），161a（真喜）
　〔真〕喜、乃到〈〔那智〕瀑〉下、説般若心経、私自念、謂神果歓法当復現霊、持念畢、瀑水忽逆流、161a
奈古谷（豆州）　437a
奈良（和州）　893b
奈良京人（和州）　123b
奈良坂（忍性）　790a
奈良山渓　893a
奈良府内　878b
奈良三笠（和州）　64b
南無思円仏（叡尊）　777a
南無仏　862b
諾楽（なら，和州）　919a
内記　322a（☆西礀子曇），328b（規庵祖円），381a（◉嵩山居中），512a（友峰等益）
内教（聖徳太子）　863a
内禁　806a
内供奉　80a, 118a, 133b, 158a, 161b, 163a, 172b, 649b, 662b
★内供奉講論大徳（中国）（◉円行）　114b
内供奉十禅師　120a, 143b, 159a, 653b, 656b
　〔良源〕、奉詔入内、為国修法、挙〈内供奉十禅師〉、159a
内宮　628b, 805a
内宮南門大杉下（行基）　902a
内外　96a, 172b, 177a, 186a, 265a, 305a, 345a, 355a, 495b, 497a, 514b, 531a, 545b, 548a, 555a, 565a, 576b, 580a, 584a, 595a, 608b, 611b, 614a, 783b, 789a, 835b, 865a, 866b, 890a, 896a
　〔竹居正猷〕曰我宗本不立文字、然不渉〈内外〉、於化門有所欠焉、576b
内外経籍　132a, 599b
内外兼通　178a

458

内外載籍　338a,424b
内外之学　475a
内外書　450a,490b,552a,555b,558b,
　595b,843b,849b
内外書典（真盛）　265b
内外典　154b,211b,214b,806a
内外典籍（◉蔵山順空）　316b
内外博渉（★朴翁義銛）　764b
内史（書状侍者）（蘭洲良芳）　468a
内証仏法相承血脈譜（◉最澄撰）
　78b,85a
内心　543b,631b,856a
内大臣（内府）　233b（久我定通），
　719b（藤原忠親），734b（藤原通親），
　745a（藤原秀房），889b（平重盛）
内典　136a,480a
内殿（内）　105a,109a,168b,267a,
　484b,517a,573a
内道場　150a,484b,844b
内明（高弁）　219a
内優外博（皇円）　840b
内豎伝点者　138a
内論義　177b（薬智），668a（余慶）
泥洹（ないおん）→涅槃
泥梨（ないり）→地獄
中島郡人（尾州）　462a
中原人（勢州）　413b
中村人（相州）　475a
中山（城州）　297a
中山（摂州）　821b
永谷（丹州）　570b
長池県人（信州）　328b
長岡宮　637b
長岡人（土州）　478a
長崎（肥前）　630a
長戸国司（草壁連醜〈しこ〉経）　893a
長門　→長州
長良県（播州）　494a
泣不動尊（園城寺常住院）　836b

梨原宮新殿　904a
★南印度　62a
南院流（真俊）　211a
〔南英和尚〕語録（南英和尚語録，南英
　周宗撰）　563a
南円堂講会　193a
南円堂堅義（元杲）　161b
★南閻浮提　343a　南贍部洲も見よ
★南海　75a,226b
〔南海〕寄帰〔内法〕伝（唐・★義浄
　撰）　324b
南海禅利名藍（補陀落迦山寺）　846a
★南岳　378b,388b
★南岳恵思大師影　107a
★南岳之応化　862a
★南岳〔恵思〕風　107b
南京　73b,76a,78a,93a,96b,104b,
　106b,122b,127b,136b,141b,144b,
　155a,b,159a,164b,165b,172a,177b,
　190a,230b,231a,241a,243b,244a,
　251b,253b,258a,269b,325b,368a,
　428b,580a,640b,703a,715a,744b,
　755a,756a,b,766b,779a,785b,789a,
　797b,800b,802a,803b,806b,813b,
　843b,894b,896a,905a,917a
　　◉〔最澄〕、往〈南京〉、会見玄義、文
　句、止観、四教義、維摩経疏等、是☆
　鑑真之所将来、随喜書写、76a
　　今〈南京〉之以律系者、皆☆〔法〕載
　之後也、756a
南京学者　183b
南京人　96b,141b,155b,231b,251b,
　721a,785b,789a,797b,800b
南京律学　802a
南京律寺　806b
南京葛上　917a
南〔朝〕軍　468b
★南湖（中国）　169b,437a,768a,848b
南参　497a

★南山（終南山）　75a
南山衣　413a
南山戒疏（四分律含注戒本疏，★道宣
　　撰）　770b
〈南山戒疏〉★宋本句読、初学病諸、
　〔浄〕因始贅訓、770b
南山義章（凝然撰）　247a
南山教観名目（聖皐撰）　804b
南山之印訣（卍庵士顔）　401a
南山之旨（信空）　780a
南山之道　803b
　〔照〕遠公鈔冊、堆然発明〈南山之道〉、
　★弘景★道岸、瞠若於其後乎耶、
　803b
南山宗　775b,799b
南山疏鈔　759b（★法礪）,805a（泉
　奘）
南山鈔　72b（☆鑑真）、759b（善俊）、
　799a（正恵）
南山図経　→関中創立戒壇図経
★南山★霊芝之律　802a
　〔高湛〕、初宗〈★南山★霊芝之律〉、
　中学★慈恩★賢首之教、能竭要領、晩
　年友禅林耆宿、愛教外之旨、観臨行之
　語、似老禅師、802a
★南山★霊芝二像（★朴翁義銛）　764b
南衆　152a,155a,158b,189b,192b
南衆伝　757a
南宗〔寺〕（泉州）罹災　622a
南詢　83b,133a,175b,287a,289b,339b,
　377a,b,398b,400a,439b,450b,455a,
　487b,490b,767a,806b
　〈南詢〉者、未有如●〔円〕載公淹久
　逾于三紀揚其風声、133a
　●〔大拙祖能〕康永元年（1342）忽思
　遠遊、告以〈南詢〉、火〔父〕母忻然
　促行、明年春、与同志数十人、汎溟達
　★福州長楽県、455a
　★唐宋之朝、〈南詢〉諸師伝法者、教

禅多律者鮮、767a
南詢之志　80a,770a
　●〔空海〕因有〈南詢之志〉、慕★
　〔善〕無畏之跡、80a
★南泉斬猫児　302b（☆無学祖元上堂語），
　616a（大林宗套上堂語）
★南泉斬猫話　543a,616a
★南泉亦索一身價（空谷明応上堂語）
　516b
★南瞻〔贍〕部洲　412a,723a,729a　★南
　閻浮提も見よ
南瞻〔贍〕部洲、大日本国、山城州、平
　安城東有橋、535b
南禅一衆払衣分散　484a
★南台　117a
南朝　257a,389a,491b,493a,495b,
　504a,585b
★南天竺　62a,70b,75a,117b,
★南天竺人　69b
★南天竺☆婆羅門僧正碑并序（☆菩提仙那
　行状）　94a
南都　65a,b,68b,70b,76a,92b,93b,
　97b,103b,109a,133b,143a,144a,
　149a,157a,161b,176a,188b,195a,
　197b,198a,b,207a,212b,217b,218b,
　220b,222a,237a,b,252b,256b,257a,
　366a,369b,377b,387a,425b,501a,
　535b,561a,583a,649a,655b,708b,
　715a,b,719a,737b,739b,750a,751b,
　768a,774a,778a,779a,784b,787b,
　800a,b,803b,805b,806a,812a,834b,
　896b,907a
　嘉禎暦仁之間、仏法盛於〈南都〉、
　787b
南都戒壇　425b,448b
南都高僧伝　72a,89a,92a,99a
南都四律匠（覚盛、叡尊、●有厳、円
　晴）　774a
南都七寺　76a,78a

南都人　800a,b
南都法相宗匠五十人之名（凝然撰，三国仏法伝通縁起収録）　898b
●南浦、☆西澗同船異曲　631b
★南方僧　195a
　南北会衆　143b
　南北戒律勝劣遺偽興真章（恩覚撰）　211b
　南北学者　797a
　南北学匠（宗論）　901a
　南北学徒　161a
　南北学賓　151a
　南北学侶　198b
　南北京　119a,624a
　南北教肆　749b
　南北高徳　309a
　南北講学　286b
　南北講場　408b
　南北三会講師　696b
　〔堀河〕帝下宣曰、東寺結縁灌頂小阿闍梨、準〈南北三会講師〉、当任僧綱也、696b
　南北諸宿　141a
　南北碩師　105b,129b,174b
　南北碩匠　155a
　南北碩徳　148a
　南北百員僧　168a
　南北法匠　155b
　南北名衲　159a
　南北律院　805b
　南北律儀　795b
　南邁　631b
　南遊　94b,264b,273b,333b,337b,368a,374a,380b,417a,430a,435a,440b,448b,464b,496a,534b,813b
　　〔平心処〕斉退有〈南遊〉之興、辞返関西、俄告●林叟（徳瓊）之訃、即還鎌倉、守桂光之塔、435a
　再南遊（無我省吾）　464b

南遊藁（●鄂隠恵奯撰）　553b
南遊集（●別源円旨撰）　416a
★南陽酬★粛宗話（空谷明応上堂語）　517a
★南梁（中国）　843b
男女之変化　773b
男変為女　773b
〈男変為女〉、女変為男、世書中亦往往見、773b
難波（摂州）　73b,633a,904a
難波荒陵（摂州）　863b
難波海　824b
難波橋（摂津，行基）　816a
難波津（摂州）　70a,639b,786a,918a
難波津住吉浦（摂州）　786b

―に―

二位（尼真如〔如実〕，北条政子）　276b
二会（興福寺維摩会・法華会）　171b,177a
二会語録（瑞巌竜惺和尚語録，瑞巌竜惺撰）　576a
二会（維摩会，最勝会）講（寛信）　199a
二会（円宗寺法華会，法勝寺大乗会）講師　185b（円範），190b（証観），191a,b（覚俊，禅仁）
二会講首（円守）　222a
二会講席（公伊）　187b
二階堂（相州鎌倉）　794b
二覚　500b
二月旦上堂（●観中中諦）　514a
二月堂（東大寺）　786b
二甘露門（●南浦紹明，高峰顕日）　323b
二甘露門（高峰顕日，夢窓疎石）　403a
二甘露門　517b
　●絶海〔中〕津禅師、与〔空谷明〕応

道望並高、人謂之〈二甘露門〉、517a
二教　194b,201a
二教手鏡（道範撰）　227a
二教二論（宗性）　269b
二教論鈔（果宝撰）　257a
二空比量義　133b（隆海撰）,142b（聖宝）
二種生義（凝然撰）　247a
二受戒（禅爾）　252b
二十五三昧（湛空）　230a
二十五大士　562b
二十四流　621a,632a
　〈二十四流〉日本禅、惜哉、太半失其伝、621a
二十七疑（源信）　167a
二十八星　729a
二十八代肖像　472a
　正仲〔良伊〕禅師、画★迦葉★達磨二尊者、至其祖高山〔慈〕照禅師〈二十八代肖像〉、請〔相山良〕永点眼供養、472a
二十八部衆　665a
二条宮火（保延4年〈1138〉）　703b
二乗之化　375a
二乗成仏　190b
二乗心　375a
二蔵（大蔵経，剛中玄柔）　487a
　一蔵収于大慈寺、一蔵寄于東福寺、487a
二蔵義見聞（祐崇撰）　267a
二蔵義略頌（聖冏撰）　263a
二蔵見聞（聖冏撰）　262a
二蔵頌（聖冏撰）　262a
二蔵頌義（聖冏撰）　262a
二蔵名目（聖冏撰）　262a
二諦　91b,109a,116a,184b,221a,222a,241a,793a,828b,832a,842b
　●〔最澄〕謂曰、吾常弘伝〈二諦〉不生不滅之旨、116a

二諦義（隆海撰）　133b
二諦義私記（源信撰）　169b
二諦之義　284a
二智義（隆海撰）　133b
二天像（東大寺中門）　144a
二童子　186b
二道血脈図（顕意撰）　243b
二八応真　→十六応真
二百五十戒三千威儀（比丘）　127a
二仏（釈尊，弥勒）中間　840a
二菩薩（日光，月光）像　914a
二品　255a（寛性），785a（本覚禅尼）
二品親王（守覚）　205b
二品〔親王〕　724b（道法），732a,b（道助，道深），748b（寛性），751a（尊道）
二明学賓三蔵英匠（円照）　786b
二無我　66a
二村荘（讃州）　766a
二西五車　269a
二竜（高弁）　217b
二論　61a,785b
日本秋津島　903a
日本逸史（鴨祐之編）　97a,99a
日本往生伝（日本往生極楽記，慶滋保胤撰）　165a,891b
日本紀（日本書紀，舎人親王等撰）　894a
日本紀略（撰者未詳）　78b
日本後記（藤原冬嗣・藤原緒嗣等撰）　99a
日本高僧伝要文抄（宗性撰）　72a,b,106a
日本国　121b,240a,272a,278b,331b,412a,645a
　平帥（平経時），夢光明一道従寺起、而照〈日本国〉、寤而益信、遂革寺額以光明寺、240a
日本国現報善悪霊異記（景戒撰）

462

125b, 126a
〈日本国現報善悪霊異記〉、編成三巻、以流季葉、然景戒裹性不儒、下愚寡聞、坎井之議、久迷大方、能巧之所彫、浅工加刀、只尽貪善之情、聊示濫竽之業、後生賢者幸勿嗤焉、126a
日本国総講師（●円爾弁円）　284a
日本最初禅窟博多聖福〔寺〕409a
日本産物　114a
日本四方遐邇　503a
日本之請（☆清拙正澄）　442b
日本使（●丹治比広成）　69b
日本首伝禅宗記（唐・★契元恵蕚撰）271b, 846a
日本記（●中巌円月撰）　454b
日本書聘（☆東明恵日）　364b
日本正使（●了庵桂悟）　603b
日本商舶　279b
日本★震旦者南瞻〔贍〕浮洲粟散国土　515b
日本人　799b
日本図　510a
日本世記（☆道顕撰）　894b
日本●善恵国師之塔　850a
日本禅　621a
〔愚堂東寔〕、拈香唱偈曰、二十四流〈日本禅〉、惜哉大半失其伝、621a
日本禅僧　448b
〈日本禅僧〉、入★支那住持大利開堂説法者、●雪村〔友〕梅、●竜山〔徳〕見、●無我〔省〕吾、及●約庵〔徳久〕也、而二師帰国、無我及約庵戢化★真丹（中略）若四師実扶桑之華也、448b
日本僧　116b, 602b, 843a
〈日本僧〉、遊★唐者、以●〔恵〕済●〔恵〕先為始也、843a
日本大政威徳天　911a
日本第三之神（熱田宮）　721a

日本伝律第一祖（●俊芿）　764b
日本便船　850a
日本風俗（☆大休正念彼岸上堂語）　300a
日本仏法　161a
〔主〕恩曽竹朝旨、謫筑之博多、〔寛〕印亦竄東州、〔寛〕印歇日、〔主〕恩貶西海、〔寛〕印在東関、〈日本仏法〉已為凹字、161a
日本仏法中興願文（●栄西撰）　86b
日本密学　850a
日本名僧伝（光定撰）　107b
丹生津姫（神武天皇）　906b
丹羽郡人（尾州）　595b
尼　62b, 552b, 592a, 674a, b, 774a, 775b, 785a
尼師壇　441a, 495a
尼寺　803a
〔如導〕住院滌篆一十余所、創建起廃一十五所、置〈尼寺〉数十所、803a
尼衆（紀州、狭屋寺）918b
尼鈔資行録（四分律比丘尼鈔資行録、総持撰）794b
尼本（四分律比丘尼戒本）794a
耳提面命　767b
新川（にいかわ）郡（越中）　508b
肉　790a
肉葷　652a
肉身釈迦　777a
肉身大士　345b
肉身如来　907b
肉身不壊（逞覚）　884a
肉身仏（恭翁運良）　367a
肉身菩薩子　545b
西浦（河州）　369b
西院所流　739b
西院流（俊誉）　261b
西京（城州）　321a, 496a
西洞院（城州）　275b

西八条之亭　785a
西三谷（讃州）　254a,796a
西山（城州）　223b,389b,429b,487a,
　556a,713b,770a,827a
錦　895a
錦織郡人（河州）　100b
日域　81a,94a,113b,137b,167b,269a,
　304b,454b,473a,480b,501b,708b,
　862a,912b
日域因明祖（長歳）　113b
日域先導（★白蓮和尚〈澄円〉）　257b
日域男女之元神（伊奘諾尊，妙理大菩
　薩）　903a
日域無比霊場（豊前，羅漢寺）　833a
日域霊区　865b
日月之蝕　744a,745b
　覆〈日月之蝕〉、汎掃彗星之凶、降法
　雨而興旱天之稲、起神風而破敵国之船、
　曷為奇異、　745b
日月食　719b
日月図　845b
日月星宿之変　441a
　〔碧潭周皎〕、凡遇〈日月星宿之変〉、
　旱潦兵役之災、有禱必応、常以自負、
　不信有教外之旨、　441a
日面仏月面仏　508a
日用課誦半月布薩等儀規（太容梵清訂
　正）　549b
日用三昧（卓然宗立遺偈）　547a
日輪　136a,308b,370b,557b,902b
日輪相　902b
日蓮徒　806b（寥海）,834a
入室　278b,288b,289b,290b,291a,
　292a,298a,305a,325a,b,328b,333b,
　352a,361b,389a,390b,391b,405b,
　412a,420b,430b,433b,434b,435a,
　438a,440b,450b,468a,475b,509b,
　523b,531a,542b,554a,b,565a,567a,
　568b,594a,601a,613b,771b,905b,
　908b,909a
入室参尋（平心処斉）　435a
入室参禅（道崇居士＝北条時頼）　291a
入室問禅（熱田神）　908b
入室問答（建仁〔寺〕衆）　440b
入室問法　288b（●心地〈無本〉覚心），
　325b（熱田明神）
入★宋（入★大宋，達★宋，★宋国浮海，
　南詢★宋）　84a,176b,210a,225a,
　248a,273a,274b,276a,b,277b,278a,
　b,279a,284a,286b,287a,292b,293a,
　294b,295b,296b,297a,304a,305a,
　309a,310b,311b,313a,316a,317a,b,
　318a,323a,333b,338a,339b,374a,
　631b,681b,763a,766a,768a,769a,
　770a,774b,795a,799b,813b,829b,
　831a,b,847a,848b,849b,850b,851a,
　912a　在★宋、留★宋、遊★宋、再★
　入宋も見よ
〔●性憲〕〈入★宋〉国、留学辛勤、終
　於★支那、248a
●寂照〔昭〕〈入★宋〉、〔延〕殷亦相
　従、赴大宰府、朝廷有議留〔延〕殷、
　乃謁景雲阿闍梨、同皇慶受両部密法、
　寛仁季、避衆徒入多武峰隠逸数歳、
　176b
入★宋国之恥　374a
　今時此方庸流、奔波入★宋、是偏遺
　〈国之恥〉也、吾（虎関師錬）其南遊、
　令彼知国有人、正安元年（1299）将浮
　海、母氏強止之、374a
入★宋伝法之僧（●天祐思順）　287a
入★唐　61a,65a,66b,67a,69a,76a,
　84a,89a,90a,92a,95a,98a,99b,100b,
　104a,108b,114a,b,116a,120a,b,
　121b,131a,136b,138b,139a,269b,
　270b,271a,272a,275b,415a,463a,
　633b,653b,757b,758a,813a,843a,b,
　844b,845a,b,846b,851a,866a,868a,

892b, 893b, 894a, 895b, 896a, 906a, 909b 在★唐, 留★唐, 遊★唐, 再入★唐も見よ
〔●真済〕、奉勅〈入★唐〉、洋中舶破、〔真〕済乗片木、随波蕩漾三十三日、同輩三十余人皆餓死、〔真〕済与真然加持得活、120a

入★唐伝法之僧（●玄昉）　845a
●〔玄〕昉者、〈入★唐伝法之僧〉、法相宗之第四祖、844b

入★唐得法第三番（☆智鳳）　843b

入★唐判官（●朝元）　896a

入★唐留学（●僧旻）　843a

入牌　448a, 459a, 501a
〔●此山妙在遺誡曰、請〕可翁〔妙〕悦公為喪、以行茶毘儀、不可諸山〈入牌〉幷設祭奠、448a
〔●性海霊見〕康永二年（1343）入★元（中略）謁★空海〔良〕念公于★天寧、目撃機契（中略）見★月江〔正印★即休〔契〕了★竺源〔正〕遠〔源〕所至優賞、●〔霊〕見謂無踰於吾師者、遂〈入〔師〕錬国師牌〉於★径山正続庵、501a

日課　383a, 509b
〔霊峰恵剣〕慕★永明〔延〕寿禅師之風、〈日課〉百八件事、383a

日観　785a, 881a

日件録（瑞渓周鳳撰）　584a

日光　158b（良源）, 539a（白崖宝生偈）

日光（野州）　817a

日国　280b

日国之初祖（☆鑑真）　758a

日州（日向）　250a, 413b, 419b, 477a, 574b, 602b, 624a
臼杵郡人　542b
飫肥（おび）人　624a
小内海（こうちうみ）　602b

佐土原　624a

日州郡主　413b

日州人　419a

日蝕（日食）　705b, 719b, 724b, 730b, 732a, 734b, 739a, b, 741a, 743a, b, 744a, 745b, 746b, 747b, 750b, 754a
〔隆助〕祈〈日蝕〉験、賞転僧正、奏置阿闍梨五人於高野山、739a
〔道耀禱〈日蝕〉〕、有優賞、置阿闍梨二口於高野奥院、743a

日想観（維範）　876a

日天　865a

日峰〔宗舜〕大祥忌設斎（義天玄詔）　577b

日本　117b, 120a, 131b, 210b, 279b, 283b, 291b, 302a, 317b, 330b, 406a, 408a, 421a, 461b, 462a, 472a, 480a, 593b, 689b, 846b, 909b

入★異域（隆尊）　92a

入★炎宋（●寂昭）　316b

入解脱義（入解脱門義, 高弁撰）　218a

入★元（南詢）　241a, 301b, 315a, 332b, 341a, 343b, 345a, 357a, 377a, 380b, 381a, 386a, 391b, 393b, 396b, 401a, b, 406b, 407b, 415b, 416b, 417b, 421a, 426b, 428b, 430a, 431a, 436b, 439b, 440b, 442a, 444b, 452a, 457a, 459b, 463b, 465b, 471a, 472b, 488a, 489a, 490b, 492a, 496a, 499b, 501a, 502a, 503a, 505b, 511b, 514a, 520b, 523a, 610a, 794a, 799b　往★元, 遊★元, 在★元, 留★元等も見よ
〔●物外可什〕、元応二年（1320）与●天岸〔恵〕広等相偕〈入★元〉、謁一時禅匠、386a
〔●復庵宗己〕、貞和二年（1346）使神足●恵侍者齎書幣〈入★元〉、呈★蘇州★幻住持★玉庭〔珂〕月公、及★杭州★天目山塔主〔善〕栄公、以通

465

嗣法之趣、★〔珂〕月公答書略曰、開堂演法不忘所自、特令神足不憚鯨波之險、遠齎香信、以通嗣法之由、396b〔黙庵周諭〕将与●古剣〔妙〕快等〈入★元〉、夢窓国師留之曰、子縦到大方、不可得過我之師、〔周〕諭因不果志、440b

入貢　64b

入壙語　458a〈天境霊致〉、494a〈太清宗渭〉

入★支那　65a,250a,367b,391b,428a,444a,448b,499a,545b,553a,806b〔業海本浄〕文保二年（1318）与同志数人、凌海〈入★支那〉、444a〔松嶺道秀〕、将〈入★支那〉、往告●実翁〔聡秀〕、〔実〕翁強尼之、指見●寂室〔元〕光和尚、545b

入寺開堂（岐陽方秀）　551b

入寺語　319b（●南浦紹明）、564b（曇華集、叔英宗播編）

入寺小参（太容梵清）　549a

入寺上堂　353a,365a,417a,428b,572b

入寺説法（伯師義稜）　559a

入★諸夏　307a,526a

入定　111b,187a,194b,354a,416a,459b,863b

入石龕（九峰韶奏）　512b

入蔵（元亨釈書）　425a（竜泉令淬）、480b（●一峰通玄、延文初〈1356〉）、481a〈延文天皇、後光厳天皇〉延文五年〈1360〉〔竜泉令〕淬、償先志（元亨釈書〈入蔵〉）、詣闕表奏、聖主有簡、勅許〈入蔵〉、425a

入★新羅国（●浄達）　844a

入★隋　64a,863a

入壇　83b,108a,111b,118a,b,137b,139b,746b,827b,884b

入壇灌頂　887b

入壇供物（●宗叡、●真如親王）　131a

入壇加行（尊道）　751a

入壇伝法（忍空）　796a

入★中華　92b,273a,318b,492a,512b,763b,894a

入東記（瑞渓周鳳撰）　583a

入★明（遊明）　264a,370a,385b,464a,480a,487a,492a,497a,499a,510a,515b,520b,582a,592b,602b,603b,629a,833b　在明も見よ〔●信中自敬〕、延文年中与●月心〔慶〕円等、泛溟〈入★明〉、徧歴★四明列刹、385b〔●無我省吾〕再〈入★明〉464a〔一糸文守〕、将〈入★明〉国而受明師之証、以国禁不遂志、629a

入★明僧　487a

入浴（牧翁性欽）　570b

入滅（●退耕徳寧,●約翁徳倹）336b

乳香　393b,399a,408a,428a,503a,508b

乳養　791a

女子出定話　599b

女身　490b,872b我（清仁）一生不触〈女身〉、衆崇之為布薩戒師、凡有檀臙、一毫不留、即命分与、872b

女人（女）　310a,622b,664a,683b,684a,692b,699b,725b,763a,794a,914a,915b視〈女人〉如火星毒蛇、色欲障道振古而然、914a

女人皆是母（総持）　794a

女人身　664a〔定昭〕、少時曽以一指触〈女人身〉、今当然之以供三宝、即為指灯、発露懺悔、664a

女巫　776a

女変為男（師蛮論）　773b

★如庵〔了宏〕旧址（真照）　795a

如意　77a,143a,b,148b,271a,477b
　〔延敏〕、維摩会講、始秉五獅子〈如
　意〉而坐、爾来講師者、持以為式者、
　〔延〕敏始焉、　148b
如意珠（☆仏哲）　75a
如意女　913b
如意輪供（行円）　680a
如意輪呪　676b,677a（共に深覚）,
　765a（◉俊芿）
如意輪聖像（如意輪像）　70b,93a,
　570b,767a,913b
　為四恩、造〈如意輪像〉、欲更造八大
　菩薩像、（☆菩提仙那）　70b
如意輪法　913b
如実一道心（十住心論第八、天台宗）
　81a
★如浄和尚塔所（★南谷庵,◉瑚海中珊）
　582a
　◉〔瑚海中〕珊、在★天童〔山〕時、
　自出衣財、買灯油田若干畝、附〈★如
　浄和尚塔所〉南谷庵、一衆徳之、議◉
　道元児孫、永免守塔之輪差矣、　582a
如是漸増聞所聞尽（存海、真要十一条
　十）　259a
如説修行（叡尊）　775a
〔如導〕行実（在先希譲撰）　803a
如法愛染法　737a
　〔道勝〕、修〈如法愛染法〉、皇后（後
　深草皇后）平娩、挙朝優賞、以俊耀転
　法印、　737a
如法衣（照源）　249b
如法経　804b,809b（如周）,874a（高
　明）,875b（道寂）,877b（永逼）
　〈如法経〉者、功徳甚深、　804b
如法勤修（静安）　825a
如法修行　775b,861a
　尼文篋等、受沙弥尼戒、（中略）依白
　四羯磨別受法、重稟具足戒、（中略）
　授式叉尼、（中略）慈善等十二人、授

大比丘尼戒、是本朝〈如法修行〉、七
　衆円満之権輿也、　775b
如法書写法華（永逼）　877b
如法繕写　867b
如法尊勝法（寛信）　199a
如法堂（◉円仁）　116a
　〔◉円仁〕以石墨草筆写法華、作塔蔵
　経、名日〈如法堂〉、　116a
如法念仏（隆寛）　213b
如来　791a
如来之室　727b
如来之浄戒　773a
如来清浄禅（楞伽経）　85b
如来常住無有変易（涅槃経）　85b
如来禅　500a,508a,586b
如来相好　90b
如来蔵　699a
如来法身　759b
茹葷（高山慈照）　368b
茹羶（高峰顕日）　326b
饒益衆生　879b,907a
人界　923b
人牛俱忘（十牛図）　510b
人身　622a,853a,854a,b
　此書（原人論）備明〈人身〉本末因果
　始終、　622a
　〔蓮尊〕依聞法力、今得〈人身〉、不聴
　勧発〈品〉、故不能記、　854a
人天　62b,421b,424a,431b,449b,469a,
　475b,492b
人天眼目　377a,406a,411b,450b,488a
人天眼目批却（瑞渓周鳳撰）　584a
人天教　841a
人天之化　375a
人天之導師　433a
人天福田　833a
仁海、九施千里　754a
〔仁恭〕真賛（雪村友梅）　349b
仁寿殿　137b,657b,661a,669b,692a,

900a
仁寿殿講主　138a
仁寿殿火（承暦4年〈1080〉2月）
　692a
仁王会　168b, 659a, 747a, 776b, 790b
仁王経（仁王護国般若波羅蜜多経，仁王般若経）　81a, 89a, 138a, 174b, 181a, 186a, 209b, 900b
仁王経供養演説（●奝然）　847a
仁王経決択（慈鎮）　209b
仁王経注義（●円珍撰）　139b
仁王経法　199a, 696a, 698a, 728b, 729a, 731a, 732a, 735a, 737a, 739b, 747a
　天長年中、●弘法大師、東寺講堂鋪設軌壇、修〈仁王経法〉、祝釐国祚、其後無続而修者、歴四百余年、〔親〕厳公始紹祖業、而熄悪星、震名一世、従茲小野諸師、相続行之、729a
　〔弘〕真於東寺講堂、修〈仁王経法〉、至結願日、懸百仏像、各備香華、集一百僧、行百座仁王会、伶人舞楽、簫鼓迭起、747a
仁王護国経疏（行信撰）　91b
仁王護国経鈔（覚超撰）　173b
仁王護国〔般若波羅蜜多〕経　→仁王経
仁王般若経　→仁王経
仁王般若経疏（隋・★智顗撰）　167b
仁王曼荼羅　776a
仁和寺灌頂壇　669a
仁和寺検校（覚性）　710a
仁和〔寺〕主務（寛性）　255a, 748b
仁和寺総法務　724b（道法），732a, b（道助，道深），748b（寛性）
仁和寺伝法堂学頭（禅助）　746b
仁和寺法務　265b（快尊），669a（寛朝），696b（寛助），715b（定遍），739b（道融），741a（奝助），741b（頼助）
仁和寺務　669a（寛朝），692b（覚行），714b（禎喜），727a（道尊），741a（奝助）
仁和〔寺〕流　239a
仁和西谷（城州）（礼阿）　253a
忍位（真誉）　197a
忍行　841a
　★梁唐宋三伝名此科、或曰忘身、或曰遺身、虎関和尚〔元亨〕釈書曰、古伝遺身之目無含蓄矣、故革名為〈忍行〉、夫沙門者、本捨身之行也、841a
忍死菩薩之因縁（覚弁）　203b
忍修　98b
忍辱　179a
忍辱衣　97a, 833b, 838a
忍辱精進　277a（釈円栄朝）
忍辱山流（寛遍，広沢六流之一）　709a

—ぬ—

奴婢　127a
布　89a（道慈），107a（光定），164b（藤原道長），895a（道心）
白膠木（ヌルデ）　863b

—ね—

涅槃（泥洹）　99b, 124b, 171a, 189b, 203b, 209a, 211b, 256b, 285b, 296b, 324b, 342b, 344b, 350b, 354b, 385a, 408a, 439a, 458a, 459a, b, 468b, 473a, 478b, 497a, 581b, 594b, 600b, 665a, 723b, 758b, 795b
　〔明〕詮亦病諸、檀越等曰、昔★釈尊欲入〈涅槃〉、而★鶖子（舎利弗）先入滅、★孔聖欲没、而★顔淵早死、124b
　〔永観〕、謂徒曰、★世尊八十〈涅槃〉、我今与仏同寿取滅足矣、189b
　〔観音薩埵（菩薩）〕誓曰、如一衆生不成仏、我不取〈泥洹〉、〔斉〕遠〔広〕恩二師、以心念清浄、故死鹿救飢、人

468

挑鍋烹柏葉、薬魚求市、俗啓篚変〔妙法〕蓮〔華〕経、 723a
涅槃会 459a,473a,499a,594a,639b, 682b,831a
　〔義空〕、修〈涅槃会〉、因為常典、 831a
涅槃会上堂 459a,594b
涅槃経（大経、大般涅槃経、北涼・★曇無讖訳） 73b,85b,99b,105b,112a, 131b,140a,203b,264b,725a,920a
涅槃経音義（●円仁撰） 119a
涅槃〔経〕疏 136b
涅槃上堂 385a,594b
涅槃堂 586b
涅槃仏 385a,682b（丈六）
涅槃妙心 355b
根来（中性院頼瑜） 243b
根来修会 244b
根来隊隘（覚鑁） 195b
★寧海県（中国台州） 847b
★寧州（中国） 399a
★寧波府故昌県（●恵萼） 845b
　熱病 134a
　蘂香 417a,519a
年代記（●奝然献上品） 847a
年度者 →年分度者
　〈年度者〉経二年精練沙弥行 127a
年譜 139a,351b,391a,487a,816a
　●〔聖一〕国師顧命曰、我平日行業雖不足取、而汝詳記以貽後昆、〔鉄牛円〕心乃遵遺命、集為〈年譜〉、 351b
年譜誌状（沢庵宗彭） 623a
年分試（申第得度） 127b
年分度者（度僧、年度、年度者） 78a, 110b,114a,119a,122a,126b,127a, 130a,133a,138a,656a
念起即覚之語（●法灯国師心地覚心） 236a
念楽邦（利慶） 875b

念経（平願） 857a
念持（覚教） 731a
念呪 173a
念珠 82a,114b,117b,132a,159a,164b, 210a,288b,343a,345a,419a,464b, 541a,644a,b,651a,654b,677a,683b, 687b,689a,693b,712a,713a,753a, 858b,912a
念誦 210b,336b,820b,888a,900b,908a
念想観（大智度論） 85b
念仏 139a,151b,163b,190a,202b, 203a,204b,211a,213b,214a,215b, 220a,b,222a,223b,230a,234a,236a, b,239b,240a,b,253a,b,259a,263a,b, 266a,b,267a,642b,653a,656b,657a, 660b,674a,675a,682b,685b,698b, 709b,718b,720a,726b,747b,748a, 760b,787a,792b,794b,800b,808b, 823a,b,828b,830a,834a,837a,838a, 839b,845a,850a,860a,b,870b,871a, b,872a,b,873a,b,874a,875a,b,877a, b,878a,b,879a,880a,881a,882a,b, 883a,b,884a,885b,886a,b,887a, 888a,b,889b,890a,b,891a,b,905a
不断念仏、口称念仏、静坐念仏、如法念仏、趺坐念仏、十夜念仏なども見よ
　西望〈念仏〉、 230a
　日蓮徒嫉投之〔浄阿〕深渕、〔浄〕阿専心〈念仏〉、而身不沈溺、光放水上、 747b
念仏安心大要（隆尭撰） 264a
念仏易行（禅勝） 890b
念仏印札（一遍） 748a
　広義門院悩娠胎、〔浄〕阿、持熊野神所授一遍之〈念仏印札〉、模写献内、女院平産、 748b
念仏会 215a,792a,794b,808b
念仏往生決心記（良遍撰） 784a
念仏往生之義（弁長） 215b

念仏坐寂（聖聡）　263a
念仏三昧　220b,234b,238b,655a,739a,
　767a,802b,870b,871a,b
　〔行仙〕、修〈念仏三昧〉、不必唱号、
　専凝想観、　739a
念仏三昧方法（●俊芿撰）　766a
念仏旨要　266b（真盛），889b（源智）
　〔源〕空及臨終、自筆〈念仏旨要〉於
　一紙、以与之（源智）、　889b
念仏示寂（玉翁）　834a
念仏衆生　208a,220b
　〔源空〕、披●慈覚大師僧伽梨、頭北面
　西、誦光明遍照十方世界、念仏衆生摂
　取不捨之偈、如睡而寂、　208a
念仏諸行弥陀本願（長西）　220a
念仏声明（真乗）　800b
念仏唱化（聖冏）　262a
念仏誦経（増祐）　872a
念仏乗（良暁）　250b
念仏西面（定厳）　886a
念仏端坐而化（●成尋）　850a
念仏法　118a
念仏門　238a,834a,886b
念仏六万遍（良忍）　698b
　〔良忍〕、日誦法華一部、唱〈念仏六万
　遍〉、698b
拈衣　596a,603a,610a,612a
拈華　360b,612a,631a
　★世尊〈拈華〉因縁（古岳宗亘）、
　612a
拈華像　283b
　★〔無準師〕範公、召●〔円〕爾焼香
　謂曰、儞化道時至、早帰日本、提唱祖
　道、便授親書宗派図、上画〈拈華像〉、
　左右四天四七（二十八祖）、東土二三
　（六祖）、★南岳以下迄●無準、的的相
　承、　283b
拈華付法（☆一山一寧上堂語）　331a
拈華微笑（瑩山紹瑾上堂語）　342a

拈華微笑公案（起山師振上堂語）　474a
拈香　296b,339b,348a,356b,364b,
　386a,407a,428a,456a,489b
　492a,512a,570a,571b,578b,584b,
　590b,608a,615a,621b,809b
拈香偈　492a（霊叟和尚忌，●独芳清
　曇），608a（両祖真前，大雅嵩匡），
　615a（大灯国師忌，亀年禅愉）
拈香語（★中峰明本忌，●古先印元）
　443b
拈杖　559b,606b
拈橈（大拙祖能）　456a
然〔燃〕香　466a,493a,500a,565a

—の—
野尻（越中）　747b
野宮左僕射（藤原公綱）　223b
能登島（能州）　635a
能州（能登）　262b,341b,342a,420a,
　b,423a,424a,439a,476a,477a,497b,
　508b,527b,533b,534a,541b,542a,b,
　549a,552b,557b,565a,574a,576b,
　589b,599b,860a,914a
　稲津邑　860a
　瓜生田人　423a
　櫛比県　342a
　酒井保人　424a
　能登島　635a
能州刺史（能登刺史）　178a（平直方），
　621b（秋庭綱典）
能州人　262b,420a,557a,914a
★能仁之教　63b
衲衣　89b,117b,607a
納戒　99a,123b,131a,134b,141b,142a,
　143b,147b,151a,157b,162a,176b,
　202a,205b,230a,232a,239b,243b,
　255a,394a,408b,450a,471a,491a,
　503b,513b,559b,572b,583b,587b,
　589a,592b,614b,618b,625a,626b,

件名索引

638a, 651a, 658b, 669a, 712b, 746a,
748b, 757a, 758b, 826b, 830a
納具　105a, 172a, 585b, 762b, 779b, 804a
農夫　248b
濃州（美濃）　92a, 99a, 104b, 160a,
227b, 242b, 248a, 250a, 346b, 355a,
356a, b, 385b, 386a, 388a, 404b, 426b,
435a, b, 473b, 474a, 476a, 483a, 486a,
488a, 493a, 508b, 520b, 529a, 530b,
531a, 533b, 534a, 543b, 565a, b, 567a,
568b, 571b, 577b, 596a, 599b, 600a,
601b, 605a, 606b, 609a, 613b, 615a, b,
617b, 618b, 619b, 621a, 627b, 646a,
653b, 654b, 751a, 757b, 821b
　厚見郡　356b
　井益県　508b
　伊自良県人　619b
　稲葉山　596a
　鵜沼　531a
　恵那郡人　601b
　賀茂郡人　599b
　各務郡人　104b
　岐阜人　522b
　郡牧　435b
　関人　605a
　谷汲　821b
　丹坂　435a
　椿洞　491a
　東濃　520a, 615b, 619b
　遠山　355a
　不破郡人　99a
　武儀郡　491a
　武儀郡人　626b
　武芸郡〔武儀郡〕　571b
　弓削県人　531a
濃州郡守　355a（某）, 571b（斉藤利永,
　古厳宗輔）, 596a（斉藤利永, 利藤）,
　609a（斉藤利国, 妙純）
濃州人　160a, 227b, 248a, 488a, 543b,

617b, 618b, 646a, 654b, 757b
濃州太守（濃之州守）　356b（土岐氏）,
494a（土岐頼清）, 516a（土岐氏）,
585a（安仲）

—は—

巴陵二転語（大医禅師嫩桂正栄七周忌拈
　香語）　386b
把住　262a, 505a, b, 533b, 580a, 601a
　〔聖冏〕, 書辞偈曰, 放行〈把住〉、満
　八十年、　262a
芳賀（はか）郡人（野州）　816b
★坡翁（蘇東坡）★五祖（法演）再生、而
　★照覚為師, 仏印仏恵為方外友、（瑞
　渓周鳳）　583b
★波斯国　659a
★波斯入閣市（悟渓宗頓上堂語）　596b
波羅提木叉　87b, 758b
　☆鑑真授〈波羅提木叉〉、而開戒壇
　〔院〕招提〔寺〕二利、　87b
長谷川（和州）　814b
長谷寺落慶供養（天喜2年〈1054〉8月,
　導師明尊）　178b
坍和（はが, 作州）　540b
破戒　597b, 661b
破戒比丘（余慶）　668a
破戒無慚（良賢）　915b
破顔微笑（★飲光尊者迦葉）　353a,
　360b, 458b
破家散宅（☆東陵永璵上堂語）　421b
破沙盆（虎関師錬・宝覚禅師湛照問答
　語）　373b
破地獄偈（天祐梵嘏上堂語）　595b
破地獄法（◉空海）　644b
破邪顕正　90b
　〔智光〕嘗曰、三論有二、一者部別三
　論、中〔論〕百〔論〕十二〔門論〕是
　也、二者義別三論、〈破邪顕正〉言教
　是也、　90b

破相有法之人（最仙，観喜）　816b
破相説（見塔）　238a
破草鞋（蘭洲良芳上堂語）　469a
破竈堕　507b
★鄱湖（中国）　452b
　芭蕉雪裡図（伯師義稜★達磨忌上堂語）
　　559a
★馬祖斎（★南泉普願示衆）　327b
★馬祖〔道一〕塔（岳林）　590b
　馬蹄岩　907a
　馬腹驢胎（関山恵玄・授翁宗弼問答語）
　　449b
　婆伽　536b
　婆沙（舎・婆）　→阿毘達磨大毘婆沙論
　婆娑論鈔（覚俊撰）　191a
　婆珊婆演帝守夜神〔像〕為護渡海所奉持
　　（★朱仁聡）　172b
　婆子　490a,626b
　婆羅門　69b,70a,866b
☆婆羅門僧正碑銘　70b
　罵仏呵祖（◉無象静照上堂語）　305b
　罵詈仏祖（鉄庵道生遺偈）　344b
　拝其師★虎巌〔浄〕伏禅師塔、落髪稟具、
　　（☆竺僊梵僊）　383b
　拝手以贄、亦以式（相山良永）　472a
　以背献東方一切諸仏、以胸献西方一切諸
　　仏、（応照）　838b
　背誦尚書（乾峰士曇）　410b
　配流薩州（宗賢）　202a
　排斥仏法（師蛮論）　864b
　排律長篇（具平親王）　672a,b
　廃教（★武宗廃仏）　119a
　廃寺　816b,826b
　　修多羅曰、新建伽藍、不如修〈廃寺〉、
　　826b
　廃詮一実之旨　783b
　牌位　276a（◉道元），277a（退耕行
　　勇）
　稗官小説（☆一山一寧）　332b

売牛底売牛、売被底売被、　485a
売鮮羹、為業（★劉氏）、　918a
売卜者（白箸翁）　868b
貝多紙（★蒙皮詩）　133a
貝葉　132b
貝葉赤布（◉俊芿）　764b
唄音　660a
〔浄〕蔵博衍顕密、悉曇、天文、易筮、
　医卜、〈唄音〉、文章、伎芸、皆悉抜萃、
　659b
梅花一枝（渡唐天神像）　912a
梅山〔聞本〕、如仲〔天闇〕、不琢〔玄
　珪〕、同幅真、　585b
梅子　674a
棋〔根〕葉蕃　74a
買船浮溟（昭覚）　832b
博多（筑前）　86a,161a,283b,292b,
　452b,484a,490b,524a,765b
博多人（筑前）　278b,371a,410b
博多津（筑前）　290b,421a,429b
博多橋（筑前）　873b
博多浜（筑前）　352b,386a
〔白雲和尚〕語録（白雲和尚語録，仏照
　禅師語録，◉白雲恵暁撰）　311a
白猿　638b
白崖〔宝〕生和尚之禅風　562a
白〔帕〕角如意（★智者大師智顗所持，
　◉最澄奉進）　77a
白亀　262a
白牛　417b,560a,905b
白玉一顆（護命）　105b
白銀　389b
白縑三百屯（遍昭）　135b
白光　274a（◉道元），308b（◉無関普
　門）
白梗　670b
白山（越前）　366b,637b,903a,b
白山修練場（蔵縁）　638b
白山明神（伊奘諾尊）　903a

白日青天　603a（◉了庵桂悟），421a
　（☆東陵永璵上堂語）
　〔了庵桂悟結夏小参〕〈白日青天〉坐一、
　走七、空華水月六度万行、　603a
白雀　893a
白氎像（★優塡第四）　848a
白刃　413a
白象　72a,130b,133a,207b,261b,650a,
　661b,681b,697b,721b,827a,838b
白足（僧）　132b
白雉　843a,b,893a
白鳥（長尾）　870a
白馬　877b,911a
白布　790b
白米　85a,257a
　良弁一昔夢、◉〔栄〕西自★宋国齎
　〈白米〉来、　85a
白竜　121b,714b
白鷺池（☆天竺）　904a
白鹿　893a,904b
伯師和尚語録（東山二会語録、伯師義
　〔祖〕稜撰）　559a
伯州（伯耆）　83b,407a,460b,465b,
　500a,507a,559a,608b,639b,817b,
　854b,858b
　会見郡　639b
伯州刺史（藤原氏）　802b
伯州太守（源存孝居士、土岐頼貞）
　354a
帛（永運，不著帛）　877b
帛衣　158a,699b
拍板　866b
守泊不要出世（九峰信虔）　486a
柏樹子　578b
　関山国師、示衆曰、〈柏樹子〉話有賊
　之機意、可謂千古無対也、　578b
柏梁之災　660a
剥砕皮骨（師蛮論）　840b
剥手皮模作弥陀三尊像（信敬）　837b

剥皮然指（賢憬）　835b
舶　832b
　〔◉逆流建順〕、買〈舶〉浮溟、達於★
　台州、　832b
博奕　873a
　〔安尊〕、学優不説、誦経不声、鈴磬永
　啞、昼〈博奕〉嬉戯、夜坐禅経行、外
　似無慚愧、内全大悲心、時人称安尊如
　来、　873a
博顕精密（穆算）　674b
博識多聞（瑞溪周鳳）　583b
博宗（頼宝，呆宝，元〔賢〕宝）
　269b
博弁　198b（厳意），229b（良覚）
　〔厳〕意者、以〈博弁〉、歴三会講師、
　198b
博弁之称　246a
　〔覚澄、貞禅、義海、承信〕、当時（中
　古）称之四傑矣、依〈博弁之称〉、
　246a
博覧強記（授翁宗弼）　449a
博覧雄弁（夢巌祖応）　446a
博陸　→関白
幕府（室町）　500b
槃山之徒　564b
鏌鋣剣　158b
　譬如〈鏌鋣剣〉為珍、而庸夫用之、則
　犯鋒傷手也、　158b
筥（箱）崎（筑前）　85a,210a,873a
橋修営（城州宇治橋）　66a
走湯（はしりゆ）県（豆州）　123a
走湯人（豆州）　720a
畑人（土州）　624b
秦邑人（河州）　810a
八会全録（虚舟和尚語録，★虚舟普度
　撰）　323a
八会法語（無孔笛，東陽英朝撰）
　600b
八功徳水七宝蓮池（明忍遺書）　806b

473

八解脱法　888b
　〔西念〕、発三菩提心、求〈八解脱法〉、
　遂伝諸尊儀軌、旁承弥陀供法、　888b
八月旦上堂（普済善玖）　542a
八五三二（八識五法三性二無我）之旨
　87b
八金剛童子　852a
八字印（延朗）　718b
八字文殊法（良忍）　698b
八十倶胝菩薩　647b
八十華厳（鯖八十尾）　869a
八丈弥陀像（東山雲居寺）　191a
八丈金色仏〔像〕（瞻西）　702a
八大金剛王（木彫）　479a
八大菩薩　647b,852b
八大菩薩像（肖像）　70b
　〔☆菩提仙那又云〕普為四恩、造如意
　輪像、欲更造〈八大菩薩像〉、　70b
八部　71b
八福田　263b,536a,647a,791b,834b
　〔仲方円伊〕曰、為比丘者、以慈悲利
　物為務、是以荘厳殿堂、修治道路、往
　往出乎★浮屠氏之手、況作橋梁、吾仏
　置之〈八福田〉一数、　536a
　有僧宝之中専〈八福田〉、始終於行基
　王翁、得三十三人、立檀興篇、檀波羅
　蜜之不可以闕、　834b
八万細行（師蛮論）　916a
八万四千之塔　686a
　契経曰、★阿育王〈八万四千之塔〉、
　散在東方小洲　686a
八万四千小塔（法勝寺慈円）　729b
八万四千法門以総持為第一（太容梵清，
　普山山門法語）　549a
八幡（城州）　237a,242b,786a,b,797b
八幡宮（応神天皇）　904a
八幡宮司　797b
八幡宮社務　703b
八幡宮呪蒙古軍（忍性）　791a

八幡人（城州）　736b,809a
八幡神（八幡）　750b,754a,904b
　●聖一、帰自★宋時、洋中風浪、有異
　婦人曰、我〈八幡〉也、擁護師、風頓
　止、　904b
八幡神祠　242b
　〈八幡神祠〉、降伏蒙古、〔良〕胤亦預
　勅、重奉勅、自刻五大尊像、安于観勝
　〔寺〕、圧於元戎、　242b
八幡大神　641a,681b,867b
八幡大菩薩　867b
八面八臂之鬼　867b
八竜（宝福寺伽藍神）　833b
八竜之神　833b
蜂者山王之使令（山王神託宣）　162a
八角鏡（聖岡）　262a
八角堂（京洛法成寺）　179a
八角二級堂（根来寺円明寺）　706b
八関斎戒　→八斎戒
八教之旨　368a
八卦之爻（師蛮賛語）　678a
八傑之一（高野八傑，真弁，覚和，信日，
　信堅）　232a,235b,245a,b
八講　→法華八講
八講会　→法華八講会
八斎戒（八関斎戒）　778b,790b,918b
　●道昭、往禀〈八〔識〕〉五〔法〕三
　〔性〕二〔無我〕之旨　87b
八識縁境広狭（高湛）　802a
八識義鈔（頼瑜撰）　244a
八識蔵（師蛮論）　840b
八尺菩薩像（仁弘作，良峰寺奉置）
　826a
八宗　230b,269a,284a,338b,564b,
　650a,701a,834b
八宗奥義（●円爾弁円）　286a
八宗角論之事（大愚性智散説）　564b
八宗競起排斥禅宗　338b

474

件名索引

八宗綱要（凝然撰）　787b
八宗之奥秘（虎関師錬）　376b
八宗之学　325a
八宗之綱要　786a
八宗之寺　737a
八宗所立、大小雖異、倶是諸仏菩薩之所
　以垂範而令赴道之教也、　785b
八宗大綱（覚憲撰）　206b
八正道　867b
八誓（千観）　158a
八石経私記（善珠撰）　97a
八千座護摩（頼西）　709b
八千枚（頼尋）　689a
八千枚法（智海）　796a
八徳水　665a
法眷　194b,234b,394b,451a,500b
法嗣　404b,444b,471b,565b
法堂　275a,285b,312b,329b,342b,
　406b,434b,587b,602b,621b,630a
　〔建仁寺〕開山以来、寺未構〈法堂〉、
　諸堂亦傾覆、　434a
服部人（和州）　771b,792a
発明大事（青山慈永）　433b
鉢盂　327a,403b,409a,608b,764b
鉢㮇　919b
鉢飯　636b（泰澄）,838b（春朝）
　〔泰澄〕有宿疾者、僅飡〈鉢飯〉、其病
　即痊、　636b
鉢多羅（応量器）　635a
髪膚　841a
撥無悪見　869b
抜業因種心（十住心論第五，縁覚乗）
　81a
抜罪方（法蔵）　154a
〔抜隊和尚〕語録（抜隊和尚語録，抜隊
　得勝撰）　476b
★跋陀婆羅（●平田慈均上堂語）　417b
跋難陀竜池　689a
跋摩宗　61a,64b　成実宗も見よ

跋摩提婆之宗　61a
花園村（紀州）　887b
縹（はなだ）帽子（信堅）　245b
浜田荘（摂州）　468b
隼島（はやしま）人（備中）　412b
半夏　473a,600a
　如★臨済〔義玄〕〈半夏〉上★黄檗
　〔山希運〕、　600a
半夏上堂（東陽英朝）　599b
半偈（☆日羅）　865a
半月布薩等儀規（太容梵清訂正）
　549b
半権現（青蓮）　187a
半座　390a
半自力半他力（見性）　237b
半千尊者　832b
★半亭山（中国）　99b
帆海入★元（●不聞契聞）　430a
泛海　279b,381a,421b,456b,465b　浮
　海，南詢，南遊なども見よ
泛溟　385b,401a
判官（菅原朝善）　121a
版首　295b,316a,328b,352a,402a,
　403a,406b,411a,412b,414b,416b,
　418b,428a,435a,455b,457b,467a,
　468b,529b,601a,619b
版首秉払（無徳至孝）　414b
般舟三昧（聖聡）　263a
般舟三昧行道往生讃（★善導撰）
　223b
般舟三昧法（玉翁）　834a
般舟堂（隆信）　234b
般舟道場（三州願成寺）　368a
般若（智恵）　148a,394a,491b,600b
般若経（般若〔経〕）　→大般若経
般若経音義（信行撰）　109b
般若経音訓（真興撰）　166a
般若経玄文（法蔵撰）　154b
般若検記　125b

475

般若験力不可量（長義）　919a
般若心経（心経，般若波羅蜜多心経，唐・★玄奘訳）　103a,155a,161a,328b,381b,383b,483a,633a,646a,786b,802a　心経も見よ
　〔仲〕算、与喜多院林懐登熊野山、〔仲〕算於那智瀑下、誦〈般若心経〉、瀑水逆上、忽現千手大悲像、　155a
般若心経秘鍵（●空海撰）　83a
般若心経秘鍵〔開蔵〕鈔（頼瑜撰）　244a
般若心経秘鍵鈔（杲宝撰）　257a
般若心経略釈（真興撰）　166a
般若体　477a
般若智光　256b
般若波羅蜜実法不顚倒（大智度論）　85b
般若波羅蜜多　72a,85b
般若不思議之妙用　633a
般若法味　822b,905b
般若理趣分　218a,669b
　〔寛〕朝善声明、〈般若理趣分〉作節奏誦之、密学之者伝其音調、　669b
般若理趣分私記（法蔵撰）　154b
般若理趣分私鈔（平備撰）　109a
般若理趣分註（清範撰）　168a
飯菜　837b
飯頭（はんじゅう，心王）　474a
飯銭　519b,625a
　★雲門索取九十日〈飯銭〉、　519b
飯袋子　488a
飯茶　623a
飯糧　306b
範俊雲浮、義範風馳（師蛮論）　754a
万松関（●樵谷惟僊）　296b
万法為侶者是什麼人因縁　491b
万法者、事理之二、事理不二而帰於中道者、円教之所談也、（師蛮論）　183a
万民豊楽　80b

晩参　416a,421b,488a,573b
晩参上堂（☆東稜永璵）　421b
晩参罷下殿、誤逢喫顚、倏爾開悟、（南英謙宗）、　573b
晩★唐以来無師　628a
番羅県（武州）　532b
幡　73b
播州　115b,164b,168a,173a,200b,224b,225a,297a,316a,323b,343a,358a,381b,383a,417a,418a,434a,440a,457a,b,468b,493b,494a,504a,510b,512b,513a,b,521a,524b,531a,534a,b,535b,550a,554b,564b,572b,591b,597b,619b,627b,642b,670b,671a,684b,776a,792a,799b,804b,814b,822b,839a,853a,b,857a,863a,872a,873b,875b,890a,912b,918a
赤松県人　591b
赤穂郡　853a
印南郡　912b
印南野　792a
伊川庄　804b
揖西郡　597b
揖西県人　358a,554b
石井　457a
賀古郡　642b
賀古郡人　323b,872a
賀茂郡　853b
米堕村　913a
飾磨郡　918a
白旗城　468b
素盞山　671a
長良県　494a
仏隴　457a
室津　173a
播州刺史　182a（平生昌），378b（赤松円心），674b（佐公行），675a（藤原尹文）
播州人　168a,225a,297a,316a,513a,

476

件名索引

531a,564b,684b,799b,814b,857a,875b
播州太守　457a（赤松氏），468b（赤松則祐）
播州府主　173a
播陽　513b
旛蓋　864a
旛幢　68a
盤陀　832a
盤陀石　522b

―ひ―

比叡山神　905b
比企県人（武州）　357a
〔比良〕奥島（江州）　426b
比良山（江州）　134a,825a,909b
比良神官（良種）　912a
比良明神　93a,134a,909a
〔比良〕雷渓（江州）　426b
日根県人（泉州）448b
日吉啓行　708a
日吉山王（金毘羅神）　906a
〔日吉〕山王扶樹台教　906b
日吉神輿　484a,713a
火箸　725b
皮肉（●空海之皮肉，南山宥快，頼瑜）　257a
皮栲栳禅（師蛮賛語）　406a,470a
皮膚脱落尽　420a（瑩山紹瑾・明峰素哲問答語），422a（★馬祖道一・★薬山惟儼問答語）
氷上（ひかみ）郡（丹州）　545a
氷上郡佐治荘（丹州）　371b
庇興（禎喜）　715a
彼岸　124b,730a
彼岸覚位（西因）　882a
彼岸上堂（☆大休正念）　300a
彼彼互換主賓（竜泉令淬上堂語）　425a
披削　297a,371b

披髪　619b
肥後（肥州）　211a,215b,292a,b,317a,333b,413a,431a,461b,472a,541a,577a,622b,689b,762b,904a
飽田郡人　762b
味木県　762b,763a
天草島　541a,577a
大渡　292b
合志郡人　461b
合志郡赤星郷　461b
菱形池辺　904a
肥後守（重房）　697b
肥後刺史　156a（源淳），292b（源泰明）
肥後州人　431a,472a,689b
肥後（州）太守　431a（菊池武光），584b（天叟居士），620b（保科定之）
肥州救鹿山（霊岳法穆）　413a
肥州刺史　393a（性理居士），765b（平家連）
肥後太守　661b,662a
肥前州　85a,126b,137b,194b,243a,295a,311b,315b,343b,344a,394b,401b,403b,434b,438a,457b,478a,495a,630b,662b,881b
小味（おみ）荘人　434b
佐嘉郡　478a
佐嘉郡人　403b
長崎　630b
肥御崎（ひのみさき）　662b
平戸島葦浦　85a
平戸津　806b
〔藤津庄〕原山　243a
舩（船）留浦　126b
松浦郡人　881b
松浦県　137b
〔●円珍〕乗商人★李延孝舶、経二十日、著〈肥前松浦県〉、137b
肥前州人　194a,311b,343b,394b,495a,

477

710a
肥田　546a,729b（千畝）
肥遯（遁）　151a,204a,220a,397a,
　457a,562b
肥御崎（ひのみさき，肥前）　662b
非戒器　127a
非時食（明祐）　760b
非心非仏　421b,432b
非迷非覚仏（六重仏相六）　181b
非滅非生　94a
卑服菲食（日峰宗舜）　568b
飛行三鈷密軌（●空海撰）　694a
飛弾〔驒〕守（中原親光）　728a
飛鉢乞食（慈信）　821b
飛鉢求化（慈信）　822a
飛鉢受供（☆法道）　912b
　☆〔法〕道、得千手宝鉢法、〈飛鉢受
　供〉、　912b
秘印　123b,206a,264a,655a,725b,
　730a,846b
秘奥（密呪）　310a
秘契（実恵）　111a
秘軌　173b,221b,248a,251b,287a,
　691b,696b,707a,731b,734a,859b
秘軌口訣（頼賢）　220a
秘記　89b
秘記（道範撰）　227a
秘教　740b
秘経（大毘廬遮那神変加持経）　80a,
　877b
秘訣　233a,274b,722a
秘鍵鈔（文殊疏，頼瑜撰）　244a
秘蹟　468a,786a,913b
秘璽　784b,811a
秘呪　694b,740a
秘疏（小野官庫）　196a
秘鈔問答（頼瑜撰）　244b
〔秘蔵〕宝鑰註（道範撰）　227a
〔秘蔵〕宝鑰論議草（頼瑜撰）　244b

秘蔵要門〔集〕（杲宝撰）　257a
秘符（安部〔倍〕晴明）　836b
秘法　115a,121b,261a,644b,669a,
　696b,717b,735a,764a,808a,870a
秘法儀軌（●円仁）　117a
秘法供（公伊）　188a
秘密灌頂　162b,207a,229b,676b
秘密教　685a,716a,733a,822a,830b,
　887b
秘密経　115a
秘密口訣（頼瑜）　244a
秘密之奥旨　187b
　〔青蓮〕、〈秘密之奥旨〉、猥付凡愚、仏
　法衰替、今已窮矣、　187b
秘密之経法　115a
秘密宗　681b
秘密書籍　259a
秘密荘厳記（真俊撰）　211b
秘密荘厳心（十住心論第十，真言宗）
　81a
秘密場（東山禅林寺）　190a
秘密真言印　80b
秘密真宗　77a
秘密蔵（信堅）　245b
秘密曼荼羅十住心論　→十住心論
秘要　194a,207a,276b
秘要鈔（元〔賢〕宝撰）　257b
秘流（広沢）　268b
常陸　→常州
常陸築〔筑〕波　396b
被　613a
　売〈被〉買牛、613a
被接義私記（安然撰）　140a
悲願力　911b
悲泣之涙、化為大雨、浸本国為水海、
　911a
悲敬二田　491a
　●〔無文元〕選、性慈仁無瞋色、行
　〈悲敬二田〉、或与疥癩者、沐浴鬢髪、

478

或捨衣鉢飯僧、　491a
悲済（聖宝）　143a
悲心　812b
悲増大士之行（春朝）　839a
悲智二厳兼備、（願安）　641b
碑　230b
　余（卍元師蛮）嘗聞二尊院有法然〈碑〉、一日率徒往而読之、此湛空〈碑〉也、　230b
碑帖　765a
碑文（★達磨，梁・★武帝撰）　63a
碑銘　70b,303b,391a,503b,765a
樋脇邑（薩州）　561a
臂　838b
　〔応照〕以左右〈臂〉、献南北二方一切諸仏、　838b
臂香　352a（☆清拙正澄），822b（光勝）
檜原峰（大愚宗築）　626b
比丘　723b,773b,774a,853a,854b,924a
比丘戒　237b,251a,774b,775b
比丘形　854b
　〔明蓮〕聞法縁故、今得〈比丘形〉、不記終巻、不聞之故、自今勤策、必生兜率、　854b
比丘鈔序解（道玄撰）　770a
比丘相　162b
比丘僧　772b
比丘像（常照）　917b
比丘尼　772b
　〔教円〕、雖比丘僧備、未有〈比丘尼〉、我先以爾為尼、言訖隠、（中略）俄教円変男成女、　772b
比丘尼戒　772b,775b
比丘尼鈔　755a,775b
尾州　104a,112b,242b,243a,265b,325b,367b,382b,424b,434b,435a,459a,462a,b,528b,544a,b,565b,567a,571a,b,577b,588a,589b,593b,594b,595b,598a,599a,b,601b,606b,607a,608a,609a,b,610a,611b,613b,614a,619a,679a,687b,698b,822a,835a,860a,905a,908b
愛知郡人　112b
熱田　905a,908b
熱田人　242b,598a,860a
犬山県　609a
海東郡人　367b,424b
木賀崎　325b
篠木県　256a
下津　544b
白坂　544b
堤田荘　687b
富田人　698b
中島郡人　462a
丹羽郡人　595b
水野　435a
尾州人　104a,242b,243b,382b,528b,589b,835b
尾陽　459b,577b,587b
毘沙門呪　648b
毘沙門像　703b
　〔頼舜〕、一日闕斎、対〈毘沙門像〉曰、汝護行者、誓拯貧窮、　703b
毘沙門天（毘沙門）　204b,648b,684a,699a,749b,878a,909b
毘沙門法（明達）　654a
毘舍如来　536b
毘舎浮仏　536a
毘舎門（建物）　138a
　叡山構三宇、北〈毘舍門〉護世堂、置多門天王像、　138a
毘首（工芸，建築神）　880a
毘曇　87b
　〔天〕台教曰、〈毘曇〉雖劣、是為仏法根本、　87b
毘那夜天　188a
毘那夜天像　188a

毘奈耶蔵　810b
毘尼　75a,77b,92b,96a,206a,255b,
　258a,276a,310b,408b,426a,589b,
　628b,756b,759a,763b,769a,778a,
　781a,783b,785a,788a,789a,796a,b,
　797a,799a,801b,806b,807b,808b,
　813b
　　良観〈房忍〉性、稟興正菩薩（叡尊）、
　　宣伝〈毘尼〉、化遍東関、813b
　　無〈毘尼〉、罪悪雲如起、闕禅那、見
　　慢岳如峙、783b
　　〔証〕玄、広渉諸乗、以〈毘尼〉為宗、
　　当時有秉持第一之称也、788a
　毘尼義鈔（拾毘尼義，唐・★道宣撰）
　　755a
　毘尼之学　812a
　毘尼宗　758a,763a
　毘尼法（蒙山智明）　418b
　毘婆尸仏　666a,905b
★毘耶城居士　163b
★毘藍園（藍毘尼園）　605b
　毘盧　318b
　毘盧印　82b
　　〔◉空海〕、結跏趺坐、結〈毘盧印〉、
　　泊然気絶、（承和2年〈835〉3月21
　　日）82b
　毘盧印文（宥範）　254b
　毘盧海（性信）　688a
　毘盧舎那　648a　盧舎那も見よ
　毘盧遮那（大三輪神）　907b
　毘盧遮那覚皇宝殿（◉清渓通徹上堂語）
　　471b
　毘盧遮那経　→大日経
　毘盧遮那経業　82b
　毘盧遮那経真言印契（◉円仁）　117a
　毘盧遮（舎）那仏（遮那大像，毘盧大像，
　　遮那銅像）　70a,92a,93a,177a,715a,
　　756b,818a,902b,904b,909a
　〔毘〕盧遮那殿（東大寺）　73b

毘盧真身　648a
毘盧大蔵経　418b,518b
毘盧大殿（東大寺）　87b
　審祥、講華厳於〈毘盧大殿〉、87b
毘盧頂　347b,384b,466a,561a
毘盧内証之権人　487a
　〔竜湫周沢〕、天機純朴、不拘章句（中
　略）又画不動明王、屡現霊感、豈其
　〈毘盧内証之権人〉也歟、487a
毘盧法印　299a
毘盧法界　94a
毘盧楼閣　603a
美膳　910b
美婦　913a
備州刺史　284a（行範），818b（大中臣
　治知麻呂）
備州人　563a,882b
備前（備州）　74a,426b,447a,504a,
　545b,546a,b,550a,563a,619b,637a,
　837b,882b,918a
　津高県人　637a
　骨島　918a
備〔前〕〔美〕作間　426b
備前太守（藤原景貞）　546a,b
琵琶　916a,921b
琵琶湖　909a
琵琶橋　248b
　〔尊公〕、領泉福衆、〔仙〕波山泉福往
　還、乗牛口不絶誦十行出仮所依文、
　〈琵琶橋〉辺之農夫、慣聞諳之、
　248b
鼻孔　629a
鼻孔遼天（竜湫周沢開炉上堂語）
　486b
鼻根浄（守印）　110b
鼻直眼横　（◉道元，★長翁〈如浄〉忌
　上堂語）　275b
糜粥　666b,791a
東岡（越後）　573b

480

件名索引

★東天竺国王　638b
東山（城州）　114a,190a,225b,236b,237a,389a,399a,440b,519a,b,528b,536b,555a,559a,577a,591b,659b,682b,837a,848a
東山宮街字　236b
菱形池辺（肥後）　904a
苾蒭　96a
苾蒭戒（元晴）　800a
苾蒭木叉之律儀（後宇多院）　780a
苾蒭略要義（良遍撰）　784a
筆翰　322a,332b,439b,523b,740b,760a,765a
筆翰精工（◉空海）　82b
筆硯　210a,858b
筆削　270a
　良忠学窺諸家、〈筆削〉浄教、　270a
筆削三十帖小策（三十帖策子）（◉空海）　145a,b
筆削労神、患健亡疾（頼瑜）　244a
筆受（★一行）　68a
筆端有無礙弁才（虎関師錬）　480b
筆描五百阿羅漢　479a
筆墨　288b,521a,549a
觱篥　411a
　吹〈觱篥〉、不堕宮商、　411a
備中（備州）　83b,237a,298a,382b,412b,413a,439b,495b,504a,530a,545b,548a,573b,582a,638b,639a,882b,889b,920b
　一万郷人　298a
　吉備中山　439b
　窪屋郡人　920b
　誓多郡　639a
　隼島人　412b
　箕島　413a
備中守（帥盛之）　889b
備中人　237a,582a
備州〔中〕吉備津人　83b

備前〔中〕吉備津宮　382b
一言主神（葛木山）　636b,866a
姫路鈔（宗要科文鈔, 正覚）　225a
姫路城（総州太守, 源忠孝）　627b
姫大神　905a
百座仁王会（弘真）　747a
　〔弘〕真於東寺講堂、修仁王経法、至結願日、懸百仏像、各備香華、集一百僧、行〈百座仁王会〉、伶人舞楽、簫鼓迭起、　747a
百座仁王講（行尊）　700a
百座仁王講永為恒式　700a
百氏（諸氏百家、◉可庵円恵）　368a
百氏之経書（虎関師錬）　376b
百尺竿（夢巌祖応上堂語）　445b
★百丈已前無住祖事、也無両序之称、亦無進退之説、（☆明極楚俊上堂語）　362a
★百丈忌　354a,b
　〔☆清拙正澄〕其徒堅齋、能奉遺命、捨衣鉢買田、帰南禅常住、永充〈百丈忌〉之供、　354b
★百丈捲席公案（☆無学祖元・高峰顕日問答語）　327a
★百丈古清規（唐・★百丈懐海撰）　408a
★百丈語（宗峰妙超）　358a
★百丈再参★馬祖因縁　630a
★百丈清規（唐・★百丈懐海撰）　354b,408a,581a
★百丈頂相　360a
★百丈撥火　310b,375b
★百丈〔三日〕耳聾、★黄檗吐舌、（双峰宗源上堂語）　350a
★百丈野狐頌（話）　368b,472a,586b
百千法門　279b
百像（祚蓮）　633b
百八件名（★永明延寿）　383a
百八珠（証空）　224b
百仏像（弘真）　747a

481

百味　924b
百味具足（通幻寂霊・大真自性問答語）
　543a
百余人入室、挙個★趙州狗子話、無一人
　省得、（★五祖弘忍）　446a
百僚　183a,206b,232a
百論（★提婆造，★鳩摩羅什訳）
　87b,90b,102a,191b,897b
百論疏（隋・★吉蔵述）　104b
白衣　72a（☆道瑶），811b（恵猛）
白衣大士　426b,438b,539b
白衣白衣（栄常）　918b
白月修呪、黒月禅坐、苦行精進、（護
　命）　105a
白牯鸞奴（☆清拙正澄上堂語）　352b
白毫　882a
　十悪五逆者、風前塵、妄想顚倒者、空
　裏華、弥陀〈白毫〉一照、煩悩黒業悉
　除、　882a
白毫観　782b
白四羯磨　772b,775b
白檀四天王像（神恵）　825b
白槌　525a
白払（◉栄西）　85a
白蓮　106b,107b,195b,214a
白蓮社（偉仙方裔）　537b
辟支〔仏〕　625b,869a
百家之篇　552a
百界千如義（◉円仁撰）　119a
百計垂手　451a
百法論註（大乗百法明門論註，◉行賀
　撰）　98b
日向州　670b
兵庫県（摂州）　236a,396a
兵庫県人（摂州）　530b,611b
兵部尚書（敦固親王）　662a
兵部郎（中平氏）　649b,650a
表戒　127b
表信（◉清渓通徹）　471b

光厳上皇、召◉〔清渓通〕徹、商略碧
　巌集、（中略）上皇契省、◉〔通〕徹
　付袈裟、以為〈表信〉、　471b
表無表戒　127a
表無表章（叡尊撰）　243a,771b,772a
表無表章顕業鈔（英心撰）　797a
表無表章鈔（良遍撰）　784a
表無表章文集　773a（覚盛撰），777b
　（叡尊撰）
表率位（◉無象静照）　306a
漂溺（◉済詮）　139a
平等院阿闍梨（源泉）　684b
平等院検校（慈円）　729b
平等院寺務　684b（源泉），700a（行
　尊）
平等義（東〔密〕台密）　325a
平等性智　320b（◉南浦紹明結夏小参
　語），495b（黙翁妙誡）
病飢（西法）　882a
病者　791a,808a
〔忍性〕有時疫則招集〈病者〉、薬剤撫
　活、　791a
病者盈門　633b
〔多常〕、誦大乗経神呪、専事度生、応
　死之人承験再蘇、〈病者盈門〉奇異甚
　多、　633b
病者人之善知識（永観）　189b
病僧（常施院，忍性）　790a
病馬　791a
〔忍性〕、構厩集〈病馬〉、時唱仏名、
　小簡書呪、令繋其頸、自画文殊地蔵、
　分与男女、　791a
病比丘食肉（広恩）　722b
病平復、当作薬師仏像、建立堂塔、而供
　養百像、（天武帝）　633b
屏風　289a,668a
瓶　919b
平戸島葦浦（肥前）　85a
平戸津（肥前）　806b

平葺人（越前）　414a
枚岡（ひらおか，河州）　905a
広岡（和州）　141b, 901a
広沢（参州）　491a
広沢（城州）　677b
広沢之密（性瑜）　781a
広沢之流義（頼瑜）　243b
広沢秘流（亮典）　268b
広沢密灌（唯心）　736b
広沢密派（寛朝）　669a
広沢流（広沢）　134a, 168b, 212b, 214a, 754a, 784b
広沢六流（仁和寺御流〈覚法親王〉，保寿院流〈永厳〉，西院流〈信証〉，華蔵院流〈聖恵〉，忍辱山流〈寛遍〉，伝法院流〈覚鑁〉）　709a
広瀬郡人（和州）　98a
広幡八幡（誉田天皇〈応神天皇〉）　904a
★別州（中国）　317a
秉炬　372b, 394a, 521a, 555b, 626b
秉持第一之称（証玄）　788a
　〔証〕玄、雖広渉諸乗、而以毘尼為宗、当時〈秉持第一之称〉也　788a
秉習　168a
秉払　313a,b, 314a, 319a, 344a,b, 363b, 370b, 377b, 380a, 383a, 389a, 391b, 393a, 401a, 411a, 413a, 414a,b, 415b, 418b, 428b, 429b, 435a, 448a, 450b, 452b, 457a,b, 458b, 468b, 474b, 483a, 493a, 502a,b, 503a, 504b, 505b, 516a, 518b, 519b, 521b, 524a, 531b, 555a, 559a,b, 577a, 580a, 583a, 601b, 612a
秉払幹斎　344b
秉払上座　448a, 458b, 500a
秉払説法（提唱，示衆）　319a, 457a,b, 468b, 483a, 493a, 503a, 512a, 555a, 580a
秉払分座　474b

貧者施力（仲方円伊）　536a
賓筵（伯師義稜）　558b
賓客　319a, 430a, 450b, 499b, 539b
賓主　358b, 511a
賓遊（無弦徳紹）　317b
篇聚（ひんじゅ）　92a, 95b, 766b, 769b, 792a, 793b
篇聚開遮法（信日）　245a
篇聚之学（高珍）　806b
殯葬（円能）　921a
便船　659a, 850a
備後守（藤原保家）　185b
備後刺史（源致遠）　684b
備後州　142a, 237b, 238a, 485a, 546a, 573a,b, 641a
　宇多島　238a
　鉄山　546a
　三谷郡　917a
備後州人　142a, 641a
★閩楚　291b
繽米（光定）　107a
賓頭盧尊者（豆盧）　78a, 336a
鬢髪　96b, 151b

—ふ—

不雨　688a, 840a
不可行余仏事（●約翁徳倹）　336b
不可得過我之師（夢窓疎石）　440b
不可火葬、棄置原野、可施鳥獣、（蓮待）　876b
不臥　855b
　〔蓮坊〕、懸大笠為蓋、払平石為牀、昼夜〈不臥〉、数日不食、饑則烹蔬、絶去塩味、　855b
不毀髪膚、全身而帰之、（儒者）　841a
不居城邑、隠棲山谷、（無外円照，無著妙融）　477b
不許帰国（●成尋）　850a
不空義（覚超）　174a

不空羂索〔観音〕 69a
不空羂索法（成典） 678b
不軽山（常陸） 262a
不還〔果〕 833a
不語禅（善算） 867a
不識話 420a,b
不食 504a（別峰大殊）、855b（蓮坊）
　〔別峰大殊〕、於是深隠林藪、端坐習定、
　或経旬〈不食〉、或終夜行道、如是者
　数載、陰徳陽施、 504a
不失法（禅仁） 191b
不惜身命 217b（高弁）、525b,721b
　（良算）
　　入宗門者、以悟為志、古人〈不惜身
　　命〉、蹂山渡海択師参究、〈師蛮賛語〉
　　525b
不衆交（恩覚） 211b
不生不滅自性清浄（占察経） 85b
不浄観（賢救） 880a
不仁 376a（虎関師錬）、379b（●雪村
　友梅）、390b（夢窓疎石）
　〔●雪村友梅、右手〈不仁〉〕以左手書
　偈、字画不端、憤然擲筆於屏上、墨痕
　未乾、 379b
不是心不是仏 421b
不殺〔生〕戒（仁明帝） 129a
不沾一芥、悉帰之常住、（空谷明応）
　517a
不雑他業、称名説法、（禅勝） 890b
不即不離 783c
不琢〔玄珪〕同幅真（梅山聞本、如仲天
　誾） 585b
不断念仏 204b,239b,266b,656b,682b,
　830a,884a,891a
　〔顕真〕与同志十二人、修〈不断念仏〉、
　至開白夜、感毘沙門天来現衆班、
　204b
不到其輪下、不以為偏参僧、 396b
不動安鎮法 653a

不動延命法 752b
不動火界呪 787b
不動（尊）形 163b,688b
不動供 688b,849b
　〔●成尋〕修〈不動供〉、其像揺舌、
　849b
不動護摩 171a,733b
不動護摩法 811a
不動使者法 82b,234a,733a,764a
　〔●定済〕修〈不動使者法〉、降伏蒙古、
　234a
不動呪 189a,677a,704a,889b
〔不動〕像 849b
不動別儀護摩法 647a
不動秘法 764a
不動法 163b,218a,753b
不動明王（不動尊） 136a,b,137a,
　171a,196a,239b,486b,648a,652a,b,
　656a,664b,668a,674b,689a,716b,
　733a,794b,796a,811a,827b,829a,
　836b,837b,871a,876a,878a,887b,
　888a,909b
〔〔不動明王〕〕其形魁偉奇異、威焔熾
　盛、手把剣、足踏空、 136a
〔竜湫周沢〕、喜画〈不動尊〉、筆妙入
　神、霊験尤多、 486b
不動明王像（不動尊像、不動像、不動尊
　形） 136a,486b,487a,647a,671a,
　674b,688b,795a,796a,811a,836b,
　849b,875a,876a,884b
●〔円〕珍起礼拝、乃命画工光空図其
　〈不動明王〉像〉、 136a
〔恵猛〕従高喜〔明〕観、受伝法灌頂、
　〔明〕観乃付興正菩薩所伝秘璽、及松
　橋流密印、授于●弘法大師所画〈不動
　明王像〉、以為伝法之信 811a
〔維範〕模書法華経一部、〈不動尊〉万
　軀、請衆供養、 876a
〔教懐〕、手自模写〈不動尊像〉数百紙、

484

招衆供養、日午勧衆、同音念仏、頭北
面西、奄爾気絶、875a
不動立印儀軌　136a
不二遺藁（岐陽方秀撰）　552a
不二境　584a
不変真如（師蛮論）　924b
不（弗）予　101a,105a,138a,159a,b,
　205b,255a,285b,636a,637b,644a,
　646a,655b,657b,669a,674a,675a,
　692b,696b,703a,b,744a,745a,748b,
　795a,892b,907b,911a,913a
不要建塔（以天宗清）　610b
不立文字　85a,362b,401a,443b,464a,
　576b,612a
不老不死　913a（雄略帝）,924a（義叡）
不破郡人（濃州）　99a
父子之禅（師蛮系語）　304b
付衣　304b,305a,337b,351a,367b,
　390a,b,407a,408a,471a,477b,484b,
　572b,809a
付偈印可（☆仏光禅師無学祖元）　338a
付載来過、風順濤穏、経二旬余著博多津、
　（☆東陵永璵）　421a
付受（●中巌円月）　452b
付属（嘱）　306b,317b,388a,407b,
　484b,557a
付伝来衣（瑩山紹瑾）　420b
付法　420b
付法縁起（●最澄撰）　78b
布衣　791b,826b
布褐　763b
布金館（建長寺）　385a
布帆〔船〕（●円載）　133a
布薩　86a,b,93a,159a,500a,528a,
　549b,572a,730a,772a,b,773b,775b,
　776a,777b,780a,787a,789a,811a,
　872b
　〔良弁〕招道融、説梵網経、修浄住法、
　是本朝〈布薩〉之始也、93a

布薩戒師（清仁）　872b
布衫　318a,470b,560a,763a
布施　827a,834a
布施之心、即慈悲、（師蛮論）　834a
布帛（●明聡、●観智）　895a
巫女　904a
扶（搏）桑（国）　87b,132a,b,210b,
　270a,280a,b,302a,312b,321a,331b,
　348b,376b,386a,391b,408a,421b,
　429a,b,437a,455b,464b,472b,489b,
　507b,553b,556b,561b,581b,591a,
　611b,846b
扶桑国裏大宗師（香山仁与頌）　520a
扶桑之華（師蛮賛語）　449a
扶桑之津　629b
扶桑略記（皇円撰）　665b,840a,b
扶律（真空、良遍）　785a
扶律談常　605b,812b
　★仏答★阿難之問、令滅後以戒為師、
　猶慮未来乗急戒緩之蕩、臨泥丸之夜、
　〈扶律談常〉、遺誡来機、悲心至深矣
　哉、812b
府営　765b
府主　116b,625a,748a,751b
府帖　290a,357b,365a,384b,411b,
　419b,466a,474b,507a,508a,513b,
　537b
府第　834a
府命　365a
附舶入★元（●別源円旨）　415b
負笈　152a,226b,231b,236a,239b,
　256b,268a,387b,763a,844a,876a,
　896b
負笈著鞋（円照）　786a
負債　127a,920b
負駄　87a
　★〔迦葉〕摩騰、★竺法蘭、〈負駄〉
　東渡、87a
赴★唐　77b（●最澄）,138b（●円珍）

赴日本（☆明極楚俊）　384a
封一百戸（寛朝）　669a
封戸（封）　96b,135b,174b,178b,
　　637b,669a,675a,676a,b,677a,b,
　　678a,688a,691a,756a,760a,814b,
　　816a,844b,894b
浮海　69b,74b,80b,116b,117b,272b,
　　283a,290b,374a,384a,396b,448b,
　　847b,848b　泛海も見よ
　〔☆菩提仙那〕、伴★林邑国僧☆仏哲、
　　★唐僧☆道璿、盪船〈浮海〉、　69b
　〔虎関師錬〕将〈浮海〉母氏強止之、
　　374a
浮海入★唐（●恵妙）　893b
浮橋頭　279b
浮図（屠）　63b,68b,74b,463b,748b,
　　779b
浮杯南詢（●紹良）　175b
浮溟入★宋（●重源）　829b
浮洋（●天岸恵広）　357a
趺坐　145a,163b,164a,196b,200b,
　　255a,332b,337a,341a,357b,360a,
　　364b,369b,376a,405a,443a,447a,b,
　　462b,469b,490a,518a,544a,558b,
　　613b,631a,728a,763a,774b,792b,
　　886a,888b
趺坐薪上（応照）　838b
★傅大士像（●戒明）　99b
富貴（蕗）荘（紀州）　715b
富士山　308b,376b,386a,461a,864a,
　　866a
　夫山有〈富士〔山〕〉、僧有〔虎関師〕
　　錬公、　376b
富者施財（仲方円伊）　536a
普雨（実賢）　733a
普化之挙（師蛮賛語）　512b
普化直裰　347b
　〔元翁本元〕、遺偈曰、去不去、留不留、
　　月西沈、水東流、瞎驢不会、〈普化直

褁〉、　347b
普勧称号（師蛮賛語）　236b
普賢　163b,207b,239b,493b,502a,
　　514b,559b,608a,832b,838b,855b,
　　856a,857b,859b,911b
普賢延命法　681b,736b,737a,743a　延
　　命法も見よ
普賢行　749a,881b
　〔西因曰〕、遠近衆生、不生極楽、我乃
　　不往生、我欲修〈普賢行〉遍無尽世界、
　　引導諸衆生、証無上善提者也、　881b
普賢経科　→観普賢経科
普賢像　854a
普賢菩薩（遍吉）　650a,681b,857b,
　　858a,859b,903b
普光寺（江州）講師（慈雲）　100b
普光如来会　536a
普光菩薩（薬師如来之応現）　324b
〔普済禅師〕語録（普済禅師語録,普済
　　善救撰）　542a
★普寂之印　631b
　☆道璿、佩〈★普寂之印〉、来授行表、
　　631b
普請　326b,337b,344b,359a,362b,
　　405b,429b,457b,518b
普説　285a,456a,468b,786a
普天率土　591a
　安堵〈普天率土〉、利益三世十方、
　　591a
普灯録（嘉泰普灯録、南宋・★雷庵正受
　　撰）　273b
普明閣（京洛万寿寺）　502a
〔●普門（無関）〕頂相　309b
普門品（法華経第二十五品、観世音菩薩
　　普門品）　853b
補処（ふしょ）　220b
★補陀〔山〕　490b,856b
溥博強記（聞渓良聡）　440a
蒲団　364b,488a,543a,593a,628a

486

蒲鞋（師蛮賛語）　792b
敷演　772b,778a
敷講（●有厳）　774b
敷講二教（思宣）　767a
食膚肉於蚋蛭（蓮照）　838a
賦詠（東漸寺詩板）　314a
諷音　740b
　〔重如〕、工筆翰、善音調、寡欲随縁、不定居止、東大寺凝然、就学顕密〈諷音〉、740b
諷経　91b,138b,235b,360b,877a,916a
諷誦　70a,71b,110b,124b,135b,143a,480a,669a,789a,853a,873b
諷誦文　164b（大江匡衡）,173b（覚超）
諷調（真恵）　799a
父母恩（無等以倫）　526a
父母未生已前面目（無極志玄上堂語）　402b
武庫令（小野奉時）　178a
武庫郎　394a（中条威公）,576b（大内弘忠）
武庫郎威（中条威公）　394a
武江　262a,626b
武州（武蔵）　109a,129a,231b,240a,248a,254b,261b,267b,313a,326a,342b,430b,436b,440b,441a,443a,456a,475b,505a,508a,531b,532b,539b,561b,562a,565b,604a,621b,624b,751b,759b,837a
　足立郡人　248a
　飯沢　311b
　巌築　490a
　貝塚　263a
　金沢　426a
　川（河）崎　267b,439a
　河越　324a
　河越人　430a,545a
　河田谷　231b

久保県人　267b
小石川　262a
金鑚人　260a
江府　626b,627b,630b
崎玉郡人　107b
桜田　624a
桜田之旧址　624b
芝県　624b
品川　622a
清水山　562a
仙波　752a
仙波東地　248b
秩父　539a
秩父県人　531b
円岡　539a
鳥山　267b
番羅県　532b
比企県人　357a
深谷　533a
箕田　240a
武蔵野　890b
山名甲族　508a
横山　532b
嶺南坂　624b
武州刺史　483b（源頼之）,790b（平長時）,879b（業貞）
武州人　109a,129a,342b,436b,440b,505a,508a,561b,604a,759b
武州太守　324a（平氏）,389a（高師直）,447a（源頼之）,498a（源頼之）
★武昌（中国）　430b
武城東北　752b
武陽　620b
武略（覚入）　874a
　〔覚入〕、少好〈武略〉、無悪不造、874a
★武林（中国）　323a
部別三論　90b
★婺州（中国）　138a,227b,291a,361b,

487

421a, 455b
★婺州衛前散将（★徐公）　271b
★無準和尚衣（竜湫周沢夢）　486b
★無準忌　285a
★無準〔師範〕自賛頂相　283b
★〔無準師範〕頂相　278b
　砇硪　331b
　豊州太守（大友桂岩）　833a
　豊前　77b, 210a, 622a, 641b, 655b, 832a
　　宇佐　904a
　　大石窟　832a
　　治邑　622a
　　賀春山　77b
　　田河郡　77b
　豊前州人　419a, 655b
　豊楽殿　145a, 899a, b
　舞楽　162a, 747a
　舞馬之変（鷲峰〔山〕金山院、貞和元年〈1345〉）　407a　火災も見よ
　風雨　754a, 906a
　風雅　458b, 553a
　風鑑之術（山田春興）　650a
　風規真密（三処道場、大乗寺、永光寺、光禅寺）　420b
　風狂（一休宗純）　587a
★風穴〔延沼〕草庵★楊岐〔方会〕疎壁、（夢嵩良真）　345b
　風災　86a
　風疾　133b, 196b, 213b, 244b, 253a, 338b, 651b
　風信　846a
　　此地（★寧波府故昌県）往時、★高麗、日本、★新羅、諸国旅人泊此、取道以候〈風信〉、蓋観音大士、欲現霊於此而恵勝福於衆人也、　846b
　風声　133b
　風俗　139a（★唐），300a（日本）
　風波（願安）　642a
　　縫掖不懼〈風波〉者、★晋有★謝安、

★宋有★伊川、其守敬字、養志可称、642a
風旛話（★六祖恵能）　576b
風痺　159b, 685b
副寺（ふうす）　920a
　余（卍元師蛮）、少時遊学、観自他宗寺、其為〈副寺〉知事者、侵貪常住物矣、★仏日四重五逆、我亦能救、盗僧物者、我所不救、　920a
富貴　129a, 209a, 219a
　処〈富貴〉、必有放逸邪僻、　219a
楓宸　632a
　◉石室〔善玖〕天竜〔寺〕、祝〈楓宸〉、　632a
深草（城州）　220a, 234a, 287a
深草県（城州）　243a, 275a
深草立義（真空）　234b
深谷（江州）　263b
深谷（武州）　533a
服不著帛、嚢無余糧、三衣一鉢、秘経錫杖、（永逞）　877b
副元帥　240a, 275b, 277a, 279b, 290b, 291b, 299a, 302b, 305b, 312a, 314b, 320b, 322b, 323b, 328b, 331a, 333a, 340b, 352b, 357b, 364b, 381a, 393a, 426b, 749b, 765b, 790b, 791a, 794b, 796a
副使（銀青光禄大夫，◉大伴胡万）　73a
副使判官　117a
副弐（第二世）（◉円恵，三州願成寺）　368a
福岡（山城）　688b
★福州（中国）　136b, 455a, 490b, 514a
　★長楽県　455a
　★福清人（☆隠元隆琦）　629b
　★連江県　136b
　★連江邑人　351b
　★福清人（中国福州）　629b

488

福田　318b,331a,603a,832a,833a,848a
覆講　94b（慈訓・鏡忍等）、95a（鏡忍）、246b（凝然）、269b（鏡忍・厳智）、509b（●絶海中津）、796b（定泉）
　〔円〕照、毎講経疏、使〔凝〕然〈覆講〉、碩学通方、 246b
　鏡忍、厳智、登〈覆講〉選、 269b
覆師　69a（慈訓・鏡忍・円証）、94a（澄叡・春福）
伏見（和州）　866b
藤沢（相州）　860b,909a
藤島（越前）　729b
藤津庄原山（肥前）　243a
払一払　560a,592a,603a,604b,609b,611b,612b,616a,619a
払袖　601a（曇英恵応）
仏意　68a
★仏印〔了〕元禅師肖像　553b
仏宇　902a
仏会　641b
仏恩　319b,331b,378b
仏果　906a
仏牙　768a,b,769a
仏牙舎利　768b
　●〔湛〕海、奉〈仏牙舎利〉、駕商船還、乃鎮泉涌寺、 768b
仏戒　776a
★仏海垂手旨趣（●覚阿）　272b
仏閣　715a
★仏鑑禅　278a,323b
★〔仏〕鑑（無準師範）頂相（●道祐）　278b
仏記　329a
仏器　72b
仏教　75a,99a,127a,140a,146a,183a,232b,246b,270b,276a,499b,756b,766a,771b,842b,911b,916b
仏経　623a,793b,809a,825a,884b,902a

★劉向所伝列仙、一百四十有六人、大半出自〈仏経〉、此方仙人、誦経修呪、亦成其道、 902a
仏行　362b
仏供米　242a
仏具　83a,266a,887b
仏化　96a
仏見　608a
仏眼　218a
仏眼（★無門恵開）塔　406b
仏眼法　727b,734a,739b,740a,751a
　〔道融〕是歳（文永7年〈1270〉）降伏蒙古、行〈仏眼法〉、739b
仏眼明妃法（高弁）　218a
☆仏源（大休正念）之記（秋礀道泉）　363b
仏語　362b,441b,442a,523a,525a,886a
　依〈仏語〉仏心、一致禅教、 442a
仏語心論（虎関師錬撰）　376b
仏工　121a,720b（越前法橋海縄），814b,821b（★百済），824b,847b（張栄）
☆〔仏光国師〕（無学祖元）行状（仏光国師行状，★宋・浄慈寺★霊石如芝撰）　303b
☆〔仏光国師〕（無学祖元）語録（仏光国師語録，☆無学祖元撰）　303b
☆仏光〔国師〕（無学祖元）之塔　328b,329b
☆仏光（無学祖元）之印（大用恵堪）　380a
☆仏光（無学祖元）先師之衣（夢窓疎石）　388a
☆仏光禅師（無学祖元）偈（臨剣頌）　377b
　以●〔雪村友〕梅日本人、捕而入★雪川之獄、（中略）〔友〕梅、及刑官加叺、怡然不慴、朗誦〈☆仏光禅師偈〉曰、乾坤無地卓孤筇、（中略）刑官感伏敷

489

奏、縶是獲免、名聞天下、 377b
☆〔仏光国師〕（無学祖元）塔銘（仏光国師塔銘、★翰林学士掲傒斯撰）
303b,357b
☆〔仏光国師〕（無学祖元）碑銘（仏光国師碑銘、★宋・四明☆東陵永璵撰）
303b
仏号 181a,208a,224b,700b,806b,
807a,812b,823a,883b
仏国 84a,87a
〔仏国国師〕（高峰顕日）五処七会語録
（仏国国師語録、高峰顕日撰） 328a
〔仏国国師〕（高峰顕日）行状 328a
〔仏国〕国師（高峰顕日）像 328a
仏国禅師（高峰顕日）三十三回忌
389b（夢窓疎石）、412a（乾峰士曇）
仏国〔国師〕（高峰顕日）之禅 372b
（真空妙応）、460b（空室妙空）
仏国荘厳論（宋・★源清撰） 167b
仏之内心（師蛮論） 631b
仏事 164b,165a,168a,336b,400b,
403b,408b,453b,454a,459a,494a,
699a,827a,828a,838b,859b,873b,
900b
〔良忍〕、常以此〔顕密声明〕業、広作
〈仏事〉、 699a
〔増誉〕告諸弟曰、我滅後勿修〈仏事〉、
極楽中品、不可成疑、859b
仏利 550a
仏舎利 →舎利
仏手 571a,575a
仏種 838b
仏種従縁起（●成尋） 849b
仏所（智光） 90b
仏書 88b,286b,406a
仏生日 473a
仏生日上堂（常庵竜崇） 605b
仏性 85b,87a,326b
仏性義 418a（●古源邵元上堂語）、

560a（心田清播上堂語）
仏性常住之旨（恵亮上表語） 119b
●〔仏照禅師〕（白雲和尚）語録（仏照禅師語録、●白雲恵暁撰） 311a
★仏照（仏照徳光）下印書幷菩薩大戒儀軌、（●徹通義介） 306b
★仏照〔徳〕光之証 631b
能忍遠乞〈仏照〔徳〕光之証〉、稍倡
畿内、 631b
仏成道 365a
仏成道日 582b
仏乗 115b,123b,142a,151a,236a,
254a,415a,533b,544a,634a,636b,
780a,812a,867a,902b
仏心 441b,442a
★〔震旦禅祖〕諸師、広引経論、以印
〈仏心〉、 441b
仏心印 119a,618b
仏心宗 87a,117a,211a,246b,259a,
270b,274a,313a,362b,368b,369b,
388a,415a,527b,597a,631b
〈仏心宗〉乃★達磨氏所伝、此法最尊
無上、270b
〔叡山存海〕、禅観為楽、入西谷行光房、
久凝阿字観、秘密書籍無不染指、往恵
日山、探〈仏心宗〉、常閲楞厳経宗鏡
録、259a
仏身 458a
仏神 810b
仏制 127b,276a,843b
〔★僧旻〕★孝徳帝、召任大学博士、
猶告★南梁★武帝以★恵超為寿光殿学
士、非但乖〈仏制〉、却又汚法、
843b
仏説 92b,94a,872b
仏祖 542b
仏祖機縁語句 374a
仏祖玄機（☆東陵永璵上堂語） 421b
仏祖之大義（師蛮賛語） 451b

490

仏祖之道（師蛮賛語）　323a
仏祖直伝（峰翁祖一編）　355b
仏祖宗派図（古篆周印撰）　274a
　元亨釈書済北師托言◉栄西而謗之者、恐渉偏頗矣、応永戊戌（25年〈1418〉）天竜寺古篆〔周〕印、著〈仏祖宗派図〉、以〔能〕忍公、系◆仏性禅師（拙庵徳光）下、可謂公述也、余亦拾其事蹟、列於僧伝、以任後学之評焉、274a
仏祖禅（師蛮賛語）　547b
仏祖相承之図（◉可庵円恵）　368a
仏祖単伝之旨（恭翁運良・凝然問答語）366a
仏祖統紀（宋・★志磐撰）　121b, 170a, 175b, 891a
　★宋沙門★志磐著〈仏祖統紀〉、以〔源〕信師系於★智礼之嗣、　170a
仏祖百首頌（一糸文守撰）　629b
仏祖歴年図（天祥一麟撰）　519b
仏相（恵光房澄豪）　181b
仏像　61b, 74b, 76b, 79b, 151b, 163a, 387a, 442a, 446b, 634b, 657a, 679a, 683b, 686a, 711a, 715b, 766b, 785b, 810b, 814b, 817a, 819a, 825a, 844b, 848a, 857a, 860a, 880a, 895a, 910a, 918a, 921b
　〔泰澄〕聚泥土作〈仏像〉、伐草木構堂宇、献花薦水、以充娯楽、　634b
　◉〔玄〕昉、以伝来経論疏章五千余巻及〈仏像〉等、献尚書省、　844b
仏足（師蛮系語）　310a
仏誕生上堂　359a（宗峰妙超）, 508a（在先希譲）, 605b（常庵竜崇）
仏誕生日　433b, 851b, 762b
仏知見（師蛮論）　924b
仏智（増賀）　163a
仏頂呪　189b, 664b, 755b, 885b
仏頂尊勝法（尊意）　652a

仏頂多（陀）羅尼　827b
仏勅（師蛮賛語）　882b
仏印仏恵　583b
仏典（大歇勇健）　450a
仏殿　285a, 319b, 429a, 471b, 495a, 498a, 531b, 546b, 599a, 624b, 627a, b, 629a, 776a, 806a, 809a, 811a, b, 829b, 831b
　〔観世音寺〕、〈仏殿〉戒壇、風磨雨洗、〔済〕宝見散落、慨然宣力、（中略）自抱化疏、奔走四方、取資於人、殿閣門廡、奐然改観、且書施者姓名、納聖観音像中、州民称其功矣、　831b
仏殿成上堂（◉清渓通徹）　471b
仏土　818a
仏灯　821b
◉〔仏灯国師〕（約翁徳倹）七会語録（仏灯国師語録, ◉約翁徳倹撰）　337a, b, 459b
◉〔仏灯国師〕（約翁徳倹）塔銘（★匡道大師撰, ★超雍書）　337a, 459b
◉仏灯国師無相之塔　337a
仏塔　642a, 791b, 808a, 828a
仏堂　684a, 870a, 887a
仏道　67a, 665b, 752b, 810b, 812b, 875b, 919a
　〔仏道〕有戒、猶如儒有礼、礼失則国家不治、戒廃則定恵不生、雖有二教深浅之異、其揆要斯同、　812b
　林道春謁、〔天〕海謂之曰、汝効★宋儒屡斥〈仏道〉、殊不知、吾法広大、上窮空界、下徹地輪、　752b
仏徳　883a, 921b
〔仏徳禅師〕語録（元翁本元撰）　347b
〔仏日常光国師〕語録（空谷明応撰）　518a
仏日与舜日長明、尭風与祖風永扇、（◉約翁徳倹上堂語）　336a
仏涅槃上堂　385a（☆竺僊梵僊）, 459a

（傑翁是英）
仏涅槃日　882b
仏微旨、妙乎言外（★明教契崇）　784a
仏仏授手、祖祖相伝、（●円爾弁円・菅原為長問答語）　285b
仏菩薩　574b,837b
　　信敬、（中略）我当斯剥皮骨、供養〈仏菩薩〉、　837b
仏菩薩之名号（雲居希膺）　626a
仏菩薩真身（源空）　208a
仏菩薩像　82b,810a
仏菩薩曼荼羅図様（●円行将来品）　114b
仏法　61a,b,62a,72b,76b,79b,115a,123a,127b,144b,183a,187b,217a,241b,242a,257a,289b,331b,387a,424b,466a,575a,637b,661b,685b,833b,863b,864a,b,865a,887a,894b,906b,910b
　　文字之学、不為無益、然出家人、不以〈仏法〉為急務、而専吟佔筆、575a〈仏法〉、是王法之治具、〈仏法〉若衰王法亦衰、910b
　　〔夢窓疎石〕歎曰、〈仏法〉非義学所詣焉、深慕教外之旨、387a
　　深山巌崖有〈仏法〉也無、〔古〕徳曰、有、僧曰、如何是厳崖〈仏法〉、〔古〕徳曰石頭大底大、小底小、289b
仏法根本（毘曇）　87b
仏法之功徳（西因）　881b
仏法始伝（欽明天皇13年〈552〉）　144b
仏法宗旨論（●俊芿撰）　766a
仏法正宗　322b
仏法衰替　187b
仏法草昧（☆恵便）　842a
仏法大意　302a,343b,438b,540b
仏法大興（●道登）　893b
仏法伝通章（凝然撰）　247b

仏法伝来（●奝然）　847a
仏法東漸　377a
仏法東渡（師蛮論）　813a
　　本朝欽明御統、〈仏法東渡〉、歴十四代、律儀尚欠、　813b
仏法補処之人（公胤）　211a
仏法未周（☆豊国）　892b
仏法力　776b
仏名　791a,879b
仏名会　660a
　　醍醐帝修〈仏名会〉、勅〔浄〕蔵為梵唄、（中略）〔浄〕蔵之音韻殊絶、〔平〕塞等学之応後会、660a
仏名経　73b,638a,851b
　　〔静〕安、詣闕廷、奏季冬禁中修〈仏名経〉、鎮護国家、帝聴其奏、永為恒式、851b
仏名懺　128b,825a
仏名懺会導師（道昌）　128a
仏名懺悔　652b
　　承平元年（931）冬、於宮中始修〈仏名懺悔〉、永為恒例、652b
仏滅後　67b
仏物（法成寺主、覚照）　872a,b
仏理（★菩提達磨）　62a
仏力　817b,896a,898a,921b
★仏隴（中国）　763b
仏隴（播州）　457a
船井郡人（丹州）　101b
舩〔船〕留浦（肥前）　126b
古志郡（越後）　636a,690b
忿怒石（甲州棲雲寺十境）　444a
焚香　84b,361b,434b,472a,556b,572b
焚平生文字数十巻（●無我省吾）　464a
墳墓（墳）　63b,64a,215b
分衛（乞食）僧　642a
分座　312a,334a,350a,363a,368a,399a,402a,409a,411a,420b,438a,474b,495b,535b,619b,621b,624b,

492

625a
〔瑩〕山〔紹瑾〕開永光〔寺〕、命〔明峰素〕哲〈分座〉、 420b
分座化衆（竹居正猷） 576b
分座接納 460a（宝山浮玉）、535b（仲方円伊）
分座説法 292a,305b,309a,383a,416a,431b,444a,514a,516a,541b,575a
分座秉払（乾峰士曇） 411a
★分寧（中国） 399a
分倍舎利（永観） 189b
分娩（後一条帝后） 173b
分物法 787b,788a
　叡尊律師遷化、諸徒行〈分物法〉、〔証〕玄乗羯磨、聞者発心、788a
分遣衣物（竺山得仙） 534a
文会（◉寂昭） 848b
文会論談（◉成尋） 849b
文宴（嵯峨帝） 107a
文雅 394b（太平妙準），457b（天境霊致）
文学 345a,562a,757a,895b
文翰 165a,206a,272a,357a,503b,569a,820b,848a
　〔椿庭海寿〕善〈文翰〉、一時尊宿為其師、求行状碑銘者多、撰東福〔寺〕直翁〔智〕侃公塔銘、 503b
　〔信中以〕篤学通梵漢、才優〈文翰〉、569a
文鏡秘府論（◉空海撰） 83a
文経武緯（◉雪村友梅上堂語） 378b
文庫（栂尾） 271b
文稿（◉汝霖良佐） 520b
文才 89a,239a,473b,600b,889a,896a,915a
文材（聞渓良聡） 440a
文辞 472a,568b
文儒 603b
文集 376b,454b,496a,660b,770a

文章 327a,357a,379b,454b,480a,520b,521a,b,549a,616a,660a
　〈文章〉者道之緒余、非禅人之所務也、●〔汝〕霖〔良佐〕何吟佔筆、偏至于茲耶、 521b
文藻 94a,187a,356a,447b
文卓（印融） 267b
文武官僚 562b
文墨 518b,584a,590a,601b,615b
以文馳名（惟肖得巖） 563a
蚊田（筑紫） 904a
蚊虻（蓮照） 838b
従蚊虻唼膚（仁耀） 836a
豊後州 339b,340a,348b,349a,378b,383a,384a,400a,414a,417a,426b,430a,446b,452a,456a,457a,b,473b,477a,b,478a,487a,490a,492a,512a,621a,883b,892b
　采邑 621a
豊後人 473b,487a,883b
豊後府守（大友氏） 526b

—へ—

平安城 103b,112b,126b,131a,151b,152a,156b,166b,167a,175b,179b,184a,200b,237b,239a,252b,265a,274a,316a,318a,352b,373b,400a,402a,450b,456b,544b,550a,570a,580a,614b,616a,618a,652a,658b,665a,822b
平安城人 103b,126b,131a,151b,152a,156b,166b,167a,175b,179b,184a,200b,239a,252b,265a,274a,316a,318a,373b,400a,402a,544b,550a,570a,580a,614b,616a,618a,652a,658b,665a,676a,685a,b,712a,731b,770b,797b,826a,839b,845a,847a,860b
平元帥 213b,284b,285a,317a,332a,

336a,384a
★平江（中国）　322b
平産（源后通子，大宮女院）　738b
平将軍　302a
平城（和州）　866b
平城右京禅院（◉道昭之徒）　66a
平城中島京　816a
〔平城〕帝者密灌之始（◉空海）　82a
平心処斎（尾州定光寺開山）行状年譜
　（卍元師蛮写）　435b
平帥　280b,281a,285a,290b,291a,
　302a,303a,b,322b,331a,352b,362a,
　364b,365a,370b,381a,388a,b,631b
平帥之請（☆清拙正澄）　631b
〔平田和尚〕語録（平田慈均撰）　417b
兵疫之災　441a
兵戈　546b
兵革　177a
兵仗　124a
兵燹（応仁）　834a
兵馬之権（足利義持）　546b
兵乱　185b
屏居　307b,473a,521b
　〔曇仲道芳〕、諸方以巨利請、掩門却掃、
　構養源〔院〕、以〈屏居〉、玄徒挹風、
　戸外屨満、521b
陛下　329a
瓶詩（師蛮賛，論）　848b,849a
瓶詩、格律高遠、有★盛唐之風、（◉寂
　昭）　848b
閉門　277b,345b,555a
　〔柏庭清祖〕、〈閉門〉払迹、不応諸方
　之請、555b
萍遊（大方大闊）　508a
幣衣　670b,671b,791b,838b
弊衣疏食　268b（亮典）、791a（忍性）
　〔亮典〕、尚質素、包笠芒鞋、遊遍四方、
　尋禅人問禅要、逢教者探教義、（中略）
　拠樹構寓、傍崖拓架、拾薪採果、専以

送歳、〈弊衣疏食〉、生涯以足、　268b
弊衣破笠（恵智）　715b
弊服襤縷（★達磨）　63b
篦杖（鄧林宗棟入山門語）　607a
薜蘿（陽勝）　914a
米価（★廬陵）　506a
米果（安助）　881a
米数百斛　787a
米千斛　824b（仁康）、830a（◉重源）
米銭（☆鑑真）　74b
辟穀（藤太主）　915a
辟穀食蔬（陽勝）　914a
碧瓦画棟（東大寺大仏殿）　829b
碧巌公案（一州正伊）　589a
碧巌集（宋・★雪竇重顕頌古、宋・★圜
　悟克勤評唱）　355a,471b,534a,
　578a,580a,584a,589a,628a
碧巌百則公案（通翁鏡円撰）　338a
壁間画像（婆珊婆演帝守夜神）　172b
壁観婆羅門（★達磨）　62b
霹靂木　814b
★汨灘湾（中国）　336a
別院（和州崇敬寺）　883b
別駕伴典職妻（光勝）　823a
別願　238b
別解脱戒（不見明見）　527b
別時念仏　215b（弁長）、266b（真盛）、
　890a（信寂）
別室（東福寺、琛海）　323b
別受　761b,773b,777b,835b
〈別〔受〕〉者、必択親授、師稟闕則不
　成戒、761b
別受戒　247a,778b
別受行否（良遍撰）　784a
別受師　806b
　〔明忍〕、尚嘆未得〈別受師〉承、将入
　★支那、806b
別受八斎儀（叡尊撰）　777b
別受法　772b,775b,778a,790b

別伝之宗　437a,478a
別伝旨　310b,339b,497b
別伝事（叡尊）　777a
☆〔別伝妙胤〕住建仁之語、及高弟〔玉崗蔵〕珍公之遺偈、　396a
☆〔別伝妙胤〕行録　396a
別当　130a
別当職（東大寺別当職，円明）　897a
★別峰看（相見）★徳雲（無極志玄退院上堂語）　402b
別峰〔大〕殊伝（別峰殊禅師行道記，★大方道醍撰）　289a,504b
別雷神（加茂上宮）　905a
蔑視●〔月林道〕皎，★〔浮山徳〕宣、★〔退耕徳〕寧、而不屑★〔覚範恵〕洪、★〔橘洲宝〕曇、★〔夢堂曇〕噩　377a
片生薑（鉄庵道生上堂語）　344b
片証一衣（一遍，一何）　236b
辺地　823a,855b
辺鄙下賤之民　881b
　吾日本国者、仏法特昌於他域、是以雖〈辺鄙下賤之民〉、誰無見仏法之功徳、定知、有縁之衆生、生於彼楽国者明矣、　881b
返国（●祖継大智）　472b
変怪　754a
変相（楽土）　215b
変男為尼（教円）　773b
変男成女　772b
　教円〈変男成女〉　772b
★扁鵲（名医）（●無象静照上堂語）　306a
窆埋（土葬）（増賀）　164a
偏室　285a,311b,831a
偏正回互（元翁本元上堂語）　346b
偏歴（総覚）　367b　遍歴も見よ
徧一切処（毘廬遮那）　902b
徧界一覧亭（鎌倉瑞泉寺）　344a,395a

徧学（●俊芿偈）　766a
徧叩　410b
徧（遍）参　269a,333a,341b,349a,357a,382b,396b,442a,465a,564b,581a,625a
　〔惟宗徳輔〕、受業千巌〔寂〕大公、隷名東福〔寺〕掌蔵経鑰、職畢〈徧参〉諸方、再参千巌〔寂大〕、　581a
徧参僧（●復庵宗己）　396b
徧問　475b,557a
徧〔遍〕遊　99b,439b,457b,503a,548b,582a,605a,745b,832a
　〔●実翁聡秀〕、参高峰和尚于野之雲巌〔寺〕、南詢入★元、〈徧遊〉禅肆、439b
徧遊伝法（●円仁）　909b
遍吉（普賢菩薩）　903b
遍口鈔（深賢撰）　221b
遍参　→徧参
遍照金剛菩薩（●空海）　877a
遍照発揮性霊集（●空海撰）　83a,110b,120b,645a
遍照発揮性霊文集纂編（●空海撰）　187a
遍明鈔（道範撰）　226b
遍遊　→徧遊
遍歴（●無隠元晦）　419a　偏歴も見よ
褊衫　74b,207b,779a
　〔行然〕、戒定併修、学徒輻湊、〔行〕然常襲〈褊衫〉裙子、出行必着禅衣、或人曰無違律否、〔行〕然曰内心融者、不拘服制、　779a
篇什　565a
篇書　481a
編年集成　767a,825a
弁香　275a,299a,309a,314b,335b,346b,348b,350a,357b,358b,360b,364b,369a,370b,374b,381b,384a,385b,386a,388b,394a,395b,396b,

397a，401b，419a，438a，442b，451a，
452b，463b，505a，513b，516b，535b，
552a，559a，563b，583a
弘誓院正覚尼、相地於城南深草県、営
構精藍、名興聖宝林寺、請●〔道〕元
為第一世、嘉禎二年（1236）開堂演法、
懐中〈弁香〉為★長翁和尚拈出、
275a
弁音調適（院源）　174b
弁音如鐘、我国之華、（義天玄詔）
577b
弁才（●一峰通玄）　480b
弁才天供（至一）　749b
弁才天女　218a
弁才天女画像　282b
弁説婉転（隆寛）　213b
弁道　563a，604a
★汴京（中国）　849b
★汴州（中国）　131a，848b
★汴州〔栴檀〕像、此其最初　848a
★汴都西華門（中国）　847b
便殿　155a，388a，425a，578b，620a，
628b，847a
鞭策　411b

— ほ —

布袋　597b，605b，791a
法華経（妙法蓮華経、妙経、妙典、蓮経、
法華）　76a，77a，b，78a，85b，94b，
99b，104b，105a，b，107a，112b，116a，
119a，128b，138a，149a，151b，154a，
155a，157a，170b，173a，175b，179a，
186a，190a，b，199b，201a，202b，209b，
248a，340a，363b，419a，430b，510b，
576b，584a，636a，638a，b，649a，b，
653b，656b，657b，661a，b，663a，b，
664b，666b，667b，680a，690b，693b，
702b，709a，713b，722b，723a，725a，
749b，766a，792a，793b，804b，817b，

818a，838b，839b，840b，846a，848b，
849b，851b，852a，b，853b，854a，b，
855a，b，856a，b，857a，b，858a，859a，b，
860a，861a，863b，868b，873b，874a，
875b，876a，b，877b，879a，882b，883a，
884a，885a，886a，887a，900b，905b，
906a，911a，912a，914a，b，922b，923a
法華（ほっけ）も見よ
法華経（金字）　77a，105b，175b，419a，
861a
（血書）　340b，430b，713b
（鍱版）　793b
（紺紙金字）　848b
（宋刻）　766b
（●伝教大師自筆）　657b
（如法）　874a，877b
安楽行品　667b
厳王品　854a
序品　854a
提婆品　165b，701b
譬喩品　702b，906b
〔普賢菩薩〕勧発〔品〕　854a
普門品　134a，341b，493a，497b，522b，
853a，884a，909b
方便品　853b，922a，b
薬王品　664b，838a
〔道昌〕、応檀越請、登獅子座、説〈法
華〉、五百七十座、128b
〔応照〕、以心献〈妙法蓮華経〉、以頂
献上方一切諸仏、以脚献下方一切諸
仏、838b
〔総持〕期七日、手書〈法華〉、修懴法、
以資父冥福、其経今存、霊応尤多、
793b
法華経題（★智顗釈）　223b
法華経註（●成尋撰）　850b
法華経秘釈（●空海撰）　83a
法華経品釈（●空海撰）　83a
保護国家　121b

保科（ほしな）人（信州）　308b
★保福〔従展〕喫茶去因縁（桃隠玄朔・景川宗隆問答語）　593b
保保郷（勢州）　571a
哺食（成意）　646a
補釈宗記（唐・★定賓撰）　73b
補陀（道公）　856b
　受師経力、得生〈補陀〉、為大士眷属、856b
補忘鈔（定泉撰）　796b
母子邂逅（◉雪村友梅）　378b
菩薩　64a,67b,111b,121a,248b,329b,340a,441b,614b,633a,644b,647b,665b,678b,749a,853a,884a,891b
　〈菩薩〉、以慈悲、為力、諸仏、以妙用、為力、614a
菩薩（称号）　91a,110a,115a,117a,128b,165a,188a,191b,230a,245a,258a,297a,310a,441b,490b,503b,537b,641b,665b,691a,773a,777b,778a,b,779b,784b,786b,788b,789a,792b,811a,813b,844a,858a,873b,919b,921a
菩薩戒（菩薩大戒）　72a,73b,74a,76a,84b,86a,105b,107a,b,118a,119a,131a,136a,143b,207a,223a,240a,247a,255b,258a,274a,275b,287a,291b,306b,308b,350b,351b,364b,394b,447a,476a,477b,532b,540b,645a,650b,655b,656b,657b,725b,759a,760a,765b,772a,775b,776a,b,777b,787b,805a,809b,813a,816a,866b
菩薩戒遺疑鈔（覚盛撰）　773a
菩薩戒義（◉智鏡）　770a
　西山善恵、与〔智〕鏡常友、相従討論〈菩薩戒義〉、770a
菩薩戒儀（高弁撰）　219b
菩薩戒綱義（清算撰）　804a

菩薩戒〔本〕宗要（新羅・★太賢撰）　791a
菩薩戒疏（梵網経菩薩戒疏、唐・★智首撰）　73b
菩薩戒禅門一大事（★虚庵懐敞）　84b
菩薩戒壇（淳和太上皇）　118b
菩薩戒通別二受鈔（覚盛撰）　773a
菩薩戒洞義鈔（英心撰）　797a
菩薩戒本釈文鈔（叡尊撰）　777b
菩薩（地蔵）感応斎日（24日）　441b
菩薩行　89a,92a,767a
菩薩行門（中天竺、★般刺密帝翻訳、烏萇国・★弥伽釈迦訳語）　100a
菩薩具足之軌則（談天仙〔門〕院〈藤原忠子〉）　780a
菩薩号（◉義南）　444b
菩薩之化（虎関師錬上堂語）　375a
菩薩之現身　846a
菩薩之号　464b（無我省吾）,791b（忍性）
菩薩之座首　123a
菩薩之慈行　560b
菩薩之所願　665a
菩薩之誓願　643b
菩薩乗　75a,448a,494b,564a,609a,625a,833a
菩薩心（虎関師錬上堂語）　375a
菩薩身　827a
菩薩聖衆　921b
菩薩僧　107b（道忠）,122a（広智）
菩薩像（八尺）（仁弘法師作）　826a
菩薩大戒儀軌　306b
菩薩大戒布薩（◉栄西）　86a
菩薩大士灌頂法門（実恵上表文）　111b
菩薩大悲方便（春朝）　839a
菩薩抜頭之舞（☆仏哲）　75b
菩薩蛮（不遷法序撰）　495a
菩薩例講（定兼）　884a

菩提　177a,209a,241b,458a,562a,
　　645b,646a,662a,737b,834b,836b,
　　838b,840b,841a,879a,881b,888a,
　　908b,923a
　〔行信〕修〈菩提〉、期糧尽命没、
　　645b
　菩提山座首（体日）　231b
　菩提之道　846a
　菩提之本（無明）　923a
　菩提子念珠　159a
　菩提資糧論（★竜樹菩薩造，★自在比丘
　　釈，隋・★達磨笈多訳）　270a
　菩提樹子（☆鑑真上表進呈品）　73b
　菩提樹宝塔式（高弁撰）　219b
　菩提樹葉（●円行）　114b
　菩提種子（皇円）　840a
　菩提心　90a,650a,671a,789a,790a,
　　817a,822a,828a,850b
　菩提心戒儀（●恵運撰）　127b
　菩提心義（安然撰）　140a
　菩提心論（★竜猛造，★不空訳）　81a,
　　775a,789a
　菩提心論愚草（頼瑜撰）　244a
　菩提心論鈔（杲宝撰）　257a
☆〔菩提〕仙（僊）那行状（★南天竺婆羅
　　門僧正碑并序）（修栄撰）　94a
☆〔菩提〕仙（僊）那肖像　94a
　菩提道場（愛宕山，城州）　99a
　菩提本無樹（義雲上堂語）　348a
　菩提煩悩　526a
　菩提法（信敬）　837b
　菩提要旨（延昌）　656b
　墓　864a,874b
　墓碑碣（★琅琊王）　99b
　慕律（了性）　808b
　方外　792b,828b
　方外交　133a,165b,751b
　方外之友　107a,584a
　　〔光〕定与菅丞相、為〈方外之友〉、

　　107a
　方外之遊　560b
　方外士　89b
　方語　623a
　方言義（隆海撰）　133b
　方術　913b
　方丈　355a,358a,b,363a,404a,406b,
　　441a,450b,531a,554a,574b,601a,
　　612b,627a,663a,881a　函丈，丈室，
　　籌室も見よ
　方丈焼損（但馬大明寺）　531a
　方被　727b
　方便　304a,469a,526a
　方物　271a,850a
　北条県人（豆州）　666b
　包丁　366b
　〔芳庵祖厳〕自賛頂相　552b
　伯耆　→伯州
　伯耆講師（賢永）　817b
　伯耆人（重怡）　858b
★奉議大夫（中国，★趙雍）　337a
★奉天殿　503a
　奉養（●雪村友梅）　378b
　宝印（安恵）　122b
　宝蓋　186b,488a,623a
　〔宝覚真空禅師〕語録（雪村和尚語録，
　　●雪村友梅撰）　379b
　宝函　273a
　宝冠　540a,825b
　宝器　83a,860a
　宝篋〔印〕陀羅尼経（唐・★不空訳）
　　708b
　宝篋印塔　452a,811a
　　〔慈〕猛、乃厳頂立〈宝篋印塔〉、名感
　　応岩、　811a
　宝鏡三昧（唐・★洞山良价撰）　342a,
　　488b,530a,571b
　宝華　486b,806b
　宝華王座（●円爾弁円上堂語）　285b

498

宝華座　583a
宝剣　79b,647a
宝号　158a,214b,236b,749a,787a,
　828a,858b,870a,874b,875b,878a,
　879a,881a,885a,888b,920a
宝号唱念（観音宝号）　920a
宝冊鈔（元宝撰）　257b
宝山王　172b
宝珠　62a,75a,106a,265b,288b,535b,
　537a,706b,902b
宝樹珍禽（礼光）　90a
宝杵（★善無畏三蔵）　131a
宝鈔（★徐福）　510a
宝蔵　207b（蓮華王院）,694a（鳥羽）
宝殿　91b,720a
宝塔　120a,165b,171b,219a,224a,b,
　248b,379a,389a,424b,430a,636a,
　751b,790b,810b,832b,833a,911a
宝鉢（☆法道仙）　912b,913a
宝幡　270b
宝瓶　85a
宝満大菩薩（竈門明神,玉依姫）　907a
宝物　727b
　建保四年（1216）、盗取東寺舎利〈宝
　物〉、〔道〕尊於西院、修仏眼法、此月
　盗発、　727b
宝鑰註　→秘蔵宝鑰註（道範撰）
宝要安立（貞舜撰）　260a
宝鈴　93b,324a,325a,838b
宝楼閣法　689b
庖供　128a
庖宰　128a
抱笈　898a
抱石投水　802b
　〔如導〕、自謂此界穢土、此身穢器、無
　一可楽、不如去此、適彼楽国、到大井
　川、〈抱石投水〉、里民救之、　802b
放逸　606a,219a
放行　505a,b

放行把住（聖冏辞偈）　262a
放参　493b
放生　718a
放生池　760a,777b
　〔叡尊〕、禁漁猟、置〈放生池〉、一千
　三百五十余所、　777b
放生会（円照）　786a
放生之所　778a
放生津（越中）　366b
放身捨命（☆無学祖元上堂語）　303a
放屁　163a
　藤皇后詮子、将召宮受戒、〔増〕賀於
　殿南檻、掲裳〈放屁〉、向諸宮女曰、
　誰人以増賀雑嬲毒之輩、　163a
法愛（☆大休正念）　343b
法印（妙法印璽）　272a,299a,436b,
　450a
法印（僧階）　171b,176a,185a,186a,
　190b,191b,194b,195a,204b,209b,
　222a,231a,233b,249a,254b,257a,
　258b,259b,338a,450a,688b,691b,
　692b,695a,701a,702a,703a,709b,
　710a,712a,b,716a,717a,719a,b,
　726b,728a,729a,b,730b,731a,732b,
　733b,734a,736b,737a,b,738a,b,
　739b,740b,741a,b,745a,747a,748a,
　751a,b,784b,800a,b
法印権大僧都　194b（永実）,782b（良
　遍）
法印大和尚　129b,747a（定範）
　以〈法印大和尚〉為僧正階、法眼和尚
　為大小僧都階、法橋上人位為律師階、
　129b
法師〔印〕（証観）　190b
法雨（雩）　234a,351a,441b,604b,
　677a,b,690a,691b,704a,716b,727a,
　745b,764b,812b,850b,894b
法会　92b,120a,124a,265b,488b,578b,
　646a,692b,746b

件名索引

法衣　273a,283b,287b,290a,297b,
　301b,304b,307a,323a,391b,397a,
　408a,413b,435a,450b,455b,460a,
　483b,510b,542b,552b,591b,644a,b
法益　584b
法苑林章記（善珠撰）　97a
法苑林灯記（平備撰）　109a
法筵　266b,324a,336a,374b,483b,
　495a,510b,532b,556b,588a,668a
法筵導師（☆思託）　757a
法音　266b,639b
法恩　80b,327a
法海　453a
法関白（寛助）　697a
法軌　736a
法規　252b,356b,380a,533b,565b,646a
法器　136a,164b,240a,274b,382b,
　387b,652b,778b
法義　101a,103b,104a,169b,183a,
　220a,253a,354b,463b,701a,747a,
　904b
法儀　204b,208b,219a,251b,433b,
　543b,558a,669a,b,715b,897b
　〔天真自性〕〈法儀〉偏則★青原〔行
　思〕、参徒奔会、　543b
法鏡行者（円澄）　108a
法供　698a
法供養第一（蔵海性珍陞座説法偈）
　474b
法具　74b,80b,118a,500b
法救　119b,668a,674a,677a,679b,
　687b,717b,764a,787a,794b,918a
法見　608a
法券　514b
法眼（僧階）　129b,135a,205b,214a,
　226b,230a,684b,693b,694b,702a,
　703b,709a,714b,715a,b,716a,719a,
　731a,734b,738a,b,739b,826b,827b
　〔守覚〕、畿内地震、奉勅修一字金輪法

於六条院、不日而止、譲賞親覚而叙
　〈法眼〉、　205b
法眼位　826b
　〔慶信〕、補僧綱、如〈法眼位〉、南京
　諸寺、〔慶〕信始叙之、　826b
★法眼〔文益〕答仏話（乾峰士曇）
　410b
法眼〔宗〕　631b
法源（師蛮賛語）　547b
法語　286a,287b,304a,322b,327a,
　359b,365a,379a,396b,397b,404b,
　417b,418a,421b,428a,442b,443a,
　466b,490b,515b,524b,528b,530a,b,
　537a,539a,546a,548b,577b,587b,
　591b,600b,621b,630b,765a,766a,
　767b
法興院十禅師（皇慶）　681b
法綱　108b
法号　612b
法財　781b,786a,834b
　〔澄禅〕捨〈法財〉、繕修堂宇、寺衆奉
　為弘律之祖、　781b
　〔円照〕、康元丙辰（1256）秋、欲修放
　生会、至難波津住吉浦、喜捨〈法財〉、
　普救鱗介、　786a
法之棟梁（★青竜寺義真）　114b
法師　66b,69a,76a,82a,88b,89a,92a,
　98a,99a,101a,104b,105b,108a,112b,
　113b,114a,115b,117a,b,123b,129a,
　131b,133a,136a,139a,146a,158b,
　163b,166b,167a,169b,175b,179a,
　184a,190b,198b,207a,211a,217b,
　225a,239a,243a,b,260a,270b,282b,
　293a,297b,304a,308b,310b,325b,
　369b,387b,462b,635b,643b,649b,
　651b,658b,659b,665a,668a,669a,
　671a,672b,673a,677b,679b,681b,
　687b,702b,720a,725b,739a,740a,
　761a,762b,766b,773b,780a,801b,

500

件名索引

　　815a,826a,830b,844b,848a,b,860a,
　　876a,892b,902a,918b,920b
法師位（隆光）　899b
法事　99a,213a,583a
法事文章（順継撰）　249b
法者不孤以興、必得衆而弘、　850b
法執　664a
　　孰経為優焉、孰経為劣焉、然末世以来、
　　諸家宗枝、〈法執〉凝結、彼此相争、
　　（中略）今此諸師、徒知経巻之可貴、
　　却不知〈法執〉之成翳矣、　664a
〔法俊（英仲）〕禅師行状（師蛮写）
　　545a
法匠　112b,155b
法将　269b
法成寺恵心院検校（明快）　179a
法成寺斎会（聖慶）　201a
法成寺寺務（心誉）　680a
法信　84b,136b,194a,462b,809a
　　★達磨始伝衣而来、以為法信、至★六
　　祖止而不伝、汝為外国人故、我（★懐
　　敏）授此衣、為〈法信〉、　84b
法親王（覚行）　692b
法施　641a,684a,912a
法席　453a
法泉房（地名,江州）　685b
法蔵　850b
法蔵図（★釈迦文～★恵能,三十四像）
　　138a
法壇　828a
法中之王（春屋妙葩）　484b
法中獅（東渡宗師十有余人）　354b
法徴　728b（親厳）,742b（覚済）
法灯之歌（師蛮賛語）　261a
法道　542b
法幢　87a,91a,170a,348b,353a,396a,
　　401a,459b,528b,533b,534b,543b,
　　570b,599b,627b
〔●栄西〕、既為本邦禅宗第一祖、豎

〈法幢〉、唱大法、　87a
法乳　335b,452b,473b
法乳之恩（東巖恵安）　297b
法乳之香（規庵祖円）　328b
法忍（文珪）　833b
〔法然〕十三回忌（建長6年〈1254〉）
　　891a
〔法〕然真容（湛空）　230a
法然像　890b
法然碑　230b
法服　114b,159a,510b,752b
法宝　75a
法本不生（行基）　70a
法末　698b
法曼荼羅（金書）　104a
法味　822a,908b
法名　389b,390a,517b
法務　74a,93a,130b,148b,149b,150a,
　　156b,160b,161b,169a,174b,178a,b,
　　182b,184a,199a,200b,221a,228a,
　　234a,241a,245a,260a,265b,651a,
　　655b,656a,661a,664b,669a,675b,
　　686b,688a,692b,696b,698a,702a,
　　705b,707b,709a,714b,715b,717a,
　　724b,726b,727a,729a,730b,731b,
　　734b,736a,b,737a,b,738b,739b,
　　740a,b,741b,742b,743a,b,744b,
　　745a,746b,747b,750b,787a
　　〈法務〉已後此二職（権少僧都,大僧
　　都）、〔仁〕斅為初例、　150a
法門之棟梁　114b（★義真）,123b（中
　　〔仲〕継）
法門次第戒定恵、観門次第定恵戒、学門
　　次第恵戒定　270a
法要　95b,249a,288a,289a,338b,342b,
　　343a,374a,388a,413a,427a,463a,
　　483b,493a,494a,495a,504a,510a,
　　525a,603a,620b,752b
法螺　693a,866b

法雷　632a
　石屋〔真梁〕震〈法雷〉於西国　632a
法楽　220b，911b
法利　723b
法力　119b，658a，763a，764a，794b，815b
法律　61b，62a
法侶　871a
法琳　754a
法輪　759a
法令　400b
★法礪南山疏鈔　759b
★〔法〕礪律師四分戒本疏（法礪疏鈔，四分疏，戒疏）　72b，73b，74b，757a，758b，759a，b
封田　896a
疱瘡　636a，651a，687b，729a
逢茶喫茶、逢飯喫飯、（瑩山紹瑾）　342a
逢春閣（建長寺）　411b
報恩経（大方便仏報恩経，失訳）　847b
〔報〕恩公廬以大悲一呪（師蛮賛語）　637b
報身　471b
報土　220a，239c
　〔良忠〕、問曰、★天台★善導〈報土〉為同為異、〔聖〕光曰、入門雖異、到奥則同、自爾日陪講席、問難往覆、239b
報仏黄金膚（平明）　880a
報夢鈔（良忠撰）　240b
飽参　352a，475b，484a，501b，531b
鳳凰　302a，614b，696b
鳳書紫袍（一休宗純）　587a
★鳳台（中国）（金陵，保寧寺）　415b
★鳳台〔山〕（金陵，保寧寺）　391b
縫掖之徒　64a
鮑魚肆（明叔慶俊上堂語）　614a
★龐〔龎〕〔蘊〕居士、示迪丞相語、（●性

海霊見）　501b
持亡母之骨、上高野山、（性蓮）　908b
矛戟（夜叉羅刹持物）　911a
忘身　841a
防州（周防）　86a，285b，392b，393b，484a，503b，526b，558a，576a，b，584b，589a，599b，600b，601a，765a，830a，855a
　大島郡人　855a
　玖河郡　722a
防州人　503b，526b，589a，722a
防（本）州太守（大内弘世）　393a
房舎（吉水）　889b
房州　385a，443a，447a，538b，573b，859a
　正木郷　385a
房州刺史（信誓父）　859a
房州太守（源頼秀）　447a
房州正木郷田莊若干畝　385a
冒瀆　239b
茅屋蔬菜（●心地〈無本〉覚心）　288a
★望州亭（福州雪峰山）　528b
帽子　613a
　〔古岳宗亘〕勅許著〈帽子〉、御対肩輿入宮、613a
棒　360b，459a，531b，588b，596a，630b
棒喝　402b，511a，602a，606b，608a，615b
棒喝交馳　331a（☆一山一寧上堂語），602a（実伝宗真上堂語），579a（泰叟宗愈上堂語）
棒下悟無生（元翁本元）　347a
有棒有喝（実峰良秀上堂語）　506a
暴悪鬼神　911b
暴雨　161b，604b，640b，677a，698a，709a，757b，786b　雨、大雨、雷雨、祈雨なども見よ
暴雨大溿（祐尊）　720a
暴雨普潤（良遍）　728b
暴風　69b，73b，642b，664b，764a，843a，857a

暴風疾雨　911b
北越　275b,309a,800b
北講（義昭）　152b
北塞人　895b
北首右脇而逝（●円仁）　118b
北首西面寂（唯乗）　885a
★北台　117a
北地　634b
★北朝巨儒（★顔子推）　918a
北斗供（高弁）　218b
北斗檀宮瓦　188a
北斗法　187b,205b,675a,702b,704b,
　712a,724b,732b,736b,740a,741b,
　743b
煮北焙之茗,蒸南溟之沈　515a
★北蕃　77a,84a
★北虜　301b,311a,763b
卜者　65b,814b
木剣　587a
〔一休宗純〕、吹尺八、腰〈木剣〉、賦
　偈頌、詠和歌、頗恣其言、如風狂然、
　587a
木人倒吹葭管（大休宗休上堂語）　613a
木履（教待）　868b
牧牛　411b
牧童　613a,808a
〔大休宗休冬至上堂〕冬至在月頭、則
　売被買牛、木人倒吹葭管、冬至在月尾、
　則売牛買被、〈牧童〉遥指金鞭、613a
僕射　72a,86a,201b,329a,332b,636b,
　659a,674a,676b,698b,824b,902b,
　912a
☆睦州〔道明〕担版漢☆趙州〔従諗〕喫茶
　去（☆一山一寧上堂語）　331b
墨跡（行尊）　700a
★濮陽〔中国〕　844b
★北磵〔居簡〕和尚之的子　278a
★北磵〔居簡〕之禅（●天祐思順）　323a
北京（城州）　149a,203b,214a,221b,

237b,239a,241a,264b,779a,781a,
791a,795b,813b
北京三会（法勝寺大乗会，円宗寺法華，
　最勝二会）　182b
★北峰〔宗印〕法語唯心浄土説（●俊芿
　書）　766a
払子（払）（ほっす）　275a,299a,
　311b,319b,328b,330b,331b,336a,
　342b,353b,355b,359a,b,366b,385a,
　b,388b,414b,424b,432a,450b,451a,
　b,458b,459a,464a,471b,479a,b,
　487b,488a,494b,495a,500a,b,502a,
　b,504b,508a,514a,515b,517a,519b,
　535b,548b,549b,551b,564a,582b,
　590b,595a,b,596b,598b,602a,604b,
　606a,b,611b,614b,630a,b
　文和四年（1355）〔峰〕翁〔祖一〕、嘱
　付曰、汝（大歇勇健）当成人天眼目、
　今以〈払子〉為信、我滅後、水辺林下
　須随分過時、450b
払子頭上（徹翁義亨）　432a
法界　580b,766a
　〔●俊芿〕、良久曰〈法界〉一念謂之空、
　一念法界謂之仮、念界融絶謂之中、
　766a
　〔雲章一〕慶、陞座説法、乃曰、（中
　略）自利利佗無施不可、是謂無尽蔵陀
　羅尼門、又是謂〈法界〉無量回向、
　580b
法橋　129b,176a
法橋上人位　129b,722b
法華（法華経，妙典，妙経，蓮経）
　77a,b,78a,91b,99b,102a,b,105b,
　108a,116a,119a,123b,127a,138a,
　139a,163b,165b,170b,173a,175b,
　186b,190a,b,198a,199b,203b,209b,
　210a,220a,223b,239b,268b,330a,
　340b,368b,387b,398b,419b,430a,
　460b,483a,537a,b,583a,584a,612a,

638b，649a，b，656b，657b，661b，663b，664b，666b，667b，670b，672a，676a，679a，683b，684a，689b，690b，695a，698b，702b，711a，713b，717b，718a，721b，722b，723a，729a，749a，752a，762b，766a，786b，802a，804b，809a，b，821b，822b，823b，836a，837b，838a，b，839a，b，848b，849b，851b，852a，b，853a，b，854a，b，855a，b，856a，b，857a，b，858a，859a，860a，861a，863a，870b，871b，872a，873b，875b，876b，877b，879b，882a，b，884a，904b，905b，906a，912b，914a，b，915b，916a，918a，919b，922a，b，923b，924a　法華経も見よ

源〔重〕書〈法華〉献于伊勢太神　749a

吾国講〈法華〉者、以台教為指南、未憑佗家、（高湛）　801b

法華会　76a，145b，163b，175b，182b，183a，185a，653b，671b，777a，823b，827a

〔中信〕、昼講法華、夜修念仏、毎至季春、開〈法華会〉、823b

法華会講主　141b（済棟），145b（智鎧）

法華奥義　656b

法華音釈（仲算撰）　155a

法華開講（●円仁撰）　119a

法華開題（●円珍撰）　139a

法華肝心（善珠撰）　97a

法華観心四種記（●円仁撰）　118b

法華記（明一撰）　97b

法華義疏　132a（聖徳太子撰），231b（隋・★吉蔵撰），795b（聖徳太子撰），863b（聖徳太子撰）

法華儀軌（光定）　107a

法華供養　847a

法華華厳円頓之機（静明）　231a

法華解節記（護命撰）　106a

法華献于伊勢太神（源重）　749a

法華玄義（妙法蓮華経玄義，隋・★智顗撰）　73b，76a，310b，325b，725b，830a

法華玄義鈔（増賀撰）　163b，192b

法華玄賛（妙法蓮華経玄賛，唐・★窺基撰）　229b，802a

〔高湛〕講〈〔法華〕玄賛〉、以救其弊、802a

法華光明之法（宗賢）　202b

法華弘賛（行賀撰）　98b

法華講　159a（村上天皇），170b（慶祚）

法華最勝二講会　145b

法華最勝講席（頼厳）　185a

法華三大部　→天台三大部

〔法華三大部〕私記（証真撰）　209b

〔証〕真公騒乱不党、潛思著書、人無知之、故逸（元亨）釈書大筆耳、頃世興聖寺円耳始獲其書〈〔法華三大部私記〕〉於叡山僧舎、自爾繡梓、盛世玩之、質文覉焉、析義精焉、其扶翼台教也、209b

法華三昧　67a，163b，207b，526b，651b，827a，861a

法華三昧堂（延暦寺）　77b

法華示珠指（宋・★源清撰）　167b，673a

〔法華〕十講　102a

〔栄好之死〕〔勤〕操大悔嘆、告同志七人、葬遺骸於石淵寺後、便設四日二座談席、分法華八軸、各講一巻、以修冥福、（中略）名曰石淵八講、諸долу相効、或〈〔法華〕十講〉、或三十講、102a

〔法華〕十講会（●最澄）　76a

法華実相記（●円仁撰）　119a

法華実相観註（●成尋撰）　850b

法華実相之旨（増誉）　695a

法華釈義決（護命撰）　106a

法華十万部、融通本願会（慈心）　861a

法華疏（法華義疏, 隋・★吉蔵撰）
　136b, 781b, 785a
法華疏恵光記（凝然撰）　247a
法華新疏（徳一撰）　109b
法華深義　108a, 248b
　〈法華深義〉, 本地妙法心教相常住宝塔、
　（恵心印信, 行重七科　四）　248b
法華懺　752b（天海）, 887a（浄尊）
法華懺法　207b（源空）, 793b（総持）,
　882b（西法）
法華大意（尊海三科義一）　248b
法華大会（天海）　752a
法華長講（◉最澄）　108a
法華堂　668b（洛北大雲寺観音院）,
　786b（東大寺）
法華仁王五日十講供養（◉斎然）　847a
法華八講　102a, 152b, 212b,
　730a
　於十禅師彼岸所、修〈法華八講〉、講
　師聴衆各八人、皆叡山碩徳、初座供養
　導師聖覚、演説微妙、証義者俊範、論
　断究理也、　730a
法華八講会（八講会）　152b, 176a,
　191b, 283a, 827a, 884b
法華八軸　102a
法華百部, 備真〔源重〕、　749a
法華輔照（◉最澄撰）　78b
法華法　202b, 729b, 827b
法華密供（叡効）　839b
　〔叡効〕六時勤修〈法華密供〉、　839b
法華妙音（護命）　105a
法華文句（妙法蓮華経文句, 隋・★智顗
　撰）　73b, 76a, 163b, 725a
法華要鈔（痴兀大恵撰）　325a
法華要文三十頌（遺稿, 覚英撰）
　198b
法華要略（徳一撰）　110a
法華略記（明一撰）　97b
法華略頌（仲算撰）　155b

法華六万余言（六万九千字）　855a
法華論義（◉円珍）　139a
法験（験）　64b, 180b, 635b, 647a,
　661a, 663a, 673a, 674a, 678a, b, 680b,
　681b, 685a, 687a, b, 690a, 693a, 697a,
　698a, 700b, 701a, 702b, 707a, 711a,
　716a, 717b, 728a, 731a, b, 732a, 733a,
　b, 734b, 740b, 741a, b, 742a, b, 743b,
　745a, 746a, 747a, 750b, 754a, 795a
　★大広智（大弁正広智不空三蔵和上,
　不空の諡の略称）、★善無畏、★不空、
　始顕〈法験〉, 此方之先達、越海伝帰、
　754a
法性　458a
法性之句　282b
法性寺阿闍梨（延昌）　656b
法性寺座主　165a, 657b, 668b, 673a,
　684b, 712b
法性寺寺務（覚快）　712b
法性真如理仏（六重仏相四）　181b
法勝之寺務、此任以〔覚〕円為始、184a
法勝寺九層塔火　86a
法勝寺検校　692b（覚行）, 710a（覚
　性）
法勝寺座主（実因希望）　165a
法勝寺最初阿闍梨　185b（最尊）, 187b
　（公伊）
法勝寺堂塔落慶（永保３年〈1083〉）
　691a
法勝寺八講会（証観）　191a
法勝寺八講会講主（禅仁）　191b
法勝寺務　184a（覚円）, 687b（性信）,
　707b（恵信）
法身　70a, 194b, 804a, 916a
法身之香（師蛮系語）　213a
法身自性之旨　211a, 274a
法身即虚空、虚空即法身、（傑堂能勝・
　南英謙宗問答語）　573b
法身仏（大日如来）　902b

法身報身及化身（◉清渓通徹上堂語）
　471b
法戦　147b,155a
法戦場　124a
法相（学）　65a,66b,67a,77b,81a,
　88b,89a,91a,92a,b,94a,b,96b,98a,
　99a,100a,101a,b,103a,b,106a,109a,
　b,110a,b,112a,122a,b,124a,125a,
　126b,131a,133a,141b,142a,144a,
　145b,147b,149b,150a,152a,155a,b,
　156b,157a,160a,b,161a,164a,165b,
　168a,171b,176b,177b,181b,182a,
　184a,b,185a,188a,189a,191b,192b,
　193a,195a,198a,199b,202a,203b,
　204b,208b,211b,221a,b,227b,228a,
　229b,231b,239b,246b,247a,251a,
　269b,272a,325b,638a,646a,664a,
　675b,707b,737b,751b,761a,769a,
　786a,799b,815a,821a,843b,844b,
　846b,878a,879b,895a,896b,897a,b,
　898a,b,899a,b,900a,901a,907b
　〔村上帝〕〈法相〉為六宗長官、155a
　入★唐伝〈法相〉者、凡有四人、◉道
　昭第一番、　66b
　義淵、従☆◉〔智〕鳳受〈法相〉、或
　繋☆◉〔智〕鳳於慈恩下者非也、
　843b
法相家之英傑　193a
　〔玄〕覚、〔覚〕信、〔尋〕範、〔覚〕晴、
　〔信〕慶五師、皆是〈法相家之英傑〉
　也、　193a
法相学　101a
法相学者　191b
法相学匠　907a
法相学徒　198b
法相義旨　737b
法相之貫首　199a
法相宗（相宗）　64b,67a,89a,94b,
　95a,101a,102a,103b,104b,105a,

109b,110a,112b,125a,b,133b,141b,
152b,156a,182a,188a,211b,227b,
228a,251b,369b,642a,679a,782b,
843b,851b,875a,898a,b,899b,907a
〔賢〕応〔三〕修〔隆〕光之三師者中
古〈法相宗〉之魁才、　125b
〔☆智鳳〕与沙門☆◉智鸞、☆◉智
雄、入★唐、謁濮陽★智周大師、稟法
相而帰、是〈相宗〉入★唐得法之第三
番也、　843b
法相宗匠五十人之名（三国仏法伝通縁
起）　898b
〔法〕相宗章疏　65b
法相宗章疏目〔録〕（蔵俊撰）　204a
法相宗第四祖（◉玄昉）　845a
〔法〕相宗入★唐得法之第三（☆◉智鳳）
843b
〔法〕相宗入★唐得法之第二（◉智通）
67a
法相真言貫首（定照）　199a
法相大意鈔（良遍撰）　784a
〔法〕相宗中興之才（善珠）　97b
　〔善珠〕、以〈法〉相宗中興之才〉、称
★慈恩之再身、　97b
〔法相伝者〕第一番（◉道昭）　66b
法相秘贖（円照）　786a
法相立宗　208b
　〔貞〕慶、雖以〈法相立宗〉、而律規為
務、平居蕭然、　208b
法相了義灯（徳一撰）　110b
◉法灯〔円明国師〕遺像（☆明極楚俊賛）
289a
◉法灯国師三十三回忌（至一）　750a
　需◉法灯国師真賛、感画像踥跼、〈孤
山至遠〉　425b
◉法灯之道、此時鼎盛（建仁寺高山慈照,
万寿寺東海竺源）　369a
発願回向（浄尊）　887a
発願文　71b（☆道璿）,768b（宋、★

506

大祖）

発心　239a, 788a, 813b, 906b

発心堅固　163a（増賀）, 875a（教懐）
　〔増賀〕, 詣根本中堂、祈〈発心堅固〉、
　毎夜千拝三年無怠、　163a

発心集（鴨長明撰）　708b

発心条（存海, 真要十一条一）　259a

発軫　92b
　本朝戒範、雖権興于☆鑑真、而其本者
　〈発軫〉於〔隆〕尊公、且夫事者、以
　〈発軫〉為貴焉、故仏説法会、以発起
　人列于七衆之首、以此故也、　92b

発薬（岐陽方秀）　551a

★渤海（中国）　429a, 490b

骨島（備前）　918a

誉田（応神）天皇広幡八幡（護国霊験威
　身神、大自在王菩薩）　904a

堀川（城州）　86a

本懐鈔（経海撰）　231b

本覚　216a, 248b

本願　169b, 214a, 216a, 223b, 237b,
　876b, 890b, 891b
　往生要集者、記弥陀〈本願〉、備西方
　之勧発也、　169b

本義鈔（宗性撰）　232b

〔本空〕寂行実（逸失）　465a

本宮（熊野山）　906a

本源　497b, 621a

本迹二門（幸西）　216a

本州　759b（武州）, 831a, 887b

本州（和州）講師（薬円）　133a

本州人　759b（武洲）, 831a（筑前）

本地　248b, 793a, 906a, 909a
　法華深義、〈本地〉妙法心教相常住宝
　塔、（行重七科四）　248b

本地真身　906b

本朝　269b, 270a, 273a, 406b, 569a,
　595a, 637a, 891b, 901a

本朝異域之宗匠、窮智弁而疏述、　796b

本朝工冶、雕竜形於剣中、蓋自此始也、
　（勝算）　674b

本朝教家人、犯師祖諱、却以為栄、法然
　門下特多、（師蛮系語）　230a

本朝華厳始祖　95a
　★新羅☆◉審祥禅師入唐、見★賢首大
　師（法蔵）、伝雑華、来住大安寺、為
　〈本朝華厳始祖〉、　95a

本朝弘律之宗祖（☆鑑真）　75a

本朝皇系暦祚　847a

本朝高僧事蹟（虎関師錬）　376b

本朝国師自◉〔円〕爾始　286b

本朝七高山之一（伊吹山）　134b

本朝有沙門之始（☆百済曇恵, ☆道深）
　61a

本朝重神転仏　913a

本朝宿学、請演新法、（◉宗叡）　131b

本朝諸州神　639b

本朝諸神、崇奉三宝、　916a

本朝職員令　847a

本朝神書（虎関師錬）　374a

本朝神仙伝（大江匡房撰）　637a

本朝僧史之権興　377a（元亨釈書）,
　757b（延暦僧録）

本朝禅苑（◉栄西）　279a

本朝禅祖（◉栄西）　86b

本朝僧綱之始（僧正☆観勒, 僧都☆徳
　積）　61b

本朝叢林豪傑輩出（師蛮賛語）　428a

本朝大師号権興于茲（◉伝教最澄, ◉慈
　覚円仁）　647b

本朝大乗四家（三論, 法相, 華厳, 律
　宗）　77b

本朝知識（◉霊光周徹）　512b

本朝登壇受戒之始　74a, 835b

本朝布薩之始　93a
　〔良弁〕招道融、説梵網経、修浄住法、
　是〈本朝布薩之始〉、　93a

本朝仏法之興　862a

本朝梵利之制度　90a
本朝未善絵事　842b
本朝名流（景南英文）　570a
本朝文粋（藤原明衡撰）　63b
本朝律学未備　71b
本有円成話（授翁宗弼）　449b
本邦　117b,274b,296b,400a,842b,846a
本邦之始祖（禅宗、☆義空）　270b
本邦事（虎関師錬）　376b
本門　216a
本来成仏　264b
本来常住之仏、名一切仏、　140a
本来無一物（太白真玄上堂語）　582b
本来面目　427a
本来面目公案（蒙山智明）　418b
品階（性信）　687b
品具　217b
品坐談論　867b
稟印（徳叟周佐）　496a
稟戒　71b,123a,165a,182b,197b,207a,
　218b,227a,228a,236a,239a,243a,
　248a,251a,257a,342a,370b,423a,
　445b,452a,533b,534b,541b,545a,
　553b,557b,577b,605b,613b,628b,
　634a,642b,653b,670b,676a,685b,
　708a,717b,732b,751b,758a,770b,
　798b,809b,812b,849b,886b,896b
稟学　211b,237a,238b,239a,247b,771b
稟具　72b,102b,111a,140a,175b,188a,
　201b,246a,279b,297a,310b,325b,
　346b,349a,371a,373b,383b,404a,
　410b,429a,431b,487a,499b,507a,
　530b,548b,552b,563b,565b,566b,
　649b,708b,710a,719b,780b,786a,
　800b,876b,882b
稟業　246b
稟嗣　445a
稟受　219b,778b
　〔厳真〕、興正開別受戒、〔厳〕真往家

原寺、〈稟受〉具戒、　778b
稟授　813b
稟習　75b,100b,287b
稟法　730a
稟密　252b
翻典（勤操）　102b
翻訳　67a（★玄奘）,87a
　★〔迦葉〕摩騰、★竺法蘭、負駄東渡、
　従此秋客夏僧、聴言揣意、〈翻訳〉大
　備、　87a
翻訳経論（★玄奘）　67a
凡愚無慙之僧　887a
　〔浄尊〕曰、我是〈凡愚無慙之僧〉、永
　捨世栄、偏忻来果、不受檀施、常拾死
　肉、以充飡、　887a
凡骨鈔（竟空撰）　125b
梵音　387a,800a
梵学　125b,140b,151a,206a,629b,
　633a,730a,847a,880a
梵漢　206a（守覚）,569a（信中以篤）
梵漢書（●覚阿）　272a
梵漢博記（江西竜派）　568b
梵軌　759b
　善俊、淹侍☆道璿、揣練〈梵軌〉、質
　行事鈔、　759b
梵儀　259b,862a
梵夾　67b,80b,83a,114b,131b,136b,
　162b,766b
梵夾三経疏二百一十六部四百六十一巻、
　諸曼荼羅、宝器、仏具（●空海伝来）
　83a
梵教（古幢周勝）　556a
梵経　194a,217b,301a
梵行　123b,147a,453b,845a
梵語　70a,83a,318b,518b,655b,667a,
　902b
梵語詩　569b
梵語〔般若〕心経（●白雲恵暁書写）
　381b

梵言　68a

梵利　424a,863b,864b

梵字　254b（宥範）,681b（皇慶）,
　　　764b（●俊芿）

梵字悉雲章（●円珍,★般若怛羅受学）
　　　136b

梵釈寺十禅師（兼算）　871a

梵釈像四王像（城州興隆寺安置）　818a

梵呪　70a,619b

梵書　116a（●円仁）,677b（雅真）

梵鐘（★天台山）　305a

梵制（南禅寺）　309b

☆〔梵僊（竺仙）〕真賛　385a

梵相　756b

梵僧　74a,77b,79b,169a,217b,218a,
　　　254b,650a,686b,764b

梵僧之英　850b

梵像　292b
　　　設〈梵像〉卒堵、牓曰大慈〔寺〕、
　　　292b

梵天　310a,320b,324b,419a,514b,849b

梵天上首（帝釈天）　774a

梵典（●円載）　132a

梵唄　349a,660a,699b,702b,772b,
　　　781a,789b,842b,864a
　　　〔聖〕守、工〈梵唄〉、声調嘹幽、
　　　789b
　　　☆道栄、★唐国人、博記経論、尤善
　　　〈梵唄〉、842b

梵唄之場（大原来迎院）　699a

梵文　68a,566b

梵法（●雪村友梅）　377b

梵網　268a

梵網会（☆鑑真）　74a

梵網戒品（良源誦）　159a

梵網経（梵網菩薩戒経,★鳩摩羅什訳）
　　　71b,93a,105a,146a,217b,218a,775b,
　　　776a,778a,779b,803a,809b,840b

梵網経上巻義疏（平備撰）　109a

梵網経古迹記（太賢疏,梵網古迹,古迹,
　　　新羅・★太賢撰）　251b,769b,770a,
　　　771b,776a,791a,796b

〔梵網経古迹記〕鈔（禅観撰）　770a

〔梵網経古迹記〕文集（禅観撰）　770a

梵網〔経〕古迹綱義（清算撰）　804a

梵網〔経〕古迹述亦鈔（照遠撰）　803b

梵網〔経〕古迹鈔（英心撰）　796b

梵網〔経〕古迹文集（叡尊撰）　777b

梵網経下巻私鈔（平備撰）　109a

梵網経述迹（覚盛撰）　773a

梵網経疏　755a

梵網経註（☆法進撰）　755b

梵網経菩薩戒疏　→菩薩戒疏

梵網経略鈔（善珠撰）　97a

梵網経上巻料簡（平備撰）　109a

梵網香象疏日珠鈔（梵網戒本疏日珠鈔,
　　　凝然撰）　247a

梵網十重　776a

梵網鈔記　795b

梵網布薩　772b,780a
　　　〔覚盛〕、修舎利会、梵唄伶楽、声震山
　　　岳、次行四分布薩、翌日開〈梵網布
　　　薩〉、772b

煩悩　181b,303a,458a,526a,633a,882a

煩悩業障、顛倒妄想（天境霊致上堂語）
　　　458a

――ま――

真壁郡守　278a,b

真木尾山（泉州）　699b

麻衣　109b,198b

麻三斤（★洞山良价）　319b,392a,
　　　487b

麻縄　919b

麻衲紙服（照珍）　805b

麻衲楮衣　806a
　　　達哉珍公、上金殿、而唯〈麻衲楮衣〉、
　　　称古之章服、806a

麻布三衣　674b
摩訶衍　441b
　★馬鳴、★竜樹、始開〈摩訶衍〉、著論釈経、　441b
摩訶衍法　378b
摩訶止観　73b,76a,106b,108a,115b,116a,117a,b,122a,b,137a,b,163b,164b,170b,177a,178a,181b,212a,220a,222a,231b,236a,248b,673b,702a,725a,751a,806b,826b,870b,883a,914a,923a　止観も見よ
摩竭掩室（義雲結夏上堂語）　348a
摩頂　650a,855b,859b
摩尼　287b,296b,439a,441b,535b
摩尼宝珠　526a（師蛮賛語），535b（仲方円伊元旦上堂語）
摩尼宝殿　→四十九重摩尼宝殿
摩衲袈裟（★達磨）　62b
摩摩帝（一寺の主）（実恵）　111a
磨針山（江州）　749a
魔王外道　124a
魔鬼　130a
魔障　668a
魔梵　71b
魔魅　159b,678a
毎一字必三拝（如法経，道寂）　875b
毎字三礼（真統）　689b
毎字念仏（定尊）　860a
毎日図文殊九軀（明実）　874b
売単禅侶（●林叟徳瓊）　315b
巻〔槙〕尾大会　638a
槙尾（洛西）　810b
槙尾一衆　806b
槙峰衆　811a,b
莫煩悩（☆無学祖元書）　303a
莫妄想　328b（☆心地〈無本〉覚心），498a（峨山紹碩）
枕木山（雲州）　437a
正木郷（房州）　385a

末後句（末後一句）　86b,278b,285b,324b,336b,357b,369b,371b,379b,382b,394b,399b,407b,413b,418b,426a,431a,439b,454a,461a,464a,466b,488a,491b,512b,527b,562a,573a,579b,581b,595a,613a,618a,623a
末後業風　615b
末後之要径　500a
末後旨　891b
末後嘱示（真盛）　266b
末世　212b,464b,664a,796b,802b,908b　本朝異域之宗匠、窮智弁而疏述、〈末世〉辺夷之学者、探幽旨而講論、796b
末法　323a,527b
末法万年弥陀一教（西因）　881b
松浦郡人（肥前）　881b
松浦県（肥前）　137b
松浦明神（太宰府，少弐，藤原広嗣）　844b
松尾（城州）　219a
松尾神（大山听神）　852a,905b
松尾祠主（相頼）　717b
松尾神祠　666a
〔松尾神〕者加茂神之異名　905b
〔松尾神〕者比叡山神為同一体　905b
松尾明神　647a,653b,658b
松島（奥州）　278b,717b,860a
松島之景致　824b
松田郡（相州）　720a
松橋義（慶円）　798b
松橋密流（如周）　809a
松橋流（経舜）　800b
松橋流密印（恵猛）　811a
松山（予州）　625a
万寿語録（天祐和尚語録，天祐梵蝦撰）　595b
万寿寺記（天祐梵蝦撰）　595b

万松蘗（●白〔伯〕英徳俊撰）　505b
万僧会（石屋真梁）　541a
万灯会（薬師寺）　646a
万徳集（聖聡撰）　263a
万年崇福禅寺額（●円爾弁円）　283b
万農〔濃〕池（●空海）　81b
万物一如　916a
卍字相（覚卍）　561a
曼素室利印契（●円珍）　136b
曼荼羅　80b,83a,117a,706b
曼荼羅供　195b,720a
漫〔曼〕茶羅場　268b
曼荼羅図　882b
曼荼羅道場（宮中真言院）　82b
曼荼羅註記（証空撰）　224b
満徳天　911b
満分戒　83b,112b,127b,133a,235a,
　　247b,251b,252a,326b,364a,387a,
　　425b,759a,778b,784b,788b,792b,
　　796b,800a,802b,805b,897a
満律戒（●竜山徳見）　398b
慢心　135a,443b
漫遊　401a,439b
饅頭　330b,402b

―み―

三井　137b
三井戒壇　→園城寺戒壇
三井戒壇建立奏上（明尊）　178b
三井金堂水源　689a
三井山門碩徳　181a
三井之学人　673b
三井四傑（公伊，証観，禅仁，覚俊）
　　187b
　〔公〕伊及証観、禅仁、覚俊、呼〈三
　　井四傑〉、187b
三井大鏡（頼憲僧正）　283a
三井門流念珠　689a
三井竪義　158a

三浦（相州）　340b,384b,388a,765b
三重郷人（丹州）　241b
三笠（和州奈良）　64b
三笠山　198b
三河　→参州
三沢人（雲州）　527b
三角県（長州）　426b
三隅県人（石州）　239a
三谷郡（備後）　917b
三谷県人（紀州）　202a
三原人（淡州）　569a
三輪（和州）　287a,679a
三輪人（和州）　720b
三輪山（和州）　182a
壬生（みぶ，城州）　586a
水戸（常州）　617a
未通語音（●覚阿）　272b
見付駅（遠州）　890a
見付県（遠州）　600b
弥陀　→〔阿〕弥陀
　三論者祖述★竜樹、而蕩滌諸法之宗也、
　然智光、礼光、至珍海、重誉、求浄土、
　慕〈弥陀〉者、無違於宗旨否、　200a
　〔禅静・延容〕昼読法華、夜念〈弥陀〉、
　共祈〔母〕冥福、　871b
弥陀一教（西因）　881b
弥陀印　145a,244b
〔弥陀，観音，勢至〕三像　641b
弥陀観音勢至三銅像（★新羅王献上）
　　895a
弥陀願　874b
弥陀経　→阿弥陀経
弥陀供　220a,872a
弥陀供法（西念）　888b
弥陀護摩　219b
　〔成賢〕、有三願、一千日修〈弥陀護
　摩〉、供慈母、二暗誦法華一部、三遯
　世閑居、　219b
弥陀号（弥陀宝号）　151b,159b,189b,

511

212b,213a,239b,265b,651a,674b,
704b,709a,804a,822b,828b,837a,
858b,860a,861a,870a,872a,878a,
881b,883a,884a,886a,888a

〔永観〕、以病質故、知四大不堅、益勤
修習、壮年以前唱〈弥陀号〉、日一万
遍、壮年以後至六万遍、漸及晩年、舌
乾咽涸、只為観想、 189b

〔重怡〕、十四年間、唱〈弥陀号〉、以
小豆算、都有二百八十七斛余、 858b

隋僧★宋満、唱〈弥陀号〉、以小豆記
数、満三十石、設斎慶讃、 858b

弥陀三尊像 720b（源延図写）、837b
（信敬模作）

弥陀讃 133b,158a,656b,873a

弥陀之本願（源空） 891b
〔源〕空、随〈弥陀之本願〉、坐臥念仏
徧唱、定散斉通、智愚共済、心契聖経、
教応澆漓、 891b

弥陀所在宮殿 921b

弥陀定印 785a,886a,889a

弥陀真言（教懐） 875a

弥陀相好（礼光） 90b

弥陀像（弥陀如来像） →阿弥陀像

弥陀像造刻（丈六）（永観） 189b

弥陀像慶讃（八丈）（瞻西） 191a

弥陀像前設席議論（遍救・覚超） 174a

弥陀尊 879b →阿弥陀仏

弥陀大呪（勝算） 674b

弥陀二像（指仏、行道仏） 222b

弥陀仏（如来） →阿弥陀仏
礼光、以観想、取生楽国、智光、因憶
想、能到、回想浄念、遂奉観〈弥陀
仏〉、見小浄土、91a

〔尋静〕昼読金剛般若、夜念〈弥陀仏〉、
凡百善根、用期安養、 870b

弥陀別願 238b
諸行非是〈弥陀別願〉、雖非別願、而
得往生、 238b

弥陀宝号 →弥陀号
〔寛遍〕理趣経一巻、法華経一品、〈弥
陀宝号〉一千遍、以為日課、 709a
〔円観〕、常唱〈弥陀宝号〉、寤寐動唇、
837a

弥陀法 222b,680a,689b,877b,882b,
884b

弥陀本願（弥陀之本願） 169b,216a,
223b,890b,891b

弥陀要記（永観撰） 190a

弥陀和讃（千観作） 157b

★弥天（東晋） 223b,514b

弥留（重態）（隆遐） 879a

弥勒（慈氏、慈尊） 97a,124b,170a,
284b,336a,457b,461b,514b,549b,
572b,574b,580b,581a,590b,600a,
602a,612b,614b,623a,624b,708b,
868a,907b

〔東陽英朝冬夜小参〕称明眼者、或抱
妻罵釈迦、或酔酒訶〈弥勒〉、撥無因
果、自謂快活衲僧、 600a

弥勒経略賛（善珠撰） 97a

弥勒（慈氏）下生 390a,433a,910b

弥勒号 816b
〔観喜〕行住坐臥、唱〈弥勒号〉、好修
古塔廃寺、自曳材運土、或乞助於路人、
居常搗鼓、唱弥勒上生兜率天、四十九
重摩尼殿之偈、 816b

弥勒三尊像（蓮入雕） 823b

弥勒之応化 868a

弥勒授記（明詮） 124a

弥勒出世 101b,840b
変蛇身、而待〈弥勒出世〉、840b

弥勒初会（貞観3年〈861〉3月大会
斎） 124b

弥勒聖号 805a,b,816b
〔泉奘〕常唱〈弥勒聖号〉、期生内院、
805a

〔弥勒〕上生経（劉宋・★沮渠京声訳）

512

件名索引

229b
弥勒上生兜率天（観喜）　816b
弥勒成仏経疏（隋・★智顗撰）　167b
弥勒像（弥勒仏聖像）　73b,124a,
　219a,408b,847a,919a
弥勒石像（蘇我馬子）　842a
弥勒（慈氏）堂（高野山慈氏堂、良禅）
　827b
弥勒内院　157b
弥勒菩薩（慈氏）　165b,466a,493b,
　511a,547a,612b,923b
〈弥勒菩薩〉有三十二相、923b
弥勒菩薩（慈氏）下生　586b
弥勒宝号（慈尊宝号）　82b,124b,219a
　〔高弁〕、唱〈慈尊宝号〉、右脇而逝、
　（寛喜4年〈1232〉正月19日）　219a
参河権守（重兼）　840a
美濃県人（讃州）　310b
美作　→作州
美作守（藤顕能）　204a
美鴿原（和州）　897b
眉間　189b
御厨精粳　912b
御修法（禁中）　150a
微笑　266b,567b,631b
　★世尊拈華、★迦葉〈微笑〉、以至★
　西天四七、★東土二三、631a
微笑祖塔（関山恵玄、妙心寺）　567b
微妙音　218a
微妙玄通　802a
微妙清邕（道命）　852a
巫（加茂神）　296a
水内県人（信州）　119a
水尾山　651b
水田県（摂州）　273a
水田県人（摂州）　919a
水野（尾州）　435a
溝杭（摂州）　468a
密　194b,250a,673b,699b,734a,749b,
　752a,800b,871a
★密庵和尚竹篦（竜湫周沢臘月旦上堂語）
　486b
密意　307a
密印　67b,126b,145a,161b,195a,197b,
　243b,251b,260b,276b,287a,541b,
　595a,690a,811a,828a,878a,879a
　拳足、下足、皆是、〈密印〉、276b
密印灌頂　118b,141b,717b
密印口訣（憲深）　232a
密印真契（実恵上表文）　111b
密院　307a
　革〈密院〉為禅利、（加賀大乗寺）
　307a
密苑僧宝（杲宝）　257b
密家　169a,196a,669a
密家之俊傑（雅慶，寛朝，元杲，済信）
　169a
密契　298a,369b,417b,490b,504b
密学　197b,232a,235b,238b,245b,
　669b,681a,686b,688b,712a,715a,
　719a,742b,746a,760b,850a
密感　739b
密灌（密灌頂，秘密灌頂）　77b,82a,
　83b,106b,119b,133a,137b,142a,
　143b,148b,151a,153b,168b,172b,
　173a,177b,187b,189a,192a,197a,
　198a,204a,217b,220a,222a,225b,
　232b,239b,242b,246b,284a,287b,
　343b,368a,664a,667b,669a,680b,
　690a,696a,697b,698b,709b,714b,
　717a,725a,726b,728a,731a,736b,
　737a,739b,742a,744b,747a,b,763a,
　766b,777b,781a,789a,790b,792b,
　795b,796a　両部密灌も見よ
密灌師　687b
　〈密灌師〉為弟子、執蓋随後者〔性〕
　信之例也、687a
密灌之始　77b（宮中），82a（帝、平城

513

太上皇）
密灌頂　→密灌
密灌伝法（仁海）　678a
密観　139a,b,147a,150b,151a,196a,
　661b,912b
密軌　123a,132b,137a,245a,251a,
　693b,694a,696b,707a,708a,742a,
　779b,799b,805b,812a,818a,826b
密記（大円智碩）　526b
密器（泰澄）　637a
密義（明算）　826b
密儀　826b
密教（密）　76b,81a,82b,84b,101b,
　104b,109b,111b,116a,121a,b,122b,
　123b,129b,133b,134b,140b,142b,
　145b,146b,148b,149b,151a,155b,
　156b,161b,169a,176a,177b,181b,
　186b,195a,197a,198a,200a,201a,b,
　206a,212b,222b,223a,233a,235b,
　238a,239a,243a,b,244b,245b,249a,
　256a,258b,261b,402a,427b,462b,
　508b,637b,640b,641a,649a,652b,
　654b,657b,658b,665a,666b,669b,
　673b,682a,689b,691b,692b,694a,
　704a,711a,716b,719b,728a,732b,
　739a,b,744b,745a,749a,754b,763b,
　778b,779b,781b,788a,789a,793b,
　795b,799a,800b,804b,805a,809b,
　829b,846b,849b,857b,866a,876b,
　884b,885a,896b,900b,905a
　★支那之〈密〉、衰于★唐季、絶于★
　宋初、唯我日域、至今熾然、　754a
密教諸軌（慶円）　725a
密教秘玄（真照）　795b
密経　80b,87b,114b,254b,730a,911b
　★〔善〕無畏、納〈密経〉於久米道
　場、　87b
密経軌様（◉恵運請来）　126b
密行　740b,741a,778a

密供（陽勝）　914a
密家秘疏（小野官庫）　196a
密訣　249b,255a,784b
密験　703b,787b
密語　342a,b,560a
密綱律紀（聖守）　789a
密言　115a
密厳下　259a
密厳究竟之地　123b
密厳国土　887b
密厳浄土之新人（教尋）　701b
密呪　641b,652b,812a
密蹟顕綱（宥信）　264a
密参（霊厳道昭）　393a
密旨　540a,592b,725b
密肆　669a
密寺　777b
密璽　800b
密室　263b
密者　276b
密呪　75a,131a,310a,394a,641a,652a,
　728a,730a,732a,812a,914b
密授　343b
★密州（中国）　117b
密誦　222b
密宗　76b,84a,86a,166b,194b,507b,
　574b,775a,830b
密宗秘軌　696b,731b
密修　225b,686a,827b
密書　181a,223a,742a
密疏　207a
密乗　80b,83b,115b,133b,137a,173b,
　178a,194b,203a,207a,212b,217b,
　255b,259b,276b,339b,441a,442a,
　635b,637a,677b,682b,689a,696a,
　710a,747a,762b,775a,796a,807b,
　828b,846b,848b,850b,904b,906b,
　913b
　仏有三身、法報応也、其教有二、顕与

密也、三身中法身為最、二教中〈密乗〉為上、　194b

●〔真如〕、嘗云、〈密乗〉奥秘、此方未尽、当入★大唐、質所疑、若無異者、必遊★竺土、　846b

●空海獲紫雲篋、禱旱降雨、蓋是〈密乗〉之秘賾、而非神仙之器也、　913b

逢★善無畏等瑜伽師、而伝受之、不可計知焉、何者〈密乗〉貴耳提面命、637a

密場　82a,187a,226b,654b,677b,740b,750b

以東寺為〈密場〉置五十比丘、82a

密水　134a,202b,211a,214a,260b,325b,675b,743b

益信、聖宝二傑、従並化門、宗派流衍、西匯東迤、成小野、広沢之〈密水〉無底、其源濫觴於〔源〕仁公也、134a

密席　212a

密籍　114a,255b,738b

密説　259b

密蔵　180b,200a,260b,704b,720a,727b,739a,792b

密鍛顕錬　408a,572a

密壇　80a,118a,141b,264a,701a,750b,779a,786a

密壇道具　114b

密典　80b,137b,195a,233a,259b,323b,708b,724b,727b,731b,735b,778b,837b

密典疏鈔（静厳撰）　742a

密幢（道耀）　743a

密派　669a

密範　193a

密付　347a,411b

密部　75b,86b,149a,152a,195a,202a,222b,254a,313a,341a,656b,675b,722b,745b,747b,887b

密法　89a,102a,115a,118a,120a,123a,145b,147b,165a,175a,187a,225a,b,249a,251a,267b,270b,289b,325a,394a,408b,478a,513b,667b,689b,690b,720b,761a,781b,820b,847a,878a,897a,907b,919b

●弘法大師入定之後、〈密法〉効験者班班焉、至於文藻不聞其人矣、〔済〕暹公、天仮長寿、縦其翰墨、黼黻錦繡之観、　187a

〔印融〕、嘗憂関左〈密法〉之衰、267b

〔大陽義冲〕、参禅之暇、染指於魯詰竺墳、復善〈密法〉、閲十寒暑、　394a

密綱　676b

密門　261b

密流　196b,809a

南津（勢州）　624a

源管領　502b

源元師　461a

源相国　510b（足利義満）、583b（足利義教）

〈源相国〉善山居士（足利義教）三十三回忌、583b

源将軍　325b

源府帥（源氏満）　456a

峰岡（和州）　864a

箕島（備中）　413a

箕田（武州）　240a

箕面（みのも）山（摂州）　866a

宮崎（勢州）268b

宮論　→応和宗論

名号　237b,621a

受持法語、安〈名号〉、621a

名籍　127a

礼部鴻臚二官、共勘〈名籍〉、127a

名聞（通幻寂霊）　498b

名利　158a,163a,518a,645b

●性海〔霊見〕、文字性未脱焉、空谷〔明応〕〈名利〉両忘、本分宗師也、

518a
妙印鈔（宥範撰）　254b,255a
妙因仮立仏（六重仏相一）　181b
妙戒訣　463b
妙覚智断　209b
　〔証真〕、立義日、三惑者異時断、元品無明者、等覚智断也、一代経論、未嘗見同時断〈妙覚智断〉之文、209b
● 〔妙〕奇〔特峰〕真　457a
★妙喜（大恵宗杲）臭皮襪、★楊岐〔方会〕金剛圏、★臨済〔義玄〕正法眼、461b
妙喜世界　632a
　●中巌〔円月〕独続★大恵〔宗杲〕焰、挟才美輝〈妙喜世界〉、632a
妙喜世界衆香国土　756b
妙経　→法華経
妙経頓漸書　475a
妙悟　412b
妙香　105b,218a,
妙言妙句　558b
　〔大綱明宗〕、示衆曰、吾此宗乗、不粘文字、不拘経論、只要純壱杏決心法、不決心法、縦吐〈妙言妙句〉、皆是成野干鳴、558b
妙荘厳王太子　201b
妙心開山（関山恵玄）百年忌（長禄2年〈1458〉）　578a
妙心開山国師三百年回（万治2年〈1659〉）　621a
妙心再興之詔（後土御門帝）　588b
妙心四派之一（景川宗隆,悟渓宗頓,特芳禅傑,東陽英朝）　597a,599a,600b
〔妙心寺〕諸堂百廃、一世全備、（日峰宗舜）　568b
妙心寺記（正法山妙心禅寺記,雪江宗深撰）　450a
〔妙心寺正〕法山之庫　323a

妙心宗派瓜瓞綿綿　589a
妙心中興之祖（日峰宗舜）　568a
妙心法流六世（雪江宗深）之下、派分成四、（景川宗隆,悟渓宗頓,特芳禅傑,東陽英朝）　595a
妙心派下　630b
妙心派下名柄（★朝鮮,☆明関哲）　627a
妙心門派　269a
妙心竜安悉罹兵燹（応仁元年〈1467〉）　588b
妙典　→法華経
妙徳　→文殊
妙法　77b
妙法力　923b
　修覚威儀具足、語諸僧曰、我今依〈妙法力〉、得生兜率天、各自勉之、払衣飛去矣、923b
妙法華力　914b
妙用　633b
妙法蓮華経　→法華経
妙理　360b
妙理権現（土地神）　366b
妙理大菩薩　635b,903a,b
●明庵（栄西）忌日（●明全）　276b
●明庵（栄西）祠堂（●明全）　276b
●明庵（栄西）禅師忌辰（☆蘭渓道隆）　280a
明恵上人（高弁）十三回忌（寛元2年〈1244〉）　732b
明王　648a,669a,673a,685b,752a,829a
明王之医（余慶）　668a
明王像（覚助拝供）　685b
　〔覚〕助、持替証空命、画明王、常日拝供、所住之地、渇于井水、祈求其〈〔明王〕像〉、冷泉湧出、685b
明王薬師加護（文覚取得）　829a
明覚　616a
明鏡亦非台（義雲上堂語）　348a

516

件名索引

明眼　341a, 360b, 600a, 627a
明眼之人　273b（覚晏）, 392b
明眼師（★仏眼禅師無門恵開）　287a
明眼宗師　420b
明師　241b, 327a, 616a
明珠　299b, 302b, 327a, 340b, 415b, 513a, 571a
明星　79b, 83b, 101b, 122a, 140a
明神　192a, 261a, 267a, 844b, 907a, 911b
明神之使者　265b
〔明〕詮始任大僧都　124b
〔明祐〕、不寝私室、独宿大殿者、塚間樹下、抖藪之類歟、　760b
茗　515a
茗粥蔬菜（仁鏡）　721b
民部卿　155a（藤原文範）, 219b（藤原長房）
民部大夫（中原忠長）　749a
岷峨集（雪村友梅詩集, ●雪村友梅撰）　379b
☆明極〔楚〕俊（みんきそしゅん）偈（贈●鉄牛景印）　393b
☆〔明極楚俊大和尚〕塔銘（★夢堂曇噩撰）　363a
☆〔明極楚俊和尚〕支那日国九会録（明極楚俊和尚語録, ☆明極楚俊撰）　363a
★明国（大明）　264a, 363a, 385b, 409b, 438b, 448b, 464a, 480a, 484a, 487a, 492b, 497a, 499a, 510a, 511b, 515b, 520b, 549a, 569a, 592b, 602b, 603a, b, 629b, 833b
☆明国使臣（☆趙秋可, ☆庸朱本）　484a
★明之姑熟沙門（★大方道邁）　504b
★明僧　91a, 94b, 422a, 438b, 549a, 761b
★明朝諸儒　521a

—む—

牟尼応化蔵王菩薩（蔵王権現）　908a
武儀郡（濃州）　491a

武儀郡人（濃州）　626b
武芸〔儀〕郡人（濃州）　571b
武庫（むこ）河（摂州）　224a
武蔵　→武州
武蔵守（平経時）　741a
武蔵野（武州）　890b
武射（むしゃ）郡人（総州）　919a
★務州（中国）　287b
無位真人　298b, 582b, 601a
●無隠〔元晦〕和尚百年忌（存耕祖黙修）　581b
無縁　338b
無縁三昧（円久）　852b
無音河（若州）　640a
●無我〔省吾〕及●約庵〔徳久〕戯化★真丹　448b
●無我銘（★楚石梵琦, ★了庵清欲作）　463b
無戒僧即日擯出（聖徳太子）　864a
☆〔無学〔祖元〕禅師〕行状（★霊石如芝撰）　303b
☆〔無学禅師〕塔銘（翰林学士★掲傒斯撰）　303b
☆〔無学禅師〕碑銘（☆東陵永璵撰）　303b
☆〔無学禅師〕語録（仏光国師語録, ☆無学祖元撰）　303b
●〔無関普門〕頂相　309b
無規矩〔集〕（天境霊致和尚語録幷外集, 天境霊致撰）　458b
無孔笛（八会法語, 少林無孔笛, 東陽英朝撰）　600b
無孔笛　411a, 458b, 487b
無間獄　547a
無語断食（日蔵）　665a
〔無極和尚〕語録（無極志玄撰）　403b
〔無極志玄〕先師箋註之労　517a
無言端坐幾乎九年（義尊）　713b
無作大慈（観音薩埵）　723a

517

〔無才智翁〕頂相（智翁自題）　341b
無慚愧（安尊）　873a
無慚懈怠促成九九月（日蔵）　666a
無始本覚本門弥陀（幸西）　216a
無始無終、平等之時、名一切時、（安然）　140a
無始無終、本来常住之仏、名一切仏、（安然）　140a
無字（霊仲禅英）　530a
無色　190b
無遮勝会（平願）　857a
無遮大会（無遮会）　74b,776a,913a
無生忍　394b,536b,608a
無性三昧（☆一山一寧）　332a
無上縁　106a
無上士之戒法（宣瑜）　793a
無上心　879b,882a
無上神呪　753b
　総持者、心法之妙用、謂之〈無上神呪〉也、　753b
無上菩提　562a,737b,841a,881b
無上菩提之階梯　834b
無常　606a
無常偈（○九淵竜賝）　576b
無常迅速　598s,601a
無心無念（徹翁義亨結夏上堂語）　432b
無尽蔵陀羅尼門（雲章一慶陞座説法）　580b
無染浄侶　912a
無相三昧　479a
無相甚深正戒（●神子栄尊）　296a
無相天　833b
●〔無象和尚〕四会語録（無象和尚語録,●無象静照撰）　306a
無中無辺、法界之宮、名一切処、（安然）　140a
〔無徳至孝〕和尚再生☆義空　415a
無念無心（徹翁義亨結夏上堂語）　432a

無表戒　127b
無賓主話　486b,494b
無仏世界　352b
●〔無本覚〕心肖像（☆明極楚俊賛）　289b
無品親王（覚快）　712b
無明　272b,923a
無明酒　242a
★〔無門恵開〕像〔自〕賛（心地〈無本〉覚心）　287b
★〔無門恵開〕（仏眼）塔（●孤峰覚明）　406b
無門関（★無門恵開撰）　287b
無欲舎利塔（蒙山智明）　419a
無量義経（★曇摩伽陀耶舎訳）　155b
無量三昧（潜渓処謙小参語）　343a
無量寿経（★康僧鎧訳）　133b,891b
無量寿経鈔（●道光撰）　250a
無量寿経要註記（聖聡撰）　263a
無量寿仏　91a
無量聖衆　874b
無量神力　906a
無量仏出世　536a
夢　→ゆめ
〔夢巌和尚〕語録・外集（旱霖集, 夢巌祖応撰）　446b
夢渓筆談（宋・★沈存中）　272a
夢眼（●無象静照偈）　305a
夢語集（瑞渓周鳳撰）　584a
夢身（●一翁院豪偈）　304b
〔夢窓国師〕語録（夢窓疎石撰）　390b
夢窓国師三十三回忌（太清宗渭）　494a
〔夢窓国師〕塔上銘（☆東陵永璵撰）　391a
〔夢窓国師〕碑銘（明・翰林学士★宋景濂撰）　391b
夢窓国師百年忌　570a（景南英文）, 584b（藍田素瑛）
夢窓国師法衣（●絶海中津）　510b

518

〔夢窓国師〕年譜（春屋妙葩撰）　391a
夢窓国師〔仏〕十号之中備其半　391a
〔夢窓〕先師十三回忌（青山慈永修）
　434a
〔夢窓疎石〕正覚国師之禅（徳叟周佐）
　496a
〔夢窓疎石正覚〕国師遠忌（春屋妙葩）
　484b
村田楽（心田清播示衆語）　560a
紫野（むらさきの，城州）　355a,
　358b,592a
室生（和州）　666a
室津（むろつ）（播州）　173a
室戸崎（土州）　79b

―め―

名園（祇陀林寺）　824b
名区（昭覚）　832a
名香　764a
名利（●無象静照）　306a
名山（道寂）　828b
名山勝地（三修）　134b
名山霊区（聖宝）　142b
名師　408a,847b
名匠　277b,831b
名徳　76a,77b,213a
名衲（南北）　159a
名藍　846a,848b
命終　840a,855b,858b,871b,873a,889a
　〔蓮坊〕、〈命終〉時、把経巻寂、　855b
命世宗師（東陽英朝）　600b
明鏡（良忠）　239a
明師　241b,327a,382b,566b,591a,
　653b,750a,757b
　〔日峰宗舜〕、未遇〈明師〉、或巌棲谷
　飲、決意禅坐、　566b
　〔大円良胤〕、仏法幽玄、不逢〈明師〉、
　争成菩提、　241b
明緇碩儒（虎関師錬）　374a

★明州（中国）　73a,76a,83b,84a,126b,
　274b,279b,283a,291a,455b,524a,
　764b,829b
　発自〈★明州〉、経三昼夜著肥前郁
　（船）留浦、　126b
★慶元府　300b,330b,361b
★慶元府人　300b,361b
★慶元府東湖　301b
★定海県人　364a
★象山県人　383b
★明州人　333a
★明州太守（★鐘万戸）　523a
明堂　364b
明律匠　758b
迷方示正論（景深撰）　78a
冥官　159b,623a,855a,b
冥司　922a
冥使　154a,815b,922b
冥衆　660a
冥助　830b
冥途　105a,923b
冥道供（慈円）　729b
冥府　595a
冥福　123b,871b
冥報記（唐・★唐臨撰）　125b
冥路之資糧（蓮待）　876b
酩酊（公伊）　188a
滅罪　858a
面授　420b,754a
面牆九白（★達磨）　385a
面西安坐（真空）　785a
面西跏趺（☆鑑真）　74b
面西合掌、端坐而逝、（如周）　809b
面西而既没（浄尊）　887a
面西而寂（増誉）　695b
面西遷化（浄蔵）　659b
面壁安心　331a
面壁九年　295a（★達磨）,363b
面壁趺坐　405a,447b（海翁師頼）

面壁黙坐（★達磨）　62b
綿　89a, 107a
綿服　538a

　　　　—も—

茂林〔芝〕繁肖像（川僧恵済賛）
　585b
模刻（仏工★張栄）　847b
模写　207b, 672b, 748a, 875a
　読具平親王之排律、分明〈模写〉真個
　〔性〕空上人、672b
模書法華経（維範）　876a
模書不動尊万軀（維範）　876a
模像　847b, 848a
模範　188b
毛詩（詩経, ★孔子編）　79b（●空
　海）, 136a（●円珍）, 274a（●道元）
妄語　924a
妄想　328b, 458a, 498b
妄想境（蒙山智明偈）　419a
妄想顛倒（西因）　882a
孟子（★孟子撰）　97b, 152b, 469b
★孟母三遷（師蜜賛語）　189a
盲嫗　792a
盲者　791a
盲両眼（長義）　919a
罔明大士（罔明菩薩）　310a
猛獣毒蛇　721b
網魚為業　918a
★蒙元　428a
★蒙古　234a, 242b, 398b, 737a, 738a, b,
　739b, 740a, 776b, 790b, 799b
　〔定済〕、詣伊勢太神、調伏〈★元戎、夏
　六月於西院、修不動使者法、降伏〈★
　蒙古〉、234a
　八幡神祠降伏〈★蒙古〉、〔良〕胤亦預
　勅、重奉勅、自刻五大尊像、安于観勝
　〔寺〕圧於★元戎、242b
　●〔竜山徳見〕、発志南詢、●〔寂〕

庵許遠遊、密付心印、維時〈★蒙古〉
与吾有悪、舶達★四明、不許著岸、
398b
〔道勝〕調伏〈★蒙古〉、於東寺修仁王
経法、及其散日、神風大吹〈★蒙古〉、
船砕、737a
〔道乗〕、文永十年（1273）、修大仏頂
法、降於〈★蒙古〉、737b
★蒙古軍　791a
蒙堂（隠居室）（●中巌円月）　452b
木魚（魚版）　285a, 366b
木偶　857a
木鶏　499a
木居士（月航玄津上堂語）　618b
木工寮　818a, 819a
木鴿　303a
木鴿子（☆子元〈無学〉祖元）　904a
木食澗飲（○了儒）　324a
木叉　150b, 238a, 246a, 251b, 537a,
555a, 774b, 779b, 781a, 793b, 799a,
800a, 802b, 813b, 845b
〔如導〕、歎曰大集会上、仏言後後末世、
無戒者満州、我当従事〈木叉〉、報仏
恩、802b
〔●俊芿〕、拠北京之泉涌寺、挟台密唱
〈木叉〉、813b
木叉戒　74a（☆鑑真）　237a（証仏）
木叉妙訣（●無我省吾）　464a
木叉蓮社兼修（思允）　770a
木鐸　411b
木彫八大金剛王（義堂周信上堂語）
479a
木女（太白真玄上堂語）　582b
木馬　348a, 428b, 471a, 498b
〈木馬〉嘶時日月長、（●清渓通徹上堂
語）　471b
木浮図（深有）　748b
木仏因縁（●奝然）　848a
木蘭色袈裟（足利義政, 真盛へ嚫贈）

266a

目録　119a,167b

沐身（薬蓮）　870a

沐浴　66a,124b,133b,199b,203b,215b,292a,642b,653a,657a,664b,730a,748b,764a,775a,858b,859b,863b,864a,870b,871a,873a,874a,875b,876a,878a,879b,880a,884a,889a,b,922a

〔寛〕信、閲書不寝、漸達五更、〈沐浴〉就床、大率為常、　199b

沐浴易衣坐椅（無著妙融）　478a

沐浴更衣　281a,368a,541a

沐浴浄衣　311b,399b,469b

沐浴新衣　354a,870b

〔尋静〕〈沐浴新衣〉、永絶飲食、一心念仏、　870b

沐浴整衆鳴鐘、集衆指示法要、（瑩山紹瑾）　342b

沐浴著新浄衣、自入龕而化（剛中玄柔）　487b

沐浴剃髪趺坐（高山慈照）　369b

沐浴鬀髪（●無文元選）　491a

黙庵（周諭）諸老　497b

芳庭〔法〕菊公曰、洛西有〈黙庵〔周諭〕諸老〉、関東有中山〔法頴〕伯子、　497b

黙雲集（天隠竜沢撰）　598a

黙契　297a,565b

〔月江正文〕看★真覚大師（永嘉玄覚）証道歌、至江月照松風吹、永夜清宵何所為、豁然〈黙契〉、　565b

黙坐　62b,182a,369b,585b

物機　813a

物外志　828a

守山（もりやま）県（江州）　557b

文句　→法華文句

文句　304a

文字　278a,406b,443b,498b,518a,575a,582b,601b,606b,621b

〈文字〉言句、此思慮計較之本也、思慮計較、此礙悟之基也、　443b

〔一〕庵（一麟）謂〔瑞巌竜〕惺曰、〈文字〉之学、不為無益、然出家人、不以仏法為急務、而専吟佔畢、豈得不惧哉　575a

〔太白真玄〕撮禅波羅蜜〈文字〉般若,応来者之機、　582b

〔実伝宗〕真奮起謂、〈文字〉義学豈決生死耶、　601b

〔●法灯国師曰〕、若於〈文字〉言語中、学得来底、如数佗宝、於己無益、406b

〔通幻寂霊垂戒曰〕若貪著〈文字〉言句、名聞利養、非吾徒、　498b

文字禅　627a,628a

文字知解　382a

今時和★明之僧、玩〈文字知解〉、逸居無事称伝法、　382a

文字性（●性海霊見）　518a

文殊（濡首,妙徳）　78a,117b,123a,151b,168a,218a,239b,244b,310a,336a,410b,470b,502a,514a,525a,546b,580b,608b,618b,623b,640b,652b,701a,b,702b,753a,756b,790a,791b,832b,856a,859b,874b,903b

〔明実〕、毎日図〈文殊〉九軀、礼拝供養、　874b

〔教尋〕、常持〈文殊〉、毎坐密壇、共談法義、　701a

文殊応化　168a,199b

文殊境界　701b

夫松風説法、蘿月談空者、自然妙音、〈文殊境界〉、　701b

文殊（曼殊）五字呪　217b,485b,612a

〔春屋妙葩〕、持〈曼殊五字呪〉曰、米粒盈壇、　485b

文殊三処度夏（草堂林芳上堂語）

470b
文殊三摩地（秘鍵鈔，頼瑜撰）　244a
文殊之応化　816b
文殊之現身　847a
文殊〔賓〕豆盧（◉最澄奏状言）　78a
文殊師利　172b,183b,186b,537b
〔文殊師利〕（曼素室利）印契（◉円珍）　136b
文殊〔師利〕問経（★僧伽婆羅訳）　85b
文殊呪（教尋）　701b
文殊疏（秘鍵鈔，頼瑜撰）　244a
文殊石像（★中台）　117a
文殊像　509b,776a,791a,847a,874b
文殊大士（曼殊大士）　261b,288b,423a,478a,540a,659b,701b,708a,782a,790b,823a
　◉〔無本覚〕心、在★宋登五台山、〈文殊大士〉付黐糸伽梨、帰朝之後鄭重受持、　288b
文殊大士所賜之衣（◉心地覚心）　504a
文殊大士像　634a
　丞相（藤原不比等）、乃刻〈文殊大士像〉、安於塔中、　634a
文殊大聖之衣（暹俊）　708b
文殊童子　373b（虎関師錬），513b（哲巌祖瀋）
文殊菩薩（円能）　921a
文殊楼（◉円仁）　117a,118a,b
文章博士　189a（源国経），870b（大江以言），915a（都良香）
文選（梁・★昭明太子編）　136a
門下侍郎（黄門侍郎）　86a（藤原公経），374b（藤原経顕）
門下（省）録事（中野師元）　170b
門心鈔（杲宝撰）　257a
門廉　142b,831b
門廊（◉湛海）　768a
問教問禅（◉法灯国師，心地覚心）

289a
問候　73b,500a,501b,556b,577a
問疾（陽成，宇多両上皇）　143a
問者　133a,141a,155a,157a,159a,160a,b,163b,167a,172a,189a,190b,191b,199a
問酬（天琢玄球）　457a
問訊　265a,365a,626a,860a
問禅　289a,441b,510a,557b,803a,908b
問★宋諸刹（◉空月）　247b
問道　279b,284a,374b,388a,407a,596a,802a
問答　213b,265b,274b,290b,291b,301b,316b,320a,327a,346b,364b,380a,384a,390b,392b,395b,414a,b,440b,450b,490b,495a,b,500a,502b,504a,506a,521b,548b,550a,551b,554b,555b,559b,563b,570b,589a,595b,596a,604b,617a
問答往来（★古林清茂・☆竺僊梵僊）　384a
問答講　265a,b
　〔高野山快尊〕、在昔〔高〕野山有〈問答講〉、星移物換、論席久癈、〔快〕尊常有心回倒瀾矣、（中略）仁和寺法務、伝聞喟嘆（中略）奏納紀州名手荘租税五果、充〈問答講〉之供、毎歳四季恒行法会、　265a
問答講供　265b
問答鈔（顕意撰）　243b
問答鈔（宝要安立，貞舜撰）　260a
問難　152b,345b,366a
　〔義昭〕、及致〈問難〉、如峡倒川奔、〔良〕源亦言泉如涌、相問相酬、綽有余裕、　152b
　〔恭翁運〕良屢〈問難〉、〔凝〕然公初問出意表、渋滞答釈、就〔運〕良問禅要、　366a
問弁（義空）　830b

522

問法　122b,219a,234b,240a,284a,
　288b,325b,342a,347a,370b,374b,
　392a,414a,417b,419a,433b,441a,
　464a,495b,516b,517a,b,534a,544b,
　551b,558a,560b,562b,585a,607a,
　613b,615a,620b,622a,628a,764b,
　767a,804b,805b,909a,922a
問法参禅（元璞恵珣賀頌并序語）
　560b
問話（古岳宗亘）　612a
曼素室利（文殊師利）印契（●円珍）
　136b
聞経生慈善心　854b
〔聞渓良聡〕語録（聞渓良聡撰）　440b
〔聞渓良聡〕行実　440b
聞香（守印）　110b
聞思修（規庵祖円）　329a
聞声悟道　330b〔★雲門文偃示衆語〕,
　432a（徹翁義亨結夏上堂語）
　〔徹翁義亨〕結夏上堂（中略）以心伝
　心、以心明心、如云見色明心〈聞声悟
　道〉、豈是無心而見色、無念而聞声、
　432a
聞道（法海）　638a
聞〔鐘谷利〕写照賛（●性海霊見賛）
　505b
聞法　73a,91b,240a,433a,484a,b,
　567a,625a,631a,854b
聞法滅罪（雲静）　858a
聞法力　853a（海蓮）,854a（蓮尊）
聞法者無一不成仏（師蛮賛語）　854a

—や—

八木（丹州）　578a
八坂（城州）　440b,509b
八坂塔　389a,559a,570a,583a,659a
夜坐　619b
　〔愚堂東寔〕、在播〔州〕之三友寺南景
　〔宗〕岳会裏、一〈夜坐〉至三更有省、
　619b
夜叉　340a,665b,700b,867b,911a,924b
夜念弥陀仏（尋静）　870b
夜摩　516b
夜話記（宗峰妙超撰）　360b
耶旬（火葬）　791b
益須（やす）郡（江州）　895a
野干鳴（大綱明宗示衆語）　558b
野豻（春命）　854b
野金野胎護摩鈔（頼瑜撰）　244a
野月新鈔（覚性撰）　710b
野州（下野）　74a,78a,115b,122a,
　141a,240a,254b,261b,324a,326a,
　338a,372a,380a,382a,396b,434b,
　439b,502a,507a,b,512a,513a,532b,
　537a,b,655a,752a,756a,761b,816b,
　885b,915b,
　宇都宮　533b,617a,890b
　樺崎　537b
　塩屋郡人　141a
　都賀郡　817a
　都賀郡人　115b
　奈〔那〕須　338a
　那須野　507b
　日光　817a
　芳賀郡人　816b
　洛山　537b
野州刺史（平師季）　700a
野州人　380a,502a,537a,885b,915b
野州前司（小山義政）　537b
野州太守　478a,592b（東益之）
野洲（やず）人（江州）　112a,181b
野洲郡奥島（江州）　898a
野沢（小野広沢）両流　180b,206a
野沢之伝（明算）　826b
野沢之秘流（深有）　748b
野沢之密（忍空）　796a
野沢秘（重如）　740b
野沢両派（高湛）　801b

野道鈔（頼瑜撰）　244a
野峰名徳伝（寂本撰）　277a
養父（やぶ）郡人（但州）　717a
★〔約之〕崇祐禅師、明★太祖屢召対、或
　　時仮寐、鼻息有声、　621b
訳経　87a
　　★支那之三僧伝、初置〈訳経〉、★賛
　　寧云、〈訳経〉仏法之本也、　87a
訳経証義（★文恵大師智普）　850a
訳経仏法之本（★賛寧）　87a
訳語　68a,104b,490b
　　〔◉無文元選〕、浮渤海著★温州界、遇
　　一官人頗為敏博、〔元〕選与語得益、
　　淹留数日〈訳語〉相通、　490b
訳場監事（◉成尋）　850a
薬　722b,808a
　　〔広恩〕、羅重病、為〈薬〉求魚、
　　722b
薬誨　561a
薬魚　722b,723a
　　〔斉〕遠〔広〕恩二師、以心念清浄、
　　故死鹿救飢、人挑鍋烹柏葉、〈薬魚〉
　　求市、俗啓篋変〔妙法〕蓮〔華〕経、
　　723a
薬局（石屋真梁）　539b
薬汞銀（石屋真梁）　540b
薬剤　576a,791a
★薬山見月因縁（笑堂常訢）　531a
　　薬山深処（丹州）　501a
★〔薬山〕犢牛生子〔児〕（抜隊得勝示
　　衆）　476b
薬師像（金色）（播州円教寺性空）
　　671a
薬師加護（師蛮系語）　829a
薬師経（護命転読）　105b
薬師経疏（善珠撰）　97a
薬師寺講会（薬仁）　899a
薬師寺講師（長源）　898b
薬師寺最勝会（師蛮賛語）　901a

薬師寺最勝会講師（基秀）　899b
薬師寺（下野）中興（密厳）　761b
薬師呪　659a,687a
薬師如来（薬師，薬師仏）　256b,
　　324b,699b,829a,830a,874b
　　〔慈〕妙、安〈薬師仏〉於殿壇、遠近
　　人民、包賚瞻礼、学徒負笈、蓋有三
　　千、　256b
薬師〔如来〕金像（丈六）　914a
薬師仏像（薬師如来像，薬師像）
　　73b,104a,108b,138a,151b,256b,
　　415a,633b,652a,671a,726a,868a,
　　900b,914a,921a
　　天武帝誓曰、此病平復当作〈薬師仏
　　像〉、建立堂塔、而供養百像、　633b
薬師念仏（深草聖皇）　134b
薬師法　687a（性信），705b（七仏，行
　　玄）
薬餌　354a,379b,390a,562b,576a
薬草　74b,510a
　　〔薬〕仁亦〔凝〕念公所挙、五十員之一
　　名（薬師寺講会）　899a
薬方　544a
　　〔天鷹祖祐〕、経巻論帙略探玄蹟、一日
　　喟嘆謂、是皆済世〈薬方〉、非見性法、
　　544a
鑰鎖（宗峰妙超）　358a
柳津（摂州）　708a
山崎（城州）　429b,524b,580a,822a
山崎県（城州）　641b
山崎人（城州）　429a
山崎津　847b
山下（相州）　589b
山科県（江州）　126b
山科陶原（すはら，和州）　65a
山科東峰（城州）　643a
山階寺長講筵（元興寺賢応）　125a
山代県人（泉州）　722a
山城州　→城州

山城州人（城州）　100b, 102b, 110b, 114a, 120a, 151a, 152a, 153b, 156a, 160a, 227a, 230b, 238b, 251b, 318a, 391a, 428a, 449a, 474b, 497b, 560b, 563b, 592b, 600b, 607a, 611a, 654a, 655a, 689a, 766b, 781b, 799a, 805a, 818b, 839a, 895b, 896b
山城守（紀兼弼）　641a
山田（城州）　105a
山田郡（賀州）　203b
山田郡人（賀州）　157a
山名甲族（武州）　508a
山本郷（筑後）　215a
太〔大〕和太守（松平氏某）　620b

　　　―ゆ―
弓削（ゆげ）県（濃州）　531a
由比郷（相州鎌倉）　904b
由比浜（相州鎌倉）　378a
由良（紀州）　236a, 240a, 287b, 504a, 777a
由良湊（紀州）　451a
由利（羽州）　622a
油餐銭（月堂宗規）　463a
遊行　106b, 648b, 829b, 860b
遊化　61a, 62a, 68b, 69b, 80b, 272a, 279b, 314a, 420a, 442b, 477b, 507a, 524b, 539a, 617a, 620b, 625b, 634b, 638a, 672a, 684b, 755b, 779b, 799b, 815b, 816b, 825b, 891b, 895b, 917b
遊化（戯）三昧　354b, 383b, 486b, 512b, 549a
遊山（南英周宗）　562b
湯島山（阿州）　822b
腴田　96b, 389a, 426b, 517a, 528b, 561b, 868a
〔夢窓疎〕石上堂、命四頭首秉払、〔後醍醐〕帝嘉歎不輟、（中略）賜〈腴田若干畝、以贍香積〉、　389a

瑜伽　67b, 83a, 104a, 143b, 193a, 198a, 199a, 212b, 226b, 243a, b, 268b, 269b, 442b, 649b, 660b, 661b, 677b, 692b, 696b, 707a, 722b, 728b, 754b, 757b, 775a, 781a, 782b, 789a, 793a, b, 809a, 813b, 815a
玄照、善〈瑜伽〉、通因明、　269b
〔叡尊〕曰、金剛是〈瑜伽〉、沐浴是灌頂、吾須帰密宗、　775a
瑜伽学徒　737b
瑜伽軌（蓮眼）　739a
瑜伽器（寛性）　255a, 661a
瑜伽教　123b, 696b
瑜伽教法（実深）　738a
瑜伽三密（安然）　140b
瑜伽之三傑（深覚, 勧修, 勝算）　676b
瑜伽師　214a, 313a, 637a
〔泰澄〕、在白山、逢★善無畏等〈瑜伽師〉、而伝受之、不可計知焉、　637a
瑜伽悉地（★善無畏）　68b
瑜伽悉地之人　174a（覚超）, 736b（唯心）
瑜伽悉地大聖者（★善無畏）　68b
★〔善〕無畏者、登地菩薩〈瑜伽悉地大聖者〉、　68b
瑜伽乗（青蓮）　187a
瑜伽大乗根器（◉空海）　80b
瑜伽大乗論（自誓受戒）　775b
瑜伽壇　244b
瑜伽道場　789a（和州真言院, 新禅院）
瑜伽秘（円晴）　800b
瑜伽秘軌　691b
瑜伽秘教　719b
瑜伽三部灌頂（◉円爾弁円）　283a
瑜伽三密（安然）　140b
瑜伽法（瑜伽秘法）　123b, 201b, 206a, 232a, 250a, 264a, 657b, 679a, 681b, 707b, 714b, 747b, 799b, 800a, 806a,

809b, 874b
瑜伽法軌（実瑜）　736a
瑜伽密旨（●円珍）　137a
瑜伽明文、自誓受戒（覚盛）　773a
瑜伽略記（●円珍撰）　139b
瑜伽論（瑜伽師地論、★弥勒菩薩説、★
　玄奘訳）　758b, 835b
瑜伽論音義（信行撰）　109b
瑜祇経行法記（●空海撰）　83a
瑜祇鈔（道範撰）　226b
踊躍念仏（陀阿真教遺化）　860b
諭化（武雷命）　64b
諭導（●道昭）　65b
踰海　416b, 449a
踰山渡海択師参究（師蛮賛語）　525b
唯蘊無我心（十住心論第四）　81a
唯観（唯空）　251b
唯識　67a, 75b, 89a, 94b, 96b, 98a, 101a,
　103a, b, 106a, 111a, 113b, 125b, 141b,
　142b, 150b, 153b, 157a, 166a, 172a,
　176a, 184b, 185a, 193a, 198a, 200b,
　206a, 207a, 227b, 228b, 243b, 261b,
　269b, 368a, 639a, 757b, 771b, 775a,
　782b, 786b, 815a, 825a, 835b, 843b,
　896b, 897a, 898a, 899a, b, 905a, 906b
勝虞、善議、〈唯識〉三論之法将、
　269b
唯識学（信円）　221a
唯識肝心（善珠撰）　97a
唯識観（真興）　165b
唯識義暉（行賀撰）　98b
〔唯識義〕私記（真興撰）　165b, 166a
　〈唯識義〉私記〕科一百余条、而唯識
　之重関也、俱舎之細瑣也、無鍵鑰而 自
　啓也、　166a
唯識義精（行賀撰）　98b
唯識訣　89a（義淵）、94b（慈訓）
唯識宗　92a, 97a, 109b, 160a, 162a, 876b
唯識章（観理撰）　156a

唯識枢要義（行賀撰）　98b
唯識枢要鈔（常騰撰）　103a
唯識枢要要決（常騰撰）　103a
唯識灯明鈔（善珠撰）　97a
唯識比量遺偽興真章（行賀撰）　98b
唯識論　129a, 809a, 844a
　余（卍元師蛮）在法隆寺、一夏聴〈唯
　識論〉、至夏上首講経於太子堂、自朝
　撞鐘、必至午時、問之寺衆、衆曰、昔
　〔道〕詮毎至斎時、来自富貴勤於法事、
　其間撞鐘待之、此其旧規也、　129a
唯識論異補闕（徳一撰）　110a
唯識論羽足（平備撰）　109a
唯識論記（常騰撰）　103a
唯識論僉記（行賀撰）　98b
唯心（師蛮論）　891b
唯心浄土説（★北峰宗印）　765a
唯念仏　215b
　単聖道人不知仏意、〈唯念仏〉者難契
　教旨、夫欲開大聖之秘蔵、須用三学之
　管鑰、　215b
唯仏与仏乃能知之（☆清拙正澄）
　352b
維摩会　65a, 138a, 150b, 158b, 163b,
　172a, 181a, 182a, 184b, 201a, 203b,
　209b, 228a, b, 269b, 843b, 844a, 897a,
　900a, 901a
　斉明帝四年（658）、大織冠鎌足藤公建
　山階寺、始設〈維摩会〉、請★呉国僧
　☆福亮為講師、（中略）其子淡海公不
　比等再営大会、請★新羅僧☆●智鳳、
　為講首、於是四海碩徳駕説論決、爾後
　毎歳撰碩才者、為講会師、修営不絶、
　歴品詮之人、以為登竜門之客、其為任
　也重矣、　228b
維摩会検題　147b
　〈維摩会検題〉、此職自〔増〕利始、
　147b
維摩会講（維摩講）　147b, 148b, 171b,

526

228b
〔延敞〕、〈維摩会講〉、始秉五獅子如意
而坐、爾来講師者、持以為式者、自
〔延〕敞始焉、148b
維摩会講筵 172a（林懐）,200b（恵珍）
維摩会講座 112b,177a,899b
維摩会講師 103b,104b,109a,110a,
 111a,112b,113b,128a,141a,b,142b,
 143a,145b,146b,147b,148b,149b,
 153b,156a,b,157a,161a,162b,171b,
 172a,175b,176b,177b,184a,b,185a,
 189b,192b,193a,199a,201a,221a,
 227b,228a,b,664a,734b,760b,897a,
 b,898a,b,899a,900a,b,901a,905a
興福〔寺〕之〈維摩〔会〕講師〉、必拈此如意（五獅子如意）、以応演唱、143a
〔長朗〕啓五教章之機関、経〈維摩講師〉、住薬師寺、説円融之旨、898a
維摩会講主 111a,124a,135a,150a,
 157a,160b,165b,172a,175a,181a,
 184a,197b,228a,897b,900a
維摩会講首 160a（湛昭）,172a（日観）
維摩会講詔 155a（仲算）,188b（永縁）
維摩会講請（教尹） 228a
維摩会講席 133b,150a,152a,157a
維摩会講堂（覚樹） 194a
維摩会之権輿（☆福亮） 65a
維摩会主（長保） 172a
維摩会主位（憲円） 227b
維摩会主座 125a（賢応）,208b（貞慶）
維摩会主席（観理） 155b
維摩会竪（豎）義 157b（法縁）,182a（真範）,201b（道慶）
維摩〔詰〕経（浄名経） 65a,85b,
 105a,119a,b,171b,199b,228a,576b,

792a
〔竹居正〕猷、禅余講法華、楞厳、円覚、〈維摩〉等経、導引初機、576b
維摩経疏 76a（☆鑑真所帯来品）,
 863b（聖徳太子撰）
維摩〔経〕疏菴羅記（凝然撰） 247a
維摩講 155a,228b
維摩講義（珍海） 199b
維摩講師（安秀） 160a
維摩等三会講師（法秀） 760b
維摩不二之典（恵亮） 119b
遺誡 118b,196b,236a,276a,350b,
 360a,370b,390b,394b,399b,402b,
 403b,419a,423b,427b,434a,448a,
 464a,491a,492b,501b,507a,513b,
 515b,543b,544b,558b,562b,590a,
 621a,766a,777a,791b,811b,812b,
 858b
大源〔宗真〕通幻〔寂霊〕等五哲、胥議擯出其倍〈遺誡〉者二十余員、而不俾出入永平総持二本寺、507a
遺教 515a,704b,806a,825b
遺教経（仏垂般涅槃略説教誡経、後秦・★鳩摩羅什訳） 809b
遺訓 123a（●空海）,425b（孤山至遠）
遺偈 278a,b,279a,286a,288b,306a,
 309b,322b,340b,341b,342b,344a,b,
 347b,349a,354a,360b,365b,380a,
 382b,385a,394b,396a,401a,409b,
 428b,439b,440b,461a,470a,485b,
 498b,500b,505b,518a,547b,555a,
 579a,b,602a,626a,631a 辞偈、辞世偈、辞世頌、臨終偈なども見よ
遺語（天海） 753a
遺藁（発心之事歴、覚英述） 198b
遺告 111b
●〔弘法〕大師入定、〈遺告〉諸子曰、吾滅度後、当以実恵大徳為汝等依師、

527

111b
遺言 118b,206b,372b,450b,664b,
708a,884a,891b
遺頌（東福寺東漸健易辞偈） 435b
遺書 303b,365b,500b,806b
遺詔（師蛮論） 813b
遺身 841a
〔元亨〕釈書曰、古伝〈遺身〉之目無含蓄矣、故革名為忍行、 841a
遺制（黶衣間色） 805b
遺表 336b,337a,354b,845b
遺命 204b,265a,274a,298b,329a,
351b,354b,390b,403b,405a,443a,
454a,462b,479b,501a,810a,876a,
910a
右史 893a
★邑宰（★羅季荘） 301b
邑主 626b
宥範行状（宥源撰） 255a
幽旨 796b
幽鳥語喃喃公案（★楊岐方会） 330b
幽冥 923b
游泳南北（履中元礼） 533a
遊衍（◉月心慶円） 520b
遊華夷（◉如霖良佐） 520b
遊★華夏（◉無我省吾） 465a
遊学 111a,580a,601a,721b,763a,
769b,779a,781a,797b,843a,844a,
895a,920a
遊★函夏（◉寒巌義尹） 292b
遊俠（暹覚） 883b
遊★元（国） 419a（◉無隠元晦） 464b
（◉無我省吾）
遊★元朝（◉古鏡明千） 408a
遊★支那 315b（◉林叟徳瓊）335a
（◉約翁徳倹）
遊★竺土（◉真如） 846b
遊巡（行信） 645b
遊渉諸方（芳庵祖厳） 552b

遊人 681a
遊訊諸方 （義淵） 88b
遊★宋地 317a（◉蔵山順空）,851a
遊仙（浦島子） 913b
遊★大元（◉友山士偲） 429a
〔◉友山士偲〕、嘉暦三年（1328）、与法兄◉正堂〔士〕顕公同〈遊★大元〉、（中略）是時国僧在★元者、若◉石室〔善〕玖、◉無夢〔一〕清、◉此在〔妙〕在、◉無涯〔仁〕浩、◉一峰〔通〕玄、◉古鏡〔明〕千、◉古源邵〔元〕等、互加鞭励、429a
遊★大唐（◉独芳清雲） 492b
遊聴 528a
遊★唐 122b,843a,893b
日本僧〈遊★唐〉者、以◉〔恵〕済◉〔恵〕先為始、843a
遊★唐土（◉円載） 132a
遊方 251a,302a,305a,322a,339b,
348a,349a,352a,356b,374a,394b,
400a,426a,433a,444b,446b,503b,
524b,542b,544b,556b,572b,573a,
593b,619b,638b,660b
遊遍（徧） 475b,614b,859b
遊★明国（★大明） 497a（◉中山法穎）、515b（◉大初啓原）
遊履諸国（楽西） 711b
遊歴 164b,533a,576b,763a,801a,
850b,915b
雄弁 446a,481a
結城（上州） 396b
結城府主 507b
★熊耳山 63b
★熊耳隻履（◉寂室元光偈） 427b
誘引 810a
誘誨（恵忠） 895b
融通念仏 698b（良忍),699a（良忍）,
792a（聖徳太子）
融通仏法義記（◉円仁撰） 119b

528

雪★達磨偈（●寂室元光作）　426a
夢　67b,69a,71b,73a,74b,77b,79b,
　80a,b,83b,85a,90a,91a,93a,98b,
　101b,106b,107b,112a,b,113b,115b,
　116a,b,117a,b,118b,120a,122a,
　124a,136a,b,140a,144a,147a,b,
　151b,154a,157b,158a,b,159b,162b,
　163b,164b,165a,b,169a,b,173a,
　174a,188a,189a,b,195a,b,196a,
　198a,201b,206b,207b,208a,209a,
　215a,b,217a,b,218a,239b,240a,b,
　243b,244a,b,253a,254b,256a,b,
　261b,263b,265a,b,266a,268a,274b,
　281a,282b,286b,290b,293a,296a,
　300a,b,304b,305a,308b,316b,324b,
　328b,335b,340b,341b,342a,344b,
　345b,351b,352a,358a,b,362b,367b,
　370b,371b,372a,377b,382b,387a,
　391b,394a,397b,398b,402a,403b,
　404a,407a,408b,410b,412a,b,415b,
　419b,423a,424b,425a,b,426a,427b,
　430a,431b,438a,440a,441b,446b,
　450a,b,460a,461b,462b,465a,467a,
　469a,475a,477a,478a,479b,483a,
　484b,486b,488a,490a,493a,498a,
　499b,504a,509b,513a,b,523b,525b,
　532b,534b,537a,539b,540a,b,545a,
　b,548a,551a,557b,561b,566b,567a,
　568a,569b,580a,589a,590a,591b,
　595b,600a,602b,604a,624a,634a,b,
　637a,638b,640a,641a,b,644b,646b,
　647b,648a,650a,b,651a,652a,b,
　653b,656b,658b,662b,669b,671a,
　672b,674b,678b,681b,682a,b,684a,
　b,685a,b,686a,b,687a,689a,b,690a,
　693a,694a,697b,699b,704a,708b,
　709b,710b,713b,717b,720a,721a,
　723b,726b,748a,751b,752b,756b,
　757b,761b,763a,775a,785b,786a,

790b,792a,794b,805a,808a,809b,
　811a,821a,b,823b,824b,825b,827a,
　b,828a,830a,b,832b,836b,837a,
　838a,b,852a,b,853a,b,854a,b,855b,
　857a,b,858a,859a,860a,862b,866a,
　b,867b,870a,871a,b,872a,873b,
　874a,b,875b,876a,877a,b,878a,b,
　879a,880a,881a,882a,b,883b,885a,
　886a,903a,905a,909b,910a,912a,
　914a,919b,923a
夢殿（法隆寺）　792a

―よ―

与願〔印〕　122b
与佐郡（丹後）　172b
与薬　116a
予州（伊予）　86a,100a,106b,215a,
　237a,238a,246b,248a,393b,416b,
　450b,465a,474b,485a,488b,491b,
　492a,625a,645b,837a
　宇和郡　238a
　風早県人　106b
　久米郡人　837a
　神門山　645b
　高橋郡人　246b
　松山　625a
予州国守（知章）　681b
予州刺史（河野通広）　236a
予州人　100a,248a,416b,491b
予州太守（知章）　660b
余行（顕真）　204b
余社郡管川人（丹後）　913a
預流〔果〕　833a
横川衆僧　266a
棄瓊瑤玩瑳珠（今時禅徒）　761b
永観律師十因記（往生拾因私記、道光
　撰）　250a
永福寺主務（忍性）　790b
羊頭　347a

掛〈羊頭〉売狗肉（元翁本元上堂語）
　347a
妖怪　309a
妖疾（野州刺史平師季妻）　700a
妖星　696b,735b,843b
妖病（俊子公主）　699b
洋中風濤鼓怒、飄泊★高麗、（◉祖継大智）　472b
祅星　728b
要義　114a
要訣　286b,496a,573b
　◉大象〔宗嘉〕、親承徹翁〔義亨〕之〈要訣〉、　496a
要集鈔（良忠撰）　240b
容貌魁偉　620b
　〔愚堂東〕寔、〈容貌魁偉〉、横額豊鼻、耳輪厚而長、眼眶稜而光、見者心服、胸宇恢廓、毀誉不動、与人夜話、必達昧旦、説人之短、則不聞者之為、挙人之善、則撃節而称、　620b
庸儒之常癖（師蛮論）　450a
庸吏　830a
庸流（今時人★宋者）　374a
★揚州（中国）　72b,73a,116a,445b,610a,616b,756a,b,757b
　★海陵県　116a
　★江陽県人　72a
★揚子江（長江）　72b,524a
★陽山　279b
　陽死（◉空海）　641a
　陽儒陰禅（師蛮論）　864b
★楊岐　631b
★楊岐金剛圏★臨済正法眼（★楚石梵琦長偈）　461b
★楊岐疎壁　345b
　★風穴〔延沼〕草庵、〈★楊岐〔方会〕疎壁〉、古人尚爾、況於吾儕乎、（夢嵩良真）、345b
★楊岐〔派〕　631b

★楊岐栗逢（日峰宗舜上堂提綱語）　568a
養叟〔宗頤〕衣　602a
養母（栄好）　102a
影現　905b
影向　638a,907b
擁護国家（賢和）　898a
嬰童無畏心（十住心論第三，天乗）　81a
膡隠集（雲渓支山撰）　494b
瓔珞　829a,853a,903a
弋釣　128a
浴軀（真阿）　265a
浴室　417b,546a,554a,718b,791b,920a
　〔松嶺道秀〕、自為知事、以報法恩、乃沽売所持書籍、或購香積、或施〈浴室〉、無事不弁、546a
　〔忍性〕、〈浴室〉療病宅、乞匈屋、各置於五所、　791b
浴主　405b,554a
浴場　685b
浴髪更衣（◉約翁徳倹）　336b
浴夫　920a
横岳（筑前）　338a,355a
横山（丹州）　457a
横山（武州）　532b
横山県（信州）　501a
横山県人（泉州）　747a
横路（遠州）　890a
吉野（和州）　81b,143a,538b,725a
吉野河（和州）　143a,915b
吉野郡（和州）　915b
吉野郡越部村（和州）　919a
吉野郊（こう，和州）　915b
吉野桃花里（和州）　919a
吉水（城州）　207a,211a,215b,243a,890a
吉最県人（遠州）　381a
良峰（城州）　224b,379a,713b,827b,891a

淀河（摂州）　93b,158a,664b

—ら—

裸形安坐　836a
　〔仁耀〕、夏夜不設帳幬、〈裸形安坐〉、従蚊虻噆膚、　836a
裸者　914a
　〔陽勝〕、逢〈裸者〉脱与衣、見飢人付己食、蟻虱蚊虻噆身不払、厭喧修定、914a
螺鈿　68a
★羅越国　846b
羅漢　84a,92a,98b,121a,162b,312a,417b,599a,614b,625b,633a,672b,869a
羅漢供　275b,729a
羅漢寺記（高庵芝丘撰）　833a
羅漢棲真之所（豊前羅漢寺）　832a
〔羅漢〕石肖像（昭覚）　832a
〔羅漢〕石像霊窟之来由（祖訣）　833a
羅漢僧　162b,634b
★羅山開堂（◉竜山徳見小参語）　399b
羅城門　73b,271b,915a
羅利　665b,911a
羅利国人　684a
羅利女　684a,915b
　良賢、巡礼霊区、迷路届洞、稽宿数日、見〈羅利女〉端厳生染心、915b
★羅陽（中国浙江省）　515b
蘿月談空　701b
★蘿蔔（鎮州）　506a
礼懺（心覚）　202a
礼讃　170a,215a,787a,889b
礼讃供養（☆鑑真）　73a
礼拝　274b,275b,522b,604a,651a,836b,851b
礼拝供養（明実）　874b
礼拝念仏（浄尊）　887a
礼盤　736b,887b,888a

来遠亭　279b
来帰　313a,503b,843a
来儀　68b
来迎　135b,215b,220b,651b,653b,787a,837a,870a,871b,877b,878b,884a,889a,890a,b
来時空手、去時赤脚（固山一鞏辞偈）　403b
来世　783b
来朝（来自★宋、来自★元）　61b,65a,75b,326b,415b,843b
雷　483a,b,592a
雷雨　325b,533a,661b,693b,695a,728a,737a,850a,905b　雨、大雨、暴雨、祈雨、請雨なども見よ
　〔成賢〕建保三年（1215）夏旱、修同法（孔雀経法）於神泉苑、七月〈雷雨〉、賞転正（僧正）、弟子浄真任権律師、727b
　〔道勝〕、文永三年（1266）夏旱、（中略）修孔雀経法、七月三日〈雷雨〉、賞寄阿闍梨四人於高野山、737a
雷雨大澍　303b,692a
雷雨大震（◉神子栄尊）　296a
雷撃　911a
雷震　911b
雷神　665b
雷電　753b,907b
　泰澄使令鬼神、呪縛〈雷電〉、753b
雷闘峡（甲州褄雲寺十境）　444a
雷鳴　680b
頼豪之霊崇（崇霊）　691a,693a
頼宝、杲宝、元〔賢〕宝、亦博宗撰書、是謂〔東寺〕三宝、　269b
癩丐　790b
　〔忍性〕、給食〈癩丐〉一万八千人、790b
癩人　718a,790a,808a
洛（雒）　79b,129b,141a,149b,173b,

531

188b, 189b, 211b, 213b, 215a, 221a,
236a, 240a, 243a, 251b, 256a, 266a,
280a, 281b, 283a, 284b, 285a, 292a,
297b, 306b, 307a, 311b, 314b, 315a, b,
318a, 326a, 333b, 335a, b, 338a, 344a,
345b, 346b, 348b, 349a, 356a, 358a,
363a, 366b, 368b, 369a, 370b, 374a,
377a, b, 379a, 380b, 381a, 382a, b,
387b, 394a, 400a, b, 401b, 404a, 407a,
408a, 409a, 411b, 412a, b, 414a, 416a,
b, 417a, 418a, 419a, 424b, 425a, 426a,
428a, 430a, 431b, 434a, 437a, 438b,
440a, b, 444b, 445a, 447a, b, 448b,
452a, 456a, 457a, b, 460b, 461b,
463a, 465b, 467a, 468b, 471a, 473b,
478a, b, 480b, 485a, 486a, 492b, 493a,
b, 495a, b, 503b, 505a, b, 509b, 510a,
512b, 513a, b, 514a, 519a, 520a, 524a,
528b, 529a, 530a, 531a, 533b, 534b,
535b, 541b, 544b, 548a, 550a, 551a,
552a, 557a, 559b, 561b, 562a, b, 563a,
568b, 569b, 573a, 574b, 577a, b, 578a,
581a, 586a, 587b, 590b, 593b, 594a, b,
595a, 596a, 598b, 599a, b, 601a, 605b,
606b, 609b, 610a, 612a, 613b, 614a,
621b, 696b, 765a, 767a, 792a, 795a,
796a, 803a, 823a, 834a, 883a, 890a, b
京、京師、京城、京兆、城州、洛西、
洛東、洛南、洛北、洛陽も見よ
洛山（野州）　537b
洛之東南　284a
洛之東山　190a, 225b, 399a, 848a
洛寺焦土（応仁兵燹）　834a
洛城　922a
洛西　128a, 230a, 264b, 338b, 370b,
380b, 381b, 400b, 407a, 457a, 462b,
497b, 628b, 644b, 775b, 792a, 802b,
804a, 806a, b, 811b
洛汭　563b

洛中　804a, 834a
洛都　654b
洛東　86a, 102a, 142a, 164b, 168a, 189a,
b, 207a, 213b, 225b, 241a, 246a, 251a,
266a, 277a, b, 297a, 323a, 358b, 363b,
440b, 555a, 570a, 572b, 591b, 592a,
643a, 676b, 687b, 695a, 702a, 715b,
765b, 786b, 787a, 797b, 798b, 800a, b,
822b, 834a, 890a, 922b
洛東人　572b
洛東北　819a
洛南　234a, 619a
洛北　145a, 174b, 179b, 192a, 204a,
206a, 278b, 297a, 345a, 583a, 649a,
661b, 668b, 674b, 688b, 694b, 695b,
710a, 749a, 774a, 798b, 802b, 830a,
905a
洛邑　242a, 288a
★洛（雒）陽（中国）　67a, 68a, 131a,
813a
洛陽　145b, 157b, 173a, b, 270b, 368b,
429b, 626a, 700b, 797b, 817b
洛陽（城）人　103a, 799b
洛陽白川人　368b
洛陽富家　253a
落華流水（瑩山紹瑾上堂語）　342a
落卯　168b, 253b, 255a, 274a, 291b,
326b, 402a, 468a, 556a, 570b, 580a,
599b, 662b, 669a, 705b, 707b, 727a,
732b, 737b, 748b, 751a, 784b
落慶　284b（東福寺）、441a（天竜寺亀
頂塔）、483b（天竜寺）、691a（法勝
寺堂塔）、892b（摂州駒岳中山寺）
落慶供斎（法輪寺）128b
落慶供養　96b（叡山根本中堂）、160b,
178b（長谷寺）、192a, 535b, 583a,
727b（嵯峨釈迦堂）、746b（高野大
塔）、786b（蓮華王院・三十三間堂）、
814b（長谷寺）

532

件名索引

嵯峨釈迦堂、〈落慶供養〉、〔道〕尊為導師、衣冠扈従、伶人奏楽、　727b
落慶供養導師　149a（済高）、173b（覚超）、174b（院源）、178b（明尊）、191a（証観）、205b（守覚）、221a（信円）、276b（●栄西）、676b（慶命）、691a（良真）、691b（定賢）、704a（覚法親王）、709a（寛遍）、844b（●玄昉）、892b（豊国）
落慶導師　64a（☆恵灌）、171b（扶公）、669a（寛朝）
落慶梵宇　208b
落成供養（相国新寺）　517a
落墜　286b,352a,533b,539b,577a,589a,684b,731a,812a
落髦（孤山智遠）　425b
落飾　135a,150b,234b,242b,246a,434a,651b,680b,687a,701a,702a,708a,719b,775b,816a,820b
落髻（古岳宗亘）　612a
落鬚（●無我省吾）　463a
落髪　80a,190b,197a,238a,335a,403b,423a,445b,455a,475b,537a,545a,560b
落髪稟戒（源空）　207a
落髪稟具（☆竺僊梵僊）　383a
楽恵那含之生処（色究竟天）　190b
楽国　91a,157b,170a,674b,702b,726b,728a,802b,857a,870a,876b,879a,882a,887b,890b
〔教〕懐〔維〕範二師、或因唯識宗、或凝阿字観、信弥陀仏、立其法家者雖異、適彼〈楽国〉者機轍是同、876b
〔経得〕、専願〈楽国〉、　879a
楽国之行　170a
★楽城県（中国温州）　126b
楽土　187a,211a,418a,871a,884b
楽土之変相（弁長）　215b
楽邦　90b,152a,213b,792a,873b,875a,

b,889a
〔教懐〕専願〈楽邦〉、875a
楽邦之科　891a
楽邦主　860b
楽邦浄　886b
楽邦篇　891a
☆〔蘭渓道〕隆師行状（蘭渓和尚行実, ●約翁徳倹撰）　281b
蘭湯（深有）　748b
鸞鳳（☆●智鸞, ☆●智鳳）　200a

—り—

吏部（大友某）　354a
吏部侍郎　384b（大友氏泰）、437a（上杉憲顕）、824b（大江匡衡）
吏部尚書　168b（敦実親王）、679b（元方, 賀静法師）、688b（敦忠親王）
吏部大卿（菅原永範）　706b
吏部郎中（藤原永相）　188b
利済　66a,236a,292b,758b,807b,816b,823b,893b
●〔道〕昭、又遊諸州、勤〈利済〉、或鑿義井、或造渡船、架橋梁、化蹟殆遍、城州宇治橋修営此其一也、●〔道〕昭在外十載、有勅帰院、66a
〔●道昭、●道登〕、宗乗者、空有雖異、而其〈利済〉者、同是応化之二菩薩也、然世人熟知〔道〕昭之事、於〔道〕登公独其名無聞、893b
〔最仙〕、〈利済〉切己、修寺院掃堂宇、夷嶮途架絶梁、走急救危、毎逢旱潦、不待延請、祈求修法、816b
利済衆生（叡尊）　775a
利生　256a（慈妙）,828a（琳賢）
〔琳賢〕、時人呼曰小聖、建立堂塔、繕写経典、興法〈利生〉、828a
利他　130b
利鈍之別　190b
贄〔鐘谷利〕聞写照　505b

利益衆生（袈裟）　708b
利益要門　68a
　〔大毘盧舎那成仏神変加持経〕上符仏意、下契根縁、〈利益要門〉、斯文為最、　68a
利養　498b
李嶠百詠（●道元）　274a
★李唐　272a
★李唐之乱　847a
　写照★李竜眠　553b
狸奴白牯　314a（●無及徳詮）、494b（雲渓支山上堂語）、602a（実伝宗真晩参語）
梨子　65b
　〔★玄奘〕、昔往★天竺、駅路糧絶不遇人家、殆将餓死、偶一沙門以〈梨子〉恵我、我哺之気力日健、漸達★竺土、其沙門即汝（●道昭）前身也、　65b
理気性情図（雲章一慶撰）　581a
理事円融性相平等（●雪村友梅四天王慶讃語）　379a
理趣経　186b,202b,678a,709a,820a,859b,886b,888b
　〔宗〕賢以檀貺建三間堂、常修浄業、安置金色仏像、(中略) 法華経二十部、紺紙金泥〈理趣経〉一巻、　202b
　〔成〕典、誦〈理趣経〉一切諸魔不能壊之文、魔魅斃於階下、　678a
　〔●弘法大師〕、臨終謂〔真〕然曰、(中略) 又付所持経嚢、貯★恵果手書〈理趣経〉、以為印信、　820a
理趣経釈（●空海撰）　83a
理趣経呪　711a
理趣経要文　888b
理趣経礼懺（明㬜）　888a
理趣経礼懺文（澄賢）　886b
理趣経略鈔（杲宝撰）　257a
理趣三昧　697b,876a
理趣般若　196b,647b

融源来会、対〔覚鑁〕霊棺、誦〈理趣般若〉、至第二段、忽聞棺中唱経首句、〔融〕源和誦之、毎段次然、従茲掬其流者、対〔覚鑁〕遺像、誦理趣分、必略首句矣、　196b
理趣分　196b,647b
理障（大休正念）　343b
理智機関向上三宗旨（円爾弁円・無伝問答語）　286a
理理無礙　783b
　事事無礙、〈理理無礙〉、事理無礙、（真心要決跋語）　783a
痢病　882a,886b
鯉魚　597a,598b
離宮　207b,225b,242b,326b,335b,391b,550b,828b
離言説相離心縁相（起信論）　85b
力巧　326b
　富者以金帛施、貧者以〈力巧〉施、殿堂門廊、不日而成、逮開雲堂日、衆盈万指、即東山雲厳寺是也、　326b
力士　120a
六芸　622b
立塔　547b
　我（松嶺道秀）死当以遺骸瘞于此、不用〈立塔〉、但植松一株、　547b
立牌　623a
律　105a,231b,247a,b,252b,283a,749b,755a,763b,767a,b,774a,785a,793b,797b,800b,807b　戒律も見よ
　〔凝然〕一代撰述凡有一千一百余巻、弟子十二人、挟〈律〉而宗華厳、各化一方矣、　247b
律院　777b,786b
律苑　367b,770b,779b
律苑清典　775b
律園任（定舜）　767b
律学　71b,107a,757a,766b,799b,802a,803b

534

律学之行（道種）　803b

律管　845b

律規　207a,208b,786a,789a,790b

律儀　146b,252a,448b,560b,758b,
　759a,773a,778b,791b,795b,796a,
　802b,813a
　〔真照〕侍〔円〕照前後二十五年、和
　★宋戒致、南北〈律儀〉、其指陳也、
　795b

律教（☆如宝）　756a

律行　92a,603b

律行清白（英訓）　238b

律虎　649a,787b

律五大部三要疏　（律五大部＝戒本疏,
　羯磨疏, 行事鈔, 比丘尼鈔, 毘尼義鈔
　三要疏＝恵光略疏, 智首大師広疏, 法
　礪中疏）755b

律興要伝（霊波撰）　258a

律国賊（日蓮）　791a

律今衰替、如線将断　785a

〔律〕三大部（行事鈔, 戒疏, 業疏, ★
　道宣撰）　772b,801a

律師　89b,92a,95a,110b,111b,112b,
　129b,142a,147b,149a,150a,152a,
　154b,175b,181a,190a,191a,b,193a,
　200a,207a,211b,220a,224a,230a,
　250a,264a,b,265b,287a,309a,310b,
　326b,342a,358a,366b,368b,387a,
　408b,426a,438a,446b,452a,634a,
　640b,649b,654b,655a,662b,667a,
　676a,728a,b,747b,755a,757a,b,
　758a,760a,762a,763b,764a,b,765a,
　768b,772a,774a,779a,780b,782a,b,
　784b,787a,788a,789a,794a,795a,
　796b,797a,801a,b,802a,b,803a,
　805a,b,808a,813a,835b,851b,885a,
　895a,897b,898a　正律師も見よ

律肆　782b

律詩　78b,480a,521b

律寺　74a,456a,543b,779b,806b

律持直方、四衆悦服、（豊安）　760a

律者　767a

律宗　77b,144a,178b,788a,801a,811b

律宗経鈔三百二十七巻（◉俊芿将来）
　765a

律宗瓊鑑章（凝然撰）　247a

律宗華厳取真心章（凝然撰）　247a

律宗之中興（☆鑑真）　778a

律宗大善知識（思淳）　801a

律疏　769a,789a,795a,803a

〔律〕疏鈔　759b

律匠　92b,758a,770a,774a,786a,801b

律章　770a,b,778b,796a

律鈔　136b,246b,251a,775b,788a,799a

律鈔密軌（◉照阿）　799b

律場　444b,767a,784b,810a
　〔西林寺〕西州之〈律場〉、767a

律席　781a,790b

律相　127a,b,799a

律僧　412a

律蔵　755a,756a,759b,789a,800a

律蔵鑰　769b

律典　779a,784b

律幢　572a,761b,772a,789a,792b,
　796b,813b

律範　92a,181b,239b,258b,763a,812b,
　832a

律部　243a,256a,537a,757a,761b,
　771b,774a,778b,779b,780b,781a,
　794a,b,796a,798b,799b

律風　803b

律篇　795b

律法　766b,778b,786b

律本　779b,794a

律密（行祐）　799a

律網（☆法載）　756b

律門　772a,779b

律門之中設五十三疑問　764b

律門之名匠（道御，広勝，順性，勤性，算了，寂証）　788a
律令　818b
律林　795b
律林虎豹教刹竜象（★志隠，★道源，★道常，★曇秀，★雷峰等二十師）　765a
律呂旃宮図（●永忠将来）　845b
栗棘蓬（●桃渓徳悟上堂語）　313a
栗子　523b
豎者　190b, 265b
略釈（●空海撰）　83a
略料簡一諦記（幸西撰）　216a
略彴橋（和州吉野）　919a
立破　191a
立亡（先覚之謝世）　383b, 512b
流言　627a, 753a
　大愚〔宗〕築公、有〈流言〉事、没法山（妙心寺）籍、　753a
★流沙　846b
留学　90a, 108b, 138b, 175b, 248a, 843a, 846b
留学沙門（●中瓘）　846b
留学垂三十年（●弁正）　895b
留学僧　69b（●理鏡）, 132b（●円載）, 895a（●明聡，●観智）
　仁明帝勅宣曰、在★唐請益僧〈円仁、〈留学僧〉●円載等、久遊絶域、応乏旅資、宜附円載律従僧●好仁還、賜各黄金二百両、　132b
留★元十年（●無我省吾）　463b
留★宋六祀（●心地〈無本〉覚心）　289a
留★唐　126b, 133a（●円載）, 844b（●玄昉）
留★唐三十一年（●行賀）　98a
留★唐二十年（●玄昉）　844b
留★唐六年（●恵運）　126b
竜　68a, 290a, 511a, 514b, 529a, 674b, 714b, 716a
　本朝工冶、雕〈竜〉形於剣中、蓋自此始也、　674b
竜王　75a, b, 290a, 386a
竜王宮殿　302b
竜涎集（天祥一麟撰）　520a
竜淵一派水　305a
竜肝鳳髄（●桃渓徳悟示衆）　313a
竜顔　636a
★竜巌〔徳〕真偈（贈●鉄牛景印）　393b
竜宮　67b, 133a, 403a, 612b, 634b
　使●〔円〕載布帆無恙、化導之盛、故土有頼焉、不幸戒化於〈竜宮〉海、　133a
竜宮之伽藍（祚蓮）　633b
竜華　107a
竜華院阿闍梨（円範）　185b
竜華会　82b, 83a, 840b, 867b
　〔●空海〕結跏趺坐、結毘盧印、泊然気絶、蓋持定身、期〈竜華会〉也、　82b
竜華三会　167b, 494a, 570a, 721b
竜虎翅角　328a
竜護　234b
★竜樹之浄刹（摂州箕面山）　866a
★竜樹之論　260b
　〔宥快〕、〈★竜樹之論〉、★〔善〕無畏之疏、●弘法義章、探賾索隠、　260b
〔竜湫和尚〕七会録（竜湫和尚語録，竜湫周沢撰）　487a
竜神　71b, 134a
竜神宮　725b
竜石　548a
竜石藁（東漸健易撰）　549a
竜象　72b, 150b, 283b, 300b, 307a, 323b, 336a, 341a, 342a, 352a, b, 368a, 397a, 416a, 418b, 426b, 486b, 491b, 526b, 532b, 558a, 568b, 588a, 614a, 664a

536

竜象之淵藪（師蛮賛語）　281b
竜池　786b
竜天　280b
竜頭　870a
竜女　580b
竜女成仏義（宋・★源清撰）　167b,170b
竜女頓成仏（●中巌円月小参語）　453b
竜馬　588b
竜門　316b,379a,524b
★竜門西岡（中国）　137b
竜門瀑（甲州棲雲寺十境偈）　444a
琉球国　136b,406a,624b
琉球僧　626a
笠杖　590a
隆寛義（寛海）　237b
豎〔竪〕義　112b,147b,155b,157b,158a,161b,163b,166b,174a,182a,197b,201a,b,209b,227b,228a,235a,244b,249b,262b,752a,897a,898b,899b,900a,901a
　至其講論、僧綱在席、〈豎〔竪〕義〉弁復、若不契仏理、則従質斥之、置制厳密、猶如士登試射甲也、　901a
豎〔竪〕義式（延暦寺、●円珍）　138a
豎〔竪〕釈（義光）　156a
呂律（覚卍偈）　561a
★虜酋　311a
〔了庵和尚〕語録（●了庵桂悟撰）　603b
〔了庵和尚語録〕代語録（了庵恵明撰）　529b
了義之中了義（首楞厳経）　100a
了義灯解節記（護命撰）　106a
了義灯増明記（成唯識論了義灯増明記、善珠撰）　97a
了幻集（●古剣妙快撰）　499b
〔令山（俊翁）〕尊像　533b

両界　875a
両界灌頂　202a,710b,827b
両界讃　883b
両界生起（覚超撰）　173b
両界秘法　870a
両界法　858b
両界曼荼羅（兼海）　706b
〔兼海、根来寺円明寺〕建八角二級堂、安丈六大日像〈両界曼荼羅〉七幅三部秘経、　706b
両界曼荼羅図（仁慶）　882b
両界密法（延尋）　175a
両京　782b,789a
両京律　767b
両個月（了庵恵明・無極恵徹問答語）　565b
両所神祠　265b
両所明神之使者　265b
両序　340a,362a
〔●直翁智侃〕、謝新旧〈両序〉上堂、　340a
〔☆明極楚俊〕、選賢中之賢、能中之能、列為〈両序〉、　362a
★両浙（中国）　310b,763a,768a
両朝　405b,407b
両転語　586b
両都　199a,770a
両都高僧（延喜御宇）　144a
両班　362a
〔☆明極楚俊〕謝新〈両班〉上堂、　362a
両部（金胎）　123a,136b
両部阿闍梨灌頂（●円仁）　118a
両部灌頂　113b,118a,193a,225b,233b,255a,268b,669a,689b,691b,699b,703b,711a,712b,728a,733b,743a,744b,748b,751a,784b,812a,828a,846b
両部灌頂水　737b,886a

537

両部灌頂法　151a,267a,654b,717b
両部大法（両部法）　114a,115a,120a,130a,141b,263b,694b,719b,736a,741b,775a,810b,827b,855b,879a,887b
〔貞観寺〕座主、必簡定受学〈両部大法〉、修練苦行堪為師範者、　130a
両部大曼陀羅　911a
　有宝塔、塔中安置妙法蓮華経、塔東西壁、懸〈両部大曼陀羅〉、　911a
両部壇　734b
両部秘　128a,243a
両部秘奥之印明　725b
両部秘教　671a
両部秘法　719a,727a,820b,897a
両部法　243b
両部曼荼羅（両部大曼荼羅）　116b,131b,137b,249a,911a
両部密灌　111a,146a,176b,217b,225b,233a,247b,265b,644b,655b,706b,707a,732b,734a,744a,747b
両部密灌秘法（覚任）　704b
両部密水　537a
両部密法　131a,176b,652a,792a
両門（山門〈◉慈覚〉、寺門〈◉智証〉）角立　178a
両門（山門、寺門）争座主位　176b
両門徒（◉慈覚、◉智証）相軋　197a
生両翼、向西飛去、（玄海）　855b
良椅材　919a
良器　646b
良源伝　153b
　論〔天〕台相異義、事在〈良源伝〉、153b
良工　174b,634a,645b,767a,829b,850a,909b
良材　86b,768a,830b
　〔白蓮寺〕衰廃、幹修乏人、◉〔湛〕海附郷便、得〈良材〉数千、督工施材、門廊殿閣、役成復旧、　768a
良匠（盛誉）　255b
良馬　691a
良薬（大愚宗築、濃州瑞竜寺入寺山門語）　627b
竜安〔寺〕悉懼兵燹（応仁元年〈1467〉）　588a
〔亮典〕行業記（智積院僧正運敵撰）　269a
亮律師義記（☆鑑真将来品）　73b
★梁（中国）　62a,94a
★梁王　430b
★梁魏唐宋有史筆　480b
★梁周五代　847a
★梁人（☆司馬達等）　842a
★梁僧（★恵皎）　107b
★梁朝　362b,440a
★梁唐宋　662b
★梁唐宋三伝（三伝）　699a,841a,851a,861b,891a,901b
猟人　561b
〔量処〕軽重儀（唐・★道宣撰）　74b
楞伽経（★曇無讖、★求那跋陀羅、★菩提流支、★実叉難陀訳）　65b,85b,369b,584a
★達磨大師以〈楞伽経〉、付☆二祖（恵可）曰、吾観★震旦所有経、唯此四巻可以印心、汝帰国度衆、　65b
楞伽〔経〕疏鈔（★柏庭善月撰）　283a
楞厳会　536b
楞厳経（唐・★般刺蜜帝等訳）　259a,279a,374a,510a,b,537b,561a,562a,576b,584a,611b,643b,744a,799a,809b,840b,846a,909b,910a
楞厳〔経〕疏抄（★柏庭善月撰）　283a
楞厳呪　379b（◉雪村友梅）、512b（九峰韶奏）
楞厳深賾（◉徹通義介）　306b
楞厳註　→心書

件名索引

綾帛法服　159a
綾服　677a
領悟　586a
　〔一休宗純〕、一夕聞鴉鳴、脱然〈領悟〉、　586a
霊異　810a,b
霊異記　→日本国現報善悪霊異記
霊山　595a,824b
霊山会上　190a,560b,872b
霊山記（無住思賢、長寿寺殿足利尊氏奠茶仏事）　400b
★霊山之耆闍　833a
★霊山密付　347a（元翁本元上堂語）、411b（乾峰士曇上堂語）
　〈霊山密付〉★飲光（迦葉）一笑間、★少室（達磨）単伝、★神光（恵可）一臂端、　411b
療病舎（忍性）　791a
療病宅（忍性）　791b
糧二千石（北条高時施）　352b
緑青　776a
緑智郡（江州）　853b
緑綾　114b
林下　515a,804a
林間　520b
　〔香山仁与〕、盤結草庵、蔵跡〈林間〉、（隠逸）　520b
★林邑国人（☆仏哲）　75a
★林邑国僧（☆仏哲）　69b
★林邑之楽（☆仏哲所伝）　75b
〔淋賢〕工於画、図東大寺誌　828a
稟明鈔（宗鏡録註記、●愚中周及撰）　525b
綸言　204b,388a,693b,698a,719b
綸旨　370b,378b,607a,743b,830b
綸綍　322b,342b,346b,742a,745b
綸命　471a,596a,607a
★霊石〔如〕芝（りんにょし）偈（贈●鉄牛景印）　393b

輪下　396b
輪差　582a
輪次　510a,763a
　〔放牛光林〕、請五頭首、〈輪次〉登座説法、　509b
輪次為講（法華長講）　108a
輪次講説　203b
　〔覚弁〕、挙五部大乗経要文、〈輪次講説〉、結縁四衆、　203b
輪次住持　190a
　〔禅林寺〕、南京東南院主〈輪次住持〉、　190a
輪住（天竜寺、夢窓門徒）　627b
輪星　729a
輪請　625a
輪蔵　261b,408b,431a,463a,b,468a,488a,500b,521b,571a,580b,756b,812b,833b
輪廻　100a,548a
輪廻五道　840b,861a
隣兵之難（★百済国）　917a
霖雨　131b,315a,786b
霖雨普潤（厳覚、請雨経法）　696a
★臨安府（中国）　278a,764b
★臨安府行在所（中国）　84a
臨下之風（僧海）　293b
臨機説法（在庵普在）　447a
臨済　631b
臨済一宗　473b
臨済下正признак之大較（仏祖直伝、峰翁祖一撰）　355b
★臨済喝　459a,473b,596a,630b
★臨済喚作金剛王（月航玄津上堂語）　618a
★臨済語　431b,517b
★臨済三玄（洞山五位（梅山開本示衆語）　544a
★臨済三頓棒頌　553a
★臨済之祖　631b

539

★臨済四賓主　478b
　　在★霊山喚作正法眼蔵、在★少林喚作直指単伝、在★雲門喚作一字関、在〈★臨済喚作四賓主〉　478b
臨済〔宗〕　631a
臨済宗旨　323b
臨済正宗　367a（恭翁運良），613a（古岳宗亘）
★臨済正法眼（★楚石梵琦長偈）　461b
★臨済〔義玄〕退身★徳山〔宣鑑〕斫額　411b
臨済門下　278b
臨済門風　353b
臨時度者　127a
　　年度者、経二年精練沙弥行、〈臨時度者〉経三歳、然後聴受戒、　127a
臨終　66b,72a,87b,119a,135b,164a,171a,173a,190a,198b,220b,222a,234b,265a,273b,278a,b,281b,304b,311b,314a,318a,370b,383a,b,400b,433a,466b,472a,476b,480a,498b,558b,574a,576a,595a,638b,651b,653b,655b,662a,664b,679b,684a,690b,708a,b,712b,722a,725a,739a,760b,791b,807a,820a,823a,827a,836b,837b,839a,852b,854b,855b,856b,859b,870a,872b,873a,874a,886a,888b,889a,b,891b
　　叢林之先達、〈臨終〉作龕銘者、如★痴絶〔道〕冲不多見焉、　480a
　　〔澄賢〕曰、〈臨終〉一念之功、勝生前百年之業、　886a
臨終記（真乗撰）　800b
臨終期（安尊）　873a
臨終偈　293b,311a,312b,313b,316a,325a,351b,380b,382a,383a,394b,395a,414a,457b,462a,473b,513a,533a,534b　辞偈、末後一句、臨亡偈、遺偈なども見よ

臨終之正　891b
臨終手握蓮華一朶（蓮長）　859b
臨終正心（信敬）　837b
臨終正念（覚超）　173b
臨終垂語（傑堂能勝）　554a
臨終端坐、合掌誦中論観業品（聖慶）　201a
臨終特（持）正（安修）　873b
臨終法儀（高弁）　219a
臨終浴軀剃髪、端坐合爪唱弥陀（真阿）　265a
臨川〔寺〕災（延文3年〈1358〉）　483b
臨亡　72a,120b,171a,211a,233b,274a,333a,470a,656b,690a,749a,b,850b,856a,871a,875b,876a,879a,883b,888a
臨亡安庠（慶祚）　171a
臨亡偈　293b,315a,337b,459b,531a
臨亡坐椅（●有厳）　774b
臨亡之記（覚英撰）　198b
臨亡正念（維範）　876a
臨滅度（●南州宏海）　317b
臨滅度偈（無弦徳紹）　317b
臨問候（後宇多上皇）　336b
鱗介（真阿）　265a
麟鳳甘露之瑞（明・★太祖在位中）　464a

—る—

琉璃像　153b
瑠璃　486a
瑠璃禅　406a
瑠璃地　921b
瑠璃鉢　425b
瑠璃瓶禅　406a
盧舎那〔仏〕丈六像　756a,b
　　☆〔雲〕静、心匠天然工、自彫〈盧舎那〔仏〕丈六像〉、安于〔唐〕招提

〔寺〕之大殿、　756b
盧遮那殿（東大寺）　73b
累囚（厳真）　778b
類顕鈔（寛信撰）　199b
類秘鈔（寛信撰）　199b

　　　―れ―
礼楽　307b,375a,389a
　道徳、仁義、〈礼楽〉、忠孝、皆治心之善者也、　375a
礼楽一新　486b
　〔春屋妙葩〕、以五山十刹、為吾屋裡、継絶興廃、審察公選、通一法者、莫不登庸、当時叢林、〈礼楽一新〉、振古択才、　485b
礼義　896a
　〔延慶〕辞爵受封者、知〈礼義〉之本也、　896a
礼失則国家不治　812b
礼部鴻臚二官　127a
礼部鴻臚雅楽三僚　70a
礼仏（◉絶海中津）　509b
　〔◉絶海中津〕、為大僧、坐禅〈礼仏〉日課不虚,509b
礼法（☆清拙正澄）　352a
伶楽（唐招提寺舎利会）　772b
伶人奏楽　485a,553a,727b,729b
伶人舞楽　747a
冷笑一声而化（春浦宗熙）　592a
冷泉院南殿　118a
冷泉津（筑前）　372a
冷泉録（虚舟和尚語録の内,★虚舟普度撰）　323a
励学（遠照）　799b
囹圄（牢屋）　189b,778b,838b
　〔興正（叡尊）〕、挙〔厳〕真維那之職、常憐累囚、躬至〈囹圄〉施食、給沐授八斎戒、　778b
　〔春朝〕、嘗見〈囹圄〉、悲嘆（中略）以何方便、令種仏種、乃発大誓、吾当七返入獄令諸鋼党聞法華、便往貴家盗銀器、家人捕之付獄吏、（中略）悲増大士之行也、　838b
鈴鐃（永観）　189b
鈴磐音　840a
鈴杵（金剛童子）　852a
霊異（乾峰士曇）　412a
霊雨　552b
★霊雲〔志勤桃花〕悟道偈（◉南浦紹明）　382b
霊応　93a,244b,636a,637b,722b,764a,767a,793b,855b,860a,902a
霊怪（虎関師錬撰）　917a
霊棺　196b
霊感　91a,134b,161b,196b,254a,541b,637b,677a,821b,839b,884b,894b,903a
霊気　679b
霊器（仏国、★玄奘所賜、◉道昭）　65b
霊亀出水　504a
霊境（昭覚）　832a
霊鏡（建長寺）　281a,b
霊区　81a,93a,143a,158a,357b,649a,821b,831b,865b,920b
霊窟　833a
霊験　187a,289b,486b,659a,662b,668a,699b,733b,817b,837b,850a
　〔◉無本覚心〕〈霊験〉奇跡、皆是自禅定而得、　289b
霊光　360b（額）,785b
霊骨　214b,276a,777b,811b
　〔信空〕、奉〔源〕空之〈霊骨〉、唱宝号数遍、合掌而化、　214b
霊骨舎利（忍性）　791b
霊骨蔵丈室中（宗峰妙超）　360b
★霊芝（元照）之再生（浄因）　770b
　〔浄因〕、以其践行似大智師（元照）、

件名索引

541

門裔或謂為〈★霊芝（元照）之再生〉
云、　770b
★霊芝之風　770a
　〔●月翁智鏡〕、居〔泉涌寺〕来迎院、
　慕〈霊芝之風〉、770a
★霊芝道場　795a
　〔●眞照〕、拝〈★霊芝道場〉、礼★如
　庵〔了宏〕旧趾、　795a
霊性　414a
霊勝之地（談岑、多武峰）　634a
霊場　137b,636b,833a
霊神　161a,898a,903a
霊石泉（甲州棲雲寺十境）　444a
霊跡（在中中淹）　557a
霊叟和尚忌（●独芳清雲）　492a
霊台　256b
霊地（金峰山）　876b
霊通（☆道蔵）　64b
霊塔　68a,685b
嶺南坂（桜田之旧址、武州）　624b
癘疾　822a
★〔濃州〕竈山店（中国）　382a
醴泉（善往）　895a
歴見（●大初啓原）　515b
　〔●大初啓原〕、〈歴見〉天界〔寺〕★
　季潭〔宗〕泐、仰山★了堂〔惟一〕、
　★天童無著等四十五員善知識、末於径
　山★傑峰〔世〕英禅師処、頓釈疑網、
　515b
歴講（平仁）　900b
歴参　277b,304b
歴世名僧（師蛮賛語）　65a
歴遷諸刹（蘭坡景茝）　606b
歴遍（●性海霊見）　501a
歴遊　276b,310b,408b,799b
暦（寂心、公家世司）　165a
瀝指血、写法華六部、（●不聞契聞）
　430b
劣報　856b

連喝両喝　330b,432a,573a,595a
★連江県（中国福州）　136b
★連江邑（中国福州）　351b
連璧之称　518b
　〔天祥一麟〕、以才名、与中立〔一〕齶
　有〈連璧之称〉、　518b
廉於己、世法通者、帰東序、謂之知事、
　（☆明極楚俊）　362a
廉義亭（藤原道家）　666b
練行　914b
練行者（○了儒）　324a
練苦　695b
　〔増〕誉之〈練苦〉也、登熊野山、凡
　十三度、　695b
蓮経（法華経か）　649a
蓮藕（教待）　868b
蓮華　859b,863a,866b,877a
蓮華因果　108a（●最澄）,248b（恵心
　印信、七科伝授七）
蓮華華遊之義（会慶）　235a
蓮華座　883b
蓮華船（千観）　158a
蓮華箋　808b
蓮華台　751b
蓮華念仏会　808b
蓮華法曼荼羅（金書、天長4年〈827〉、
　淳和帝）　104a
蓮社　253a,770a
蓮社業　889b
蓮社之徒　207b
蓮社所（大原山五房）　204b
蓮胎（覚超）　174a
蓮台　179b,634b,749b
蓮池　808b,852b
輦車　129b,159b,174b,677b,688b,
　693b,815b
聯歌　782b
聯句詩筵（内禁）　806a
聯芳之僧　62b

件名索引

朝有護法后（推古帝）、則野有〈聯芳之僧〉、仏法之感応、何世何国而得不爾哉、 62a

—ろ—

炉香（恵剣） 383a
炉鞴 632a
　通幻〔寂霊〕〈炉鞴〉煆過十傑、（了庵恵明, 石屋真梁, 一径永就, 普済善救, 不見明見, 天真自性, 天鷹祖祐, 天徳曇貞, 量外聖寿, 芳庵祖厳） 632a
魯誥 72a,89a,106b,194a,338a,779a,894b
魯誥竺墳（竺墳魯誥） 394a,478a,522b
魯典 251a,569b
魯論（無求周伸） 534a
★廬山（匡廬, 中国） 399a,490b,491b
廬談（猪熊鈔） 249b
★廬阜（中国） 322a,452b
廬陵米価（★青原行思, 実峰良秀上堂語） 506a
蘆葉（良聡★初祖忌偈） 440a
露坐 475b,629b
認驢鞍橋、作阿爺頷、（★蘊聡, ●此山妙在秉払偈） 448a
驢駄薬（大全一雅上堂語） 500b
老翁 909a,b, 910a,b
老漢 560a,615b,628a
許老胡知、不許老胡之会之語（碧巌集）、 578a
老師 597a,837b
老人 359b,408b,413b,417a
老宿知是法器（谷翁道空） 382b
老衰 876b
老拙 590b
老禅 615b,626b
老禅師 802b
老僧 828a

老大 446a
老婆 540b
老婆心 352a,599a
老婆禅（★普化, ●平田慈均上堂語） 417b
老母 836b
老母七七之忌 847a
牢獄 302b
朗誦 134a,220a
狼藉 458b
★琅琊 231a,756b
★琅琊王大墓碑碣（●戒明） 99b
廊廡（南禅寺） 329a
廊門（城州真宗院） 234b
楼閣 91b,484a,603b
★楼参政（★楊中良） 764b
楼門 920b
龐眉老翁 749a
臘月八夜（☆大覚世尊） 365a
臘月旦上堂（竜湫周沢） 486b
臘梅（勝算） 754a
臘八 316a,344b,364b,473a,559b,610b
臘八上堂（心田清播） 559b
鏤梓（夢窓国師語録） 391a
六印 206a,655a
六会語録 494a（太清宗渭）, 597a（悟渓宗頓）
六牙（金輪陛下） 119b
六牙白象 72a,681b,827a
六官百司 192a
六極（六至悪＝凶短, 折疾, 憂, 貧, 悪, 弱） 115a
六群之党 280b,366b
六根 672b,855a
　〔基〕灯公, 互融〈六根〉、見聞十里、855a
六根浄 671a,672b,749b,855a,860a
六斎（常陸州民） 617a
六斎日（毎月8, 14, 15日〈白月〉, 23,

543

29，30日〈黒月〉）　825b，862b
六地蔵　922a
六字法　697b，738b，744a
六時行法（教懐）　875a
六時修懴（仁鏡）　721b
六時称号（長西）　220a
六時懴（円久）　852b
六時礼讃（弁長）　215a
六趣　402a，837b，868a，879a
　〔延〕救辞曰、我自今不飡、願以此苦
　修、回施〈六趣〉渇乏之衆、（中略）
　我今絶言断食、　837b
　〔経〕得曰、吾読六千部法華経、絶
　〈六趣〉冥路、汝等勿軽蔑焉、臨亡安
　弥陀像、口唱宝号、正念而化、　879a
六宗　90a，99a，338a
六宗之邪（★菩提達磨）　62a
六宗碩学　144b
六宗長官（法相）　155a
六十華厳〔経〕并疏二十巻（智憬）
　94a
六十四卦（師蛮論）　773b
六十余州国分寺、附為西大〔寺〕之子院、
　（後宇多上皇詔）　780a
六重仏相（一妙因仮立仏、二色相荘厳仏、
　三断諸迷妄仏、四法性真如理仏、五貪
　即菩提仏、六非迷非覚仏）（◉山家大
　師最澄伝之）　181b
六勝寺検校　724b（道法），732a（道
　助），732b（道深）
六勝寺主（寛性）　255a
六勝寺長吏（守覚）　205b
六条河頭（源融別業）　824b
六条北（城州）西洞院　715b
六条宮　687b
六条判官（源為義）　716b
六塵　374b，812b
六千部法華銘（◉最澄撰）　78b
★六祖（大鑑禅師恵能）　625b

六相義（凝然）　366a
六足〔論〕　221b，246a
六即（理即，名字即，観行即，相似即，
　分真即，究竟即）　231a，673b
六大寺僧　669a
六大無礙偈　245b
　〔信堅、抑顕揚密〕、其経篋表題秘密蔵、
　背書〈六大無礙偈〉、　245b
★六代円相　622b
★六代祖師　344b，563a
★六代祖師眼目（霊仲禅英法語）　530b
★六代祖師伝授法（◉悟空敬念上堂語）
　295a
★六代伝衣祖　358b
六度　270a，834a
　万行雖広、不過〈六度〉之詳、布施居
　首焉、　834a
　〔古人云〕、〈六度〉総挙、三学別説、
　其本一而随時可序、　270a
　〔良胤曰〕、我門以〈六度〉之将、攻六
　弊之賊、施将攻慳賊、禅将攻散賊、忍
　将攻恚賊、進将攻懈賊、戒将攻犯賊、
　智将攻痴賊、汝等任慈忍之将、則嗔怨
　之賊不撃而自潰耳、　242a
六度之行（良胤）　242a
六度之詳（師蛮論）　834a
六度之禅　631b
六度万行　375a
　★能仁氏、以五戒十善、治人天心、以
　四諦十二縁、治二乗心、以〈六度万
　行〉、治菩薩心、　375a
六道衆生　838b，856a
六念法（証空）　224a
六波羅之亭　205b
六波羅蜜経及梵夾（★般若三蔵訳）
　80b
六比丘曰我六地蔵　922a
六腑　838b
　〔応照発願曰我〕以五蔵〔臓〕献五智

544

如来、以〈六腑〉、与六道衆生、 838b
六弊之賊　242a
六宝塔（東州三所，中国二所，西邦一所）　78a
六物　804a
六物図略釈（恵猛撰）　812a
六欲四天之王　191b
鹿苑事（貞慶説法）　208b
録事（さくわん粟田氏）　922a，b
論筵（東大寺天池院）　151b
論義　152a，155a，163a，171a，177b，235a，824b，895a，897a，899a
　横川寛印、三井定基、為叡山内〈論義〉之匹、171a
　〔恵忠〕、〈論義〉入微、時称智者、性好遊化、五畿七道、杖鞋殆遍、895b
論義私記（頼誉，玄性撰）　259b
論義探題（文治5年〈1189〉，証真）　209b
論議　112a，166b，265b，695a，900a
論語　136a，393b，452a
論策　114b，753a
論師　269a，369b，840b
論訓（安然）　140a
論疏（☆道蔵撰）　64b
論場（実海）　268a
論席　110b，151b，235a，262b，265a，b，268b
論説　176a，202a，204b，843b
論蔵集（聖聡撰）　263a
論題語（安海）　166b
論題百条（静明撰）　231a
論談　182a，199a
論註（往生論註，北魏・★曇鸞撰）　239b
論註記（往生論註記，良忠撰）　240b
論註記見聞（往生論註記見聞，聖聡撰）　263a

論註記鈔（往生論註記鈔，良暁撰）　250b
論弁　231b，241a，259b
論弁瀾翻（安春）　899a

—わ—

和歌　63a，87b，135a，179a，181a，198a，b，206a，253b，260b，261a，262a，264b，277b，391a，559b，580b，587a，590b，672a，730a，767b，815b，860a，905a，906b，910b，914b
　★達磨片岡不須重訳、酬唱〈和歌〉、留空棺於故衣、顕臨終之遺付、87b
和歌註解（聖冏撰）　262a
和漢辞藻（唯心）　799b
和語　755a
　☆〔法〕進天賦聡叡、善通〈和語〉、（中略）、講梵網経疏、755a
〔和〕語灯録（道光撰）　250a
和光同塵　908a
和光本地　908b
和佐県人（紀州）　201b
和讃（千観）　157b
和州（大和）　63a，64a，65a，66b，67a，68b，69a，80a，88b，89a，90a，91a，b，92a，b，93b，94a，b，95a，b，96b，97b，98a，99a，b，100a，b，101a，b，102a，b，103a，b，104a，b，105a，b，106a，b，108b，109a，b，110a，b，112a，b，113b，122b，123b，125a，b，128b，132a，133a，b，141b，143b，144a，145b，147a，149b，150a，151a，152a，153b，154b，156a，b，157a，b，160a，b，161a，b，162a，b，164a，165b，169a，171b，172a，175a，b，176b，177a，b，181a，182a，b，183b，184b，185a，188a，b，192b，194a，195b，197a，198a，b，199b，200b，201a，202a，b，203a，b，204b，206a，211b，212b，220b，221a，b，224b，227a，b，228a，b，229b，

545

230b,231b,232b,237a,238b,239a,
241a,245b,246a,b,247b,251a,b,
252a,253b,255b,256a,258a,b,264a,
273b,286b,314a,504a,534b,574a,
594a,622b,627a,633a,b,634a,637a,
b,638b,639b,641a,b,645a,646a,
649b,651b,654a,655a,662b,663a,b,
664a,665a,673a,679a,686a,687b,
706b,707b,708b,709b,720a,b,721b,
722b,723a,725a,b,726a,733a,738b,
739a,740a,748a,750a,755a,b,756a,
b,757a,b,758a,759a,b,760a,b,761a,
b,769a,b,771b,774a,b,775a,b,778a,
b,779b,780b,781a,782b,785b,786a,
788a,b,789a,790a,791a,792b,793a,
794a,795b,796a,b,797a,b,798b,
801b,803a,b,805a,b,808a,b,814b,
815a,822a,823a,b,825a,826a,828a,
829b,831b,835b,842a,b,843a,b,
844a,846a,b,850b,853a,b,854a,b,
865b,866b,874a,878a,883a,b,886b,
888b,893b,894a,895a,b,896a,b,
897a,b,898a,b,899a,b,900a,b,901a,
904a,b,905a,907b,913b,914a,915a,
916a,917a,918a,b,919a,b,920a,b,
921a
安部　725a
生馬　782b,786b,800a
宇多郡　88b,725a
宇陀郡赤尾山林　93b
宇智郡人　202b
男山　641b
藓岳　721b
春日山　69a
葛上郡人　95b
葛木上郡　836a
葛木上郡茆原村人　865b
葛木郡人　169a
葛木下郡　874a

葛下郡人　175a,874a
片岡　63a,b,863b
上郡人　913b
禿坂（かむろざか）　538b
北谷人　106a
栗原　66a
科長（しなが）　864a
磯城島〔下〕　790a
笙巌窟　733a
城上郡　907b
城上郡長谷山　814b
杉〔松〕室　916a
添上郡　92b
〔添上郡〕中川　207a,761a
添上郡伏見郷人　921a
添上郡箕田県人　775a
添下郡人　89a,171b
高市郡　68b,80a,89a,594a,633b,
　663a,914a
高市郡人　88b,101b
高市人　177a
立野（たつの）　534b
十市人　161a
富緒河　63b
奈良　893b
奈良京人　123b
奈良三笠　64b
諾楽（なら）　919a
長谷川　814b
服部人　771b,792a
広岡　141b,901a
広瀬郡人　98a
伏見　866b
平城　866b
三輪　287a,679a
三輪人　720b
三輪山　182a
美鶴原　897b
峰岡　864a

件名索引

室生　666a
山科陶原　65a
吉野　81b,143a,538b,725a
吉野河　143a,915b
吉野郡　915b
吉野郡越部村　919a
吉野郊　915b
吉野桃花里　919a
和州古蹟　806b
和州講師　133a（薬円），133b（隆海）
和州人　125a,132a,164a,197b,314a,
　701a,715b,740a,774a,779b,793b,
　799a,800a,816b,821a,853a,884a,
　885b,888b,900b
和州太守（藤原国光）　663a
和州牧（藤原伊綱）　687b
和章　247b
　禅爾従容問曰、見師（凝然）下筆書不用藁、文不加点、鉅篇魁冊不日而成、凡有撰述已来、鮮有如此盛、不知労心思否、〔凝〕然曰、吾不経意也、猶草〈和章〉、何労之有、　247b
和上（●義真）　116a
和★宋之名利　307b
和★宋新到者三百人　312a
　★〔断〕橋〔妙倫〕笑曰、和闍梨会得梅意、時〈和★宋新到者三百人〉、独許●〔山叟恵〕雲参堂、　312a
和★宋俱然　304a
和僧通方言（●椿庭海寿）　503a
和田県（摂州）　711b
和★明之僧　549a
★淮南城広陵館（中国）　121a
若狭　→若州
若狭講師（定観）　149a
鷲尾（山城）　800a
渡辺（摂州）　708a
藁科（わらしな）人（駿州）　282b
宏智（わんし）小参鈔（天童覚和尚小参抄，了庵恵明撰）　529b,530a
椀䭾〔脱〕丘　337a
　★仏陀和尚曰、一釈迦二元和三仏陀、（三種名号，仏陀三勧）其余是甚麼〈椀䭾〔脱〕丘〉　337a

547

あとがき

　卍元師蛮（1626〜1710）の事績については、はやくから僧伝編纂の大志を立て、その資料蒐集につとめ、延宝6年（1678）、『延宝伝灯録』41巻を編集し、また元禄15年（1702）、『本朝高僧伝』75巻を編纂したことはよく知られている。しかしそればかりか荒廃した美濃（岐阜県）加納盛徳寺を復興するなど、寺院経営にも非常にすぐれていた。詳細は『禅学大辞典』などを参照されたい。

　『本朝高僧伝』の伝記中には、注目すべきいくつかのことがあるので列挙してみたい。

(1)　興福寺恵信（707b, 192b）、仁和寺寛性（255a, 748b）、薬師寺長朗（898a, 101a）、三井寺良意（185a, 692a）、悟真寺道光（250a, 238b）の伝記が重複してあるが、仁和寺寛性以外は立伝と付伝の重複である。2回立伝した寛性の内容は殆んど同じであるが、その他の立伝と付伝により重複したものはいずれも相互補完的である。

(2)　卍元の誤解については、最澄の弟子光定が、空海に従い泰範と改名したとしていることや、唐・開元年中、大広智、善無畏、不空が初めて法験を顕したとして、大広智と不空は別人としているが、大広智は「大弁正広智不空三蔵和上」の略で、不空の諡号であるから、大広智と不空は同一人である。

(3)　虎関師錬（1278〜1346）の『元亨釈書』における誤解についての指摘は、婆羅門僧正碑銘や、法琳寺常暁の入唐年紀、さらには奈良時代における三論宗の隆盛は道慈の門流によったが、霊叡の一門としていることなどである。

(4)　高泉性激（1630〜1692）の『東国高僧伝』（元禄8年〈1695〉撰、正伝287人、付伝46人）の誤りについては、『本朝高僧伝』の序文の末尾に、「舛差甚だ多く、大きな誤りだけでも300余あり、本書の随所に挙げ正した」とあるが、のちに『東国高僧伝弾誤』を著している。

(5) その他翻刻時の誤りなども含め、些細なことは数多くあるが、落卯、落飾、落髪、落髪や、祈雨、請雨などをはじめ、同義語の使用が、時代によるものか、人物などによるものか、その事情は明らかでないが、偏っているような気がする。詳細に分析検討すれば、編纂過程の一端が判明するかもしれない。

なお、本総索引の作成にあたって、もっとも痛痒を感じ、困難だったのは、つぎのことである。『本朝高僧伝』には各宗派、とりわけ禅宗には惟肖得巌『荘子鬳斎口義鈔』に「多様禅語、而世人難暁」とあるように、難解なものが多くあるのみならず、古字、本字、略字、俗字、異体字などが使用されており、常用漢字をはじめとする、現代通用している漢字体との調整だった。

また作成を思いたってからも生来の怠惰に加え、諸事情のため、半世紀を越えたが、その間、卍元師蛮について感じたことは、博覧強記による宏汎な知識である。それは驚嘆の限りといわねばならない。丁度師蛮が『本朝高僧伝』に取り上げた東大寺戒壇院凝然（1240～1321）の伝記に「多大宏記、華厳、天台、真言、三論、法相、倶舎、成実、律、浄土及び国史、神書、音楽、科条にして、該綜せざるものなし。悉く疏鈔有り」とあり、禅がぬけているが、末尾の「悉く疏鈔有り」とある、126部、1,204巻にのぼる大量の著書の部分を除けば、凝然と極めて似ているといっても過言ではない。

　　　　　　　　　　　　　　　　若葉台の寓居にて　　編者

納冨常天（のうどみ　じょうてん）
1927　佐賀県鹿島市に生れる
1950　駒沢大学文学部仏教学科卒業
1955　神奈川県立金沢文庫勤務
1981　神奈川県立金沢文庫長
1989　鶴見大学文学部教授　文学博士
1997　鶴見大学副学長
2000　曹洞宗大本山總持寺宝物殿館長
2001　鶴見大学仏教文化研究所顧問
2005　神奈川県文化財協会会長
現在　鶴見大学仏教文化研究所顧問

主要著書
『鎌倉の教学』（鎌倉市教育委員会），『解脱門義聴集記』（金沢文庫），『道元禅の思想的研究』（共著，春秋社），『伝教大師研究別巻』（共著，早稲田大学出版部），『神奈川県史通史編 1 原始古代中世』（共著，神奈川県），『金沢文庫資料の研究』（法藏館），『鎌倉の仏教』（かまくら春秋社），『金沢文庫資料全書』第十巻 四分律行事鈔見聞集（金沢文庫），『天童小参抄』（横浜市教育委員会），『金沢文庫資料の研究 稀覯資料篇』（法藏館），『新修門前町史』（共著，輪島市），『總持寺と曹洞宗の発展』（総和会宮城県支部），『總持寺住山記』（共編，曹洞宗大本山總持寺）

本朝高僧伝総索引

2014年2月15日　初版第1刷発行

編　者　納冨常天
発行者　西村明高
発行所　株式会社　法藏館

〒600-8153
京都市下京区正面通烏丸東入
電　話　075(343)0030（編集）
　　　　075(343)5656（営業）

印刷・製本　亜細亜印刷株式会社

Ⓒ J. Nōdomi 2014

ISBN 978-4-8318-6981-4 C3015　*Printed in Japan*
乱丁・落丁本の場合はお取替え致します

金沢文庫資料の研究	納冨常天 著	16,000円
金沢文庫資料の研究　稀覯資料篇	納冨常天 著	31,068円
石山寺蔵　伝法記とその紙背文書	林屋辰三郎 編	3,398円
薬師寺所蔵　黒草紙・新黒双紙　南都史料叢書第一冊	奈良文化財研究所 編	10,000円
西大寺叡尊傳記集成	奈良国立文化財研究所 監修	16,000円
普通唱導集　翻刻・解説	村山修一 編	5,500円
長楽寺蔵七条道場金光寺文書の研究	村井康彦　大山喬平 編	16,000円

法藏館

価格税別